Introduction au droit

et thèmes fondamentaux
du droit civil

Dans la même collection

Droit privé

Introduction au droit, J.-L. Aubert et É. Savaux
Droit civil. Les obligations :
– vol. 1 : *L'acte juridique*, J. Flour, J.-L. Aubert et É. Savaux
– vol. 2 : *Le fait juridique*, J. Flour, J.-L. Aubert et É. Savaux
– vol. 3 : *Le rapport d'obligation*, J. Flour, J.-L. Aubert et É. Savaux
Droit civil. Introduction. Biens. Personnes. Famille, Y. Buffelan-Lanore et V. Larribau-Terneyre
Droit civil. Les biens, M.-L. Mathieu
Droit civil. Les obligations, Y. Buffelan-Lanore et V. Larribau-Terneyre
Droit commercial et des affaires, D. Legeais
Droit commercial. Actes de commerce. Commerçants. Fonds de commerce. Contrats commerciaux. Concurrence. Instruments de paiement et de crédit, D. Houtcieff
Droit des entreprises en difficulté, P.-M. Le Corre et E. Le Corre-Broly
Droit de la concurrence interne et européen, M. Malaurie-Vignal
Droit de la consommation, Y. Picod
Droit des contrats internationaux, M.-É. Ancel, P. Deumier et M. Laazouzi
Droit de la distribution, M. Malaurie-Vignal
Droit de la famille, P. Courbe et A. Gouttenoire
Droit des sûretés, M. Bourassin et V. Brémond
Droit du travail, A. Cœuret, B. Gauriau et M. Miné
Droit international privé, T. Vignal
Droit pénal spécial, M. Véron
Gestion des ressources humaines, J.-P. Citeau et Y. Barel
Procédure civile, G. Couchez et X. Lagarde
Voies d'exécution, G. Couchez et D. Lebeau

Droit public

Droit administratif, P. Chrétien, N. Chifflot et M. Tourbe
Droit administratif des biens, Ph. Godfrin et M. Degoffe
Droit administratif des obligations, J.-C. Ricci et F. Lombard
Droit constitutionnel, B. Chantebout
Droit constitutionnel, F. Mélin-Soucramanien et P. Pactet
Droit européen des droits de l'Homme, C. Gauthier, S. Platon et D. Szymczak
Droit général de l'Union européenne, G. Isaac et M. Blanquet
Les institutions administratives, H. Oberdorff et N. Kada
Libertés publiques et droits de l'Homme, G. Lebreton

Jean-Luc Aubert

Éric Savaux
Agrégé des Facultés de droit
Professeur à la Faculté de droit
et des sciences sociales de l'Université de Poitiers

Introduction au droit

et thèmes fondamentaux du droit civil

17e édition

2018

SIREY

Le pictogramme qui figure ci-contre mérite une explication. Son objet est d'alerter le lecteur sur la menace que représente pour l'avenir de l'écrit, particulièrement dans le domaine de l'édition technique et universitaire, le développement massif du photocopillage.

Le Code de la propriété intellectuelle du 1er juillet 1992 interdit en effet expressément la photocopie à usage collectif sans autorisation des ayants droit. Or, cette pratique s'est généralisée dans les établissements d'enseignement supérieur, provoquant une baisse brutale des achats de livres et de revues, au point que la possibilité même pour les auteurs de créer des oeuvres nouvelles et de les faire éditer correctement est aujourd'hui menacée.

Nous rappelons donc que toute reproduction, partielle ou totale, de la présente publication est interdite sans autorisation de l'auteur, de son éditeur ou du Centre français d'exploitation du droit de copie (CFC, 20 rue des Grands-Augustins, 75006 Paris).

DALLOZ

31-35, rue Froidevaux – 75685 PARIS CEDEX 14

ISBN 978-2-247-17927-5
ISBN Campus 978-2-247-18083-7

Sommaire

Une table des matières détaillée figure à la fin de l'ouvrage.

Deuxième partie

Les droits subjectifs et la personnalité juridique

Troisième partie

Le droit civil (esquisse des thèmes fondamentaux)

Annexe documentaire

Principales abréviations[1]

Arch. Phil. dr.	Archives de philosophie du droit
art.	article (d'un Code, d'une loi ou d'un règlement)
Ass plén.	Assemblée plénière de la Cour de cassation
BICC	*Bulletin d'information de la Cour de cassation*
C. assur.	Code des assurances
C. civ.	Code civil
C. com.	Code de commerce
C. consomm.	Code de la consommation
C. nat.	Code de la nationalité
C. pén.	Code pénal
C. pr civ.	Code de procédure civile
C. pr. pén.	Code de procédure pénale
C. trav.	Code du travail
CASF	Code de l'action sociale et des familles
CCC	*Contrats Concurrence Consommation*
CE	Conseil d'État
CEDH	Cour européenne des droits de l'Homme
cep.	cependant
cf.	conférer – consulter
CGCT	Code général des collectivités territoriales
Ch. mixte	Chambre mixte de la Cour de cassation
Ch. réun.	Chambres réunies de la Cour de cassation
Chron.	chronique
Civ. 1re, Civ. 2e, Civ. 3e	première, deuxième, troisième chambres civiles de la Cour de cassation
CJA	Code de justice administrative
CJCE	Cour de justice des Communautés européennes
CJUE	Cour de justice de l'Union européenne
CJF	Code des juridictions financières
COJ	Code de l'organisation judiciaire
Com.	chambre commerciale de la Cour de cassation
comp.	comparer
concl.	conclusions
Cons. const.	Conseil constitutionnel
Conv. EDH	Convention européenne de sauvegarde des droits de l'Homme et des libertés fondamentales
Crim.	chambre criminelle de la Cour de cassation
C. santé publ.	Code de la santé publique
Décr.	décret
Doc. Ass. nat.	*Documents de l'Assemblée nationale*

1. V. aussi, pour les principaux périodiques et revues, *infra*, **Annexe documentaire IX**.

égal.	également
eod. loc.	*eodem loco*, au même endroit
ibid.	*ibidem*, déjà cité au même endroit
infra	ci-dessous
L.	loi
LPA	*Les petites affiches*
mod.	modifié
not.	notamment
op. cit.	ouvrage déjà cité
Ord.	ordonnance
rapp.	rapport
rappr.	rapprocher
RDC	*Revue des contrats*
RDI	*Revue de droit immobilier*
réd.	rédaction
Rép. civ.	*Répertoire de droit civil* (Encyclopédie Dalloz)
RRJ	*Revue de la recherche juridique. Droit prospectif*
Soc.	chambre sociale de la Cour de cassation
spéc.	spécialement
ss	au paragraphe
supra	ci-dessus
TGI	tribunal de grande instance
TI	tribunal d'instance
T. corr.	tribunal correctionnel
v.	voir
v. ss	voir au paragraphe

Ouvrages cités par le seul nom de l'auteur ou des auteurs

AUBERT (J.-L.), *Introduction au droit*, 10e éd., PUF, coll. « Que sais-je ? », 2007.
CABRILLAC (R.), *Introduction générale au droit*, 12e éd., Dalloz, coll. « Cours », 2017.
CARBONNIER (J.), *Droit civil, Introduction*, PUF, coll. « Thémis », 27e éd., 2002.
CORNU (G.), *Droit civil, Introduction au droit*, 13e éd., Montchrestien, coll. « Précis Domat », 2007.
DEUMIER (P.), *Introduction générale au droit*, 4e éd., LGDJ, 2017.
GHESTIN (J.), BARBIER (H.) et BERGÉ (J.-S.), *Traité de droit civil*, t. I : *Introduction générale*, 5e éd., LGDJ, 2018.
GRIDEL (J.-P.), *Le droit. Présentation*, PU Aix-Marseille, 2012.
JESTAZ (Ph.), *Le droit*, 9e éd., Dalloz, coll. « Connaissance du droit », 2016.
LARROUMET (C.) et AYNÈS (A.), *Traité de droit civil*, t. 1 : *Introduction à l'étude du droit*, 6e éd., Economica, 2013.
MALAURIE (Ph.) et AYNÈS (L.), *Droit civil. Introduction au droit*, 6e éd., par Malaurie et Morvan (P.), t. I, *Defrénois*, 2016.
MALINVAUD (Ph.), *Introduction à l'étude du droit*, 17e éd., LexisNexis Litec, 2017.
MARTY et RAYNAUD, *Droit civil*, t. I, *Introduction générale à l'étude du droit*, 2e éd., 1972.
MAZEAUD (H.) et CHABAS (F.), *Leçons de droit civil*, t. I, vol. 1, *Introduction à l'étude du droit*, LGDJ Montchrestien, 12e éd., par F. Chabas, 2000.
MIAILLE (M.), *Une introduction critique au droit*, Maspero, 1976.
ROLAND (H.) et BOYER (L.), *Introduction au droit*, Litec, 2003.
SÉRIAUX (A.), *Le droit : une introduction*, Ellipses, 1998.
SOURIOUX (J.-L.), *Introduction au droit*, PUF, 1990.
TERRÉ (F.), *Introduction générale au droit*, 10e éd., Dalloz, coll. « Précis », 2015.

Ouvrages de consultation générale

BIHR (Ph.) (dir.), *Le Code civil français. Évolution des textes depuis 1804*, Sirey, 2000.
CABRILLAC (R.) (dir.), *Dictionnaire du vocabulaire juridique 2018*, 9e éd., LexisNexis, 2017.
CAPITANT (H.), *Vocabulaire juridique*, par G. Cornu, 11e éd., PUF, coll. « Quadrige », 2016.
GUINCHARD (S.) et DEBARD (T.), *Lexique des termes juridiques 2018-2019*, 26e éd., Dalloz.

ROLAND (H.) :
– *Lexique juridique des expressions latines*, 7e éd., LexisNexis, 2016.
– *Dictionnaire des expressions juridiques*, 4e éd., LexisNexis, 2018.
ROLAND (H.) et BOYER (L.) :
– *Adages du droit français*, 4e éd., Litec, 1999.
– *Locutions latines du droit français*, 4e éd., Litec, 1998.

Avant-propos de la première édition

Le droit est la traduction d'un projet politique. Il vise à promouvoir et à mettre en œuvre une conception de la société et des relations qui s'y établissent. Comme tel, le phénomène juridique est fondamentalement moniste : le droit est un. Mais cela n'empêche qu'il soit profondément diversifié : les branches du droit sont multiples et tendent à une spécialisation de plus en plus accentuée.

La jurisprudence n'est pas une source du droit. La prétendue « règle jurisprudentielle » reste beaucoup trop incertaine et instable pour accéder à la valeur d'une règle de droit. Et, cependant, il est incontestable qu'elle revêt une importance exceptionnelle par le rôle dominant qu'elle joue dans l'ordonnancement juridique de la société : elle est le droit vivant.

Telles sont, avec quelques autres, les convictions – peut-être teintées de paradoxe – qui m'habitent et qui m'ont porté à composer cette Introduction.

Je l'ai voulue, d'abord, Introduction **au droit**, à tout le droit, par-delà ses spécialisations multiples et ses pseudo-clivages – celui, notamment, du droit public et du droit privé. Il me paraît important, aujourd'hui plus que jamais, que ceux qui veulent s'initier au droit – en premier lieu les étudiants – aient dès l'abord une vision aussi globale que possible du phénomène juridique. Peu important les risques, d'ailleurs étroitement localisés, d'une apparence de catalogue, un exposé suffisamment détaillé des diverses branches du droit me semble pédagogiquement utile pour souligner cette réalité essentielle qu'est la finalité sociale du droit. Et il y a là, à mon sens, un moyen de donner un relief particulièrement saisissant à l'affirmation de l'unicité du droit, affirmation qui précède la révélation de ses multiples facettes.

Je l'ai voulue, ensuite, découverte d'un phénomène vivant, d'un **phénomène de vie**. Cette préoccupation est à l'origine, d'abord, de l'importance donnée à la description de l'organisation juridictionnelle française – tant judiciaire qu'administrative – ainsi qu'à son fonctionnement et, partant, à la jurisprudence. Elle explique, aussi, l'insertion directe des personnes dans l'exposé relatif aux droits subjectifs, eux-mêmes conçus comme un aspect particulier de la mise en œuvre de la règle de droit.

On s'étonnera, sans doute, que l'ouvrage comporte une sorte d'appendice caudal consacré au droit civil. Le rétrécissement peut paraître étrange après qu'aura été ouvertement affichée la prétention à une approche globale du droit. Certains y verront peut-être une illustration du proverbe « chassez le naturel, il revient au galop ». Il est possible, en effet, que cette échappée me soit, plus ou moins consciemment, apparue comme un havre de repos après les tourments d'un exposé aussi équilibré que possible du droit public et du droit privé. Il existe, toutefois, quelques justifications plus positives de cette faveur accordée au droit civil. La principale est qu'il constitue la branche du droit la plus achevée et que, recélant comme telle, les éléments fondamentaux de la technique juridique, il est un élément nécessaire de l'initiation au droit.

À mes yeux, et selon mes souhaits, les ambitions de cet ouvrage lui donnent une triple destination. Aux **étudiants**, d'abord, il doit permettre de s'initier progressivement à la langue et à la technique du droit, et de choisir avec plus de lucidité leurs orientations futures. À **l'honnête homme** du XXe siècle, ensuite, qui ne saurait raisonnablement ignorer le fait du droit, il peut apporter quelques lumières sur un monde d'idées et d'institutions qui lui paraît souvent ésotérique. À tous ceux, enfin, qui réfléchissent sur le phénomène juridique, je souhaite qu'il apporte le ferment, bien modeste, de mes réflexions personnelles.

Jean-Luc Aubert,
Tours, le 10 décembre 1983.

Avant-propos de la douzième édition

Cette nouvelle édition n'est pas seulement destinée à assurer la continuation de l'ouvrage après la disparition de son auteur, mais aussi à honorer une promesse. En effet, d'assez longue date, Jean-Luc Aubert m'avait demandé de participer à l'actualisation de son *Introduction au droit*. La proposition méritait réflexion, non seulement en raison de la conception de l'œuvre – une Introduction au droit, en général, et une esquisse des thèmes fondamentaux du droit civil, en particulier –, mais aussi à cause des convictions personnelles qui l'animent et que Jean-Luc Aubert avait résumées dans l'avant-propos de la première édition. J'avais néanmoins finalement accepté de l'aider dans sa tâche, persuadé du bien-fondé du choix de la thématique et assuré de partager l'essentiel des idées exprimées. Je l'avais simplement convaincu que rien ne pressait et que j'interviendrai quand le temps serait venu.

Un destin funeste a précipité les choses et tristement transformé la collaboration en succession. Cette première édition publiée après la mort de Jean-Luc Aubert ne comporte pas de changement notable. Elle constitue, pour l'essentiel, une actualisation.

Ici aussi, la réflexion, le temps et les évolutions du droit feront sans doute leur œuvre pour instiller, peut-être, des modifications plus amples. Elles resteront fidèles aux conceptions majeures développées depuis l'origine, sans l'adhésion auxquelles il m'eût été impossible de contribuer à cet ouvrage, sous une forme ou sous une autre.

Éric Savaux.

Préambule

1. ***Objet de l'ouvrage.*** Ce livre veut, ainsi que l'indique son titre, introduire au *droit*, et au *droit civil*, c'est-à-dire, cumulativement, à un tout et à une partie de ce tout. Si, en effet, selon Littré – dont on ne retiendra que provisoirement les définitions – le *droit* correspond à « l'ensemble des règles qui régissent la conduite de l'homme en société, les rapports sociaux », le *droit civil* a évidemment un domaine plus restreint en ce qu'il n'est que « le droit qui règle les intérêts privés [...] », ce qui lui conserve du reste une importance considérable.

Qu'on veuille introduire à la fois au droit et au droit civil n'est pas le fruit de la nécessité : on peut introduire au droit sans introduire spécialement au droit civil ; et au droit civil, sans introduire à tout le droit[1]. Cette double fin n'est cependant pas le produit du hasard. Elle tient à ce que, traditionnellement, ce sont les civilistes qui, dans les Facultés, ont eu la charge d'introduire les étudiants au droit, en général, en même temps qu'à leur discipline propre. Et cette circonstance, elle-même, n'est pas le produit d'un pur arbitraire. Elle est la conséquence de ce que le droit civil s'est développé plus complètement, et plus tôt, que les autres branches du droit français, ce qui lui a valu d'être le creuset des principaux concepts juridiques utiles à celles-ci[2].

Il n'en est pas moins vrai que le droit civil n'est qu'une partie – une branche – du droit ; situation qui n'a d'ailleurs cessé de s'accentuer depuis le début du XIXe siècle[3]. Cette constatation justifie qu'avant de s'inquiéter, un peu, d'introduire au droit civil, on se

---

1. Sous des intitulés souvent généraux, de nombreux ouvrages introduisent en réalité au droit et au droit civil (voire au droit privé) : R. Cabrillac, *Introduction générale au droit*, Dalloz, coll. « Cours » ; J. Ghestin, H. Barbier et J.-S. Bergé *Traité de droit civil. Introduction générale*, LGDJ Montchrestien ; J.-P. Gridel, *Le droit. Présentation*, PU Aix-Marseille ; Ph. Malinvaud, *Introduction à l'étude du droit*, LGDJ ; H. Mazeaud et F. Chabas, *Leçons de droit civil*, t. 1, *Introduction à l'étude du droit*, LGDJ Montchrestien ; v. égal. Ph. Malaurie et P. Morvan, *Droit civil. Introduction au droit*, LGDJ.

D'autres ne traitent que du droit en général : Aubert, *Introduction au droit*, PUF, coll. « Que sais-je ? » ; P. Deumier, *Introduction générale au droit*, LGDJ ; Roland et Boyer, *Introduction au droit*, Litec ; F. Terré, *Introduction générale au droit*, 10e éd., Dalloz, coll. « Précis », 2015. Pour une introduction au contraire limitée au droit public, v. É. Zoller, *Introduction au droit public*, 2e éd., Dalloz, coll. « Précis », 2013.

Sur le contenu des différentes introductions au droit, anciennes et modernes, en France et à l'étranger : *Qu'est-ce qu'une introduction au droit ?*, R. Cabrillac (dir.), Dalloz, coll. « Thèmes et commentaires », 2017.

2. Sur la continuité et les ruptures dans les introductions au droit depuis le Code civil et sur les facteurs qui déterminent leur contenu (programmes d'enseignement, conceptions du droit, formation des auteurs…) : Deumier, « Quel contenu pour une introduction au droit ? », in *Qu'est-ce qu'une introduction au droit ?*, préc., p. 85 ; intégrant l'histoire en deçà du code : C. Jallamion, « Une histoire des introductions au droit : des *Institutes* à "l'introduction générale" », *ibid.*, p. 13. *Adde* : Carbasse, « Introduction à l'étude du droit et Introduction historique au droit », *ibid.*, p. 33 ; Zoller, « L'introduction au droit doit-elle être privatiste ou publiciste ? », *ibid.*, p. 47.

3. Not. v. ss 49, 57.

soucie, beaucoup, de définir et de décrire le droit dans sa globalité [1]. Le projet est d'autant plus nécessaire que le mot *droit* a une signification complexe.

2. ***Droit, droit objectif et droits subjectifs***. Le droit est un phénomène social. Il correspond au fait que la Société établit des *règles* destinées à régir son fonctionnement et à organiser les relations, économiques ou non, des *personnes* qui la composent [2]. Cela permet de comprendre que, pour les juristes, le mot « droit » comporte – au moins – deux définitions distinctes mais complémentaires.

En premier lieu, il est un *ensemble de règles* destinées à organiser la vie en société [3] et à s'appliquer à *toutes* les personnes qui forment le corps social. Cela explique qu'elles soient formulées de manière *générale* et *impersonnelle* : la règle concerne chacun, et ne désigne personne en particulier. Ainsi de la règle posée par l'article 1240 du Code civil [4] : « Tout fait quelconque de l'homme, qui cause à autrui un dommage, oblige celui par la faute duquel il est arrivé à le réparer. » Ce texte édicte le principe de la responsabilité dite « du fait personnel » [5], principe qui s'applique à tous.

En tant qu'il vise ainsi un ensemble de *règles générales et impersonnelles*, le mot *droit* correspond à ce qu'on appelle le ***droit objectif***. La formule signifie qu'on envisage la *règle de droit* en elle-même et pour elle-même, abstraction faite de son application individuelle à ceux qui s'y trouvent soumis.

Cette première signification du mot *droit* ne suffit pas : l'observation du seul phénomène de la règle de droit ne permet de découvrir qu'une partie de la substance du droit. À s'en tenir là, on perdrait de vue que l'essence – la raison d'être – des règles de droit est d'organiser la vie en société et donc de régir les *personnes*, que l'on appelle de ce point de vue les *sujets de droit*. D'où une seconde compréhension du mot *droit*, qui évoque cette application de la règle de droit : il désigne alors les ***droits subjectifs***.

Dans ce second sens, le droit est envisagé de façon beaucoup plus concrète. Il correspond, cette fois, aux *prérogatives individuelles* que les personnes ont vocation à puiser dans le corps de règles qui constitue le droit objectif. Pour reprendre l'exemple de l'article 1240 du Code civil, c'est le droit pour celui qui subit un dommage par la faute d'un tiers, de lui en réclamer la réparation.

Ces deux sens du mot *droit* ne s'opposent pas. Ils ne sont que deux façons distinctes d'envisager un même phénomène : le droit. Ils sont *complémentaires*.

Il convient d'observer, dès à présent, que la notion de droit subjectif, qui a fait l'objet de vives discussions [6], une portée moins étendue que celle de droit objectif : elle ne correspond, en effet,

---

1. Prétendant au contraire établir un savoir juridique sans définir préalablement le droit, à partir de l'observation de la pratique, v. Rouvière, « Le fondement du savoir juridique », *RTD civ.* 2016. 279.

2. Sur la difficulté, si ce n'est l'impossibilité de définir le droit, sur l'imperfection de quelques critères et pour une proposition de caractérisation empirique : Jestaz, « Définir le droit... ou l'observer », *RTD civ.* 2017. 775.

3. Comp. Jestaz, « Pour une définition du droit empruntée à l'ordre des beaux-arts. Éléments de métajuridique amusante », *RTD civ.* 1979. 481 (conception à la fois plus large et plus souple qui fait du droit une science, un art, et non pas seulement un corps de règles). Superposant à la règle, la norme, conçue comme une notion plus souple englobant des prescriptions individuelles ou non contraignantes : Deumier, *Introduction générale au droit, op. cit.*, n° 8. Jugeant au contraire que le concept de norme est inutile, le fondement du savoir juridique se trouvant dans la règle de justice qui consiste à traiter identiquement des situations semblables, v. Rouvière, *op. cit.*

4. Ordonnance n° 2016-131 du 10 février 2016 portant réforme du droit des contrats, du régime général et de la preuve des obligations ; C. civ., ancien art. 1382.

5. V. ss 249.

6. V. ss 188 s.

qu'à un aspect de la mise en œuvre du droit objectif [1]. La place accordée aux droits subjectifs dans les introductions est d'ailleurs fort variable, certaines faisant même l'impasse sur la notion jugée inutile. C'est l'un des points essentiels sur lesquels se manifestent les différentes conceptions du droit qui animent les auteurs des introductions [2].

Certains auteurs jugent par ailleurs ces deux composantes insuffisantes pour caractériser le droit qui serait un phénomène plus complexe, pour ne pas dire autre [3].

3. ***Nécessité du droit ? Droit dur et droit souple ?*** Deux remarques, très différentes de nature, doivent encore être faites.

La première remarque est que le droit n'est pas toujours pareillement ressenti comme une *nécessité de la vie en société*. En dehors même des théories anarchistes, de l'utopie de la société communiste imaginée par Marx [4] et de l'hypothèse de sociétés communautaires sans véritable droit, il est acquis que certaines sociétés, et non des moindres, n'ont pas toujours porté sur le droit le même regard que celui des sociétés occidentales. L'Asie, et, en particulier, la Chine [5], en fournit une illustration caractéristique. Son évolution actuelle est, au demeurant, éclairante sur le phénomène juridique.

La tradition chinoise est, en effet, hostile au droit, qui est regardé, au mieux, comme un pis-aller. Dans la société chinoise traditionnelle, le droit n'a – sous la réserve, peut-être, du droit pénal – qu'une place marginale. Les relations sociales doivent être régies par l'honneur, sous peine de perdre « la face ». Dans ce cadre, le droit n'est rien d'autre qu'un aveu de faiblesse, le constat d'un défaut de rigueur morale et un remède à celui-ci.

Il est intéressant de constater que l'évolution contemporaine de la Chine marque, sous l'influence conjuguée de son développement économique et de la mondialisation, une rupture de plus en plus nette avec cette tradition. On assiste en effet, depuis la fin du XXe siècle, à un effort considérable des autorités chinoises pour mettre en place un système de droit cohérent qui couvre l'ensemble des secteurs de la vie sociale. La méthode suivie est d'ailleurs assez remarquable, qui consiste à établir ces régimes juridiques

---

1. V. ss 191.
2. P. Deumier, « Quel contenu pour une introduction au droit ? », préc., p. 96 s.
3. V. particulièrement R. Libchaber, *L'ordre juridique et le discours du droit. Essai sur les limites de la connaissance du droit*, LGDJ Lextenso éditions, 2013, spéc. n° 13 s., 52 s. Selon M. Libchaber, le droit est fondamentalement « un discours », c'est-à-dire, « l'ensemble des normes de comportement qui s'adressent à tel ou tel intervenant social », « émanant d'une collectivité, par lequel elle exprime ses valeurs, afin de garantir la cohésion sociale ». Plus précisément, les trois composantes du droit seraient, d'abord, « l'ordre juridique », « réalité institutionnelle » où se déploient les « réalités juridiques », ensuite les « normes juridiques » qui sont « les éléments de base du discours juridique » et, enfin, « la circulation de ces normes au sein de l'ordre juridique », ce qui permet de saisir le droit dans toutes ses manifestations, de la création à l'application des éléments qui le constituent (*op. cit.*, n° 145 s.).

L'ouvrage de M. Libchaber représente un apport considérable à la théorie générale du droit dont il ne peut être que très partiellement rendu compte dans une Introduction au droit destinée essentiellement aux débutants. Nous signalerons quelques-uns des développements les plus utiles ou les plus notables. Une présentation synthétique de la conception de l'auteur se trouve in R. Lichaber, « L'ordre juridique et le discours du droit : présentation de l'ouvrage », *D.* 2014. Chron. 985 ; pour des comptes rendus et des analyses critiques, v. S. Pimont et V. Forray, *RTD civ.* 2013. 909 ; B. Frydman, « Renouveau et avancée dans la définition du droit », *D.* 2014. Chron. 989 ; P. Deumier, « À propos de certains éléments de définition du droit », *D.* 2014. 991 ; O. Jouanjan, « Remarques critiques sur l'ordre juridique et le discours du droit », *D.* 2014. Chron. 994.

4. Sur celle-ci, v. ss 33 s.
5. Cf. R. David, C. Jauffret-Spinosi et M. Goré, *Les grands systèmes de droit contemporain*, 12e éd., Dalloz, coll. « Précis », 2016, n° 495 s ; R. Legeais, *Grands systèmes de droit contemporains. Approche comparative*, 3e éd. LexisNexis, 2016, n° 399 s. ; R. Cabrillac, n° 15.

nouveaux à partir d'une étude systématique des expériences étrangères. Dans le cadre de cette orientation nouvelle, deux lois, tout à fait caractéristiques, méritent d'être citées. La première, du 12 avril 1986, pose, en cent cinquante-six articles, les « principes généraux de droit civil de la République populaire de Chine ». En forme d'un mini-Code civil, y sont exprimées les règles fondamentales gouvernant, notamment, le droit des personnes, de la propriété – collective et individuelle – des contrats et de la responsabilité. La seconde, plus récente et plus copieuse (428 articles), du 15 mars 1999, fixe le droit du contrat (règles générales de formation, d'exécution et de responsabilité ; régimes spéciaux de différents contrats). D'autres lois s'établissent peu à peu (telle une modification de la Constitution reconnaissant, avec la propriété collective du Peuple, la propriété privée, y compris de l'entreprise) ou sont en cours d'élaboration, pour couvrir la totalité des aspects de la vie sociale et économique [1]. La réunion de certains de ces textes devrait aboutir à la confection d'un Code civil.

Cette évolution, qui est liée à la volonté des autorités chinoises de promouvoir une « économie socialiste de marché » et de s'intégrer au commerce mondial, révèle une fonction majeure du droit qui est d'assurer la *sécurité juridique*, c'est-à-dire la prévisibilité, la certitude et la stabilité des situations juridiques [2], qualités qui permettent d'établir la confiance des acteurs de la vie sociale et, notamment, de l'activité économique [3].

La seconde remarque qui doit être faite concerne la *définition du droit* que l'on a adoptée d'emblée : savoir l'ensemble des règles destinées à régir le fonctionnement de la société et les relations des personnes qui la composent. La formule implique un certain caractère impératif, contraignant, dont on verra qu'il est décisif [4]. Cela dit, il convient d'observer que cette compréhension ne recouvre pas la totalité du phénomène juridique.

En effet, depuis quelque temps, se développe, à côté de ce droit exigeant – « dur » – un autre *droit* « mou » ou « souple » – de la « *soft-law* », selon la terminologie anglo-saxonne –, à première vue dépourvu de sanction [5], constitué par un ensemble d'avis, de recommandations, de directives et autres déclarations dont on constate la multiplication [6]. L'organisation de la vie en société n'exige en effet pas toujours des règles obligatoires [7] ; des incitations, des modèles, des guides, suffisent souvent, notamment lorsque la sécurité des relations sociales – la *sécurité juridique* – n'impose pas une plus grande fermeté [8]...

---

1. V. Huan Zhuang (dir.), *Droit chinois des affaires*, Juriscope CNRS – Dalloz, coll. « La lettre des lois », 2013.
2. Spéc., v. ss 11.
3. Le droit pose « les règles du jeu » et permet à chacun de s'engager en connaissance de cause.
4. V. ss 17 s.
5. V. Thibierge, « Le droit souple. Réflexion sur les textures du droit », *RTD civ.* 2003. 599 ; Travaux de l'Association Henri Capitant, Journées nationales, Tome XIII, 2008, *Le droit souple*, Dalloz, 2009 ; P. Deumier et J.-M. Sorel (dir.), *Regards croisés sur la soft law en droit interne, européen et international*, LGDJ, 2018. V. aussi P. Deumier, *Le droit spontané*, préf. Jacquet, Economica, 2002, spéc. n° 276, et *Introduction générale au droit*, n° 30 s. ; Ghestin, Barbier et Bergé, *Introduction générale*, n° 162 s. et 376 s. ; S. Gerry-Vernieres, *Les « petites » sources du droit (À propos des sources étatiques non contraignantes)*, préf. Molfessis, Economica, coll. « Recherches juridiques », 2012.
6. Thibierge, préc., spéc. p. 608, col. 2.
7. On verra d'ailleurs que l'obligatoire lui-même comporte des nuances considérables (v. ss 100). Sur le concept de force normative, susceptible de degrés et irréductible à la force obligatoire des règles de droit, v. C. Thibierge (dir.), *La force normative, Naissance d'un concept*, LGDJ, Bruylant, 2009.
8. La méthode a aussi *a priori* l'avantage de favoriser l'application de la règle par l'adhésion de son destinataire.

Ce recours à des prescriptions moins, voire pas contraignantes est l'une des tendances majeures de l'action politique dans les sociétés occidentales. En France, leur « omniprésence » a conduit le Conseil d'État à recommander aux pouvoirs publics de forger une doctrine de recours et d'emploi du droit souple pour contribuer à la simplification des normes et à la qualité de la législation [1]. Plus récemment, le Conseil d'État a jugé que ces actes peuvent faire l'objet d'un recours pour excès de pouvoir. Il considère que les avis, recommandations, mises en garde et prises de position adoptés par les autorités de régulation dans l'exercice des missions dont elles sont investies peuvent être soumis au juge de l'excès de pouvoir lorsqu'ils revêtent le caractère de dispositions générales et impératives ou lorsqu'ils énoncent des prescriptions individuelles dont ces autorités peuvent ultérieurement censurer la méconnaissance. Il en va de même s'ils sont de nature à produire des effets notables, notamment de nature économique, ou ont pour objet d'influer de manière significative sur les comportements des personnes auxquels ils s'adressent [2]. Par ailleurs, ces normes souples exercent une influence sur l'appréciation des comportements, par exemple en matière de contrat pour exonérer de sa responsabilité un contractant qui suit un schéma régional d'organisation de santé indicatif [3].

Reste à savoir si l'on peut encore parler de « règles » dans ce cas [4] et quels sont la place et le rôle exacts de ces dispositions. Elles sont, dans un nombre non négligeable de cas, au service de règles véritablement obligatoires. Elles n'ont pas supplanté ces dernières dans l'organisation des rapports sociaux. Le droit reste encore constitué, pour l'essentiel, de règles contraignantes qui en constituent – sans jeu de mot – le noyau dur. En outre, un certain nombre de ces dispositions sont directement obligatoires – impératives, dit le Conseil d'État – et d'autres le deviennent indirectement par le biais d'autres règles – les principes de la responsabilité notamment.

Les développements de ce livre seront donc centrés sur le « droit dur » qui demeure la composante majeure du droit. Mais l'existence du « droit mou » ou « souple » qui le complète ne doit pas être ignorée. Ses principales manifestations, et les interrogations qu'il soulève, seront signalées à l'occasion.

---

1. *Le droit souple, Étude annuelle*, 2013, La Documentation française. Pour un compte rendu critique, v. E. Nicolas et M. Robineau, « Prendre le droit souple au sérieux ? À propos de l'étude annuelle du Conseil d'État pour 2013 », *JCP* 2013, n° 43. Doctr. 116.

2. CE, ass., 21 mars 2016, n° 368082 et n° 390023, *Lebon* 2016, *RFDA* 2016. 497, concl. von Coester, *AJDA* 2016. 572 ; *ibid.* 717, chron. L. Dutheillet de Lamothe et G. Odinet ; *D.* 2016. 715, obs. M.-C. de Montecler ; *AJCA* 2016. 302, obs. S. Pelé, *JCP* 2016, n° 22, p. 623, note Perroud. La nouveauté se situe dans la dernière catégorie citée, les premières ayant déjà été soumises au recours par CE 1er oct. 2012, n° 357193 et n° 346378. Cette extension est une manifestation de l'application du recours pour excès de pouvoir au respect des droits individuels. V. Sirinelli, « La subjectivisation du recours pour excès de pouvoir », *RFDA* 2016. 529. Égal. v. ss 17, 19, 95.

3. Civ. 1re, 17 juin 2015, n° 14-19740, *RTD civ.* 2015. 873, obs. Barbier ; v. plus généralement, L. Maurin, « Le droit souple de la responsabilité civile », *RTD civ.* 2015. 517.

4. Sur la distinction des règles et des normes, plus souples, moins contraignantes, v. Deumier, *Introduction générale au droit*, n° 8, 17 et 26 s ; Ghestin, Barbier et Bergé, *Introduction générale*, n° 162 s et n° 376 s. Sur les normes juridiques comme composante essentielle du droit, v. R. Libchaber, *op. cit.*, n° 202 s.

Plan de l'ouvrage

Première partie	Le droit objectif
Deuxième partie	Les droits subjectifs et la personnalité juridique
Troisième partie	Le droit civil (esquisse des thèmes fondamentaux)

Première partie

Le droit objectif

4. ***Idée générale et plan***. En ce qu'elle désigne l'ensemble constitué par les règles générales et impersonnelles ayant vocation à régir la vie d'une société, la notion de *droit objectif* braque l'attention sur la *règle de droit*. Celle-ci doit être envisagée de trois points de vue.

En premier lieu, celui de son *identification* (Titre 1). Il s'agit, en effet, de savoir quelles sont les caractéristiques des règles qui, parmi toutes celles qui apparaissent dans une société donnée, sont des règles de droit, celles qui, précisément, composent le droit objectif.

En deuxième lieu, celui de la *création de la règle de droit* (Titre 2). C'est la question des sources du droit, qui conduit à rechercher les modes et les conditions d'élaboration de la règle de droit.

En troisième lieu, et enfin, celui de son *interprétation* (Titre 3). L'essence de la règle de droit est, en effet, d'être mise en œuvre dans les rapports sociaux. Il faut alors passer de la formule générale et impersonnelle – règle abstraite – au cas particulier et concret qu'elle doit régir. Ce passage ne peut s'opérer qu'à l'aide d'une interprétation – plus ou moins compliquée selon les cas – de la règle de droit. C'est une question d'importance considérable.

Titre 1	L'identification de la règle de droit
Titre 2	La création de la règle de droit
Titre 3	L'interprétation de la règle de droit

Titre 1

L'identification de la règle de droit

5. ***Notion générale de la règle de droit. – Plan du titre***. La règle de droit a pour objet d'organiser la vie en société et les relations entre les membres qui la composent. Cette conception de la règle de droit, qui n'est assurément pas fausse, n'est cependant pas suffisante : elle ne permet pas, à elle seule, de distinguer la règle de droit d'un certain nombre d'autres règles qui ont aussi vocation à régir la vie sociale. Pour y parvenir, il faut considérablement approfondir l'analyse. On découvre, alors, que ce qui constitue le *critère de la règle de droit*, c'est d'être une *règle coercitive* (Chapitre 1).

Le critère de la règle de droit étant ainsi découvert, on constate que l'ensemble des règles de droit, c'est-à-dire précisément ce qu'on dénomme le droit objectif, se révèle d'une grande complexité : le droit doit comporter toutes les règles qu'exigent les différents aspects de l'organisation de la société et des diverses activités qui s'y développent. Ainsi apparaît une *spécialisation des règles de droit* (Chapitre 2). La prise en considération de cette spécialisation permet de mieux ordonner l'ensemble du droit objectif, et d'en rendre compte de manière plus concrète.

Chapitre 1

Le critère de la règle de droit : règle coercitive

6. ***Plan***. Ainsi qu'il a été justement observé, « le droit n'est pas le seul régulateur de la vie en société »[1]. Or, si nombre des caractères que revêt la règle de droit se révèlent impropres à la distinguer des autres règles de vie sociale (Section 1), il en est un, en revanche, qui permet de la spécifier : la coercition qui s'y attache (Section 2).

Section 1
Les caractères généraux de la règle de droit

7. ***Règle de droit et règles de vie en société***. À titre principal – mais non exclusif[2] – la règle de droit dicte un comportement aux personnes qui y sont soumises : à celui qui a causé, par sa faute, un dommage à autrui, elle impose de le réparer (C. civ., art. 1240 ; ancien art. 1382) ; elle interdit aux trop proches parents de se marier entre eux (C. civ., art. 161 s.) ; elle oblige celui qui a conclu un contrat à respecter les engagements qu'il a ainsi consentis (C. civ., art. 1103 ; ancien art. 1134)… Mais l'homme en société est soumis à bien d'autres règles : règles morales, règles religieuses, règles du « savoir-vivre »… Or, il se révèle difficile de distinguer nettement ces diverses sortes de normes. Certes, nul ne sera surpris que le *caractère général et impersonnel* de la règle de droit, déjà évoqué, ne suffise pas à la révéler. Mais cela est vrai aussi de deux autres caractères *a priori* plus symptomatiques de la règle de droit : sa *finalité sociale*, et son caractère *extérieur à l'individu*.

§ 1. Le caractère général et impersonnel de la règle de droit

8. ***Caractère inhérent à toute norme***. La règle de droit concerne chacun et ne désigne personne en particulier ; elle a un caractère général et impersonnel. Cela ne permet pas, pour autant, de la distinguer des autres règles qui s'appliquent à la vie sociale. Les règles de morale ou de religion, comme celles du savoir-vivre, présentent pareillement ce caractère d'abstraction. Cela ne peut surprendre : ce caractère est dans la nature de la notion même de *règle*, c'est-à-dire de toute prescription qui prétend régir un groupe d'individus. Une prétendue « règle » qui viserait une seule personne ne serait, en réalité, qu'une

1. Cornu, nº 12.
2. V. ss 14.

décision [1]. C'est le cas des lois ordonnant des funérailles nationales en reconnaissance des mérites d'un chef d'État, d'un savant ou d'un héros ; c'est également le cas, plus courant, des décrets portant nomination d'un fonctionnaire.

La généralité de la règle de droit n'est donc pas un critère satisfaisant. Et cela reste vrai même si l'on observe que, le plus souvent, cette généralité n'est que relative.

9. *Caractère de portée relative*. Remarquons, à ce dernier propos, d'abord, que la règle ne concerne jamais qu'une *situation* plus ou moins étroitement définie : celle où une personne subit un dommage par la faute d'un tiers ; celle du mariage entre parents ou alliés ; celle où un contrat a été conclu... C'est inévitable. Une règle qui ne viserait pas une situation définie serait dépourvue de signification. Cette spécialisation n'empêche pas la règle d'être générale : toute personne du groupe soumis à cette règle qui se trouve dans la situation considérée doit se la voir appliquer [2].

Ce caractère relatif est d'ailleurs souvent plus fortement marqué, en ce sens que la règle ne s'applique qu'à une *catégorie limitée de personnes* : les électeurs, les salariés, les propriétaires, les locataires ou, plus étroitement encore, les syndiqués, les conducteurs d'automobiles, les promoteurs immobiliers, les propriétaires de monuments historiques, etc. La règle n'en conserve pas moins sa généralité en ce qu'elle a toujours vocation à s'appliquer à toute personne appartenant à la catégorie considérée, et surtout, en ce que toute personne entrant dans cette catégorie s'y trouvera automatiquement soumise.

Il est possible que cette fréquente relativité du caractère général de la règle concerne plus la règle de droit que les autres règles de la vie sociale, telles les règles morales ou religieuses, à certains égards du moins. Mais il n'y a là qu'une différence de degré, non de nature. En effet, s'il est vrai que les règles morales – ou les règles religieuses – ont vocation à s'appliquer à des groupes plus étendus [3], il en est, cependant, qui ont un champ d'application plus restreint, telles les règles morales professionnelles ou « la règle » qui gouverne la vie d'un ordre religieux.

De quelque manière qu'on l'envisage, la généralité de la règle de droit apparaît donc impropre à constituer le critère qui permette de la désigner à coup sûr.

§ 2. La finalité sociale de la règle de droit

10. *Différence de finalité du droit, de la morale et de la religion*. Droit, morale et religion ont des finalités distinctes. Tandis que le *droit* vise à organiser la société et les relations qui s'y établissent entre les personnes qui la composent, la morale et la religion concernent essentiellement l'individu [4].

---

1. Ou une « norme individuelle » régissant une situation particulière, dans les cas où le droit autorise de tels aménagements, comme en matière contractuelle ; v. Deumier, *Introduction générale au droit*, n° 17 s. Comp. Ghestin, Barbier et Bergé, n° 22 s. qui intègrent les actes juridiques individuels jugements, décisions administratives individuelles et contrats, sous la dénomination de règles individuelles. Que ces actes appartiennent au droit est indiscutable ; qu'elles constituent des « règles » de droit est plus discutable.

2. On pourrait dire, d'un autre point de vue, que la règle ne s'épuise pas en tranchant un cas ; tout au contraire, sa vocation, parce qu'elle envisage une situation, est de s'appliquer à une série de cas. Ce qui fait découvrir, du même coup, que la règle de droit implique une certaine permanence (sur ce point, v. ss 114).

3. Ainsi ces règles sont-elles moins sensibles aux frontières étatiques.

4. Cette finalité sociale est prépondérante dans la conception du droit de M. Libchaber (« Remarques critiques sur l'ordre juridique et le discours du droit », préc.) puisqu'il considère que, par le droit,

La *règle morale* tend à la perfection de la personne et à l'épanouissement de sa conscience. La *règle religieuse* veille au salut de l'être humain dans une rencontre d'amour avec Dieu. Ces perspectives sont assurément bien différentes de celles dans lesquelles se place la règle de droit qui « n'est ni une règle de salut, ni une loi d'amour : c'est un facteur d'ordre, un régulateur de la vie sociale… »[1].

Il faut toutefois nuancer l'opposition ainsi faite entre le droit et les deux autres ordres normatifs. C'est que la *finalité sociale* du droit ne se réduit pas à une préoccupation de sécurité, et donc d'ordre. L'organisation des relations sociales par le droit se fait aussi en considération d'un besoin de *justice*, c'est-à-dire d'harmonie et d'équilibre, notamment pour assurer une protection des plus faibles et le respect de la bonne foi[2]. Mais il est vrai que la fonction organisatrice de la règle de droit peut emporter des différences, voire des conflits, entre elle et les deux autres catégories de règles qui sont envisagées ici.

11. ***Contradiction possible entre règle de droit et règles morales ou religieuses***. Tournées vers l'*individu*, seul ou dans sa relation à Dieu, la morale et la religion entretiennent des préoccupations dont la finalité *sociale* du droit peut exiger, parfois, l'occultation. Il peut en résulter une véritable contradiction.

Ainsi – **exemple** parmi d'autres – la règle juridique de la *prescription extinctive* peut-elle consacrer des solutions que la morale réprouve. En vertu de cette règle, en effet, si un créancier omet, pendant un certain temps, de réclamer paiement à son débiteur, ce dernier, à l'expiration d'un délai défini par la loi, se trouvera libéré de sa dette : il pourra alors, en toute impunité, refuser le paiement. Cette solution est admise, contre la morale, pour des raisons de *sécurité juridique* : on ne doit plus pouvoir remettre en question les situations qui se sont longtemps maintenues. Leur remise en cause tardive est suspecte : on peut craindre, par exemple, que le débiteur ait bien payé en son temps et que son créancier tente de profiter de ce qu'il a égaré sa quittance.

L'indifférence, voire le cynisme, que le droit peut manifester au regard de certaines situations, est évidemment de nature à choquer et il est légitime de souhaiter une amélioration de la règle de droit à cet égard[3]. Il convient, cependant, dans cette démarche, de veiller, d'abord, à ne pas compromettre la sécurité que le droit doit à chacun dans l'ordre social et, ensuite, à ce que la

---

une société exprime ses valeurs et qu'il est destiné à proscrire le recours à la violence pour régler les relations entre les individus qui la composent (v. notamment *op. cit.*, n°°80 s.). Sur la place du « discours du droit par rapport aux autres » « discours sociaux » ou « normatifs », non réductibles à la seule morale, *ibid.*, n° 96 s.

1. Cornu, n° 23 ; *adde* : Bergel, *Théorie générale du droit*, 5e éd., Dalloz, coll. « Méthodes du droit », 2012.

2. Sur les différentes acceptations de la justice, sa concurrence et sa conciliation avec l'utilité comme finalités du droit : Ghestin, Barbier et Bergé, *Introduction générale*, n° 26 s.

3. Par exemple, dans un domaine voisin de la prescription précédemment évoquée, il apparaît désormais que le risque de perte de fonds inutilisés, déposés à la banque ou alimentant des contrats d'assurance-vie, est difficilement supportable, en ce qu'il porte une atteinte excessive à la propriété. C'est la raison pour laquelle la loi du 13 juin 2014 relative aux comptes bancaires inactifs et aux contrats d'assurance-vie en déshérence a imposé de nouvelles obligations aux banquiers et aux assureurs pour vérifier que l'attribution des fonds à l'État n'intervienne qu'en l'absence de créanciers des fonds ou parce que ceux-ci s'en désintéressent vraiment.

Sur des évolutions souhaitées par certains dans les domaines du contrat et de la responsabilité civile : D. Mazeaud, « Loyauté, solidarité, fraternité : la nouvelle devise contractuelle ? », in *Mélanges en hommage à F. Terré*, 1999, Dalloz, p. 603 ; C. Thibierge, « Libres propos sur l'évolution du droit de la responsabilité », *RTD civ.* 1999. 561.

règle morale que l'on veut promouvoir relève bien d'une morale sociale et non purement individuelle : il n'est jamais recommandable d'imposer aux autres ses propres convictions, fût-ce dans les meilleures intentions du monde.

L'existence de semblables contradictions se retrouve dans les rapports entre *règle de droit et règle religieuse*. Ainsi la religion catholique considère-t-elle le mariage comme un sacrement incompatible avec le *divorce*. En admettant celui-ci, le droit, français en l'occurrence, s'oppose directement aux prescriptions de l'Église romaine. C'est que le législateur considère que l'indissolubilité absolue du mariage est de nature à engendrer des troubles (psychologiques ou de comportement) plus perturbateurs de la vie sociale que ne l'est le divorce.

Il est donc incontestable que la finalité sociale de la règle de droit, engendre parfois une véritable opposition entre celle-ci et la règle morale, ou la règle religieuse. Pour autant, on ne peut voir dans cette finalité sociale un critère fiable de distinction de la règle de droit.

12. ***Inefficacité du critère de la finalité sociale. Règle de droit et règle religieuse.*** S'il est vrai que, par leurs finalités, le droit, la religion et la morale sont différents, cela n'empêche que ces trois ordres normatifs connaissent d'importantes coïncidences[1]. Le simple fait, évoqué précédemment, que la *justice* entre dans la finalité sociale du droit, laisse à lui seul pressentir qu'il ne peut y avoir une opposition radicale entre le droit, d'une part, et la religion et la morale, de l'autre. Mais, outre ce facteur général de rapprochement, il faut tenir compte, aussi, de ce que, d'une part, ni la religion ni la morale n'ignorent le fait social et que, d'autre part, le droit ne peut faire totalement abstraction de ces deux ordres de règles.

« Rendez à Dieu ce qui est à Dieu, et à César ce qui est à César. » La formule évangélique peut-elle s'appliquer sans nuance à la distinction de la *règle religieuse* et de la règle de droit ? Cela semble douteux. Certes, à la différence d'autres droits, tel en particulier le droit musulman, le droit français n'a pas de lien nécessaire avec la religion : il s'est élaboré en dehors de l'Église[2] ; il est institutionnellement laïque depuis le Code civil[3].

Il n'en demeure pas moins, d'une part, que l'on constate parfois une ressemblance parfaite de la règle de droit à la règle religieuse quant à son contenu (condamnation du meurtre, du vol et du faux témoignage, pour s'en tenir aux exemples les plus patents) : l'exigence divine assure directement la satisfaction de la fin sociale (qui peut le plus peut le moins !). D'autre part, le droit français ne prétend pas à une ignorance totale du fait

---

1. Au sens physique du mot ; cf. Jestaz, « Les frontières du droit et de la morale », *Droit prospectif* 1983. 334, not. 346 s., où l'auteur évoque divers « points de contact » entre droit et morale.

2. Au contraire, le droit musulman apparaît comme un élément de la religion de l'Islam (cf. David, Jauffret-Spinosi et Goré, *Les grands systèmes de droit contemporains*, 12e éd., Dalloz, coll. « Précis », 2016, n° 439 s.) et même ses développements modernes demeurent très largement sous l'autorité de la religion (v. aussi Milliot et Blanc, *Introduction à l'étude du droit musulman*, 2001, coll. « Bibliothèque Dalloz », spéc. n° 94 s. et n° 196 s.).

3. Laïcité renforcée par la loi de séparation des Églises et de l'État (L. du 9 déc. 1905).

La laïcité de l'enseignement public est affirmée par différents textes du Code de l'éducation (art. L. 141-1, art. L. 141-2…). Elle s'accompagne de l'interdiction du port de signes ou de tenues manifestant ostensiblement une appartenance religieuse (C. éduc., art. L. 141-5). La détermination du domaine du principe de la laïcité a suscité des interrogations concernant, notamment, les établissements du secteur privé. Sur le licenciement de l'employée d'une crèche ayant persisté à porter le voile islamique, en violation d'une clause du règlement intérieur, v., au terme d'une longue procédure : Ass. plén. 25 juin 2014, n° 13-28369, *Bull. ass. plén.*, n° 1 ; *RFDA* 2014. 954, obs. Delvolvé, *RTD civ.* 2014, obs. Hauser, *D.* 2014. 1536, note Radé, *Dr. soc.* 2014. 811, obs. Mouly.

religieux : ainsi, notamment, l'article 1er de la Constitution de 1958 proclame-t-il le respect de toutes les croyances [1].

La finalité sociale d'une règle ne suffit donc pas pour distinguer la règle de droit de la règle religieuse dont la vocation divine n'empêche qu'elle peut gouverner le comportement social des individus. On ne s'étonnera pas de retrouver une semblable conclusion pour la règle morale.

13. ***Inefficacité du critère de la finalité sociale. Règle de droit et règle morale.*** Pour ce qui concerne le droit et la morale, la tentation est grande d'affirmer leur parfaite dissemblance en ce que la morale paraît relever exclusivement de la conscience individuelle et ne pas avoir de dimension sociale [2].

L'opposition est excessivement théorique. Elle paraît méconnaître que si la morale est, traditionnellement, science – connaissance et épanouissement – du « moi », elle n'est pas, et ne peut pas être aveugle à la relation du « moi à l'autre ». Il en résulte que, même entendue dans son sens le plus strict qui met à part ce qui correspond à la morale dite « sociale » et aux bonnes mœurs, la règle morale n'est pas absolument étrangère au fait social : elle prend en charge le bien de l'individu *pour*, et *par* lui-même, mais aussi dans sa relation au groupe social. Et s'il est vrai que, par essence, la règle morale n'a qu'une finalité individuelle, il n'en est pas moins certain qu'elle « intéresse » le groupe, au moins dans la mesure où elle détermine une action qui se réalise au sein de celui-ci.

Aussi bien, rien n'impose qu'on limite la réflexion à cette conception étroite de la morale. La question de la distinction de la règle de droit se pose aussi dans ses rapports avec la morale dite « sociale », celle qui, précisément, envisage le « bien » dans la perspective du groupe et non plus exclusivement de l'individu. On rejoint alors l'idéal de *justice*, beaucoup plus compréhensif, et qui n'est évidemment pas étranger au droit [3].

La relation qui existe ainsi entre morale et société trouve une illustration très caractéristique avec l'institution, depuis 1983, d'un *Comité consultatif national d'éthique* pour les sciences de la vie et de la santé. Cet organisme a pour mission de donner des avis sur les problèmes éthiques et les questions de société soulevés par les progrès de la connaissance dans les domaines de la biologie, de la médecine et de la santé (C. santé publ., art. L. 1412-1). C'est donc une institution qui est chargée d'indiquer, dans son domaine et sans pouvoir de contrainte – sa fonction est *consultative* – les limites et les précautions que la morale impose à la recherche scientifique, et plus largement aux progrès de la science, en considération, principalement, de la dignité de l'être humain (ainsi, par exemple, des questions relatives aux manipulations génétiques, aux expérimentations sur l'embryon, à l'euthanasie…).

La morale sociale peut d'ailleurs avoir une portée élargie pour devenir humanitaire – au sens de *devoirs individuels envers l'humanité* – et déborder le cadre des sociétés nationales. Ainsi des devoirs envers l'être humain – respect, dignité, sauvegarde. Le rapprochement de la règle de droit et de la règle morale se renforce alors considérablement. C'est le cas des droits de l'Homme et aussi, par exemple, des règles tendant au respect de l'environnement [4].

---

1. Plus ponctuellement, il est arrivé que les juges tiennent compte d'une règle religieuse (celle de l'indissolubilité du mariage, en l'occurrence) pour exclure le caractère abusif du licenciement d'un salarié remarié après divorce, Ass. plén. 19 mai 1978, *D.* 1978. 541, concl. Schmelck, note Ardant.

2. Tentations plus grandes pour la morale que pour la religion : d'une part, les religions ont souvent sécrété leur droit propre ; d'autre part, elles ont un caractère communautaire qui s'oppose à l'individualisme de la morale.

3. V. ss 10, 25 s. (sur le droit naturel).

4. La question a été posée de savoir si, à cette expansion du devoir moral ne devait pas correspondre une expansion de la responsabilité, civile notamment, avec un accroissement de sa fonction préventive ;

Une autre tendance majeure de l'évolution des sociétés occidentales, qui n'est d'ailleurs pas étrangère au développement du droit souple [1], est justement la moralisation des rapports sociaux par le recours, de plus en plus fréquent, à des codes de bonne conduite, des chartes éthiques, également par l'instauration du commerce équitable, de la transparence dans la vie publique ou de la responsabilité sociétale des entreprises. Il faut néanmoins prendre garde à ce que sous ces dénominations et dans ces instruments prospèrent parfois des normes de comportement qui n'ont en réalité qu'un rapport assez lâche avec la morale inspirés qu'ils sont par des visées mercantiles, la préservation de l'image de marque des entreprises ou celle de la considération apportée aux hommes politiques [2].

Qu'on l'entende de façon rigoureuse ou souple, il s'avère que la règle morale ne peut être distinguée avec certitude de la règle de droit sur le seul fondement de la finalité sociale de cette dernière.

Cela tient, en premier lieu, à ce que la règle morale détermine, au moins (morale *stricto sensu*), des effets sensibles dans la vie sociale par le comportement qu'elle assigne à l'individu – le respect d'autrui, ou la charité, par exemple, ne sont pas indifférents au groupe – et à ce qu'elle peut constituer un *guide* pour la règle de droit [3] (morale sociale, notamment). Il peut alors y avoir une très grande ressemblance de la règle de droit et de la règle morale. Trois **exemples**, parmi d'autres [4] : l'ensemble des dispositions légales qui garantissent la *dignité de la personne* et l'intégrité de l'espèce humaine [5] ; la règle qui interdit de tromper son partenaire pour l'amener à conclure un contrat, comportement contraire à la morale et que le droit sanctionne au titre du *dol* [6] *; le principe de l'enrichissement injustifié* qui oblige celui qui a reçu un enrichissement injuste à le restituer, principe moral qui, sous diverses conditions, est consacré, dans différents cas, par la loi (C. civ., art. 1303 s.) et par la jurisprudence [7].

Cette grande ressemblance, sinon identité, de certaines règles de droit à des préceptes moraux n'empêche qu'il faut ne pas les confondre. Comme il a été justement observé, il n'y a pas de droit de la morale, le droit n'ayant d'autre fonction que de réguler les rapports sociaux [8].

Cela tient, en second lieu à ce que la règle de droit consacre parfois juridiquement le comportement dicté par le devoir moral, mais, à la différence de l'hypothèse précédente, *sans imposer celui-ci*. On parle alors *d'obligation naturelle*, notion qui apparaît à l'article 1302, alinéa 2, du Code civil (ancien art. 1235, al. 2) [9]. Un bon

---

C. Thibierge, « Libres propos sur l'évolution du droit de la responsabilité », *RTD civ.* 1999. 561, spéc. 583 ; v. ss 249.

1. V. ss 3.
2. Dans le domaine des affaires, v. notamment Ph. le Tourneau, « Existe-t-il une morale des affaires ? », in *La morale et le droit des affaires*, Montchrestien, 1996, et *L'éthique des affaires et du management au XXIe siècle*, Dalloz-Dunod, 2000.
3. Elle peut aussi agir sur l'interprétation de la règle de droit, v. ss 129.
4. V. en particulier, l'ouvrage de G. Ripert. *La règle morale dans les obligations civiles*, 4e éd., LGDJ, 1949.
5. V. en particulier les articles 16 et suivants du Code civil qui, notamment, interdisent les atteintes à la dignité de la personne, à l'inviolabilité du corps humain et les pratiques eugéniques « tendant à la sélection des personnes » (art. 16-4) ; v. égal. Convention européenne de sauvegarde des droits de l'Homme, articles 3 et suivants, et le Chapitre 1 (« Dignité ») de la Charte des droits fondamentaux de l'Union européenne.
6. C. civ., art. 1137 s. (ancien art. 1116) ; v. ss 235.
7. V. ss 250.
8. Cf. Galloux, « La loi no 2004-800 du 6 août 2004 sur la bioéthique », *D.* 2004. 2379, spéc. 2381, où l'auteur critique le choix de l'intitulé de la loi.
9. Sur cette notion, v. ss 246.

exemple de cette notion, et du mécanisme qu'elle consacre : en droit, le débiteur libéré par la prescription n'est plus tenu de payer et il peut ignorer les demandes de paiement de son ancien créancier[1]. Mais s'il paie volontairement cette dette par devoir de conscience, la loi lui interdit de se prévaloir ensuite de la prescription pour se faire rembourser.

14. ***Conclusion sur le critère de la finalité sociale.*** On peut donc conclure que la finalité sociale de la règle de droit ne permet pas de la distinguer à coup sûr des règles religieuses et morales.

Sans doute cette finalité sociale est-elle bien un trait particulier de la règle de droit[2], ce qui apparaît avec une singulière netteté, non seulement dans les cas où elle entre en conflit avec la règle morale ou religieuse[3], mais encore dans ceux où elle a une fin de pure organisation (organisation de l'État, règles de la copropriété, Code de la route…). Mais le fait que les règles morales et religieuses aient une finalité essentiellement individuelle n'empêche que, tendant au bien de l'individu, elles ont souvent une résonance sociale qui les rapproche de la règle de droit, au point d'avoir, parfois, le même contenu, ce qui brouille la valeur du critère.

C'est à une semblable conclusion, plus nette encore, que l'on aboutit avec l'examen du caractère *extérieur* de la règle de droit.

§ 3. Le caractère extérieur de la règle de droit

15. ***La règle de droit est extérieure à la volonté individuelle des personnes qui y sont soumises.*** Parce qu'elle vise à organiser la société et à régir les relations qui s'établissent entre ses membres, la règle de droit ne peut qu'être extérieure à la personne. Elle n'est pas une contrainte ou une consigne qui procède de la volonté de chacun. Elle est, un ordre ou une suggestion, selon le cas[4], qui est adressé à chacun des membres du corps en dehors de sa volonté. Ce qui ne va pas, toutefois, sans quelques ambiguïtés. On en relèvera deux.

La première résulte de la théorie du *contrat social* proposée par J.-J. Rousseau[5]. Dans cette approche du phénomène social, c'est par une sorte de délégation de pouvoirs, consentie par chacun au profit du groupe lui-même, ou plus techniquement au profit de l'État, que la vie sociale peut et doit être organisée. Cela signifie-t-il qu'en définitive la règle de droit procède bien de la volonté individuelle[6] ? Certainement pas. Sans doute, en démocratie du moins, chacun est-il invité à concourir à l'élaboration du droit. Mais il est évident qu'il n'en résulte pas que le droit se réduise à l'expression de la volonté de chacun.

La seconde ambiguïté tient à ce que, comme le révèle l'étude des *sources* de la règle de droit, celle-ci apparaît, parfois, comme le produit de la *coutume*, c'est-à-dire d'une

1. V. ss 11.
2. Ce caractère se retrouve, au demeurant, pour d'autres règles qui ne sont cependant pas des règles de droit : tels les « bons usages », les règles de politesse ou de bienséance, de la vie quotidienne.
3. V. ss 11.
4. Sur ces nuances, possibles, v. ss 19.
5. *Du contrat social ou Principes du droit politique*, 1762.
6. Ainsi Rousseau écrit-il (Livre L, Chap. VIII) : « [...] l'obéissance à la loi qu'on s'est prescrit est liberté ».

pratique sociale devenue habituelle [1]. Si l'on admet que cette pratique correspond, à l'origine au moins, à l'exercice par chacun de son libre arbitre, il est tentant d'estimer que dans ce cas, au moins, la règle de droit procède directement de la volonté de chacun. Cette tentation doit pourtant être refoulée, car si la règle coutumière prend bien appui sur des démarches originellement individuelles, c'est seulement la répétition et la généralité de celles-ci qui engendrent la règle proprement dite. De ce point de vue, la coutume est le résultat d'une sorte de réflexion – au sens optique du terme – du groupe social : initialement individuelle, la démarche est d'abord reçue par la société qui la propose ensuite comme règle de conduite à ses membres.

On peut donc conclure que s'il est vrai que les volontés individuelles peuvent être conviées, d'une façon ou d'une autre, à l'élaboration de la règle de droit – ce qui est la marque de la démocratie –, cette règle n'en demeure pas moins le produit du groupe – l'expression de « la volonté du groupe social » [2] – et que c'est comme tel qu'elle s'impose à l'individu.

Les sujets de droit peuvent être autorisés par la loi à se doter eux-mêmes de règles destinées à régir leur situation, comme c'est le cas en matière contractuelle où les parties peuvent, d'un commun accord, fixer les conditions d'un échange de biens ou de services [3]. Mais il ne s'agit pas de règles de droit au sens propre, plutôt de « normes individuelles [4] ». La véritable règle, extérieure, se trouve dans la disposition légale qui habilite les individus à se lier juridiquement par l'effet de leur volonté (C. civ., art. 1103 ; ancien art. 1134).

16. ***Comparaison avec les règles religieuses et les règles morales***. Il est certain que par rapport à cette extériorité de la règle de droit, les règles religieuses, d'une part, et les règles morales, de l'autre, se présentent assez différemment.

Il ne fait pas de doute que les *règles religieuses* sont, comme les règles juridiques, des règles extérieures à la personne. Dans le cas de la religion catholique, par **exemple**, elles sont soit directement la parole – le commandement – de Dieu, soit l'œuvre de son Église. Plus nettement encore que les règles de droit, elles restent hors de portée de la volonté individuelle car si la foi peut les intérioriser à la personne, celle-ci n'est pas admise à participer à leur élaboration.

Pour les *règles morales*, la situation est radicalement différente. En principe, en effet, la règle morale est essentiellement interne à la personne : elle est le produit de *sa* conscience. Cette opposition est-elle catégorique ? Il est vrai que dans le cas de la *morale sociale* [5], le « bien » de l'individu dans le groupe n'est pas déterminé de façon purement individuelle, mais sous la pression et en considération dudit groupe. C'est ainsi que l'idée de *justice sociale* n'est pas une pure projection de la conscience individuelle, mais un concept d'élaboration collective, plus ou moins consciente il est vrai [6]. Mais il reste que, même dans cette hypothèse, l'individu

---

1. V. ss 117 s.
2. Lévy-Bruhl, *Sociologie du droit*, 5e éd., PUF, coll. « Que sais-je ? », 1976, p. 40 ; rappr., v. ss 37.
3. V. ss 242 s.
4. Sur lesquelles, cf. Deumier, v. ss 8, 17 s.
5. V. ss 13.
6. Le passage de l'individuel au collectif pur – qui fait sortir de la sphère morale – semble coïncider largement avec la notion classique de *bonnes mœurs*, soit que selon l'observation de Carbonnier (no 18) on considère que ces bonnes mœurs, « ne sont, au fond, qu'un aspect de la coutume », soit qu'on constate que c'est le droit qui en impose le respect, laissant au juge le soin d'en fixer le contenu (Flour, Aubert et Savaux, *Droit civil. Les obligations*, vol. 1, *L'acte juridique*, 16e éd., Sirey, coll. « Université »,

conserve, par rapport à la règle considérée, une maîtrise qu'il n'a jamais vis-à-vis des règles religieuses, non plus que des règles de droit.

Cette dernière observation met sur la voie de ce qui constitue, en dernière analyse, le caractère spécifique de la règle de droit : savoir qu'elle comporte un pouvoir de contrainte, et, plus précisément, qu'elle bénéficie d'une coercition étatique.

Section 2
Le caractère spécifique de la règle de droit : la coercition étatique

17. ***Idée générale. Plan.*** Il est dans la nature des règles de comporter une sanction. C'est une condition de leur respect, sinon de leur existence. Mais, selon les règles, la sanction varie : de ce point de vue, la règle de droit se caractérise par ceci que son respect est sanctionné par l'État, ce qui inclut le recours à l'Autorité judiciaire et à la force publique. Cette idée de coercition étatique, qui n'est pas dépourvue de nuances dans sa mise en œuvre, doit être définie avec précision. Elle appelle, par ailleurs, une justification : pourquoi la règle de droit se trouve ainsi habilitée à contraindre ?

Il faut faire exception *a priori* pour les dispositions du droit souple (la *soft law*) qui, préférant agir par suggestion ou incitation, ne comportent normalement pas de sanction. Mais la réalité est plus nuancée. En les soumettant au *recours pour excès de pouvoir*, le Conseil d'État a reconnu que certains avis, recommandations et mises en garde des autorités de régulation ont le caractère de dispositions générales et impératives ou qu'ils énoncent des prescriptions individuelles dont la méconnaissance peut être sanctionnée ou qu'ils sont de nature à produire des effets notables, notamment de nature économique et qu'ils ont pour objet d'influer de manière significative sur les comportements des personnes auxquels ils s'adressent [1]. Dans le premier cas, les instruments du droit souple se rapprochent sensiblement des règles de droit classiques [2], et dans le deuxième des décisions individuelles. Dans le troisième, une sanction directe n'apparaît pas, mais l'objet d'organisation des rapports des hommes en société y figure clairement. Comme, par hypothèse, les normes de droit souple ont cette fonction, fort peu devraient échapper au recours pour excès de pouvoir. À la qualification de juridique au regard du critère de la sanction aussi parce qu'il est probable qu'alors les comportements pourront être appréciés du point de vue de ces directives, comme c'est déjà le cas en matière de responsabilité [3]. Ce n'est qu'en l'absence de toute incidence de ce type que la norme de droit souple peut être dite dépourvue de sanction. Elle ne constitue pas alors une source de droit à proprement parler. Pour autant, cela ne signifie pas qu'elle est dépourvue de juridicité, dans la mesure où elle joue un rôle important dans l'interprétation des règles de droit et dans la direction des comportements [4].

Le droit souple est donc bien du droit, exceptionnellement dépourvu de sanction. Mais son empire est beaucoup moins grand que ce que la faveur pour de type de disposition laisse penser.

2014, n° 277 s.). La réforme du droit des obligations par l'ordonnance du 10 février 2016 a supprimé la notion de bonnes mœurs du droit des contrats, ce qui manifeste le recul d'une certaine morale sociale, sexuelle particulièrement.

1. CE, ass., 21 mars 2016, n° 368082 et n° 390023, *Lebon* 2016, *RFDA* 2016. 497, concl. von Coester, *AJDA* 2016. 572 ; *ibid.* 717, chron. L. Dutheillet de Lamothe et G. Odinet ; *D.* 2016. 715, obs. M.-C. de Montecler ; *AJCA* 2016. 302, obs. S. Pelé, *JCP* 2016, n° 22, p. 623, note Perroud.

2. Ils avaient déjà été soumis au recours par CE 12 oct. 2012, n° 357193 et n° 346378.

3. V. ss 3.

4. V. S. Gerry-Vernieres, *Les « petites » sources du droit (À propos des sources étatiques non contraignantes)*, préf. Molfessis, Economica, coll. « Recherches juridiques », 2012, préc.

§ 1. La notion de coercition inhérente au droit

18. ***Coercition étatique : droit, morale et religion.*** La caractéristique décisive de la règle de droit consiste en ce qu'elle est une règle à la fois rendue obligatoire et sanctionnée par l'État[1].

Cette affirmation a parfois été contestée en ce sens qu'il y aurait un *critère substantiel du juridique* : les règles dites « de droit » seraient juridiques par nature, ce que la sanction de l'autorité publique ne ferait que constater. En bref, la coercition étatique ne serait pas le critère de la règle juridique mais une conséquence de sa nature profonde. L'objection correspond à certaines apparences : ainsi les règles de pure organisation sociale – le Code de la route, par exemple – peuvent apparaître, d'une certaine manière, comme « juridiques par nature ». Mais l'observation n'a qu'une portée limitée. L'histoire, à elle seule, suffit pour démontrer que tel ou tel comportement n'est pas nécessairement et immuablement lié à tel ou tel ensemble normatif : en France, avant de devenir règle de droit, le mariage n'était-il pas du domaine des règles religieuses ? Et l'on a justement souligné la fréquente relativité de la nature d'une règle déterminée : « Dans le métro, la défense de fumer procède du droit ; ailleurs, de la politesse ou de l'hygiène »[2].

Il n'y a donc pas de critère substantiel de la règle de droit[3]. Toute règle, morale, religieuse ou autre, peut devenir juridique : il lui suffit, pour cela, d'être rendue obligatoire et sanctionnée par l'État. C'est cette consécration par l'État qui fait la règle de droit[4].

Si les particularités, notables, du caractère obligatoire de la règle de droit[5] – et dans une moindre mesure, la notion protéiforme de sanction juridique[6] – peuvent servir à la distinguer de la règle morale comme de la règle religieuse[7], il reste que c'est l'*origine* de la contrainte – à savoir l'État – qui est véritablement décisive.

Comme la règle de droit, en effet, la *règle religieuse* est obligatoire et assortie de sanctions. Mais la contrainte émane alors de Dieu et de son Église ; elle n'est pas

---

1. Il en résulte, notamment, que dès lors que l'auteur d'un engagement, fut-il moral, a exprimé la volonté non équivoque et délibérée de s'obliger, cet engagement a une valeur contraignante. Sa violation l'oblige à réparer le préjudice qui en est résulté : Com. 23 janv. 2007, *Bull. civ.* IV, nº 12, *D.* 2 007. 442, obs. Delpech, *RTD civ.* 2007. 340, obs. Mestre et Fages, *Defrénois* 2007, art. 38624, nº 48, obs. Savaux ; sur les différentes sortes de sanctions juridiques, v. ss 22 s.

Pour une analyse critique du critère de la sanction, v. R. Libchaber, *op. cit.*, n° 57 et n° 108 s. ; et sur le rôle de l'État dans la constitution du droit, *ibid.*, n° 179 s. Selon M. Libchaber, le véritable critère serait la juridicité dérivée de la sanction, définie comme « la qualité particulière qui permet de reconnaître que telle institution, tel énoncé, telle démarche se situe dans le champ du droit et non ailleurs » (*op. cit.*, n° 13) ; égal. v. ss 216 s. Cette qualité particulière semble constituée par le fait que, par leur forme et par leur contenu, les solutions considérées pourraient être reçues par l'ordre juridique (*ibid.*, n° 21). L'une des conséquences est que le droit ne se trouve pas seulement dans les normes effectivement posées par les autorités compétentes, mais également dans celles qui pourraient l'être.

2. Carbonnier, *Sociologie juridique*, PUF, coll. « Quadrige », 2004, p. 187.

3. Carbonnier, *eod. loc.*

4. *Contra* : R. Libchaber, *op. cit.* La consécration par l'État s'accompagne d'une sanction, de nature variable (v. ss 21 s.).

5. V. ss 19, 20.

6. V. ss 21.

7. La sanction religieuse se situe, surtout, dans l'ordre extra-temporel ; la sanction, morale, est essentiellement psychologique : le remords, au plan intérieur ; la réprobation, de l'extérieur. S'il n'y avait pas d'exception à ce schéma, l'opposition avec le droit serait relativement aisée. Mais il y en a : l'Église prononce des sanctions immédiates (l'excommunication) ; la sanction morale, surtout collective, peut cesser d'être psychologique (cf. Carbonnier, *op. cit.*, p. 191, qui évoque la lapidation de Rousseau, ou plutôt de sa maison à Môtiers).

une décision de l'État. Pareillement, la *règle morale* est une règle à la fois obligatoire et sanctionnée, même si, obligation et sanction relevant alors de la conscience de l'individu, ce double caractère est de perception plus difficile. Mais, là encore, la coercition ne procède pas de l'État. Au plus, la contrainte peut, parfois, émaner du groupe (dans le cas de la morale dite « sociale ») : mais, même alors, elle n'est pas prise en charge par l'autorité publique et reste, par comparaison avec la coercition étatique, largement inorganisée.

Le caractère essentiel de l'origine étatique de la coercition propre à la règle de droit étant ainsi souligné, il convient d'en préciser maintenant les composantes : à savoir le caractère *obligatoire*, d'une part, et la *sanction*, d'autre part.

19. ***Le caractère obligatoire de la règle de droit. Règles impératives et règles supplétives***. Que la règle de droit soit en principe obligatoire, cela se justifie directement par la finalité sociale [1] qui lui est assignée : destinée à organiser la société et les rapports entre ses membres, pour le bien du groupe, sa vocation naturelle est d'être respectée, donc imposée. Une société où les prétendues règles de droit n'auraient aucun caractère obligatoire ne serait rien d'autre qu'une société anarchique [2].

La *soft law*, qualifiée de « non contraignante par principe [3] » contredit le caractère obligatoire de la règle de droit puisque, agissant par avis, conseil, incitation…, elle ne comporte pas de sanction. Mais elle n'a finalement qu'un domaine restreint, plus qu'on ne le pense parfois, qui la rend conciliable avec les besoins de l'organisation de la société. Comme l'a indiqué la jurisprudence du Conseil d'État précitée [4], il arrive que de tels instruments contiennent en réalité des dispositions générales et impératives, autrement dit de véritables règles, ou des décisions individuelles contraignantes. Dans ces hypothèses, la *hard law* emprunte simplement les oripeaux de la *soft law* [5]. Ce n'est qu'en présence de dispositions véritablement dépourvues de sanction que le critère de la coercition peut être pris en défaut. Mais il faut encore préciser. Parce que lorsque l'on invoque une « *normativité qui n'implique ni contrainte, ni généralité, ni formalisme, mais une perspective d'orientation des comportements ou d'utilisation comme référence dans le jugement* [6] », c'est, au moins s'agissant de la seconde hypothèse, une forme de sanction, entendue largement comme elle doit l'être en droit, qui est en réalité avancée.

Obligatoire, la règle de droit l'est donc certainement. Mais il faut justement nuancer : on distingue en effet, parmi les règles de droit, des règles *impératives* et des règles *supplétives* de volonté [7].

Les règles dites *impératives* sont celles qui s'imposent strictement aux membres de la société considérée, aux *sujets de droit* : ils ne peuvent en aucune façon les écarter. Ainsi en va-t-il, par **exemple**, des règles du *divorce* : si des époux peuvent assurément se séparer (*séparation de fait*), ils ne peuvent du moins prétendre à la disparition des liens

1. V. ss 10.
2. Cf. l'étymologie du mot *anarchie*, qui vient du mot grec *anarkhia* signifiant absence de commandement.
3. P. Deumier, n° 30.
4. V. ss 3, 17.
5. Ghestin, Barbier et Bergé, n° 163.
6. P. Deumier, n° 32, et les références citées.
7. Pour l'approfondissement, v. ss 100, 101.

du mariage, et aux conséquences qui en résultent (autonomie juridique des anciens époux, liberté de remariage, etc.), sans s'être conformés aux règles qui régissent le divorce. De la même manière, la règle pénale qui condamne l'*homicide volontaire* ne peut pas être écartée par le consentement de la victime (*euthanasie*) [1].

Dans ces différentes hypothèses, le caractère obligatoire de la règle de droit est particulièrement évident. Il n'en va pas de même pour les *règles supplétives*.

20. ***Le caractère obligatoire de la règle de droit et les règles supplétives de volonté.*** Les règles dites *supplétives de volonté* [2] ne s'imposent pas avec la même rigueur : elles peuvent être éludées par la volonté contraire des personnes qui y sont soumises. Elles ne s'appliquent que dans la mesure où les sujets de droit n'ont pas exprimé de volonté particulière pour l'organisation de leur situation : elles suppléent alors (d'où leur appellation) à l'absence de volonté exprimée.

Ainsi les règles qui donnent compétence aux juridictions instituées par l'État – les tribunaux – ne sont pas toujours impératives. Les sujets de droit sont autorisés, en certaines matières, à ne pas soumettre leurs litiges aux juges, et à s'en remettre à la décision d'un *arbitre* [3], personne privée indépendante des organes de la Justice. Par **exemple**, les parties à un contrat, lorsqu'elles se trouvent en désaccord quant à l'exécution de celui-ci, peuvent, en général, soumettre leur différend à un arbitre plutôt que d'entamer un procès devant le tribunal déclaré compétent par la loi.

L'existence de telles règles supplétives peut faire douter de la généralité du caractère obligatoire de la règle de droit. Deux considérations inclinent pourtant à repousser ce doute. La première est que la règle, toute supplétive qu'elle soit, doit s'appliquer telle quelle si les parties ne l'ont pas écartée. La seconde tient à ce qu'il n'est qu'apparemment contradictoire qu'une règle obligatoire puisse ne pas s'appliquer : il n'est pas contraire à la faculté de contraindre que de fixer les limites de la contrainte.

Ce qui est vrai, c'est que l'existence de règles supplétives montre que l'idée d'obligation liée à la règle de droit n'est pas dépourvue de souplesse. Cela se comprend facilement. Pour l'organisation de la vie sociale, objet de la règle de droit, toutes les règles n'ont pas la même importance : il en est qui sont essentielles, vitales, alors que d'autres se bornent à mettre en place une organisation commode. Les premières seront impératives ; les secondes pourront n'être que supplétives [4].

---

1. L'éventualité d'un « droit à la mort » fondé sur la Convention européenne des droits de l'Homme a d'ailleurs été écartée par un arrêt de la Cour européenne des droits de l'Homme du 29 avril 2002 (*D.* 2002. IR 1596). La mise en place de règles destinées à protéger la dignité de la personne en fin de vie par la loi n° 2005-370 du 22 avril 2005 puis par celle n° 2016-87 du 2 février 2016, ne réalise pas de véritable amorce d'une reconnaissance légale de l'euthanasie. Elle comporte néanmoins des dispositions fort importantes. Notamment, l'article L. 1110-5, alinéa 2, du Code de la santé publique, qui dispose que « *toute personne a le droit d'avoir une fin de vie digne et accompagnée du meilleur apaisement possible de la souffrance* » et, surtout, les articles L. 1111-11 et suivants qui prennent en compte la volonté des malades en fin de vie de mettre fin à tout traitement (sur la loi du 2 février 2016, v. Denizot, *RTD civ*. 2016. 460).

2. On dit, plus brièvement, *supplétives*. On dit aussi *interprétatives* ; v. C. Peres-Dourdou, *La règle supplétive*, LGDJ, 2004, préf. Viney.

3. V. l'article 2060 du Code civil, qui indique les matières sur lesquelles il n'est pas permis de « compromettre », c'est-à-dire de soumettre le litige à un arbitre (sur l'arbitrage, v. ss 183).

4. La distinction ainsi faite ne coïncide pas avec l'opposition de l'intérêt du groupe à celui de l'individu. Une règle d'intérêt individuel peut fort bien être impérative (v. ss 101). Ainsi des règles de protection des consommateurs.

Si, donc, le but de la règle retentit sur son caractère obligatoire, pour l'assouplir ou le raidir, selon le cas, cela est encore plus vrai lorsqu'on envisage la règle de droit sous l'angle de sa sanction. Les différences sont alors considérables d'une règle à l'autre [1].

21. ***La sanction étatique de la règle de droit.*** Avant toute chose, il convient d'éviter un risque de confusion que peut créer la « popularité » du droit pénal, branche du droit la mieux perçue de l'opinion publique grâce aux procès et « faits divers » que rapporte la presse. Dire que la règle de droit a pour particularité d'être *sanctionnée* par l'autorité publique ne signifie nullement qu'elle s'accompagne toujours d'une menace de punition, de peine : la notion de *sanction* doit être entendue de manière très large [2].

En règle générale, la sanction de l'autorité publique qui s'attache à la règle de droit signifie qu'il est possible d'en *exiger l'exécution*, au besoin en recourant à un organe de la justice institué par l'État. Et cela est vrai même des règles supplétives de volonté [3], dès lors qu'elles n'ont pas été volontairement écartées. Ainsi, par **exemple**, si un contrat de vente a été conclu sans que les parties aient précisé autre chose que le bien vendu et son prix [4], le vendeur pourra exiger de l'acheteur qu'il paie les frais de l'acte par application de l'article 1593, disposition supplétive qui énonce que « les frais d'acte et autres accessoires à la vente sont à la charge de l'acheteur ».

Mais il est vrai que, très souvent, la règle de droit est assortie de sanctions caractérisées qui sont destinées à en garantir le respect, voire à en punir la méconnaissance. Il existe, à cet égard, une palette très nuancée qui fait apparaître une grande diversité des sanctions, dans leur nature comme dans leur gravité.

22. ***Les principales sanctions de la règle de droit : l'exécution.*** De façon très schématique, il est possible de regrouper les sanctions de la règle de droit autour de trois idées : *exécution*, *réparation*, *punition*. Ces trois thèmes ne sont d'ailleurs pas nécessairement exclusifs l'un de l'autre : en particulier, nombre de sanctions cumulent ainsi l'exécution de la règle et la réparation des conséquences de sa violation.

Si l'*exécution* est inhérente au caractère obligatoire de la règle de droit, il faut cependant remarquer que cette exécution exige parfois une coercition qui rend plus perceptible l'idée de sanction. L'application de la règle par le juge qui tranche le procès en apporte un exemple courant. Autre **exemple** : celui du créancier qui fait saisir et vendre les biens de son débiteur pour obtenir le paiement que celui-ci lui refuse.

La « prison pour dettes », sous le nom de *contrainte par corps*, a été longtemps admise par notre droit. Elle a été opportunément supprimée par une loi du 22 juillet 1867.

---

1. Sur les moyens particuliers dont dispose la puissance publique (l'État) pour l'exercice de ses missions, v. ss 41. Au-delà d'une différence de degré dans le caractère obligatoire de la règle de droit, c'est une variation dans la normativité du droit – définie comme modèle ou guide – qui serait observable ; v. C. Thibierge (dir.), *La force normative. Naissance d'un concept*, LGDJ, Bruylant 2009, *op. cit.*

2. V. C. Chainais et D. Fenouillet (dir.), *Les sanctions en droit contemporain*, vol. 1, *La sanction entre technique et politique*, Dalloz, 2012 ; vol. 2, *La motivation des sanctions prononcées en justice*, Dalloz, 2013.

3. V. ss 19.

4. Cela suffit pour que le contrat de vente soit valablement et définitivement formé ; v. C. civ., art. 1583 ; cf. Flour, Aubert et Savaux, *Droit civil. Les obligations*, vol. 1, *L'acte juridique*, 16e éd., Sirey, coll. « Université », 2014, no 155.

23. ***Les sanctions de la règle de droit : la réparation.*** Les *sanctions réparatrices* sont assez fréquentes, et d'application très courante. On en distinguera, pour s'en tenir à l'essentiel, deux sortes.

La *nullité*, d'abord. C'est la sanction, fréquente, de la violation d'une règle de droit relative à la formation d'un *acte juridique* [1], c'est-à-dire d'un acte de volonté qui est créateur d'effets de droit, par exemple, un contrat de vente [2] : l'acte conclu en violation de la règle est annulé, c'est-à-dire que non seulement il disparaît pour l'avenir, mais encore que tous les effets qu'il a pu déjà produire sont effacés. **Exemples** : La décision prise par une autorité administrative incompétente ou sans respecter les formes requises peut être annulée pour excès de pouvoir [3]. En droit privé, si une vente a été consentie par une personne n'ayant pas la capacité de conclure un tel contrat (tel un mineur non émancipé), ce contrat peut être annulé [4], ce qui entraînera, d'un côté, le retour au vendeur de la propriété de la chose vendue, et, de l'autre côté, le droit pour l'acheteur d'obtenir le remboursement du prix. En bref, la nullité a pour résultat de faire comme si l'acte contraire à la règle de droit n'avait jamais existé.

Les *dommages-intérêts*, ensuite. C'est la sanction la plus habituelle de la *responsabilité* [5]. **Exemple** : si une personne cause un dommage à autrui dans des conditions qui engagent sa responsabilité – parce qu'elle a commis une faute par exemple –, elle est tenue de réparer ce dommage : le plus souvent en payant à la victime des dommages-intérêts, c'est-à-dire une somme d'argent d'un montant égal à la valeur du dommage.

24. ***Les sanctions de la règle de droit : la punition.*** Les sanctions qui ont un caractère de *punition* relèvent principalement du *droit pénal*. Ce sont les *peines* qui sanctionnent les actes de délinquance, *contraventions, délits* ou *crimes*, pour aller des plus bénins jusqu'aux plus graves. Ces peines sont diverses dans leur nature et dans leur gravité : principalement, amende et emprisonnement, mais aussi privation du permis de conduire, interdiction d'émettre des chèques, etc. [6] : la durée de la privation de liberté et le montant de l'amende croissent avec la gravité de l'infraction commise.

La notion de peine, cependant, n'est pas exclusivement réservée au domaine pénal. Il existe aussi des *peines privées* qui, malgré leur nature civile, ont un caractère répressif certain. Ainsi, par **exemple**, de la sanction du *recel successoral* : à supposer qu'un héritier se soit approprié clandestinement un bien appartenant à la succession, il devra non seulement, bien sûr, restituer le bien pour qu'il figure à nouveau dans la masse successorale qui doit être partagée entre les héritiers, mais encore il sera privé de tout droit sur ce bien qui sera attribué, exclusivement, aux autres héritiers (C. civ., art. 778). Sa part dans la succession se trouvera donc amoindrie d'autant.

Le constat ainsi fait de la coercition étatique qui s'attache à la règle de droit soulève une question : savoir comment se justifie cette contrainte.

---

1. Sur la notion d'acte juridique, v. ss 213 s. ; sur la nullité, v. ss 244.
2. La vente se définit comme un acte juridique, conclu par l'accord des volontés du vendeur et de l'acheteur et qui a pour effets de transférer à celui-ci la propriété du bien vendu, et de rendre celui-là créancier du prix de la vente.
3. V. ss 94, 138.
4. La nullité (v. ss 244), est en principe prononcée par une décision de justice, à la demande de celui qui souffre de la violation de la règle de droit considérée : dans l'exemple cité au texte, il s'agit du vendeur.
5. Sur la notion de responsabilité, v. ss 247, 249 s.
6. La peine de mort, qui était la peine la plus grave de l'arsenal répressif français, a été supprimée par une loi du 9 octobre 1981.

§ 2. Le fondement du caractère coercitif de la règle de droit

La recherche du fondement de la coercition étatique qui caractérise la règle de droit, et donc du fondement même de la règle de droit, appartient plus au philosophe qu'au juriste. Celui-ci ne peut cependant pas éluder la question.

Il convient donc d'exposer, fût-ce de façon sommaire, les principales opinions qui ont été développées sur ce thème[1]. Elles peuvent être rassemblées en deux groupes distincts : celui des *théories du droit naturel*, dont la tendance idéaliste s'oppose au positivisme des théories qui voient dans le droit un *fait de société*[2]. Après les avoir évoquées, on posera quelques *éléments pour une conclusion.*

A. Les théories du droit naturel

25. ***La notion de droit naturel.*** Il règne une certaine confusion autour de la notion de droit naturel : on a pu lui attribuer une cinquantaine de sens différents[3].

L'idée en est fort ancienne. Elle est exprimée déjà dans le discours prêté à Antigone, dans son opposition à Créon : « [...] je ne croyais pas tes édits, qui ne viennent que d'un mortel, assez forts pour enfreindre les lois sûres, les lois non écrites des dieux : ce n'est pas d'aujourd'hui ni d'hier, mais de toujours qu'elles vivent et nul n'en connaît l'origine »[4].

L'idée ancestrale de droit naturel procède de la perception-intuition d'un ordonnancement et d'un équilibre idéal de la nature. Le droit naturel n'est rien d'autre que la projection de cet équilibre sur la vie sociale : il est le juste, la « proportion juste » qu'exprime le mot *jus* dans le droit romain classique.

Le droit naturel, dans cette conception, apparaît ainsi comme un principe supérieur de Justice qui s'impose à l'Homme et à la Société. Il est, au sens pur du mot, le *Principe* : « Le droit naturel n'est pas résultat [...] Il se situe au *commencement* des travaux de la science du droit »[5]. C'est lui qui inspire et anime la règle juridique ; c'est lui qui fonde l'autorité du droit vivant, du droit écrit et pratiqué, celui que l'on désigne comme le droit *positif*, et qui n'en est que le reflet, la traduction.

26. ***Les principales théories : Aristote et saint Thomas d'Aquin***. De manière quelque peu arbitraire, sans doute, on peut tenter de rendre compte de la portée et de l'évolution de la théorie du droit naturel en retenant les noms d'Aristote, de saint Thomas d'Aquin, de Grotius, de Stammler et de Gény.

Aristote (384-322 av. J.-C.) accueille l'idée d'un droit naturel qui est un principe supérieur de justice inscrit dans la nature des choses. Mais, tenant compte précisément de cette nature des choses, il est amené à distinguer, d'une part, la *loi naturelle*, partout et toujours la même et critère des bonnes lois et, d'autre part, le *droit légal*, qui est variable parce qu'il prend en considération les particularités des hommes et de la société, mais qui doit tendre au bien commun, à l'image de la loi naturelle.

---

1. V. not. Villey, *Philosophie du droit. Définitions et fins du droit. Les moyens du droit*, coll. « Bibliothèque Dalloz », 2001 ; Atias, *Philosophie du droit*, 4e éd., PUF, 2016 ; Bergel, *Théorie générale du droit*, 5e éd., Dalloz, coll. « Méthodes du droit », 2012.

2. Pour une présentation générale militante, de la question, v. Sériaux, *Le droit naturel*, 2e éd., PUF, coll. « Que sais-je ? », 1993. Sur les différentes théories du droit naturel, dans lesquelles il voit un déplacement de la façon d'appréhender le droit, une façon de réduire aussi l'objet de la réflexion qur les lieux où le droit s'incarne, v. R. Libchaber, *op. cit.*, n° 30 s.

3. Dénombrement évoqué par Villey, *op. cit.*, n° 194.

4. Sophocle (495-406 av. J.-C.).

5. Villey, *op. cit.*, n° 206.

C'est, en quelque sorte, un approfondissement – considérable – des idées d'Aristote, que réalise saint Thomas d'Aquin (1225-1274). Sa conception se situe évidemment dans une perspective chrétienne, ce qui a pour résultat de compliquer la hiérarchie des normes. Au sommet de cette hiérarchie se trouve la *loi éternelle* qui est l'ordre divin, de nature mystique. Puis apparaît la *loi divine* qui est révélée aux hommes par l'Ancien et le Nouveau Testament. La *loi naturelle*, quant à elle, peut être découverte par la raison parce qu'elle a été inscrite par le Créateur dans la conscience de l'Homme et la nature des choses : elle est la loi juste, le modèle auquel la *loi humaine* doit se conformer en recherchant le bien commun. Le droit naturel se trouve donc marqué par l'autorité de Dieu : là se trouve la justification du caractère coercitif de la loi des hommes. Mais cette justification ne vaut que si la loi humaine se conforme à la loi naturelle ; à défaut, elle devient injuste, ce qui peut autoriser qu'on lui désobéisse (si elle attente aussi à la loi divine).

Dans la doctrine thomiste, le droit naturel n'a qu'un contenu limité, que le droit positif est appelé à compléter ; surtout, il n'est pas immuable parce que la nature des choses est elle-même variable. C'est là un aspect de la théorie du droit naturel qui, par la suite, va faire l'objet d'appréciations divergentes, en même temps que ses liens avec le christianisme vont se relâcher.

27. ***Grotius (de Groot), Stammler et Gény***. La théorie du droit naturel va évoluer profondément au XVIIe siècle. Sans doute les relations entre Dieu et la loi naturelle ne sont-elles pas récusées : l'époque excluait un tel rejet. Mais l'attention se polarise sur l'homme, l'être humain. C'est de la nature de celui-ci qu'est déduit le droit naturel, par le moyen de la raison.

Cette nouvelle approche est, notamment, celle de Hugo de Groot, dit « Grotius » (1583-1645) [1], et de l'*École du droit naturel* qui représente ses idées. Deux traits dominent cette nouvelle réflexion. Le premier est que, l'objet d'analyse rationnelle étant l'homme, le produit de cette analyse, c'est-à-dire les règles du droit naturel, est à la fois *universel* et *immuable*. Le second, qui procède pareillement de la référence adoptée, consiste dans le rôle fondamental que joue la *volonté*, caractéristique spécifique de l'être humain. Et c'est cette volonté qui, par un cheminement allant de la force contraignante de la parole donnée au pacte social ultérieurement approfondi par Rousseau [2], constitue le fondement de la coercition étatique.

Cette nouvelle conception du droit naturel, en même temps qu'elle découvre le fondement de la contrainte juridique dans la volonté même de l'homme, en fixe les limites : l'homme n'a pu abdiquer ses libertés. Les méconnaître serait enfreindre le droit naturel. On reconnaît là l'essentiel de l'idéologie de la Révolution française. Ce n'est pas tant sur cet aspect de la doctrine de l'École du droit naturel que les idées vont évoluer par la suite, principalement au XIXe siècle, que sur les caractères immuable et universel attribués au droit naturel. Les trop grandes variations du droit positif d'une civilisation, comme d'une époque, à une autre, font douter que le droit naturel soit immuable. Ce doute va déboucher sur deux orientations distinctes : celle, d'abord, de Stammler [3], juriste allemand de la fin du XIXe siècle, qui affirme l'existence d'un droit naturel, idéal supérieur certes, mais dont le contenu varie avec le type de civilisation de la société considérée – *droit naturel à contenu variable* ; celle, ensuite, du doyen Gény qui prétend maintenir l'universalisme et l'immutabilité du droit naturel, mais en en réduisant le contenu à quelques préceptes généraux [4].

Cette évolution des théories du droit naturel [5] laisse apparaître, outre un essoufflement certain, une crise de conscience : il est vrai que les lois humaines apparaissent bien éloignées de l'idéal promis par le droit naturel. Ce déclin – qui n'est pas pur et simple abandon [6] – est d'autant plus

---

1. Sur lequel, v. P.-Y. Gautier, « Grotius », *RDC* 2009. 1595.

2. V. ss 15.

3. Sur lequel, v. Gény, *Science et technique en droit privé positif*, t. II, n° 98 s.

4. Gény, *op. cit.*, n° 171 s. Sur la critique de Ripert : Jestaz, G. Ripert. *Droit naturel et positivisme juridique*, Dalloz, coll. « Tirés à part », 2013.

5. Auxquelles on pourrait ajouter d'autres auteurs, comme Thomas Hobbes (1588-1679), jugé par certains très représentatif d'un courant de pensée faisant découler le droit naturel – ou plutôt les droits naturels – ce qui traduit un changement de plan notable – des besoins de l'homme en société : v. Libchaber, *op. cit.*, n° 45.

6. V., bien au contraire, Villey, *op. cit.*, not. n° 194 s. ; v. aussi Sériaux, *op. cit.* Le développement contemporain des droits de l'Homme peut être vu comme une forme nouvelle du droit naturel (Libchaber, *op. cit.*, n° 49).

sensible que sont apparues, dans le même temps, pour prendre le devant de la scène, des théories qui, excluant toute perspective idéalisée, tentent de justifier la coercition du droit par sa nature de *fait de société*.

B. Le droit, fait de société

28. ***Le rejet du droit naturel – Diversité des théories***. L'idéologie de la Révolution française et le prodigieux essor, au cours du XIXe siècle, des techniques et des sciences dites exactes, ont tourné l'attention davantage vers l'Homme et les choses. Une nouvelle vision du monde est née avec Auguste Comte : toutes choses doivent être observées pour elles-mêmes et dans leurs relations les unes avec les autres. C'est le *positivisme scientifique*. Cette évolution a retenti sur la science du droit, et l'idée d'une norme supérieure, matrice nécessaire du droit des hommes, a été de plus en plus contestée. Dans la ligne du positivisme scientifique, la réflexion s'est alors fixée sur l'une des caractéristiques les plus notables de l'homme : à savoir qu'il est un être social [1]. Le fait social – la Société – est ainsi devenu l'objet privilégié de l'investigation [2].

À partir de là, toutefois, les opinions divergent. Pour les uns, la règle de droit tire son autorité de son existence même : *positivisme juridique*. Pour d'autres, cette autorité se fonde, plus souplement, sur le fait même de la société et de la solidarité qu'elle implique : *positivisme sociologique*. Enfin, il faut évoquer la réflexion *marxiste* pour qui la règle de droit et son autorité procèdent d'un état de la société caractérisé par la lutte des classes.

1° Le positivisme juridique

29. ***Ihéring : la lutte pour le droit***. Les doctrines que l'on désigne par l'appellation de *positivisme juridique*, ou *positivisme étatique* [3] sont celles qui, portant leur attention sur le droit *positif* – celui qui s'applique effectivement – relient le caractère contraignant de la règle de droit à l'*autorité de l'État*. Deux noms illustrent ces doctrines : celui de Ihéring et celui de Kelsen.

Pour Ihéring, juriste allemand du XIXe siècle (1818-1892) – c'est l'époque des luttes pour l'unité de l'Allemagne –, la règle de droit ne peut être que contraignante : c'est dans sa nature même. Une règle de droit sans contrainte « c'est un feu qui ne brûle pas, un flambeau qui n'éclaire pas » [4]. L'affirmation s'accompagne d'une explication à deux degrés. En premier lieu,

---

1. Cette orientation nouvelle n'est pas apparue brusquement. Le cheminement a été lent et nuancé. Paradoxalement, la notion de « contrat social » apparue dans certaines conceptions du droit naturel (v. ss 23), fut peut-être un premier pas vers les théories qui ont rompu avec lui ; v. Batiffol, *Philosophie du droit* (PUF, coll. « Que sais-je ? », 1960), p. 7 s., remarques relatives à l'avènement du positivisme juridique.

2. Le mouvement général serait donc que, de jusnaturalistes, les juristes français seraient devenus positivistes (v. not. Bloquet, « Quand la science du droit s'est convertie au positivisme », *RTD civ.* 2015. 59, qui relie l'évolution à une nouvelle conception de la loi et au renouvellement de l'interprétation). S'il est vrai que de nombreux traits de l'activité des différents acteurs du droit, particulièrement ceux constituant la « doctrine » (v. ss 184 s.), traduisent une adhésion aux thèses positivistes, ils ne sont jamais totalement départis de conceptions jusnaturalistes, notamment lorsqu'il s'agit de fonder ou de critiquer le droit.

3. Sur lesquelles, v. égal. R. Libchaber, *op. cit.*, n° 52 s.

4. Cité par M. Waline, *L'individualisme et le droit*, 1949, p. 310 (reprint, coll. « Bibliothèque Dalloz », 2006).

pour Ihéring, le droit est le fruit d'une lutte permanente – *la lutte pour le droit*[1] – : « Le droit n'est pas une idée logique mais une idée de force. » En bref, la vocation naturelle de la règle de droit est de s'imposer, parce qu'elle a été conquise par la force. Mais, en second lieu, il n'existe, selon Ihéring, d'autre contrainte que celle de *l'État :* la contrainte étatique prime toute autre contrainte, de quelque groupe interne à la société qu'elle émane. Par suite, c'est l'État qui se trouve à l'origine de la nécessaire force contraignante de la règle de droit. *Le caractère coercitif de la règle de droit procède, en dernière analyse, de l'État.* Et il n'y a pas lieu de s'étonner que l'État lui-même, source de toute contrainte, se trouve néanmoins soumis à la règle de droit : sa souveraineté lui confère, entre autres, le pouvoir de s'autolimiter[2].

30. ***Kelsen : la hiérarchie de l'ordonnancement juridique.*** La théorie normative de Kelsen, initiateur de l'École de Vienne, est sensiblement différente, même si, comme la doctrine de Ihéring, elle lie étroitement la règle de droit à l'État, au point d'ailleurs de les confondre. Pour Kelsen[3], en effet, si la règle de droit doit être obéie c'est parce qu'elle est imposée par l'État. L'originalité de sa théorie tient à la démarche qu'il adopte pour parvenir à cette conclusion.

Selon Kelsen, le droit est, comme la morale, une science normative, c'est-à-dire une science du comportement des hommes. Mais, à la différence de la règle morale, la règle de droit n'est pas un impératif catégorique mais un impératif *hypothétique* : la conduite dictée doit être respectée si – c'est l'hypothèse – l'on veut ne pas subir la sanction dont elle est assortie. Ainsi caractérisée, la règle juridique se diversifie dans un *ordonnancement hiérarchisé.* Les normes juridiques s'établissant en une sorte de pyramide à la base de laquelle se trouvent, notamment[4], les règlements de l'autorité administrative (arrêtés, d'abord, hiérarchiquement soumis aux décrets) qui sont subordonnés aux lois, édictées par le législateur, lesquelles doivent se conformer à la Constitution. La règle de droit est le produit de différents organes, hiérarchisés sous l'autorité suprême de la Constitution, c'est-à-dire de l'État. C'est ainsi l'État qui se trouve érigé en source première de la règle de droit.

Il existe, toutefois, dans la théorie de Kelsen, un élément qui affaiblit le caractère rigoureusement logique de la construction, et qui y introduit un élément d'incertitude. En effet, l'ordonnancement juridique décrit par Kelsen se trouve placé, par lui, sous l'emprise d'une *norme d'origine* qui est celle d'où émane la Constitution, laquelle lui emprunte son autorité. S'agirait-il d'un ultime repentir idéaliste ? C'est douteux : Kelsen entend, en effet, établir une conception du droit parfaitement indépendante de la morale, de la sociologie, et bien entendu du droit naturel. Cela incline à entendre cette norme d'origine comme le principe d'autorité affirmé par l'auteur de la Constitution, c'est-à-dire par celui qui détient le pouvoir[5]. En définitive, dans le propos de Kelsen, l'autorité de la règle de droit, son caractère coercitif, se justifie directement, en dehors de tout jugement de valeur, par la compétence de l'État. Le système ainsi dessiné est purement scientifique, entièrement fermé sur lui-même. De ce point de vue, il diffère radicalement des propositions du positivisme sociologique.

---

1. C'est le titre d'une œuvre majeure de Ihéring (reprint, coll. « Bibliothèque Dalloz », 2006) ; cf. Coulombel, « Force et but dans le droit selon la pensée juridique de Ihéring », *RTD civ.* 1957. 609.

2. Sur cette théorie de l'*autolimitation de l'État*, développée principalement par un autre juriste allemand, Iellinck ; v. M. Waline, *op. cit.*, p. 398 s. Sur les rapports de l'État et du droit – de l'ordre juridique, plus précisément, v. Libchaber, *op. cit.*, n° 182 s.

3. *La théorie pure du droit*, trad. Eisenmann, Dalloz, 1962.

4. L'ordonnancement juridique décrit par Kelsen ne s'arrête pas aux textes générateurs de règles de droit (tels les lois et décrets), mais s'étend aux décisions des juges et aux actes juridiques des particuliers (principalement les contrats).

5. Ce qui est de nature à susciter l'inquiétude ; cf. Villey (*op. cit.*, t. I, n° 116) : « Pour Kelsen, le juriste s'occupe de normes positives, existant en fait, "effectives". N'importe lesquelles ; ce peuvent être indifféremment les principes du droit hitlérien ou du régime staliniste, ou de la République de Weimar [...] » ; rappr., v. ss 38. Le normativisme peut être aussi critiqué pour exclure les faits de l'objet d'étude du droit et pour prétendre avoir sur ce dernier un discours purement descriptif ; X. Magnon, « En quoi le positivisme-normativisme est-il diabolique ? », *RTD civ.* 2009. 269.

2° Le positivisme sociologique

31. ***Durkheim : conscience collective et solidarité sociale.*** À la différence des tenants du positivisme juridique, les auteurs représentatifs du positivisme sociologique s'attachent moins à l'étude de la règle du droit positif, qu'au *fait social* que constitue cette règle. C'est la caractéristique commune aux travaux de Durkheim (1858-1917) et de Duguit (1859-1928).

La nouvelle orientation trouve en effet son origine dans les travaux d'un sociologue : Émile Durkheim. Appliquant la méthode d'observation des sciences naturelles aux faits sociaux, Durkheim cherche à expliquer ceux-ci à partir d'une étude des conditions de vie du groupe social, et de leur évolution. Ses recherches le conduisent à mettre en évidence une *conscience collective* du groupe distincte de la conscience individuelle de chacun de ses membres. C'est cette conscience collective qui s'exprime dans la règle de droit, laquelle vise essentiellement à améliorer les conditions de vie du groupe. De ce point de vue, le droit apparaît comme un révélateur de la *solidarité sociale*[1].

La méthode et les résultats de la recherche de Durkheim s'opposent aux théories du positivisme juridique. La théorie sociologique s'éloigne en effet d'une autojustification de la règle de droit : elle récuse le donné absolu de l'autorité de l'État. L'évolution est considérable. Selon la formule d'un auteur : « On est sorti de la constatation du droit positif, pour pénétrer sur le terrain des idées et de la discussion »[2].

32. ***Duguit : le droit, produit de la masse des consciences individuelles.*** Le juriste Léon Duguit systématise la recherche de Durkheim dans son application au droit. S'il reprend, pour la développer, l'idée de solidarité sociale, en revanche il s'oppose à la notion de conscience collective[3] qui lui semble contraire à la méthode positive, laquelle doit s'en tenir aux faits objectifs. Il lui préfère l'idée de *masse des consciences individuelles*, qui correspond à une réalité observable : c'est la masse des individus, et non une hypothétique « conscience collective », qui impose la règle de droit.

Ce donné sociologique, révélé par l'observation, appelle cependant une explication. Duguit, se situant alors dans le droit fil de la théorie de Durkheim, s'appuie pour cela sur l'idée de *solidarité sociale*. Selon lui, toute règle de droit trouve son fondement dans l'interdépendance des hommes vivant dans la société considérée et, plus précisément, dans la norme de solidarité sociale qui découle de cette interdépendance[4]. C'est parce que la masse des consciences individuelles a le sentiment de la nécessité de la règle pour l'intérêt du groupe que cette règle s'impose. De la sorte, la solidarité sociale est à la fois le *fondement* et la *fin* de la règle de droit.

L'explication ainsi donnée par Duguit est *globale :* elle vaut autant pour la règle de droit, envisagée isolément, que pour les *institutions* – tels l'État, le Parlement, ou le mariage par exemple – qui ne sont que des complexes de règles de droit. Elle a, par ailleurs, une *portée considérable* car, à l'opposé du positivisme juridique, elle invite à un jugement de valeur sur la règle de droit[5].

---

1. Miaille, *Une introduction critique au droit*, Maspero, 1976, p. 327.
2. Batiffol, *Philosophie du droit*, *op. cit.*, p. 22.
3. V. un exposé des idées de Duguit à ce propos, par M. Waline, *op. cit.*, p. 314 s.
4. *L'État, le droit objectif et la loi positive*, 1901.
5. Cette dimension de la théorie de Duguit s'est accentuée, sans doute, avec le dernier état que lui a donné son auteur. Dans la 3e édition de son *Traité de droit constitutionnel* (1928), Duguit a en effet introduit un élément nouveau à côté de l'*idée de solidarité sociale*, celle de *justice*. Ce faisant, il a sans doute rompu avec la pure approche positiviste qu'il avait initialement prônée ; cf. Marty et Raynaud, n° 23, p. 41.

3° Le marxisme

33. ***Le droit, l'État et la lutte des classes.*** La réflexion marxiste sur le phénomène juridique se rapproche, à certains égards, des préoccupations positivistes. Mais la perspective est radicalement différente : le droit n'est que le produit d'un état de la société ; il est appelé à disparaître avec l'avènement du communisme.

Des théories positivistes, le marxisme se rapproche dans la mesure où il engage une réflexion sur le phénomène juridique considéré comme fait social. Un peu à l'image du positivisme sociologique, cette réflexion s'appuie sur une analyse des faits sociaux et une prise en compte de leur évolution. Mais, à la différence des théories positivistes, cette réflexion est purement critique : elle ne se limite pas à une recherche du pourquoi et du comment de la règle de droit et de son caractère coercitif ; elle prétend porter un jugement sur le produit de cette recherche. Si le positivisme sociologique incite à une appréciation – à laquelle répugne au contraire le positivisme juridique – de la valeur du *contenu* de la règle de droit, le marxisme va infiniment plus loin : il porte un jugement sur le fait de *l'existence* de la règle de droit.

Et ce jugement est négatif : la règle de droit est un *moyen d'oppression de la classe dominante.* Elle a pour fonction d'assurer et de sauvegarder, dans un contexte de lutte des classes, une situation privilégiée au profit d'une classe, au détriment d'une autre classe de la société. Cette règle de droit, dont le caractère coercitif est évident puisqu'elle est par fonction opprimante, correspond à un stade d'évolution de la société [1]. Elle n'est que le reflet de la notion d'*État*, laquelle est une structure imposée par la division du corps social en classes aux intérêts contradictoires et, partant, en conflit : l'État n'est rien d'autre qu'un « pouvoir qui, placé en apparence au-dessus de la société, doit estomper le conflit, le maintenir dans les limites de l'ordre… » [2]. Or, dans l'analyse marxiste, l'*État* n'est pas une fatalité : il est le phénomène d'un moment de la vie sociale ; il est la forme d'exercice d'un pouvoir de classe [3]. En bref, il n'est pas une « catégorie éternelle » [4].

34. ***Le dépérissement du droit et l'avènement du communisme.*** Une idée majeure de Marx [5] est que le processus historique de lutte des classes doit connaître un terme avec la libération du prolétariat (contre la bourgeoisie) : cette libération doit débarrasser l'histoire de l'humanité de la situation de lutte des classes en assurant l'avènement du communisme.

La logique de la construction marxiste conduit ainsi naturellement au *dépérissement du droit.* Puisque l'État – et donc le droit – n'est que la manifestation de l'oppression exercée par la classe dominante sur la classe dominée ; puisqu'il n'est qu'une conséquence nécessaire de la situation de lutte des classes, la disparition de cette situation détermine, inévitablement, celle du droit lui-même [6].

---

1. Sur l'ensemble de cette question, v. Miaille, *op. cit.*, p. 46 s.
2. Engels, cité par Miaille, *op. cit.*, p. 147 (*L'origine de la famille, de la propriété privée et de l'État*, Éd. Sociales, 1973, p. 14 s.).
3. Miaille, *op. cit.*, p. 153.
4. Miaille, *op. cit.*, p. 146.
5. La paternité de Marx quant à cette idée est expressément affirmée par Engels dans sa préface à l'édition anglaise du *Manifeste du parti communiste* (1883) ; v. Marx et Engels, *Manifeste du parti communiste*, Éd. Sociales, p. 19.
6. Marx et Engels, *op. cit.*, p. 49.

La perspective marxiste se révèle donc bien radicalement différente de celle des positivistes classiques puisque le droit n'y est qu'un phénomène d'un moment dans l'histoire de l'humanité.

Encore convient-il de remarquer que si le droit est ainsi condamné à disparaître, cette disparition ne peut s'opérer en un trait de temps : l'avènement du communisme ne se fait pas du jour au lendemain, sitôt que le prolétariat accède au pouvoir. Entre la phase capitaliste-bourgeoise et le communisme, il se trouve une phase intermédiaire, dite « socialiste » pendant laquelle le droit subsiste – *légalité socialiste* – avec pour fonction d'assurer la sauvegarde du nouveau pouvoir, l'éducation au communisme et la répartition des biens dans l'attente du niveau d'abondance qui permet le passage au communisme et la mise en œuvre de sa maxime : « à chacun selon ses besoins ». Mais précisément, cette *légalité socialiste* est vouée à disparaître avec l'avènement du communisme.

C. Éléments pour une conclusion

35. ***Extrême diversité des théories. Possibilité d'une synthèse.*** Les quelques indications qui précèdent suffisent pour rendre compte de l'extraordinaire diversité des opinions relatives au fondement de la règle de droit[1]. Tout limité qu'il soit, le panorama ainsi établi laisse par ailleurs apparaître que les conceptions qui s'affrontent ici sont, souvent, radicalement contradictoires. Les partisans du droit naturel trouvent le principe coercitif de la règle de droit dans une norme supérieure, inhérente à l'être humain et à la nature des choses ; pour les positivistes, au contraire, l'autorité du droit procède du phénomène de société. Pour les premiers, comme pour les seconds, le droit reste du moins un phénomène normal de l'humanité, et inhérent à celle-ci ; les marxistes, au contraire, récusent cette idée d'une permanence du droit qui n'est, pour eux, qu'un phénomène passager, caractérisant les sociétés animées par la lutte des classes.

De telles oppositions autorisent à penser que ces diverses explications du phénomène juridique, sont handicapées par leur monisme exclusif. Ne sont-elles pas conduites à ne rendre compte que d'une partie de la réalité de ce phénomène dès lors qu'elles sont élaborées en considération exclusive soit d'un monde idéal, soit d'un monde positif, selon le cas ? En bref, il est permis de se demander si le choix entre idéalisme et positivisme[2] est inéluctable ; s'il n'est pas concevable de combiner les deux perspectives. L'option est contestée : « [...] c'est par des voies empiriques qu'on effectuera ce mélange ; à l'aveugle qu'on optera soit pour le fait, soit pour l'idéal »[3]. L'objection n'est pas décisive : la philosophie n'est pas une science exacte, et il n'est pas plus arbitraire quand une combinaison est nécessaire, d'y procéder, fût-ce intuitivement, que d'y renoncer, purement et simplement.

---

1. Encore n'a-t-il été rendu compte que des principaux systèmes théoriques et de ceux qui sont les plus accessibles aux juristes. Pour avoir une vision plus complète de l'arsenal des théories qui touchent à la philosophie du droit, v. Batiffol, *Problèmes de base de philosophie du droit*, 1979 ; et Villey, *Philosophie du droit*, *op. cit.* ; v. égal. Libchaber, *op. cit.*, n° 62 s. sur le réalisme américain, qu'il considère comme une autre forme du positivisme.

2. Terré, n° 184.

3. Villey, n° 193. Cet auteur récuse l'alternative présentée au texte pour opter en faveur d'une conception renouvelée – mais puisant aux sources les plus anciennes – du droit naturel.

Si l'on est convaincu de cela – ce qui est assurément affaire personnelle [1] –, il est tentant de proposer, pour la règle de droit, une justification en deux propositions :

En premier lieu, *le caractère coercitif de la règle de droit résulte de ce qu'elle est l'expression d'une volonté politique.*

En second lieu, *ce caractère coercitif est acceptable parce que la règle de droit s'inspire des valeurs fondamentales de l'être humain.*

36. ***Le caractère coercitif de la règle de droit résulte de ce qu'elle est l'expression d'une volonté politique.*** Les positivistes ont certainement raison d'insister sur le fondement social de la règle de droit. Celle-ci est en effet l'expression de la volonté du groupe social, volonté qui tire son autorité du fait de société lui-même. Ce mécanisme est particulièrement net dans les hypothèses où la société considérée prend la forme étatique, c'est-à-dire lorsqu'elle apparaît comme une population installée sur un territoire et organisée – politiquement et juridiquement – de façon souveraine [2]. La règle de droit tire alors son autorité de l'État, conformément aux conclusions du positivisme étatique.

Il faut ici, pour éviter tout risque d'équivoque, apporter une précision. On verra en effet que certaines des règles de droit qui s'appliquent à une société donnée procèdent de sources extra-nationales. Ainsi, le droit positif français est-il constitué, aujourd'hui, non seulement par des règles votées par le Parlement ou instituées par le pouvoir réglementaire français, mais aussi par d'autres règles qui résultent de traités signés par la France et d'autres encore qui sont établies, notamment, par les institutions de l'Union européenne [3]. Pour autant, ces règles ne sont pas extérieures à l'autorité de l'État : le traité international ne joue que si l'État a décidé de le signer ; la règle de droit européen correspond à une habilitation que celui-ci a consentie aux institutions européennes considérées.

La justification de la coercition inhérente au droit par l'autorité de l'État est beaucoup plus directe que celle que l'on prétend tirer d'une norme inscrite dans la Nature. Cependant, elle appelle des précisions complémentaires pour éclairer la genèse de cette force contraignante.

Quant à la force contraignante du corps social, la théorie de Kelsen se révèle excessivement formelle : sauf à prendre parti sur le contenu exact de la *norme d'origine* qu'il installe au sommet de sa construction [4], celle-ci n'explicite pas la contrainte originelle. En revanche, l'idée de *lutte pour le droit* mise en relief par Ihéring apporte un éclairage utile, et de portée générale, de l'origine de la coercition juridique.

La tentative d'explication marxiste peut enrichir cette idée : la *lutte des classes* qu'elle révèle, explicite à la fois le caractère obligatoire de la règle de droit, et le contenu de celle-ci. Certes, divers aspects de la théorie sont très contestables : l'opposition faite entre bourgeoisie capitaliste et prolétariat, de même que la fonction oppressive de la règle de droit bourgeoise, apparaissent, au moins aujourd'hui, excessivement schématiques

---

1. Deux vérités, à ce propos, doivent être soulignées, même si l'une comme l'autre vont de soi. La première est que nous ne prétendons nullement faire ici œuvre de philosophie mais seulement exprimer notre conviction de juriste et de citoyen. La seconde, suite logique de la première, est que le monde des idées, plus que tout autre, doit être celui de la liberté.

2. Cf. Mélin-Soucramanien et Pactet, *Droit constitutionnel*, 36ᵉ éd., Sirey, coll. « Université », 2018, n° 155.

3. V. ss 90 s.

4. V. ss 30.

et simplificatrices[1]. Mais elle a le mérite de souligner que la règle de droit est, essentiellement, *voulue* : elle n'est ni *hasard*, ni *révélation*. De ce qu'elle n'est pas un hasard, il faut conclure – ce qui n'est pas sans portée – que le droit constitue un ensemble cohérent[2]. Qu'elle ne soit pas une révélation interdit de la légitimer par quelque principe supérieur prétendument intangible[3]. Mais, et il faut se garder de toute confusion sur ce point, cela n'interdit nullement, bien au contraire, que la règle de droit fasse l'objet d'un jugement de valeur par référence à tel ou tel principe considéré comme supérieur[4].

Le droit apparaît, en définitive, comme la mise en œuvre d'un *projet politique* soutenu par la *volonté dominante du corps social*[5].

37. ***La règle de droit, mise en œuvre d'un projet politique poursuivi par la volonté dominante du corps social.*** Le contenu de la règle de droit n'est jamais gratuit, jamais accidentel, jamais insignifiant, même s'il est parfois très contingent ou circonstanciel. Il vise, au minimum, à assurer un comportement regardé comme *utile* au groupe social. De façon plus ou moins adroite selon le cas, de manière plus ou moins rigoureuse, et avec une densité variable d'une règle à l'autre, il est la traduction et la mise en œuvre d'un projet politique : il exprime une conception de la vie sociale et de l'organisation de la société.

Cette compréhension du phénomène juridique explique que le droit ne soit ni stable, ni perpétuel : « comment le droit, s'il est l'expression de la volonté d'un groupe, pourrait-il être immuable alors que le groupe se modifie constamment ? »[6]. Mais, surtout, elle explicite le phénomène de lutte pour le droit : c'est parce qu'il y a, dans le groupe social, opposition de projets politiques – plus ou moins nettement formulés – qu'il y a un « combat pour le droit » (Ihéring) dont le vainqueur impose sa propre conception.

Le projet politique que la règle de droit met en œuvre est celui que soutient ce qu'on peut appeler la *volonté dominante* du corps social. La notion est proche de celle de « masse des consciences individuelles » de Duguit[7]. Comme elle, elle récuse l'idée d'une conscience collective. Mais elle en diffère en ce qu'elle repose sur une dynamique conflictuelle : la règle de droit est rarement le produit d'une volonté unanime ; il est dans sa nature d'être imposée par une partie du corps social à l'autre. La règle majoritaire, dans les sociétés démocratiques, en fournit une illustration caractéristique.

Cette justification de la coercition juridique par l'existence d'un projet politique imposé par la volonté dominante du corps social ne peut cependant suffire. La « victoire » de la volonté dominante n'explique pas de façon satisfaisante

---

1. Il est pareillement permis de penser que l'affirmation d'une coïncidence entre pouvoir prolétarien et extinction de la lutte des classes procède d'un singulier manque d'imagination et d'une vision soudainement, et paradoxalement, statique de l'évolution sociale.

2. *Contra* : R. Libchaber (*L'ordre juridique et le discours du droit*, préc.) qui considère qu'il est fondamentalement désordre.

3. C'est la tentation de tous les totalitarismes, fâcheusement illustrée par le concept de *Volksgeist* de la doctrine national-socialiste (cf. M. Waline, *op. cit.*, p. 311 s. L'auteur définit le *Volksgeist* comme « l'esprit de communauté raciale »).

4. V. ss 38.

5. Comp. R. Libchaber, *op. cit.*, qui considère que le droit constitue un discours, c'est-à-dire un ensemble de normes adressées aux membres d'une société, par lequel celle-ci exprime ses valeurs essentielles afin de garantir la cohésion sociale.

6. Lévy-Bruhl, *Sociologie du droit*, PUF, coll. « Que sais-je ? », 2001, p. 32. L'auteur souligne, en particulier, le phénomène du renouvellement des groupes, « par la mort des uns, l'introduction de nouveaux membres, sensibles à d'autres influences » (*eod. loc.*).

7. V. ss 32.

la « soumission » de ceux auxquels elle s'impose. Il faut, pour cela, ajouter un élément complémentaire qui est le respect, par cette volonté dominante, des valeurs fondamentales de l'être humain.

38. ***La règle de droit et la garantie des valeurs fondamentales de l'être humain.*** La règle de droit ne se réduit pas au produit d'un conflit. Si tout se ramenait à un simple rapport de forces, la Société s'épuiserait vite et risquerait, rapidement, de se nier, et du même coup de nier l'Homme lui-même. Dans une perspective ainsi limitée, le droit ne serait qu'une forme de tyrannie. Les expériences marxistes en ont fourni, avec quelques autres, la plus sinistre démonstration.

La règle de droit échappe à ce schéma mortel parce qu'elle s'inscrit dans la perspective des *valeurs fondamentales de l'Homme*, et qu'elle reste ainsi dominée par un idéal de *justice*. Par une sorte de convention plus ou moins clairement formulée [1], les membres de la Société prennent l'engagement de respecter, en tant que *volonté dominante*, ces valeurs et de s'en inspirer, et, en tant que *dominés* bénéficiaires de cette garantie, de se soumettre à la règle de droit dictée par cette volonté [2].

C'est cet élément du contrat social qui fait que la lutte pour le droit n'est pas un combat de gladiateurs. C'est lui aussi qui explique que l'on ait pu être tenté d'affirmer l'existence d'un droit naturel universel et immuable. Mais pareille démarche serait erronée : certes, les valeurs fondamentales de l'Homme sont immuables. Mais elles ne sont pas le droit ; elles n'en sont qu'un cadre, à l'intérieur duquel la volonté dominante du corps social peut jouer librement.

Du moins l'existence de ce cadre de référence nécessaire explique-t-il, et qu'il existe des *coïncidences entre la règle de droit et la règle morale* [3], et que la règle de droit puisse toujours faire l'objet d'un *jugement de valeur*.

Quant au premier point, il va de soi que la garantie des valeurs fondamentales de l'individu peut être directement exprimée par la règle de droit et déterminer une convergence du droit et de la morale : ainsi en va-t-il d'un certain nombre de *droits de l'Homme* – c'est-à-dire de prérogatives considérées comme inhérentes à l'être humain, et comme telles inviolables [4] – qui sont expressément affirmés par des textes nationaux ou internationaux [5], tel le principe du respect de l'intégrité physique et de la conscience de la personne ou encore l'affirmation de l'égalité des hommes [6].

Quant au *jugement de valeur* qu'appelle toute règle de droit, sa nécessité doit être soulignée à deux égards. D'abord parce que le critère des valeurs fondamentales de l'être humain – dignité de l'homme et idéal de justice, notamment – doit à tout moment guider

1. La convention peut être expresse et se trouver transcrite dans un texte constitutionnel qui organise la Société.

2. C'est le schéma adopté par la Déclaration des droits de l'Homme et du citoyen du 26 août 1789. L'organisation démocratique de la société, qui donne à chacun pouvoir de s'exprimer, est une garantie d'effectivité de cette convention.

3. V. ss 13, 14.

4. Pour une approche très différente de la notion de droits de l'Homme, v. Chiappini, *Le droit et le sacré*, Dalloz, coll. « L'Esprit du droit », 2006.

5. V. ss 90.

6. Sur l'ensemble de la question, v. Favoreu, Gaïa, Ghevontian, Soucramanien, Pena, Pfersmann, Pini, Roux, Scoffoni et Tremeau, *Droit des libertés fondamentales*, 7e éd., coll. « Précis », 2015 ; Hennette-Vauchez et Roman, *Droits de l'Homme et libertés fondamentales*, 3e éd., Dalloz, coll. « HyperCours », 2017 ; *Libertés et droits fondamentaux*, R. Cabrillac (dir.), 23e éd., Dalloz, 2017 ; Wachsmann, *Les droits de l'Homme*, 5e éd., Dalloz, coll. « Connaissance du droit », 2008.

l'élaboration du droit[1]. Ensuite, parce que toute violation de la convention de garantie des droits fondamentaux qui justifie la soumission de tous à la règle de droit, autorise la dénonciation-critique de la règle *illégitime*. Quant à savoir si, en dernier ressort – c'est-à-dire lorsque ces droits fondamentaux sont globalement bafoués par un système qui les méconnaît délibérément – la désobéissance au droit, et l'insurrection, constituent un recours légitime, la question entraîne hors du droit[2] : une telle révolte, comme la réponse qui lui est faite, dès lors qu'elle n'est pas soumission, engage un rapport de forces, qui est de *pur fait*.

---

1. Ainsi, par exemple, l'idée de *justice sociale* doit-elle solliciter constamment l'effort. C'est sans doute un lieu commun que d'affirmer qu'il ne sert à rien de consacrer l'égalité des citoyens si des mesures concrètes tendant à en assurer l'effectivité ne sont pas prises simultanément. Il est moins facile de débusquer les entraves réelles à une égalité vraie et d'y trouver les remèdes topiques : limitation de l'échelle des revenus ; compensation des inégalités culturelles ; assistance de l'isolé, etc. De cette difficulté, le thème de l'égalité homme-femme – principe affirmé par le Préambule de la Constitution du 27 octobre 1946 – fournit un bon exemple. Un tel jugement de valeur ne peut être non plus exclu de l'analyse du droit, raison pour laquelle le normativisme qui prétend élaborer une « théorie pure du droit » est critiquable ; v. ss 31.

2. Ce que tend à établir la contradiction interne que porte la Déclaration des droits de l'Homme et du citoyen (26 août 1789) : à l'article 2, qui affirme comme droit naturel « la résistance à l'oppression », s'oppose la prudence de l'article 7 selon lequel « tout citoyen appelé ou saisi en vertu de la loi doit obéir à l'instant : il se rend coupable par la résistance ». La Constitution du 24 juin 1793 – dite « Constitution de l'an I », et qui ne fut jamais appliquée – allait beaucoup plus loin, qui disposait dans son article 35 : « quand le gouvernement viole les droits du peuple, l'insurrection est pour le peuple et pour chaque portion du peuple le plus sacré des droits et le plus indispensable des devoirs ».

Chapitre 2

La spécialisation des règles de droit

39. ***Le phénomène du droit. Plan du chapitre***. Parce qu'elle vise à organiser la société, la règle de droit ne peut se limiter à l'énoncé de quelques règles vagues et générales. Sans prétendre tout prévoir, le législateur doit, du moins, prendre en considération le particularisme des diverses situations de la vie sociale pour y imposer des règles adéquates : le mariage et la société commerciale ne sauraient être soumis à des règles identiques ; les relations contractuelles de la puissance publique ne peuvent être traitées comme celles des particuliers.

Sous l'influence de facteurs divers – progrès des sciences et des techniques, complexité croissante de l'économie, etc. – cette diversification naturelle de la règle de droit s'est accrue au XXe siècle, pour déboucher sur une véritable *spécialisation du droit* qui est sans doute devenue excessive aujourd'hui[1]. Cette spécialisation se manifeste d'abord par une distinction, que l'on présente souvent comme fondamentale, dans notre système, entre le *droit privé* et le *droit public* (Section 1). Ensuite, et surtout, elle se traduit par une multiplicité de droits spéciaux, qui constituent autant de *subdivisions internes du droit* (Section 2). L'étude de ces diverses ramifications du droit représente un élément important de ce qu'on a coutume d'appeler la *science du droit* (Section 3), c'est-à-dire l'ensemble des moyens de connaissance qui permettent une appréhension globale du phénomène juridique[2].

Section 1

La distinction du droit privé et du droit public

Pour classique qu'elle soit en France du moins[3], la distinction opérée entre droit privé et droit public est aujourd'hui discutée[4]. L'exposé de ce débat suivra celui de la distinction.

---

1. G. Ripert y a vu un signe de déclin du droit, cf. *Le déclin du droit*, 1949, not. n° 21 s. Il est sûr qu'à trop se spécialiser, le droit risque de perdre en cohérence ce qu'il espère gagner en précision ; v. ss 45.

2. Cela concerne à la fois le *droit objectif* – la règle de droit en tant que telle – et les *droits subjectifs*, qui sont un aspect de sa mise en œuvre (v. ss 2, 190 s.).

3. Dans de nombreux pays, la distinction n'a pas cette importance, voire n'est pas connue.

4. Pour un examen approfondi des origines, des manifestations et de l'opportunité de la distinction, v. B. Bonnet et P. Deumier (dir.), *De l'intérêt de la* summa divisio *droit public – droit privé*, Dalloz, coll. « Thèmes et commentaires », Dalloz, 2010.

§ 1. Exposé de la distinction

40. ***Différence d'objet.*** Présentée par certains comme la *summa divisio* [1] – distinction majeure et fondamentale – de notre droit, la distinction du droit privé et du droit public s'avère fort malcommode à préciser. Certes, elle évoque l'opposition de la *collectivité* à *l'individu*, le droit privé envisageant celui-ci tandis que le droit public prendrait en charge celle-là. Mais un tel schéma reste beaucoup trop flou. Pour rendre compte de la distinction, il faut, en réalité, recourir à deux considérations complémentaires : le droit public et le droit privé se distinguent par une différence d'*objet* et de *finalité*.

La *différence d'objet* peut être caractérisée de la manière suivante. Le *droit privé* prend en considération les *particuliers* et réglemente les rapports, économiques ou non, qui s'établissent entre eux : le mariage, les contrats (de vente, de prêt...), les successions... Au contraire, le *droit public* vise à organiser l'*État* et les *collectivités publiques* (régions, départements, établissements publics...) et à régir leur action et leurs relations avec les particuliers [2].

Cet éclairage de la distinction est précieux, mais il ne peut suffire : il n'est pas rare que l'activité de l'État ou des collectivités publiques soit soumise à des règles de droit privé. **Exemple** : la plupart des actes qui assurent la gestion des biens relevant du domaine privé de l'État, telles les forêts domaniales. Cette situation, comme d'autres [3], s'explique par le fait que certaines des activités de l'État et des collectivités publiques sont identiques, ou très semblables, à celles des particuliers, de sorte qu'il n'y a aucune raison de les soumettre à un régime différent de celui qui s'applique à ces derniers [4]. Le critère de l'objet ne suffit donc pas pour distinguer le droit public du droit privé ; il faut y ajouter la prise en considération de la finalité de la règle.

41. ***Différence de finalités.*** Le critère de la finalité des règles est en réalité double. Il consiste en effet à caractériser la règle de droit *public* par le fait qu'elle recherche la satisfaction de l'*intérêt général* – ou *utilité publique* – et qu'elle assure l'exercice de la *puissance publique*.

À lui seul, le premier élément du critère – l'*intérêt général* – ne suffit pas à compléter efficacement le critère tiré de l'objet. C'est qu'il n'est pas toujours possible de dissocier intérêt individuel et intérêt collectif : nombre de règles – qui sont manifestement de droit privé – assurent à la fois la satisfaction d'un intérêt privé *et* de l'intérêt général [5]. En bref, ce premier élément ne suffit pas, parce que le droit public n'a pas le monopole du service de l'intérêt général.

---

1. Cabrillac, n° 62 s. ; Gridel, n° 25 s. ; Malaurie et Morvan, n° 71 s. ; v. égal. Terré, n° 99 s., pour qui elle est la ramification « la plus ancienne et la plus importante ».
2. V. not. É. Zoller, *Introduction au droit public*, Dalloz, coll. « Précis », 2e éd., 2013 (avec des points de vue historique et comparatif).
3. Notamment celle des établissements publics industriels et commerciaux.
4. L'idée comporte toutefois des nuances : il arrive que l'État ou une collectivité publique soumis à un régime de droit privé bénéficient néanmoins, dans le cadre de ce régime, de certaines solutions d'exception. Ainsi peuvent-ils bénéficier pour leurs créances, en dépit de leur nature privée, de procédures de recouvrement étrangères au droit privé.
5. Exemple : la règle de l'*attribution préférentielle* (C. civ., art. 831 s.). Cette règle permet à un héritier d'obtenir, dans le partage de la succession, l'attribution intégrale d'une exploitation agricole, ou d'une entreprise commerciale, à charge pour lui d'assurer à ses cohéritiers la contrepartie de ce dont ils se trouvent ainsi privés. Ce mécanisme assure, à la fois, la satisfaction de l'intérêt individuel de l'attributaire, *et* celle de l'intérêt général (économique), qui est d'éviter la division des exploitations.

Ce qui est en revanche décisif, c'est que le droit public traduit la spécificité de la *puissance publique.* Il est le droit propre à l'État et aux collectivités publiques, agissant en tant que puissance publique, et, comme telle, investis d'un pouvoir de commandement prééminent qui les soustrait aux règles applicables aux particuliers [1]. Cette idée de puissance publique, qui permet de parfaire la distinction entre droit privé et droit public, fournit, en même temps, une justification du particularisme de celui-ci.

Elle explique en effet les différences qui, à de multiples égards, opposent le droit public et le droit privé quant à leur contenu. Ainsi, l'Administration est-elle autorisée à exercer ses droits directement – *pouvoir d'action d'office,* c'est-à-dire unilatérale et immédiatement exécutoire [2] alors que les particuliers ne sont admis à exécuter leurs droits que sous le contrôle et avec l'autorisation des tribunaux. Ainsi encore, l'Administration est-elle, en principe, soumise à un ordre juridictionnel particulier, celui de la juridiction *administrative* [3]. Cette situation est née de la volonté – affirmée, dès la Révolution, par une loi des 16-24 août 1790 – de mettre l'action de l'administration à l'abri du contrôle des *tribunaux de l'ordre judiciaire* [4]. Longtemps, le particularisme de cette solution a été renforcé par le fait que le juge administratif lui-même ne pouvait adresser à l'Administration aucune injonction, autre que celle de payer une somme d'argent [5]. Dans les dernières années du xxe siècle, cette solution a été sensiblement atténuée : le juge administratif est admis parfois à adresser à l'Administration des injonctions [6].

En définitive, la distinction peut être formulée de la façon suivante : d'un côté, le *droit privé* rassemble les règles qui s'appliquent aux *rapports entre les particuliers* et qui assurent prioritairement la *sauvegarde d'intérêts individuels.*

De l'autre, le *droit public* regroupe les *règles qui organisent l'État et les collectivités publiques* ainsi que celles qui régissent les *relations établies par celles-ci et par celui-là, pris comme expression de la puissance publique, avec les particuliers.*

§ 2. Critique de la distinction

42. ***Une distinction idéologique et institutionnelle inhérente à l'État bourgeois ?*** Outre ses difficultés et les nombreuses nuances qu'elle comporte, la distinction du droit public et du droit privé a fait l'objet de diverses critiques.

---

1. L'idée sous-tend un arrêt fondamental du Tribunal des conflits (sur lequel, v. ss 131), l'arrêt *Blanco* (T. confl. 8 févr. 1873, *D.* 73. 3. 1 ; *S.* 73. 2. 153) selon lequel « la responsabilité qui peut incomber à l'État pour les dommages causés aux particuliers par le fait des personnes qu'il emploie dans le service public ne peut être régie par les principes qui sont établis dans le Code civil pour les rapports de particulier à particulier ; [...] elle a ses règles spéciales ». Cela n'empêche pas d'importantes convergences des jurisprudences administrative et judiciaire, notamment en matière de responsabilité.

2. Chrétien, Chifflot et Tourbe, *Droit administratif,* 15e éd., Sirey, coll. « Université », 2016, n° 649 s. ; J. Waline, *Droit administratif,* 26e éd., Dalloz, coll. « Précis », 2016, n° 421 s.

3. Sur celle-ci, v. ss 132 s.

4. Sur l'organisation de la juridiction judiciaire, v. ss 142 s. ; sur les manifestations juridictionnelles de la distinction, v. *De l'intérêt de la* summa divisio *droit public – droit privé ?, op. cit.,* particulièrement B. Genevois, « Juge administratif et juge judiciaire : ressemblances et différences », *ibid.,* p. 155 ; C. Charruault, « Juge administratif et juge judiciaire : dualité ou unité ? », *ibid.,* p. 177 ; P. Deumier, « Une *summa divisio* des raisonnements des juges administratif et judiciaire ? », *ibid.,* p. 199 ; A. Van Lang, « Le dualisme juridictionnel peut-il disparaître ? », *ibid.,* p. 275.

5. Cette condamnation pouvait, du reste, et peut toujours, être renforcée par le prononcé d'une *astreinte,* c'est-à-dire d'une condamnation accessoire au paiement d'une somme supplémentaire pour chaque jour de retard dans l'exécution de la décision ; cf. L. n° 80-539 du 16 juill. 1980 et Décr. n° 81-501 du 12 mai 1981.

6. J. Waline, *op. cit.,* n° 668-1 et 674.

On évoquera d'abord celle, politique [1], que formulent les auteurs marxistes. Cette critique ne conteste pas la réalité de la distinction ; elle est au contraire soulignée. Ce qui est critiqué, c'est la fonction conservatrice de la distinction et, notamment, l'ensemble des connotations dont, plus ou moins consciemment, elle serait assortie : d'une part, le *droit privé* décrit comme le droit de la personne et des *libertés individuelles* ; d'autre part, le *droit public* qui exprime la *contrainte* de la collectivité sur l'individu. En bref, « l'impératif en droit public, le consentement en droit privé » [2].

La critique, qui ne manque au demeurant ni de finesse ni d'intérêt [3], encourt cependant différents reproches [4].

Son premier défaut est de vouloir trop prouver : en affirmant que la distinction est inhérente à la société capitaliste, elle se met en contradiction avec les faits. Sans remonter au droit romain [5], il suffit d'observer, à cet égard, que la société anglaise – dont on peut difficilement nier la nature foncièrement capitaliste – n'a accueilli cette distinction que très tardivement, et qu'elle ne lui accorde encore aujourd'hui qu'une importance secondaire, avec un contenu sensiblement différent [6].

En deuxième lieu, la critique s'attache à une opposition de connotations – droit privé libéral ; droit public contraignant – qui paraît aujourd'hui dépassée. La complexité croissante de la vie sociale et économique rend en effet de plus en plus perceptible la fonction protectrice, pour l'individu, de l'intervention de l'État. **Exemples** : la loi n° 78-17 du 6 janvier 1978, relative à l'*informatique, aux fichiers et aux libertés* qui tend à la sauvegarde des libertés individuelles à l'encontre des pouvoirs publics comme des organismes privés ; et dans une autre perspective, la loi constitutionnelle du 1er mars 2005, portant Charte de l'environnement et consacrant à ce titre le principe de précaution [7]. Par ailleurs, la protection des libertés individuelles est répartie traditionnellement entre le juge administratif et le juge judiciaire [8].

Enfin, on lui objectera un *excès de schématisation* qui se satisfait d'une présentation purement manichéenne de la distinction relevant parfois de la caricature : ainsi, de l'explication du maintien du droit pénal au sein du droit privé [9] comme résultat d'un « processus de camouflage de la répression » [10].

43. ***Une distinction qui tend à masquer l'unité du droit, expression d'un projet politique unique***. En définitive, la critique marxiste n'est pas convaincante, et ce d'autant

---

1. Sur cette dimension, v. not. C. Atias, « Un point de vue de droit privé ? », in *De l'intérêt de la* summa divisio *droit public – droit privé ?, op. cit.*, p. 37.

2. Miaille, p. 176.

3. V. ss 43.

4. V. égal. A. Van Lang, « Le point de vue d'une publiciste », in *De l'intérêt de la* summa divisio *droit public – droit privé ?, op. cit.*, p. 31.

5. La distinction était faite par le droit romain, sans qu'on puisse évidemment qualifier la société romaine de capitaliste. Sur les origines historiques de la distinction, v. L.-A. Barrière, « Une approche historique de la *summa divisio* droit public – droit privé », in *De l'intérêt de la* summa divisio *droit public – droit privé ?, op. cit.*, p. 7.

6. V. S. Boyron, « La *summa divisio* vue d'outre-Manche », in De *l'intérêt de la* summa divisio *droit public – droit privé ?*, préc., p. 121.

7. Aussi v. ss 93, 249.

8. V. not. Sauvé, « Quel juge pour les libertés ? », *D.* 2016. Chron. 1320, qui s'interroge sur les moyens d'améliorer le système, notamment après les questions soulevées par l'état d'urgence décrété postérieurement aux attentats survenus en France en 2015-2016.

9. Affirmation du reste discutable, v. ss 52.

10. Miaille, p. 181.

moins qu'elle paraît bien reprendre, pour l'inverser, le manichéisme qu'elle dénonce [1]. Or, il est tout aussi absurde d'opposer le droit public au droit privé en affirmant sa défiance à l'encontre du premier qu'en soulignant sa méfiance à l'égard du second. C'est là, d'ailleurs, un point sur lequel, paradoxalement, cette critique éveillait l'attention en dénonçant le danger des catégorisations abusivement simplificatrices, en l'occurrence l'opposition : droit privé-liberté ; droit public-contrainte.

L'observation, exacte, rejoint une autre critique adressée à la distinction du droit privé et du droit public et qui souligne l'*inexactitude* de l'opposition : droit privé-intérêts individuels, droit public-intérêts de la collectivité. Toutes les règles de droit, en effet, parce qu'elles ont pour finalité d'organiser la société [2], tendent, notamment par une recherche de ce qui lui est *utile*, à la sauvegarde de l'intérêt social [3].

Ces deux considérations mettent sur la voie de ce qui est sans doute le plus grave défaut de la distinction : savoir qu'elle tend à faire oublier la profonde unité du droit, lequel n'est jamais que la *traduction sous la forme d'un ensemble de règles d'un projet politique global* [4]. Cette unité interdit toute interprétation manichéenne du type droit privé-liberté, droit public-contrainte, *ou vice versa*. Comment, en effet, l'auteur de la règle de droit, qui est le même pour le droit public et pour le droit privé, pourrait-il se contredire, ou contrarier ses options, de l'une à l'autre de ses décisions ? Tout au contraire, il faut souligner la cohérence intrinsèque du système juridique, par-delà toutes ses subdivisions [5]. Cela conduit à dénier à la distinction droit public – droit privé la valeur d'une *summa divisio* [6]. Ce qui ne veut pas dire qu'il faille, pour autant, la rejeter purement et simplement.

44. ***Une distinction qui est un instrument utile de classification***. Il demeure vrai que les appellations « droit public » et « droit privé » évoquent correctement deux aspects distincts de la vie sociale : l'activité individuelle des composantes de la société, d'une part, et l'action de la puissance publique, de l'autre. Et il est exact que ces deux domaines de la vie sociale appellent des techniques juridiques qui peuvent être différentes : l'utilité publique mérite d'être privilégiée. Cela suffit pour justifier que l'on conserve la distinction – parce qu'elle est un important instrument de classification. Mais il convient alors d'en souligner les limites.

La *première* tient à ce que la distinction ne signifie aucunement que droit public et droit privé soient des univers différents et opposés : ils représentent, au contraire, deux volets complémentaires du droit. Le droit « public » *et* le droit « privé » concourent, ensemble, à l'organisation de la société et à la sauvegarde des intérêts individuels et collectifs du groupe social [7]. Ce concours explique pourquoi, dans un certain nombre

---

1. Cf. le regret de Miaille (p. 179) devant le constat de ce qu'il estime être la permanente primauté du droit privé.

2. V. ss 10 s.

3. Terré, nº 111.

4. V. ss 36, 37.

5. Cette cohérence naturelle de l'ensemble des règles de droit est une exigence logique. Mais il va de soi que, comme toute œuvre humaine, le droit comporte des imperfections. Il se peut que, d'un corps de règles à un autre apparaissent des contradictions – l'excessive spécialisation des règles de droit est de nature à favoriser ce phénomène – ou encore, que l'expression du projet politique dominant soit plus ou moins maladroite. Cela ne compromet pas, pour autant, le principe.

6. Dans le même sens : L. Dubouis, « Conclusions », in *De l'intérêt de la* summa divisio *droit public – droit privé ?*, *op. cit.*, p. 291.

7. Cela explique qu'il soit parfois difficile de discerner la nature – individuelle ou collective – des intérêts sauvegardés par une règle définie. Les servitudes dites « d'utilité publique » sont révélatrices de cas, des techniques, qui se rattachent naturellement au droit privé, sont imposées dans le secteur dit public, ou inversement, des méthodes, qui relèvent normalement du droit public, sont intégrées dans les rapports des particuliers [1] ; pourquoi aussi des matières qui, comme le droit européen des droits de l'Homme, intéressent tous les types de rapports sociaux, favorisent des rapprochements [2]. S'il est utile de prendre conscience de telles fluctuations et d'en apprécier la mesure, il n'y a pas, en revanche, à se formaliser, selon le cas, d'une « publicisation » du droit privé, ou d'une « privatisation » du droit public. Seuls comptent, là comme ailleurs, l'utilité de la règle et le bien-fondé de la solution qu'elle consacre.

La *seconde limite* tient à ce que la distinction n'est rien d'autre qu'un schéma d'orientation. S'il est des branches du droit qui concernent très directement soit l'activité individuelle des particuliers, soit l'action de la puissance publique, il en est d'autres où ces préoccupations se mélangent selon des proportions variées. Du droit « privé » le plus strict au droit « public » le plus accentué, il n'y a pas de solution de continuité. D'où l'impossibilité, de plus en plus souvent soulignée, de regrouper les différentes branches du droit positif sous les labels exclusifs « droit privé » et « droit public » : si certaines branches du droit relèvent clairement de l'un ou de l'autre, il en est d'autres, en revanche, qui en mélangent les deux orientations. Ce que nous allons vérifier maintenant.

Section 2
Les subdivisions du droit – les branches du droit

45. *Multiplicité des branches du droit. Essai de classification*. Il est nécessaire, et de bonne méthode, de procéder à des regroupements dans l'ensemble volumineux que constituent les règles de droit. On tiendra compte à cet effet, notamment, de leur objet et de leur domaine d'application.

La distinction du *droit privé* et du *droit public* est certainement utile de ce point de vue. Mais elle se révèle insuffisante face au phénomène de *multiplication des branches du droit* qui a caractérisé le XXe siècle. À la complexité croissante et à la diversification des activités socio-économiques ont correspondu, en effet, l'apparition et le développement de branches spécialisées du droit. Pour sembler inévitable, cette évolution ne va pas, cependant, sans inconvénients : en particulier, par les cloisonnements qu'elle entraîne, elle rend difficile l'appréhension correcte et complète de la règle de droit [3]. Le phénomène

---

à cet égard (cf. Terré et Simler, *Droit civil. Les biens*, 9e éd., Sirey, 2014, Dalloz, coll. « Précis », n° 347).

1. V. par ex. H. Mazeaud, « Défense du droit privé », *D.* 1946. 17 ; R. Savatier, « Droit privé et droit public », *D.* 1946. Chron. 25 ; Rivero, « Droit public et droit privé : conquête ou *statu quo* », *D.* 1947. Chron. 69 ; v. aussi G. Ripert, *op. cit.*, n° 11 s. (chapitre intitulé : « Tout devient droit public »).

2. J.-P. Marguénaud et D. Roman, « La doctrine publiciste et privatiste face au droit européen des droits de l'Homme », in *De l'intérêt de la* summa divisio *droit public – droit privé ?*, *op. cit.*, p. 139 ; *adde*, s'agissant du droit de l'Union européenne : J.-S. Bergé, « La *summa divisio* droit privé – droit public et le droit de l'Union européenne : une question pour qui ? une question pour quoi ? », *ibid.*, p. 45 ; F. Picod, « Le droit de l'Union européenne est-il soluble dans la *summa divisio* droit privé – droit public ? », *ibid.*, p. 57.

3. Ainsi, par exemple, pour appréhender la réalité actuelle du *droit de propriété il* ne suffit pas de s'en tenir à la définition du Code civil (art. 544). Il faut, au-delà du droit civil, tenir compte, notamment du droit de l'urbanisme, du droit de l'environnement et du droit rural ; cf. Tomasin, *L'évolution de la propriété immobilière*, 1991, p. 5 ; Aubert, « Le droit de disposer de l'immeuble », *Études offertes*

est aggravé par une multiplication excessive des *textes*. Le danger est de finir par perdre les repères essentiels que constituent les principes fondamentaux du droit.

Cela étant, la classification des *branches du droit*, entendues comme des ensembles cohérents et autonomes (plus ou moins) de règles adaptées à un secteur déterminé d'activités, n'est pas chose facile. Il est assurément commode de partir de la distinction du droit public et du droit privé. Mais la démarche apporte une contre-épreuve des limites de la distinction. En effet, si certaines branches entrent, sans trop de difficultés, sous l'une ou l'autre de ces deux rubriques, dont elles révèlent les subdivisions, il en est en revanche de nombreuses autres qui ne peuvent être soumises à un tel classement parce qu'elles participent des deux. Faute de mieux, on les qualifiera, par contraste, de *droits mixtes*.

§ 1. Les subdivisions du droit public

46. *Les disciplines du droit public. Le droit constitutionnel*. Les disciplines qui peuvent être rattachées au droit public sont assurément très nombreuses, ce dont attestent les programmes d'enseignement des Facultés de droit[1]. Mais, et l'on observera le même phénomène à propos du droit privé, nombre d'entre elles constituent en réalité des droits mixtes[2]. Si l'on tient compte de ce phénomène, il n'y a guère que trois disciplines qui sont de droit public pur. Ce sont : le *droit constitutionnel*, le *droit administratif* et le *droit international public*.

Le *droit constitutionnel*[3] réunit les règles relatives à l'État et au pouvoir politique. Il s'agit, en effet, de l'ensemble des règles qui président à l'organisation politique de l'État et à son fonctionnement ou, plus précisément encore, à la mise en œuvre du pouvoir politique. La substance propre du droit constitutionnel se trouve donc dans la Constitution et les différents textes qui s'y rattachent (lois constitutionnelles et lois organiques)[4]. Plus largement, elle réside dans tous les textes qui définissent les divers *organes de l'État* (chef de l'État, gouvernement – qui constituent, ensemble, le *pouvoir exécutif* ; Assemblée nationale et Sénat, c'est-à-dire le Parlement ; Conseil constitutionnel[5]…), les modalités de leur *désignation*, leurs *compétences* et leurs *fonctions*.

à J. Flour, 1979, p. 1 ; Libchaber, « La recodification du droit des biens », *Le Code civil 1804-2004. Livre du bicentenaire*, Dalloz-Litec, 2004, p. 297. Sur l'aptitude de la conception « dogmatique » de la propriété à refléter les liens entre le propriétaire et les biens, v. les avis opposés de Chazal, « La propriété, dogme ou instrument politique ? ou comment la doctrine s'interdit de penser le réel », *RTD civ.* 2014. 763 s. ; Dross, « Que l'article 544 du Code civil nous dit-il de la propriété ? », *RTD civ.* 2015. 27.

1. Sur le rôle de l'enseignement dans la distinction droit privé – droit public, v. not. P. Ancel, « L'enseignement du droit, instrument de la *summa divisio* », in *De l'intérêt de la* summa divisio *droit public – droit privé ?*, *op. cit.*, p. 207 ; M. Boudot, « L'enseignement du droit, un instrument de la *summa divisio* ? », *ibid.*, p. 245.

2. V. ss 51 s.

3. Chantebout, *Droit constitutionnel*, 32e éd., Sirey, coll. « Université », 2015 ; Mélin-Soucramanien et Pactet, *Droit constitutionnel*, 36e éd., Sirey, 2018 ; Favoreu, Gaïa, Ghevontian, Mestre, Pfersmann, Roux et Scoffoni, *Droit constitutionnel*, 20e éd., Dalloz, coll. « Précis », 2018.

4. V. ss 80.

5. Sur la question de savoir si le contrôle de constitutionnalité des lois (sur lequel, v. 84 et 92) est sensible, ou non, à la distinction, v. M. Verpeaux, « Le contrôle de constitutionnalité est-il indifférent à la *summa divisio* », in *De l'intérêt de la* summa divisio *droit public – droit privé ?*, *op. cit.*, p. 97 ; R. Encinas de Munagori, « De la cohérence des contrôles de constitutionnalité : la *summa divisio* est-elle un atout ou un obstacle ? », *ibid.*, p. 107.

47. ***Le droit administratif*.** Le *droit administratif* [1] est un proche parent du droit constitutionnel : il en est le prolongement pour tout ce qui concerne la mise en œuvre du pouvoir exécutif. Il regroupe, en effet, les diverses règles qui définissent et organisent les *administrations* et les *services publics*, celles qui précisent leurs modes de fonctionnement, et celles qui régissent leurs rapports avec les particuliers (contrats administratifs et responsabilité administrative). Une partie importante du droit administratif s'attache à l'*organisation administrative de l'État* (État, régions, départements, communes et intercommunalité). Une autre définit les *moyens d'action* de l'administration, ce qui englobe à la fois les personnels (fonctionnaires et agents qui collaborent à l'administration) et les biens du domaine public.

En dépit de cette importance qualitative et quantitative du droit administratif, cette branche du droit ne recouvre pas la totalité des règles qui s'appliquent à l'administration et aux services publics. Il ne faut pas oublier, en effet, que, pour certaines de leurs actions, l'administration et les services publics sont régis par des règles de droit privé : ainsi pour les établissements publics industriels et commerciaux, ainsi encore pour ce qui concerne le domaine privé de l'État [2]. L'action administrative moderne a d'ailleurs tendance à employer de plus en plus souvent des contrats de droit privé pour la gestion privée des services publics [3].

En bref, le droit administratif est, fondamentalement, le *droit de la puissance publique*. C'est comme tel qu'il s'est développé à partir du début du XIXᵉ siècle, grâce au principe de séparation des autorités administratives et judiciaires, et sous l'influence déterminante du Conseil d'État [4].

48. ***Le droit international public*.** Le droit constitutionnel et le droit administratif sont les éléments fondamentaux de ce qu'on appelle le droit public *interne* : l'ensemble des règles qui ont vocation à s'appliquer à l'intérieur du territoire national et à définir l'organisation de l'État. Mais il va de soi qu'un État entretient nécessairement des relations extérieures. Pour celles-ci, il existe un corps particulier de règles que regroupe le *droit international public* [5].

Le *droit international public* [6] réunit l'ensemble des règles qui gouvernent les rapports interétatiques (conventions et traités internationaux), ainsi que celles qui définissent l'organisation, le fonctionnement, la compétence et les pouvoirs des organisations internationales. Parmi celles-ci, l'Organisation des Nations unies (ONU) et la charte des Nations unies (26 juin 1945) qui en constitue le fondement, ont une place éminente.

La réalité de cette branche du droit est parfois contestée. Cela tient à ce que l'effectivité de la règle, et en particulier sa *sanction* – dont on a vu qu'elle est en principe le critère décisif du droit [7] – sont, en ce domaine, très problématiques. Il faut cependant affirmer

---

1. Chrétien, Chifflot et Tourbe, *Droit administratif*, 15ᵉ éd., Sirey, 2016 ; J. Waline, *Droit administratif*, 26ᵉ éd., Dalloz, coll. « Précis », 2016.

2. V. ss 40.

3. Waline, *Droit administratif*, préc., n° 9 et n° 461 s.

4. Sur celui-ci, v. ss 137 s. Essayant d'imaginer ce que pourrait être le droit français si sa jurisprudence avait été autre, v. D. Chabanol, Et si la solution de l'arrêt *Blanco* avait été inversée ?, in *De l'intérêt de la* summa divisio *droit public – droit privé ?*, *op. cit.*, p. 285.

5. Cette opposition entre droit interne et droit international concerne également le droit privé, mais de manière un peu différente en ce que le droit international privé n'est pas un pur droit privé mais un droit mixte ; v. ss 55.

6. Dupuy et Kerbrat, *Droit international public*, 13ᵉ éd., Dalloz, coll. « Précis », 2016 ; Aledo, *Le droit international public*, 9ᵉ éd., Dalloz, coll. « Connaissance du droit », 2014.

7. V. ss 21 s.

l'existence du droit international public, en faveur de quoi plaide, notamment, l'existence de la Cour internationale de Justice de La Haye qui, dans le cadre de l'Organisation des Nations unies, est appelée à trancher un véritable contentieux international.

§ 2. Les subdivisions du droit privé

49. ***Les disciplines de droit privé : le droit civil.*** L'exigence de rigueur, qui nous a conduits à limiter considérablement le nombre des disciplines de droit public, nous amène à ne retenir que deux disciplines de pur droit privé : le *droit civil* et le *droit commercial*. Mais il est vrai que nombreux sont les droits, dits mixtes, qui sont issus de l'un ou de l'autre de ces deux piliers du droit privé [1].

Le *droit civil* [2], qui a longtemps été le droit commun français – c'est-à-dire le système de droit de référence – reste encore aujourd'hui une sorte de *droit commun privé*. En effet lorsque, dans un domaine relevant normalement du droit commercial ou d'un droit mixte, naît un litige de nature privée, et qu'il n'existe, pour le résoudre, aucune règle spéciale, c'est aux principes et aux techniques du droit civil qu'il convient de se référer pour trancher.

Cette fonction particulière du droit civil s'explique par le fait qu'il est la branche la plus ancienne du droit – ce qui rend particulièrement fiables les mécanismes qu'il met en œuvre [3]. Son ancienneté tient à son objet même : l'individu envisagé dans ses rapports les plus fondamentaux. Le droit civil rassemble en effet les diverses règles qui assurent l'*individualisation de la personne-sujet de droit* dans la société (nom, domicile, état civil), et celles qui organisent les principaux rapports de la vie en société. À ce titre, il régit, d'abord, la *famille* à la fois dans ses aspects extrapatrimoniaux (mariage, divorce, filiation) et dans ses conséquences patrimoniales (régimes matrimoniaux, successions). Il organise, ensuite, la *propriété* ainsi que les différents droits dont l'individu peut bénéficier à l'égard d'une chose. Enfin, le droit civil définit les *rapports d'obligation* [4] – créance et dette corrélatives – qui s'établissent entre les personnes, soit par l'effet d'un contrat, soit par celui d'un fait générateur de responsabilité civile.

Le droit civil peut donc être défini comme l'ensemble des règles qui, d'une part, fixent le statut et les droits fondamentaux des personnes et, d'autre part, organisent leurs relations dans la vie privée, hors de l'activité commerciale. Le *Code civil*, promulgué en 1804 [5], en recueillait alors à peu près toute la substance. Il a connu une très grande stabilité pendant les trois premiers quarts du XIXe siècle. Mais la matière civile a, ensuite et notamment depuis le début du XXe siècle, fait l'objet d'une activité législative considérable [6] qui a eu deux effets majeurs. D'une part, l'esprit du droit civil a évolué pour

---

1. V. ss 57.
2. V. ss 230 s. Les notions essentielles du droit privé (les personnes, les biens, la propriété…) – sur lesquelles, v. l'ouvrage remarquable de J. Rochfeld, *Les grandes notions du droit privé*, PUF, coll. « Thémis », 2011 ; v. ss 240 s. – sont toutes des notions du droit civil.
3. J.-Ph. Lévy et A. Castaldo, *Histoire du droit civil*, 2e éd., Dalloz, coll. « Précis », 2010 ; v. égal., des mêmes auteurs, *Introduction historique au droit*, 4e éd., Dalloz, coll. « Précis », 2013.
4. Cette partie du droit civil – *le droit des obligations* (v. ss 242 s.) – est en effet celle qui revêt, plus que toute autre, la nature d'un véritable droit commun.
5. V. ss 230 s.
6. V. ss 235 s.

devenir moins individualiste et libéral[1]. D'autre part, la matière civile a éclaté[2], entraînant la constitution de régimes juridiques spécialisés, dont certains sont devenus des branches de droit autonomes – au sens de corps de règles échappant au droit civil[3] – et de nature mixte, tels, notamment, le droit du travail, le droit rural et le droit des assurances[4]. Un phénomène de même nature a affecté le droit commercial.

50. ***Le droit commercial.*** S'il a emprunté au droit civil nombre de ses techniques, c'est pourtant dès avant la Révolution que le *droit commercial*[5] s'en est détaché. Cette autonomie précoce est clairement attestée par les ordonnances de Colbert sur le commerce de terre (mars 1673) et sur la marine (1681). Elle s'explique par le particularisme de l'objet de cette branche du droit privé, qui est constitué par les différentes opérations accomplies pour l'exercice du commerce.

Cet objet, ainsi largement défini, inclut aussi bien la *société* constituée pour la réalisation d'opérations commerciales, ou encore le *fonds de commerce* – c'est-à-dire l'installation et l'ensemble des moyens employés par le commerçant pour l'exercice de son commerce – que les *actes de commerce*, formule qui désigne l'ensemble des actes qui sont faits par un commerçant dans l'exercice et pour les besoins de son commerce.

Applicable par principe aux commerçants individus, ainsi qu'aux sociétés commerciales dont il définit les conditions de constitution et de fonctionnement, le droit commercial a aussi vocation à s'appliquer, exceptionnellement, à des *non-commerçants*. Cela se produit lorsqu'une personne, qui n'a pas la qualité de commerçant, participe à un acte que la loi répute commercial à l'égard de tous. **Exemple** : le fait de porter sa signature sur une lettre de change[6].

Les règles du droit commercial, réunies à l'origine dans le *Code de commerce* promulgué en 1807 ont, plus rapidement que celles du droit civil, connu des modifications sous la pression de l'évolution économique et industrielle du XIXe siècle. Dès 1838, le Code faisait l'objet d'une importante réforme concernant la faillite ; ensuite, une loi du 24 juillet 1867 modernisait, en le remaniant de fond en comble, le droit des sociétés. Ce mouvement n'a cessé de s'accélérer par la suite, donnant lieu à de nombreuses interventions législatives, souvent très innovantes[7], dont on se bornera à citer les plus récentes

---

1. V. ss 238 (propriété), v. ss 239 (obligations).

2. Cf. Aubert, « La recodification et l'éclatement du droit civil hors le Code civil », in *Le Code civil 1804-2004. Livre du bicentenaire*, Dalloz – Litec, 2004, p. 125 s.

3. Cela n'interdit pas, toutefois, de recourir aux règles du droit civil – droit commun privé – lorsque cette branche de droit ne règle pas un problème particulier et qu'elle ne s'y oppose pas. Pour une illustration, en matière de formation du contrat d'assurance, v. Bout, « Vices du consentement et droit du contrat d'assurance », in *Mélanges offerts à J.-L. Aubert*, Dalloz, 2005, p. 45.

4. V. ss 54, 57.

5. V. par ex. Houtcieff, *Droit commercial. Actes de commerce. Commerçants. Fonds de commerce. Instruments de paiement et de crédit*, 4e éd., Sirey, 2016 ; Pédamon et Kenfack, *Droit commercial. Commerçants et fonds de commerce. Concurrence et contrats du commerce*, 4e éd., Dalloz, coll. « Précis », 2015 ; Le Cannu, Granier et Routier, *Droit commercial. Instruments de paiement et de crédit. Titrisation*, 9e éd., Dalloz, coll. « Précis », 2016 ; Merle et Fauchon, *Droit commercial (Sociétés commerciales)*, 21e éd., Dalloz, coll. « Précis », 2018 ; Legeais, *Droit commercial et des affaires*, 24e éd., Sirey, 2017 ; Le Corre, *Droit et pratique des procédures collectives*, coll. « Dalloz Action », 2017-2018.

6. La lettre de change (C. com., art. L. 511-1 s.), que le langage courant désigne sous l'appellation de *traite*, est un procédé de paiement consistant en un écrit par lequel une personne, qui est créancière d'une autre, donne mandat à celle-ci de payer à une époque déterminée une certaine somme à une tierce personne désignée ou à toute personne que cette dernière se serait substituée.

7. On peut citer, à titre d'exemples : la création par la loi du 7 mars 1925 de la *société civile à responsabilité limitée* (SARL) ; la consécration en matière de bail commercial de la *propriété*

des plus importantes, savoir, la loi du 24 juillet 1966, relative aux *sociétés commerciales*, très souvent modifiée et désormais intégrée au Code de commerce, et, en matière de *faillite* – on dit aujourd'hui, les *difficultés des entreprises* : procédures de la *sauvegarde*, du *redressement* et de la *liquidation judiciaires* des entreprises –, objet de très nombreux textes, dont les ordonnances du 18 décembre 2008, du 9 décembre 2010, du 12 mars 2014, la loi du 6 août 2015 et la loi du 18 novembre 2016 de modernisation de la justice du XXIe siècle (C. com., art. 620-1 s.).

Le foisonnement des textes a déterminé un mouvement de nouvelles codifications qui a donné lieu, notamment, à un nouveau *Code de commerce* (Ord. du 18 sept. 2000) et à un *Code monétaire et financier* (Ord. du 14 déc. 2000)[1].

Ce mouvement législatif a marqué le droit commercial d'un esprit nouveau, certainement *interventionniste* mais dont l'orientation n'est pas uniforme. On y décèle à la fois une *tendance nettement dirigiste*, qui se traduit par une réglementation stricte des activités commerciales, et une orientation *néolibérale* en ce sens que sont recherchées les conditions d'une véritable concurrence – exigée par l'unification européenne. Cette seconde tendance tend d'ailleurs à prendre assez nettement le pas sur la première[2]. Et, comme pour le droit civil, ce développement moderne du droit commercial a eu pour résultat de détacher de celui-ci un certain nombre de branches spécialisées qui sont devenues des droits de nature mixte.

§ 3. Les droits mixtes

51. ***Notion et multiplicité des droits mixtes.*** La notion de droit mixte résulte de ce double constat que la distinction du droit privé et du droit public n'est pas une division absolue du droit[3], et qu'en réalité les préoccupations et les techniques propres à ces deux éléments du droit se mélangent très souvent, selon des proportions variables. La notion est donc simple : constitue un droit mixte toute branche du droit qui réalise une combinaison de règles relevant, pour les unes du droit public, et pour les autres du droit privé. Cela étant, il est habituel de rattacher chaque droit mixte à l'un ou l'autre des deux pôles dominants du droit. On signalera ce rattachement à l'occasion de l'évocation des principaux droits mixtes.

Il faut, au préalable, souligner que seuls seront pris en considération, les groupes de règles qui constituent certainement des *branches du droit*, c'est-à-dire un ensemble cohérent et autonome de règles adapté à un secteur déterminé d'activité[4]. Cette délimitation est restrictive : une tendance forte est, aujourd'hui, de faire apparaître, de plus en plus nombreux, des ensembles cohérents de règles appliqués à des objets déterminés. Ils ne peuvent pourtant pas être qualifiés de branches du droit parce qu'il leur manque la qualité d'*autonomie* dans la mesure où les règles qui

---

commerciale au profit du locataire par une loi du 30 juin 1926 et un décret-loi du 30 septembre 1953 ; l'institution des *groupements d'intérêt économique* par l'ordonnance du 23 septembre 1967 ; ou encore l'admission des *sociétés unipersonnelles* par une loi du 11 juillet 1985.

1. Il convient également de mentionner le Code de la propriété intellectuelle (L. du 1er juill. 1992) qui rassemble les dispositions relatives à la propriété littéraire et artistique et celles qui régissent la propriété industrielle.

2. V. not. la loi n° 2015-990 du 6 août 2015, précitée, pour la croissance, l'activité et l'égalité des chances économiques, particulièrement les dispositions du titre premier « libérer l'activité ».

3. V. ss 43 ; v. égal. É. Picard, « Pourquoi certaines branches du droit échappent-elles à la *summa divisio* ? », in De *l'intérêt de la* summa divisio *droit public – droit privé ?*, préc., p. 65.

4. V. ss 45.

sont ainsi rassemblées forment en réalité des sous-ensembles relevant d'autres branches du droit telles que, par exemple, le droit administratif, le droit civil, le droit commercial, le droit pénal ou le droit du travail.

C'est pourquoi on ne s'arrêtera pas à différents ensembles tels que le *droit économique*[1], ou encore le *droit de la consommation*[2] et le *droit de l'environnement*[3]. Cette élimination peut être discutée ; elle peut aussi n'être que la réalité d'un moment : certains de ces groupements de règles peuvent acquérir peu à peu une véritable autonomie et devenir, en conséquence, de nouvelles branches du droit. Ainsi, contre l'opinion dominante, certains considèrent que le droit de la consommation a acquis une unité et une autonomie suffisantes autour de la notion de contrat de consommation[4]. En toute hypothèse, cette délimitation ne doit pas masquer l'utilité et l'importance que présentent ces différents corps de règles – qui peuvent conduire jusqu'à la mise en place de *Codes*, tels le *Code de la consommation* (L. du 26 juill. 1993 ; la matière a été recodifée par l'ordonnance n° 2016-301 du 14 mars 2016, pour la partie législative, et par le décret n° 2016-884 du 29 juin 2016, pour la partie réglementaire) ou le *Code de l'environnement* (Ord. du 18 sept. 2000) –, notamment pour surmonter les dangers inhérents aux cloisonnements qu'engendre inévitablement la spécialisation des règles de droit[5].

Malgré cette conception restrictive, et tout en ne retenant que les principaux des droits mixtes, l'énumération de ceux-ci reste importante. On s'efforcera de les présenter, chaque fois que possible, en rapprochements cohérents.

52. ***Le droit pénal***. L'un des plus importants des droits mixtes est, sans conteste, le *droit pénal*, également appelé « droit criminel », dont l'essentiel de la substance se trouvait dans le *Code pénal* de 1810, jusqu'au remplacement de celui-ci par le *Nouveau Code pénal*, entré en vigueur le 1er mars 1994. C'est un *droit de répression*, qui a pour principal objet de définir les comportements constitutifs d'*infractions*, et de fixer les *sanctions* applicables à leurs auteurs[6]. Cependant, cet aspect rigoureusement répressif comporte aujourd'hui d'importantes nuances en ce sens que le droit pénal moderne tend non seulement à *punir*, mais aussi à *rééduquer*. C'est pourquoi on définit aujourd'hui le droit pénal, de manière plus large, comme ayant pour objet « les conditions générales d'incrimination et les règles générales sur la fixation des peines »[7].

Cette définition, plus conforme à la réalité, présente aussi l'intérêt d'insister sur le rôle éminent que joue ici la *puissance publique* : les infractions sont déterminées en considération de l'intérêt général et de l'ordre public, et c'est la puissance publique qui a la maîtrise de la sanction. La victime n'est pas admise à se venger elle-même. Il y a là des particularités qui attirent incontestablement le droit pénal vers le droit public.

---

1. V. not. Frison-Roche et Bonfils, *Les grandes questions du droit économique*, PUF, 2005
2. Y. Picod, *Droit de la consommation*, 3e éd., Sirey, 2015 ; Calais-Auloy et Temple, *Droit de la consommation*, 9e éd., Dalloz, coll. « Précis », 2015.
3. Prieur, *Droit de l'environnement*, 7e éd., Dalloz, coll. « Précis », 2016.
4. N. Sauphanor-Brouillaud, « Le contrat de consommation et les contrats spéciaux », in *Mélanges en l'honneur de B. Gross*, PU Nancy, 2009, p. 305, du même auteur (avec E. Poillot, C. Aubert de Vincelles et G. Brunaux) : *Traité de droit civil* de J. Ghestin, *Les contrats de consommation. Règles communes*, LGDJ, 2013. V. égal. Stoffel-Munck, « L'autonomie du droit contractuel de la consommation : d'une logique civiliste à une logique de régulation », *RTD com*. 2012. 705.
5. V. ss 45.
6. Pour l'enseignement, on distingue le *droit pénal général* – théorie générale de l'infraction et des peines – et le *droit pénal spécial* – étude détaillée des diverses infractions et de leurs sanctions ; v. Bouloc, *Droit pénal général*, 25e éd., Dalloz, coll. « Précis », 2017 ; Rassat, *Droit pénal spécial*, 7e éd., Dalloz, coll. « Précis », 2014 ; Véron, *Droit pénal spécial*, 16e éd., Sirey, 2017 ; Véron, *Droit pénal des affaires*, 11e éd., Dalloz, coll. « Cours », 2016.
7. Bouloc, *Droit pénal général*, 25e éd., Dalloz, coll. « Précis », 2017, n° 37.

Pourtant, le droit pénal est traditionnellement rattaché, en France, au droit privé, contrairement à ce qui se fait dans d'autres pays. De cela, on peut donner deux raisons [1]. La première est que le droit pénal, s'il est dominé par la puissance publique, n'en vise pas moins largement à la sauvegarde d'intérêts individuels – l'intégrité physique, ou encore, par la sanction du vol, la propriété de chacun [2]. La seconde tient à ce que l'apparition – tardive – du droit public s'est réalisée sous la forme d'une revendication d'autonomie par rapport aux grandes branches du droit établies – droit civil, droit commercial *et* droit criminel –, ce qui a eu pour résultat de rapprocher celles-ci. Par la suite, la force de l'habitude aidant, soutenue par la finalité de sauvegarde individuelle de cette branche du droit, le rattachement du droit pénal au droit privé s'est maintenu. Cela n'a rien de choquant, puisqu'il s'agit d'un droit qui est, en réalité, mixte. Du moins faut-il avoir conscience de cette nature pour mieux en comprendre l'exacte portée, qui est de sauvegarder l'ordre social.

53. ***Le droit processuel.*** Sous l'appellation de droit processuel – qui tend à se répandre après avoir été peu usitée [3] –, on rassemble trois branches distinctes du droit qui ont pour objet commun d'organiser la justice – entendue en un sens très large – et son fonctionnement. Il s'agit de la *procédure civile* [4], de la *procédure pénale* et de la *procédure administrative* [5].

Ces trois branches du droit ont pour premier objet de définir les *différents organes de la justice*, civile [6], pénale et administrative. À cet égard, elles déterminent à la fois l'*organisation* et la *compétence* des divers tribunaux [7]. Leur second objet est de régler le *déroulement des procès*, c'est-à-dire de préciser selon quelles règles la juridiction compétente doit juger les litiges qui lui sont soumis. C'est, dans un sens strict, la *procédure* proprement dite [8].

Sur ce plan, la procédure civile et la procédure administrative ont un point commun qui les oppose à la procédure pénale. En effet, les parties au procès civil ou administratif ont la maîtrise de celui-ci [9] : elles seules ont, en particulier, l'initiative de saisir le juge,

---

1. Comp. l'explication donnée par Miaille, p. 181, évoquée, v. ss 42, *in fine*.

2. Ce qui n'empêche pas que le Code pénal sanctionne également des infractions « contre la nation, l'État et la paix publique » (art. 410-1 s.).

3. V. Guinchard (dir.), *Droit processuel. Droits fondamentaux du procès*, 9e éd., Dalloz, coll. « Précis », 2017.

4. On y ajoute usuellement les *voies d'exécution*, qui en sont un prolongement logique, puisqu'elles désignent l'ensemble des règles qui gouvernent l'exécution forcée (par opposition à *volontaire*) des droits ; v. Couchez et Lebeau, *Voies d'exécution*, 12e éd., Sirey, coll. « Université », 2017 ; Leborgne, *Droit de l'exécution. Voies d'exécution et procédures de distribution*, 2e éd., Dalloz, coll. « Précis », 2014.

5. Guinchard, Chainais et Ferrand, *Procédure civile*, 33e éd., Dalloz, coll. « Précis », 2016 ; Couchez et Lagarde, *Procédure civile*, 17e éd., Sirey, coll. « Université », 2014 ; Bouloc, *Procédure pénale*, 26e éd., Dalloz, coll. « Précis », 2018 ; Guyomar et Seiller, *Contentieux administratif*, 4e éd., Dalloz, coll. « HyperCours », 2017.

6. Guinchard, Varinard et Debard, *Institutions juridictionnelles*, 14e éd., Dalloz, coll. « Précis », 2017 ; La notion de justice *civile* doit être ici entendue de manière *extensive* : elle déborde la justice civile, *stricto sensu*, pour englober notamment les juridictions commerciales et les juridictions prud'homales ; sur ces juridictions, v. ss 158, 159.

7. Sur l'organisation d'ensemble des juridictions judiciaire (civiles et pénales) et administrative, v. ss 132 s.

8. Aussi oppose-t-on parfois à la *procédure* ainsi entendue le *droit judiciaire privé* défini comme l'ensemble des règles d'organisation des institutions judiciaires.

9. Ce qu'on appelle *principe dispositif*.

ou inversement de se désister. Au pénal, au contraire, c'est en principe l'État, représenté par le *ministère public*[1] qui est maître des poursuites.

Cette opposition peut cependant être inversée, et devenir celle de la procédure civile – dont l'objet principal est de régler les litiges entre particuliers – à la procédure pénale et à la procédure administrative, lesquelles ont en commun de régir des procès auxquels l'une des parties est une personne publique, souvent l'État lui-même.

Dans tout cela, le rôle de la puissance publique apparaît évidemment très grand. Au premier chef, il s'agit en effet de la mise en place et du fonctionnement du *service public de la justice*. Le caractère public de ces droits est donc très accentué, en particulier pour la procédure administrative et la procédure pénale. Mais l'aspect de droit privé – assurément plus important dans le cas de la procédure civile – n'est jamais totalement absent du fait de la préoccupation constante de défense des intérêts des particuliers.

54. *Le droit social*. L'appellation « droit social » recouvre deux branches distinctes du droit qui se sont considérablement développées depuis 1936 : le *droit du travail* d'une part, et la *Sécurité sociale* d'autre part.

Le *droit du travail*[2] recouvre l'ensemble des règles qui définissent la condition des *travailleurs salariés*. Celles, d'abord, qui gouvernent la formation et les effets du contrat de travail, prestation de travail et salaire. Celles, ensuite, qui régissent la situation du travailleur dans le cadre de son travail, c'est-à-dire dans l'*entreprise* (pouvoirs du chef d'entreprise, délégués du personnel, comité d'entreprise…). Celles, enfin, qui définissent les possibilités d'une action collective et concertée des travailleurs : réglementation des *syndicats*, régime des *conventions collectives*[3] qu'ils sont habilités à négocier, et *droit de grève*. La matière est depuis quelques années affectée par des changements profonds provoqués par l'adaptation du « marché du travail » à la concurrence internationale et à la libéralisation de l'économie[4].

La *Sécurité sociale*[5] qui a pris son essor en 1945, s'est détachée peu à peu du droit du travail dont elle était, à l'origine, partie intégrante. Elle réunit des règles qui, destinées à s'appliquer principalement aux travailleurs pour les garantir contre divers risques sociaux, débordent sensiblement le domaine du travail. D'une part, ces règles n'envisagent pas le travailleur dans le seul cadre de son travail : ainsi, par **exemple**, à la garantie des *accidents du travail* ou du *chômage* s'en ajoutent d'autres qui sont extérieures au cadre professionnel, telles les *prestations pour charge de famille*. D'autre part, le travailleur n'en est pas seul bénéficiaire : ainsi sa famille bénéficie-t-elle de la couverture du *risque maladie*, ou encore de *prestations familiales* dont l'attribution n'est d'ailleurs pas subordonnée à l'exercice d'une activité professionnelle.

Le *droit social* se rattache traditionnellement au droit privé : outre le fait que le contrat de travail était à l'origine régi par le Code civil, cet ensemble de règles garantit des droits

---

1. Sur cette notion, v. ss 144.

2. V. not. Auzero, Baugard et Dockès, *Droit du travail*, 31e éd., Dalloz, coll. « Précis », 2018.

3. Ce sont des accords, conclus avec les employeurs, dont l'objet est de fixer, pour telle ou telle branche d'activité, dans telle ou telle région, certaines conditions de conclusion des contrats individuels de travail : conditions d'embauche, de salaires, de congés payés, de licenciement, etc. ; v. ss 217.

4. V. notamment ordonnances n° 2017-1885, n° 2017-1386, n° 017-1387 et n° 2017-1388 du 22 septembre 2017 sur lesquelles : A. Lyon-Caen, *Ordonnances Macron. Commentaire pratique et nouvelles dispositions du Code du travail*, Dalloz, 2017.

5. Dupeyroux, Borgetto et Lafore, *Droit de la sécurité sociale*, 18e éd., Dalloz, coll. « Précis », 2015.

individuels. Il n'en revêt pas moins, très certainement, les caractères d'un véritable droit mixte en raison des nombreux éléments de droit public qui y interviennent, tels l'inspection du travail et le mécanisme d'extension des conventions collectives ou encore l'organisation administrative de la Sécurité sociale. Cette mixité est d'ailleurs soulignée, en matière de Sécurité sociale notamment, par la double nature des contentieux du droit social qui, s'ils relèvent pour la plus grande part des juridictions judiciaires, ne sont pas pour autant étrangers à la juridiction administrative.

55. ***Le droit international privé et le droit de l'Union européenne***. Les relations internationales, abstraction faite de tout ce qui relève du droit international *public* [1] ont suscité des branches de droit qui ont aussi un caractère mixte.

C'est le cas, d'abord, du *droit international privé* [2] qui, malgré son qualificatif, relève à maints égards du droit public. Cette branche du droit est de nature privée dans la mesure où sa fonction est de déterminer, pour les relations qui s'établissent *entre particuliers*, l'étendue d'application de la loi française (savoir si un contrat, conclu en Allemagne par un français et un anglais, doit être régi par le droit français ; savoir si le régime français de la responsabilité civile peut s'appliquer à un accident de la circulation provoqué par un français en Espagne…). Mais la matière est à certains égards dominée par des préoccupations de souveraineté étatique qui sont incontestablement de droit public. En atteste le fait que l'un des objets du droit international privé soit de fixer les conditions d'attribution de la nationalité française et la condition des étrangers [3].

Cette mixité se retrouve pour le droit de l'Union européenne (dénommé, jusqu'à une époque récente, « droit communautaire ») [4]. La formule désigne le corps de règles qui résultent, abstraction faite de nombreux autres textes, du *traité de Rome* (25 mars 1957) – instituant la Communauté économique européenne (CEE), et entré en vigueur le 1er janvier 1958 – du *traité CECA* (Communauté européenne du charbon et de l'acier) entré en vigueur le 25 juillet 1952, et du *traité Euratom* entré en vigueur le 1er janvier 1958 – ensemble de traités auquel il convient d'ajouter l'*Acte unique européen* des 17 et 28 février 1986, et surtout *les traités de Maastricht* sur l'*Union européenne* du 7 février 1992, *d'Amsterdam* (2 oct. 1997), *de Nice* (26 févr. 2001) et *de Lisbonne* (13 déc. 2007) qui les ont complétés et modifiés [5]. Outre sa mixité, ce corps de règles présente la particularité d'être à la fois *droit international* – en ce qu'il établit des relations entre États – et *droit interne* – parce qu'il comporte des règles qui ont vocation à s'appliquer dans chacun des États membres, pour y créer un marché homogène dont les agents sont soumis à des règles identiques. De manière assurément très schématique, il est permis de dire que, relevant institutionnellement du droit public – technique des traités internationaux ; organes de fonctionnement, tels, notamment, le Conseil de l'Union européenne, la Commission,

---

1. V. ss 48.
2. Vignal, *Droit international privé*, 4e éd., Sirey, coll. « Université », 2017 ; Loussouarn, Bourel et de Vareilles-Sommières, *Droit international privé*, 10e éd., Dalloz, coll. « Précis », 2013 ; ; Mayer et Heuzé, *Droit international* privé, 11e éd., Lextenso, 2014.
3. Jault-Seseke, Corneloup et Barbou des Places, *Droit de la nationalité et des étrangers*, PUF, coll. « Thémis », 2015. P. Lagarde, *La nationalité française*, 4e éd., Dalloz, 2011 ; *La nationalité française : recueil des textes législatifs et réglementaires, des conventions internationales et autres documents : textes en vigueur au 15 octobre 2007*, La Documentation française, 2007 ; X. Vandendriessche, *Le droit des étrangers*, 5e éd., Dalloz, coll. « Connaissance du droit », 2012.
4. V. not. Clergerie, Gruber et Rambaud, *L'Union européenne*, 11e éd., Dalloz, coll. « Précis », 2016.
5. Le traité de Lisbonne a notamment substitué l'Union européenne à la Communauté européenne ; v. Lagarde, *Commentaire article par article des traites UE et CE*, 2e éd., Dalloz, 2010.

le Parlement européen et la Cour de justice – le droit de l'Union européenne se rattache aussi au droit privé par tout ce qui concerne la réglementation des échanges économiques de nature privée [1].

56. ***Les branches de droit détachées du droit administratif.*** Parmi les droits mixtes, il convient encore – sans épuiser d'ailleurs la liste – de faire état de diverses branches de droit qui se sont détachées, les unes *du droit administratif* les autres *du droit civil et du droit commercial.*

Se sont ainsi *détachées du droit administratif,* en conservant une dominante de droit public, les *finances publiques* et le *droit fiscal*, les *libertés publiques* et le *droit de la construction et de l'urbanisme.*

L'ensemble constitué par les *finances publiques* et le *droit fiscal* réunit les règles qui gouvernent les dépenses et les recettes des collectivités publiques [2] – dont l'organisation du budget de l'État – et les règles qui président à la mise en œuvre des diverses impositions destinées à les alimenter. Droit public et droit privé sont ici mêlés du fait que, si la matière est dominée par des considérations d'intérêt public, le fait générateur de l'impôt est souvent constitué par une activité privée, telle la conclusion d'une vente, ou la constitution d'une société commerciale.

Les *libertés publiques* définissent les divers droits de l'individu dans la société – dont en particulier les droits de l'Homme ou droits fondamentaux – et les modalités de leur protection [3]. Cette branche du droit, devenue essentielle, est, sans doute, l'une des plus rebelles à la distinction du droit public et du droit privé. La raison en est, d'abord, qu'elle concerne *essentiellement l'individu* envisagé dans le *contexte social et étatique*, et ensuite qu'elle prend en compte la *totalité des aspects de la vie en société* : liberté d'aller et venir, liberté d'opinion, liberté de la vie privée, etc. [4].

Le *droit de la construction et de l'urbanisme* [5], enfin, est également une branche de droit profondément mixte. Elle révèle très nettement l'absence de solution de continuité entre droit public et droit privé [6]. L'appellation réunit d'une part les règles de l'*urbanisme* – celles qui organisent « l'utilisation et l'occupation de l'espace conformément aux exigences de l'intérêt général » [7] – et d'autre part l'ensemble des techniques juridiques qui régissent l'opération de construction – tels le *lotissement*, c'est-à-dire la division du terrain en lots à construire, les *sociétés de construction*, ou encore la *vente d'immeuble*

---

1. C. Nourissat, *Droit de la concurrence. Libertés de circulation. Droit de l'Union. Droit interne*, 5e éd., Dalloz, coll. « HyperCours », 2016.
2. Albert, *Finances publiques*, 10e éd., Dalloz, coll. « Cours », 2017 ; Baudu, *Droit des finances publiques*, Dalloz, coll. « HyperCours », 2015 ; Lascombe et Vandendriessche, *Les finances publiques*, 10e éd., Dalloz, coll. « Connaissance du droit », 2017.
3. Favoreu, Gaïa et autres, *Droit des libertés fondamentales*, 7e éd., Dalloz, coll. « Précis », 2015 ; Hennette-Vauchez et Roman, *Droits de l'homme et libertés fondamentales*, 3e éd., Dalloz, coll. « HyperCours », 2017 ; *Libertés et droits fondamentaux 2017*, R. Cabrillac (dir.), 23e éd., Dalloz, 2017 ; Wachsmann, *Les droits de l'Homme*, 5e éd., Dalloz, coll. « Connaissance du droit », 2008.
4. V. Dreyer, « La fonction des droits fondamentaux dans l'ordre juridique », *D.* 2006. Chron. 748 ; Dupré de Boulois, « Les notions de liberté et de droit fondamentaux en droit privé », *JCP* 2007. I. 211.
5. Ph. Malinvaud (dir.), *Droit de la construction*, 6e éd., Dalloz, coll. « Dalloz Action », 2013 ; Auby, Périnet-Marquet et Noguellou, *Droit de l'urbanisme et de la construction*, 9e éd., Montchrestien, 2012 ; Faure-Abbad, *Droit de la construction*, Gualino, 2013.
6. V. ss 44.
7. Jacquot et Priet, *Droit de l'urbanisme*, 7e éd., Dalloz, coll. « Précis », 2015 ; Auby, Périnet-Marquet et Noguellou, *op. cit.*

à construire[1]. Ces diverses règles, de nature tantôt publique, tantôt privée, se complètent pour aboutir à la réalisation d'une construction conforme à la fois à l'intérêt général et à l'utilité privée.

57. ***Les branches du droit détachées du droit civil et du droit commercial***. Une activité législative novatrice s'est appliquée, dans la seconde moitié du XIXe siècle et, surtout, au XXe siècle, à différents secteurs qui, jusque-là, relevaient du droit civil ou du droit commercial[2]. En sont issues diverses branches de droit qui sont aujourd'hui autonomes et qui présentent un caractère mixte[3]. Nous évoquerons rapidement les plus importantes.

D'abord, le *droit rural*[4]. Issu du droit civil – il en demeure des traces dans le Code : article 1714 et suivants –, il réunit l'ensemble des règles qui organisent l'espace *foncier agricole* (tel le *remembrement*) et celles qui permettent l'*exploitation agricole* (bail à ferme, et groupements fonciers agricoles, par exemple). De ce fait, il mélange préoccupations de droit public – notamment pour l'aménagement de l'espace rural – et préoccupations de droit privé, pour tout ce qui concerne l'organisation de l'exploitation.

Ensuite, le *droit des assurances*[5] qui se rattache au droit civil (contrat et mécanismes de l'assurance) et au droit commercial (formes d'exploitation de l'assurance), mais qui présente aussi d'incontestables aspects de droit public, du fait du contrôle étroit qu'exerce l'État sur cette industrie.

Le *droit des transports*[6], terrestres, maritimes et aériens, est une branche du droit qui est plus spécifiquement issue du droit commercial, mais qui, en raison de la réglementation administrative qui l'affecte et de l'importance qu'y prennent les relations internationales d'État à État, comporte des éléments de droit public, parfois prédominants.

On citera, enfin, le *droit de la propriété intellectuelle* qui comporte deux branches principales : d'une part, la *propriété industrielle* qui concerne notamment les brevets d'invention, les dessins et modèles industriels et les marques[7] ; d'autre part, la *propriété littéraire et artistique* qui régit les divers droits reconnus à l'auteur – ainsi qu'à sa famille – sur ses créations littéraires ou artistiques[8].

58. ***En guise de conclusion : diversification du droit et codification***. Les quelques indications qui précèdent illustrent assez clairement l'extraordinaire développement des règles de droit dans la société contemporaine. Ce phénomène, qui n'est pas propre à la France, tient, pour l'essentiel, à deux circonstances.

---

1. Auby, Périnet-Marquet et Noguellou, *op. cit.* ; Malinvaud, Jestaz, Jourdain et Tournafond, *Droit de la promotion immobilière*, 9e éd., Dalloz, coll. « Précis », 2014.

2. V. ss 49, 50.

3. Ce fut le cas, aussi, du *droit du travail*, qui fait partie du droit social (v. ss 54).

4. Audier, *Droit rural*, 5e éd., Dalloz, coll. « Mémentos », 2009 ; Bosse-Platière, Collard, Travely Tauran et Grimonprez, *Droit rural*, LexisNexis, 2014.

5. Lambert-Faivre et Leveneur, *Droit des assurances*, 14e éd., Dalloz, coll. « Précis », 2017 ; Favre-Rochex et Courtieu, *Le droit du contrat d'assurance terrestre*, LGDJ, 1998 ; *Le droit des assurances obligatoires*, LGDJ, 2000 ; Groutel, Leduc, Pierre et Asselain, *Traité du contrat d'assurance terrestre*, LGDJ, 2008.

6. Reinhard, Bon-Garcin et Bernadet, *Droit des transports*, 4e éd., Dalloz, coll. « Précis », 2010.

7. Azema et Galloux, *Droit de la propriété industrielle*, 8e éd., Dalloz, coll. « Précis », 2017 ; Schmidt-Zsalewski, *Droit de la propriété industrielle*, 8e éd., Dalloz, coll. « Mémentos », 2013.

8. A. Lucas, *Propriété littéraire et artistique*, 5e éd., Dalloz, coll. « Connaissance du droit », 2015 ; Bernaus, Lucas et Lucas-Schloetter, *Traité de la propriété littéraire et artistique*, 6e éd., LGDJ, 2017 ; Gautier, *Propriété littéraire et artistique*, 10e éd., PUF, 2017.

La première est d'ordre politique et se trouve dans la promotion de l'*État de droit* comme valeur démocratique. Elle suppose que les sociétés organisent leurs relations, publiques comme privées, internes comme internationales, en vertu de règles de droit que l'État considéré s'oblige à respecter et à mettre en œuvre.

La seconde est, pour l'essentiel, économique : savoir que les relations économiques, internes et internationales, se sont à la fois multipliées, diversifiées et complexifiées. Le développement de nouvelles techniques comme l'Internet ou l'intelligence artificielle suscite également des questions qui créent un besoin de droit, conformément à la première circonstance précédemment évoquée.

Pour demeurer dans le cadre français, il en est résulté un foisonnement – certainement excessif – de textes destinés à régir chaque type d'activité. Cette situation conduit à s'interroger sur la valeur du principe selon lequel « nul n'est censé ignorer la loi »[1]. Elle a, en tout cas, provoqué un renouveau de la technique de la *codification*, qui permet de réunir, de façon plus cohérente, les différents textes édictés pour réglementer telle ou telle catégorie de relations sociales.

Il ne faut cependant pas se faire trop d'illusion sur les bienfaits de ce mouvement : outre que le résultat n'est pas toujours à la hauteur des espérances[2], la multiplication contemporaine des codes fait ressortir que le droit ne peut plus être maîtrisé que par des spécialistes – et encore, chacun dans sa partie – et devient de plus en plus un sujet d'interrogation, sinon d'inquiétude – ou de désinvolture – pour le citoyen moyen.

Cela tend du moins à donner un certain poids à la formule de *science du droit*, laquelle désigne, très schématiquement, la connaissance du phénomène juridique.

Section 3
La science du droit

59. ***Notion et plan***. La notion de « science du droit » comporte deux éléments distincts mais étroitement complémentaires[3]. Dans un premier sens, elle désigne la *connaissance* de la règle de droit et la *maîtrise de sa mise en œuvre*. Il s'agit alors de l'étude du droit positif, c'est-à-dire du droit effectivement applicable et appliqué. À cette compréhension correspond l'étude des différentes branches du droit.

Dans un second sens, la « science du droit » est une *réflexion sur le phénomène juridique*, réflexion qui peut avoir un objectif d'efficacité – améliorer les règles du droit positif – ou une finalité spéculative – philosopher sur le droit. C'est ce second sens qui nous retiendra seul ici. La science du droit rassemble alors différentes sciences et techniques appliquées au phénomène juridique et dont on peut rendre compte en évoquant successivement les *sciences auxiliaires du droit* et les *méthodes et techniques de la science juridique*[4].

---

1. V. ss 99.
2. V. par ex., pour le nouveau Code de commerce, Bureau et Molfessis, « Le nouveau Code de commerce ? Une mystification », *D.* 2001. 361.
3. Rappr. Gridel, n° 2 s. ; v. égal. Jestaz, *Le droit*, *op. cit.*, p. 127 s.
4. La science est elle-même un objet d'étude, ce qui donne naissance à une discipline appelée l'épistémologie, dont on trouve quelques illustrations en droit ; v. particulièrement Atias, *Épistémologie juridique*, Dalloz, coll. « Précis », 2002 et « Ce que savent les juristes. Les états du droit », *RTD civ.* 2013. 315 ; v. égal. Champeil-Desplats, *Méthodologies du droit et des sciences du droit*, 2e éd., Dalloz, coll. « Méthodes du droit », 2016.

§ 1. Les sciences auxiliaires du droit

60. ***Diversité***. Le droit étant un phénomène social qui prend la société pour objet, il va de soi que toute science, humaine comme exacte, intéresse le juriste. Pour ne prendre qu'un exemple, celui de la *génétique*, il paraît évident que cette science ne peut être méconnue des juristes, que ce soit à l'occasion du *mariage* et de la *filiation* [1], ou dans un tout autre domaine, pour ce qui a trait à la *criminalité*. Cela sans compter que la science – c'est particulièrement notable pour la génétique – peut faire elle-même l'objet du droit, qui la réglemente.

Cependant, parmi toutes ces sciences que le juriste ne peut méconnaître – s'il n'a évidemment pas à les maîtriser, du moins doit-il se soucier des conclusions qu'elles posent –, il en est qui jouent un rôle privilégié par rapport au droit soit parce qu'elles le prennent directement pour objet, soit parce qu'elles appréhendent, mais d'une autre manière, l'objet du droit, c'est-à-dire la société. Ce sont ces sciences-là que l'on appelle sciences auxiliaires du droit. D'une façon très générale, elles permettent d'éclairer le sens de la règle de droit, d'en découvrir le pourquoi comme les conséquences, d'en demander des modifications ou la suppression. On peut – ce qui ne va pas sans quelque arbitraire – les ranger en deux catégories, selon qu'elles sont à dominante *descriptive*, ou *explicative*.

A. Les sciences descriptives

61. ***L'histoire et l'histoire du droit***. L'*histoire* est la science des événements qui, dans leur succession, ont marqué l'évolution des sociétés humaines et constitué les civilisations. Il est certes schématique de placer l'histoire sous le label de science descriptive : l'historien ne se borne pas à décrire la succession des événements ; il s'efforce, au moins, de fournir une explication de leur enchaînement. Mais il demeure que l'histoire est d'abord descriptive ; d'où son évocation ici.

Il est clair que le droit, phénomène social, ne peut être correctement appréhendé en faisant abstraction de l'histoire de la société qu'il régit. Bien des institutions juridiques, nombre de règles de droit, trouvent leur explication, voire leur justification, dans tel ou tel événement historique entendu au sens large [2].

Mais, à côté de l'histoire générale qui peut ainsi fournir un éclairage de la règle du droit positif, il faut également tenir compte de l'*histoire du droit* [3]. On désigne par-là l'étude des institutions juridiques qui ont précédé, de plus ou moins loin, celles de l'époque contemporaine. Il s'agit, principalement, de l'étude des règles du *droit romain*, de l'étude du droit et des institutions de l'Ancien Régime – l'*ancien droit* – et de l'étude du droit en vigueur sous la Révolution – *droit intermédiaire*

---

1. V. par ex. Baudouin et Labrusse-Riou, *Produire l'homme. De quel droit ?*, PUF, 1987.

2. Deux illustrations, l'une tirée de l'histoire récente, l'autre d'un processus historique plus ancien. La réglementation restrictive des *clauses d'indexation* – clauses destinées à faire varier un prix, par exemple un loyer, en fonction de l'évolution d'un indice déterminé, tel l'indice du coût de la construction – qui a été établie par une ordonnance du 30 décembre 1958 s'expliquait par une volonté de lutte contre une inflation devenue dangereuse à cette époque. La *séparation de corps*, dont le principal effet est de dispenser les époux de leur devoir de cohabiter, mais sans pour autant faire disparaître les liens du mariage, trouve son origine dans l'Ancien Régime et s'explique par le poids qu'avait alors la doctrine catholique de l'indissolubilité du mariage (d'où l'appellation qui lui est parfois donnée de « divorce des catholiques »).

3. V. not. Castaldo, Timbal et Mausen, *Histoire des institutions publiques et des faites sociaux*, 12e éd., Dalloz, coll. « Précis », 2009 ; Ellul, *Histoire des institutions*, 5 vol., PUF, coll « Quadrige » ; Lévy et Castaldo, *Histoire du droit civil*, 2e éd., Dalloz, coll. « Précis », 2010, et *Introduction historique au droit*, 4e éd., Dalloz, coll. « Précis », 2013 ; Bart, *Histoire du droit*, 2e éd., Dalloz, coll. « Connaissance du droit », 2002.

– et postérieur à l'époque révolutionnaire. L'histoire du droit, ainsi entendue, présente, au moins, un double intérêt : d'abord d'instruire quant aux antécédents des règles du droit positif, et donc de faire apparaître les évolutions qui y ont abouti, ainsi que leurs causes ; ensuite, de faire connaître des institutions et techniques de droit différentes de celles d'aujourd'hui et, par là même, d'enrichir l'expérience des juristes et d'améliorer leur aptitude à répondre aux besoins actuels de la société. De ce point de vue, l'histoire se rapproche du droit comparé.

62. ***Le droit comparé.*** Le *droit comparé* n'est pas une *branche* du droit, mais une partie de la *science du droit.* De manière schématique, on peut dire qu'il consiste dans l'*étude des droits étrangers*, étude menée dans une perspective de *comparaison* avec le droit positif national.

Comme pour l'histoire, il faut souligner que le droit comparé n'est pas seulement une science descriptive. Le « comparatiste » ne se borne pas à exposer les règles du droit étranger qu'il examine, à en traduire les règles en français : il doit pénétrer les concepts et rechercher l'explication des règles du droit qu'il étudie. Mais, précisément, grâce à ce travail difficile – qui suppose non seulement une parfaite connaissance du système examiné et de sa langue, mais aussi la faculté de s'abstraire des concepts et mécanismes propres au droit français – le comparatiste peut ensuite exposer de manière claire et accessible les structures et les techniques du droit étranger, en les comparant à celles du droit français et en en tirant les enseignements utiles à celui-ci.

Le droit comparé n'est pas une science nouvelle [1], mais il a connu un développement particulier depuis la fin du XIXe siècle [2]. Ses intérêts majeurs sont de permettre un enrichissement substantiel de l'*expérience* des juristes, propre à favoriser l'amélioration du droit national [3], et aussi de faciliter la *compréhension internationale.* Aujourd'hui, il joue également un rôle important dans l'élaboration d'un droit transnational, soutenue par certains, en relation, notamment, avec la construction européenne, particulièrement en droit des contrats [4].

B. Les sciences explicatives

63. ***La philosophie et la philosophie du droit.*** En tant que réflexion sur l'homme, son action et son essence, la *philosophie* ne peut être ignorée des juristes. Ainsi, par exemple, la problématique de la *personnalité juridique* – savoir quand commence et quand finit la personne, considérée comme sujet de droit [5] – ne peut faire l'impasse sur l'approche philosophique du concept de « personne ». Au reste, tout système juridique peut être marqué,

1. R. David, Jauffret-Spinosi et Goré, *Les grands systèmes de droit contemporains*, 12e éd., Dalloz, coll. « Précis », 2016, n° 2. Les auteurs rappellent que le traité d'Aristote – *Politique* – a été établi sur la base de l'étude de 153 constitutions de cités grecques ou barbares. V. égal. : R. Legeais, *Grands systèmes de droit contemporains. Approche comparative*, 3e éd., LexisNexis, 2016.

2. La *Société de législation comparée* a été créée en 1869.

3. L'investigation historique et le droit comparé « permettent de percevoir les représentations que l'on se fait de tel ou tel mécanisme, de telle ou telle règle, de telle ou telle valeur… en d'autres lieux, et en d'autres temps, et du coup, nous permettent de *prendre conscience de n° propres représentations…* », Mathieu-Izorche, « L'acte translatif de savoir, ou les forces créatrices de l'analogie », in *Mélanges offerts à J.-L. Aubert*, Dalloz, 2005, p. 487, spéc. n° 35, p. 500. Pour une réflexion générale sur le droit comparé, v. B. Fauvarque-Cosson, « Le droit comparé : art d'agrément ou entreprise stratégique ? », in *De tous horizons. Mélanges X. Blanc-Jouvan*, LGDJ, 2005, p. 69 ; B. Markesinis, *Juges et universitaires face au droit comparé*, Dalloz, coll. « Méthodes du droit », 2006.

4. V. not. B. Fauvarque-Cosson, « Droit international privé et droit comparé : brève histoire d'un couple à l'heure de l'Europe », in *Mélanges en l'honneur d'H. Gaudemet-Tallon*, Dalloz, p. 43, et « Le droit comparé : art d'agrément ou entreprise stratégique ? », in *Mélanges X. Blanc-Jouvan*, *op. cit.*, p. 69.

5. V. ss 195, 196.

plus ou moins profondément, par un *a priori* philosophique admis par le législateur. Ainsi oppose-t-on les systèmes matérialistes et les systèmes spiritualistes [1].

Cependant, si la philosophie générale n'est pas indifférente au droit, il convient de faire une place particulière à ce que l'on appelle la *philosophie du droit*. La formule désigne, comme on l'a vu déjà, une réflexion sur le droit lui-même, à la recherche de sa définition, de son fondement et de ses fins [2].

64. ***La sociologie et la sociologie juridique***. La sociologie, science de l'Homme qui s'attache à l'étude des faits sociaux et des institutions sociales, rencontre inévitablement sur son chemin le phénomène juridique. On a, justement montré que celui-ci se trouve dans une situation très particulière au regard de la sociologie : c'est que le droit est, à la fois, un fait social et le cadre imposé de faits sociaux extra-juridiques [3]. Par **exemple**, une manifestation sportive se trouve enserrée dans un cadre de règles de droit qui en fixe l'organisation ainsi que le statut des personnes qui y participent – acteurs ou spectateurs.

Le rôle de la *sociologie juridique* est, pour s'en tenir à l'essentiel, de scruter le vécu de la règle de droit. À cette fin, le sociologue recourt à des techniques propres à saisir la réalité de la vie sociale : notamment, étude de documents de la pratique du droit (archives notariales, décisions de justice...), enquêtes et sondages. Son objectif est de révéler l'effectivité de la règle de droit – c'est-à-dire, la réalité de son application – et son efficacité, ainsi que d'éclairer sur les conditions de son élaboration. C'est ainsi que, selon l'observation de J. Carbonnier, « contre l'assertion dogmatique d'après laquelle la loi est l'expression de la volonté nationale ou de l'intérêt collectif, la sociologie juridique a montré les intrigues et les pressions particulières qui agissent aujourd'hui sur la législation, les *lobbies*, les capteurs de décrets subreptices et obreptices ; derrière le législateur juridique, elle a démasqué le législateur sociologique et, du même coup, rappelé la règle de droit à une modestie salutaire » [4]. Ce constat peut aider à expliquer que la règle de droit exprime parfois maladroitement, voire de façon contradictoire, le projet politique dont elle est la traduction technique [5].

Un intérêt de la sociologie est de permettre de percevoir la réalité des comportements sociaux par rapport à ce qu'exige la règle [6]. Elle apporte ainsi un important élément d'appréciation de celle-ci. Mais, en même temps, elle fait naître le risque d'inciter à croire que la règle de droit doit s'incliner devant les pratiques réelles : que le droit doit s'adapter au fait [7].

Une telle conception consacrerait un véritable dévoiement de la sociologie juridique. Celle-ci a pour fonctions de révéler, à la fois, la diversité des comportements sociaux et la réalité du droit pratique – le droit tel qu'il est appliqué – et, donc d'éclairer, le cas échéant, sur la faillite de telle ou telle règle. Ce faisant, elle fournit une information d'un indéniable intérêt, mais qui n'est qu'un élément d'appréciation parmi d'autres. L'auteur de la règle de droit, partant de là, fera son choix en considération de son projet politique et décidera, selon le cas, soit d'homologuer la pratique révélée par le sociologue, soit, à l'inverse, de la contrarier s'il l'estime nuisible [8]. En bref,

---

1. L'opposition peut se manifester à l'intérieur d'un même système. Ainsi, en droit français, de thèmes tels que l'avortement, le divorce ou la filiation où s'affrontent conceptions spiritualistes et matérialistes.

2. Ce en quoi elle se distingue malaisément de la théorie générale du droit. Sur cette réflexion, v. ss 25 s. ; v. aussi Frydmann et Haarscher, *Philosophie du droit*, 3e éd., Dalloz, coll. « Connaissance du droit », 2010 ; *La philosophie du droit aujourd'hui*, Archives Phil. dr., tome 33, Sirey, 1988 ; Jestaz, *Le droit*, *op. cit.*

3. Carbonnier, *Sociologie juridique*, 2e éd., PUF, 2004, p. 19, où l'auteur relève la spécificité du droit, « sa malléabilité singulière [...] la capacité unique qu'il possède d'organiser toutes les autres organisations ».

4. Carbonnier, *op. cit.*, p. 366.

5. V. ss 37.

6. Comme, par exemple, le faible nombre de poursuites de certaines infractions (l'avortement avant la loi autorisant l'interruption de grossesse, notamment).

7. Atias et Linotte, « Le mythe de l'adaptation du droit au fait », *D.* 1977. Chron. 151.

8. D. Fenouillet (dir.), *L'argument sociologique en droit*, Dalloz, coll. « Thèmes et commentaires », 2015.

le constat sociologique d'une discordance entre le fait et le droit n'impose à lui seul ni l'adaptation de celui-ci à celui-là, ni davantage son maintien ferme. Tout dépend – devrait dépendre ? – de la volonté de celui qui a la charge de fixer la règle de droit[1].

65. ***La science politique et la science administrative***. Consacrées au droit public, la *science politique*[2] et la *science administrative*[3] représentent deux applications spécialisées de la sociologie juridique qui ont pour objet de cerner la réalité de deux aspects de la vie sociale. À cette fin, elles recourent aux méthodes de la sociologie juridique, en particulier enquêtes et sondages.

De ces deux disciplines, la première envisage les phénomènes de la *vie politique*, tandis que la seconde s'attache à l'*activité et au fonctionnement de l'administration*. La méthode scientifique est bien sociologique, qui consiste à étudier, selon le cas, la réalité de la vie politique, ou administrative, sans exclure, au demeurant, les enseignements fournis par l'expérience étrangère. À l'évidence, ces deux sciences sont complémentaires et accessoires du droit constitutionnel et du droit administratif. Elles permettent, là encore, non seulement de mettre en lumière la totalité des effets de la règle de droit – effets lointains, effets pervers… –, mais encore son ineffectivité, ou son inefficacité, voire ses lacunes.

66. ***Les sciences économiques***. Si les diverses sciences évoquées jusqu'ici possèdent, parmi d'autres, la particularité de servir au perfectionnement de la règle de droit, il en est d'autres qui, relativement au droit, apparaissent dans un rapport assez différent. Ce sont les *sciences économiques*.

Les sciences économiques ont pour objet une partie importante de la vie sociale, de plus ne plus grande dans les sociétés modernes : celle qui concerne la création et la circulation des richesses. À ce titre, elles envisagent les mécanismes de la production et de la consommation, l'ensemble des techniques qui permettent d'aller de l'une à l'autre (échanges, monnaie, épargne), et les cadres généraux dans lesquels ces techniques peuvent être mises en œuvre (libéralisme, dirigisme, nationalisations…). Ces investigations de la science économique débordent, assurément, le cadre national, pour s'attacher aussi, de plus en plus, au gré de la « mondialisation », aux problèmes internationaux, qu'ils soient de nature commerciale, financière ou monétaire.

Ainsi défini, l'objet des sciences économiques correspond à une grande partie de l'objet du droit lui-même et l'on observe une interaction permanente de l'une à l'autre discipline. Il faut bien comprendre, en effet, que les choses – la terre, l'eau, les légumes, etc. – n'ont de valeur économique que par les droits qui s'y appliquent[4] : c'est la *propriété* de la chose – elle-même susceptible de plusieurs compréhensions, qui fait la richesse, non la chose seule. Les sciences économiques présupposent ce donné juridique complémentaire du donné matériel. Mais, cela étant, la règle de droit apparaît comme un moyen de mise en œuvre des enseignements apportés par la science économique : le droit est, de ce point de vue, un *instrument* de l'économie. **Exemples** : c'est la technique des *contrats* (contrat de travail, vente, bail, prêt…) qui assure la création et la circulation des richesses ; c'est par le droit que sera exécutée la sauvegarde de la concurrence ou la lutte contre l'inflation… Mais là encore c'est à l'auteur de la règle de droit qu'il revient de décider d'utiliser, parmi les diverses démarches et techniques que suggèrent les sciences écono-

---

1. De ce point de vue, la dénonciation du « mythe de l'adaptation du droit au fait » (Atias et Linotte, préc.) est justifiée. Se réjouir d'une réforme au seul motif qu'elle met le droit en accord avec les faits est un non-sens. En soi, la conformité de la règle de droit à la pratique n'est pas une justification de cette règle : ce qui compte c'est de savoir pourquoi cette conformité est heureuse.
2. Lagroye, Bastien et Sawicki, *Sociologie politique*, 6e éd., Dalloz, coll. « Amphi », 2012.
3. J. Chevallier, *Science administrative*, 5e éd., PUF, 2013.
4. Flour, Aubert et Savaux, *Droit civil. Les obligations*, vol. 1, *L'acte juridique*, 16e éd., 2014, no 4.

miques, celles qui conviennent à son projet politique[1]. Cela souligne l'étroite complémentarité des sciences économiques et du droit.

Une autre manifestation de cette relation se trouve dans les théories dites de l'*analyse économique du droit*[2]. Il s'agit, très schématiquement, de théories qui reposent sur une étude économique des comportements juridiques en considération de l'intérêt de la société – majoration des revenus, minoration des profits. Dans cette perspective, ces théories recherchent les implications économiques – le coût – des mécanismes juridiques et tendent à promouvoir les règles de droit les plus profitables au groupe social[3].

§ 2. Méthodes et techniques de la science juridique

67. ***Délimitation de l'objet du paragraphe***. L'intitulé de ce paragraphe appelle quelques explications.

En premier lieu, il faut souligner que la science juridique[4] qui est ici envisagée est une notion moins compréhensive que celle de science du droit : elle envisage la règle de droit dans la perspective de sa mise en œuvre, indépendamment de toute réflexion sur le phénomène juridique lui-même[5].

En second lieu, il ne s'agit pas d'exposer ici une *théorie* des méthodes et techniques de la science juridique, mais seulement d'en dévoiler les caractéristiques dominantes, dans l'intention de convaincre ceux qui entament leurs études de droit de ce que la science juridique exige beaucoup moins d'efforts de mémorisation que de réflexion. Certes, là comme ailleurs, il est une certaine quantité de données qu'il convient d'acquérir pour asseoir la réflexion. Mais l'essentiel se trouve précisément dans celle-ci ; ce qu'on appelle le *raisonnement juridique*. Pour autant, celui-ci n'épuise pas l'ensemble des méthodes et techniques de la science juridique. Il faut encore y ajouter la *recherche juridique*.

A. Le raisonnement juridique

68. ***La notion de raisonnement juridique. L'application de la règle de droit***. S'il est habituel de parler du *raisonnement juridique*[6], il faut bien reconnaître que la notion n'est pas aussi simple qu'il peut sembler à prime abord car elle correspond à des préoccupations variées.

---

1. Le droit ne saurait être asservi à l'économie. D'autant moins que, s'il existe des doctrines dominantes, les méthodes et les résultats de la « science économique » sont l'objet de vives controverses.

2. Mackaay et Rousseau, *Analyse économique du droit*, 2e éd., Dalloz, coll. « Méthodes du droit », 2008.

3. V. une ébauche d'application de la théorie au droit français, Ogus et Faure, *Économie du droit : le cas français*, avant-propos L. Vogel, Éditions Panthéon-Assas, 2002 ; *Droit et économie des contrats*, Jamin (dir.), LGDJ, 2008. Et, pour une illustration des limites de cette recherche d'efficacité économique, L. Vogel, « L'économie, serviteur ou maître du droit », in *Mélanges A. Decocq*, Litec, 2004, p. 606.

4. La matière a fait l'objet, au début du XXe siècle, des remarquables travaux du doyen Gény, *Science et technique en droit privé positif*, 4 vol., 1914-1924 ; *Méthode d'interprétation et sources en droit privé positif*, 2e éd., LGDJ, 1919 ; v. aussi Bergel, *Méthodologie juridique*, 2e éd., PUF, 2016.

Sur la distinction des méthodes de ceux qui produisent le droit et de ceux qui analysent cette production, v. Champeil-Desplats, *Méthodologies du droit et des sciences du droit*, Dalloz, coll. « Méthodes du droit », 2014, préc.

5. Comp., v. ss 59.

6. V. not. Jestaz, *Le droit*, *op. cit.*, p. 115 s. ; Mathieu-Izorche, *Le raisonnement juridique*, PUF, 2001.

La problématique du raisonnement juridique est usuellement présentée dans la perspective de la quête d'une solution à un litige. **Exemple** : plusieurs personnes ayant été mêlées à la production d'un dommage, il convient de déterminer si la victime peut en réclamer la réparation, et, si c'est le cas, qui doit payer, et combien. C'est là une perspective de *contentieux* c'est-à-dire d'un débat – qui peut être un procès – à l'occasion d'une opposition d'intérêts. Il est exact que le raisonnement juridique a vocation à s'y déployer avec la mission de « dire le droit », dire la solution conforme au droit [1].

Mais cette perspective contentieuse n'est nullement exclusive et il faut, au moins, y ajouter celle, qui lui est quelque peu antithétique, d'une *pratique purement positive du droit*. La question n'est plus alors de savoir, de deux prétentions opposées, laquelle est conforme au droit, mais de réaliser une opération déterminée sur des bases juridiques correctes : par **exemple** rechercher la forme juridique la plus adéquate à une activité commerciale – entreprise individuelle, ou société, et alors laquelle ? Société à responsabilité limitée, société anonyme... ? Le raisonnement juridique, qui préside au choix de la solution, intervient alors comme soutien de *l'action* dans la vie sociale.

69. ***La conception et la formulation de la règle de droit.*** Ces deux perspectives – *contentieux* et *action* – ont en commun de s'appliquer à la mise en œuvre directe du droit positif, c'est-à-dire de la règle de droit en vigueur. Mais le raisonnement juridique a un champ d'application plus large. De la même manière qu'il doit jouer, comme on vient de le voir, pour définir les comportements sociaux conformes à la règle de droit, il a lieu d'intervenir dans la *création* même de la règle de droit [2]. Celle-ci, en effet, n'est pas un « donné », mais un « construit », et pour une fin particulière : c'est pour atteindre un résultat déterminé, voulu parce qu'utile à la société, que la règle de droit est édictée.

Ainsi, par **exemple**, le législateur a voulu – à tort ou à raison, c'est un autre problème – que soit préservé, dans les contrats de vente d'immeuble, un certain souci de justice contractuelle, mais sans que ces contrats se trouvent pour autant affectés d'une instabilité excessive, qui serait contraire à la sécurité juridique. À cette double fin, il a posé (C. civ., art. 1674) la règle qu'une telle vente peut être mise à néant si le prix convenu se révèle insuffisant (*justice contractuelle*) mais seulement si ce prix est inférieur aux 5/12ᵉ de la valeur réelle de l'immeuble (*sécurité juridique*). La conception et la formulation d'une telle règle – dite « de la rescision pour *lésion* de plus des 7/12ᵉ » – supposent un raisonnement juridique.

Certes, le raisonnement suit alors un cheminement inverse de celui qui préside à la mise en œuvre du droit positif : ici, il s'agit de concevoir la règle de manière telle qu'elle contraigne au comportement social recherché, tandis que là on vérifie la conformité d'un comportement donné à celui qu'impose la règle. Mais dans les deux cas le processus intellectuel est le même : *contrôler l'adéquation d'une norme donnée et d'un comportement déterminé*. C'est cette démarche que l'on appelle le raisonnement juridique.

---

1. P. Deumier (dir.), *Le raisonnement juridique Recherche sur les travaux préparatoires des arrêts*, Dalloz, coll. « Méthodes du droit », 2013 ; Goltzberg, *L'argumentation juridique*, 3ᵉ éd., Dalloz, coll. « Connaissance du droit », 2017 ; v. égal. Deumier, *Introduction générale au droit, op. cit.*, n° 69 s., spéc. n° 96 s. ; Ghestin, Berbier et Bergé, *Introduction générale, op. cit.*, n° 89 s., spéc. n° 107 s. (selon ces auteurs, la logique juridique, qui est essentiellement une logique de l'argumentation, serait le moyen de concilier le juste et l'utile, autrement dit la voie privilégiée de la réalisation du droit).
2. Plus généralement, sur les techniques d'édiction des normes, le « droit sur le droit », v. Deumier, *Introduction générale au droit, op. cit.*, n° 194 s.

70. ***Les supports du raisonnement juridique***. Pour se déployer, le raisonnement juridique doit évoluer à la fois dans l'*abstrait* (la formulation de la règle de droit), et dans le *concret* (les faits en considération desquels on s'interroge sur la règle de droit). Cela suppose, de la part de celui qui s'y emploie, un certain nombre de qualités – aptitude à la distinction et une certaine capacité d'imagination – et, bien sûr, diverses connaissances techniques fondamentales.

La première de ces connaissances indispensables est celle du *langage du droit*[1]. Celui-ci est d'autant plus déroutant pour le profane qu'il emprunte souvent à la langue commune, mais en déformant le sens ordinaire des mots ainsi empruntés[2]. En effet, à côté de termes spécifiquement juridiques – **exemples** : l'*emphytéose*, nom du droit résultant d'un bail de très longue durée (18 à 99 ans) qui porte sur un immeuble ; l'*usucapion*, appellation d'une forme d'acquisition de la propriété par l'usage prolongé d'une chose – le langage du droit utilise très souvent des mots d'apparence beaucoup plus banale, mais dont le sens diffère, plus ou moins selon le cas, de celui du langage courant. Ainsi de la *lésion*, évoquée au numéro précédent, qui désigne le préjudice économique subi par un contractant du fait d'un défaut d'équivalence entre la prestation qu'il consent et celle qu'il obtient en contrepartie. Ainsi encore de la *garde* d'une chose[3] qui se définit comme le cumul, au profit du gardien, de différents pouvoirs – usage, contrôle et direction – sur la chose, ou du *paiement* qui désigne l'exécution de tout type d'obligation, et pas seulement de celle portant sur une somme d'argent.

Dans un effort *a priori* louable d'intelligibilité du droit, le législateur moderne s'efforce de rapprocher la langue de la loi du langage courant, en supprimant des mots désuets ou techniques (« commodat », par exemple, qui désigne une forme de prêt) ou en les remplaçant par des expressions plus aisément compréhensibles (la succession au lieu de l'hérédité, les dépenses à la place des impenses, le rachat plutôt que le réméré...). Au moins dans certains cas, on peut douter de la méthode qui consiste à refuser de s'adresser à l'intelligence des destinataires de la règle, et à encourager le moindre effort, surtout quand il n'y a pas de véritable risque d'incompréhension (est-il bien utile de remplacer « habile à » par « capable de », par exemple ?)[4].

La langue étant le véhicule des idées, le changement de terminologie peut aussi avoir une valeur symbolique et traduire des évolutions profondes des mœurs ou de la psychologie sociale. Ainsi, par exemple, du remplacement, dans les textes du Code civil, de la notion traditionnelle de « soins d'un bon père de famille », par celle, dépourvue de connotation sexiste, de « soins raisonnables »[5].

Ces quelques indications suffisent pour faire apparaître que le raisonnement juridique se développe autour d'un certain nombre de notions ou *concepts* – la lésion, la garde, ou encore, le contrat, la responsabilité – dont la définition précise commande la mise en œuvre de la règle de droit. Ainsi, pour l'application du principe de responsabilité du

---

1. V. not. Cornu, *Linguistique juridique*, 3e éd., Montchrestien, 2005 ; E. Dameite et F. Dargirolle, *Méthode de français juridique*, 2e éd., Dalloz, coll. « Méthodes du droit », 2017 ; Boyer, *Dictionnaire des expressions juridiques*, 4e éd., LexisNexis, 2018. ; Akhouad-Barriga, « Réflexions sur le langage juridique et ses petits exercices d'application au droit de l'arbitrage », *RTD civ.* 2015. 785.

2. D'où l'utilité des « dictionnaires juridiques » ; v. bibliographie, en tête de l'ouvrage.

3. La notion commande l'application du principe de responsabilité du fait des choses posé par l'article 1242 du Code civil (ancien art. 1384, al. 1er) ; v. ss 251.

4. Sur ces modifications, et bien d'autres, v. l'article 10 de la loi du 12 mai 2009 de simplification et de clarification du droit et d'allégement des procédures.

5. Article 26 de la loi du 4 août 2014 pour l'égalité réelle entre les femmes et les hommes ; v. J.-L. Halpérin, « La suppression de l'expression "bon père de famille" », *D.* 2014. Chron. 536 ; J. Huet, « Adieu bon père de famille », *D.* 2014. Chron. 505.

fait des choses, la définition de la garde – pouvoirs d'usage, de direction et de contrôle de la chose – préside à la désignation du *gardien*, et donc du responsable tenu de réparer le dommage causé par la chose.

À côté de ces concepts, il faut également avoir égard aux *catégories juridiques* qui correspondent à un souci de classification. Ainsi distingue-t-on, par exemple, les *contrats aléatoires* et les *contrats commutatifs* (C. civ., art. 1108 ; ancien art. 1104). Dans ces derniers, les prestations mises à la charge des parties sont définitivement déterminées et équilibrées au moment où le contrat est conclu. C'est le cas, par **exemple**, de la *vente*, où la chose vendue et le prix sont irrévocablement fixés au moment de la conclusion du contrat. Au contraire, dans les *contrats aléatoires*, la prestation de l'une des parties dépend, dans son existence ou son étendue, de la réalisation d'un événement incertain [1]. Ainsi, dans le contrat d'*assurance*, l'assureur ne sera-t-il tenu de la prestation qu'il a promise que si un événement déterminé se produit (un accident engageant la responsabilité de son assuré, dans l'assurance de responsabilité ; le décès de l'assuré, dans le cas d'une assurance sur la vie en cas de décès).

C'est donc à l'aide d'une terminologie qui lui est propre, et sur la base de concepts et de catégories bien précises que s'opère le raisonnement juridique [2] dont il est utile de détailler les techniques.

71. ***La forme syllogistique du raisonnement juridique. Syllogisme contre contrôle de proportionnalité ?*** – Il est classique de présenter le raisonnement juridique comme la mise en œuvre d'un *syllogisme*. Dans ce syllogisme, dit *judiciaire* [3], la *majeure* est représentée par la règle de droit, la *mineure* par les faits exprimés en considération des concepts juridiques, la *conclusion*, enfin, est déduite de cette confrontation et traduit l'application de la règle aux circonstances de fait considérées.

Exemple : un cycliste inattentif a renversé et blessé un piéton qui traversait la rue sous la protection d'un feu rouge. La victime demande réparation de son dommage. Pour résoudre cette question, le raisonnement opère de la manière suivante : l'article 1240 du Code civil (ancien art. 1382) [4] énonce que tout fait de l'homme qui a causé un dommage à autrui oblige celui par la faute duquel il est arrivé à le réparer (*majeure*). L'inattention et la méconnaissance d'un feu rouge sont, au regard des concepts juridiques, des fautes dont il est constaté, en l'occurrence, qu'elles ont causé un dommage (*mineure*). En conséquence, le cycliste doit réparer le dommage subi par la victime (*conclusion*).

Ainsi présentée, la démarche syllogistique du raisonnement juridique est trop schématique. En réalité, le cheminement est, à la fois, sensiblement plus *complexe* – parce que les faits et la règle de droit le sont eux-mêmes beaucoup plus – et plus *varié* [5]. Ce dernier point est important et mérite d'être précisé.

---

1. Sur ces notions, v. J. Flour, Aubert et Savaux, *op. cit.*, vol. 1, *L'acte juridique*, n° 87.

2. Ce qui rend pour partie vain et dangereux le projet de calquer la langue du droit sur le langage courant.

3. Cf. not. Ghestin, Barbier et Bergé, n° 89 s. ; Gridel, n° 9 ; Mathieu-Izorche, *op. cit.*, p. 195 s., et 242 s. ; Deumier, *op. cit.*, n° 96 s.

4. On laisse de côté l'article 1242 (ancien art. 1384, al. 1er : responsabilité du fait des choses ; v. ss 251) –, qui pourrait aussi s'appliquer puisque le dommage est causé par le cycliste à l'aide de la bicyclette dont il a la garde.

5. V., en particulier, les remarquables développements consacrés à ces diverses nuances par Ghestin, Barbier et Bergé, not. n° 107 s. Sur les différents éléments entrant dans la décision des juges, v. P. Deumier (dir.), *Le raisonnement juridique. Recherche sur les travaux préparatoires des arrêts*, Dalloz, coll. « Méthodes du droit », 2013, préc.

Il faut en effet tenir compte de ce que, souvent, le raisonnement juridique part en réalité du résultat à atteindre : c'est la démarche normale du *législateur* ; c'est aussi celle de l'*avocat*, qui part de la solution conforme aux intérêts de son client pour établir ensuite l'argumentation juridique propre à soutenir ses prétentions ; c'est même aussi, parfois, la démarche réelle du *juge* qui veut tel ou tel résultat pour des raisons de politique juridique[1]. En toute hypothèse, la solution ne découle jamais de l'application mécanique de la règle de droit, mais d'une application raisonnée dans laquelle le juge tient compte des prétentions et des arguments des deux parties qui ne donnent pas aux textes la même signification ou qui invoquent des dispositions contraires. Les faits eux-mêmes peuvent être appréciés différemment, sur le plan matériel et sur le plan juridique (qualification).

Ces quelques observations montrent que la présentation du raisonnement juridique comme un syllogisme rigoureux est excessive et, souvent même, artificielle. Avec ces nuances, il n'en est pas moins une description acceptable, parce que suffisamment évocatrice des éléments essentiels de ce raisonnement.

La forme syllogistique du raisonnement judiciaire est actuellement l'objet de vives discussions suscitées par une nouvelle façon de juger que la Cour de cassation semble disposée à appliquer pour lui permettre de mieux exercer sa mission et de redevenir une véritable Cour suprême[2]. S'inspirant de la méthode des juridictions européennes dans la mise en œuvre des droits fondamentaux, certains arrêts tranchent en effet au terme d'un *contrôle de proportionnalité* qui consiste, schématiquement, à tenter de concilier les principes en présence pour dégager la solution la plus apte à satisfaire concrètement les intérêts contraires en litige[3]. Cela l'a conduit, en certaines circonstances, à écarter l'application d'une disposition légale au profit d'une solution jugée préférable au regard de la préservation des droits fondamentaux[4].

1. Ainsi fait-on souvent valoir qu'à l'époque contemporaine, qui est dominée par un besoin de sécurité, les juges font prévaloir – dans les procès en responsabilité civile – le souci d'indemniser les victimes, sur celui de veiller à ne sanctionner que ceux des auteurs de dommage qui réunissent bien toutes les conditions d'une responsabilité.

2. Égal. v. ss 152.

3. Pour des définitions plus précises, v. Jeuland, « Réforme de la Cour de cassation. Une approche non utilitariste du contrôle de proportionnalité », in *Regards d'universitaires sur la réforme de la Cour de cassation*, *JCP* 2016, suppl. au n° 1-2, p. 20 ; de Béchillon, « Observations sur le contrôle de proportionnalité », *ibid.*, p. 27. V. égal. Jamin, « Juger et motiver. Une introduction comparative à la question du contrôle de la proportionnalité en matière de droits fondamentaux », *RTD civ.* 2015. 263.

4. Civ. 1re, 4 déc. 2013, n° 12-26066, *Bull. civ.*, n° 234, *D.* 2014. 153, Point de vue Fulchiron, 179, note Chénedé et 1342, obs. Lemouland et Vigneau, *RTD civ.* 2014. 88 obs. Hauser, et *ibid.* 307, obs. Marguénaud ; Jestaz, Marguénaud et Jamin, « Révolution tranquille à la Cour de cassation », *D.* 2014. 2061. V. égal. le droit de réponse de Chénedé, in *RTD civ.* 2014. 829. L'arrêt casse une décision ayant reconnu l'intérêt à agir d'un fils en nullité du mariage contracté par son père avec sa bru (C. civ., art. 161) en considérant que la nullité constituait à l'égard de cette dernière une ingérence injustifiée dans l'exercice de son droit au respect de sa vie privée et familiale (CEDH, art. 8). V. égal. Civ. 1re, 10 juin 2015, n° 14-20790 (inédit), *D.* 2015. 2365, note Fulchiron, *RTD civ.* 2015. 596, obs. Hauser et 825, obs. Marguénaud ; Civ. 3e, 15 oct. 2015, n° 14-23612, *Bull. civ.* III, n° 293, *RTD civ.* 2016. 107, obs. Barbier et *ibid.* 140, obs. Gautier, qui, sans le soutien d'aucun droit fondamental, reproche aux juges du fond de ne pas avoir recherché si la démolition d'un ouvrage ne constituait pas une sanction proportionnée à la gravité des désordres et des non-conformités qui l'affectaient ; Civ. 3e, 17 déc. 2015, n° 14-22095, *Bull. civ.* III, n° 601, *JCP* 2015, n° 7, 189, note P.-Y. Gautier, *RTD civ.* 2016. 398, obs. Dross et 449, obs. Cayrol, qui casse une décision ayant ordonné en référé l'enlèvement d'ouvrages installés illégalement sur un terrain pour ne pas avoir recherché si la mesure était proportionnée au droit au respect de la vie privée et familiale et du domicile des occupants.

Cette façon de faire, qui n'est pas généralisée au sein de la Cour de cassation [1], est très diversement appréciée. Les principales critiques élevées contre le contrôle de proportionnalité généralisé, substitué à celui de la légalité, sont d'instaurer le règne de l'équité – ou de l'arbitraire –, le gouvernement des juges et l'acculturation du droit français envahi par les modèles européen et anglo-américain. En sens inverse, on invoque la souplesse et le réalisme de la méthode, contre l'artifice du syllogisme [2].

Ce dernier est plus complexe qu'il n'y paraît et il n'empêche absolument pas le juge de soupeser les intérêts en présence. Mais il ne peut le faire qu'en respectant les dispositions qui s'appliquent au litige. De son côté, le contrôle de proportionnalité peut être objectivé en ne se contentant pas d'affirmer que telle mesure est proportionnée à telle fin, mais en démontrant pourquoi elle l'est, précisément, au regard des règles et des droits en cause [3]. Il reste que l'éviction d'un texte clair est un résultat inacceptable car elle méconnaît l'autorité de la loi, la sécurité juridique et l'égalité des citoyens dans la mesure où tous les juges ne sont pas disposés à procéder de la sorte. De manière générale [4], il n'est pas sûr que le contrôle de proportionnalité généralisé soit de bonne méthode car l'arbitrage des intérêts a été fait de manière globale par la loi et il n'appartient pas au juge de le refaire, à l'occasion d'un cas particulier, au-delà de ce qu'offrent les ressources de l'interprétation.

Dans les propositions formulées par la commission de réflexion sur la réforme de la Cour de cassation, le contrôle de proportionnalité occupe apparemment une place moindre. La commission suggère d'appliquer la motivation enrichie en cas de contrôle de proportionnalité (proposition 33)

1. Certains arrêts écartent un tel contrôle pour les sanctions contractuelles : V. Barbier, « Quand la liberté du créancier de choisir la sanction contractuelle échappe au contrôle de proportionnalité », *RTD civ.* 2016. 356, et les décisions citées.

2. Comp. not. Bénabent, « Un culte de la proportionnalité… un brin disproportionné », *D.* 2016, Point de vue, 137 ; Chazal, « Raisonnement juridique (suite) : sortir de la liturgie doctrinale », *D.* 2016, éditorial, 417 ; Fulchiron, « Flexibilité de la règle, souplesse du droit », *D.* 2016, Point de vue, p. 1376 Chénedé, « Contre-révolution tranquille à la Cour de cassation ? », *D.* 2016. 796 ; P. Puig, « L'excès de proportionnalité (à propos de la réforme de la Cour de cassation et quelques décisions récentes) », *RTD civ.* 2016. 70 ; Fattaccini, « L'intensité du contrôle de cassation (le contrôle de proportionnalité par la Cour de cassation) », *D.* 2015. 1734 ; P.-Y. Gautier, « Contre la "balance des intérêts" hiérarchie des droits fondamentaux », *D.* 2015, Point de vue, p. 2189 ; P.-Y. Gautier, « Éloge du syllogisme », *JCP* 2015, n° 36, 902 ; Malaurie, « Pour : la Cour de cassation, son élégance, sa clarté et sa sobriété. Contre : le *judge made law* à la manière européenne », *JCP* 2016, n° 12, 318 ; Dupré de Boulois, « Regard extérieur sur une jurisprudence en procès », *JCP* 2016, n° 18, 552 ; Jestaz, Marguénaud et Jamin, « Révolution tranquille à la Cour de cassation », *D.* 2014. 2061 ; Jamin, « Juger et motiver. Une introduction comparative à la question du contrôle de la proportionnalité en matière de droits fondamentaux », *RTD civ.* 2015. 263 ; Puig, « L'excès de proportionnalité », *RTD civ.* 2016. 70.

3. Pour des éléments d'une méthodologie, v. not. Marzal, « La Cour de cassation à "l'âge de la balance". Analyse critique et comparative de la proportionnalité comme mode de raisonnement », *RTD civ.* 2017. 789 ; Fulchiron, « Le contrôle de proportionnalité : questions de méthode », *D.* 2017. 656 ; Jamin, « Juger et motiver. Une introduction comparative à la question du contrôle de la proportionnalité en matière de droits fondamentaux », préc. ; Jeuland, « Réforme de la Cour de cassation. Une approche non utilitariste du contrôle de proportionnalité », in *Regards d'universitaires sur la réforme de la Cour de cassation, JCP* 2016, suppl. au n° 1-2, p. 20 ; de Béchillon, « Observations sur le contrôle de proportionnalité », *ibid.*, p. 2, préc.

4. Lorsque c'est le respect des droits garantis par la Convention européenne des droits de l'Homme, l'autorité absolue des décisions de la Cour (v. Marguénaud, note à la *RTD civ.* 2014, préc.) n'est pas un argument déterminant dès lors que sur le fondement de cette jurisprudence, la cour de cassation aurait pu juger différemment (*ibid.*). Ce qui, au passage, confirme l'imprécision du contenu de la règle et la très grande latitude procurée au juge. Et il ne vaut plus lorsque le contrôle de proportionnalité est opéré indépendamment de tout droit de l'homme.

et d'harmoniser la pratique des chambres quant à la mise en œuvre du contrôle (proposition 36). Mais comme il s'agit d'aboutir à une « doctrine de la proportionnalité » de la Cour de cassation, celle-ci reste à définir et elle pourrait être ambitieuse.

72. ***Les techniques mises en œuvre par le raisonnement juridique : élaboration de la règle de droit.*** La description – en forme de syllogisme – du raisonnement juridique n'épuise pas la question. Il faut comprendre en effet que cette démarche syllogistique s'appuie elle-même sur des procédés techniques auxquels tout juriste doit être initié. On se bornera à indiquer sommairement les principaux d'entre eux, en distinguant *élaboration* et *application* de la règle de droit.

Pour l'*élaboration de la règle de droit*, et plus précisément sa *formulation*, l'auteur de la règle a souvent recours à des procédés techniques qui ont pour objet d'en préciser le fonctionnement ou la portée. Ainsi en va-t-il notamment des *présomptions* et des *fictions*. La *présomption légale*[1] consiste à considérer comme acquis un fait déterminé, sur la preuve dûment rapportée d'un autre fait[2]. Elle a, selon les cas, une force variable : tantôt elle cède devant la preuve contraire (présomption *simple*)[3] ; tantôt elle ne peut d'aucune façon être renversée (présomption *irréfragable*)[4] ; tantôt, enfin, elle peut être renversée, mais seulement par la preuve de certaines circonstances déterminées (présomption *mixte*)[5].

Si la présomption *peut* avoir, parfois, pour résultat de contredire la réalité – faute pour celui à qui elle s'applique de pouvoir en démontrer la fausseté – la fiction, quant à elle, tourne délibérément le dos à cette réalité : elle consiste à affirmer un fait contraire à celle-ci[6]. Ainsi de l'*immobilisation par destination* selon laquelle sont considérés comme immeubles des biens mobiliers en raison de leur affectation à un usage déterminé, tel l'outillage d'une exploitation agricole[7]. Ainsi, encore, de la règle que l'*enfant simplement conçu doit être considéré comme né quand il y va de son intérêt* (grâce à quoi, par exemple, il sera appelé à la succession de son père si celui-ci décède avant qu'il ne soit né)[8]. Ces fictions répondent à la volonté de satisfaire certains intérêts jugés légitimes. Ainsi, pour s'en tenir aux exemples précédemment évoqués : transposer, sur le plan juridique, l'unité économique de l'exploitation agricole, ce qui est de nature à favoriser le crédit de celle-ci ; assurer, au plan successoral, l'égalité des enfants nés de même père et de même mère.

---

1. Par opposition à la présomption de l'homme dont il sera question au n° suivant.

2. Ainsi, par exemple, en vertu de l'article 1242 du Code civil (ancien art. 1384, al. 1er), celui qui cause un dommage à autrui en maniant une chose dont il a la garde – le cycliste qui renverse un piéton – est présumé responsable de ce dommage. Autre exemple : la présomption de paternité, selon laquelle le mari est présumé être le père des enfants de sa femme (C. civ., art. 312).

3. C'est le cas de la présomption de paternité (C. civ., art. 332, al. 2) : le mari de la mère peut prouver qu'il n'est pas le père de l'enfant.

4. Ainsi en va-t-il d'une autre présomption posée par l'article 1242 (ancien art. 1384), dont l'alinéa 5 affirme la responsabilité du commettant (l'employeur) du fait des dommages causés par ses préposés (ses employés).

5. C'est le cas du gardien responsable du dommage causé par la chose dont il a la garde (C. civ., art. 1242 ; ancien art. 1384, al. 1er) : il ne peut s'exonérer de sa responsabilité qu'en prouvant que le dommage a été causé par un cas de *force majeure*, c'est-à-dire un événement imprévisible et irrésistible.

6. Bergel, *op. cit.*, n° 282 s. ; comp. Wicker, *Les fictions juridiques. Contribution à l'analyse de l'acte juridique*, préf. Amiel-Donat, 1997, LGDJ, spéc. n° 1 s.

7. V. C. civ., art. 524 et 525.

8. V. ss 195.

73. ***Les techniques mises en œuvre par le raisonnement juridique : application de la règle de droit.*** L'*application de la règle de droit* recourt pareillement à divers procédés techniques.

Techniques de l'*analyse* et de la *distinction*, qu'il convient d'appliquer tant aux circonstances de fait du cas considéré qu'aux règles de droit qui le concernent.

Technique, essentielle, de la *qualification* qui consiste à donner aux faits concernés la traduction juridique qui leur convient [1] et qui doit permettre l'application de la règle de droit : l'automobiliste qui entreprend un dépassement interdit (donnée de fait) commet une *faute* (qualification juridique de son comportement) ; le voleur d'un véhicule (donnée de fait) devient le *gardien* de celui-ci (qualification juridique de sa situation).

Technique de la *présomption de fait*, que l'on désigne aussi comme présomption *de l'homme*, ou encore *du juge* (par opposition aux présomptions légales). Il s'agit alors du fondement même de la conviction du juge [2], lequel tire, des éléments de preuve qui lui sont rapportés, la certitude raisonnée que tel fait justifiant l'application de la règle de droit – par exemple, la circulation à gauche d'un véhicule, ou les coups portés par une personne à une autre – s'est bien produit.

Enfin, il faut mentionner les *techniques d'interprétation* de la règle de droit dont l'importance est considérable. Elles tendent à dégager le sens exact de la règle [3] pour en déterminer avec précision le domaine d'application et la portée. Par **exemple**, savoir si l'article 414-3 du Code civil (ancien art. 489-2), qui oblige à réparation celui qui a causé un dommage sous l'empire d'un trouble mental, doit s'appliquer au très jeune enfant qui a accompli un acte dommageable et qui, pour n'être pas atteint de trouble mental, n'en est pas moins, en raison de son âge, privé de discernement, comme celui qui subit un trouble mental [4]. Le détail de ces techniques sera examiné ultérieurement [5].

Le développement du contrôle de proportionnalité devrait nécessairement s'accompagner d'une méthodologie précise de la « balance des intérêts » sous peine de tomber dans l'arbitraire [6]. Elle pourrait s'inspirer de celle appliquée par les juridictions européennes, particulièrement de la Cour européenne des droits de l'Homme, qui n'est peut-être pas si invasive et menaçante pour la règle de droit [7]. Si l'on considère qu'il n'y a pas de lien nécessaire entre les droits fondamentaux et la proportionnalité, elle pourrait au contraire se détacher de cette méthode pour se transformer en une exigence de motivation accrue, persuasive, des décisions de justice [8]. Mais, même ainsi cantonné, le procédé aboutirait à un changement de système dont on peut discuter de l'opportunité. En effet, même si une mesure générale est

---

1. Cf. Ghestin, Barbier et Bergé, n° 113, 886 et 887 ; Deumier, n° 99 ; Terré, n° 406.
2. Deumier, n° 91 ; Terré, n° 580 s. et 682 s.
3. C'est un domaine où l'imagination a lieu de s'exercer, ce qui ne va pas, parfois, sans excès. Là se trouve peut-être le fondement majeur de l'observation de Giraudoux : « jamais poète n'a interprété plus librement la nature que le juriste le droit » (*La guerre de Troie n'aura pas lieu*, acte II, scène V).
4. Sur cette question, qui a reçu une réponse affirmative, v. Flour, Aubert et Savaux, *Droit civil. Les obligations*, vol. 2, *Le fait juridique*, n° 100 s.
5. V. ss 127.
6. V. les indications fournies par Jeuland, « Réforme de la Cour de cassation. Une approche non utilitariste du contrôle de proportionnalité », in *Regards d'universitaires sur la réforme de la Cour de cassation*, *JCP* 2016, suppl. au n° 1-2, p. 20 ; de Béchillon, « Observations sur le contrôle de proportionnalité », *ibid.*, p. 27.
7. V. CEDH 21 avr. 2016, n° 46577/15, obs. Marguénaud.
8. Marzal, « La Cour de cassation à "l'âge de la balance". Analyse critique et comparative de la proportionnalité comme mode de raisonnement », *RTD civ.* 2017. 789 ; Fulchiron, « Le contrôle de proportionnalité : questions de méthode », *D.* 2017. 656, préc.

considérée *a priori* comme un moyen préférable d'atteindre l'objectif visé qu'une disposition permettant de juger au cas par cas, ce sont bien les conséquences de l'application de la règle générale au cas particulier qui constituent un facteur important – déterminant ? – du contrôle de proportionnalité et peuvent conduire à l'écarter, au gré de l'appréciation du juge.

74. ***L'apprentissage du raisonnement juridique.*** Il faut comprendre que, beaucoup plus qu'apprendre la solution donnée à telle ou telle difficulté, ou l'organisation précise de telle ou telle situation juridique, les études de droit visent à l'acquisition de ces diverses techniques qui organisent le raisonnement juridique. Cela s'explique aisément : les règles, et les solutions juridiques qu'elles commandent, sont instables ; elles changent avec les besoins du moment, avec les circonstances. Au contraire, les techniques juridiques demeurent, et ce sont elles qui permettent de découvrir, dans un système juridique qui évolue, les solutions qui deviennent applicables [1]. En bref, l'objectif majeur des études de droit n'est autre que l'apprentissage du raisonnement juridique. À cette fin, les étudiants sont confrontés à différents exercices dont les principaux sont la *dissertation*, le *commentaire de décision juridictionnelle*, et le *cas pratique* [2].

B. La recherche juridique

75. ***La notion de recherche juridique.*** L'idée que le droit peut fournir l'occasion d'une recherche scientifique est souvent mal comprise, sinon contestée : quelle place peut-il bien y avoir pour une telle recherche dès lors que la règle de droit est le fruit de la volonté de l'homme ? L'objection ne vaut pas : s'il est exact que la règle de droit est bien le fruit d'une volonté [3], il n'en est pas moins vrai qu'une fois édictée, la règle de droit vit d'une vie propre et échappe à son auteur [4]. Cela suffit pour affirmer, à la fois, qu'il existe une *recherche juridique*, et qu'elle est nécessaire [5].

Pour caractériser la recherche scientifique appliquée au droit [6], on peut, dans un premier temps, en souligner *la finalité* : trouver les moyens d'une règle de droit à la fois plus utile, plus juste et plus efficace. La règle de droit n'est pas un hasard ; elle a une fonction sociale spécifique : son auteur l'établit pour atteindre un résultat déterminé. Il convient donc, non seulement, que la règle corresponde bien au but poursuivi, mais encore qu'elle présente toutes les caractéristiques propres à assurer son effectivité, c'est-à-dire son application réelle par le corps social [7].

---

1. De même que, dans la perspective de l'élaboration du droit, ce sont elles qui permettent de créer les règles nouvelles qu'appelle l'évolution de la société.
2. Sur ces exercices, v. *infra*, **Annexe documentaire I**.
3. V. ss 37.
4. Carbonnier, *Essais sur les lois*, 1979, p. 21, notamment, où l'auteur écrit : « Jamais plus qu'aujourd'hui devant ces textes (il s'agit de la loi du 14 décembre 1964 sur la *tutelle*), nous n'avons senti la sagesse de ce qu'enseignait Julien Bonnecase – ce torrent, ce gave d'idées –, quand il disait qu'une fois promulguée, la loi doit échapper à ceux qui l'ont faite. Les dispositions auxquelles on avait attaché quelque importance resteront ignorées de la pratique ; les difficultés qui surgiront seront celles qui n'avaient pas été prévues… ».
5. Cf. Jestaz, *Le droit*, *op. cit.*, p. 105 s. L'existence d'une recherche juridique est, au demeurant, officiellement reconnue, ainsi qu'en atteste la représentation du droit au CNRS – beaucoup trop modeste cependant.
6. Sur laquelle, v. égal. Atias, *Épistémologie juridique*, *op. cit.*
7. Il ne suffit pas, en effet, qu'une règle de droit soit édictée pour qu'elle soit effectivement appliquée. Il faut encore qu'elle soit connue, compréhensible et applicable, et qu'elle ne soit pas noyée dans une masse excessive de textes. Il n'en va pas toujours ainsi, par exemple en droit de l'urbanisme.

L'ampleur même de l'objectif ainsi défini laisse, cependant, mal apercevoir la consistance d'une telle recherche. Il faut, pour y parvenir, se référer, dans un second temps, aux méthodes qu'elle utilise. Au premier rang de celles-ci se trouve nécessairement l'*analyse critique* du droit positif, animée par le raisonnement juridique. Il s'agit alors de découvrir l'exacte mise en œuvre actuelle de la règle de droit, et de mettre à jour ses difficultés, ses insuffisances, ses contradictions. À partir de là, les chemins de l'investigation se multiplient et se diversifient pour déceler les besoins du droit et trouver les moyens de les satisfaire : selon ses goûts, ses intentions et ses aptitudes, le chercheur [1] aura recours, par exemple, aux méthodes de l'histoire, de la philosophie, de la sociologie, ou du droit comparé, pour nourrir et renforcer sa réflexion purement personnelle.

Mais il faut se garder de croire que la recherche se concentre exclusivement sur la substance même de la règle de droit. Elle a vocation à porter aussi, non moins utilement, sur sa *forme* – ce qui inclut sa formulation et les problèmes de concepts et de langue qui lui sont inhérents – et sur les *modes de son élaboration* : indépendamment des mécanismes constitutionnels de création de la règle de droit, qui sont eux-mêmes substance de la règle [2], il est intéressant d'en scruter la pratique, par exemple, celle des débats parlementaires, et les avatars multiples qui précèdent la formulation définitive de la loi.

76. ***Les moyens de la recherche juridique***. Pour l'accomplissement de son œuvre, le chercheur a, évidemment, besoin de réunir une multitude d'informations relatives au problème qu'il a choisi d'examiner. Ces informations peuvent être regroupées, non sans artifice, en deux catégories : *informations documentaires*, d'abord ; *informations factuelles*, ensuite [3].

L'*information documentaire* est très diversifiée. Elle comporte, pour s'en tenir à l'essentiel : l'ensemble des *textes* qui portent les règles de droit – lois, décrets, arrêtés [4] ; les *décisions* rendues par les juridictions [5] ; les *documents de la pratique non contentieuse* (formules de contrats, conventions, etc.) ; les *documents de caractère doctrinal* [6], qui accueillent analyses, synthèses, interprétations et appréciations des mécanismes juridiques (traités et manuels de droit, études spécialisées de questions particulières, commentaires de jurisprudence, articles de presse, etc.) [7].

L'accès à ces informations et leur utilisation sont facilités, depuis longtemps, par l'existence de publications diverses (Codes, *Journal officiel*, Recueils de jurisprudence, Revues, Répertoires...), organisées de façon méthodique, et qui comportent notamment des *tables* thématiques qui permettent de localiser les documents sujet par sujet [8].

Cette forme, *manuelle*, de l'accès à la documentation, qui conserve encore aujourd'hui une importance indéniable, est de plus en plus concurrencée par l'avènement de la technique informatique qui a donné naissance à l'*informatique juridique* [9]. Celle-ci offre une possibilité de surmonter l'extraordinaire complexité et la quantité sans cesse croissante des documents nécessaires aux travaux juridiques [10]. C'est ainsi que des *banques de données* ont été mises en place et peuvent être interrogées. Elles constituent aujourd'hui une part importante de la documentation juridique.

---

1. Le singulier est de commodité. En réalité, la complexité de la recherche juridique, et la multiplicité des aptitudes qu'elle exige, conduisent très souvent à la constitution d'équipes de chercheurs travaillant ensemble.
2. C'est la Constitution qui définit les procédures d'élaboration de la règle de droit ; v. ss 80 s.
3. C'est la distinction que fait Carbonnier dans son exposé de la méthode sociologique, qui oppose la *recherche sur documents* et la *recherche de faits* (*Sociologique juridique*, 1978, p. 248).
4. V. ss 79 s.
5. Ce que l'on désigne sous le nom de *jurisprudence*, v. ss 171 s.
6. Sur la notion de *doctrine*, v. ss 184 s.
7. Une part non négligeable de la recherche juridique prend en effet la doctrine pour objet, exclusivement (études consacrées à tel auteur ou à tel courant de pensée) ou concurremment avec d'autres éléments (la présentation doctrinale de la jurisprudence, particulièrement). Bien souvent, dans la recherche juridique (dans la pratique du droit aussi), la doctrine en vient à traiter d'elle-même.
8. Sur les principaux éléments de la « presse juridique », v. *infra*, **Annexe documentaire IX**.
9. V. Linant de Bellefonds, *L'informatique et le droit*, 2e éd., 1998, PUF, coll. « Que sais-je ? », p. 71 s.
10. Cf. le *Journal officiel*, dont le volume annuel a décuplé au cours de la seconde moitié du XXe siècle (Linant de Bellefonds, *op. cit.*).

Le site *Légifrance*[1] permet d'accéder à une information juridique très complète : textes en vigueur (Constitution, codes, lois et règlements, conventions collectives, traités internationaux et droit européen, ainsi que certains codes et lois étrangers) ; publications officielles (*Journal officiel de la République française* et *Bulletins officiels des ministères* ; *Journal officiel de l'Union européenne*) ; jurisprudence nationale (Conseil constitutionnel, Conseil d'État et Cour de cassation, notamment) et jurisprudence européenne. La prochaine étape est la mise à la disposition du public, à titre gratuit, de l'ensemble des décisions de justice, judiciaires et administratives, en application de la loi du 7 octobre 2016 pour une République numérique[2]

La place de l'informatique juridique documentaire est d'autant plus grande que les traditionnels revues et répertoires sont désormais disponibles en ligne sous forme électronique. Cette forme numérique, qui offre notamment des avantages considérables de rapidité d'accès et de consultation à distance, en vient même parfois à menacer l'existence du « support papier ». Sa disparition présenterait un certain nombre de dangers. Par leurs modes d'interrogation, les ressources électroniques cloisonnent l'information et elles ne permettent guère les trouvailles inopinées. Surtout, elles ne permettent pas la constitution de fonds documentaires pérennes, survivant à l'abandon des abonnements aux services qui les contiennent.

L'*information factuelle* est de nature très différente et de portée plus limitée, au moins pour la recherche juridique générale[3]. Elle correspond au besoin qu'a le chercheur de connaître des éléments de fait, variables selon le cas, et qui n'ont suscité aucune étude publiée. Il s'agira, par exemple, de rechercher comment telle loi nouvelle est effectivement appliquée par ceux qui y sont soumis ; ou encore de savoir comment est ressenti, par l'opinion publique, un problème de droit défini, tel celui de l'héritage. C'est alors à la technique de l'*enquête* qu'il convient de recourir. Ce type d'information est d'une incontestable utilité, voire d'une nécessité absolue, pour découvrir et mesurer l'importance de certains besoins de droit, ou pour cerner l'efficacité d'une règle de droit donnée.

---

1. Créé par le décret n° 2002-1064 du 7 août 2002, relatif au service public de la diffusion du droit par l'internet qui a abrogé un précédent décret concernant les bases de données juridiques. L'adresse du site est : http://www.legifrance.gouv.fr.

2. Loi n° 2016-1321 du 7 octobre 2016 pour une République numérique, articles 20 et 21. Sur les conditions de mise en œuvre : L. Cadiet (dir.), *L'open data des décisions de justice*, Rapport de la mission d'étude et de préfiguration sur l'ouverture au public des décisions de justice, disponible à l'adresse http://www.justice.gouv.fr/publication/open_data_rapport.pdf.

3. Elle peut, en revanche, prendre une importance particulière dans certains secteurs de recherche juridique spécialisée, telle la recherche en sociologie juridique.

Titre 2

La création de la règle de droit

77. ***Contenu et plan du titre***. La nature et les fonctions de la règle de droit étant caractérisées, il convient, maintenant, de s'interroger sur sa création, c'est-à-dire sur les conditions dans lesquelles elle est élaborée, et son caractère obligatoire affirmé. Cette question – qui est le plus souvent présentée sous le titre des *sources* du droit [1] – est plus complexe qu'on pourrait croire. Certes, depuis la Révolution, le droit français est un droit législatif : il est le produit de la *loi*, peu important que celle-ci ait, ou non, fait l'objet d'une codification. Tout le monde s'accorde sur ce premier point [2].

La question est, au contraire, discutée de savoir si, à côté de la loi, la *jurisprudence* – c'est-à-dire l'ensemble des décisions de justice, en tant qu'elles fixent la solution des problèmes de droit [3] – constitue un autre mode de création de la règle de droit. Contrairement à une opinion assez dominante – mais fort nuancée – nous ne le croyons pas [4]. De ce point de vue, le droit français se distingue nettement du droit anglais, qui reste, encore aujourd'hui, un droit essentiellement jurisprudentiel [5].

La généralisation du contrôle de proportionnalité aurait certainement pour effet de transformer le droit français en droit essentiellement jurisprudentiel. Car si le fondement du contrôle se trouve parfois dans les textes consacrant les droits de l'Homme, particulièrement dans la Convention européenne de sauvegarde des droits de l'Homme, ce n'est pas toujours le cas [6].

---

1. V. Deumier, n° 61 s. ; Ghestin, Barbier et Bergé, n° 356 s. ; Terré, n° 241 s. Nous préférons dire « création de la règle de droit » qui évoque mieux les conditions de son apparition ; v. Jestaz, *Les sources du droit*, Dalloz, coll. « Connaissance du droit », 2e éd., 2015 ; « La mutation des sources en droit privé », *RD d'Assas*, n° 5, 2012, p. 31 s., part. P. Deumier, « La mutation des sources du droit privé et l'introduction à l'étude du droit », *ibid.* ; « La mutation des sources en droit public », *RD d'Assas*, n° 6, 2012, p. 33 s. ; *adde* : *Libres propos sur les sources du droit. Mélanges en l'honneur de Philippe Jestaz*, Dalloz. 2006 ; pour une analyse critique de la théorie classique des sources du droit, v. Libchaber, *L'ordre juridique et le discours du droit. Essai sur les limites de la connaissance du droit*, préc., n° 262 s.
2. V. not. Deumier, *Introduction générale au droit*, n° 194 s.
3. Pour une définition plus technique de la notion de jurisprudence, v. ss 171.
4. V. ss 175.
5. Cf. David, Jauffret-Spinosi et Goré, *Les grands systèmes de droit contemporains*, 12e éd., Dalloz, coll. « Précis », 2016, n° 253 s. ; v. ss 177 ; R. Legeais, *Grands systèmes de droit contemporains. Approche comparative*, 3e éd., LexisNexis, 2016, n° 9 s et n° 200 s. v. aussi, de Lairg, « Le législateur, la liberté et le droit : le système britannique et le système français », *D.* 2003. Chron. 2103, spéc. 2103, col. 2, et *D.* 2003. 2104, col. 1.
6. Civ. 3e, 15 oct. 2015, n° 14-23612, *Bull. civ.* III, n° 293, *RTD civ.* 2016. 107, obs. Barbier et *ibid.* 140, obs. Gautier, qui sans le soutien d'aucun droit fondamental, reproche aux juges du fond de ne pas avoir recherché si la démolition d'un ouvrage ne constituait pas une sanction proportionnée à la gravité des désordres et des non-conformités qui l'affectaient. Mais d'autres arrêts écartent un tel contrôle pour les sanctions contractuelles : V. Barbier, « Quand la liberté du créancier de choisir la sanction contractuelle échappe au contrôle de proportionnalité », *RTD civ.* 2016. 356, et les décisions citées.

Par ailleurs, les dispositions invoquées sont souvent d'une telle généralité que leur interprétation est tout à fait essentielle, de même que leur conciliation que les textes ne précisent jamais. Enfin, ce contrôle aboutit à une grande casuistique de solutions valables pour des cas particuliers.

Pour autant, la loi n'est pas le seul mode de création de la règle de droit. Il est en effet admis que le droit français, malgré son caractère légal et donc écrit, n'ignore pas le phénomène de la *coutume*. Mais il faut souligner que ce rôle créateur de droit reconnu à la coutume reste accessoire et subsidiaire.

Il faut enfin observer que l'*équité*, principe général de justice et d'équilibre des relations sociales, n'est pas une règle de droit – même si elle peut en inspirer certaines. Le juge doit trancher le litige conformément aux règles de droit qui lui sont applicables ; il ne peut fonder sa décision sur l'équité, laquelle n'est pas une source de droit [1].

Si, au titre de la coutume, la pratique répétée des sujets de droit peut être source de droit, en revanche il ne semble pas possible d'admettre que la règle de droit puisse avoir une source purement privée, c'est-à-dire qu'elle résulte de la volonté d'une personne ou d'un organisme privé. La question a été posée notamment avec la mise en place, en matière de commerce international, des *principes d'Unidroit* – Institut international pour l'unification du droit privé – ensemble de règles établi par un groupe d'experts et ayant vocation à s'appliquer aux contrats internationaux [2]. Mais ces règles ne peuvent jouer que si les contractants en conviennent. Elles ne s'imposent pas à eux ; elles n'ont pas d'autorité propre [3]. Ce qui ne les rend pas pour autant négligeables : outre qu'elles offrent un régime qui peut être choisi, elles pourraient devenir coutumières par un usage habituel, et elles peuvent en tout cas servir de modèle à une intervention législative [4].

Par ailleurs, il faut constater que la règle de droit est de moins en moins souvent conçue et imposée unilatéralement par les autorités compétentes. Pour des raisons d'effectivité et d'efficacité, ces dernières s'efforcent de plus en plus souvent d'associer les destinataires de la règle à sa confection, donnant ainsi naissance à du droit « négocié » [5]. Il faut aussi garder présente à l'esprit l'existence du « droit souple » [6] qui ajoute souvent à son caractère peu, voire pas contraignant, une origine particulière sous la forme d'avis, de recommandations, de circulaires [7]...

---

1. Soc. 4 déc. 1996, *Bull. civ.* V, n° 421, *JCP* 1997. I. 4064, n° 11, obs. Cadiet. Le développement du contrôle de proportionnalité fait craindre, non sans raison, la multiplication des décisions en équité. V. not. Chénedé, note sur Civ. 1re, 4 déc. 2013, n° 12-26066, *Bull. civ.*, n° 234, *D.* 2014. 179, préc.

2. Elle l'est également à propos des différents projets de droit européen des contrats, sur lesquels v. not. Fauvarque-Cosson, « Droit européen et international des contrats : l'apport des codifications doctrinales », *D.* 2007. Chron. 96 et « Droit européen des contrats : les offres sont faites, les dés non encore jetés », *D.* 2008. Chron. 556. La consécration de ces projets est compromise depuis que la Commission européenne a décidé de retirer la proposition de règlement relatif à un droit commun européen de la vente. V. Borghetti, « Réforme du droit des contrats : un projet s'en vient, l'autre s'en va », *D.* 2015. 1376.

3. V. Larroumet, « La valeur des principes d'Unidroit applicables au commerce international », *JCP* 1997. I. 4011.

4. V. aussi, pour des règles de procédure, Guinchard, « La procédure mondiale modélisée : le projet de l'*American Law institute* et d'Unidroit de principes et règles transnationaux de procédure civile », *D.* 2003. Chron. 2183.

5. V. not. S. Chassagnard-Pinet et D. Hiez (dir.), *La contractualisation de la production normative*, Dalloz, coll. « Méthodes du droit », 2008.

6. V. ss 3.

7. V. S. Gerry-Vernieres, *Les « petites » sources du droit. À propos des sources étatiques non contraignantes*, préf. Molfessis, Economica, coll. « Recherches juridiques », 2012, préc.

Chapitre 1

La loi

Le mot « loi » est pris ici dans un sens très général. Il recouvre toutes les *dispositions émanant de l'autorité publique* qui présentent un *caractère général, impersonnel et obligatoire* et qui ont de ce fait une valeur normative en ce sens qu'elles posent une règle, source de droits et de devoirs[1]. Ce concept général se subdivise en catégories diverses que l'on précisera en s'attachant à la *notion constitutionnelle de loi* (Section 1). Il restera, ensuite, à déterminer les conditions d'*application de la loi* (Section 2).

Section 1
La notion constitutionnelle de loi

78. ***La diversité des composantes de la notion générale de loi.*** La loi, entendue au sens large, rassemble des textes de nature et de portée très différentes. Cette situation, n'est ni propre au droit français, ni davantage un phénomène récent. Mais la Constitution du 4 octobre 1958 lui a donné un relief particulier en opposant, à la loi *stricto sensu*, le règlement[2]. La distinction est devenue essentielle.

Elle n'épuise cependant pas la question. La diversification du contenu de la notion générale de loi se prolonge, en effet, au-delà de l'opposition entre loi *stricto sensu* et règlement, par différents textes *spéciaux* de nature et d'origine variées.

Il va de soi que cette diversité des dispositions qui concourent à la constitution du système juridique ne doit pas compromettre la cohérence de celui-ci. Aussi existe-t-il, pour ordonner les différentes sortes de textes qu'englobe la notion générale de loi, une *hiérarchie* rigoureuse qu'il est nécessaire de préciser.

---

1. Cette fonction normative est de l'essence de la loi et le Conseil constitutionnel l'a rappelé dans plusieurs décisions qui ont censuré des dispositions dépourvues de portée normative : Cons. const., Décis. n° 2004-500-DC du 29 juill. 2004, *RTD civ.* 2005. 93, obs. Deumier (v. égal. Zarka, « À propos de l'inflation législative », *D.* 2005. 660) ; Décis. n° 2005-512 DC du 21 avr. 2005, *RTD civ.* 2005. 564, obs. Deumier ; Décis. n° 2012-647-DC du 28 févr. 2012, *D.* 2012. 987, note Roux, *RTD civ.* 2012. 78, obs. Puig.

Mais l'objectif de « lisibilité » et d'accessibilité du droit conduit parfois à des textes pédagogiques pratiquement dépourvus de portée normative. V. par exemple l'article 1131-5 du Code civil issu de l'ordonnance du 10 février 2016 portant réforme du droit des contrats : « dans certains cas déterminés par la loi, le créancier peut agir directement en paiement de sa créance contre le débiteur de son débiteur ».

2. Cette opposition se retrouve dans de nombreux systèmes juridiques ; v. David, Jauffret-Spinosi et Goré, *op. cit.*, not. n° 102 (systèmes romano-germaniques), n° 340 (droit anglais).

§ 1. La distinction de la loi et du règlement

79. ***Une innovation de la Constitution du 4 octobre 1958.*** La distinction de la *loi* et du *règlement* – la première relevant du pouvoir législatif, le second du pouvoir exécutif – est classique. Mais, avant la Constitution de 1958, cette distinction s'accompagnait d'une affirmation de primauté absolue de la loi. Le principe était alors celui de son *omni-compétence :* elle avait vocation à régir toutes matières. Le règlement, dans cette conception, ne pouvait intervenir que pour permettre l'application des lois, ou dans des matières non réglées par elles, et toujours dans le strict respect des dispositions légales. De la sorte, la distinction se faisait selon un critère purement formel : la loi était l'œuvre du Parlement, l'expression de la volonté nationale ; le règlement était une décision du pouvoir exécutif visant normalement à l'exécution de la loi.

La Constitution du 4 octobre 1958, consacrant un certain affaiblissement du Parlement, a mis fin à cette prééminence absolue de la loi sur le règlement, en assignant à chacune de ces deux catégories de textes un domaine propre [1]. Ainsi est venu s'ajouter au critère *formel* de la distinction, assurément maintenu et prédominant, un second critère, *matériel* celui-là. Et pour mettre en œuvre cette répartition, la Constitution de 1958 a mis en place un système de *sauvegarde des compétences* propres à chaque type de texte.

A. Le critère formel de la distinction

80. ***La loi, œuvre du Parlement.*** La réforme opérée par la Constitution du 4 octobre 1958 n'a en effet nullement fait disparaître l'importance du critère formel de la distinction, c'est-à-dire du critère tiré de l'organe d'élaboration de la règle de droit. De ce point de vue, la loi *stricto sensu* [2] se définit comme l'œuvre du pouvoir législatif : comme l'a longtemps dit l'article 34, alinéa 1er, de la Constitution, elle est votée par le Parlement [3].

La *loi*, au sens strict, apparaît donc comme l'œuvre commune de l'Assemblée nationale et du Sénat. Qu'il s'agisse, en effet, d'un texte d'initiative gouvernementale (*projet de loi*, déposé par le Premier ministre), ou d'un texte d'initiative parlementaire (*proposition de loi*, émanant d'un ou plusieurs parlementaires) [4], la loi doit être discutée et votée par les deux assemblées [5]. Selon le premier alinéa de l'article 45 de la Constitution, « tout projet ou proposition de loi est examiné successivement dans les deux assemblées du Parlement, en vue de l'adoption d'un texte identique ». La suite du texte prévoit l'hypothèse d'un désaccord entre l'Assemblée nationale et le Sénat, le dernier mot devant, en cas de désaccord persistant, revenir à l'Assemblée nationale si le gouvernement le demande [6].

---

1. Bien qu'ayant eu notamment pour objet de renforcer le rôle du Parlement, la loi constitutionnelle n° 2008-724 du 23 juillet 2008, de modernisation des institutions de la Ve République (sur laquelle, v. not. Mathieu, « Transformer la Ve République sans la trahir », *AJDA* 2008. 1858), n'a pas modifié cette répartition.
2. Ce sens strict oppose la loi à la fois au règlement et à d'autres textes spéciaux qui ne sont eux-mêmes ni loi ni règlement, v. ss 88 s.
3. Cette précision, évidente, a été supprimée par la révision constitutionnelle de 2008.
4. V. *infra*, **Annexe documentaire IV et V**, la présentation matérielle de cette différence.
5. La très grande majorité des lois promulguées est d'initiative gouvernementale (environ 90 %).
6. Sur les détails de la procédure d'élaboration des lois, v. par ex. Chantebout, *Droit constitutionnel*, *op. cit.*, p. 554 s.

Encore convient-il de remarquer que cette procédure concerne la loi dite « ordinaire », en pratique la plus courante. Il faut savoir qu'il existe, à côté de celle-ci, d'autres lois dont l'élaboration est soumise à des règles particulières.

D'abord, les lois *constitutionnelles*, qui sont des lois de révision (ou d'abrogation) de la Constitution. Ces lois sont soumises à une procédure spéciale (Constitution, art. 89) qui se caractérise, d'une part, par le pied d'égalité où se trouvent placés Assemblée nationale et Sénat, et, d'autre part, par l'existence d'une phase de ratification qui peut prendre la forme d'un référendum[1].

Ensuite, les lois *organiques*[2], dont l'objet spécifique est de compléter et mettre en œuvre les règles portées par la Constitution. Pour ces lois, la procédure des lois ordinaires est applicable, y compris notamment la possibilité pour l'Assemblée nationale d'avoir le dernier mot. Cependant, d'une part, un délai minimum – délai de réflexion – doit être respecté entre le moment du dépôt et celui de la discussion de la loi ; d'autre part, s'il s'agit d'un texte concernant le Sénat, la rigoureuse égalité des deux assemblées est affirmée ; enfin, dans tous les cas, les lois organiques doivent obligatoirement être soumises, avant leur promulgation, au Conseil constitutionnel qui en vérifie la conformité à la Constitution (Constitution, art. 46 et 61).

Il convient, enfin, de signaler que le vote des lois *de finances* (lois relatives au budget et à son exécution) est soumis à des délais impératifs pour le Parlement (Constitution, art. 47) : il faut que ces lois, essentielles pour la gestion du pays, soient votées en temps utile[3]. Il en va de même des *lois de financement de la sécurité sociale* (art. 47-1).

81. ***Le règlement, décision du pouvoir exécutif.*** Par opposition, la notion de *règlement* englobe l'ensemble des actes du *pouvoir exécutif* et des autorités administratives. Cette notion regroupe, en réalité, différentes sortes de textes qui se situent, les uns par rapport aux autres, dans un ordre hiérarchique plus marqué que celui des lois[4] et qui correspond aux hiérarchies internes de l'autorité publique.

Au premier rang de ces textes figure le *décret*. Celui-ci constitue une catégorie qui ne comporte pas, à proprement parler, de hiérarchie interne[5]. Le point mérite d'être souligné car il existe une assez grande variété de décrets, ce dont il peut être rendu compte en les distinguant selon leurs *auteurs*, selon leur *forme*, et selon leur *objet* tous critères appelés à se chevaucher.

Quant au premier critère de classification, il faut noter que la compétence de principe revient au *Premier ministre* : l'article 21 de la Constitution l'investit en effet du pouvoir réglementaire. Mais le *président de la République* se voit reconnaître une compétence d'exception[6].

Sur le plan de la *forme*, il y a lieu de distinguer trois sortes de décrets : les *décrets simples*, ordinairement signés par le Premier ministre, avec le contreseing des ministres

---

1. Cette ratification référendaire est obligatoire lorsque l'initiative de la révision a été le fait de parlementaires. Elle est, au contraire, facultative, lorsque l'initiative est venue du président de la République. Celui-ci a alors le choix de soumettre la loi de révision votée par les deux assemblées, soit au peuple (référendum), soit au Congrès (réunion en une assemblée unique de l'Assemblée nationale et du Sénat). Cette dernière procédure a été suivie, par exemple, pour la loi constitutionnelle n° 2003-267 du 25 mars 2003 relative au mandat d'arrêt européen et pour la loi constitutionnelle n° 2008-724 du 23 juillet 2008 de modernisation des institutions de la Ve République.

2. Sur lesquelles, v. notamment Verpeaux et Mathieu (dir.), *Les lois organiques et la mise en œuvre de la révision constitutionnelle*, Dalloz, coll. « Thèmes et commentaires », 2009.

3. Ce souci légitime d'efficacité peut nuire, parfois, à l'exercice par le Parlement de sa fonction de contrôle.

4. Sur cette hiérarchie des textes de nature législative, v. ss 92.

5. V. ss 92.

6. Cf. Chrétien, Chifflot et Tourbe, *Droit administratif*, *op. cit.*, n° 224 s.

qui ont la charge de leur exécution ; les *décrets en Conseil des ministres*, qui sont signés par le président de la République, avec le contreseing de tous les ministres ; les *décrets en Conseil d'État*, pris, spontanément ou sur la prescription du législateur, après *avis* d'une section du Conseil d'État[1].

Enfin, la prise en considération de l'*objet* du décret[2] fait apparaître une distinction d'une importance pratique considérable : celle des décrets *autonomes* et des décrets d'*application*, dits encore *dérivés*. Tandis que les seconds sont pris pour l'exécution d'une loi, dont ils précisent les conditions de mise en œuvre, les décrets *autonomes* sont des textes pris à la seule initiative du pouvoir exécutif[3].

Hiérarchiquement subordonnée au décret, une seconde catégorie de textes à caractère réglementaire est constituée par les *arrêtés*. Ceux-ci, que l'on distingue entre eux selon leur auteur, se classent en considération directe du rang hiérarchique de celui-ci. Au premier rang se trouvent les *arrêtés ministériels* ou *interministériels*, qui sont l'œuvre d'un ou plusieurs ministres. Ensuite, viennent les *arrêtés des préfets*. Enfin, les *arrêtés municipaux* pris par les maires.

Il faut encore ajouter à cette énumération les *circulaires* par lesquelles un ministre donne des instructions à des fonctionnaires pour le fonctionnement du service[4]. Les circulaires se voient reconnaître, sous certaines conditions, valeur réglementaire[5].

B. Le critère matériel de la distinction

82. ***Les articles 34 et 37 de la Constitution***. Si, traditionnellement, la distinction de la loi et du règlement pouvait se faire exclusivement sur le fondement de leurs auteurs respectifs, cette solution a été remise en cause par la Constitution de 1958. Rompant avec le principe d'omni-compétence de la loi, les articles 34 et 37 de la Constitution assignent en effet aux deux catégories de textes des domaines distincts.

---

1. En principe, l'avis ainsi requis n'est pas impératif pour l'exécutif, qui peut n'en pas tenir compte.

2. La référence à l'*objet* du décret est, au demeurant, quelque peu ambiguë dans la mesure où on distingue, parfois, les décrets *individuels* (nomination d'une personne à un emploi, par exemple) et les décrets *réglementaires*. Les présents développements étant consacrés à la règle de droit, il n'est question, au texte, que de cette seconde catégorie (v. ss 8 s.).

3. Le Parlement entend contrôler de plus en plus strictement l'application des lois par le gouvernement, non seulement de manière quantitative s'agissant de l'adoption des décrets nécessaires, mais également sur le fond quant au respect de l'intention du législateur : v. *Rapport d'information Ass. nat.* n° 3596, du 22 mars 2016 sur l'application de la loi n° 2015-990 pour la croissance, l'activité et l'égalité des chances économiques.

Pour éviter l'accumulation des textes, la circulaire du 26 juillet 2017 relative à la maîtrise des textes réglementaires et à leur impact prescrit, curieusement en raison de son caractère mécanique, que toute nouvelle circulaire soit compensée par la suppression ou, en cas d'impossibilité, par la simplification d'au moins deux textes existants. V. Moysan, « La nouvelle légistique réglementaire : changement ou continuité ? », *JCP* 2017, n° 50, 1304.

4. V. un exemple de circulaire, *infra*, **Annexe documentaire VII**.

5. Cf. Chrétien, Chifflot et Tourbe, *op. cit.*, n° 233 et 824. Mais la juridiction judiciaire n'accepte pas cette solution ; v. ss 177. Le décret n° 2008-1281 du 8 décembre 2008 a rendu obligatoire, à compter du 1er mai 2009, la mise à disposition du public des circulaires et instructions sur un site Internet relevant du premier ministre. À défaut, le texte considéré n'est pas applicable. Sur cette disposition et sur sa portée quant au statut des circulaires, v. not. Deumier, *RTD civ.* 2009. 487 ; Moysan, « Des effets de la publication ou de la non-publication des circulaires et instructions sur le site circulaires.gouv.fr », *JCP* 2010, n° 38, Aperçu rapide, 95. Sur le rôle des circulaires, v. égal. S. Gerry-Vernieres, *Les « petites » sources du droit (à propos des sources étatiques non contraignantes*, préf. Molfessis, Economica, coll. « Recherches juridiques », 2012.

L'*article 34* définit, sous une forme énumérative, et apparemment limitative[1], le domaine d'intervention de la loi. Mais, de manière assez curieuse, le texte fait apparaître deux formes de compétence très différentes : d'une part, « la loi fixe les règles concernant » un certain nombre de matières ; d'autre part, elle « détermine les principes fondamentaux » de certaines autres.

Ressortissent au premier chef de compétence, en particulier : les libertés publiques, la liberté, le pluralisme et l'indépendance des médias, la nationalité, l'état et la capacité des personnes, les régimes matrimoniaux, les successions et les libéralités, la procédure pénale, la détermination des crimes et des délits, ainsi que de leurs sanctions, les impôts, les régimes électoraux, les nationalisations et les garanties fondamentales accordées aux fonctionnaires. Dans ces diverses matières, le législateur bénéficie d'une compétence totale qui lui permet d'établir, dans le détail, toutes les conditions et modalités d'application de la loi[2].

En revanche, pour le second groupe de matières, le législateur n'a qu'une compétence limitée : il fixe les principes fondamentaux, alors que la mise en œuvre de ceux-ci, et tous les détails d'application de la loi relèvent du pouvoir réglementaire. Les principales de ces matières sont : la défense nationale, l'enseignement, la préservation de l'environnement, la propriété, les obligations civiles et commerciales, le droit du travail et le droit syndical et de la sécurité sociale.

L'*article 37*, en ce qu'il définit, dans son alinéa 1er, le domaine du règlement, est beaucoup plus simple : « les matières autres que celles qui sont du domaine de la loi ont un caractère réglementaire ». La formule révèle l'innovation de la Constitution de 1958, qui fut de donner au règlement un domaine de compétence exclusive. La fonction du règlement n'est plus seulement de permettre l'exécution des lois en en déterminant les conditions de mise en œuvre[3] ; elle est aussi de régir toutes les matières pour lesquelles la loi n'est pas compétente. Et au regard de ces matières, le pouvoir exécutif jouit d'un pouvoir *d'initiative* qui lui fait défaut dans tous les autres cas : de ce point de vue il est un « règlement autonome »[4].

83. ***La pratique des articles 34 et 37 de la Constitution***. La présentation adoptée par la Constitution de 1958 pour opposer loi et règlement est claire : certaines matières relèvent du seul pouvoir législatif – qui peut cependant renvoyer au pouvoir exécutif pour la mise en œuvre de la loi ; d'autres matières font l'objet d'un partage entre législatif et exécutif, ce dernier pouvoir ayant compétence exclusive pour définir les modalités d'application des principes fondamentaux édictés par le premier ; d'autres enfin – toutes les autres – sont réservées au seul pouvoir réglementaire qui bénéficie alors d'une compétence et d'une initiative exclusives.

Doit-on déduire de cette présentation que la distinction de la loi et du règlement, au plan matériel, est absolue et figée, et que la compétence réglementaire représente

---

1. Le caractère limitatif de l'énumération, conforme aux principes d'interprétation des textes, est cependant, battu en brèche (v. n° suivant).

2. Il reste libre, cependant, de confier la fixation des détails d'application de la loi au pouvoir réglementaire (décrets d'application).

3. Cette fonction d'application de la loi est elle-même modifiée par rapport à la pratique antérieure à 1958 : tantôt elle se manifeste à l'initiative du législateur qui fait appel à des décrets d'application (là où la loi « fixe les règles »...) ; tantôt, elle est de la compétence exclusive du pouvoir exécutif (là où la loi « détermine les principes fondamentaux »...).

4. Mais ce règlement « autonome », reste soumis au principe de légalité ; v. ss 93.

la compétence de droit commun, de principe, tandis que la compétence législative ne serait qu'une compétence d'exception ? La pratique qui a suivi l'entrée en vigueur de la Constitution de 1958 ne s'est pas fixée en ce sens [1].

D'un côté, et c'est sans doute l'essentiel, la jurisprudence du Conseil constitutionnel a mis en lumière que l'article 34 n'épuise pas la définition du domaine réservé à la loi. La seule lecture de la Constitution laisse apparaître en effet que la loi est compétente en d'autres matières que celles visées à l'article 34. En particulier, l'article 66 attribue, indirectement mais certainement, compétence au législateur pour les libertés individuelles.

D'un autre côté, il est admis, en premier lieu, que les domaines apparemment réservés à chacun des deux pouvoirs ne sont pas absolument étanches à toute pénétration de l'autre. En particulier, le Conseil constitutionnel a jugé que les dispositions des articles 34 et 37 n'excluent pas la vocation de la loi à intervenir en toute matière, même réglementaire [2]. En second lieu, la loi se voit reconnaître le pouvoir d'altérer un principe général du droit [3], tandis que le décret doit s'y conformer strictement [4].

Pour autant, la division des compétences instaurée par les articles 34 et 37 de la Constitution n'est pas illusoire [5]. La répartition des pouvoirs entre législatif et exécutif est une réalité qui garantit à ce dernier une compétence exclusive d'une importance indéniable. Les diverses procédures qui ont été mises en place pour la sauvegarde de cette répartition des compétences le confirment.

C. La mise en œuvre de la distinction. Contrôle de la constitutionnalité des lois

84. ***Diversité des procédures de sauvegarde. Procédure de prévention et contrôle de la constitutionnalité des lois.*** La Constitution de 1958 organise diverses procédures destinées à assurer l'effectivité de la différence matérielle faite entre la loi et le règlement. Mais cette préoccupation s'exprime de manière univoque : toutes les procédures mises en place sont en effet au service d'une fin unique : *garantir le domaine réglementaire contre les empiétements du législatif.* Cette défense du domaine réglementaire prend des formes variées et s'opère à des moments différents. Pour l'essentiel, elle joue tantôt de manière *préventive*, tantôt de manière *corrective*.

La *prévention* est assurée par deux procédures nettement distinctes à la fois par leur domaine et leur portée.

---

1. V. Chantebout, *op. cit.*, p. 580 s. ; Roussillon et Esplugas-Labatut, *Le Conseil constitutionnel*, 8e éd., Dalloz, coll. « Connaissance du droit », 2015, p. 171 s. ; Mathieu, *La loi*, 3e éd., Dalloz, coll. « Connaissance du droit », 2010, p. 18 s.
2. Cons. const. 30 juill. 1982, *RD publ.* 1983. 350, note Favoreu.
3. V. ss 93.
4. V. ss 93.
5. D'autant moins que le Conseil constitutionnel semble désormais décidé à faire respecter plus strictement la délimitation des domaines de la loi et du règlement (Cons. const. 21 avr. 2005, Décis. n° 2005-512 DC, qui affirme le caractère réglementaire de certaines dispositions contenues dans la loi, ouvrant ainsi la voie à une abrogation par décret) et que la révision constitutionnelle intervenue en juillet 2008, qui permet aux présidents des assemblées de saisir le Conseil constitutionnel sur le fondement de l'article 41 de la Constitution afin de s'opposer aux amendements du Gouvernement ne relevant pas du domaine de loi, devrait redonner vigueur à la procédure d'irrecevabilité ; v. Favoreu, Gaïa, Ghevontian, Mestre, Pfersmann, Roux et Scoffoni, *Droit constitutionnel*, 20e éd., Dalloz, coll. « Précis », 2017, n° 1154-6.

L'*irrecevabilité de l'article 41*, la première d'entre elles, est une mesure qui concerne les *propositions de loi*[1]. En vertu de ce texte, le Gouvernement peut opposer l'irrecevabilité de toute proposition qu'il estime concerner une matière qui n'est pas du domaine de la loi. Cela suffit pour faire obstacle au vote du texte proposé, à moins que le président de l'Assemblée saisie de la proposition soit d'un avis contraire. Dans ce cas, il faut faire appel au Conseil constitutionnel qui doit dire si la matière considérée relève, ou non, du domaine réglementaire. La loi constitutionnelle du 23 juillet 2008 de modernisation des institutions de la Ve République a également accordé au président de l'Assemblée saisie la possibilité d'opposer cette irrecevabilité des propositions de lois (art. 41, mod.)[2]. Cela renforce la procédure d'irrecevabilité et accroît les possibilités de faire respecter le domaine du règlement.

La seconde procédure consiste dans un *recours direct au Conseil constitutionnel* (Constitution, art. 61). Il s'agit là encore d'une procédure préventive dans la mesure où elle s'applique aux lois qui, d'ores et déjà votées, n'ont cependant pas encore été *promulguées*, et de ce fait ne sont pas exécutoires[3].

Cette procédure a un domaine et une portée beaucoup plus larges que la précédente. D'une part, elle s'applique indifféremment aux *propositions* et aux *projets* de loi. D'autre part, elle peut être engagée par des personnes diverses : le président de la République, le Premier ministre, le président de l'Assemblée nationale, le président du Sénat, ou encore par soixante députés ou soixante sénateurs. Enfin, et peut-être surtout, la saisine du Conseil constitutionnel est plus étendue. Sa mission, en effet, n'est pas seulement de dire si le texte critiqué relève ou non du domaine réglementaire : elle est de vérifier sa conformité à l'ensemble de la Constitution, ce qui donne naissance à un *contrôle de la constitutionnalité des lois*. Il résulte de là que si le Conseil constitutionnel estime que le texte voté contredit sur tel ou tel point la Constitution[4], la loi ne pourra être promulguée et restera donc inefficace dans la mesure de ses dispositions inconstitutionnelles[5].

Pour éviter ce résultat, propre à entraver l'action du Parlement et à gêner le gouvernement, le Conseil constitutionnel a inventé une pratique, dite « des réserves d'interprétation ». Elle consiste en ce que ledit Conseil, dans la décision qu'il rend sur la constitutionnalité de la loi, indique en quel sens telle ou telle disposition de la loi considérée doit être interprétée pour demeurer constitutionnelle[6]. Une telle pratique est doublement contestable : elle attribue au Conseil constitutionnel un pouvoir d'interprétation des lois qui est étranger à sa mission

---

1. Sur cette notion, v. ss 79. La règle vaut aussi pour tout *amendement* que proposerait un parlementaire au cours d'un débat législatif.

2. En cas de désaccord avec le Gouvernement, la saisine du Conseil constitutionnel s'impose également, à la demande de l'un ou de l'autre.

3. Sur la notion de promulgation, v. ss 94.

4. La Constitution doit, ici, être entendue de manière extensive – on parle de *bloc de constitutionnalité* : à son texte, proprement dit, s'ajoutent en effet son Préambule et les textes auxquels il porte référence, les lois organiques et les principes fondamentaux reconnus par la République (cf. Favoreu, « Le principe de constitutionnalité », in *Recueil d'études en hommage à C. Eisenman*, Cujas, 1975, p. 33 ; *Les normes de référence du contrôle de constitutionnalité*, Follon (dir.), LGDJ, coll. « Travaux de la Faculté de droit et des sciences sociales de l'Université de Poitiers », 2017).

5. Cela ne vaut pas, toutefois, pour un simple empiétement du législatif sur le réglementaire. En raison de la jurisprudence (Cons. const. 30 juill. 1982, préc.), cette sorte d'inconstitutionnalité ne peut être sanctionnée que par l'irrecevabilité de l'article 41, ou par une « délégalisation » du texte (v. ss 84).

6. V. Mélin-Soucramanien et Pactet, *op. cit.*, n° 1525-1526 ; pour une illustration, v. *infra*, **Annexe documentaire II, B, 1**.

– s'il ne le déforme pas totalement ; elle crée une difficulté pratique considérable en ce qu'elle pose la question de l'autorité de ces *réserves* [1].

85. ***Le contrôle de la constitutionnalité des lois (suite). Contrôle a priori et question prioritaire de constitutionnalité (contrôle a posteriori).*** Le contrôle de constitutionnalité des lois a progressivement pris une grande importance. Cependant, longtemps, son organisation même lui a assigné une sérieuse limite : sitôt que la loi avait été promulguée, elle ne pouvait plus être attaquée pour inconstitutionnalité [2]. Les choses ont considérablement changé avec la loi constitutionnelle n° 2008-724 du 23 juillet 2008 de modernisation des institutions de la Vᵉ République. Ce texte a ajouté un article 61-1 à la Constitution qui dispose que « lorsque, à l'occasion d'une instance en cours devant une juridiction, il est soutenu qu'une disposition législative porte atteinte aux droits et libertés que la Constitution garantit, le Conseil constitutionnel peut être saisi de cette question sur renvoi du Conseil d'État ou de la Cour de cassation ». La loi instaure donc un contrôle de constitutionnalité *a posteriori* – appelé question prioritaire de constitutionnalité – qui s'ajoute au contrôle *a priori* de l'article 61.

Cette question prioritaire de constitutionnalité (QPC) [3], dont les modalités d'application ont été précisées par la loi organique n° 2009-1523 du 10 décembre 2009 [4], deux décrets (n° 2010-148 et n° 2010-149) du 16 février 2010 et une circulaire du 24 février 2010, et entrée en vigueur le 1ᵉʳ mars 2010, permet à toute personne de contester, devant toute juridiction relevant du Conseil d'État ou de la Cour de cassation (à l'exception de la Cour d'assises [5]), la constitutionnalité des dispositions d'une loi déjà promulguée, en ce qu'elles porteraient atteinte aux droits et libertés que la Constitution garantit [6]. Il n'appartient pas à la juridiction saisie de se prononcer sur la constitutionnalité du texte ; seul le Conseil constitutionnel peut le

---

1. V. ss 131. L'écueil est encore plus grand s'agissant de l'application des réserves d'interprétation à la question prioritaire de constitutionnalité, lorsqu'elle est mise en œuvre à propos d'une interprétation jurisprudentielle de la loi (sur cette question, v. n° suivant) puisqu'elle revient alors à substituer l'interprétation du Conseil constitutionnel à celle de la juridiction supérieure normalement compétente.
V., de manière générale, Verpeaux et Mathieu (dir.), *L'autorité des décisions du Conseil constitutionnel*, Dalloz, coll. « Thèmes et commentaires », 2010.

2. Le Conseil constitutionnel avait cependant assoupli cette limite en décidant que la régularité constitutionnelle d'une loi promulguée pouvait être contestée à l'occasion de dispositions législatives qui la réforment : Cons. const. 25 janv. 1985, *Rec. Cons. const.* 1985. 13 ; v. Chantebout, *op. cit.*, p. 606 ; égal. v. ss 93.

3. Sur laquelle, v. not. J.-H. Stahl et C. Maugüé, *La question prioritaire de constitutionnalité*, Dalloz, coll. « Connaissance du droit », 3ᵉ éd. 2017 ; Verpeau, « Le Conseil constitutionnel juge de la question prioritaire de constitutionnalité », *AJDA* 2010. 88 ; Roblot-Troizier, « La question prioritaire de constitutionnalité devant les juridictions ordinaires : entre méfiance et prudence », *AJDA* 2010. 80 ; Favoreu *et al.*, *Droit constitutionnel,* 20ᵉ éd. Dalloz, coll. « Précis », 2017, n° 458 s. et 475 ; Mélin-Soucramanien et Pactet, *Droit constitutionnel*, 36ᵉ éd., Sirey, 2018, n° 1488 s.

4. Le texte a été déclaré conforme à la Constitution par la décision du Conseil constitutionnel n° 2009-595 DC du 3 décembre 2009, avec trois réserves d'interprétation concernant l'effet de la décision d'inconstitutionnalité sur les décisions définitives qui auraient pu être rendues malgré sa saisine, et sur les règles de procédure devant être suivies devant la Cour de cassation et le Conseil d'État.

5. Mais la question peut être posée à l'occasion de l'appel fait contre une décision de Cour d'assises (L. org. du 10 déc. 2009, art. 23-1).

6. Il n'y a pas lieu à contrôle d'une loi antérieure à la Constitution de 1958 dont les effets sur la situation litigieuse ont été définitivement produits avant l'entrée en vigueur de la Constitution : CE 4 mai 2016, n° 395466, *Lebon* 2016 (à paraître), *AJDA* 2016, n° 1168, obs. Dutheillet de Lamothe et Odinet. Il en va de même s'agissant d'une loi délimitant le champ d'application d'une autorisation du gouvernement à légiférer par ordonnance : CE 23 sept. 2015, n° 380539, *Lebon* 2015).

faire. Il conserve *le monopole du contrôle de la constitutionnalité*, ce qui évite les divergences d'interprétation. La juridiction devant laquelle est soulevée la question prioritaire de constitutionnalité n'a même pas le pouvoir de saisir le Conseil constitutionnel. Elle doit statuer sur sa transmission à la Cour de cassation ou au Conseil d'État, selon l'ordre juridictionnel auquel elle appartient. Cette transmission doit être ordonnée dès lors que le texte critiqué est applicable au litige ou à la procédure, qu'il n'a pas été déjà déclaré conforme à la Constitution, sauf changement des circonstances, et que la question n'est pas dépourvue de caractère sérieux [1]. En principe, la juridiction saisie doit surseoir à statuer sur le fond. La Cour de cassation ou le Conseil d'État doivent se prononcer dans un délai de trois mois sur le renvoi de la question prioritaire de constitutionnalité au Conseil constitutionnel [2]. Le renvoi doit être ordonné si les deux premières conditions évoquées précédemment sont remplies, et si la question est nouvelle ou si elle présente un caractère sérieux [3]. En principe, il oblige la Cour de cassation ou le Conseil d'État à surseoir à statuer. Lorsqu'il est saisi, le Conseil constitutionnel statue dans un délai de trois mois [4]. S'il estime que la disposition critiquée porte effectivement atteinte aux droits et libertés que la Constitution garantit, celle-ci est abrogée [5]. La décision n'est donc pas limitée à l'affaire au cours de laquelle la question prioritaire de constitutionnalité a été posée ; elle a une portée générale.

L'application de cette procédure suscite de nombreuses difficultés [6], dont les deux suivantes, pratiquement résolues, sont parmi les plus importantes.

La première concerne la comptabilité de la question prioritaire de constitutionnalité avec les procédures de contrôle du respect du droit de l'Union européenne. Par un arrêt du 16 avril 2010, la Cour de cassation a en effet posé à la Cour de justice de l'Union européenne (CJUE) une question préjudicielle ayant pour objet de déterminer si l'obligation faite aux juridictions de se prononcer, par priorité, sur la transmission au Conseil constitutionnel de la question

---

1. Sur un curieux cas de question prioritaire de constitutionnalité portant sur une disposition déjà déclarée inconstitutionnelle sur un contrôle *a priori* CE 25 juill. 2013, n° 366345, *Lebon* 2013, *JCP* 2010, n° 41, 1036, obs. Molfessis.

2. La Cour européenne des droits de l'Homme a suggéré que la décision de non-renvoi d'une QPC au Conseil constitutionnel ne porte pas atteinte au droit à un procès équitable et à un recours effectif dès lors que la Cour de cassation a motivé sa décision au regard des critères énoncés par l'article 23-5 de la loi organique : CEDH 17 sept. 2015, n° 3569/12, *AJ pénal* 2016. 95.

3. Sur la difficulté de ce filtrage et notamment la question de savoir s'il ne constitue pas un préjugement de constitutionnalité, v. Deumier, obs sur Cass., QPC, 7 mai 2010 et CE 16 avr. 2010, *Association Alcaly*, *RTD civ.* 2010. 504.

4. Pour un exemple de décision statuant sur une question prioritaire de constitutionnalité, v. *infra*, **Annexe documentaire**.

5. L'abrogation intervient à compter de la publication de la décision du Conseil ou d'une date ultérieure fixée par celle-ci (Constitution, art. 62, al. 2). La Constitution (même art.) habilite le Conseil constitutionnel à déterminer les conditions dans lesquelles les effets que la disposition abrogée a déjà produits peuvent être remis en cause. Pour des applications et sur les difficultés que suscitent les principes dégagés par le Conseil, v. P. Puig, « Le Conseil constitutionnel et la modulation dans le temps des décisions QPC », *RTD civ.* 2010. 517.

Admettant l'application immédiate de la déclaration d'inconstitutionnalité de la loi déclarant incompatibles les activités de conducteur de taxi et de conducteur de véhicule de tourisme avec chauffeur : Cons. const. n° 2015-516 QPC du 15 janv. 2016, *Constitutions* 2016. 185 ; reportant au contraire au 31 décembre 2016 l'abrogation de la disposition concernant les décisions de la commission spécialisée d'éditeurs en matière de distribution de presse : Cons. const. n° 2015-511 QPC du 3 févr. 2016, *Constitutions* 2016. 182. Sur les difficultés de l'application dans le temps lorsque le Conseil donne un délai au législateur pour adopter un nouveau texte et que ce dernier le fait hors délai : Civ. 1re, 28 janv. 2015, n° 13-20701, *JCP* 2015, n° 13, 361, note Deumier.

6. Concernant notamment l'application de la disposition critiquée au litige, les effets dans le temps de la décision du Conseil constitutionnel, l'intervention de faits nouveaux permettant de soumettre une nouvelle fois une disposition au contrôle de constitutionnalité… Pour un compte rendu général de l'activité du Conseil constitutionnel en matière de question prioritaire de constitutionnalité, v. Debré, « 5e anniversaire de la question prioritaire de constitutionnalité », *JCP* 2015, n° 13, 354.

de constitutionnalité est conforme ou non au droit de l'Union européenne en ce qu'elle empêcherait lesdites juridictions de poser à la Cour de justice une question préjudicielle de conformité aux dispositions des Traités (contrôle de « conventionnalité »)[1]. Pour sa part, le Conseil constitutionnel a estimé, dans une décision du 12 mai 2010 (nº 2010-605 DC) que l'article 61-1 de la Constitution et les articles 23-1 et suivants de l'ordonnance du 7 novembre 1958 ne privent pas le juge de son pouvoir de poser une question préjudicielle à la Cour de justice, y compris lorsqu'il transmet une question prioritaire de constitutionnalité (consid. 15)[2]. En s'inspirant pour partie de cette décision, la Cour de justice de l'Union européenne a jugé, le 22 juin 2010, qu'une interprétation de la loi organique instituant la QPC, conforme aux exigences du droit de l'Union, ne saurait être exclue et elle a précisé à quelles conditions le mécanisme de la question prioritaire de constitutionnalité pourrait être conforme au droit de l'Union[3]. Et le Conseil constitutionnel a finalement décidé de poser lui-même une question préjudicielle à la Cour de justice de l'Union européenne lorsque le contrôle de constitutionnalité suppose une interprétation de normes européennes[4].

La seconde interrogation concerne la possibilité de soumettre au contrôle de constitutionnalité *a posteriori* l'interprétation que la jurisprudence[5] donne à la loi. Dans un premier temps, la Cour de cassation s'y est opposée au motif que la question dont peut être saisi le Conseil constitutionnel est seulement celle qui invoque l'atteinte portée par une disposition législative aux droits et libertés que la Constitution garantit ; il n'y a donc pas lieu de transmettre une question qui tend à contester, non la constitutionnalité des dispositions qu'elle vise, mais l'interprétation que la Cour de cassation en a donnée[6]. Condamnant cette restriction, le Conseil constitutionnel a au contraire considéré que tout justiciable a le droit de contester la constitutionnalité « de la portée effective qu'une interprétation jurisprudentielle constante confère à cette disposition[7] ». Selon le Conseil, l'intervention d'une juridiction suprême dans l'ordre considéré (en l'occurrence, le Conseil d'État) serait nécessaire à l'existence d'une interprétation jurisprudentielle constante pouvant être soumise à la question prioritaire de constitutionnalité. En fin de compte, la Cour de cassation s'est rangée à cette opinion raisonnable tant il est difficile de distinguer la disposition légale de son interprétation jurisprudentielle, sans laquelle elle n'a pas vraiment de sens. La Cour a cependant précisé, à juste titre au regard des textes instituant la QPC, que celle qui ne vise aucune disposition législative et se borne à contester une interprétation jurisprudentielle, sans préciser le texte dont la portée serait de nature à porter atteinte aux droits et libertés garantis

---

1. V. Mathieu, « La Cour de cassation tente de faire invalider la question prioritaire de constitutionnalité par la Cour de Luxembourg », *JCP* 2010. Doctr. 464. À l'occasion, le Conseil constitutionnel a par ailleurs rappelé sa jurisprudence constante selon laquelle il n'apprécie pas la conventionnalité des lois.

2. De son côté, le Conseil d'État a jugé, le 14 mai 2010 (*Rujovic*, n° 312305), que le juge administratif, juge de droit commun de l'application du droit de l'Union, en assure l'effectivité à tout moment de la procédure de la QPC ou au terme de celle-ci et qu'il dispose toujours de la possibilité de poser, à tout instant, une question préjudicielle à la CJUE. Le 31 mai 2016 (n° 393881, *Lebon* (à paraître), *AJDA* 2016. 1932, obs Dutheillet de Lamothe et Odinet), il a jouté que lorsque le caractère sérieux d'une question prioritaire de constitutionnalité dépend de l'interprétation ou de l'appréciation de la validité d'une disposition du droit de l'Union européenne, le Conseil d'État doit saisir la Cour de justice de l'Union européenne et rejeter la QPC. L'auteur de celle-ci pourra cependant la poser à nouveau après la décision de la CJUE.

3. CJUE 22 juin 2010, C-188/10, *Melki*, sur lequel v. not. : F. Donnat, « La Cour de justice et la QPC : chronique d'un arrêt prévisible et imprévu », *D.* 2010. 1640. Sur la série jurisprudentielle évoquée au texte : P. Deumier, « QPC : la question fondamentale du pouvoir d'interprétation (à propos du caractère prioritaire) », *RTD civ.* 2010. 499.

4. Cons. const. 4 avr. 2013, n° 2013-314 QPC, *D.* 2013. 1805, note Bonichot, *RTD civ.* 2013. 564, obs. Puig, *RTD eur.* 2013. 531, obs. Roux.

5. Sur cette notion, v. ss 171 s. Sur la question, v. Deumier, *Rép. civ.*, Dalloz, v° *Jurisprudence*, n° 161 s.

6. V. not. Cass., QPC, 19 mai 2010, n° 09-82582, *RTD civ.* 2010. 508, obs. Deumier ; N. Molfessis, « La jurisprudence *supra-constitutionem* », *JCP* n° 42, 2010. 1039.

7. Décis. n° 2011-120 QPC du 8 avr. 2011, *RTD civ.* 2011. 495, obs. Deumier.

par la Constitution, est irrecevable[1]. Dans la voie tracée par le Conseil constitutionnel, la Cour de cassation considère que la contestation ne peut porter que sur une jurisprudence constante[2], ce qui nécessite l'intervention d'une « Cour suprême », c'est-à-dire la plus haute de l'ordre considéré, celle qui est justement chargée de veiller à l'unité de la jurisprudence[3].

86. ***La procédure de correction : la délégalisation***. L'hypothèse est qu'une loi votée a été promulguée, et, de ce fait, est devenue exécutoire. Or, il se peut que cette loi empiète sur le domaine réglementaire, l'absence de mise en œuvre des mesures préventives – qui auraient pu empêcher ce résultat – pouvant s'expliquer de diverses manières : soit que la loi ait été promulguée avant l'entrée en vigueur de la Constitution de 1958, soit que le pouvoir exécutif ait omis d'exercer les procédures de prévention, par négligence, ou par esprit de générosité – ou de commodité – à l'égard du Parlement[4]. La Constitution de 1958 ouvre au Premier ministre la possibilité de remettre les choses en ordre à tout moment, par une *délégalisation* de la loi contraire à la compétence réglementaire (art. 37, al. 2).

S'agissant d'une *loi antérieure à la Constitution de 1958*, c'est-à-dire d'une loi adoptée alors que la compétence de principe appartenait au législatif, la procédure est très simple : une telle loi peut être modifiée par décret pris après avis du Conseil d'État, peu important que cet avis soit ou non conforme. La simplicité de cette procédure – pour ne pas dire son caractère expéditif – s'explique par le fait de l'antériorité de la loi considérée à la Constitution nouvelle : il convient de réduire, aussi commodément que possible, les nombreux empiétements justifiés par le régime constitutionnel antérieur.

Pour les *lois promulguées sous l'empire de la Constitution de 1958*, en revanche, la procédure est considérablement plus stricte. Le Premier ministre doit saisir le Conseil constitutionnel pour lui faire déclarer la nature réglementaire de la disposition légale critiquée et il ne pourra modifier celle-ci ou l'abroger, par voie de décret, que si le Conseil constitutionnel reconnaît cette nature réglementaire[5].

87. ***Absence de procédure particulière de protection du domaine législatif***. Les diverses procédures mises en place par les articles 41 et 61, d'une part, et 37, alinéa 2, d'autre part, assurent au pouvoir réglementaire une parfaite maîtrise de sa compétence. Face à ce constat, l'absence de toute disposition constitutionnelle organisant une procédure de sauvegarde du pouvoir législatif crée une disparité étonnante. Celle-ci paraît devoir s'expliquer par la volonté des constituants de 1958 de promouvoir le pouvoir

---

1. Civ. 1re, 27 sept. 2011, n° 11-13.488 QPC, *D.* 2011. 2707, note A. Levade, *JCP* 2011. 1197, obs F. Chénedé. Dans le même sens, Soc. 3 juill. 2014, n° 14-40026, *Bull. civ.* V, n° 177, *RTD civ.* 2015. 84, obs. Deumier.

2. V. notamment Soc. 3 juill. 2014, n° 14-40026, préc. ; Civ. 2e, 12 juin 2014, n° 14-40022 (inédit), Com. 24 avr. 2013, n° 12-23486 et n° 12-23487 (inédits).

3. V. ss 137 s., 167 s. Le contrôle de constitutionnalité est parfois l'occasion d'une modification de la jurisprudence qui ne serait pas conforme à la Constitution. V. Maziau, « Le revirement de jurisprudence dans la procédure de QPC », *D.* 2012. Chron. 1833.

4. Cette générosité est favorisée par le fait majoritaire : gouvernement et majorité sont inspirés des mêmes projets. Elle est sans risque pour le pouvoir réglementaire puisque, comme on va le voir, il peut à tout moment reprendre la maîtrise de la matière. Toutefois cette pratique a l'inconvénient d'accentuer le flou de la distinction loi-règlement et des pouvoirs correspondants.

5. Par la décision n° 2005-512 DC du 21 avril 2005, le Conseil constitutionnel avait cependant désigné par avance, sans attendre la mise en œuvre de cette procédure, des dispositions réglementaires abusivement incluses dans une loi. Mais cette façon de faire n'a plus cours ; v. Favoreu, Gaïa, Ghevontian, Mestre, Pfersmann, Roux et Scoffoni, *Droit constitutionnel*, *op. cit.*, n° 1455.

exécutif au détriment du législatif, volonté justifiée, indépendamment de considérations « politiciennes » plus ou moins conjoncturelles, par un souci d'efficacité [1].

Cela dit, l'absence de procédure de sauvegarde du domaine législatif ne signifie pas que ce domaine puisse être impunément pillé par le pouvoir réglementaire. Si aucune procédure ne permet de l'empêcher de régler une matière relevant du législatif, il n'en demeure pas moins que deux procédés, de valeur et de portée inégales il est vrai, peuvent remédier à de tels empiétements.

Le premier consiste dans la possibilité, toujours ouverte au Parlement, de *voter une loi* modifiant ou abrogeant le décret irrégulièrement pris dans une matière législative. Ce procédé, incontestable en théorie, est cependant peu pratique. D'une part, la procédure législative est longue. D'autre part, il faut, pour l'engager, que la proposition de loi soit inscrite à l'ordre du jour des Assemblées ; or, c'est le gouvernement lui-même qui a, pour l'essentiel, la maîtrise de cet ordre du jour [2].

Le second procédé, beaucoup plus important et efficace – même s'il ne peut produire effet qu'avec un certain retard – tient à ce que le règlement reste soumis au *contrôle de légalité* – plus exactement, en l'occurrence, *contrôle de constitutionnalité*. De la sorte, le vice d'incompétence l'affectant peut être sanctionné, par la juridiction administrative en principe [3]. Cela permet de constater que subsiste, même dans le cadre de la Constitution de 1958, une différence d'autorité entre la loi et le règlement. Avant de la préciser, il faut encore faire état de certains textes spéciaux.

§ 2. Les textes spéciaux

Aux différents textes qui viennent d'être détaillés au titre de la notion ordinaire de la loi et du règlement il convient d'en ajouter d'autres qui sont tantôt d'*origine interne*, tantôt de *nature internationale*.

A. Textes d'origine interne

88. ***Lois référendaires et décisions de l'article 16 de la Constitution***. Ces textes spéciaux d'origine interne sont des textes dont le mode d'élaboration répond à des circonstances ou à des besoins particuliers. Cette caractéristique est particulièrement nette pour les *décisions de l'article 16 de la Constitution* et les *lois référendaires* ; elle se retrouve, quoiqu'à un moindre degré, pour les *ordonnances de l'article 38*.

L'*article 16 de la Constitution* reconnaît au président de la République, dans le cas de circonstances d'une exceptionnelle gravité, le pouvoir de prendre, lui-même, « *les mesures exigées par ces circonstances* ». Les conditions de déclenchement de ce pouvoir d'exception sont assez précisément délimitées : il faut que « les institutions de la République, l'indépendance de la Nation, l'intégrité de son territoire ou l'exécution de ses engagements internationaux soient menacées d'une manière grave et immédiate *et* que le fonctionnement régulier des pouvoirs publics

---

1. La nécessité, dans un monde de plus en plus fluctuant, de réagir rapidement à telle ou telle situation nouvelle, s'accommode mal des lenteurs de la procédure législative.

2. À quoi il faut encore ajouter l'incidence du fait majoritaire : la coïncidence politique du gouvernement et de la majorité parlementaire rend peu probable le vote d'une loi mettant à néant le règlement pris par le gouvernement (le phénomène est d'ailleurs réciproque).

3. Mais les conditions mêmes du contrôle de légalité par le Conseil d'État (v. ss 94) limitent la portée de cette sauvegarde.

constitutionnels soit interrompu ». De tels événements autorisent, en vertu de l'article 16, une véritable concentration de tous les pouvoirs entre les mains du chef de l'État qui est alors habilité à prendre, sur simple *décision* de sa part, les mesures qu'il juge nécessaires [1]. Ces décisions peuvent, indifféremment, régler des matières relevant du pouvoir législatif ou du pouvoir réglementaire. Dans le premier cas, elles échappent à tout contrôle ; dans le second, en revanche, elles demeurent soumises au contrôle de légalité des règlements [2]. Depuis la loi constitutionnelle du 23 juillet 2008 de modernisation des institutions de la Ve République, le Conseil constitutionnel peut être saisi par le président du Sénat ou celui de l'Assemblée nationale, ou par soixante députés ou soixante sénateurs, en vue de vérifier si les conditions du recours à l'article 16 perdurent après trente jours d'exercice des pouvoirs exceptionnels. Il procède de plein droit à cet examen, au terme de soixante jours d'exercice de ces pouvoirs.

Les *lois référendaires* correspondent à une préoccupation très différente. Selon l'article 11, alinéa 1er, de la Constitution, « le président de la République, sur proposition du Gouvernement pendant la durée des sessions ou sur propositions conjointes des deux assemblées, publiées au *Journal officiel*, peut soumettre au référendum tout projet portant sur l'organisation des pouvoirs publics, sur des réformes relatives à la politique économique ou sociale de la nation et aux services publics qui y concourent ou tendant à autoriser la ratification d'un traité qui, sans être contraire à la Constitution, aurait des incidences sur le fonctionnement des institutions ». Ce texte, qui organise une substitution du vote populaire au Parlement pour l'exercice du pouvoir législatif en certaines matières, peut se justifier par la volonté de conférer une particulière solennité à la loi ainsi adoptée. Cette procédure a été utilisée à diverses reprises [3] dans des conditions parfois discutables [4]. Elle aboutit à l'élaboration de lois qui, si elles doivent être, comme les autres, promulguées par le président de la République, échappent en revanche au contrôle que le Conseil constitutionnel peut, ordinairement, effectuer avant promulgation de la loi [5]. La loi constitutionnelle du 23 juillet 2008 a ouvert la possibilité d'avoir recours à un référendum portant sur un objet mentionné au premier alinéa de l'article 11 à l'initiative d'un cinquième des membres du Parlement, soutenu par un dixième des électeurs inscrits sur les listes électorales. La loi organique n° 2013-1114 du 6 décembre 2013 [6], portant application de l'article 11 de la Constitution, est venue préciser les conditions de transmission au Conseil constitutionnel des propositions de lois référendaires.

89. ***Les ordonnances de l'article 38 de la Constitution***. Dans un souci d'efficacité, et pour tenir compte de la nécessité de mettre en place rapidement, dans un domaine et à des fins déterminés, un nouvel ensemble de règles, la Constitution de 1958 a prévu, rompant en cela avec la tradition constitutionnelle [7], la possibilité d'une délégation de pouvoir du législatif à l'exécutif [8]. L'article 38 de la Constitution énonce en effet que « le gouvernement peut, pour l'exécution de son programme, demander au Parlement l'autorisation

---

1. Il s'agit d'un pouvoir évidemment exorbitant, dont on avait pu dire que les garanties qui l'encadrent restaient « illusoires ». C'est moins vrai depuis la réforme constitutionnelle du 23 juillet 2008 ; v. la suite du texte.
2. V. ss 94.
3. Par ex. : référendum du *13 avril 1962* (indépendance de l'Algérie) ; référendum du *28 octobre 1962* (élection du président de la République au suffrage universel) ; référendum du *6 novembre 1988* (statut de la Nouvelle-Calédonie) ; référendum du *20 septembre 1992* (Union européenne) ; référendum du *29 mai 2005* (Traité de Constitution pour l'Europe).
4. Ainsi le référendum du *28 octobre 1962* était-il probablement entaché d'inconstitutionnalité.
5. Sur ce contrôle, v. ss 84. Le Conseil constitutionnel a jugé ce contrôle inapplicable aux lois référendaires au motif qu'elles « constituent l'expression directe de la souveraineté nationale » (Cons. const. 6 nov. 1962, *D.* 1963. 398, note L. Hamon) ; v. Mathieu, *op. cit.*, p. 55 s.
6. *JORF* 7 déc. 2013, p. 19937.
7. L'article 13 de la Constitution du 27 octobre 1946 disposait : « L'Assemblée nationale vote la loi. Elle ne peut déléguer ce droit. » Mais la pratique politique avait pris de grandes libertés avec cette interdiction de principe.
8. Cette possibilité a été utilisée à diverses reprises ; v. Chantebout, *op. cit.*, p. 615 s.

de prendre par *ordonnances*, pendant un délai limité, des mesures qui sont normalement du domaine de la loi ». Pratiqué à l'origine avec parcimonie, le recours aux ordonnances s'est considérablement développé, particulièrement du fait des derniers gouvernements [1], y compris pour réformer des matières fondamentales dont certaines contenues dans le Code civil [2].

La loi d'habilitation confère au gouvernement, dans le domaine législatif précisé par elle, et pour un temps défini [3], le pouvoir de prendre, par voie d'ordonnances, toutes les mesures utiles à la réalisation des fins qu'elle désigne. Ces ordonnances, qui, par essence, empiètent sur le domaine réservé au législatif, peuvent modifier, voire abroger, des lois antérieures. Elles sont d'application immédiate, dès l'instant qu'elles sont prises régulièrement, c'est-à-dire dans le délai d'habilitation, après avis du Conseil d'État et délibération du Conseil des ministres, avec les contreseings du Premier ministre et des ministres concernés, et la signature du président de la République.

Malgré la délégation accordée par le Parlement, ces textes n'équivalent pas à des lois. Du fait de leur caractère *formellement* réglementaire, les ordonnances demeurent soumises à un contrôle juridictionnel qui, pour être moins rigoureux, en raison même de la loi d'habilitation, n'en reste pas moins proche de celui qui s'applique aux règlements. Le Conseil d'État peut en effet être saisi d'un recours pour excès de pouvoir afin de contrôler la conformité de l'ordonnance à la loi d'habilitation, d'une part, et aux principes généraux du droit, d'autre part. Ce régime particulier dure tout le temps du délai d'habilitation. Il est appelé à se modifier à l'expiration de ce délai, et il faut alors distinguer :

– Si le Gouvernement omet de déposer le projet de loi de ratification dans le délai qui lui a été imparti à cette fin, les ordonnances sont frappées de *caducité* ; elles cessent, par conséquent, de produire effet. Il en va de même lorsque, le projet de loi de ratification ayant été déposé, le Parlement le rejette.

– Dès lors que le Gouvernement dépose le projet de loi de ratification en temps utile, la caducité des ordonnances est écartée. Les ordonnances continuent alors à produire effet dans les mêmes conditions que pendant le délai d'habilitation [4], et elles restent soumises à ce régime tant que la loi de ratification n'est pas votée [5]. En revanche, une fois ratifiées, les ordonnances ont pleine valeur de loi [6].

---

1. Et beaucoup pour réformer le droit du travail : ordonnances n° 2017-1885, n° 2017-1386, n° 2017-1387 et n° 2017-1388 du 22 septembre 2017 sur lesquelles : A. Lyon-Caen, *Ordonnances Macron. Commentaire pratique et nouvelles dispositions du Code du travail*, Dalloz 2017.

2. V. not. ordonnance n° 2006-346 du 23 mars 2006 relative aux sûretés, ordonnance n° 2015-1288 du 15 octobre 2015 portant simplification et modernisation du droit de la famille, ordonnance n° 2016-131 du 10 février 2016 portant réforme du droit des contrats, du régime général et de la preuve des obligations. La légitimité du recours aux ordonnances dans les matières du Code civil est discutée. V. not. Harouel, Teboul et Tournafond, « Le droit des contrats réformé par ordonnance ? », *D.* 2014. Chron. 1099, Leveneur et Robineau, « Le recours aux ordonnances en droit privé », *RD Assas*, n° 12, févr. 2016, p. 9.

3. L'habilitation peut être large et réitérée : ainsi des lois du 2 juillet 2003 et 9 décembre 2004 prises pour « simplifier le droit ». Sur le projet de loi d'habilitation à légiférer par ordonnance (n° 175, enregistré au Sénat le 27 novembre 2013), relatif, à nouveau, à la modernisation et à la simplification du droit et des procédures dans les domaines de la justice est des affaires intérieures, Deumier, *RTD civ.* 2014. 597. Ce projet a donné naissance à la loi du 16 février 2015 sur le fondement de laquelle a été prise l'ordonnance du 10 février 2016 réformant le droit des obligations. V. ss 242 s.

4. Elles demeurent donc soumises au contrôle de légalité. Mais après expiration du délai de l'habilitation conférée au gouvernement, les dispositions de l'ordonnance qui relèvent du domaine de la loi ne peuvent être modifiées ou abrogées que par le législateur ou sur le fondement d'une nouvelle habilitation donnée au gouvernement (CE, ass., 11 déc. 2006, *Lebon*).

5. Il convient d'observer que dès l'instant qu'est dépassé le délai pour déposer le projet de loi de ratification, le Parlement recouvre le pouvoir – qu'il avait perdu pendant toute la durée de l'habilitation – de légiférer dans les matières où le gouvernement était admis à intervenir par voie d'ordonnance. Par suite, une loi nouvelle pourrait alors contredire et priver d'effet l'ordonnance non ratifiée.

6. Il existait une ratification implicite, admise par la jurisprudence, qui résultait de la seule modification, par la loi, des dispositions de l'ordonnance. Elle a été condamnée par la loi constitutionnelle du 23 juillet 2008 (Constitution, art. 38).

Restent à signaler, en complément de ces ordonnances de l'article 38, deux autres sortes d'ordonnances qui sont soumises à un régime juridique comparable.

En premier lieu, les *ordonnances financières* de l'article 47 de la Constitution, que le Gouvernement peut prendre pour mettre en vigueur le projet de loi de finances, lorsque le Parlement ne s'est pas prononcé sur ledit projet dans les délais imposés par la Constitution.

En second lieu, les *ordonnances référendaires*, que la Constitution ne prévoit pas [1]. Elles sont prises par le Gouvernement en application d'une autorisation, à lui donnée par référendum, d'intervenir par voies d'ordonnances, dans le domaine législatif. Malgré cette source particulière de l'habilitation, le Conseil d'État a, très opportunément, affirmé que le Gouvernement restait, comme pour les ordonnances de droit commun, tenu de respecter les principes généraux du droit [2].

B. Textes de nature internationale

90. ***Les traités internationaux. Portée à l'égard des particuliers.*** À côté de l'ordre interne, il faut encore avoir égard à l'*ordre international* dont le rôle, dans la création de la règle de droit, est de plus en plus important. De ces sources internationales, on peut distinguer deux sortes : les *traités internationaux*, d'une part, et le *droit de l'Union européenne* (naguère appelé aussi *droit communautaire*), d'autre part.

Les *traités internationaux* sont directement pris en considération par la Constitution, dont l'article 55 dispose que « les traités ou accords régulièrement ratifiés ou approuvés ont, dès leur publication, une autorité supérieure à celle des lois, sous réserve, pour chaque accord ou traité, de son application par l'autre partie ».

Le traité bénéficie donc d'une place prééminente dans la définition de l'ordre juridique français. Sa primauté sur la loi interne est mise en œuvre par les juridictions tant judiciaires qu'administratives. Le Conseil constitutionnel se déclare quant à lui incompétent au motif que le *contrôle de compatibilité* de la loi interne avec le texte international n'entre pas dans le domaine des *contrôles de constitutionnalité* organisés par l'article 61 de la Constitution [3]. Au titre de ce contrôle de compatibilité, la Cour de cassation [4] et le Conseil d'État [5] vérifient au contraire la conformité de la loi interne *postérieure* [6] au traité et sanctionnent, le cas échéant, la contradiction que prétendrait apporter la loi interne à la Convention internationale.

Mais cette place prééminente du traité international ne lui est acquise que dans la mesure où les formalités de la *ratification* [7] et de la *publication* ont été accomplies, et sous réserve que l'autre partie applique effectivement le traité considéré, exigence que l'on

---

1. Pratique inaugurée par le référendum du 13 avril 1962.

2. CE 19 nov. 1962, *Canal*, *D*. 1962. 688.

3. Cons. const. 15 janv. 1975, *D*. 1975. 529, note L. Hamon ; *AJDA* 1975. 134, note Rivero. La solution a été réaffirmée par la décision n° 2010-605 DC du 12 mai 2010 à l'occasion de l'examen de la question de la comptabilité de la question prioritaire de constitutionnalité avec le droit de l'Union européenne (v. ss 85).

4. Ch. mixte 24 mai 1975, *Jacques Vabre*, *D*. 1975. 497, concl. Touffait (l'arrêt concerne le droit communautaire – v. ss 91 – mais sa motivation quant à la primauté du traité est de portée générale).

5. V. CE 20 oct. 1989, *Nicolo*, *D*. 1990. 135, note Sabourin, *AJDA* 1989. 788, note Simon, *RFDA* 1989. 824, note Genevois ; v. ss 90.

6. Pour la loi *antérieure* au traité dûment ratifié, le problème ne se pose pas : elle doit être considérée comme abrogée ou modifiée, automatiquement, dans la mesure de son incompatibilité avec la convention internationale.

7. La *ratification* s'applique aux traités ; les accords sont soumis à une procédure plus simple : celle de *l'approbation*.

dénomme *condition de réciprocité*. On s'accordait traditionnellement pour considérer que cette vérification appartient au gouvernement[1].

Parmi ces sources internationales du droit, différents textes, relatifs aux droits de l'Homme, méritent une attention particulière.

D'abord, les *Pactes internationaux des droits de l'Homme* (relatifs l'un aux *droits économiques, sociaux et culturels*, l'autre aux *droits civils et politiques*), adoptés par l'Assemblée générale des Nations unies le 16 décembre 1966 et auxquels la France a adhéré le 4 novembre 1981[2].

Ensuite, la *Convention de sauvegarde des droits de l'Homme et des libertés fondamentales* – en abrégé *Convention européenne des droits de l'Homme* – (Rome, 1950), œuvre du Conseil de l'Europe, qui regroupe à ce jour, quarante-sept États européens[3], et dont le respect s'impose aux États signataires par l'intermédiaire, notamment, de la Cour européenne des droits de l'Homme. Cette Cour[4], dont le siège est à Strasbourg, est à l'origine d'une jurisprudence[5] importante, qui déborde sensiblement l'application directe de la Convention EDH. En effet, les arrêts rendus par la Cour fixent l'interprétation de celle-ci à l'occasion du règlement de différends opposant à un État une personne qui prétend être victime d'une violation des droits de l'Homme[6]. Cette interprétation permet de trancher, bien sûr, le différend considéré en reconnaissant ou non, selon le cas, une violation des dispositions de la Convention. Mais, notamment lorsqu'elle condamne l'État attrait devant la Cour, elle est une incitation pour celui-ci à mettre son système de droit en harmonie avec elle[7]. Cette interprétation a également vocation à orienter – infléchir, le cas échéant – la jurisprudence des juridictions de cet État, en vue de conformer leurs solutions à celle-ci. Initialement, cette autorité de la jurisprudence de la cour de Strasbourg s'exerçait de façon plus ou moins facile, les juridictions françaises y adhérant ou y résistant selon les cas[8]. Désormais, elle est beaucoup plus nettement affirmée. La Cour de cassation a en effet jugé que « les États adhérents à la Convention de sauvegarde des droits de l'Homme et des libertés fondamentales sont tenus de respecter les décisions

---

1. V. en ce sens, CE 29 mai 1981, *D.* 1981. IR 530, obs. Delvolvé (not. p. 531, col. 2) ; P. Lagarde, Civ. 1re, 6 mars 1984, *Bull. civ.* I, n° 85. Désormais, le Conseil d'État estime qu'il est compétent pour examiner si la condition de réciprocité est remplie, après avoir recueilli les observations du ministre des Affaires étrangères et, éventuellement, celles de l'État en cause (CE 9 juill. 2010, req. n° 317747). V. égal. : S. Lemaire, « Le juge judiciaire et le contrôle de la réciprocité dans l'application des traités internationaux », *D.* 2006. Chron. 2322.

2. V. C.-A. Colliard et Dubouis, *Institutions internationales*, 10e éd., Dalloz, coll. « Précis », 1995, n° 90.

3. Sur cette organisation, v. Gauthier, Platon et Sczymczak, *Droit européen des droits de l'Homme*, Sirey, coll. « Université », 2016.

4. Cf. Marguénaud, *La Cour européenne des droits de l'Homme*, 7e éd., coll. « Connaissance du droit », 2016 ; Costa, *La Cour européenne des droits de l'Homme*, 2e éd., Dalloz, 2017 ; Guinchard, Varinard et Debard, *Institutions juridictionnelles*, 14e éd., Dalloz, coll. « Précis », 2017, n° 287 s.

5. Sur la *notion* de jurisprudence, v. ss 130 s.

6. La victime ne peut saisir la Cour européenne des droits de l'Homme que sous des conditions très strictes, notamment celle d'avoir épuisé toutes les voies de recours ouvertes par la législation de l'État en cause ; v. Marguénaud, *op. cit.*, p. 6 s.

7. L'orientation est encore plus nette s'agissant des « arrêts-pilotes » par lesquels, pour faire face à des hypothèses dans lesquelles des catégories entières de particuliers sont privées d'un droit garanti par la Convention, la Cour indique à l'État défendeur les mesures générales qu'il devrait prendre pour que les autres demandeurs potentiels reçoivent un traitement identique à celui qu'elle accorde dans sa décision (v. Marguénaud sur CEDH 19 juin 2006, *RTD civ.* 2006. 719).

8. Pour une mise en œuvre directe de la jurisprudence de la Cour européenne des droits de l'Homme par la Cour de cassation, v. Civ. 1re, 6 juin 2000, *Bull. civ.* I, n° 179 ; v. ss 130.

de la Cour européenne des droits de l'Homme, sans attendre d'être attaqués devant elle ni d'avoir modifié leur législation »[1]. Et de son côté, la Cour européenne des droits de l'Homme a plus récemment affirmé l'existence, pour le juge national, de « l'obligation (...) d'assurer, conformément à son ordre constitutionnel et dans le respect du principe de sécurité juridique, le plein effet des normes de la Convention telles qu'interprétées (par la Cour) »[2]. Un juge national ne devrait donc plus pouvoir statuer dans un sens différent de celui de la Cour européenne[3].

Instituée pour contrôler la conformité des institutions et des régimes juridiques des États membres aux principes posés par la Convention, la Cour tend parfois à déborder les limites de sa mission en élargissant son contrôle à la correction de la *mise en œuvre* du droit interne par le juge national. Un tel contrôle peut se justifier s'il porte sur une *jurisprudence*, c'est-à-dire une interprétation de la loi qui se révèle contraire aux prescriptions de la Convention EDH. Il ne saurait en revanche, sans méconnaître la fonction assignée à la Cour, porter sur le bien-fondé, au regard de la loi, d'une décision nationale[4]. Ce serait, en effet, ériger la CEDH en degré de juridiction supplémentaire, ce qu'elle n'est pas[5].

Les observations qui précèdent ont montré que les particuliers sont admis à se prévaloir devant la Cour et, dans leur intérêt personnel, des stipulations de la Convention européenne. La solution résulte de l'organisation adoptée pour cette juridiction. Une autre question est de savoir si les particuliers peuvent aussi, devant les juridictions de l'État dont elles ressortissent – donc dans l'ordre interne – invoquer ces mêmes dispositions, à l'égal des lois et règlements nationaux. La réponse est variable. Il faut en effet distinguer dans ces traités et autres conventions internationales, en fonction de leur rédaction, deux sortes de dispositions.

Il en est qui sont des *dispositions normatives*, c'est-à-dire qui fixent des règles à l'usage immédiat des sujets de droit. Le texte international, qui édicte des droits « précis et complets », est alors d'application directe et constitutif de droits pour les particuliers. Ceux-ci peuvent donc l'invoquer devant leur juge national. C'est le cas de plusieurs des dispositions de la *Convention européenne des droits de l'Homme*, tels, notamment, l'article 6 qui établit certains droits de bonne justice (procès équitable et diligent[6],

---

1. Ass. plén. 15 avr. 2011 [trois arrêts], *D.* 2011. 1713, obs. Bernaud et Gay ; *RTD civ.* 2011. 725, obs. Marguénaud.

2. CEDH, Gr. ch., 7 févr. 2013, *Fabris c/France*, *RTD civ.* 2013. 333, obs. Marguénaud.

3. L'argument est avancé au soutien de la jurisprudence de la Cour de cassation qui entend généraliser, en droit français, le contrôle de proportionnalité. V. ss 71, 73, 77, 125.

4. V. cep. CEDH 21 mars 2000, *Dulaurens c/France*, *D.* 2000. 883, note Clay (condamnant la France pour une décision de la Cour de cassation rendue sur le fondement d'une « erreur manifeste d'appréciation »… selon cet arrêt) ; v. aussi CEDH 14 nov. 2000, *D.* 2001. 1061, obs. Fricero (où la Cour opère encore un tel contrôle… tout en relevant qu'il ne lui appartient pas de se substituer aux juridictions internes et que l'interprétation de la législation nationale relève de celles-ci).

5. Les arrêts de la CEDH n'ont pas d'effet sur les procès nationaux qui les ont suscités, sauf en matière criminelle et, en matière civile, pour l'état des personnes, où les décisions de la Cour peuvent entraîner le réexamen des décisions ; v. ss 130.

6. Le *droit à un procès équitable* constitue une garantie d'une importance considérable. Il impose, notamment, que chacun puisse accéder à un tribunal, que les procédures assurent une garantie équilibrée des droits des parties (présomption d'innocence, notamment), qu'elles respectent une durée raisonnable et que le juge soit indépendant (protection par un principe d'inamovibilité) et impartial (qu'il n'ait pas eu antérieurement connaissance de l'affaire à un autre titre). Sur l'ensemble de la question, v. Guinchard, Chainais et Delicostopoulos, Douchy-Oudot, Ferrand, Lagarde, Magnier, Ruiz Fabri, Sinopoli et Sorel, *Droit processuel. Droits fondamentaux du procès*, 9e éd., 2017, n° 225 s.

présomption d'innocence...) ou l'article 8, qui reconnaît à chacun « droit au respect de sa vie privée et familiale, de son domicile et de sa correspondance ».

D'autres dispositions sont d'une nature très différente : elles ne s'adressent pas aux particuliers mais aux États signataires de l'acte international, qui ont souscrit des engagements à cet égard. Ainsi de la *Convention de New York du 26 janvier 1990 relative aux droits de l'enfant*, dont les dispositions – la plupart d'entre elles, du moins – s'adressent ouvertement aux seuls États, ce que souligne, le recours systématique à des formules du type : « les États parties s'engagent [...] », « les États parties reconnaissent [...] », « les États parties veillent [...] », etc. De telles dispositions ont longtemps été regardées comme n'étant constitutives d'aucun droit pour les particuliers qui puisse être invoqué par eux devant les tribunaux [1]. Cette solution a cependant été abandonnée par la Cour de cassation en 2005 [2]. De son côté, le Conseil d'État admet que les dispositions d'un traité peuvent être invoquées à l'appui d'une demande d'annulation d'un acte administratif dès lors qu'elles créent des droits dont les particuliers peuvent se prévaloir directement. Il en va ainsi lorsque, eu égard à l'intention exprimée des parties et à l'économie générale du traité, ainsi qu'à son contenu et à ses termes, une disposition n'a pas pour objet exclusif de régir les relations entre États et ne requiert l'intervention d'aucun acte complémentaire pour produire des effets à l'égard des particuliers [3].

On retrouve un problème comparable pour les textes de l'Union européenne.

91. ***Le droit de l'Union européenne (droit communautaire).*** Les traités qui ont constitué les communautés européennes [4], notamment le *traité de Rome* du 25 mars 1957 et le *traité de Maastricht* du 7 février 1992, qui a institué l'*Union européenne*, le *traité de Lisbonne* du 13 décembre 2007 qui modifie les traités antérieurs, ainsi que différents textes qu'élaborent les organes communautaires, sont à l'origine d'un corps de règles de droit qui constituent ce qu'il est d'usage d'appeler le *droit de l'Union européenne* [5].

Cette situation a été mise en évidence par un arrêt de la Cour de justice des Communautés européennes, du 5 février 1963 [6], dont quelques extraits méritent d'être cités textuellement. Selon la Cour, « l'objectif du traité CEE, qui est d'instituer un Marché commun dont le fonctionnement concerne directement les justiciables de la Communauté, implique que ce Traité constitue plus

---

1. Solution tranchée de la Cour de cassation, v. Soc. 13 juill. 1994, *Bull. civ.* V, n° 236 ; interprétation plus souple du Conseil d'État, qui distingue entre les dispositions de la Convention, CE 22 sept. 1997, *JCP* 1998. II. 10052, note Gouttenoire. Comp. la rédaction des dispositions de la Convention européenne des droits de l'Homme et de celles de la Convention de New York, *infra*, **Annexe documentaire X**.

2. V. not. Civ. 1re, 14 juin 2005, *D.* 2005. 2790, obs. F. Boulanger, *JCP* 2005. II. 10115, concl. Petit, note Chabert, *RTD civ.* 2005. 556, obs. Encinas de Munagori ; Civ. 1re, 8 et 22 nov. 2005, *D.* 2006. 554, note Boulanger ; cf. Courbe, « L'application directe de la Convention des Nations unies sur les droits de l'enfant », *D.* 2006. 1487.

3. CE, ass., 11 avr. 2012, *Gisti et Fapil*, *D.* 2012. 1712, note Bonnet ; *RTD civ.* 2012. 487, obs. Deumier.

4. V. ss 55.

5. Cette dénomination s'impose d'autant plus, en remplacement de celle, plus ancienne de *droit communautaire*, que selon le Traité de Lisbonne, entré en vigueur le 1er décembre 2009, l'Union européenne se substitue et succède à la Communauté européenne. Sur l'ensemble de la question, v. Isaac et Blanquet, *Droit général de l'Union européenne*, 10e éd., Sirey, coll. « Université », 2012, p. 133 s. ; Clergerie, Gruber et Rambaud, *L'Union européenne*, 11e éd., Dalloz, coll. « Précis », 2016, n° 75 s. ; Monjal, *Droit de l'Union européenne*, Dalloz, coll. « Connaissance du droit », 2007.

6. V. *Grands arrêts de la Cour de justice de l'Union européenne*, par Gaudin, Blanquet, Andriantsimbazovina et Finess, t. 1er, 7e éd., Dalloz, 2014, n° 41

qu'un accord qui ne créerait que des obligations mutuelles entre États contractants ; que cette conception se trouve confirmée par le Préambule du traité qui, au-delà des gouvernements, vise les peuples… ; qu'en outre le rôle de la Cour de justice dans le cadre de l'article 177, dont le but est d'assurer l'unité d'interprétation du Traité par les juridictions nationales, confirme que les États ont reconnu au droit communautaire une autorité susceptible d'être invoquée par leurs ressortissants devant ces juridictions ; *qu'il faut conclure de cet état de choses que la Communauté constitue un nouvel ordre juridique de droit international, au profit duquel les États ont limité, bien que dans des domaines restreints, leurs droits souverains, et dont les sujets sont non seulement les États membres, mais également leurs ressortissants* ».

En bref, les stipulations des traités européens (droit européen *primaire*) et les dispositions des textes émanant des organes de l'Union (droit européen *dérivé*) sont constitutifs de règles de droit qui, avec l'interprétation que leur donne la Cour de justice de l'Union européenne (ancienne de Cour de justice des Communautés européennes) – installée à Luxembourg – ont vocation, comme les règles de pur droit interne, à s'appliquer directement aux particuliers et peuvent être invoquées par eux.

Il faut cependant distinguer selon la nature des textes considérés, et plus précisément selon qu'ils sont, ou non, assortis de ce qu'il est convenu d'appeler un *effet direct*, c'est-à-dire l'aptitude à déterminer, au bénéfice des particuliers, des droits dont ceux-ci peuvent se « prévaloir devant les juridictions nationales » [1].

Un tel effet s'attache, par nature, aux *règlements européens*, qui s'appliquent immédiatement en s'intégrant au droit des États membres. Il en va différemment pour les *traités*, les *directives* et les *décisions* qui ne sont pas naturellement et systématiquement dotés de cet effet direct, alors même qu'ils sont obligatoires pour les États concernés. C'est notamment le cas des *directives* qui s'adressent seulement aux États, en leur prescrivant l'adoption de certaines règles, dans un délai défini, tout en leur laissant le soin de transcrire la directive en dispositions d'ordre interne. Toutefois, la Cour de justice de l'Union européenne et les juridictions françaises [2] ont admis l'effet direct de tout ou partie de certaines directives, autorisant ainsi les particuliers à se prévaloir – une fois passé le délai de transcription – des droits que leur conféraient ces dispositions contre certaines personnes – autorités fiscales, collectivités territoriales… – à l'exclusion des particuliers eux-mêmes [3].

Conformément à l'article 55 de la Constitution, le droit européen prévaut sur les règles de droit interne. D'une part, les dispositions européennes s'imposent au pouvoir réglementaire, de sorte que les règlements qui y sont contraires se trouvent abrogés (règlements antérieurs) ou frappés d'illégalité (règlements postérieurs). D'autre part, elles doivent pareillement prévaloir sur les lois d'origine interne, ce qui a été admis par la Cour de cassation, sur le double fondement de l'article 55 de la Constitution et de « l'ordre juridique propre intégré à celui des États membres », institué par le traité du 25 mars 1957 [4]. Le Conseil d'État s'est ultérieurement rallié à cette solution [5].

---

1. Clergerie, Gruber et Rambaud, *op. cit.*, n° 329 s.

2. La dernière réserve, posée par le Conseil d'État, concernant la possibilité d'invoquer les directives contre des actes non réglementaires, semble avoir été emportée par CE 30 oct. 2009, *D.* 2010. 351, note Chrestia.

3. Clergerie, Gruber et Rambaud, *op. cit.*, n° 311. Après expiration du délai de transposition, le droit national doit normalement être interprété et appliqué à la lumière de la directive non transposée. Pour une illustration, v. Civ. 1re, 28 avr. 1998, *Bull. civ.* I, n° 158, *JCP* 1998. II. 10008, rapp. Sargos.

4. Ch. mixte 24 mai 1975, *Jacques Vabre*, préc.

5. CE 20 oct. 1989, *Nicolo*, préc.

L'emprise croissante du droit européen sur le droit positif interne des États de l'Union [1] est l'occasion de nombreux débats. Depuis quelques années, la question est posée de l'élaboration d'un *Code européen des contrats*, voire, dans une perspective beaucoup plus large, d'un *droit civil européen* susceptible de réglementer jusqu'au droit de la famille. Si cette dernière perspective est contestable dès lors que les compétences des organes de l'Union sont limitées par l'objectif de celle-ci à l'organisation d'un marché unique, en revanche l'idée d'un Code européen consacré aux matières civiles directement impliquées par le concept de marché unique – certains contrats, certaines sûretés... – est soutenable et probablement opportune. D'importants travaux ont déjà été consacrés à de tels projets [2]. Mais la perspective de l'adoption d'un droit européen des contrats, qui se heurte à la vive résistance de la plupart des États, s'est considérablement éloignée depuis que la Commission européenne a décidé de retirer la proposition de règlement relatif à un droit commun européen de la vente [3]. Il en va *a fortiori* de même pour le droit civil européen, surtout dans le contexte résultant de la décision de la Grande-Bretagne de sortir de l'Union.

§ 3. La hiérarchie des textes

92. ***L'ordre hiérarchique des textes créateurs de règles de droit.*** Les diverses sortes de textes mises en lumière par les développements qui précèdent ne se trouvent pas sur un plan d'égalité. Tout au contraire, ces textes se situent, les uns par rapport aux autres, dans un ordre hiérarchique dont certains aspects ont déjà été signalés [4], mais qu'il faut maintenant préciser.

Au sommet de cette hiérarchie figurent la *Constitution* et les *lois constitutionnelles*, ainsi que les *lois référendaires* qui ont un objet constitutionnel. La question se pose, aujourd'hui, de savoir comment se situent ces textes constitutionnels au regard des traités internationaux. Sur cette question très complexe, qui divise les spécialistes [5], on se bornera à exposer les grands principes de solution.

Pour ce qui concerne les traités internationaux, *stricto sensu*, le principe est que leur efficacité est subordonnée à leur ratification ou approbation et à leur publication. Mais il faut ajouter que la ratification ou approbation du traité est subordonnée à la conformité de celui-ci à la Constitution. C'est ce qui résulte de la rédaction qui a été donnée à l'article 54 de la Constitution par la loi constitutionnelle du 25 juin 1992 : « si le Conseil constitutionnel [...] a déclaré qu'un engagement international comporte une clause

---

1. Sur cette emprise, v. not. Nourissat, « Droit civil de l'Union européenne » (1er semestre 2003), *D.* 2003. Chron. 2450 (l'auteur souligne la multiplication des textes qui influent tant sur le droit des affaires, que sur le pur droit civil interne).

2. Commission Lando, *Les principes du droit européen des contrats* ; Groupe de Pavie, Avant-projet de *Code européen des contrats*, not. ; plus récemment *Projet de cadre commun de référence* ; sur l'ensemble de la question, v. Lequette, « Vers un Code civil européen ? », in *Le Code civil*, *Pouvoirs* n° 107, 2003. 97 s. ; Malinvaud, « Réponse – hors délai – à la Commission européenne à propos d'un Code européen des contrats », *D.* 2002. Chron. 2542 ; Huet, « Nous faut-il un “euro” droit civil *?* » *D.* 2002. 2611 ; Fauvarque-Cosson, « Faut-il un Code civil européen ? », *RTD civ.* 2002. 463 ; *adde* : Terré et Outin-Adam, « L'année d'un bicentenaire », *D.* 2004. Chron. 12 ; v. égal. Fauvarque-Cosson, « Droit européen des contrats : les offres sont faites, les dés non encore jetés », *D.* 2008. Chron. 556 ; Blanc, « Droit européen des contrats : un processus en voie de dilution ? », *D.* 2008. Chron. 564.

Sur la proposition de Règlement relatif à un droit commun européen de la vente (11 oct. 2011, Com(2011) 635 final), v. *RTD civ.* 2012. 493, obs. Puig.

3. V. Borghetti, « Réforme du droit des contrats : un projet s'en vient, l'autre s'en va », *D.* 2015. 1376.

4. Not. v. ss 80 s.

5. Comp. par ex. Chantebout, *op. cit.*, p. 609 s., et Mélin-Soucramanien et Pactet, *op. cit.*, n° 923 s, n° 1577 s. et n° 1636 s.

contraire à la Constitution, l'autorisation de ratifier ou d'approuver l'engagement international en cause ne peut intervenir qu'après la révision de la Constitution ». Cela implique, certes, que celle-ci peut être modifiée en considération de l'acte international ; mais cela signifie qu'aucune ratification n'est possible tant que la révision n'est pas opérée. En bref, le texte constitutionnel contraire au traité s'oppose à la ratification de celui-ci, ce qui marque nettement la prééminence de la Constitution.

En outre, le Conseil constitutionnel, par une décision du 2 septembre 1992 [1], a affirmé la *souveraineté du pouvoir constituant*, lequel, sauf certaines réserves, est habilité à introduire dans la Constitution des dispositions nouvelles dérogeant de façon expresse ou implicite à une règle ou à un principe de valeur constitutionnelle. Pareille souveraineté paraît bien conforter la prééminence de la Constitution [2].

Ces exigences valent pour tous les traités même européens – droit *primaire*. Il est donc permis de dire qu'ils se trouvent, par rapport à la Constitution, dans un rapport de *subordination relative* : ils doivent être conformes à la Constitution, mais celle-ci peut être modifiée pour assurer cette conformité.

Il n'en va pas de même pour le droit de l'Union européenne *dérivé*. Celui-ci, qui est le produit des traités européens dûment ratifiés et publiés, se trouve par-là même directement investi d'une pleine efficacité. Selon la Cour de Justice de l'Union européenne, « l'ordre juridique communautaire est un ordre juridique propre intégré au système juridique des États membres » [3]. En d'autres termes, les dispositions du droit dérivé s'insèrent dans l'ordre juridique français par le seul effet de leur publication au *Journal officiel de l'Union européenne* [4]. Elles y figurent au même rang que les traités [5] et, conformément à l'article 55 de la Constitution, elles doivent être regardées comme supérieures à la loi, dans ses diverses composantes.

Cela concerne, d'abord, les *lois organiques* ; puis les *lois ordinaires*, accompagnées des *lois de finances*, et des *décisions de l'article 16* ayant un objet législatif ; et enfin les *ordonnances* ratifiées et les *lois référendaires* ayant un objet législatif.

Après ce premier groupe vient celui des textes qui ont une nature réglementaire, au premier rang desquels apparaissent les *décrets*, et, en particulier, les décrets dits autonomes. S'y ajoutent, sur un même plan, les *décisions* de l'article 16 qui ont un objet relevant du pouvoir réglementaire. À leur suite, se trouvent les *arrêtés* interministériels ou ministériels – ainsi que les *circulaires* – puis ceux des préfets, et enfin les arrêtés municipaux.

Malgré les apparences, la continuité de cet ordre hiérarchique n'est pas évidente. Il semble en effet, *a priori* au moins, artificiel de faire figurer le décret dans une position subordonnée à la loi, dès lors qu'il existe des *décrets autonomes* qui relèvent de la compétence et de l'initiative exclusives du pouvoir réglementaire. Pourtant cette hiérarchie correspond bien à la réalité, dans la mesure où, au stade de leur exécution, les deux groupes de textes qui viennent d'être détaillés se situent dans un rapport d'autorité qui confère à la loi *primauté sur le règlement*.

---

1. Décis. n° 92-312 DC du 2 sept. 1992, *Rec. Cons. const.* 1992. 76.
2. De la sorte, cette prééminence ne condamne pas à l'immobilisme et les engagements internationaux, européens notamment, peuvent déterminer une évolution de la Constitution. Mais cela ne peut se faire que sous le contrôle du pouvoir constituant.
3. CJCE 15 juill. 1964, aff. 6/64, *Rec. CJCE* 1141.
4. Cf. Favoreu *et a.*, *op. cit.*, n° 211.
5. Cf. Mélin-Soucramanien et Pactet, *op. cit.*, n° 1656 s.

93. ***Primauté de la loi et principe de légalité. Les principes généraux du droit.*** Longtemps, l'ordre hiérarchique qui vient d'être dessiné a présenté une particularité notable : cette hiérarchie était *absolue* en ce qui concerne le règlement alors qu'elle n'était que *relative* pour les dispositions de nature législative. Désormais, la différence d'autorité qui sépare loi et règlement s'exprime de la manière suivante : tandis que la *loi* rendue exécutoire par la promulgation est soumise à un contrôle de « conventionnalité » [1], et, désormais, à un contrôle de constitutionnalité, le règlement est, en revanche, soumis à un *principe de légalité.*

En effet, avant l'entrée en vigueur, le 1er mars 2010, de la loi constitutionnelle du 23 juillet 2008, la subordination de la loi ordinaire à la Constitution connaissait d'importantes limites. Elle signifiait seulement que le législateur devait, dans son œuvre d'élaboration des règles de droit, se conformer aux principes posés par la Constitution. À défaut, le texte voté par le Parlement était menacé de ne jamais devenir exécutoire, faute d'une promulgation que le contrôle, préventif, du Conseil constitutionnel pouvait interdire [2]. En revanche, une fois promulguée, la loi devenait, en principe, inattaquable, quand bien même elle se révélait contraire à un principe de valeur constitutionnelle [3] : elle était, en quelque sorte, présumée conforme aux normes supérieures. C'est de ce point de vue qu'il était permis de dire qu'il n'y avait pas, en France, de véritable contrôle de la constitutionnalité des lois.

La situation est désormais tout autre depuis l'entrée en vigueur, le 1er mars 2010, de la loi organique n° 2009-1523 du 10 décembre 2009 relative à l'application de l'article 61-1 de la Constitution, introduit par la loi constitutionnelle du 23 juillet 2008. Au contrôle de constitutionnalité *a priori* s'ajoute désormais un contrôle *a posteriori* sous la forme de la question prioritaire de constitutionnalité qui permet, à l'occasion d'un litige et à la demande du justiciable, une saisine du Conseil constitutionnel sur renvoi du Conseil d'État ou de la Cour de cassation [4]. La subordination de la loi à la Constitution est donc mieux assurée, la conformité de la première à la seconde pouvant être contrôlée à tout moment, même après promulgation.

Or, à cet égard, la situation du *règlement* est sensiblement différente : s'il échappe, généralement, à tout contrôle préventif [5], sa conformité à la loi, au contraire, peut être vérifiée, et sanctionnée, à l'occasion de son exécution.

Cette soumission au *principe de légalité* ne fait aucun doute pour les *décrets d'application.* Leur fonction, qui est d'assurer l'application de la loi, les subordonne naturellement à celle-ci : un décret d'application ne saurait contredire une disposition législative, quelle qu'elle soit.

La question est, en revanche, plus difficile pour les *règlements autonomes* : par définition, ils sont libres par rapport à la loi puisqu'ils interviennent dans un domaine qui leur est réservé. Mais ils restent tout de même soumis au principe de légalité. Sans doute ne sont-ils pas directement subordonnés à telle ou telle loi déterminée, puisque précisément

---

1. C'est-à-dire de la conformité aux traités ; v. n° précédent.
2. Sur ce principe et sa limite, v. ss 84, *in fine*.
3. Il faut réserver au demeurant le cas particulier de la loi qui empiète sur le domaine réglementaire : alors, la technique de la délégalisation sanctionne la violation de l'article 37 de la Constitution. Par ailleurs, le juge administratif peut constater l'abrogation implicite de dispositions législatives inconciliables avec un texte postérieur ayant valeur constitutionnelle : CE, ass., 16 déc. 2005, *RTD civ.* 2006. 75, obs. Deumier.
4. V. ss 85.
5. Sauf le cas d'exigence d'un avis conforme, du Conseil d'État notamment (v. ss 81).

ils sont autonomes. Mais ils doivent se conformer aux *principes généraux du droit*. La formule désigne un ensemble de principes, qui sans être expressément formulés par les textes constitutionnels ou législatifs, s'induisent plus ou moins directement de ceux-ci [1]. Ainsi, pour ne citer que quelques exemples, du *principe d'égalité des citoyens* devant les charges publiques ; du *principe de l'enrichissement injustifié*, qui veut que celui qui s'est enrichi indûment indemnise celui qui s'est appauvri à cette occasion [2] ; du *principe des droits de la défense*, en vertu duquel nul comportement ne peut être sanctionné sans que son auteur ait été mis en mesure de présenter sa défense [3] ; ou encore du *principe de non-rétroactivité des lois* [4].

Ces principes sont de portée très variable : rien de commun, par exemple, entre le principe de l'enrichissement injustifié, dont l'efficience est assez modeste [5], et le principe de sauvegarde des droits de la défense, d'application quotidienne et générale. De surcroît, leur autorité est variable : il est des principes de valeur simplement légale, pourrait-on dire, tandis que d'autres se voient reconnaître une *valeur constitutionnelle* et peuvent, de ce fait, intervenir dans le contrôle de constitutionnalité des lois [6]. Tel est le cas, par exemple, des droits de la défense, du principe de non-rétroactivité des lois en matière pénale [7], du principe de l'indépendance des juridictions, y compris administratives [8], ou encore du principe de précaution.

Il avait été jugé que ce *principe de précaution* ne constituait pas un objectif de valeur constitutionnelle [9]. Mais une loi constitutionnelle du 1er mars 2005 a établi une Charte de l'environnement dont l'article 5 en affirme l'existence : « lorsque la réalisation d'un dommage, bien qu'incertaine en l'état des connaissances scientifiques, pourrait affecter de manière grave et irréversible l'environnement, les autorités publiques veillent, par application du principe de précaution et dans leurs domaines d'attributions, à la mise en œuvre de procédures d'évaluation des risques et à l'adoption de mesures provisoires et proportionnées afin de parer à la réalisation du dommage ». L'article 1er du préambule de la Constitution de 1958, modifié, se réfère désormais aux droits et devoirs définis dans cette Charte.

94. ***La mise en œuvre du principe de légalité***. Tous les règlements, y compris les décrets autonomes, se trouvent donc placés, directement ou indirectement, dans une position subordonnée à la loi. Ce sont les sujets de droit qui ont la charge de faire respecter cette subordination. Ils disposent, pour cela, de deux moyens : d'une part, le recours en annulation pour excès de pouvoir et, d'autre part, l'exception d'illégalité.

Le *recours en annulation pour excès de pouvoir*, qui tend à sanctionner directement la méconnaissance de la loi [10] par le pouvoir réglementaire, peut être exercé par tout

---

1. V. not. Terré, n° 342 s. ; Sargos, « Les principes généraux du droit privé dans la jurisprudence de la Cour de cassation », *JCP* 2001. I. 306.
2. V. par ex. Civ. 1re, 4 avr. 2001, *Bull. civ.* I, n° 105.
3. V. pour un essai de liste des principes généraux du droit : Chrétien, Chifflot et Tourbe, *op. cit.*, n° 202 s.
4. V. ss 105.
5. V. ss 248 ; v. Flour, Aubert et Savaux, *Droit civil. Les obligations*, vol. 2, *Le fait juridique*, 14e éd., 2011, n° 56.
6. Sur celui-ci, v. ss 84, 85 ; v. Geslot, « Normes constitutionnelles et normes de référence du contrôle de la constitutionnalité des lois », *JCP* 2007. I. 149.
7. V. ss 105.
8. V. ss 137.
9. Cons. const. 27 juin 2001, *JCP* 2001. I. 10635, note Franck.
10. Cela inclut les empiétements du pouvoir exécutif sur le domaine législatif ; v. ss 87.

particulier sous la seule condition qu'il justifie d'un intérêt pour agir [1]. Il doit être porté devant la juridiction administrative [2], très schématiquement : devant le Conseil d'État si le règlement attaqué est un décret ou un acte réglementaire ministériel ; devant le tribunal administratif, pour tous les autres règlements [3]. Par une décision du 21 mars 2016, le Conseil d'État a décidé de soumettre également au recours pour excès de pouvoir les avis, recommandations, mises en garde et prises de position adoptés par les autorités de régulation dans l'exercice des missions dont elles sont investies lorsqu'ils revêtent le caractère de dispositions générales et impératives ou lorsqu'ils énoncent des prescriptions individuelles dont ces autorités peuvent ultérieurement censurer la méconnaissance. Il en va de même s'ils sont de nature à produire des effets notables, notamment de nature économique, ou ont pour objet d'influer de manière significative sur les comportements des personnes auxquels ils s'adressent [4]. Cette extension du domaine du recours pour excès de pouvoir est l'une des manifestations de sa « subjectivisation » qui consiste à en faire, non seulement un instrument de contrôle de la légalité administrative et de sauvegarde de l'intérêt général, mais aussi un moyen de défendre, voire d'arbitrer, des intérêts particuliers [5].

La juridiction ainsi saisie peut prononcer l'annulation du texte ou de l'acte argué d'illégalité. C'est une sanction très efficace, puisque le texte ou l'acte annulé est réputé n'avoir jamais existé, et cela à l'égard de tous : pour celui qui a exercé le recours comme pour les autres. Mais ce recours pour excès de pouvoir ne peut être exercé que dans les *deux mois* qui suivent la publication du texte (ou de l'acte) litigieux. Une fois ce délai écoulé, aucun recours ne peut plus être exercé contre le règlement ou l'acte illégal. Cela ne signifie pas, pour autant, que ce règlement ou cet acte s'appliquera sans obstacles.

Il existe, en effet, à côté de la *voie d'action* que constitue le recours pour excès de pouvoir, une autre voie, dite « d'exception », qui permet aux particuliers de se défendre, individuellement, contre la mise en œuvre du règlement ou d'un acte illégal. L'hypothèse est alors que l'on prétend appliquer le règlement à un particulier et que celui-ci y résiste en faisant valoir son illégalité.

Cette *exception d'illégalité* est appréciée par le juge sollicité de faire application du règlement litigieux à telle ou telle personne. Elle est *perpétuelle* – peu importe qu'un long temps se soit écoulé depuis la publication du texte illégal – et elle peut être appréciée par n'importe quelle juridiction administrative. Elle peut l'être aussi par les *juridictions répressives* [6], *mais non par les juridictions civiles*, à moins que le règlement illégal porte atteinte à un droit fondamental

1. La notion d'intérêt pour agir, difficile à cerner, implique que nul ne peut engager l'action s'il n'est pas personnellement concerné, matériellement ou moralement, par la règle critiquée ; bien qu'il soit compris assez largement par la jurisprudence, le recours ne peut cependant pas être exercé par « n'importe qui » : ce n'est pas une action « populaire » (sur l'ensemble de cette Chrétien, Chifflot et Tourbe, *op. cit.*, n° 815 s.).

2. Sur la distinction des juridictions *administrative* et *judiciaire*, v. ss 131.

3. Mais, dans ce cas, le jugement rendu par le tribunal administratif peut, le cas échéant, être critiqué par voie d'appel devant le Conseil d'État (sur la notion d'appel, v. ss 139).

4. CE, ass., 21 mars 2016, n° 368082 et n° 390023, *Lebon* 2016, *RFDA* 2016. 497, concl. von Coester, *AJDA* 2016. 572 ; *ibid.* 717, chron. L. Dutheillet de Lamothe et G. Odinet ; *D.* 2016. 715, obs. M.-C. de Montecler ; *AJCA* 2016. 302, obs. S. Pelé, *JCP* 2016, n° 22, p. 623, note Perroud.

5. Sur cette évolution, v. Sirinelli, « La subjectivisation du recours pour excès de pouvoir », *RFDA* 2016. 529.

6. Principe posé par un arrêt du Tribunal des conflits du 5 juillet 1971 (*Avranches* et *Desmarets*), *S.* 1962. 3. 1, note Auby ; sur ce tribunal, v. ss 131.

de la personne, telles une liberté individuelle ou la propriété [1]. Cette solution classique a cependant été considérablement assouplie par une décision du Tribunal des conflits du 17 octobre 2011. D'une part, le juge civil peut statuer sur la légalité du règlement lorsqu'il apparaît manifestement, *au vu d'une jurisprudence établie*, que la contestation peut être accueillie par le juge saisi au principal. D'autre part, lorsqu'est en cause devant lui, à titre incident, la conformité d'un acte administratif au *droit de l'Union européenne*, dont le respect constitue une obligation, le juge civil peut appliquer celui-ci s'il s'estime en état de le faire, sans être tenu de saisir au préalable la juridiction administrative d'une question préjudicielle [2].

Si les conditions dans lesquelles le juge civil peut statuer ne sont pas remplies, l'exception d'illégalité soulevée par le justiciable constitue en effet une *question préjudicielle* (c'est-à-dire préalable à tout jugement) qui doit être portée devant la juridiction administrative. Le juge civil doit alors surseoir à statuer sur l'affaire dont il est saisi jusqu'à la décision du juge administratif, à laquelle il devra, bien sûr, se conformer. Dans tous les cas, l'illégalité constatée par le juge a pour résultat, non d'entraîner la nullité du règlement, mais seulement d'empêcher son application au justiciable concerné [3]. Cependant, la Cour de cassation décide que, dès lors que le juge administratif a déclaré l'illégalité d'un texte réglementaire, même à l'occasion d'une autre instance, cette décision s'impose au juge civil qui ne peut faire application du texte illégal, réputé n'avoir jamais existé [4].

Section 2
Les conditions d'application de la loi

La règle de droit n'est pas applicable du seul fait qu'elle a été votée ou décidée par l'autorité compétente. Elle ne le devient qu'à partir du moment où le texte considéré est *entré en vigueur*. Cela étant acquis, il faut définir dans quelles conditions la loi nouvelle se substitue à celle qui existait antérieurement : c'est la question dite « des *conflits de lois dans le temps* ». Il faut, aussi, trancher le problème de son *application dans l'espace*, ce qui relève du droit international. Ces questions difficiles résolues, il restera à se demander jusqu'à quand la loi doit être appliquée, ce qui soulève le problème de son *abrogation*.

§ 1. L'entrée en vigueur de la loi

L'entrée en vigueur de la loi suppose que soient remplies diverses conditions. Alors, la loi acquiert une *force obligatoire* dont la rigueur n'exclut pas les nuances.

A. Les conditions d'entrée en vigueur de la loi

95. ***L'exigence d'une disposition exécutoire : la promulgation des lois***. Il faut souligner que le mot loi, dans son sens large, recouvre deux catégories de textes qui, sur le

---

1. T. confl. 16 juin 1923, *Septfonds*, *DP* 1924. 3. 41, concl. Matter ; T. confl. 30 oct. 1947, *Barinstein*, *S.* 1948. 3. 1, note Mestre.
2. T. confl. 17 oct. 2011, n° C-3828, *SCEA du Chéneau*, *D.* 2011. 3046, note Donnat, *RTD civ.* 2011. 736, obs. Remy-Corlay. En se fondant, contrairement au Tribunal des conflits, sur l'article 55 de la Constitution, la Cour de cassation permet au juge civil de contrôler la légalité d'un règlement au regard de l'ensemble des traités internationaux, et pas seulement à celui du droit de l'Union européenne (v. not. Ass. plén. 3 juin 2011, n° 09-69052, *RTD civ.* 2011. 736, obs. Rémy-Corlay, préc.).
3. La portée de l'exception est donc très inférieure à celle du recours en annulation.
4. Cf. Civ. 1re, 2 juin 2004, *Bull. civ.* I, n° 155 ; Civ. 2e, 17 févr. 2005, *Bull. civ.* II, n° 35.

plan de l'entrée en vigueur de la loi, sont radicalement différents. En effet les *règlements*, et en particulier les décrets, qui sont l'œuvre du pouvoir exécutif, sont exécutoires par nature. En revanche, les *lois* votées par le Parlement sont, par elles-mêmes, dépourvues de cette qualité. Il faut, pour qu'elles en soient dotées, une décision en ce sens du pouvoir exécutif : c'est la formalité particulière de la *promulgation des lois*.

Le pouvoir de promulguer les lois appartient, en vertu de l'article 10 de la Constitution, au *président de la République* : il doit promulguer les lois dans les 15 jours qui suivent la transmission au Gouvernement de la loi définitivement adoptée [1]. Cette promulgation se fait par un décret – dit décret de promulgation – aux termes duquel le président de la République ordonne l'exécution de la loi. En plus de son rôle d'*authentification* de la loi [2], le décret de promulgation a pour fonction de fixer la *localisation de la loi dans le temps*. En effet, la loi prend la *date* du décret, et porte, en outre, un numéro d'ordre qui est fixé par celui-ci : par exemple, la loi nº 82-600 du 13 juillet 1982 et, depuis 2000, la loi nº 2000-230 du 13 mars 2000 [3]. Mais il convient de ne pas commettre de confusion : cette datation de la loi ne fixe pas le moment de son entrée en vigueur. Celle-ci est subordonnée à une autre formalité, commune cette fois aux lois *stricto sensu* et aux règlements : celle d'une publication au *Journal officiel*.

96. ***La publication des lois et des règlements. – Les rectificatifs ou errata***. La nécessité d'une publication de la loi n'appelle pas de longs commentaires : vouée à régir le comportement des citoyens, la règle de droit doit être connue par ceux-ci ; c'est cette fin que poursuit l'exigence d'une publication des lois et des règlements.

Cette publication est opérée au *Journal officiel*. Originellement faite sur papier, puis, depuis le début des années deux milles, sous une double forme, papier et électronique [4], elle n'a plus lieu, depuis le 1er janvier 2016, que sous cette dernière [5] . Cette exigence de publication est absolue pour les lois, les ordonnances et les décrets [6]. Pour les autres actes administratifs, elle ne joue que si une loi ou un décret le prévoit. Elle est tempérée, pour les *arrêtés*, par l'admission d'autres voies de publicité jugées équivalentes [7]. Elle vaut

---

1. Selon le second alinéa de l'article 10, le président de la République peut, avant l'expiration du délai de quinze jours, demander au Parlement une nouvelle délibération de la loi ou de certains de ses articles – procédure mise en œuvre, notamment, pour la *loi sur l'évolution de la Nouvelle-Calédonie* du 24 août 1985. À noter que le délai de promulgation est suspendu lorsque le Conseil constitutionnel est saisi d'un recours en contrôle de constitutionnalité de la loi votée par le Parlement.

2. La formule signifie que, par le décret de promulgation, le président de la République constate que la loi a été effectivement votée par le Parlement selon les procédures constitutionnelles requises, et lui confère force exécutoire.

3. Dans cette numérotation, les deux premiers chiffres – les quatre, depuis 2000 – indiquent l'année de promulgation de la loi ; les suivants, le rang d'ordre de la loi : en l'occurrence il s'agissait de la 600e loi promulguée en 1982 et de la 230e de 2000. À ces mesures d'individualisation de la loi s'ajoute celle selon laquelle toute loi doit porter un titre. En l'espèce, la loi du 13 juillet 1982 était « relative à l'indemnisation des victimes des catastrophes naturelles » et celle du 13 mars 2000 à « l'adaptation du droit de la preuve aux technologies de l'information et à la signature électronique ».

4. Article 3 de l'ordonnance nº 2004-164 du 20 février 2004 (entrée en vigueur le 1er juin 2004), qui précise que « le *Journal officiel de la République française* est mis à la disposition du public sous forme électronique de manière permanente et gratuite » ; v. Deumier, nº 242 s.

5. Loi organique n° 2015-1712 du 22 décembre 2015 portant dématérialisation du *Journal officiel de la République française*. Le *Journal officiel* est consultable sur le site Légifrance.

6. En l'absence de circonstance exceptionnelle pouvant dispenser le gouvernement d'assurer la publication, un décret non publié n'acquiert donc pas force obligatoire à l'égard des personnes entrant dans son champ d'application (CE 28 déc. 2007, *JCP* 2008. II. 10066).

7. Ghestin, Barbier et Bergé, nº 497.

également pour les *traités* dûment ratifiés. Quant aux règlements d'origine communautaire, ils font l'objet d'une publication au *Journal officiel de l'Union européenne* (Traité de Nice du 26 février 2001)[1].

Une difficulté peut naître de ce que le texte publié par le *Journal officiel* se trouve entaché d'inexactitude. La pratique s'est instituée, dans ce cas, de faire paraître un rectificatif (dit « *erratum* », au pluriel : « *errata* ») corrigeant l'erreur ou l'omission qui affectait le texte publié. La question se pose de savoir quelle est la valeur de tels rectificatifs. Pour y répondre, il convient de distinguer deux situations différentes. Dans la première, le rectificatif se borne à corriger une erreur matérielle, suffisamment apparente à la seule lecture du texte. Alors il doit être tenu compte de la rectification ainsi opérée[2]. Dans la seconde, au contraire, l'erreur n'était pas apparente et l'*erratum* modifie le sens du texte publié. Alors, la jurisprudence semble subordonner l'efficacité du rectificatif à sa conformité au texte originaire – texte voté par le Parlement, décret élaboré par le Gouvernement[3].

Il y a, en réalité, beaucoup de difficultés à dégager une ligne jurisprudentielle très précise sur ce dernier point. D'une façon générale, la jurisprudence se montre hostile à l'efficacité des rectificatifs qui prétendent modifier le sens apparemment clair d'un texte[4]. Cette hostilité se conçoit : d'une part, les rectificatifs ne sont que l'œuvre de l'administration ; d'autre part, ils prétendent, par hypothèse, s'incorporer à un texte publié antérieurement et bénéficier de la date d'entrée en vigueur de celui-ci, ce qui est contraire au principe de non-rétroactivité[5]. En définitive, il semble souhaitable de ne reconnaître aux *errata* que la valeur d'éléments d'interprétation, soumis comme tels au pouvoir d'appréciation des juges.

Réserve faite de cette difficulté particulière née de la pratique des *errata*, la publication de la loi joue un rôle important pour la fixation de la date de son entrée en vigueur.

97. ***La date d'entrée en vigueur de la loi. Diversité des solutions***. Si la publication est une condition d'efficacité des textes soumis à cette formalité, cela ne signifie pas que la date de leur entrée en vigueur coïncide nécessairement avec celle-ci. Le principe est même contraire. C'est que la finalité de la publication – permettre aux citoyens de prendre connaissance du nouveau texte – impose qu'un certain temps s'écoule entre la date où elle intervient et celle où la loi nouvelle entre en vigueur.

Aux termes de l'article 1er nouveau du Code civil, résultant d'une ordonnance du 20 février 2004, les conditions de cette entrée en vigueur sont variables.

D'abord, et c'est d'une pratique courante, le texte nouveau peut *fixer lui-même la date* de son entrée en vigueur, celle-ci étant nécessairement postérieure à celle de la publication. Le délai d'application du texte, qui impose ainsi une *entrée en vigueur retardée* de celui-ci, peut-être plus ou moins long selon le cas, en considération, notamment, de la complexité des nouvelles règles : il convient de laisser le temps à chacun, en particulier aux juristes qui auront à les appliquer, de les comprendre et d'en prendre la mesure

---

1. Antérieurement dénommé *Journal officiel des Communautés européennes*.

2. V. par ex., Civ. 3e, 12 juill. 1972, *Bull. civ.* III, no 314, p. 239.

3. Cf. Com. 5 avr. 1960, *Bull. civ.* III, no 141, p. 127 (pour une loi) ; CE 29 juin 1934, *S.* 1934. 3. 112 (pour un décret).

4. Cf. not. Ch. réun. 5 févr. 1947, *D.* 1947. 177.

5. Sur le principe de non-rétroactivité des lois, v. ss 105 s. Une autre voie est possible pour remédier à une erreur commise à l'occasion de la publication d'un texte : adopter ou faire adopter un nouveau texte – décret ou loi – modifiant celui dont la publication se trouve entachée d'erreur. Mais précisément le nouveau texte ainsi adopté ne peut produire effet, en principe, qu'à compter de la date de sa propre entrée en vigueur (sauf nuances, v. ss 109).

exacte. Ainsi, par exemple, la loi du 5 juillet 1985 relative à l'indemnisation des victimes d'accidents de la circulation prévoyait-elle, dans un système très complexe, qu'en principe les dispositions nouvelles entreraient en vigueur « le premier jour du sixième mois » suivant la date de sa publication [1]. L'article 9 de l'ordonnance du 10 février 2016 portant réforme du droit des contrats, du régime général et de la preuve des obligations prévoit que les dispositions de l'ordonnance entreront en vigueur le 1er octobre 2016.

Ensuite, à défaut de disposition particulière du texte publié, son entrée en vigueur intervient le *lendemain de sa publication*.

Le nouveau système abandonne ainsi le principe antérieur selon lequel le texte publié entrait en vigueur, à *Paris* un *jour franc* après sa publication (c'est-à-dire le surlendemain à 0 heure, du jour de publication) et, *en province*, un *jour franc après l'arrivée du Journal officiel* au chef-lieu d'arrondissement (soit le surlendemain à 0 heure du jour de cette arrivée). C'est une modernisation opportune du mécanisme de l'entrée en vigueur des textes soumis à publication.

Enfin, il faut réserver le cas où l'entrée en vigueur des dispositions nouvelles, ou de certaines d'entre elles, nécessite des *mesures d'application*, ce qui est le cas des lois dont la mise en œuvre exige un ou plusieurs *décrets d'application* [2]. Alors, l'entrée en vigueur des nouvelles dispositions concernées par ces mesures d'application est reportée à la date d'entrée en vigueur de celles-ci. Conformément à la jurisprudence qui s'était établie sous l'empire des textes antérieurs, il n'est pas nécessaire, pour que ce report d'application ait lieu, que le législateur ait expressément indiqué la subordination du texte à la publication des textes d'application. Une subordination implicite suffit, c'est-à-dire le fait que les dispositions de la loi sont insuffisantes à elles seules pour pouvoir être mises en œuvre sans indications complémentaires [3].

Le retard ainsi apporté à l'entrée en vigueur de la loi est non seulement légitime mais, le plus souvent inévitable. Pour autant la solution n'est pas sans inconvénient. Dans de tels cas, en effet, la maîtrise de l'entrée en vigueur de la loi échappe au législateur dont les décisions peuvent se heurter à la négligence, voire à la mauvaise volonté, du pouvoir réglementaire. De fait, de tels blocages du législatif par l'exécutif ont été, à diverses reprises, relevés et dénoncés. De tels retards sont inacceptables. Ils peuvent donner lieu à une responsabilité de l'État [4]. Et le Conseil d'État a déclaré comme principes généraux du droit l'obligation d'édicter dans un délai raisonnable les règlements d'application des lois et l'obligation de publier dans un délai raisonnable les règlements édictés par l'Autorité administrative [5]. Il en tire le pouvoir d'ordonner

---

1. Cette publication étant intervenue le 6 juillet 1985, ces dispositions sont devenues applicables à partir du 1er janvier 1986. Mais la loi comportait des solutions différentes pour certaines de ses dispositions. Ainsi, par exemple, les nouvelles règles d'indemnisation étaient-elles déclarées immédiatement applicables, y compris, d'ailleurs, aux procès en cours (sur le détail de ce dispositif, v. Flour, Aubert et Savaux, *Droit civil. Les obligations*, vol. 2, *Le fait juridique*, 14e éd., 2011, no 322).

2. V. ss 81. Il n'y a pas à distinguer selon que le décret d'application résulte des exigences de la Constitution, en ce qu'elle limite la compétence du législateur à la formulation des principes fondamentaux (v. ss 82), ou d'une sollicitation spontanée du législateur (v. ss 82, en note).

3. Cf. Soc. 5 nov. 1981, *Bull. civ.* V, no 864 ; Com. 13 févr. 1973, *Bull. civ.* IV, no 74.

4. Cf. CE 9 avr. 1993, *D.* 1994. Somm. 59, obs. Bon et Terneyre.

5. Cf. CE 12 déc. 2003, *JCP* 2004. IV. 1151, obs. Rouault. Par une circulaire du 29 février 2008 relative à l'application des lois (*JO* 7 mars 2008, p. 4233), le Premier ministre a pris un certain nombre de mesures destinées à réaliser l'objectif d'édiction des mesures réglementaires nécessaires dans un délai de six mois suivant la publication de la loi ; v. de Béchillon, « À propos de l'obligation faite au Gouvernement de prendre des règlements d'exécution des lois », *AJDA* 2009. 686. La loi

à l'exécutif de prendre les décrets nécessaires à l'application de la loi, dans un délai qu'il fixe, en assortissant éventuellement sa décision d'une astreinte [1].

Les Gouvernements qui se sont succédé depuis plusieurs années se sont également donné comme objectif une meilleure application de la loi. Les résultats semblent assez probants. Le rapport annuel 2016 du Sénat sur l'application des lois votées pendant la période 2013-2014 fait apparaître un taux d'environ 65 % et pour la période 2014-2015 de 78 % à où, selon ses dires, il n'était que de 10 % à 35 %, selon les années, jusqu'en 2010.

En opposition à ces diverses solutions posées par le premier alinéa de l'article 1er, le deuxième alinéa du même article dispose qu'en cas d'*urgence* les textes nouveaux entrent en vigueur *dès leur publication* lorsque le décret de promulgation le prescrit pour la loi, ou lorsque le Gouvernement l'ordonne par une disposition spéciale pour les autres actes.

Avant la réforme opérée par l'ordonnance du 20 février 2004, il était acquis, en vertu de deux ordonnances de 1816 et 1817, désormais abrogées, qu'en cas d'urgence, la loi nouvelle pouvait être, sans attendre sa publication au *Journal officiel*, transmise par télégraphe ou téléphone, et donner lieu à *affichage*. Le texte entrait alors en vigueur le lendemain, à 0 heure, de cet affichage.

B. La force obligatoire de la loi

98. *Nul n'est censé ignorer la loi : principe et limites*. Dès lors que la loi – au sens large – a été publiée, elle devient, dans les conditions qui viennent d'être précisées, *obligatoire*. Ce caractère est souligné par une maxime traditionnelle – *nul n'est censé ignorer la loi* [2] – dont le sens [3] et la portée doivent être clairement précisés.

Il s'agit d'une *présomption de connaissance* de la règle de droit, qui pèse sur tous les sujets de droit [4], mais qui a une finalité bien définie. Cette finalité est d'assurer l'application effective de la règle de droit par tous ceux qu'elle concerne. Plus précisément, la présomption a pour résultat que *nul ne peut échapper à l'application de la loi sous prétexte d'une ignorance de celle-ci* [5].

Ainsi entendue, la présomption est *générale :* elle vaut pour toutes les règles de droit, quel que soit leur support formel, loi, décret, arrêté. Elle est aussi une présomption *irréfragable* : il ne sert à rien de prouver que l'on n'avait effectivement aucune connaissance de la règle. À cela,

---

n° 2011-525 de simplification et d'amélioration de la qualité du droit, du 17 mai 2011, a quant à elle expressément abrogé un certain nombre de lois pour lesquelles les décrets d'application nécessaires n'avaient pas été pris (v. P. Deumier, *RTD civ.* 2011. 499).

1. Enjoignant au premier ministre de prendre le décret nécessaire à l'application de la loi du 31 mars 2006 instaurant le *curriculum vitae* anonyme dans les procédures de recrutement du personnel des entreprises de cinquante salariés et plus : CE, 10e et 9e sous-sect. réunies, 9 juill. 2014, n° 345253 (inédit).

2. Guillien, « Nul n'est censé ignorer la loi », in *Mélanges en l'honneur de P. Roubier*, t. I, Dalloz-Sirey, 1961, p. 253. La maxime trouve son origine dans le droit romain ; d'où sa formulation classique : *Nemo censetur ignorare legem*.

3. V. Roland et Boyer, *Adages*, *op. cit.*, no 291.

4. Le domaine d'application de la maxime déborde le cadre défini par la citoyenneté : tous ceux qui sont soumis à la règle de droit considérée supportent du même coup cette présomption de connaissance. Ainsi – heureusement ! – l'automobiliste anglais qui circule en France est présumé connaître la règle qui impose la circulation à droite.

5. Comp. Civ. 1re, 31 janv. 1989, *Bull. civ.* I, no 50, p. 33 (l'arrêt admet l'opposabilité d'un décret *non publié* après avoir constaté l'*existence* de ce décret et la *connaissance de fait* qu'en avait le justiciable).

toutefois, l'article 122-3 du Code pénal apporte une importante exception – même si elle doit être entendue de façon stricte – en énonçant que « n'est pas pénalement responsable la personne qui justifie avoir cru, par une erreur sur le droit qu'elle n'était pas en mesure d'éviter, pouvoir légitimement accomplir l'acte » [1].

Mais, si la maxime veut que l'ignorance de la loi ne puisse justifier une dérogation à la mise en œuvre de celle-ci, il n'en résulte pas que les sujets de droit sont, à tous autres égards, supposés connaître la loi. Tout au contraire, il est admis que celui qui a commis une *erreur de droit* concernant l'objet de l'engagement contractuel qu'il a souscrit peut invoquer son ignorance de la loi pour demander la nullité – et donc l'effacement [2] – du contrat ainsi vicié par son erreur [3]. Par **exemple**, l'héritier qui cède ses droits dans une succession, moyennant un prix déterminé, en ignorant que la loi lui accorde, dans cette succession, des droits supérieurs à ceux qu'il croit être les siens, peut demander l'annulation de cette cession pour erreur de droit concernant sa propre prestation [4]. La solution s'explique par le fait qu'il ne s'agit pas, alors, de se soustraire à l'application de la loi [5] : la maxime, qui se borne à interdire que l'on puisse *échapper* à une règle de droit sous prétexte qu'on l'ignorait, n'a donc pas lieu de s'appliquer.

99. ***Appréciation du principe***. En tant qu'il vise à imposer l'application effective de la règle de droit, le principe que nul n'est censé ignorer la loi se situe dans la logique même de l'idée de droit. Celui-ci ayant pour finalité d'organiser la vie en société, il va de soi que cette fin serait compromise si chacun pouvait, en ce qui le concerne, priver la loi d'effet en établissant qu'il n'en a pas eu connaissance. C'est une exigence de *sécurité juridique* – prévisibilité et stabilité des situations juridiques. Au surplus, l'égalité des citoyens devant la loi deviendrait alors une règle sans portée.

Mais ce dernier argument est à double tranchant car la connaissance de la loi est, sans doute, l'une des plus mal partagées. Et il y a, à cela, de multiples raisons [6].

Si l'existence d'un délai séparant la publication de la loi du moment de son entrée en vigueur est de nature à conférer un fondement plus réaliste à la présomption de connaissance de la loi – le délai permet à chacun de prendre connaissance du texte nouveau – ce fondement n'en reste pas moins largement illusoire. D'abord, parce que peu nombreux – très peu – sont ceux qu'atteint effectivement la publication du *Journal officiel*, même électronique. Ensuite, parce que ceux-là mêmes qui en ont connaissance sont, en fait, dans l'impossibilité d'en assimiler toute la substance et d'en mesurer immédiatement – ce que postule la présomption – l'exacte portée.

---

1. Sur cette question de *l'erreur de droit invincible*, v. Bouloc, *Droit pénal général*, 25e éd., Dalloz, coll. « Précis », 2017, n° 471 s.
2. Sur la nullité, v. ss 244.
3. Flour, Aubert et Savaux, *Droit civil. Les obligations*, vol. 1, *L'acte juridique*, 16e éd., Sirey, coll. « Université », 2014, no 200. La solution est consacrée par le nouvel article 1132 du Code civil issu de l'ordonnance du 10 février 2016 portant réforme du droit des contrats.
4. V. not. Civ. 1re, 9 févr. 1970, *JCP* 1971. II. 16806, note Dagot et Spiteri.
5. L'explication justifie qu'en revanche un contractant ne puisse se prévaloir de l'ignorance où il se trouvait de la nature des effets du contrat qu'il a conclu pour demander la nullité de celui-ci : ce faisant, il prétendrait échapper à l'application de la règle de droit qui définit les effets du contrat.
6. Sur la connaissance des textes et « le droit de la connaissance du droit », notamment l'objectif à valeur constitutionnelle d'accessibilité et d'intelligibilité du droit, v. Deumier, *op. cit.*, n° 241 s., spéc. n° 248 s.

Cette dernière observation met sur la voie d'une autre constatation d'importance : savoir que la prolixité contemporaine du pouvoir législatif et du pouvoir réglementaire, la complexité croissante des lois et règlements, ainsi que la trop fréquente médiocrité de leur rédaction, ne sont pas de nature à permettre une connaissance rapide et exacte de la règle de droit[1], ni d'ailleurs son application effective[2]. L'amélioration de la qualité de la législation est un objectif poursuivi par les pouvoirs publics. En effet, pour partie sous l'influence de la jurisprudence de la Cour européenne des droits de l'Homme et du principe de *sécurité juridique*, *l'accessibilité et l'intelligibilité du droit* ont été consacrés comme des principes à valeur constitutionnelle[3]. Mais cet objectif tombe à plat lorsqu'il se traduit par des textes eux-mêmes illisibles, pourtant annoncés comme des lois de simplification du droit[4].

De tout cela – qui reste schématique[5] – il résulte que la présomption constitue très largement une *fiction*[6], même quand le législateur lui-même prétend rédiger des textes directement compréhensibles par les citoyens[7]. La connaissance de la loi est, en vérité, très exceptionnelle : elle est le fait de spécialistes qui, domaine par domaine, par une étude approfondie de la loi complétée par une connaissance précise de l'interprétation des tribunaux[8], accèdent à une maîtrise satisfaisante des règles de droit. Et c'est par l'intermédiaire de ces spécialistes – notaires, avocats… – que l'immense majorité peut obtenir, enfin, une information suffisante, mais parfois tardive, sur la loi[9].

---

1. Sur ces défauts de la législation moderne, v. Zarka, « À propos de l'inflation législative », *D.* 2005. 660 ; v. aussi, P. Mazeaud, « La loi ne doit pas être un rite incantatoire », *JCP* 2005. Actu. 70. Un communiqué de presse du 27 juillet 2005, du ministre délégué au Budget, a mentionné l'ignorance du nombre exact de textes en vigueur « évalué à environ » 10 000 lois, 150 000 décrets et 300 000 arrêtés (communiqué n° 395). Proposant une série de principes destinés à rendre au droit sa cohérence : Sargos, « Les sept piliers de la sagesse du droit », *JCP* 2015, n° 1-2, Doc. 34.

2. Un exemple : une étude statistique a mis en lumière qu'environ 50 % des contrats de location à usage d'habitation sont conclus en méconnaissance de l'essentiel des lois en vigueur ; cf. Aubert et Bihr, *La location d'habitation. Loi du 6 juillet 1989*, 2e éd., Sirey, 1994, n° 1, et note 4.

3. Sur cette évolution, v. part. Deumier, *op. cit.*, n° 253 s.

4. V. par ex. la loi n° 2009-526 du 12 mai 2009 de simplification et de clarification du droit et d'allégement des procédures qui fait près de soixante pages, dont les 140 articles modifient d'innombrables dispositions et nécessitent un colossal travail de consolidation des textes, ou celle du 22 mars 2012 (n° 2012-297) relative à la simplification du droit et à l'allégement des démarches administratives qui présente les mêmes traits. V. égal. loi n° 2015-177 du 16 février 2015 relative à la modernisation et à la simplification du droit et des procédures dans les domaines de la justice et des affaires intérieures qui, bien que ne comportant que vingt-cinq (longs) articles, constitue un « fourre-tout » ; à propos du projet de loi « Macron » pour la croissance et l'activité, Croze, « Ceci n'est pas une loi », *JCP* 2014, n° 52, 1327.

5. Pour plus de détails, v. notamment Verpeaux et Mathieu (dir.), *La réforme du travail législatif*, Dalloz, coll. « Thèmes et commentaires », 2006.

Les projets de lois doivent en principe être accompagnés d'une étude d'impact ayant notamment pour objet de mesurer les conséquences de toute nature, le coût, l'insertion dans l'ordre juridique interne et l'articulation avec le droit européen du texte projeté (L. org. n° 2009-403 du 15 avr. 2009, art. 8). Ce document est destiné à éclairer les parlementaires. Pour une illustration des difficultés de l'exercice, à propos de la réforme du droit des contrats, v. Pérès, « L'étude d'impact à la lumière de la réforme par ordonnance du droit des obligations », *RDC* 2014. 275.

6. Sur la notion de fiction, v. ss 72.

7. Ce qui fut le cas, notamment, de la réforme du droit des obligations par l'ordonnance du 10 février 2016. V. Rapport au président de la République relatif à cette ordonnance, *JORF* n° 0035 du 11 févr. 2016, texte n° 25.

8. V. ss 171 s.

9. Cela confère à ces professions un rôle essentiel dans la vie sociale, et justifie du même coup la responsabilité éventuelle de ceux qui les exercent (v. par ex. Aubert, *La responsabilité civile des notaires*, 5e éd., par R. Crône, *Defrénois*, 2008, spéc. n° 94 s.).

Au vu de telles considérations, la question doit être posée de la compatibilité du principe de la connaissance des lois avec l'idéal démocratique, notamment en ce qu'il vise à la justice et à l'égalité. La conciliation apparaît difficile, si même elle n'est pas vouée à l'échec : le jeu du principe est favorable à ceux qui ont les meilleurs moyens (intellectuels, financiers...) de s'informer. Il risque d'être, ainsi, un amplificateur d'inégalités. Doit-on en conclure que ce principe devrait être abandonné ? Rien n'est moins sûr car il n'est nullement garanti que le principe démocratique y trouverait son compte : outre que la négligence dans la quête de l'information juridique serait alors encouragée, et que des débats sans fin risqueraient d'être engagés pour la preuve de l'ignorance de la loi, un tel revirement favoriserait tous les abus de l'individualisme au détriment de la sécurité juridique en général, et, finalement, de l'égalité des citoyens.

En dernière analyse, le maintien du principe que « nul n'est censé ignorer la loi » paraît inévitable. Mais il faut alors être conscient de ce que cette solution nécessaire est imparfaite et qu'il faut veiller à en améliorer l'application. Ainsi peut-on souhaiter, en *matière contractuelle*, que la loi impose plus souvent la reproduction, dans les actes, des dispositions légales jugées essentielles : celles, par **exemple**, qui organisent la protection des intérêts de l'un des contractants. C'est un procédé d'information – voire d'éducation juridique – qui pourrait être systématisé pour l'application des lois de protection, telles les lois de protection des consommateurs qui le mettent déjà souvent en œuvre [1]. Plus généralement, on peut penser que l'information juridique pourrait, à l'ère de la toute-puissance des médias, être améliorée, non seulement au profit des spécialistes, mais encore pour la masse des non-juristes. Elle pourrait l'être d'autant mieux si, hors les cas d'urgence, un délai minimum raisonnable était imposé pour l'entrée en vigueur des lois après leur publication, et, surtout, si législateur et pouvoir réglementaire s'en tenaient à des réformes nécessaires, utiles et correctement construites et formulées [2], ce qui est encore une manière de garantir la sécurité juridique [3].

Cette amélioration de la connaissance du droit paraît d'autant plus indispensable que la méthode législative moderne entend souvent associer l'ensemble de la population à l'élaboration de la loi par la soumission des projets à la consultation publique par la voie de l'Internet [4], comme ce fut le cas pour la réforme par ordonnance du droit des contrats et comme ce l'est pour le projet de réforme de la responsabilité civile. Il ne peut pas y avoir d'avis éclairé sur une modification projetée sans une bonne connaissance préalable du droit existant. Mais il est probable que les réponses à la consultation ne proviennent que de ceux qui, par profession, sont éclairés (les juristes, les entreprises, les organisations professionnelles, les associations...).

100. ***Lois impératives et lois supplétives***. Le principe de la force obligatoire de la loi entrée en vigueur, souligné par la règle que nul n'est censé ignorer la loi, ne va pas, toutefois, sans nuances. La distinction des *lois impératives* et des *lois supplétives* le montre bien.

La force obligatoire des lois dites *impératives* – ou encore *prohibitives* – ne fait aucun doute. Ce sont en effet des lois qui ne peuvent en aucune façon être écartées par les sujets de droit [5] : telles, parmi bien d'autres, les règles qui gouvernent le *mariage* et le *divorce*, ou celles qui imposent *repos hebdomadaire* et *congés payés* pour les

---

1. Cf. en matière de *crédit immobilier*, articles L. 313-25 et L. 313-55 du Code de la consommation, ou encore, pour le *bail d'habitation*, loi n° 89-462 du 6 juillet 1989 mod. par la loi du 24 mars 2014, articles 3 et 15, II, alinéa 5.

2. Il n'est pas normal qu'une loi relative à une question aussi importante que la dévolution du nom de famille doive faire l'objet d'une réforme substantielle quinze mois après sa promulgation (L. n° 2002-304 du 4 mars 2002, mod. par L. n° 2003-516 du 18 juin 2003 ; v. ss 201). Il n'est pas sûr que les lois dites « de simplification du droit » adoptées ces dernières années (par ex. loi n° 2004-1643 du 9 décembre 2004 habilitant le gouvernement à prendre par ordonnances diverses mesures de compétence législative) aient bien pour résultat le but annoncé !

3. Cf. Clausade, « Sécurité juridique et complexité du droit », *D.* 2006. 737 ; v. aussi Cristau, « L'exigence de sécurité juridique », *D.* 2002. Chron. 2814, spéc. n° 30 s.

4. V. Lasserre, « Investiture de la société civile au Parlement. Analyse d'une nouvelle méthode législative », *JCP* 2016, n° 7, 181.

5. V. ss 19.

salariés, ou encore celles qui définissent le droit de construire sur un terrain (*permis de construire*, *règlement d'urbanisme*, etc.).

Au demeurant, la loi impérative n'est pas toujours dépourvue de toute souplesse. Il arrive en effet que le législateur, alors même qu'il dispose de façon impérative, laisse au sujet de droit la possibilité de choisir entre diverses solutions plus ou moins étroitement définies. Ainsi, par **exemple**, les personnes qui se marient doivent-elles être soumises à un *régime matrimonial* qui fixe à la fois les modes de gestion des biens des époux et les droits de ceux-ci sur ces biens [1]. Mais ces personnes restent libres de se soumettre, soit au régime légal – entièrement organisé par la loi – soit à un régime établi par convention – sauf à respecter alors diverses règles impératives (C. civ., art. 1387).

Au contraire, les *lois supplétives* (de volonté) – dites aussi *interprétatives* ou *dispositives* – sont des lois dont les particuliers peuvent éluder l'application [2]. Ainsi, par **exemple**, l'article 1651 du Code civil dispose-t-il que *s'il n'a rien été réglé à cet égard lors de la vente*, l'acheteur doit payer au lieu et dans le temps où doit se faire la délivrance. Il résulte de là que si, en principe, l'acheteur doit payer le prix au moment de la livraison, les parties restent libres de convenir d'autres modalités de paiement (paiement à une date fixée ; paiements échelonnés…). La force obligatoire de la loi est alors atténuée, mais elle n'en existe pas moins : si les parties n'ont pas déclaré s'accorder sur une autre solution, la règle doit s'appliquer [3].

La différence faite entre deux catégories de lois quant à leur force contraignante s'explique par ce fait que, dans l'ensemble des textes qui s'appliquent à une société, il en est qui sont regardés comme porteurs de principes essentiels, alors que les autres ne constituent qu'un mode d'organisation commode [4]. Les premières sont *d'ordre public*, tandis que les secondes, qui ne concernent en définitive que des intérêts purement individuels, peuvent être remaniées par la volonté des particuliers.

La distinction n'est pas toujours aisée et la qualification de certaines règles est incertaine [5].

101. ***L'ordre public***. Cette notion *d'ordre public* [6], qui constitue le critère de la distinction entre lois impératives et lois supplétives, doit être explicitée. Elle englobe tous les principes et toutes les règles [7], que le législateur juge essentiels pour le bon ordre de la société [8], et qui, de ce fait, s'imposent au respect de tous.

---

1. V. ss 258.
2. V. ss 20 ; C. Peres-Dourdou, *La règle supplétive*, LGDJ, 2004, préf. Viney.
3. V. ss 20.
4. V. *supra, eod. loc., in fine*.
5. V. notamment, à propos du nouveau droit des obligations issu de l'ordonnance du 10 février 2016 : Pérès, « Règles impératives et supplétives dans le nouveau droit des contrats », *JCP* 2016, n° 16, 454.
6. La notion, complexe, est généralement étudiée dans le cadre du droit civil des obligations, avec les conditions de la formation des contrats ; v. not., Flour, Aubert et Savaux, *Droit civil. Les obligations*, vol. 1, *L'acte juridique*, 16e éd., 2014, n° 275 s. ; Terré, Simler et Lequette, *Les obligations*, 11e éd., 2013, n° 372 s.
7. L'article 6 du Code civil dispose qu'on « ne peut déroger, par des conventions particulières, aux lois qui intéressent l'ordre public et les bonnes mœurs ». La distinction est artificielle ; les bonnes mœurs font partie de l'ordre public (Flour, Aubert et Savaux, *op. cit.*, n° 277). L'ordonnance du 10 février 2016 prétend faire disparaître la notion de bonnes mœurs du droit des contrats, mais elle n'a pas abrogé l'article 6 du Code civil.
8. D'où une certaine mobilité du contenu de l'ordre public : l'appréciation du nécessaire peut varier.

Sur le fondement de cette *finalité sociale renforcée*, qui caractérise la règle d'ordre public, il est classique de définir celui-ci par référence à l'idée d'*intérêt général*. Cette référence est exacte dans la mesure où elle signifie que l'auteur de la loi a jugé la règle nécessaire au corps social, à son organisation, à sa cohésion, ce pourquoi il a décidé de la rendre impérative. Mais elle ne doit pas abuser : elle n'implique pas que l'ordre public ne prend en compte que la collectivité des sujets de droit et qu'il se borne à promouvoir les intérêts supérieurs du groupe social ; l'intérêt général promu par l'ordre public n'est nullement ignorant des intérêts privés.

S'il est vrai que l'ordre public veille ordinairement à la sauvegarde des intérêts de la collectivité – par exemple, l'ensemble des lois qui organisent la famille, ou encore les lois pénales ou celles qui régissent la Sécurité sociale – il n'en est pas moins exact que, très souvent, l'ordre public intervient au bénéfice d'*intérêts individuels déterminés*. Ainsi de la plupart des règles qui constituent l'*ordre public économique* et, plus précisément, l'*ordre public social*, ou mieux *ordre public de protection* [1]. Sans entrer dans plus de détails, on peut évoquer à ce titre, parmi bien d'autres, les lois régissant le *contrat de travail*, et certains contrats spéciaux tels l'*assurance* et le *bail d'habitation*, ou encore les lois de la *protection des consommateurs*.

Il ne fait aucun doute que, dans ces diverses hypothèses, l'ordre public assure la défense d'intérêts individuels, peu important qu'ils soient, par la force des choses, envisagés collectivement (les salariés, les assurés, les consommateurs...) [2]. Ce qui a pu susciter une confusion sur cette fonction individualiste de l'ordre public, c'est que la sauvegarde de l'individu passe alors par une restriction de la liberté (liberté de conclure tel ou tel contrat, liberté de fixer le contenu du contrat dans tous ses éléments...). Mais il faut bien voir, ainsi qu'il a été pertinemment observé, « qu'en imposant des lois impératives dans un certain nombre de domaines, le législateur a permis à certaines volontés de s'exprimer désormais, alors qu'elles ne le pouvaient pas avant » [3].

§ 2. Les conflits de lois dans le temps

102. ***Position générale du problème. Droit transitoire et dispositions transitoires.*** L'entrée en vigueur d'une loi nouvelle soulève la question de savoir dans quelles conditions va s'opérer sa substitution à la loi antérieure. Il faut bien comprendre à cet égard qu'il ne suffit pas – même si c'est assurément *nécessaire* – de fixer le moment où elle a vocation à produire effet – le moment où elle entre en vigueur. Il faut encore déterminer son domaine d'application précis dans le temps. Deux **exemples** :

– Des époux se sont mariés en 1970. Une loi n° 75-617 du 11 juillet 1975 a, par la suite, assoupli les conditions dans lesquelles un *divorce* peut être prononcé [4]. La question se pose de savoir si ces époux peuvent se prévaloir de la loi nouvelle bien qu'ils se soient mariés *avant* son entrée en vigueur.

– Deux personnes ont conclu, en 1965, un *contrat de prêt* moyennant le paiement d'intérêts à un taux déterminé. Une loi n° 66-1010 du 28 décembre 1966 est venue, ensuite, fixer un plafond au-dessus duquel les taux d'intérêts sont considérés, et sanctionnés, comme étant usuraires. Cette loi, bien que *postérieure* à la convention des parties, peut-elle permettre une sanction du taux d'intérêt convenu *avant* son entrée en vigueur, si d'aventure il se révèle supérieur au nouveau plafond légal ?

---

1. V. par ex. Flour, Aubert et Savaux, *op. cit.*, n° 297 s.
2. Il en va de même pour les règles traditionnelles de *protection des incapables*, v. ss 242.
3. Miaille, *op. cit.*, p. 163 ; v. aussi Flour, Aubert et Savaux, *op. cit.*, n° 117 et 292, *in fine*.
4. Notamment en admettant le divorce par consentement mutuel.

En bref, il convient, dans chaque cas, de savoir quelle est l'étendue exacte de l'application de la loi nouvelle, *et* de rechercher si la loi antérieure ne conserve pas un certain empire, qu'il est nécessaire de déterminer précisément, le cas échéant. C'est le problème des *conflits de lois dans le temps* ou, dit autrement, du droit *transitoire*[1].

Il est vrai que, très souvent, le problème est résolu par le législateur lui-même qui insère, dans la loi nouvelle, des *dispositions transitoires* dont l'objet est, justement, de fixer dans quelles conditions va s'opérer le passage – la *transition* – du régime juridique antérieur au régime nouveau, et donc de préciser le champ d'application de la loi nouvelle par rapport à la loi ancienne[2]. Le Conseil d'État juge d'ailleurs désormais qu'il incombe au pouvoir réglementaire, agissant dans les limites de sa compétence, d'édicter, pour des motifs de sécurité juridique, les mesures transitoires qu'implique, s'il y a lieu, la réglementation nouvelle[3]. Mais tous les textes ne portent pas de telles indications et même lorsqu'elles existent, elles ne résolvent pas toujours toutes les difficultés[4]. Il reste donc nécessaire de définir selon quelles règles doivent être résolus, en général, les conflits de lois dans le temps. Pour y parvenir, et en simplifiant beaucoup, il faut faire appel à différents principes, qui supportent diverses dérogations.

A. Les principes

103. ***La diversité des situations confrontées à l'entrée en vigueur d'une loi nouvelle.*** Si la question des conflits de lois dans le temps se révèle particulièrement complexe, c'est parce qu'elle met en cause des préoccupations multiples et contradictoires. C'est aussi parce qu'elle se pose différemment selon le type et le moment de l'activité juridique concernée par la loi nouvelle. Il convient de commencer par là.

La *doctrine classique* avait eu une intuition de cette réalité en proposant de résoudre les problèmes sur le fondement de la distinction des *droits acquis*, opposés aux *simples expectatives*.

---

1. Sur cette question, v. not. Roubier, *Le droit transitoire* (*conflits de lois dans le temps*), rééd. 2008, « Bibliothèque Dalloz » ; Héron, *Principes du droit transitoire*, Dalloz, 1996 ; *Repenser le droit transitoire*, Drago, Seiller, Le Prado et Théry (dir.), Dalloz, coll. « Thèmes et commentaires », 2010.

2. Par ex., la loi du 5 mars 2007 portant réforme de la protection juridique des majeurs dispose (art. 45) qu'elle n'entrera en vigueur qu'à compter du 1er janvier 2009, mais qu'elle le fera alors, sous certaines conditions, pour les mesures de protection adoptées antérieurement. La possibilité de convenir d'un mandat de protection future est en revanche déclarée applicable dès la publication de la loi ; v. Dekeuwer-Défossez, *Les dispositions transitoires dans la législation civile contemporaine*, préf. Gobert, LGDJ, 1977.

3. CE, ass., 24 mars 2006 (*Société KPMG*), *RTD civ.* 2006. 527, obs. Encinas de Munagori, *Defrénois* 2006, art. 38498, n° 73, obs. Libchaber, *RDC* 2006. 1038, note Pérès, *AJDA* 2006. 1028, note Landais et Lenica, *RJDA* 2006. 545, obs. Aguila, qui juge qu'il en va ainsi quand les règles nouvelles sont susceptibles de porter une atteinte excessive à des situations contractuelles en cours ; v. égal. CE, sect. cont., 13 déc. 2006, *RDC* 2007. 1091, note Pérès, qui indique que tel est aussi le cas lorsque l'application immédiate de la réglementation entraîne une atteinte excessive aux intérêts publics ou privés en cause.

4. D'autant moins que la jurisprudence ne les respecte pas toujours : Cass., avis, 16 févr. 2015, n° 14-70011, *D.* 2015. 1178, obs. Damas, *RTD civ.* 2015. 569, obs. Deumier, qui juge une disposition immédiatement applicable parce qu'elle concerne un effet légal du contrat, alors que la loi (loi ALUR, du 24 mars 2014) ne l'avait pas incluse dans la liste des articles applicables immédiatement.

La question se pose particulièrement de savoir quelle est la portée des dispositions transitoires (art. 9) de l'ordonnance du 10 février 2016 réformant le droit des obligations : Chantepie, « Application dans le temps de la réforme du droit des contrats », *AJCA* 2016. 412 ; S. Gaudemet, « Dits et non-dits sur l'application dans le temps de l'ordonnance du 10 février 2016 », *JCP* 2016, n° 19, p. 559.

Alors que ces dernières resteraient soumises aux fluctuations de la loi, les droits acquis, intégrés au patrimoine du sujet de droit considéré, y échapperaient. Selon la formule d'un auteur : « les individus acquièrent des droits sous la garantie de la loi, le législateur doit, en principe tout au moins, respecter ces droits, qui s'imposent désormais à lui » [1].

L'intuition recélait, sans doute, une part de vérité, ce qui est attesté par l'écho que lui a ménagé la jurisprudence [2]. Mais sa mise en œuvre était difficile et dominée par l'arbitraire : c'est *a posteriori*, et souvent de manière artificielle, que telle ou telle prérogative était qualifiée, ou non, de droit acquis. La distinction proposée ne reposait que sur une analyse partielle de la réalité de la vie juridique.

C'est à une analyse systématique de l'activité juridique que s'est livré le doyen Roubier. À la lumière de ses travaux, qui font apparaître de multiples nuances [3], il est possible de distinguer un certain nombre d'hypothèses à partir d'une opposition fondamentale : celle des *situations juridiques légales* et des *situations juridiques contractuelles* [4].

Les situations juridiques dites *légales* se caractérisent par le fait qu'elles relèvent de la compétence exclusive du législateur qui n'y admet pas l'intrusion de la volonté des particuliers sinon, le cas échéant, pour déclencher l'application du statut mis en place par la loi. **Exemples** : le mariage ou le divorce, dont l'organisation et les effets sont strictement régis par la loi ; de même le statut des fonctionnaires.

Au contraire, les situations juridiques *contractuelles* sont de la compétence des volontés individuelles : la loi leur reconnaît un pouvoir créateur propre, une aptitude à instituer des relations juridiques originales [5]. C'est le cas, évidemment, des contrats qui se définissent comme des accords de volonté générateurs d'obligations et, plus largement, des conventions [6].

Mais, à l'intérieur même de ces deux catégories distinctes de situations juridiques, il faut encore tenir compte de caractéristiques complémentaires, qui sont de nature à jouer un rôle décisif dans la solution des conflits de lois dans le temps.

Il y a lieu, en effet, de distinguer, d'abord, entre la *constitution* et les *effets* d'une situation juridique donnée [7]. Par **exemple** : entre l'institution de l'état de mariage, et les conséquences attachées à celui-ci (obligations de fidélité, d'assistance mutuelle...) ; entre la conclusion du contrat de prêt et l'exécution de l'obligation de remboursement qui naît à la charge de l'emprunteur.

Et il faut, ensuite, observer que la constitution, comme les effets, d'une situation juridique déterminée, sont tantôt *instantanés*, tantôt *successifs*. **Exemples** : le mariage, un prêt, ou un vol, se constituent en un trait de temps ; au contraire, l'usucapion (prescription acquisitive), qui permet l'acquisition de la propriété d'un bien par la possession

---

1. Colin et Capitant, *Traité de droit civil*, par Julliot de La Morandière, t. 1, 1953, n° 250.
2. V. par ex. Civ. 11 déc. 1901, *DP* 1902. 1. 353 (simple expectative), et Ch. réunies 13 janv. 1932, *DP* 1932. 1. 18, rapport Pilon (droits acquis).
3. Sur lesquelles on ne peut que renvoyer à son ouvrage, *op. cit.*
4. La terminologie est assez complexe ; v. notamment la différence faite par l'auteur, entre ces situations juridiques *légales* ou *contractuelles* et les situations juridiques *objectives* ou *subjectives* (Roubier, *Droits subjectifs et situations juridiques*, Dalloz, 1963, n° 8, p. 60 s.).
5. Avec des nuances multiples : selon les cas, le pouvoir reconnu aux volontés est plus ou moins étendu, limité qu'il est par l'ordre public, lui-même variable selon les conventions considérées ; v. ss 101.
6. V. ss 215.
7. Il faut tenir compte aussi de *l'extinction* des situations juridiques. On la négligera cependant dans la suite des développements, les principes de solutions étant alors les mêmes que pour la Constitution.

prolongée de celui-ci, s'étend sur une certaine durée. De même, les effets du mariage s'étalent nécessairement sur un certain laps de temps, alors que l'acquisition de la propriété par l'effet d'une vente s'opère en principe instantanément, par le seul accord de la volonté des parties [1].

104. ***La multiplicité des critères d'appréciation*****.** À ce premier facteur de complexité – diversité des situations confrontées à l'entrée en vigueur d'une loi nouvelle – s'en ajoute un autre qui tient à ce que des intérêts et des considérations multiples s'affrontent pour incliner à des solutions contraires. Pour s'en tenir à l'essentiel, on peut relever trois perspectives d'appréciation du problème de l'application de la loi nouvelle dans le temps.

La première est celle de l'*opportunité*. De ce point de vue la tentation est grande, *a priori*, de donner à la loi qui entre en vigueur un empire absolu. En effet, si le législateur a cru bon d'établir un régime juridique nouveau, c'est que le précédent était jugé déficient. En bref, la loi nouvelle est présumée meilleure que celle qu'elle doit remplacer. Il est donc raisonnable, et souhaitable, qu'elle s'y substitue le plus rapidement et le plus complètement possible. C'est une condition du progrès social.

Une deuxième perspective incline dans le même sens : celle de l'*égalité*. L'application immédiate et générale de la loi nouvelle se situe dans la logique d'un principe supérieur de notre droit qui veut que tous les citoyens soient égaux devant la loi [2].

Ces deux premiers éléments d'appréciation se conjuguent pour inciter à donner une préférence absolue à la règle nouvelle et à refouler l'ancienne dans toute la mesure du possible. À la limite, ils peuvent susciter la tentation de remettre en cause – pour assurer une parfaite égalité, en étendant à tous les bienfaits de la loi nouvelle – les solutions acquises sous l'empire de la loi ancienne.

Il est, cependant, une dernière perspective qui vient endiguer ce mouvement : celle de la *sécurité juridique* [3]. Il convient en effet, ici comme ailleurs, de ne pas perdre de vue que la règle de droit – et donc la loi – est destinée à organiser la vie sociale et à établir des rapports harmonieux et stables entre ceux qui l'animent. Il y a là une considération qui milite puissamment contre la tentation qui vient d'être évoquée, c'est-à-dire contre une remise en cause *rétroactive* de situations acquises conformément à la loi antérieure. Quelle harmonie sociale pourrait-on attendre d'une loi dont la stricte observance ne mettrait pas à l'abri d'un remaniement des solutions qu'elle consacre [4] ? Sans compter que la révision de situations acquises peut susciter des difficultés pratiques insurmontables [5].

---

1. L'article 1583 du Code civil dispose que la vente « est parfaite entre les parties, et la propriété est acquise de droit à l'acheteur à l'égard du vendeur, dès qu'on est convenu de la chose et du prix, quoique la chose n'ait pas encore été livrée ni le prix payé ».

2. La loi « doit être la même pour tous » énonce l'article 6 de la Déclaration des droits de l'Homme et du citoyen de 1789, à laquelle renvoie le Préambule de la Constitution de 1958.

3. Sur laquelle le Conseil d'État a d'ailleurs fondé l'obligation, pour le pouvoir réglementaire, d'adopter les mesures transitoires qu'impose la réglementation nouvelle (v. ss 102) ; Cassia, « La sécurité juridique, un "nouveau principe général du droit aux multiples facettes" », *D.* 2006. Chron. 190.

4. L'observation prend un relief particulier en droit pénal, où il y va de la liberté de la personne. Mais la question ne se pose pas toujours exactement dans ces termes, ce qui explique que l'idée exprimée au texte soit parfois sans portée. Ainsi pour la rétroactivité des lois pénales plus douces (v. ss 108).

5. De cela, il existe un exemple historique : le décret du 17 nivôse an II qui soumettait aux principes égalitaires nouveaux les successions ouvertes depuis le 14 juillet 1789 se heurta à de telles difficultés que la Constitution – éphémère – du 5 fructidor an III affirma le principe de la non-rétroactivité des lois.

La même préoccupation de sécurité juridique incite aussi à nuancer les conclusions tirées de la présomption que la loi nouvelle est meilleure que l'ancienne sans qu'il y ait lieu d'engager un débat assez vain sur l'effectivité de cette qualité. Elle oblige, en effet, à tenir compte de ce que l'application de la loi nouvelle à ceux qui ont organisé leur situation en considération de l'ancienne, alors en vigueur, risque de compromettre leurs prévisions légitimes (en tant qu'elles étaient fondées sur la loi existante). Un tel résultat suppose l'existence d'un intérêt social déterminant qui justifie la méconnaissance de cette légitimité.

Il faut également reconnaître que l'idée d'*égalité* qui recommande une application immédiate et générale de la loi, est trop abstraite pour qu'on l'accueille sans examen complémentaire. En particulier, si l'on observe que sa portée se trouve naturellement réduite dans tous les cas où il s'agit d'activités spécifiquement individuelles, voire ponctuelles, des sujets de droit, force est de constater que la question des conflits de lois dans le temps ne peut se satisfaire, même à titre de principe, d'une solution unique.

Malgré des divergences partielles, et des différences de présentation, la doctrine s'accorde aujourd'hui pour souligner la coexistence de plusieurs principes de solution. Pour notre part, il nous paraît nécessaire d'en retenir trois. D'abord, un principe négatif et général : la *non-rétroactivité des lois*. Ensuite, deux principes, positifs et alternatifs, qui commandent l'un l'*application immédiate de la loi nouvelle*, l'autre le *maintien de la loi ancienne*. Il est bien sûr nécessaire de déterminer, avec précision, le sens et la portée de chacun d'eux.

1° La non-rétroactivité des lois

105. ***Principe général de la non-rétroactivité des lois.*** Le principe de non-rétroactivité des lois est énoncé par l'article 2 du Code civil : « La loi ne dispose que pour l'avenir : elle n'a point d'effet rétroactif »[1].

La signification de ce principe doit être clairement comprise : il interdit de revenir non seulement sur la *constitution passée* d'une situation juridique donnée, antérieure à la loi nouvelle, mais encore sur les *effets passés* d'une situation juridique antérieurement constituée, peu important que cette situation soit légale ou contractuelle. Ainsi, par exemple, si un prêt a été conclu avec des intérêts fixés à un taux qu'une loi nouvelle déclare usuraire après que ledit prêt a été remboursé et les intérêts payés, il ne saurait être question de permettre à l'emprunteur de se prévaloir de cette loi pour remettre en question la dette qu'il a acquittée. Ainsi comprise, la règle a une portée tout à fait générale : non seulement elle concerne, ainsi qu'il vient d'être dit, toutes les situations juridiques, quelle que soit leur nature, mais encore elle est reconnue autant en droit public qu'en droit privé[2].

Encore convient-il de préciser à quel titre ce principe s'impose de manière aussi générale, ce qui ne peut aller sans nuance. Le fait qu'il ne soit énoncé que par un texte de loi (C. civ., art. 2) n'est pas sans conséquence. En tout premier lieu, il faut souligner que, comme texte de loi, il constitue une règle que les juges sont tenus de respecter[3].

---

1. Une question désormais très discutée est celle de la rétroactivité de la jurisprudence ; v. ss 172.

2. Sur la non-rétroactivité des actes administratifs : Waline, *Droit admninistratif*, 26e éd., Dalloz, coll. « Précis », 2016, n° 444.

3. V. une application caractéristique : Ch. mixte 13 mars 1981, *Bull. Ch. mixte* n° 4, p. 5 (l'arrêt comporte l'attendu de principe suivant : « [...] une loi nouvelle ne saurait, sans rétroactivité, régir les effets des situations juridiques définitivement réalisées avant son entrée en vigueur »). La Cour de cassation affirme le caractère d'ordre public de l'article 2 du Code civil, ce qui permet d'invoquer le

Mais, en second lieu et pour la même raison, il ne peut s'imposer au législateur qui, sous diverses réserves, reste libre de se délier de ce qu'il a lui-même édicté[1]. Il est admis que si l'article 2 du Code civil ne peut s'appliquer aux autorités administratives, celles-ci ne sont pas pour autant habilitées à prendre des décisions rétroactives. C'est un principe général de notre droit qui l'impose[2].

Le principe bénéficie ainsi d'une autorité qui, pour n'être pas absolue[3], n'en reste pas moins considérable – et qui est même sensiblement accrue, en *matière pénale*, par la reconnaissance de la valeur constitutionnelle du principe en ce qui concerne les lois pénales plus sévères[4]. Cette large autorité se justifie par de puissantes considérations de sécurité juridique[5], devant lesquelles les préoccupations d'opportunité, d'égalité, et même de progrès social doivent, en règle générale, s'incliner[6]. Il va de soi, en revanche, que ce rapport de force se modifie considérablement lorsque, cessant de considérer le passé, on envisage seulement le temps présent ; *a fortiori*, pour l'avenir.

2° L'application immédiate de la loi nouvelle

106. ***Application immédiate de la loi nouvelle : constitution des situations juridiques ; effets des situations légales.*** Il est dans la nature des choses qu'une loi nouvelle s'applique sans restriction dès le moment où elle entre en vigueur[7]. S'il n'est pas souhaitable, de manière générale, qu'une loi, même meilleure, remanie les effets déjà produits par la loi antérieure, il apparaît en revanche tout à fait normal, sinon nécessaire, qu'elle s'impose à tous les sujets de droit pour le présent et pour l'avenir. Il faut toutefois nuancer cette observation selon les situations concernées par la loi nouvelle.

---

moyen de la non-rétroactivité, ou, pour le juge de le retenir d'office, à tout stade de la procédure, Civ. 2e, 24 nov. 1955, *Bull. civ.* II, no 533, p. 325, *D.* 1956. 522 ; Civ. 3e, 21 janv. 1971, *Bull. civ.* III, no 44, p. 30, *JCP* 1971. I. 16776, note Level.

1. V. ss 108. La proposition d'introduire le principe de la non-rétroactivité des lois dans la Constitution, faite par le comité de réflexion et de proposition sur la modernisation et le rééquilibrage des institutions de la Ve République, a finalement été rejetée par le Sénat au cours du vote de la loi constitutionnelle du 23 juillet 2008, pour une raison discutable (v. *RDC* 2009/1, 230, obs. Marais).

2. Waline, *Droit administratif*, 26e éd., 2016, Dalloz, coll. « Précis », n° 444. Mais cela ne vaut pas pour les *règlements européens*, sous réserve que la rétroactivité du texte soit alors clairement spécifiée (Com. 22 oct. 2002, *Bull. civ.* IV, no 150). Sur la notion de principe général du droit, v. ss 92.

3. V. ss 108.

4. Cons. const. 9 janv. 1980, *D.* 1980. 249, note J.-B. Auby. Une autre décision de ce même organe a affirmé, concurremment, la valeur de principe constitutionnel de la *rétroactivité* des lois pénales plus douces ; v. ss 108. Le Conseil constitutionnel a jugé (Décis. no 2008-562 DC du 21 févr. 2008) que la rétention de sûreté créée par la loi du 25 février 2008 ne constitue pas une peine et qu'elle ne relève donc pas de l'article 8 de la Déclaration des droits de l'Homme et du citoyen qui fonde traditionnellement la valeur constitutionnelle du principe de non-rétroactivité de la loi pénale. Le Conseil a néanmoins considéré qu'eu égard, notamment, à sa nature privative de liberté et à sa durée, cette mesure ne peut être appliquée à des personnes condamnées avant la publication de la loi ou faisant l'objet d'une condamnation postérieure à cette date pour des faits commis antérieurement ; v. Mathieu, « La non-rétroactivité en matière de rétention de sûreté : exigence constitutionnelle ou conventionnelle ? », *JCP* 2008. Actu. 166.

5. V. ss 104.

6. Ce qui n'exclut pas des exceptions : le poids respectif de la sécurité juridique, du progrès social et du souci d'égalité peut varier d'un cas à l'autre ; v. ss 108.

7. Ce qui n'exclut pas que cette entrée en vigueur soit elle-même retardée, par la volonté du législateur lui-même (v. ss 97). S'agissant du pouvoir réglementaire, le Conseil d'État considère désormais que le principe de sécurité juridique vient parfois limiter l'application immédiate des textes et imposer des mesures transitoires ; v. ss 102.

S'agit-il des modes et conditions de *constitution d'une situation juridique*, le principe de l'application immédiate ne fait aucun doute. Opportunité, égalité et sécurité juridique inclinent ensemble à cette solution, sans qu'il y ait à distinguer entre situations légales et situations contractuelles [1]. Le principe vaut autant pour le droit public que pour le droit privé : dans un cas comme dans l'autre, il apparaît normal que les parties à un contrat, par exemple, se trouvent directement soumises aux dispositions nouvelles gouvernant la formation de ce contrat. Le principe doit pareillement s'appliquer aux lois relatives à la *compétence* et aux *règles de procédure* devant les juridictions, mais avec cette précision qu'il doit être mis en œuvre en considération, non pas du procès globalement envisagé, mais des *actes de procédure* (actes introductifs d'instance, exercice d'une voie de recours...) en tant qu'ils sont, précisément, constitutifs de situations juridiques [2].

La mise en œuvre du principe d'application immédiate ne fait pas de difficulté dans le cas où la constitution de la situation considérée est *instantanée* : si, par exemple, les conditions du mariage sont modifiées, ces conditions doivent être remplies, sans distinction, par tous les couples qui désirent convoler après l'entrée en vigueur de la loi.

Il y a, en revanche, plus de difficultés dans les hypothèses où la constitution de la situation juridique est le résultat d'un *processus successif*, et que ce processus a été engagé *avant* l'entrée en vigueur de la loi nouvelle. On ne peut en effet se contenter, alors, d'appliquer brutalement la règle nouvelle, sans se soucier de ce qui a été réalisé sous l'empire de la loi antérieure : cela irait en fait à l'encontre des vœux du législateur. Une bonne illustration de cela est fournie par les lois qui modifient les délais de *prescription*, extinctive ou acquisitive [3].

Si la loi nouvelle fixe un *délai plus court*, il y a lieu de l'appliquer à toutes les prescriptions en cours en faisant courir le nouveau délai à compter de l'entrée en vigueur de la loi nouvelle. Mais il convient, le cas échéant, de le réduire de telle manière que l'addition du délai restant à courir et du temps de prescription antérieurement réalisé ne dépasse pas le délai de prescription antérieur, dont le législateur, précisément, ne veut plus [4] : à défaut on aboutirait à un résultat contraire aux vœux du législateur [5].

---

1. Mais, s'agissant des situations contractuelles et si l'ordre public n'est pas concerné (v. ss 100), les volontés individuelles peuvent écarter l'application de la loi nouvelle supplétive de volonté (v. ss 100).

2. V. en ce sens les fortes remarques de G. Bolard, « Droit transitoire et procédure civile », in *Jean Foyer, auteur et législateur*, PUF, 1997, p. 439 s., spéc. p. 446. Il faut ajouter que le jeu du principe d'application immédiate est accompagné par le principe général de non-rétroactivité (v. ss 105) qui fait obstacle à ce que la loi nouvelle de procédure vienne remettre en cause les effets acquis des actes de procédure antérieurement accomplis. Com. 27 janv. 1998, *Bull. civ.* IV, n° 46 (« l'application immédiate d'une loi nouvelle est sans effet sur la validité des actes de procédure accomplis selon la loi alors en vigueur »).

3. Sur ces notions, qui traduisent une consécration de l'effet de l'écoulement du temps sur une situation juridique – extinction ou acquisition d'un droit –, v. ss 211.

4. Soit, par exemple, une loi nouvelle qui vient réduire de trente à cinq ans un délai de prescription : – si une personne a déjà accompli vingt-six ans du délai initial au jour de l'entrée en vigueur de la loi nouvelle, la prescription lui sera acquise quatre ans seulement (au lieu de cinq) après cette date. Elle ne subit aucun préjudice du fait du changement de législation ; – si, au contraire, cette personne n'avait accompli que vingt-quatre ans sous l'empire de la loi ancienne, la prescription ne lui serait acquise alors qu'au bout des cinq ans exigés par la loi nouvelle, ce qui lui est, de toute manière, profitable.

5. Ce système avait d'ailleurs été adopté formellement par l'article 46 de la loi du 5 juillet 1985 relative aux victimes d'accidents de la circulation. Il avait également été consacré par la Cour de cassation pour le cas où la loi ne dit rien : Civ. 1re, 28 nov. 1973, *Bull. civ.* I, n° 329, p. 290, *D.* 1974. 112, note Massip (attendu de principe : « lorsque la loi réduit la durée d'une prescription, la prescription réduite commence à courir, sauf disposition contraire, du jour de l'entrée en vigueur de la loi nouvelle, sans que la durée totale puisse excéder le délai prévu par la loi antérieure »).

Si, au contraire, le délai nouveau est *plus long* que l'ancien, il y a lieu ici encore de l'appliquer immédiatement aux situations en cours[1]. Mais il faut alors tenir compte du temps déjà écoulé sous l'empire de la loi ancienne[2]. À ne pas le faire, les personnes qui ont commencé à prescrire avant la loi nouvelle se trouveraient pénalisées : elles ne bénéficieraient de la prescription qu'à l'issue d'un délai plus long que le nouveau délai lui-même.

Ces principes ont été consacrés par la loi du 17 juin 2008 qui a réformé la prescription en matière civile (C. civ., art. 2222).

S'agit-il, maintenant, non plus de la constitution d'une situation juridique, mais des *effets d'une situation juridique constituée antérieurement à la loi nouvelle*, il faut distinguer selon que la situation considérée est de nature *légale* ou *contractuelle*[3].

La nature des *situations légales* les attire nécessairement dans le domaine d'application de la loi nouvelle. Dès lors, en effet, qu'elles se caractérisent comme des situations dont le législateur entend conserver la maîtrise, il est normal qu'elles se trouvent à tout moment soumises aux règles qu'il estime nécessaires. Ainsi, par **exemple**, en matière de *preuve*, les règles applicables sont, en principe, celles qui sont en vigueur au jour où le juge statue[4]. De même, qu'une loi nouvelle vienne modifier le divorce, ou améliorer le statut successoral de la femme mariée, cette loi doit s'appliquer même aux époux mariés avant son entrée en vigueur. Qu'une autre loi modifie la limite d'âge d'une catégorie de fonctionnaires, elle doit pareillement s'appliquer à tous les agents en activité, sans distinction[5]. En bref, les préoccupations d'égalité et d'opportunité – voire à un moindre degré celle de sécurité juridique[6] – concourent pour imposer l'application de la loi nouvelle aux effets futurs des situations légales antérieurement constituées.

Mais cette argumentation même appelle une solution différente dans le cas des *situations juridiques contractuelles*. C'est ce qu'il convient de préciser maintenant.

3° La survie de la loi ancienne

107. ***Survie de la loi ancienne : effets des situations contractuelles établies avant la loi nouvelle.*** Les enseignements du doyen Roubier conduisent en effet à affirmer le maintien ou, selon l'expression la plus répandue, la *survie de la loi ancienne* pour toutes les situations contractuelles en cours au moment de l'entrée en vigueur de la loi nouvelle, dès lors qu'elles ont été constituées avant celle-ci. Le principe est logique : puisqu'il s'agit alors de situations dont la loi laisse ordinairement la maîtrise aux

---

1. Com. 30 nov. 1999, *RC Ass.* 2000, comm. 42, obs. Groutel. Mais la loi nouvelle de prescription ne saurait remettre en cause, en principe, les prescriptions acquises avant son entrée en vigueur (Civ. 1re, 12 févr. 2002, *Bull. civ.* I, no 55. L'arrêt réserve la « volonté contraire expressément affirmée par le législateur »).

2. Soit une loi qui porte un délai de prescription de dix à vingt ans, et une personne qui peut justifier d'un temps de prescription de huit ans accompli sous l'empire de la loi ancienne : la prescription pourra lui être acquise douze ans après l'entrée en vigueur de la loi nouvelle.

3. V. ss 103.

4. V. Civ. 1re, 6 avr. 2005, *Bull. civ.* I, no 171 ; Civ. 1re, 28 avr. 1986, *Bull. civ.* I, no 106, p. 108.

5. V. une application caractéristique en matière de nationalité, Civ. 1re, 20 avr. 1982, *Bull. civ.* I, no 135, p. 119.

6. En particulier si l'on confond sécurité juridique et efficacité. Mais la sécurité juridique – sécurité du droit – impose parfois la mise à l'écart de l'application immédiate. Ainsi pour les *preuves préconstituées* (v. ss 223) : celles-ci sont soumises aux règles en vigueur au jour où l'acte qu'il s'agit de prouver a été conclu (cf. Civ. 1re, 28 avr. 1986, préc.).

volontés individuelles, il est normal que ce que ces volontés ont légitimement établi ne puisse pas être ensuite bouleversé. Au surplus, et pour ce qui est du contrat *stricto sensu*[1], la solution concorde avec sa fonction stabilisatrice, effet obligatoire et fixateur d'une situation pour l'avenir[2]. Enfin, et de manière générale, s'agissant de situations qui, par hypothèse, sont réglées individuellement et donc diversement selon la volonté de chacun, la fonction égalisatrice du principe de l'application immédiate des lois nouvelles est sans objet.

La valeur de ce principe a été contestée par un auteur au motif que les dispositions transitoires des lois modernes trancheraient plus souvent en faveur de l'application immédiate de la loi nouvelle[3]. Il a cependant été réaffirmé à l'occasion de la réforme du droit des contrats par l'ordonnance du 10 février 2016 dont l'article 9, alinéa 2, dispose que « les contrats conclus avant (le 1er octobre 2016, date de l'entrée en vigueur des nouveaux textes) demeurent soumis à la loi ancienne ». La jurisprudence accueille pareillement ce principe ainsi qu'en témoigne, parmi d'autres, cet attendu d'un arrêt de la première chambre civile de la Cour de cassation : « [...] les effets d'un contrat conclu antérieurement à la loi nouvelle, même s'ils continuent à se réaliser postérieurement à cette loi, demeurent régis par la disposition de la loi sous l'empire de laquelle le contrat a été passé [...] »[4]. Du moins en va-t-il ainsi pour les effets voulus du contrat, ses « effets légaux » étant quant à eux en principe soumis à la loi en vigueur au moment où ils se produisent (application immédiate)[5]. La notion n'est pas définie précisément. De manière générale, elle désigne les parties du régime d'un contrat qui ne découlent pas de la convention des parties mais de l'application d'un statut spécial[6].

Cependant, les justifications mêmes de ce principe – en particulier l'habilitation des volontés individuelles consentie par le législateur – lui confèrent une précarité certaine. De fait, si le lot commun des principes qui gouvernent les conflits de lois dans le temps est bien de comporter des exceptions, il apparaît que la règle de survie de la loi ancienne en matière contractuelle en supporte plus que les autres.

---

1. La catégorie des situations contractuelles déborde le cas du contrat, v. ss 103.

2. G. Ripert, *La règle morale dans les obligations civiles*, 4e éd., LGDJ, 1949, n° 84 (où le contrat est présenté comme « une emprise sur l'avenir ») ; v. aussi Dekeuwer-Défossez, *op. cit.*, n° 27.

3. Dekeuwer-Défossez, *op. cit.*, n° 18 s.

4. Civ. 1re, 4 mai 1982, *Bull. civ.* I, n° 156, p. 139 ; v. aussi Com. 10 mai 2005, *Bull. civ.* IV, n° 100 ; Civ. 1re, 18 avr. 1989, *Bull. civ.* I, n° 160 ; Civ. 3e, 3 juill. 1979, *Bull. civ.* III, n° 149, p. 115. À noter, cependant, que parfois les arrêts confondent principe de survie de la loi ancienne et principe de non-rétroactivité, le premier étant, selon les juges, une conséquence nécessaire du second (cf. par ex., Civ. 3e, 21 janv. 1971, *Bull. civ.* III, n° 44, p. 30, *JCP* 1971. II. 16776, note Level). Sans conséquence sur le plan pratique, cette conception est cependant erronée : le principe de non-rétroactivité commande seulement de ne pas remettre en cause les effets antérieurs à la loi nouvelle, il n'interdit pas de modifier les effets à venir d'une situation constituée avant la loi.

5. V. not. Civ. 3e, 18 févr. 2009, *D.* 2009. 1450, note Lardeux ; Cass., avis, 16 févr. 2015, n° 14-70011, *D.* 2015. 1178, obs. Damas, *RTD civ.* 2015. 569, obs. Deumier. La formule paraît désigner des suites attachées par la loi au contrat, en dehors de la volonté des parties, ou des règles qui s'appliquent à la convention indépendamment de cette volonté.

6. Comme par exemple, s'agissant du droit du bail d'habitation, les règles régissant la restitution du dépôt de garantie : Civ. 3e, 17 nov. 2016, n° 15-24552, *Bull. civ.* III, à paraître, *RTD civ.* 2017. 118, obs. Barbier, *AJDI* 2017. 281, obs. Damas, *RDC* 2017/1, 67, obs. Seube ; v. égal. Cass., avis, 16 févr. 2015, n° 14-70.011, *D.* 2015, *AJDI* 2015. 608, obs. Damas, *RTD civ.* 2015. 569, obs. Deumier, préc.

B. Les exceptions

Si l'on fait abstraction de quelques cas, assez rares, de dérogation au principe de l'application immédiate des lois nouvelles [1], tel qu'il a été défini précédemment, les exceptions consistent tantôt dans la *rétroactivité de la loi*, tantôt, et c'est plus fréquent, dans l'*application immédiate de la loi nouvelle aux situations contractuelles*.

108. ***La rétroactivité de la loi. Lois directement rétroactives. Lois de validation.*** Malgré son incontestable autorité, le principe de non-rétroactivité des lois supporte diverses exceptions d'importance et de fondement variables.

Il en est une, tout d'abord, qui relève du *droit pénal*, selon laquelle les lois pénales plus douces *doivent* avoir un effet rétroactif [2]. Cette exception, qui s'est vu reconnaître valeur *constitutionnelle* [3], se fonde sur une double considération. D'une part, lorsque le législateur estime inutile de maintenir une sanction sévère pour un comportement délictueux déterminé, il n'y a aucune raison de continuer à l'appliquer à des délits antérieurs à la loi nouvelle [4]. D'autre part, le principe de non-rétroactivité de la loi pénale visant essentiellement à la protection des libertés – nul ne peut être sanctionné par une peine qui n'était pas prévue par la loi au jour de l'infraction – il ne doit pas se retourner contre ceux qu'il protège et doit donc être cantonné aux seules lois pénales plus sévères. Il a alors, lui aussi, valeur constitutionnelle [5].

En dehors du domaine pénal, en revanche, le principe de non-rétroactivité des lois n'a pas de valeur constitutionnelle [6]. La proposition de consacrer ce principe dans la Constitution, faite par le comité de réflexion et de proposition sur la modernisation et le rééquilibrage des institutions de la Vᵉ République, n'a finalement pas été retenue par la loi constitutionnelle du 23 juillet 2008. Au-delà du motif peu convaincant de risque d'affaiblissement du principe de la non-rétroactivité des lois pénales plus sévères invoqué par le Sénat, la solution peut se justifier par le fait que malgré le poids de l'argument de sécurité juridique qui le fonde, ce principe peut ne pas correspondre aux besoins de la société [7].

---

1. Sur ces exceptions, qui consacrent exceptionnellement la survie de la loi ancienne pour certaines situations légales, v. Ghestin, Barbier et Bergé, nº 601.
2. C. pén., art. 112-1, al. 3 ; c'est ce qu'on appelle la rétroactivité *in mitius*, « selon laquelle la loi pénale nouvelle doit, lorsqu'elle prononce des peines moins sévères que la loi ancienne, s'appliquer aux infractions commises avant son entrée en vigueur et n'ayant pas donné lieu à des condamnations passées en force de chose jugée » (Cons. const. 19 et 20 janv. 1981, *D.* 1982. 441, note Dekeuwer) ; v. une application, Crim. 12 déc. 2000, *Bull. crim.* nº 371. Pareille rétroactivité n'a pas lieu de s'appliquer pour les lois civiles (Com. 22 oct. 2002, *Bull. civ.* IV, nº 150).
3. Cons. const. 19 et 20 janv. 1981, préc.
4. C'est la justification expressément retenue par le Conseil constitutionnel qui fait référence à l'article 8 de la Déclaration des droits de l'Homme et du citoyen de 1789 (« La loi ne doit établir que des peines strictement et évidemment nécessaires »). Dans une décision du 3 décembre 2010 (n° 2010-74 QPC, *JCP* n° 4, 2011. 82, note Dreyer), rendue sur une question prioritaire de constitutionnalité (v. ss 85), le Conseil a cependant limité de façon critiquable la rétroactivité *in mitius* en jugeant qu'elle ne s'applique pas lorsque la répression antérieure plus sévère est inhérente aux règles auxquelles la loi nouvelle s'est substituée, ce qui est vague et assez difficilement compréhensible.
5. Cons. const. 9 janv. 1980, *D.* 1980. 249, note J.-B. Auby. La constitutionnalité de ces deux règles, contraires mais complémentaires, se fonde sur le renvoi opéré par le Préambule de la Constitution de 1958 à l'article 8 de la Déclaration des droits de l'Homme et du citoyen de 1789.
6. V. Cons. const. n° 119 DC du 22 juill. 1980, in Gaïa, Ghevontian, Mélin-Soucramanien, Oliva et Roux, *Les grandes décisions du Conseil constitutionnel*, 18ᵉ éd., Dalloz, 2016, nº 7.
7. Encore que la proposition réservait la possibilité de dérogation à la non-rétroactivité, fondée sur un motif déterminant d'intérêt général.

Il faut toutefois nuancer cette affirmation. En effet, le Conseil constitutionnel subordonnait traditionnellement la validité d'une disposition rétroactive à l'existence d'un motif d'intérêt général suffisant [1]. À la suite de l'intervention de la Cour européenne des droits de l'Homme [2], il a ultérieurement accru ses exigences en imposant, notamment, que la portée de la modification rétroactive de la loi soit strictement définie [3]. De son côté, la Cour de cassation a décidé que « si le législateur peut adopter, en matière civile, des dispositions rétroactives, le principe de prééminence du droit et la notion de procès équitable consacrés par l'article 6 de la Convention européenne des droits de l'Homme s'opposent, sauf pour d'impérieux motifs d'intérêt général, à l'ingérence du pouvoir législatif dans l'administration de la justice afin d'influer sur le dénouement judiciaire des litiges » [4]. C'est désormais ce « motif impérieux d'intérêt général » qu'exige aussi le Conseil constitutionnel [5].

Une question demeurait quant à l'exacte portée de cette solution : savoir si elle ne valait que pour les cas où le législateur est intervenu pour régler, *en sa faveur*, une situation contentieuse dans laquelle la puissance publique était intéressée, ce qui correspond aux espèces tranchées par les arrêts précités, ou si elle valait de manière générale, même lorsque la puissance publique n'a pas d'intérêt, direct ou indirect, dans le contentieux concerné. L'absence de toute réserve à cet égard dans l'attendu de principe adopté inclinait à y voir une solution de portée générale [6]. La Cour de cassation l'a expressément affirmé dans son arrêt d'Assemblée plénière du 23 janvier 2004 [7].

Pour la Cour européenne des droits de l'Homme, la rétroactivité de la loi peut également être tenue en échec au nom du droit au respect des biens (article 1er du Protocole additionnel nº 1), dès lors que le demandeur peut invoquer un intérêt patrimonial constituant un bien au sens de ce texte, dont il est privé du fait de l'application des dispositions nouvelles [8]. Dans certains cas, la Cour de cassation et le Conseil d'État ont adopté la même solution [9].

---

1. V. not. Cons. const. 18 déc. 2001, *D.* 2002. Somm. 1953, obs. Ribes.

2. CEDH 28 oct. 1999, *Zielinski c/France*, *JCP* 2001. I. 203, nº 11, obs. Sudre.

3. V. par ex., dans une longue série, Cons. const. 28 déc. 2006, Décis. n° 2006-544 DC (*JORF* 31 déc. 2006, p. 20320). Selon une formule devenue classique, le Conseil exige en outre que soient respectées les décisions de justice ayant force de chose jugée ainsi que le principe de non-rétroactivité des peines et des sanctions. La modification ne doit méconnaître aucune règle, ni aucun principe de valeur constitutionnelle, sauf à ce que le but d'intérêt général visé soit lui-même de valeur constitutionnelle. Dans certaines décisions, le Conseil indique que le motif d'intérêt général doit être impérieux : Cons. const. 4 août 2016, n° 2026-736 DC (*JORF* 9 août 2016, texte n° 8) ; Cons. const. 14 févr. 2014, Décis. n° 2013-366 QPC, (*JORF* 16 févr. 2014, p. 2724).

4. Ass. plén. 24 janv. 2003, *Bull. Ass. plén.* n° 2 et 3 (ces arrêts admettent l'intervention rétroactive du législateur en considération d'un souci de sauvegarde de la pérennité du service public de la santé et de la protection sociale) ; *adde* : Civ. 1re, 9 juill. 2003, *JCP* 2004. II. 10016, note Prétot ; v. aussi Ass. plén. 23 janv. 2004, *Bull. Ass. plén.* nº 2, *D.* 2004. 1108, note Gautier, *RTD civ.* 2004. 603, obs. Deumier, 2004. 341, obs. Théry et 2004. 371, obs. Raynard, *JCP* 2004. II. 10030, note Billiau.

5. Cons. const. 14 févr. 2014, n° 2013-366 QPC, *RTD civ.* 2014. 605, obs. Deumier, *RFDA* 2014. 589, note Roblot-Troizier.

6. Cf. Prétot, note préc., spéc. p. 199, col. 1.

7. Préc.

8. CEDH 14 févr. 2006 (affaire « du tableau d'amortissement »), *RTD civ.* 2006. 261, obs. Marguénaud, *JCP* 2006. II. 10171, note Thioye.

9. À propos de l'article 1er de la loi du 4 mars 2002 (dite « loi anti-Perruche ») : Civ. 1re, 24 janv. 2006 (trois arrêts) et CE, 4e et 5e ss-sect., 24 févr. 2006, *RTD civ.* 2006. 263, obs. Marguénaud, *JCP* 2006. II. 10062, note Gouttenoire et Porchy-Simon ; CEDH 6 oct. 2005 (deux arrêts), *JCP* 2006. II. 10061, note Zollinger ; v. égal. Civ. 1re, 8 juill. 2008, *Bull. civ.* I, nº 190, *D.* 2008. 2765, note Porchy-Simon,

Sous ces réserves, il reste qu'en principe il revient au législateur d'apprécier s'il y a lieu, ou non, de faire rétroagir la loi [1]. De fait, pour des raisons de progrès et de justice sociale, il arrive que le législateur choisisse de donner à son œuvre un effet rétroactif. Il faut cependant distinguer trois techniques : celle de la loi *directement rétroactive* d'abord, celle de la *loi de validation* ensuite, celle de la *loi interprétative* enfin.

La *loi directement rétroactive* est celle par laquelle le législateur règle une situation juridique donnée en lui conférant effet pour le passé. Il doit alors déclarer expressément cette rétroactivité, ou au moins exprimer sa volonté de manière suffisamment claire pour qu'aucune interprétation ne soit nécessaire [2]. On peut citer, à titre d'**exemples** la loi du 5 juillet 1985, dont les articles 1 à 6, relatifs à l'indemnisation des victimes d'accidents de la circulation, ont été déclarés applicables aux accidents ayant donné lieu à une action en justice introduite avant la publication de la loi, y compris aux affaires pendantes devant la Cour de cassation, ou celle du 3 décembre 2001, dont l'article 26 a appliqué les dispositions relatives aux nouveaux droits successoraux des enfants adultérins aux successions déjà ouvertes à la date de publication de la loi, mais n'ayant pas donné lieu à partage avant cette date, sauf s'il existait un accord amiable antérieur ou une décision judiciaire irrévocable [3]. Cet effet rétroactif voulu par le législateur peut s'étendre aux décrets d'application : c'est le seul cas où un règlement peut disposer rétroactivement.

Les *lois de validation* sont des textes qui ont pour objet d'éviter la nullité d'actes encourue sous l'empire de la loi ancienne en édictant une règle qui permet de les considérer rétroactivement réguliers. Par **exemple**, dans l'affaire dite du « tableau d'amortissement », la loi du 13 avril 1996 (art. 87) a été adoptée pour valider des offres de prêt immobilier que la jurisprudence déclarait nulles parce que ne comportant pas un échéancier faisant apparaître pour chaque échéance les parts d'amortissement du capital et des intérêts Ces dispositions sont vues avec méfiance parce que le législateur y combat la jurisprudence, de surplus par des dispositions qui ont justement vocation

---

JCP 2008. I. 186, n° 10, obs. Stoffel-Munck et 2008. II. 10166, avis Mellottee et note Sargos. Selon que la solution est fondée sur l'article 6 de la CEDH (droit à un procès équitable) ou sur l'article 1er du Protocole additionnel n° 1 (droit au respect des biens), les limites à la rétroactivité ne sont pas exactement les mêmes. Dans un cas, c'est par rapport à la date d'introduction de l'instance que la rétroactivité est appréciée, dans l'autre en considération de la date de naissance de l'espérance légitime du créancier constitutive d'un bien au sens de la CEDH ; v. Lardeux, note sous Civ. 3e, 18 févr. 2009, *D.* 2009. 1450. La jurisprudence s'est d'ailleurs par la suite divisée sur l'étendue de la rétroactivité de la loi, le Conseil constitutionnel, suivi par le Cobseil d'État considérant qu'elle ne concerne que les actions introduites avant l'entrée en vigueur de la loi, alors que la Cour de cassation, comme la Cour européenne des droits de l'Homme jugent qu'elle affecte aussi les actions intentées après, dès lors que la naissance de l'enfant est antérieure à cette entrée en vigueur. V. Civ. 1re, 15 déc. 2011, *D.* 2012. 323, note Vigneau, *RTD civ.* 2012. 75, note Deumier, et les références citées.

1. Outre les arrêts précités de l'Assemblée plénière, v. Civ. 1re, 20 juin 2000, *Bull. civ.* I, n° 190 : « en matière civile, le législateur n'est pas lié par le principe de non-rétroactivité des lois ».

2. À défaut, cette rétroactivité ne pourrait pas être consacrée par le juge puisque l'article 2 du Code civil et les principes généraux du droit lui interdisent d'interpréter la loi dans le sens de la rétroactivité. Civ. 2e, 27 avr. 1988, *Bull. civ.* II, n° 101, p. 52 : « [...] en l'absence de volonté contraire expressément affirmée, la loi ne produit effet que pour l'avenir ».

3. Marguénaud et Dauchez, « Les dispositions transitoires de la loi du 3 décembre 2001 à l'épreuve de la CEDH », *Defrénois* 2002, art. 37615. La jurisprudence a accru la rétroactivité du texte en jugeant que la loi nouvelle s'applique même aux successions non partagées ouvertes avant l'entrée en vigueur de la loi du 3 janvier 1972 qui, la première, a reconnu des droits aux enfants adultérins, créant ainsi ce que certains auteurs ont appelé une « sur-rétroactivité » ; v. Marguénaud et Dauchez, « La sur-rétroactivité des dispositions transitoires de la loi du 3 décembre 2001 favorables à l'enfant adultérin », *Defrénois* 2009, art. 38923.

à rétroagir. Il n'est donc pas rare que les juges (du fond, notamment) y résistent[1]. La Cour européenne des droits de l'Homme, la Cour de cassation et le Conseil constitutionnel semblent désormais s'accorder sur le fait que les lois de validation ne sont admissibles que si elles répondent à un *motif impérieux d'intérêt général*[2].

109. ***La rétroactivité de la loi. Lois interprétatives.*** La *loi interprétative* se définit comme un texte qui vient « préciser le sens d'une loi antérieure »[3]. Cette fonction d'interprétation lui confère *a priori* une rétroactivité naturelle : parce qu'elle s'incorpore à cette loi en en révélant le sens exact, elle va s'appliquer rétroactivement à toutes les situations soumises à celle-ci depuis qu'elle est entrée en vigueur, et cela jusque dans le cadre des instances en cours[4].

Parmi bien d'autres[5], une loi du 7 novembre 1922 fournit un bon exemple de ce mécanisme. Cette loi est intervenue à une époque où la jurisprudence adoptait une interprétation nouvelle de l'article 1384, alinéa 1er, du Code civil, selon laquelle ce texte édictait une présomption de faute à l'encontre du gardien de la chose qui avait causé un dommage. Cette jurisprudence menaçait les assureurs-incendie en facilitant la mise en cause de la responsabilité de leurs assurés, et donc en multipliant les occasions de mise en œuvre de leurs garanties. À leur instigation, le législateur adopta une loi spécifiant que, par dérogation à la présomption posée par l'article 1384, alinéa 1er, le gardien de la chose où s'est déclaré un incendie dommageable pour des tiers ne serait responsable vis-à-vis de ceux-ci qu'autant qu'ils prouveraient sa faute. Considérée comme interprétative de l'article 1384, alinéa 1er, cette loi s'est appliquée aux sinistres antérieurs à son entrée en vigueur[6].

La loi du 20 avril 2018 ratifiant l'ordonnance du 1er février 2016 portant réforme du droit des contrats, du régime général et de la preuve des obligations déclare qu'ont un caractère interprétatif un certain nombre de modifications apportées par la loi de ratification à l'ordonnance[7].

Ce caractère interprétatif peut, évidemment, être conféré expressément à la loi par le législateur[8]. Une telle disposition s'impose normalement au juge, comme toute disposition

---

1. Ce qui fut le cas dans l'affaire du tableau d'amortissement, la Cour de cassation ayant dû intervenir à plusieurs reprises pour affirmer la conformité de la loi à l'article 6-1° CEDH (v. not. Civ. 1re, 9 avr. 2003, n° 00-20062, *Bull. civ.* III, n° 100, *Defrénois* 2003. 1183, obs. Savaux).

2. Cons. const. 14 févr. 2014, n° 2013-366 QPC, *RTD civ.* 2014. 605, obs. Deumier, *RFDA* 2014. 589, note Roblot-Troizier.

3. Dekeuwer-Défossez, *op. cit.*, n° 133.

4. Cela inclut les instances pendantes devant la Cour de cassation ; cf. Soc. 21 févr. 1991, *Bull. civ.* V, n° 94, p. 58 (deux arrêts). C'est là le point ultime de cette rétroactivité : une décision passée en force de chose jugée (v. ss 153, et la note) ne saurait être remise en cause par une loi interprétative (Ass. plén. 21 déc. 1990, *Bull. Ass. plén.* n° 12). Elle doit, en revanche, être appliquée par la Cour de cassation pour la censure d'un arrêt d'appel rendu avant sa publication. Il y a là, selon une formule doctrinale, une *rétroactivité renforcée*, par rapport à la rétroactivité des lois expressément rétroactives qui ne peuvent fonder la cassation d'une décision rendue avant leur entrée en vigueur (Ghestin, Barbier et Bergé, n° 576).

5. Par exemple, l'article 4 de la loi n° 63-699 du 13 juillet 1963 disposant que pour l'application de l'article 79-3 de l'ordonnance du 30 décembre 1958 – soumettant à un régime strict l'indexation des créances, sauf en matière de dettes d'aliments – « doivent être regardées comme des dettes d'aliments les rentes viagères constituées entre particuliers »

6. Cf. not. Civ. 21 déc. 1925, *S.* 1925. 1. 351 ; v. Flour, Aubert et Savaux, *Droit civil. Les obligations*, vol. 2, *Le fait juridique*, n° 263.

7. Article 16-I, alinéa 3, de la loi n° 2018-287 du 20 avril 2018 ratifiant l'ordonnance n° 2016-131 du 10 février 2016 portant réforme du droit des contrats, du régime général et de la preuve des obligations (*JORF* n° 0093 du 21 avr. 2018, texte n° 1).

8. V. par ex, outre la loi du 20 avril 2018 précitée, L. n° 80-502 du 4 juill. 1980, dite « d'orientation agricole », art. 58.

légale. La question se pose de savoir, cependant, s'il en va ainsi même lorsque la loi n'est pas véritablement interprétative, le législateur ayant seulement cherché à « camoufler », par cette formule, une loi purement et simplement rétroactive. En faveur d'un pouvoir du juge de remettre en cause le caractère interprétatif du texte – et de refuser, en conséquence, son application rétroactive – on fait valoir que le sens de la loi n'est « pas clair dès lors que ses termes ne sont pas conformes à la réalité juridique » [1]. En sens contraire, on observera que le législateur a toujours la maîtrise des fictions et que l'inélégance du procédé utilisé en l'occurrence ne saurait justifier qu'il soit fait obstacle au pouvoir qu'il a de légiférer de façon rétroactive [2]. Une forte tendance jurisprudentielle s'inscrit pourtant en faveur d'un contrôle de la réalité du caractère interprétatif ainsi qualifié, notamment en matière fiscale [3].

Quoi qu'il en soit, une telle disposition légale demeure peu fréquente. Il incombe alors au juge de rechercher, le cas échéant, si la loi est ou non interprétative, et donc s'il convient, ou non, de l'appliquer avec effet rétroactif. Il peut le faire, pourvu que l'intention du législateur apparaisse avec suffisamment de netteté et que certaines caractéristiques se trouvent effectivement réunies. Ce que la Cour de cassation a précisé dans les termes suivants : « une loi ne peut être considérée comme interprétative qu'autant qu'elle se borne à reconnaître, sans rien innover, un état de droit préexistant qu'une définition imparfaite a rendu susceptible de controverse » [4].

La « rétroactivité renforcée » des lois interprétatives découlant de leur application traditionnelle aux instances pendantes devant la Cour de cassation paraît remise en cause par l'arrêt de l'assemblée plénière du 23 janvier 2004 [5]. La Cour a en effet approuvé des juges du fond d'avoir écarté l'application d'une loi, qu'ils avaient pourtant qualifiée d'interprétative, aux motifs qu'il n'était pas établi que le législateur ait entendu répondre à un impérieux motif d'intérêt général pour corriger l'interprétation jurisprudentielle du texte concerné et donner à la loi une portée rétroactive dans le but d'influer sur le dénouement des litiges en cours. On retrouve ici les limites que la Cour de cassation pose désormais à la rétroactivité de la loi, qu'elle semble donc prête à appliquer aussi aux lois interprétatives.

110. ***L'application immédiate de la loi nouvelle aux situations contractuelles***. La seconde exception aux principes de solution des conflits de lois dans le temps consiste dans la possibilité d'appliquer immédiatement la loi nouvelle aux effets à venir des situations contractuelles antérieurement constituées. Cette solution doit être soigneusement distinguée de celle de la rétroactivité. Certes, la situation contractuelle mise en place avant la loi nouvelle se trouve alors modifiée. Mais elle ne l'est que pour l'avenir,

---

1. *Rapport de la Cour de cassation 1992*, p. 320.
2. Cf. Roubier, *Le droit transitoire*, 2e éd., coll. « Bibliothèque Dalloz », 2008, nº 57, p. 253 ; Terré, *op. cit.*, nº 522 ; *contra* : H. Mazeaud et Chabas, *op. cit.*, nº 151.
3. V. notamment à propos de l'article 10-II de la loi nº 89-935 du 29 décembre 1989, Com. 7 avr. 1992, *Bull. civ.* IV, nº 150, *Defrénois* 1992, art. 35369, note Chappert, *JCP* 1993. II. 21939, note David (l'arrêt énonce que ce texte « n'a pas un caractère interprétatif dès lors qu'il tend à substituer de nouvelles conditions d'imposition à celles résultant du texte prétendument interprété [...] »).
4. Com. 22 oct. 2002, *Bull. civ.* IV, nº 150 ; Civ. 1re, 18 oct. 2005, *Bull. civ.* I, nº 365 ; cf. Roubier, définissant la loi interprétative comme celle « qui, sur un point où la règle de droit est incertaine ou controversée, vient consacrer une solution qui aurait pu être adoptée par la seule jurisprudence » (*op. cit.*, nº 58).
5. Ass. plén. 23 janv. 2004, *Bull. Ass. plén.* nº 2, *D.* 2004. 1108, note Gautier, *RTD civ.* 2004. 603, obs. Deumier, *ibid.* 2004. 341, obs. Théry et *ibid.* 2004. 371, obs. Raynard, *JCP* 2004. II. 10030, note Billiau, préc.

c'est-à-dire à compter de l'entrée en vigueur de la loi. Au contraire, tous les effets produits avant ce moment restent intangibles, hors de portée de la loi[1].

Ainsi, par **exemple**, pour un contrat de prêt convenu avant la loi du 28 décembre 1966, avec une stipulation d'intérêts supérieure au taux autorisé par cette loi, l'emprunteur a pu obtenir la réduction de sa dette d'intérêts pour les échéances *postérieures* à l'entrée en vigueur de la loi[2] ; en revanche, les intérêts afférents aux échéances *antérieures* n'ont pas été remis en cause[3].

Cette solution de l'application immédiate de la loi nouvelle aux situations contractuelles en cours peut être *expressément édictée* par le législateur. Ainsi, par exemple, l'article 9, alinéa 3, de l'ordonnance du 10 février 2016 réformant le droit des contrats qui, par exception, déclare immédiatement applicables aux contrats conclus avant son entrée en vigueur, les nouveaux textes créant des « interpellations interrogatoires » (C. civ., art. 1123, 1158 et 1183). Il en a incontestablement le pouvoir, plus nettement encore que celui de faire des lois rétroactives : lui seul, en effet, est habilité à définir les domaines de compétence attribués aux volontés individuelles, et à faire varier ces domaines, au fil du temps, selon ce qu'il estime nécessaire. Mais, précisément, il est utile de rechercher *pourquoi* le législateur peut ainsi décider de déroger au principe de survie de la loi ancienne, et donc d'imposer sa volonté.

De façon générale, on peut considérer que cette décision procède du souci d'assurer l'uniformité du régime applicable aux situations contractuelles considérées. Et il en va ainsi, notamment, lorsque la loi nouvelle concerne les intérêts essentiels de la société, de nature politique, économique ou sociale. Il paraît normal, alors, que la règle nouvelle ne puisse être méconnue par certains au seul prétexte qu'une convention entre particuliers a été conclue avant l'entrée en vigueur de la loi.

Parce qu'elle ne contredit en aucune manière le principe de non-rétroactivité[4], la solution de l'application immédiate de la loi nouvelle aux situations contractuelles peut parfaitement être adoptée par le juge, alors même que *la loi n'en dit rien*. Tel fut le cas de nombre des grandes lois sociales qui ont institué des droits nouveaux au profit des salariés[5].

Pour trancher de cette manière et, donc, révéler la volonté du législateur d'appliquer immédiatement la loi nouvelle, le juge doit rechercher si les motifs qui conduisent ordinairement le législateur à décider ainsi, de manière expresse, se retrouvent dans le cas considéré. Force est de constater qu'il n'y a pas, à cet égard, de critère unique et décisif.

---

1. Pour un exemple de confusion, v. CE, ass., 24 mars 2006 (*Société KPMG*), *RTD civ.* 2006. 527, obs. Encinas de Munagori, *Defrénois* 2006, art. 38498, n° 73, obs. Libchaber, *AJDA* 2006. 1028, note Landais et Lenica, *RJDA* 2006. 545, obs. Aguila, préc. Semblant appliquer plus clairement la distinction : CE, ass., 8 avr. 2009 (*Commune d'Olivet*), *RTD civ.* 2010. 58, obs. Deumier.

2. Selon les prévisions de la loi (art. 18), les intérêts se trouvaient alors réduits de plein droit au taux maximum admis ; v. aussi, pour le cas d'une loi applicable à un contrat en cours, à l'occasion seulement de son renouvellement ou de sa reconduction : Civ. 1re, 13 mai 2003, *Bull. civ.* I, n° 116.

3. V. également, jugeant, au motif qu'en l'absence de disposition contraire, la loi ne produit effet que pour l'avenir, que celle du 1er août 2003, qui a consacré la validité des « clauses réclamation » de la victime dans les assurances de responsabilité, ne s'applique pas à un sinistre survenu avant son entrée en vigueur : Civ. 2e, 25 juin 2009, *JCP* 2009, n° 40, p. 284, note Mayaux.

4. Cf. en particulier, Ch. mixte 13 mars 1981, *Bull. Ch. mixte* n° 3, qui énonce que l'article 2 du Code civil ne fait « pas obstacle à l'application immédiate des lois nouvelles aux situations juridiques établies avant leur promulgation si elles n'ont pas encore été définitivement réalisées ».

5. V. not. Civ. 17 févr. 1937, *DH* 1937. 218 (congés payés) ; rappr. Soc. 2 avr. 1981, *Bull. civ.* V, n° 316, p. 238 (convention collective nationale).

La doctrine en a proposé deux : celui de l'*ordre public*, c'est-à-dire, très schématiquement de l'intérêt vital de la société[1] ; et celui du *statut légal* que l'on peut définir, très approximativement, comme une réglementation institutionnelle de la compétence exclusive du législateur[2].

On retrouve ces orientations dans la jurisprudence. Mais s'ils peuvent servir de guides, ces deux critères ne permettent cependant pas de cerner infailliblement le domaine de l'application immédiate de la loi aux contrats en cours. La notion d'effet légal du contrat auquel la loi nouvelle s'appliquerait immédiatement n'est pas définie précisément[3]. Quant à l'ordre public, il ne peut fournir un critère décisif. Non seulement, il est des dispositions qui, sans être d'ordre public, doivent néanmoins recevoir application immédiate en vertu de l'ordre de la loi, mais encore, il en est d'autres qui, bien qu'expressément qualifiées d'ordre public, n'ont cependant pas vocation à régir immédiatement les effets futurs des situations contractuelles[4]. Aussi bien la jurisprudence ne satisfait-elle généralement pas du caractère d'ordre public. Elle subordonne l'application immédiate de la loi nouvelle à l'existence d'un motif d'ordre public particulièrement impérieux[5]. Le critère, fondé sur l'existence d'un degré flou affectant une notion vague, manque de précision. Plus encore que la notion d'effet légal, elle confère un important pouvoir au juge pour fixer les effets dans le temps des lois nouvelles régissant les obligations contractuelles. Il ne devrait en user qu'avec prudence en s'assurant de la volonté du législateur de se substituer aux volontés individuelles, ainsi que de l'opportunité de généraliser la solution nouvelle.

S'agissant des textes réglementaires, leur application immédiate aux situations contractuelles en cours – que le Conseil d'État confond parfois avec la rétroactivité – peut-être exclue au nom du principe de sécurité juridique lorsque les règles nouvelles sont susceptibles de porter à ces situations une atteinte excessive[6].

§ 3. L'application de la loi dans l'espace

111. ***Position du problème***. La loi votée par le Parlement français, et les règlements de l'autorité publique, ont normalement vocation à s'appliquer sur l'ensemble du territoire sur lequel s'exerce la souveraineté française. Cette affirmation appelle cependant deux correctifs.

Il faut savoir, d'abord, que l'*unité de la législation nationale* ne constitue pas un principe absolu. En effet, certaines parties du territoire national sont soumises, plus ou moins largement selon le cas, à des régimes législatifs spéciaux.

C'est ainsi, en premier lieu, que dans les départements d'Alsace-Moselle (Haut-Rhin, Bas-Rhin et Moselle), existe un *droit local* – issu de lois françaises antérieures à 1871,

---

1. Sur la notion d'ordre public, v. ss 101.
2. Critère proposé par Roubier, *op. cit.*, n° 84. Exemples : la réglementation du *contrat de travail* ou la législation du *mariage ;* v. Civ. 3e, 8 juin 2005, *Bull. civ.* III, n° 123, cumulant les deux critères.
3. V. ss 107.
4. Dekeuwer-Défossez, *op. cit.*, n° 21 s. ; cf. en ce dernier sens, Civ. 1re, 17 mars 1998, *Bull. civ.* I, n° 115, *RTD civ.* 1999. 378, obs. J. Mestre (qui réserve l'existence de raisons particulières) ; Com. 26 févr. 1991, *Bull. civ.* IV, n° 86, p. 58 (qui réserve l'éventualité de dispositions spéciales).
5. Clairement en ce sens, v. Com. 3 mars 2009, *Bull. civ.* IV, n° 31, *CCC* 2009, comm. 156, obs. Leveneur. Fondant au contraire l'application immédiate sur le seul caractère d'ordre public du texte, traditionnellement insuffisant : Civ. 3e, 9 févr. 2017, n° 16-10350, *Bull. civ.* III, à paraître, *D.* 2017. 1107, note Casu, *RDC* 2017/2, 227, obs. Laithier.
6. CE, ass., 24 mars 2006, préc.

et de lois allemandes antérieures à 1918 – qui gouverne certaines matières en dérogation aux lois applicables aux autres parties de la Métropole [1].

Il convient, en second lieu, de tenir compte des statuts très diversifiés qui s'appliquent outre-mer [2].

Il s'agit, d'abord, des *départements* et *régions d'outre-mer* : Guadeloupe, Guyane, Martinique, Mayotte et la Réunion. Le régime législatif et l'organisation administrative peuvent y faire l'objet « d'adaptations tenant aux caractéristiques et contraintes particulières de ces collectivités » (art. 73 de la Constitution). Sous réserve de ces adaptations éventuelles [3], les dispositions législatives adoptées par le Parlement y sont applicables de plein droit (même texte) en vertu du principe dit « d'assimilation législative » [4].

Ensuite apparaît la catégorie des *Territoires d'outre-mer* : Polynésie, Wallis et Futuna et Terres australes et antarctiques françaises. Leurs régimes juridiques sont variables, comprenant un partage de compétences avec le législateur de la République et le jeu du principe de « spécialité législative » qui subordonne l'application des lois métropolitaines à une disposition expresse en ce sens et à une publication locale. La Polynésie française bénéficie, depuis une loi organique du 27 février 2004 (mod. par les lois organiques n° 2011-018 du 1er août 2011 et n° 2007-1719 du 7 déc. 2007), en qualité de « collectivité d'outre-mer », d'un statut d'autonomie qui lui donne des compétences propres plus étendues.

Saint-Pierre-et-Miquelon constituent une *collectivité territoriale de la République française*, Saint-Martin et Saint-Barthélémy des *collectivités* pour lesquelles joue, en principe, la règle de l'assimilation législative. Les dispositions législatives ou réglementaires s'appliquent de plein droit, sauf dans un certain nombre de matières [5].

Enfin, la Nouvelle-Calédonie apparaît comme une entité particulière dont le statut est évolutif et qui bénéficie d'un régime de souveraineté partagée avec l'État lui assurant une autonomie législative importante et croissante [6].

Le second correctif qui doit être apporté à l'affirmation exprimée ci-dessus tient compte de ce que, dans l'activité juridique, interviennent souvent des éléments d'extranéité qui sont de nature, tantôt à écarter, en France, l'application de la loi française, tantôt, au contraire, à étendre son application à des faits extérieurs au territoire national. C'est cet aspect particulier de la question de l'application de la loi dans l'espace – question dont les solutions relèvent du droit international [7] – que nous préciserons un peu dans les développements qui suivent.

112. ***Le particularisme du droit privé et le principe de territorialité des lois de droit public et de droit pénal.*** Il existe, au regard de cette question de l'application des lois dans

---

1. Il s'agit principalement de textes de droit privé, parmi lesquels le *Livre foncier* – système de publicité des droits réels immobiliers et de leurs mutations – jouit d'une particulière célébrité. Sur les divers domaines concernés par le droit local, v. Ghestin, Barbier et Bergé, n° 513 s.

2. V. Thiellay, *Le droit des outre-mers*, 2e éd., Dalloz, coll. « Connaissance du droit », 2011.

3. Pour lesquelles les départements ou les régions sont compétents, sur habilitation spéciale (CGCT, art. LO 3445-1 s. et LO 3445-9 s.).

4. Néanmoins, les conseils généraux et les conseils régionaux peuvent aussi être habilités à fixer les règles applicables sur leur territoire dans un nombre limité de matières pouvant relever du domaine de la loi (art. LO 4435-1 s. et LO 4435-9 s.).

5. Loi organique n° 2007-223 du 21 février 2007 portant dispositions statutaires et institutionnelles relatives à l'outre-mer.

6. Loi organique n° 99-209 du 19 mars 1999, mod. par la loi organique n° 2013-1027 du 15 novembre 2013.

7. Sur la notion, v. ss 48 (pour le droit international public), et v. ss 55 (pour le droit international privé).

l'espace, une grande différence entre, d'une part, les *lois de droit public* et de *droit pénal* et, d'autre part, les *lois de droit privé*. Cela s'explique par le fait que les premières visent directement l'intérêt général, l'intérêt de la société, alors que les secondes, sans être, bien sûr, indifférentes à celui-ci, concernent à titre principal des intérêts particuliers. Il s'ensuit que, dans les deux cas, les préoccupations sont distinctes.

La *loi de droit privé* qui ne règle que des intérêts particuliers, peut cesser de s'appliquer en France lorsque la situation qu'elle envisage comporte, en fait, des éléments d'extranéité trop importants : ainsi, pour la question de savoir si un étranger a la capacité civile pour conclure en France tel ou tel contrat. Elle cédera alors la place à une loi étrangère que le juge devra déterminer précisément, et mettre en œuvre. À cette fin, il existe des *règles de conflit* qui permettent de déterminer la loi – française ou étrangère – applicable à chaque cas.

L'optique est radicalement différente pour les lois de *droit public* et de *droit pénal*. Visant à assurer la sauvegarde de l'intérêt général et reflétant l'autorité de la puissance publique, elles ont vocation à régir toutes les situations qu'elles envisagent sur l'ensemble du territoire national. C'est le *principe de l'application territoriale* dont la mise en œuvre est extrêmement simple. De deux choses l'une, en effet : ou bien la situation prévue par la loi se réalise sur le territoire national, et elle doit alors y être soumise, peu important que ce soit le fait d'un français ou d'un étranger[1] ; ou bien, elle se constitue en dehors de ce territoire, auquel cas, d'une part, la loi n'a pas vocation à être mise en œuvre et, d'autre part, il n'y a pas lieu de rechercher – et moins encore d'appliquer – la loi étrangère compétente.

Cela ne signifie pas, pour autant, que les lois de droit public ou de droit pénal soient indifférentes aux faits qui se produisent hors du territoire national. Ainsi, la loi fiscale peut fort bien prévoir l'imposition de profits réalisés à l'étranger[2]. Surtout, la loi pénale française a vocation à s'appliquer, notamment, à tout crime commis par un français hors du territoire de la République (C. pén., art. 113-6, al. 1er). Il en va de même pour les délits dès lors que les faits qui les constituent sont punis par la loi du pays où ils ont été commis (C. pén., art. 113-6, al. 2)[3]. Il s'agit alors d'une affirmation d'autorité de l'État. La question se présente de façon différente pour les règles du droit privé.

À l'inverse, le droit (international) privé ne se désintéresse pas de l'intérêt général. Lorsqu'une loi étrangère ayant normalement vocation à régir une situation internationale heurte par trop les intérêts fondamentaux de notre organisation sociale, elle peut être évincée au nom de l'ordre public international. Il existe en outre une catégorie de règles, tout aussi essentielles, que l'on désigne sous le nom de lois de police, qui s'appliquent nécessairement, sans que l'on se demande si une loi étrangère n'avait pas vocation à régir la situation, en raison d'un lien étroit de la situation avec le territoire français[4].

113. ***Aperçu sommaire des règles de conflit de lois dans l'espace***. Il existe, pour déterminer la loi applicable aux situations relevant du droit privé, un système de règles fort complexe. Ces règles sont dites *règles de conflit* parce que leur vocation est de désigner,

---

1. Cf. C. civ., art. 3, al. 1er : « Les lois de police et de sûreté obligent tous ceux qui habitent le territoire ».

2. C'est ainsi que se trouvent soumis à l'impôt sur le revenu des personnes physiques, les revenus de source étrangère, alors même qu'ils ne seraient pas transférés en France, cf. CGI, art. 158.

3. Bouloc, *Droit pénal général*, *op. cit.*, n° 176 s.

4. V. not. Loussouarn, Bourel et de Vareilles-Sommieres, *Droit international privé*, 10e éd., Dalloz, coll. « Précis », 2013, n° 516 s. ;B. Remy, *Exception d'ordre public et mécanisme des lois de police en droit international privé*, Dalloz, coll. « Nouvelle Bibliothèque de Thèses », préf. Mayer, 2008.

parmi les diverses lois nationales qui pourraient prétendre à s'appliquer à tel cas particulier, celle qui devra effectivement être mise en œuvre [1].

À l'origine, ce système a été construit principalement par la jurisprudence, à partir des indications, tout à fait insuffisantes, de l'article 3 du Code civil. Il est établi sur la base d'une distinction tripartite qui oppose *statut personnel*, *statut réel*, et enfin *actes et faits juridiques*.

Le *statut personnel*, tout d'abord, regroupe l'ensemble des règles qui définissent la condition juridique de la personne : nom et état civil, capacité, mariage, divorce, filiation. Pour ces diverses questions, la loi applicable est, en principe, la loi de la *nationalité* de la personne considérée [2], c'est-à-dire la loi personnelle [3]. Par-delà sa simplicité, ce principe de solution comporte de multiples nuances et adaptations qui tiennent compte de la fréquente complexité des situations à régler, en particulier lorsqu'elles impliquent plusieurs personnes de nationalités différentes [4].

Le *statut réel*, ensuite, correspond au régime juridique des *biens*, meubles et immeubles : par **exemple**, règles relatives à la propriété et à ses modes d'acquisition. Le principe est alors qu'on applique la *loi de la situation* du bien, c'est-à-dire la loi en vigueur au lieu où il se trouve [5]. Ce principe supporte de multiples aménagements : pour tenir compte du particularisme de certains biens [6] ; ou encore pour répondre à la complexité de la situation considérée qui conjugue un élément du statut réel avec un élément relevant d'un autre statut [7].

Pour ce qui est, enfin, des *actes juridiques* – notamment les contrats – et des *faits juridiques* – en particulier la responsabilité civile – le principe est celui de leur soumission à la *loi locale* [8]. Cette formulation unique dissimule cependant des éléments de différenciation importants.

En ce qui concerne les *faits juridiques*, la règle s'applique directement en ce sens que la loi applicable est celle du lieu où le fait considéré a été constitué : la loi espagnole, pour un accident de la circulation qui s'est produit en Espagne.

Pour les *actes juridiques*, il faut au contraire introduire diverses distinctions, et notamment celle de la *forme* (exigence d'un écrit, publicité...), et du *fond* de l'acte (conditions de formation, effets...). Quant à la *forme*, la règle est simple : les conditions de forme applicables à l'acte considéré sont celles qu'impose la loi en vigueur au lieu où il est passé [9]. En revanche, pour ce qui a trait *au fond* de l'acte, l'affirmation de la compétence de la loi locale [10] correspond

---

1. Sur la théorie générale des conflits de lois dans l'espace, Loussouarn, Bourel et de Vareilles-Sommieres, *Droit international privé*, *op. cit.*, n° 5 s.

2. Une ordonnance du 19 octobre 1945 avait codifié la législation française en matière de nationalité. Le *Code de la nationalité française* a été abrogé par une loi du 22 juillet 1993 et ses dispositions ont été intégrées au Code civil (art. 17 à 33-2). C'est une question sensible sur laquelle les textes changent assez souvent.

3. La solution résulte de l'article 3, alinéa 3, du Code civil qui dispose que « les lois concernant l'état et la capacité des personnes régissent les Français, même résidant en pays étranger ».

4. Par ex., en matière de filiation, lorsque les parents et l'enfant n'ont pas la même nationalité. Cette question est réglée par l'article 311-14 du Code civil : « la filiation est régie par la loi personnelle de la mère au jour de la naissance de l'enfant ; si la mère n'est pas connue, par la loi personnelle de l'enfant ».

5. Là encore, la solution résulte du Code civil dont les dispositions ont été généralisées (art. 3, al. 2) : « les immeubles, même ceux possédés par les étrangers, sont régis par la loi française ».

6. Ainsi applique-t-on la *loi du pavillon* pour les navires et aéronefs. Loussouarn, Bourel et de Vareilles-Sommieres, *op. cit.*, n° 655 s.

7. Ainsi des contrats translatifs ou constitutifs de droits réels (vente, constitution d'hypothèque...) qui appellent à la fois la *loi de situation* – en raison du bien qui fait l'objet du contrat – et la *loi d'autonomie* – du fait qu'il y a contrat. Sur cette question, v. Loussouarn, Bourel et de Vareilles-Sommieres, *op. cit.*, n° 243 s., 610 s., et 646 s.

8. Ce principe a été posé dans le silence de la loi : le Code civil n'en dit rien.

9. C'est l'application directe de la maxime ancienne : *locus regit actum*.

10. Sans compter que la règle ne concerne pas certains actes : ainsi des actes de nature extrapatrimoniale – tels le *mariage* et l'*adoption* – qui relèvent à cet égard du statut personnel (en revanche le *contrat de mariage* – qui fixe le régime des biens des époux – est traité comme un contrat ordinaire) ; ainsi encore du *testament*, qui est soumis à la loi successorale, c'est-à-dire à la loi de situation pour ce qui concerne les immeubles, et à la loi du domicile du défunt pour les successions mobilières. Sur ces différents points, v. Loussouarn, Bourel et de Vareilles-Sommieres, *op. cit.*

à une réalité sensiblement plus compliquée. C'est qu'en effet, si la loi applicable au contrat est bien celle qui est en vigueur au lieu auquel ce contrat se rattache[1], on reconnaît toutefois aux parties le droit de choisir cette localisation de leur contrat dans l'espace, ou, plus directement, celui de choisir la loi applicable à leur relation contractuelle[2]. Ainsi parle-t-on, dans ce cas, de loi *d'autonomie* – plutôt que de loi locale – ce qui évoque mieux la liberté laissée aux sujets de droit.

Il existe désormais *d'assez nombreux textes* énonçant des règles de conflits de lois. Certains sont d'origine nationale, comme ceux régissant les conflits de lois en matière de *filiation* (C. civ., art. 311-14 s., introduits par L. du 3 janv. 1972), de *divorce* (C. civ., art. 309, introduit par L. du 11 juill. 1975), d'*adoption* (C. civ., art. 370-3 s., créés par L. du 6 févr. 2001), de *régimes matrimoniaux* (C. civ., art. 1397-2 s., résultants de la L. du 28 oct. 1997)... D'autres dispositions résultent de conventions internationales, élaborées soit sous l'égide d'organisations internationales, telles les conventions de La Haye (celle du 5 octobre 1961 concernant la protection des mineurs ou celle sur la loi applicable aux régimes matrimoniaux du 14 mars 1978, par exemple), soit à l'initiative de l'Union européenne (comme l'ancienne Convention de Rome sur la loi applicable aux obligations contractuelles du 19 juin 1980). S'agissant de ces dernières, la tendance est à les transformer en règlements européens, dans un mouvement plus général d'européanisation des règles de droit international privé (par ex : règlement du 17 juin 2008 sur la loi applicable aux obligations contractuelles – dit « règlement Rome I » ; règlement du 11 juillet 2007 sur la loi applicable aux obligations non-contractuelles – « Rome II » ou encore le règlement du 4 juillet 2012 en matière de successions internationales et celui du 24 juin 2016 sur les régimes matrimoniaux).

Ces quelques indications suffisent pour comprendre, à la fois, que pour les matières qui relèvent du droit privé, le juge français peut être amené à appliquer une loi étrangère, et inversement, que la loi française peut avoir un domaine d'application qui ne se borne pas au territoire national : ainsi, pour ne citer que ces deux exemples, l'*incapacité* du français mineur le suit-elle à l'étranger ; ainsi, encore, la loi française peut-elle avoir à s'appliquer à une *relation contractuelle* conclue et exécutée hors de France.

§ 4. L'abrogation de la loi

114. ***La durée des lois. Nécessité et formes de l'abrogation.*** Sans prétendre à l'éternité, la loi – comme le règlement – est normalement faite pour durer.

On rencontre cependant, parfois, des *dispositions à caractère temporaire*. Relativement fréquente dans le cadre des lois de finances[3], lois annuelles qui peuvent comporter des dispositions applicables à la seule année considérée, cette pratique est infiniment plus rare en dehors de ce cas[4]. Elle correspond, surtout, aux périodes de crise aiguë : ainsi des textes édictés « pour la durée de la guerre ». Alors, la loi temporaire cesse d'être en vigueur au jour de l'arrivée du terme fixé[5].

---

1. C'est principalement le lieu où le contrat est *exécuté*. Ce peut être aussi le lieu où il a été *conclu*.
2. V. Loussouarn, Bourel et de Vareilles-Sommieres, *op. cit.*, n° 243 s., 610 s. et 646 s.
3. V. ss 80.
4. V. cependant, en matière de baux d'habitation, la loi du 6 juillet 1989, dont l'article 18, modifié par la loi du 24 mars 2014 autorise le gouvernement à prendre, par décrets dont la durée maximum est d'un an, des mesures particulières concernant l'évolution des loyers dans les zones de plus de 50 000 habitants où il existe un déséquilibre marqué entre l'offre et la demande de logements.
5. V. une application : Com. 2 mars 1976, *Bull. civ.* IV, n° 80.

Dans tous les autres cas, où aucun terme n'a été assigné à la loi, celle-ci ne cessera de s'appliquer que lorsqu'elle aura été *abrogée*, c'est-à-dire lorsque ses dispositions auront été supprimées [1].

Logiquement [2], cette abrogation ne peut être décidée que par l'autorité compétente pour régler la matière concernée. C'est dire que l'on rencontre ici, au résultat d'une application certaine de la règle de correspondance des formes, les exigences de la hiérarchie et des principes de compétence qui s'appliquent aux lois et règlements [3].

Il en résulte, d'abord, que seule une *loi* peut abroger une *loi*. Le pouvoir réglementaire n'a pas ce pouvoir, sauf le cas particulier de la délégalisation [4] – qui ne crée au demeurant qu'une exception purement apparente à la règle car, par hypothèse, la loi est intervenue dans un domaine réservé au règlement. Bien entendu, il faut encore respecter la hiérarchie interne à la catégorie générale des lois : une loi ordinaire ne saurait abroger une loi constitutionnelle [5].

Pareillement, un *décret* ne peut être abrogé que par un décret, dans la mesure du moins où le texte a la nature de décret autonome [6]. Et la hiérarchie des règlements autorise l'abrogation des *arrêtés* par voie de décret, comme elle interdit la démarche inverse.

Ces exigences de forme sont absolues. En revanche, aucune formule particulière n'est exigée, ce qui ouvre la possibilité de divers modes d'abrogation.

115. ***Divers modes d'abrogation. Abrogation expresse.*** L'abrogation peut être *expresse* ou *tacite*.

Elle est *expresse* lorsque le texte nouveau énonce l'abrogation du texte antérieur, et en précise, le cas échéant, l'étendue [7]. Dans ce cas, le texte ancien cesse d'être applicable à compter de la date de l'abrogation qui correspond à celle de l'entrée en vigueur du nouveau texte [8].

Cette méthode de l'abrogation expresse, qui est assurément la plus simple et la plus sûre, soulève une difficulté dans le cas où la disposition abrogée était visée, *par référence*, par une autre loi dont le texte nouveau ne fixe pas le sort. Il semble que, dans ce cas, cette autre loi doive être considérée comme abrogée – « par ricochet » [9] – dans la mesure

---

1. *Abrogation*, mode normal de suppression d'une disposition légale, ne se confond pas, en théorie du moins, avec l'*annulation* d'une loi. Celle-ci, qui représente une solution tout à fait exceptionnelle, tend en effet à un effacement complet, rétroactif, de la disposition qui en fait l'objet. Cette solution singulière se fonde sur des considérations éthiques et politiques. Tel fut le cas de l'ordonnance du 9 août 1944 « sur le rétablissement de la légalité républicaine » qui a édicté l'annulation de diverses dispositions du gouvernement de Vichy.

2. Il faut réserver la question de l'abrogation par *désuétude* ; v. ss 115 s.

3. V. ss 78 s.

4. V. ss 86.

5. V. ss 92.

6. Sauf la faculté pour le législateur d'abroger un règlement pris dans un domaine réservé à la loi.

7. L'abrogation d'un texte peut en effet être totale ou partielle. Le meilleur exemple d'abrogation totale se trouve dans l'article 7 de la loi du 30 ventôse an XII, créant le « Code civil des Français » qui disposait : « À compter du jour où ces lois sont exécutoires, les lois romaines, les ordonnances, les coutumes générales ou locales, les statuts, les règlements, cessent d'avoir force de loi générale ou parti culière dans les matières qui sont l'objet desdites lois composant le présent code. »

8. La question de savoir si la règle ancienne ne pourrait pas subsister malgré tout ne devrait recevoir qu'exceptionnellement une réponse positive. Elle suppose d'abord que les règles ne soient pas contradictoires ou incompatibles. Elle nécessite ensuite qu'elles puissenr s'incarner dans d'autres sources du droit. V. Gautier, « De la subsistance, à titre de principes ou de raison écrite, d'articles de loi abrogés à tort », in *Mélanges en l'honneur de F. Collart Dutilleul*, Dalloz, 2017, p. 400.

9. Marty et Raynaud, n° 104, p. 183, dans le même sens : Ghestin, Barbier et Bergé, n° 545.

où cette référence conditionnait sa mise en œuvre. Ce résultat peut cependant être évité dans deux cas : d'une part lorsque la loi d'abrogation substitue à la règle ancienne une règle nouvelle qui permet pareillement de mettre la loi en œuvre ; d'autre part, lorsque, en l'absence de toute substitution de règle, il apparaît possible de maintenir, dans le seul cadre de la loi qui y faisait référence, la règle abrogée [1].

Une autre difficulté peut également se présenter dans le cas où l'abrogation expresse est formulée de manière abstraite. Ainsi dans le cas où le texte nouveau énonce que « sont abrogées toutes les dispositions contraires à la présente loi ». Ce procédé est de nature à engendrer une relative incertitude quant à l'exacte portée de l'abrogation. Il y a alors matière à interprétation et la Cour de cassation est appelée à exercer son contrôle sur celle-ci [2], à l'image de ce qui se passe dans le cas d'abrogation tacite.

En application de l'article 62, alinéa 2, de la Constitution, la loi peut également être abrogée par la décision du Conseil constitutionnel statuant sur une question prioritaire de constitutionnalité lorsqu'il constate qu'elle porte atteinte aux droits et libertés que la Constitution garantit. L'abrogation intervient à compter de la publication de la décision du Conseil ou à une date ultérieure fixée par celle-ci [3].

116. *Abrogation tacite. Question de l'abrogation par désuétude*. Il y a *abrogation tacite* ou implicite, lorsque le texte nouveau ne comportant aucune formule d'abrogation, il apparaît néanmoins que la règle qu'il pose est inconciliable avec une règle posée antérieurement.

Pour admettre une telle abrogation tacite, la Cour de cassation exige le constat soit de l'existence d'une contradiction entre les deux règles, soit de leur incompatibilité, c'est-à-dire de l'impossibilité de les appliquer simultanément [4]. Toutefois, ce constat d'une incompatibilité n'autorise pas toujours à conclure à l'abrogation de la loi précédente. Ainsi y a-t-il place pour des solutions nuancées lorsque les deux textes contradictoires n'ont pas la même portée, l'un d'eux posant une règle générale alors que l'autre édicte une solution spéciale. Dans cette hypothèse, on doit certainement admettre que la loi spéciale se borne à préciser une dérogation à la règle générale lorsque celle-ci est apparue en premier [5]. La même solution peut aussi être admise, lorsque la loi spéciale est antérieure à la loi générale ; mais la solution contraire est également concevable dans ce cas. Il faut, pour trancher, procéder à une recherche précise de la volonté du législateur [6].

Dans tous les cas où l'abrogation tacite du texte ancien est admise, ce texte disparaît définitivement : il ne saurait en aucun cas renaître plus tard du fait de l'abrogation ou de la modification ultérieure de la loi qui lui portait contradiction [7]. Il en va d'ailleurs de même, en principe, dans le cas d'une abrogation expresse [8].

---

1. Marty et Raynaud, *eod. loc.* ; Ghestin, Barbier et Bergé, *eod. loc.*

2. V. une application dans Civ. 2ᵉ, 12 mai 1976, *Bull. civ.* II, nº 152, p. 119.

3. V. ss 85.

4. V. Soc. 18 avr. 1991, *Bull. civ.* V, nº 213 (abrogation tacite) ; Com. 24 juin 1980, *Bull. civ.* IV, n° 271 et 272 (absence d'abrogation tacite).

5. Il y a donc, alors, abrogation partielle de cette dernière.

6. On tend à faire prévaloir le maintien de la loi spéciale en vertu de la maxime *legi speciali per generalem non derogatur*, qui exprime l'idée qu'une loi spéciale n'est pas forcément incompatible avec une loi générale contraire qui lui est postérieure.

7. Cf. Soc. 16 mai 1979, *Bull. civ.* V, nº 421, p. 305 : « Les dispositions abrogées ne peuvent, en principe, et à défaut de stipulation législative particulière, redevenir en vigueur du seul fait de la modification ou de l'abrogation ultérieure des textes qui les avaient remplacées. »

8. CE 28 oct. 2009, nº 306708, qui précise que la remise en vigueur du premier texte ne peut intervenir que si l'autorité compétente le prévoit expressément, ou, par exception, dans le cas où une

L'abrogation tacite ainsi caractérisée suppose, comme l'abrogation expresse, qu'un texte nouveau, législatif ou réglementaire, est édicté. Il y a lieu, cependant, de se demander si cette circonstance est absolument nécessaire, et si l'abrogation d'une loi ne peut pas résulter du seul fait que cette loi se trouve en pratique frappée d'ineffectivité. C'est la question de l'*abrogation par désuétude de la loi*.

Cette question appelle certainement une réponse négative si l'on considère que la loi est la seule source de la règle de droit. Mais, il n'est pas sûr qu'il en soit ainsi, la coutume pouvant se voir reconnaître un certain rôle à côté de la loi. À partir de cette considération, la question de l'abrogation par désuétude doit être réservée, dans le cas, du moins, où se manifestent dans la vie juridique des pratiques contraires à la loi [1]. En revanche, lorsque tel n'est pas le cas et que l'on constate seulement l'absence de mise en œuvre d'un texte de loi, aucune abrogation ne saurait être admise [2], la loi ayant vocation à la permanence, lorsqu'elle n'est pas expressément temporaire.

disposition a pour seul objet d'en abroger une autre qui n'avait elle-même pas d'autre objet que d'abroger ou de modifier un texte et que la volonté de l'autorité compétente de remettre en vigueur le texte dans sa version initiale ne fait pas de doute. Sur la question, à propos d'une disposition de la proposition de loi de simplification et d'amélioration de la qualité du droit, v. Deumier, *RTD civ*. 2010. 55.

1. V. ss 122.

2. Cf. Ch. réunies 31 janv. 1901, *DP* 1901. 1. 169 (application d'un décret-loi du 2 mars 1848, prohibant le marchandage, et qui était resté inappliqué pendant une cinquantaine d'années).

Chapitre 2

La coutume

117. ***Idée générale. Plan***. On peut, dans une première approche, définir la coutume comme une pratique de la vie juridique qui présente un caractère habituel et qui, de ce fait, tend à se poser en règle de droit.

En retenant cette définition, on laisse délibérément de côté des compréhensions plus extensives de la notion de coutume, telle celle que retiennent certains sociologues qui voient dans la coutume le principe essentiel de l'organisation des rapports sociaux [1]. La coutume apparaît ainsi comme une notion technique qui correspond à un processus psychologique d'élaboration de certaines règles de la vie en société (Section 1). Il convient alors d'en apprécier le rôle et la portée par référence à la loi, mode normal de création de la règle de droit. Nous verrons que si la coutume ne peut être admise que comme une source accessoire et secondaire du droit, elle n'en remplit pas moins des fonctions non négligeables (Section 2).

Section 1

La notion de coutume

118. ***Les composantes de la coutume***. Tout usage, tout comportement habituel dans la vie sociale, ne constitue pas nécessairement une coutume : ainsi de la pratique des étrennes, ou du pourboire, ou encore de l'usage confraternel qui veut qu'un médecin qui donne des soins à un autre médecin, ou aux proches parents de celui-ci, ne réclame pas d'honoraires [2].

Il faut au demeurant observer que « coutume » et « usage » ne sont pas exactement synonymes, même s'ils se confondent parfois. Le mot *coutume* a une connotation plus directement juridique et désigne ordinairement une règle de droit « d'origine non étatique » [3]. Le terme *usage* s'applique mieux à l'évocation, plus large, d'une pratique qui peut ne pas avoir de portée juridique [4]. Mais les deux coïncident, parfois, lorsque précisément l'usage considéré acquiert une telle portée.

---

1. H. Lévy-Bruhl, *Sociologie du droit* (coll. « Que sais-je ? »), p. 41, pour qui la coutume « est la force vitale des institutions juridiques » et, au fond des choses, « la seule source du droit ». Dans certains territoires, la coutume joue encore un rôle plus proche de celui évoqué par les sociologues que de celui reconnu en Métropole. À propos de la coutume kanake en Nouvelle-Calédonie, v. Deumier, obs. sous Avis, 16 déc. 2005, *RTD civ.* 2006. 516 ; v. Vendrand-Voyer et Garnier (dir.), *La coutume dans tous ses états*, « La mémoire du droit », 2013.
2. Cf. Civ. 1re, 26 nov. 1981, *Bull. civ.* I, nº 356, p. 302.
3. V. *Vocabulaire juridique, Association Capitant*, Cornu (dir.), vis *Coutume* et *Usage*.
4. Rappr. Terré, nº 389.

Pour qu'il y ait coutume, il faut que soient réunis deux éléments caractéristiques :

D'abord un *élément matériel*, c'est-à-dire un comportement suivi de manière habituelle. Ainsi, par exemple, le fait, pour une femme mariée, de porter le nom de son mari [1]. Cela suppose que l'usage ait une ancienneté suffisante pour avoir permis sa mise en œuvre répétée [2].

Ensuite, un *élément psychologique*. On entend par là que l'usage doit être perçu comme un comportement obligatoire par l'opinion commune [3]. En d'autres termes, il faut que soit constatée une croyance selon laquelle l'usage considéré est constitutif d'une règle de droit.

La réalité de ce second élément a été contestée : l'opinion commune serait une circonstance sans portée, seule la consécration de l'usage par les juges ayant la vertu de la muer en coutume. Cette conception jurisprudentielle de la coutume ne peut être accueillie [4] : d'une part, elle méconnaît le fait initial de l'usage suivi, que le juge se borne à sanctionner *a posteriori* ; d'autre part, elle tend à reconnaître à la jurisprudence un pouvoir qui n'est pas le sien [5].

La coutume correspond donc à une conduite dont la nécessité et les effets juridiques sont spontanément reconnus par les sujets de droit, sans le secours d'un texte obligatoire.

Elle prend ainsi une nature objective en ce sens qu'elle est un produit de l'opinion collective dont, le cas échéant, le juge est appelé à constater l'existence. Cette nature paraît interdire d'inclure, dans la notion de coutume, les *standards* auxquels font référence de nombreuses règles de droit, et qui correspondent à des types de conduite dont le juge définit le contenu : ainsi des *bonnes* mœurs, du comportement de la *personne raisonnable*, ou encore, indirectement, de la *faute*. Il entre en effet, dans la mise en œuvre de ces standards, une subjectivité – celle du juge – qui semble inconciliable avec la notion de coutume [6].

De même, parce qu'elle est un produit spontané de l'opinion collective, la coutume doit être distinguée des *principes généraux du droit* – tels le principe d'égalité des citoyens devant les charges publiques, ou le principe que nul ne doit s'enrichir aux dépens d'autrui – qui correspondent à des normes générales induites des dispositions de la loi [7].

---

1. On pouvait cependant trouver un fondement légal à cette pratique dans l'article 264 du Code civil, qui dispose qu'à la suite du divorce chacun des époux « reprend l'usage de son nom ». Toutefois, cette formule ne figure dans le Code que depuis une loi du 6 février 1893 (ancien art. 299), alors que la pratique considérée est bien antérieure à cette date.

Cet usage a été consacré, en même temps qu'élargi en raison de la modification des règles du mariage, par la loi n° 2013-404 du 17 mai 2013, ouvrant le mariage aux couples de personnes du même sexe, qui a ajouté au Code civil un article 251-1 qui dispose : « chacun des époux peut porter, à titre d'usage, le nom de l'autre époux, par substitution ou adjonction à son propre nom dans l'ordre qu'il choisit ». V. not. C. Doublein, « Le nom de famille. Les modifications apportées par la loi du 17 mai 2013 », *AJ fam.* 2013. 349 et « Nom de famille. Tableau de synthèse », *ibid.* 431.

2. V. dans le cadre d'une étude de plus grande portée, l'analyse approfondie de cet élément, Deumier, *Le droit spontané*, préf. Jacquet, Economica, 2002, spéc. n° 14 s.

3. C'est l'*opinio juris seu necessitatis*.

4. En ce sens, Marty et Raynaud, n° 114. Peut-être cette conception a-t-elle été le fruit d'une compréhension erronée de la structure du droit anglais – « *common law* » – qui a longtemps été considéré comme un droit coutumier, alors qu'il s'agit en réalité d'un droit jurisprudentiel, ou plus exactement d'un droit *judiciaire* en ce sens qu'il est dit par le juge, et qu'il échappe aux exigences de répétitivité propres à la jurisprudence (v. ss 171).

5. V. ss 175. Pour une autre critique de cet élément psychologique, regardé comme incertain et inutile, v. Deumier, *op. cit.*, n° 410 s.

6. Rapp. Ghestin, Barbier et Bergé, n° 983. Sur les standards juridiques, v. sous cet intitulé, une série d'études in *RD d'Assas*, n° 9, 2014, p. 35 s.

7. Sur les principes généraux du droit, v. ss 93.

119. ***Caractères de l'usage coutumier.*** L'usage coutumier présente les caractères essentiels de la règle de droit : il est exprimé sous une *forme générale et impersonnelle* et bénéficie, par nature pourrait-on dire, d'une certaine *notoriété*. Il doit, également, se voir reconnaître un caractère *obligatoire*.

L'usage coutumier est *général et impersonnel* : il régit tous ceux qui se situent dans son champ d'application. Ainsi, pour reprendre un exemple déjà donné, les épouses portent-elles le plus souvent le nom de leur mari, éventuellement avec le leur.

Peu importe, au demeurant, que la coutume n'intéresse qu'un nombre restreint de personnes au sein de la société. De fait, très souvent, la coutume ne prétend qu'à un champ d'application limité qui est défini par une localisation géographique déterminée – usages locaux ou régionaux [1] – ou par une profession [2]. Il n'y a, à cet égard, aucune différence avec la règle de droit de source légale : il est fréquent qu'une loi ne régisse qu'une catégorie limitée de sujets de droit. Et si le phénomène est plus fréquent dans le cas de la coutume, cela tient à sa nature spécifique : l'habitude ressentie comme contraignante se constitue plus facilement dans un groupe restreint [3].

Du reste, une règle coutumière de portée initialement réduite peut fort bien, par adoptions successives, s'étendre progressivement à des groupes de plus en plus nombreux et devenir peu à peu véritablement générale [4]. Il demeure que, dans tous les cas, l'usage coutumier, comme la règle de droit, a bien vocation à s'appliquer à toute personne qui se place dans la situation qu'il régit.

La *notoriété* entre dans la définition même de la coutume : l'exigence d'un comportement habituel et tenu pour nécessaire est incompatible avec la clandestinité. L'évidence ne doit pas, cependant, occulter l'existence de certaines difficultés.

En effet, la coutume, parce qu'elle n'est pas nécessairement publiée, ne peut être réputée connue comme l'est la loi ou le règlement. Il faut donc, à chaque fois qu'une coutume est invoquée, en établir la réalité et la consistance exacte. Selon qu'il s'agit d'une coutume dont le champ d'application est général, ou au contraire restreint – cette question de la *preuve de la coutume* est plus ou moins facile à résoudre. Tantôt, parce qu'il s'agit d'une coutume générale, le juge qui en a personnellement connaissance l'appliquera d'office ; tantôt, au contraire, parce qu'il s'agit d'un usage qui ne concerne qu'une activité peu répandue – ou parce qu'il s'agit d'un usage local –, la coutume devra être prouvée par celui qui entend en bénéficier. Cette preuve peut être faite par tous les moyens propres à entraîner la conviction du juge : notamment par témoins, par experts, ou encore par *parères*, c'est-à-dire par des certificats, délivrés par les chambres de commerce, attestant la réalité de tel usage professionnel [5].

---

1. V. par ex., pour l'interprétation des stipulations d'un testament, Civ. 1re, 19 janv. 1982, *Bull. civ*. I, nº 33, p. 28.

2. Les usages professionnels revêtent une importance particulière en droit commercial et en droit du travail. Ces usages jouent un rôle important en matière de preuve. Sur un usage agricole autorisant les parties à conclure verbalement les ventes d'aliments pour bétail, v. Com. 22 mars 2011, pourvoi n° 09-72426, *Bull. civ*. IV, n° 50, *D*. 2011. 1076, obs. Delpech, *D*. 2011, Pan. droit de la preuve, 2891, obs. Delebecque, *RTD civ*. 2011. 491, obs. Deumier, *RDC* 2011. 869, obs. Libchaber.

3. Les *usages d'entreprise*, du droit du travail, ont pu être cités comme exemple. Mais la notion est assez particulière, puisque, si les salariés ont tendance à considérer que l'employeur doit respecter la pratique considérée, la volonté de ce dernier est en réalité déterminante dans son maintien. La jurisprudence sociale a d'ailleurs tendance à y voir désormais plus volontiers un engagement unilatéral de l'employeur. v. s. Deumier, *op. cit*., n° 422 s. (qui conteste la référence à l'usage).

4. Rappr. Lévy-Bruhl, *op. cit*., p. 45.

5. V. Deumier, *Rép. civ*., Dalloz, v° *Coutume*, nº 43.

Au regard du *caractère obligatoire* enfin, il est permis de dire que l'usage coutumier s'apparente également à la règle de droit, étant rappelé que ce caractère n'exige pas que la règle s'applique contre la volonté des sujets de droit [1]. Ce caractère doit être constaté par les juges du fond [2], en même temps qu'ils apprécient souverainement l'existence de la coutume [3]. Toutefois, ce caractère obligatoire ne va pas sans nuances, comme le montre l'examen des diverses fonctions de la coutume.

Section 2
Les fonctions de la coutume

120. ***La coutume obligatoire en vertu de la loi***. Si l'on peut affirmer, à titre de principe, le caractère obligatoire de l'usage coutumier, il reste que ce principe doit être précisé en considération de la fonction à laquelle prétend la coutume, par rapport à la loi. Il est classique de distinguer, à cet égard, trois situations : d'abord, celle où la loi renvoie expressément à la coutume [4] ; celle, ensuite, où une coutume vise à combler une lacune de la loi [5] ; celle, enfin, où la coutume prétend contredire la loi [6].

Il est d'abord des cas où *la loi renvoie directement à la coutume*. C'est un mécanisme relativement fréquent en droit civil, notamment pour ce qui concerne le *régime de la propriété foncière* [7], et, naguère, en *matière contractuelle* [8]. L'article 671 du Code civil est particulièrement exemplaire, qui dispose qu'il convient de se référer aux usages pour déterminer à quelle distance de la ligne séparatrice de deux fonds peuvent être établies des plantations, et qui ne fixe lui-même cette distance que pour les cas où il n'existerait ni usage, ni règlement particulier.

Il y a, dans ces diverses hypothèses, une véritable délégation de pouvoirs du législateur à la coutume. Celle-ci doit alors se voir reconnaître la même force obligatoire que la loi. Cela étant, le plus souvent les usages ainsi consacrés par le législateur n'ont valeur que de règles supplétives de volonté ; mais il est certains cas où, en vertu même de la loi, l'usage coutumier prend un caractère strictement impératif [9].

---

1. Pour la définition du caractère obligatoire de la règle de droit, v. ss 20.
2. V. par ex. Civ. 1re, 17 mars 1982, *Bull. civ.* I, n° 114, p. 100.
3. Req. 15 mars 1944, *S.* 1945. 1. 40. Mais certains auteurs considèrent qu'en pratique les juges se dispensent généralement de rechercher cet élément psychologique, se contentant de relever une pratique constante : Deumier, *Introduction générale du droit*, *op. cit*, n° 412.
4. Traditionnellement, la coutume est alors dite « *secundum legem* ».
5. Coutume *praeter legem*.
6. Coutume *contra legem*.
7. V., à propos des servitudes, C. civ., art. 645, 663, 671 et 674.
8. Très significatifs étaient les articles 1159 et 1160, qui posaient, comme règles d'interprétation des conventions, le premier que « ce qui est ambigu s'interprète par ce qui est d'usage dans le pays où le contrat est passé », et le second qu'on « doit suppléer dans le contrat les clauses qui y sont d'usage, quoiqu'elles n'y soient pas exprimées ». Ces dispositions sont abrogées par l'ordonnance du 10 février 2016 portant réforme du droit des contrats. La préférence est donnée désormais à l'interprétation par référence à une personne raisonnable placée dans la même situation (art. 1188, al. 2). Sur la question de la survie de ces règles à leur abrogation expresse : Gautier, « De la subsistance, à titre de principes ou de raison écrite, d'articles de loi abrogés à tort », in *Mélanges en l'honneur de F. Collart Dutilleul*, Dalloz, 2017, p. 400, préc. V. aussi, pour la détermination des actes civils que le mineur peut accomplir seul, l'article 408 du Code civil.
9. Cf. en matière de délai-congé, C. trav., art. L. 1237-1 et L. 1234-1 et, pour la sanction de la rupture brutale de relations commerciales établies, C. com., art. L. 442-6, 5°.

121. ***La coutume obligatoire dans le silence de la loi*.** Le caractère obligatoire de l'usage coutumier est moins facile à admettre lorsque la loi n'y fait aucune référence. Cela semble cependant opportun dans tous les cas où la coutume a pour résultat de combler une lacune de la loi, donc de régler une situation que le législateur n'a pas prévue [1]. Deux raisons militent principalement en ce sens.

D'abord, le silence de la loi peut parfois s'expliquer par la préexistence de l'usage : le législateur n'a pas jugé utile d'intervenir, en raison de la pratique suivie.

Ensuite, reconnaître force obligatoire à la coutume, lorsque la loi ne dit rien, constitue une garantie de sécurité juridique, puisqu'il existe ainsi une norme de conduite notoire à laquelle chacun peut se *fier*, tant du moins que la loi ne l'aura pas récusée.

On donne usuellement comme exemples de coutumes obligatoires de ce type la règle fixant le *nom de la femme mariée* [2] et la technique notariale de la preuve de la qualité d'héritier par les *actes de notoriété* [3]. On peut y ajouter, en matière de commerce international, ce que l'on dénomme la *lex mercatoria*, c'est-à-dire un ensemble d'usages reconnus et mis en œuvre dans la pratique du commerce international [4]. On peut y ajouter aussi certaines règles fort anciennes qui sont exprimées sous forme de *maximes* – ou *adages* – telle celle selon laquelle nul ne peut se prévaloir en justice de sa turpitude personnelle [5], ou encore celle qui veut que l'*erreur commune* soit constitutive de droit [6].

122. ***La coutume contraire à la loi*.** La question de la force obligatoire de la coutume se pose d'une manière très différente dans le cas où l'usage prétend s'opposer à la loi en cautionnant une conduite contraire à celle-ci. La réaction immédiate est, cette fois, d'affirmer l'absence d'autorité d'un tel usage coutumier, réaction qui comporte au moins deux justifications. D'une part, le législateur et le pouvoir réglementaire, constitutionnellement investis de la mission de fixer la règle de droit, ne peuvent être soumis à la concurrence de la coutume. D'autre part, la coutume contraire à la loi procède souvent de l'incompétence de l'opinion, mal informée du problème à régler [7].

L'affirmation de l'invalidité d'une coutume contraire à la loi résout le problème de l'*abrogation des lois par désuétude* [8] : une pratique contraire à la loi ne saurait entraîner l'abrogation – implicite – de celle-ci. Cette solution, affirmée par la jurisprudence, a certainement valeur de principe. Mais le principe n'est pas absolu : on peut citer diverses pratiques dont l'efficacité juridique est nettement admise par la jurisprudence, bien qu'elles soient manifestement contraires à la loi.

Ainsi, par **exemple**, de la pratique du *don manuel* c'est-à-dire de la donation réalisée par le seul transfert d'un bien de la main à la main, dont la validité est constamment reconnue par les juges – sous certaines conditions – alors que l'article 931 du Code

---

1. Ghestin, Barbier et Bergé, n° 990 ; Terré, n° 395. Ces auteurs rejettent l'objection, de droit constitutionnel, selon laquelle le Parlement serait le seul dépositaire de la souveraineté nationale.

2. Coutume désormais consacrée par l'article 215-1 Code civil (L. du 17 mai 2013 ouvrant le mariage aux couples de personnes de même sexe).

3. Cette pratique a finalement été consacrée par la loi (C. civ., art. 730-1 s. ; L. du 3 déc. 2001).

4. Cf. Legeais, *Droit commercial et des affaires*, 24e éd., Sirey, 2018, n° 21.

5. *Nemo auditur propriam turpitudinem suam allegans*.

6. *Error communis facit jus*.

7. G. Ripert, *Le déclin du droit*, LGDJ, 1949, reprint 1998, p. 99 : « l'opinion publique se crée dans l'ignorance » ; rappr. Gény, cité par Marty et Raynaud, n° 114 : il est préférable « que la puissance permanente de l'organe législatif parfait soit juridiquement affirmée à l'encontre de la force inconsciente et aveugle de la coutume ».

8. V. ss 116.

civil impose, à peine de nullité, que les donations soient faites par actes notariés [1]. Ainsi, encore, de la *solidarité de principe* qui est admise en droit commercial, alors que l'article 1310 du Code civil dispose que, sauf exception légale, la solidarité ne se présume pas et doit être expressément stipulée [2].

Il convient donc d'admettre que si, en principe, la coutume ne saurait contredire la loi, elle peut cependant, dans quelques hypothèses exceptionnelles, apporter à celle-ci une dérogation de portée plus ou moins grande selon le cas [3].

123. ***Conclusion : importance et intérêt de la coutume***. De l'ensemble des observations qui précèdent, il résulte que l'on doit reconnaître à la coutume la qualité de *source de règles de droit*. Mais il ne s'agit que d'une *source secondaire et accessoire*, par rapport à la loi qui reste, dans notre système juridique, la source normale de la règle de droit. Et il va de soi que la loi, ou le règlement, peut à tout instant mettre fin à une coutume dûment établie.

Il reste alors à s'interroger sur l'intérêt de la reconnaissance d'une telle source secondaire du droit. Certes, il ne paraît ni souhaitable, ni possible, de donner à la coutume une place plus importante que celle qui lui est faite par le droit positif : l'intensité et la rapidité de l'activité juridique dans le monde contemporain ne sont pas compatibles avec la lenteur naturelle du mode coutumier d'élaboration des règles de droit [4].

Mais, inversement, il ne semble pas recommandable de dénier à la coutume tout rôle dans la création de l'ordre juridique ; s'il est vrai que l'opinion publique doit être écoutée avec précaution [5], il reste qu'elle peut, parfois, exprimer un besoin réel, soit pour traduire l'inadaptation d'une règle de droit en vigueur, soit pour combler une lacune du système législatif. La coutume a, de ce point de vue, vocation à remplir une fonction accessoire de régulation et d'adéquation du droit au corps social, fonction que consacre officiellement le législateur lorsqu'il renvoie à l'usage coutumier.

---

1. La doctrine a élaboré diverses justifications techniques de cette validité du don manuel (Terré, Lequette et Gaudemet, *Les successions. Les libéralités*, 4e éd., Dalloz, coll. « Précis », 2014, n° 538 s.). Malgré leur finesse, elles restent fort artificielles. Il est alors sans doute plus expédient de reconnaître, dans ce cas, l'effet exceptionnel de la coutume, autorisé par l'exceptionnelle pesanteur d'une conduite sociale particulièrement répandue, et somme toute, banale.

2. La *solidarité* est une modalité de l'obligation qui s'oppose à la divisibilité naturelle de celle-ci. Ainsi en particulier, la solidarité *passive*, qui concerne le cas où plusieurs personnes sont tenues ensemble d'une même dette, permet au créancier de réclamer le paiement de toute la dette à l'un quelconque de ses codébiteurs. Il va de soi qu'il ne peut alors exiger qu'un seul paiement.

3. V. pour une appréciation nuancée, Deumier, *Rép. civ.*, Dalloz, v° *Coutume*, n° 40 s.

4. Les *usages d'entreprise* dérogent cependant à cette règle d'élaboration lente, ce qui peut faire douter de leur nature de coutume (cf. Deumier, *op. cit.*, n° 17 s.) la durée paraissant bien être une composante irréductible de celle-ci.

5. Rappr., v. ss 122, et le propos de G. Ripert, cité en note.

Titre 3

L'interprétation de la règle de droit

124. ***Objet et plan du titre***. La règle de droit est, on le sait, une règle formulée de manière abstraite. Or, sa fonction est d'ordonner le concret, la vie de tous les jours, les comportements de chacun dans la vie sociale. La mise en œuvre de la règle de droit implique donc un passage de l'abstrait au concret, et il faut, pour cela, rechercher son sens précis. C'est cette *interprétation* de la règle qui permettra de dire, *a priori* quelle doit être la conduite des sujets de droit ou, *a posteriori* – dans une perspective essentiellement contentieuse – si telle ou telle conduite est correcte [1].

Le travail d'interprétation qu'exige ainsi l'application de la règle de droit est une œuvre d'une richesse exceptionnelle, au point que l'on se demande si certaines formes d'interprétation ne dissimulent pas une véritable création de la règle de droit [2].

Cette interrogation concerne, presque exclusivement, la *jurisprudence*, c'est-à-dire, très schématiquement, l'interprétation de la règle de droit par les juges. À côté d'elle, il faut encore tenir compte, d'une part, de l'interprétation que doivent faire les juristes praticiens, pour la mise en œuvre du droit, et qui anime ce que l'on appelle la *pratique* et, d'autre part, de celle, de nature au contraire théorique, des auteurs qui réfléchissent sur la règle de droit, et que l'on désigne usuellement sous le nom de *doctrine*.

Jurisprudence, Pratique et Doctrine sont les trois sources d'interprétation de la règle de droit. Elles s'appuient toutes, plus ou moins consciemment, et plus ou moins directement, sur diverses *techniques d'interprétation* qu'il est donc nécessaire d'évoquer en premier lieu.

Chapitre 1 Les techniques d'interprétation
Chapitre 2 La jurisprudence
Chapitre 3 La pratique
Chapitre 4 La doctrine

---

1. Sur la question, v. not. Terré, n° 546 s., Gridel, n° 422 s., Deumier, n° 342 s., Ghestin, Barbier et Bergé, n° 615 s.
2. La question ne se pose évidemment pas dans le cas, très particulier, de l'*interprétation législative*, c'est-à-dire lorsque le législateur adopte une loi interprétative d'une loi antérieure (v. ss 108) : il va de soi que l'on est alors en présence d'une règle de droit pure et simple.

Chapitre 1

Les techniques d'interprétation

125. ***La nécessité de l'interprétation***. Il peut paraître *a priori* surprenant que la règle de droit appelle une interprétation, alors qu'elle est le produit d'une volonté, l'expression d'un projet politique déterminé [1], donc d'une intention délibérée. Et pourtant, sans que cette analyse soit en quoi que ce soit contredite, l'interprétation de la règle de droit est une nécessité incontournable.

Cela tient à ce que les situations de la vie sociale – les faits de l'homme – sont infiniment diversifiées de sorte que, dans la très grande majorité des cas, il est impossible d'affirmer directement que telle situation particulière entre bien dans les prévisions de telle règle [2]. Il faut, pour parvenir à cette conclusion, rechercher l'exacte signification de cette règle et déterminer les hypothèses qu'elle a vocation à régir. Ce n'est que dans les cas, relativement rares, où la prévision expresse de la loi coïncide exactement avec les circonstances de fait de l'espèce, que toute interprétation est exclue, la loi devant être alors purement et simplement appliquée. Dans tous les autres cas, une interprétation est nécessaire, qui suppose le recours à un certain nombre de techniques.

Cette évidence devrait prémunir contre la prétendue supériorité du « *test de proportionnalité* » qui permettrait d'aboutir pragmatiquement à une solution juste par la balance des intérêts, sur une « dogmatique » qui, sous couvert d'application faussement mécanique de la règle, ferait prévaloir une seule catégorie d'intérêts [3]. L'interprétation démontre l'absence d'évidence de la règle et la nécessité de son adaptation au cas. Personne n'ignore les choix qui sont faits à ce moment-là, même si la motivation des décisions ne les révèle pas toujours suffisamment. S'il est à première vue plus transparent, le test de proportionnalité ne les livre pas tous non plus et il n'aboutit pas nécessairement – mécaniquement ? – à une solution plus acceptable. Il s'agit en réalité de deux méthodes qui reposent sur des conceptions différentes du droit (corps de règles ou de normes, ensemble de décisions de justice voire de pratiques…) et de ses « pôles émetteurs » (la loi, le juge…) [4]. Le choix doit être réalisé par les voies démocratiques d'une réforme de la justice, pas par une auto-promotion de la jurisprudence.

---

1. V. ss 36.

2. Cela s'explique aussi, d'un autre côté, par la difficulté qu'il y a à exprimer précisément, dans un énoncé réduit, une prescription relative à l'action humaine, quelle qu'elle soit.

3. Chazal, « Raisonnement juridique : entre évolution pragmatique et (im)posture dogmatique », *D.* 2016, n° 3, éditorial, p. 121.

4. En ce sens, et donc plus mesuré d'un certain point de vue : Chazal, « Raisonnement juridique (suite) : sortir de la liturgie doctrinale », *D.* 2016, éditorial, p. 417

Il faut, ici, introduire une nuance importante concernant la *loi pénale*. Dans la mesure où elle constitue une menace pour la liberté individuelle, elle est soumise à un principe d'*interprétation stricte* ou *étroite* qui impose de s'en tenir à son sens immédiat et apparent [1]. Au contraire, les dispositions qui sont favorables à la liberté peuvent faire l'objet d'une interprétation souple et compréhensive. Il convient de garder ce régime particulier à l'esprit pour la lecture des développements qui suivent.

Le droit français moderne – celui qui est résulté de la Codification napoléonienne – a connu, pour ce qui est de l'interprétation, deux *Écoles* successives – l'*École de l'Exégèse* d'abord, puis *l'École de la libre recherche scientifique* – dont les méthodes doivent, dans une large mesure, être cumulées [2].

Section 1
L'interprétation exégétique

126. ***L'École de l'Exégèse***. Le recours au mot *exégèse* est symptomatique en ce qu'il désigne l'interprétation philosophique ou doctrinale d'un texte, et s'accompagne d'une connotation sacrée. Or, même si elle fut moins monolithique qu'on l'a dit [3], l'École de l'Exégèse [4], d'où est née la technique d'interprétation des lois qui a dominé tout le XIXe siècle, vouait dans l'ensemble un véritable culte à la législation issue du Premier Empire et prônait, dans toute la mesure du possible, un strict attachement au texte de la loi.

Considérée comme un monument de la Raison, la Codification napoléonienne fut regardée, pendant la majeure partie du XIXe siècle, comme une œuvre législative parfaite. Il semblait donc à la fois naturel et nécessaire de maintenir l'interprétation de la loi dans le plus strict respect des dispositions figurant dans les codes, lesquels étaient présumés contenir, au moins en germe, tout le matériel juridique nécessaire.

Il est vrai que ces Codes – *Code civil*, de 1804 ; *Code de procédure civile*, de 1807 ; *Code de commerce*, de 1808 ; *Code pénal* et *Code d'instruction criminelle*, de 1811 [5] – présentaient des qualités de forme et de fond remarquables et que leur contenu répondait aux besoins de la société française à l'époque, au moins jusqu'à la révolution industrielle qui devait quelque peu altérer cette situation. Il est vrai, aussi, que la rareté des réformes législatives – surtout pendant la première moitié du XIXe siècle –, et donc la longue permanence des textes, tendait à accréditer l'idée que ceux-ci apportaient à toutes les situations les meilleures solutions possibles. De fait, la plupart des juristes de ce siècle ont

---

1. V. Bouloc, *Droit pénal général, op. cit.*, n° 136 s. Pour une application du principe, v. Ass. plén. 29 juin 2001, *Bull. Ass. plén.* n° 8 (l'incrimination d'homicide involontaire ne peut s'appliquer dans le cas de l'atteinte à la vie d'un enfant à naître).

2. Sur l'ensemble de la question, v. Bergel, *Méthodologie juridique*, 2e éd., PUF, 2016, p. 247 s. ; Champeil-Desplats, *Méthodologies du droit et des sciences du droit*, Dalloz, coll. « Méthodes du droit », 2014, préc. ; P. Deumier (dir.), *Le raisonnement juridique Recherche sur les travaux préparatoires des arrêts*, Dalloz, coll. « Méthodes du droit », 2013.

3. Pour une correction de l'image commune de cette doctrine, v. Ph. Rémy, « Éloge de l'exégèse », *RRJ* n° 2, 1982. 254.

4. Bonnecase, *L'École de l'Exégèse*, 2e éd., de Boccard, 1924.

5. Les dates indiquées au texte – sauf pour le Code civil, 1804 étant l'année de la réunion des différentes lois qui l'ont composé (v. ss 233) – sont celles de l'entrée en vigueur des codes indiqués. À noter que le Code d'instruction criminelle est l'ancêtre de l'actuel *Code de procédure pénale*.

cru pouvoir trouver, dans l'arsenal juridique des codes, la solution de tous les problèmes, à condition de ne pas s'aventurer hors des lois. Demolombe affirmait encore, dans la seconde moitié du siècle : « Au reste, ma devise, ma profession de foi est aussi : les textes avant tout [1] ».

Pour autant, cette révérence pour la loi, qui se traduisait par une étude article par article [2], ne se bornait pas à une interprétation littérale des textes. L'objectif de l'exégèse – dans le droit-fil de la philosophie révolutionnaire du culte de la loi, expression de la volonté générale – était de découvrir, de révéler la volonté du législateur [3], cela à l'aide de multiples techniques qui dépassaient singulièrement l'analyse littérale et permettaient, au contraire, d'exprimer toute la richesse de la loi.

127. ***Les techniques***. Très schématiquement, les partisans de l'exégèse recourent à deux sortes de techniques complémentaires, pour surmonter l'ambiguïté des textes de la loi, ou en combler les lacunes : une méthode documentaire, d'abord ; une technique rationnelle, ensuite.

L'objet de la *méthode documentaire* était de dégager l'intention probable du législateur, en particulier dans les cas où la formulation de la loi apparaissait en elle-même suffisamment claire. Elle consistait, principalement, à recourir aux *travaux préparatoires* de la loi, c'est-à-dire aux projets initiaux, aux exposés des motifs qui les accompagnaient, aux rapports en commission qu'ils avaient suscités et, bien entendu aux débats des assemblées ayant assuré l'élaboration définitive du texte. Cette méthode documentaire impliquait aussi, notamment lorsque les travaux préparatoires s'avéraient insuffisants, un recours à la *tradition juridique*. Selon l'opinion de Demolombe, il convenait ainsi de « remonter aux sources dans lesquelles (la loi) a été puisée : le Droit romain, les lois antérieures, les anciens auteurs » [4].

Outre cette méthode documentaire, qui permettait d'éclairer le sens immédiat des textes, les exégètes mettaient en œuvre, pour en exprimer toute la portée, une *technique rationnelle* constituée de divers procédés d'analyse logique propres à fournir une solution aux cas que la loi n'envisage pas directement. Les principaux d'entre eux étaient les suivants.

Le *raisonnement par analogie*, ou raisonnement *a pari*, qui consiste à étendre à un cas non prévu la solution admise pour un cas voisin, parce qu'il y a, dans les deux hypothèses, les mêmes raisons d'adopter cette solution. Par **exemple**, si la loi interdit au majeur protégé [5] d'aliéner ses biens immobiliers, et qu'elle ne dit rien du cas où il voudrait les grever

---

1. Demolombe, *Cours de Code Napoléon*, t. 1, préface, p. 4.

2. Cf. le *Cours de droit français suivant le Code civil*, de Duranton (22 vol.). De même, le *Cours de Code Napoléon* de Demolombe dont les 31 volumes ne vont cependant pas au-delà de l'article 1386. En revanche, le *Cours de droit civil* d'Aubry et Rau (devenu plus tard *Traité de droit civil français*) adoptait, en s'inspirant d'un modèle étranger (Zachariae), une forme d'exposition *dogmatique*, un système d'exposition thématique plus cohérent.

3. Demolombe, *op. cit.*, n° 115 : « En théorie, l'interprétation, c'est l'explication de la loi ; interpréter, c'est découvrir, c'est *élucider* le sens exact et véritable de la loi. Ce n'est pas changer, modifier, innover ; c'est déclarer, c'est reconnaître. L'interprétation peut être plus ou moins ingénieuse ou subtile ; elle peut même parfois prêter au législateur des vues, des intentions qu'il n'avait pas [...] meilleures ou moins bonnes ; mais enfin il faut qu'elle n'ait pas la prétention d'avoir *inventé* ; autrement, elle ne serait plus de l'*interprétation* ».

4. Demolombe, *op. cit.*, n° 116.

5. Majeur placé en *tutelle*, ou en *curatelle*, et donc privé de sa *capacité* juridique normale (v. ss 230), parce que sa faiblesse d'esprit impose qu'il soit soumis à un régime de protection juridique (C. civ., art. 488 s.).

de servitudes, il convient d'étendre l'interdiction à ce cas parce qu'il s'agit toujours de sauvegarder le patrimoine immobilier de cet incapable.

Le raisonnement *a fortiori* conduit à appliquer la solution que la loi impose dans un cas, qu'elle envisage expressément, à un autre qu'elle ne mentionne pas, parce que pour ce dernier les motifs de la solution sont encore plus pressants. Par **exemple**, si la loi interdit au majeur protégé de vendre ses biens, *a fortiori* doit-on l'empêcher de les donner, la donation étant un acte d'appauvrissement, patrimonialement plus dangereux.

Le raisonnement *a contrario* est celui qui incline à adopter une règle inverse de celle qui est expressément édictée lorsque les conditions posées par celle-ci ne sont pas remplies. C'est un mécanisme du type « tout ce qui n'est pas interdit est permis », qui autorise à restreindre la portée de la règle aux seuls cas envisagés par la loi. Par **exemple**, si la loi interdit au majeur protégé d'aliéner ses immeubles, on doit admettre, *a contrario* qu'elle l'autorise à les donner en location. On s'accorde, en général, pour n'attribuer qu'une portée limitée à ce raisonnement [1], dont la justesse suppose, en tout cas, la vérification de ce que les raisons qui ont conduit le législateur à trancher le cas qu'il a envisagé ne se retrouvent pas dans celui sur lequel on s'interroge. Pratiquement, cela aboutit à n'admettre l'efficacité certaine du raisonnement *a contrario* que lorsque le texte interprété est un texte d'exception.

Il y a lieu, également, de citer le *raisonnement par induction suivi de déduction* qui permet de dégager un principe général de solution pour une catégorie déterminée de situations dont le législateur n'a expressément envisagé que quelques cas particuliers. C'est ainsi que l'on a pu induire de dispositions légales diverses un principe général – dit de l'enrichissement sans cause – qui impose la restitution des enrichissements injustifiés [2].

Ces différentes techniques étaient complétées par le recours à divers principes traditionnels d'interprétation, tel celui de l'interprétation restrictive des textes d'exception [3], qui s'oppose à l'extension de la règle dérogatoire à des situations qu'elle ne vise pas expressément ; ou encore, celui de l'effet dérogatoire de la loi spéciale à la loi générale [4].

Section 2
La technique scientifique

128. ***Le déclin de l'École de l'Exégèse.*** La conception développée par les tenants de l'Exégèse comportait indiscutablement des aspects positifs. En particulier, l'utilité des différents procédés d'interprétation qu'ils avaient mis en valeur ne peut être niée : ces procédés demeurent la *base de l'interprétation juridique*. En revanche, l'esprit qui animait leur mise en œuvre comportait des inconvénients, de nature diverse qui, à terme, devaient ruiner cette école.

---

1. V. par ex. Terré, *op. cit.*, n° 28 ; Cornu, *op. cit.*, n° 414.
2. Induit des articles 555 et 1371 et suivants du Code civil (construction sur le terrain d'autrui ; gestion d'affaires et paiement indu) le principe ainsi affirmé n'en a pas moins une portée très incertaine ; cf. Flour, Aubert et Savaux, *Droit civil. Les obligations*, vol. 2, *Le fait juridique*, 14e éd., 2011, n° 56. Il est néanmoins consacré, sous le nom d'enrichissement injustifé, par l'ordonnance du 10 février 2016 portant réforme du droit des contrats, du régime général et de la preuve des obligations (C. civ., art. 1303 à 1303-4).
3. *Exceptio est strictissimae interpretationis.*
4. *Specialia generalibus derogant.* V. Mauclair, « La force normative de l'adage *specialia generalibus derogant* », in *La force normative ? Naissance d'un concept*, C. Thibierge (dir.), LGDJ-Bruylant, 2009, p. 223.

En premier lieu, le *légalisme outrancier* de la doctrine de l'exégèse conduisait à une méthode générale de réflexion et d'exposition contraire, à certains égards, au développement de la science : l'étude des codes article par article conduisait rapidement à une certaine sclérose. Demolombe lui-même l'admettait : « Si [...] l'exégèse, suivant le texte pas à pas, peut se flatter de découvrir ainsi plus facilement la pensée du législateur, ne peut-on pas, en revanche, lui reprocher, sinon d'empêcher absolument, du moins de favoriser très peu, par ses allures saccadées et décousues, cet esprit de méthode et de généralisation, cet ordre et cet arrangement systématique qui constituent la science et qui en rendent l'initiation plus puissante et plus efficace ? »[1].

En second lieu, et surtout, le *vieillissement des textes* devait, peu à peu, déborder l'efficacité des techniques d'interprétation mises en œuvre par les Exégètes, au fur et à mesure que la réalité sociale qui avait inspiré les Codes subissait des modifications. En particulier, la révolution industrielle, qui détermina, au milieu du XIXe siècle, de grands bouleversements dans les domaines économique, social et politique, allait engendrer une inadéquation croissante – plus ou moins sensible selon les cas – de la législation aux besoins de la vie juridique.

Cette mutation devait faire prendre conscience aux juristes de l'infirmité congénitale de la méthode exégétique : comment rechercher, au travers de ses travaux[2], l'intention d'un législateur qui ne pouvait soupçonner l'existence d'un problème apparu parfois longtemps après son œuvre[3] ? Le besoin fut alors ressenti, à la fin du XIXe siècle, d'accueillir une interprétation plus souple et plus dynamique des textes.

129. ***L'École de la libre recherche scientifique. Conclusion.*** Il est possible de schématiser le changement d'esprit qui se produisit ainsi à la fin du XIXe siècle, en disant qu'au souci de découvrir, derrière les textes, *ce qu'avait voulu* le législateur, se substitue la volonté de rechercher *ce qu'il voudrait* dans le nouvel état de choses. Cette optique nouvelle autorise – en rupture complète avec les enseignements de l'Exégèse – à consacrer une interprétation déformante de la loi[4], et à aller au-delà des textes.

Le point d'aboutissement de cette orientation se trouve dans les travaux du doyen Gény[5], promoteur de la *libre recherche scientifique*. Constatant que le législateur n'a pu tout prévoir et que la loi ne peut donc pas avoir tout réglé, le doyen Gény pose le principe de la légitimité d'une recherche libre de la solution adéquate au problème considéré lorsque la législation en vigueur n'en comporte pas. À la limite, l'interprète, en particulier le juge, doit donc faire œuvre de législateur. Toutefois, la liberté ainsi affirmée n'est pas absolue : l'interprète doit toujours fonder la solution qu'il préconise sur des éléments

---

1. *Op. cit.*, préface, p. VI, où l'auteur se défend, cependant, de prendre parti pour le dogmatisme contre l'exégèse.
2. De tels travaux sont d'ailleurs de valeur très inégale et sont parfois totalement inexistants, ainsi en matière réglementaire.
3. Exemple : comment espérer trouver dans les travaux préparatoires du Code civil l'intention législative propre à résoudre les problèmes de responsabilité civile posés par la multiplication des dommages causés par la généralisation du machinisme ?
4. V. par exemple les efforts déployés par la doctrine, dans les vingt dernières années du XIXe siècle, pour trouver une solution permettant la réparation des dommages causés par les machines et pour aboutir à l'*invention* d'un principe général de responsabilité du fait des choses trouvé dans l'article 1384, alinéa 1er (cf. Viney et Jourdain, *Traité de droit civil. Les conditions de la responsabilité*, 4e éd., LGDJ, 2013, no 629, évoquant notamment les propositions de Labbé, Demolombe, Sauzet, Saleilles et Josserand).
5. *Méthode d'interprétation et sources en droit privé positif*, 1899 (2e éd., LGDJ, 1919).

objectifs. Il doit se référer aux caractéristiques de la vie économique et sociale, aux besoins et aux idéaux qui la caractérisent, aux concepts moraux qui l'inspirent, ainsi qu'aux orientations du législateur contemporain.

Il ne fait pas de doute, aujourd'hui, que l'interprète ne saurait s'en tenir à une recherche de la volonté de l'auteur de la loi. Certes, cette recherche reste nécessaire et il y a lieu, pour cela, de recourir aux diverses techniques d'interprétation mises en valeur par l'Exégèse. Mais il faut aussi, lorsque cette recherche se révèle vaine ou inopérante, que l'interprète adopte une attitude plus créative qui lui permette de forger la solution adéquate pour remédier au silence ou à l'ambiguïté.

Il convient cependant de ne pas commettre de confusion à cet égard : le droit positif français n'admet pas l'interprète – le juge [1] – à inventer arbitrairement la règle de droit qui lui plaît. Qu'il y ait ambiguïté ou lacune de la loi, il doit, pour trancher, se référer au moins à l'esprit de la législation [2].

Le système ainsi mis en œuvre se rapproche assez de celui que consacre le Code civil espagnol [3], dont l'article 3.1 dispose que les règles doivent être interprétées selon le sens naturel des mots, en fonction de leur contexte, des précédents historiques et législatifs, et de la réalité sociale du moment où elles doivent recevoir application, en prenant garde, fondamentalement, à leur esprit et à leur finalité.

Et, de fait, la jurisprudence paraît plus inspirée par le système de l'interprétation déformante – qui ménage l'abri, même indirect, d'un texte – que par celui de la libre recherche scientifique. La mutation amorcée par la Cour de cassation dans son mode de contrôle de l'application de la loi [4] pourrait changer considérablement les choses.

C'est ce que nous allons vérifier en étudiant cette notion de *jurisprudence* dont l'importance, tant pratique que théorique, est considérable.

---

1. Pour les autres interprètes de la règle de droit, les auteurs (la *doctrine*) et les praticiens (la *pratique*), le problème se pose différemment puisqu'ils ne disposent, ni les uns ni les autres, du pouvoir de sanctionner la règle de droit. Les premiers doivent bénéficier de la liberté, qu'exige la recherche scientifique. Quant aux seconds, leur souci d'efficacité doit les conduire à rechercher une solution juste et raisonnable.

2. Mazeaud et Chabas, n° 102. Ces auteurs relèvent qu'il est nécessaire que l'interprète « raisonne, qu'il agisse dans un système donné, celui du législateur qui, à côté de lui, crée le droit ».

3. En revanche, le Code civil suisse paraît plus éloigné lorsqu'il prescrit au juge de se prononcer, dans le silence de la loi, « selon les règles qu'il établirait s'il avait à faire acte de législateur » (art. 1er).

4. V. ss 168, 174.

Chapitre 2

La jurisprudence

130. ***Notion générale. Plan du chapitre.*** On a dit, déjà, que le terme de « jurisprudence » désigne l'ensemble des décisions de justice, en tant qu'elles fixent la solution des problèmes de droit[1]. Elle est, en d'autres termes, l'œuvre de révélation du droit positif accomplie par les juges. Pris dans un sens plus étroit, le même mot désigne l'interprétation d'une règle de droit définie, telle qu'elle est admise par les juges. Il s'agit donc de la règle de droit vivante, envisagée dans son exacte portée telle qu'elle ressort de l'interprétation qu'en donnent les magistrats à mesure qu'ils tranchent les litiges[2].

Ces quelques indications permettent de comprendre l'*importance pratique* considérable que revêt la jurisprudence. Il n'y a pas de connaissance du droit sans connaissance de la jurisprudence, parce que c'est elle qui fixe le sens et la portée de la règle de droit[3].

À soi seule, cette considération suffit pour justifier qu'on s'arrête longuement sur cette pièce essentielle du droit positif. Mais il est une autre question qui vient renforcer l'intérêt de l'étude : savoir si la jurisprudence ne serait pas, avec la loi et la coutume, une troisième *source de la règle de droit*.

Il n'apparaît pas possible de répondre à cette question, non plus d'ailleurs que de saisir l'importance primordiale de la jurisprudence, sans que soient connues les lignes directrices de l'*organisation juridictionnelle* consacrée par le droit français.

Les développements qui vont suivre se borneront, en effet, au seul examen de l'*organisation juridictionnelle française*. Il convient cependant de signaler ici l'existence de deux juridictions *internationales* qui intéressent non seulement l'État français, mais encore ses ressortissants, qui sont admis à les saisir dans différents cas et sous certaines conditions. Il s'agit, d'une part, de la *Cour de justice de l'Union européenne* (CJUE) – ancienne Cour de justice des Communautés européennes (CJCE) –, installée à *Luxembourg* et compétente pour différents contentieux, interétatiques ou non, concernant le droit de l'Union européenne[4] et à côté de laquelle a été institué, en vertu d'une décision

---

1. V. ss 77. Longtemps, le mot a eu un autre sens, désignant la science du droit, c'est-à-dire l'activité savante dont le droit est l'objet et dont résulte la connaissance des juristes, ce qui correspond à ce que l'on appelle aujourd'hui la doctrine (v. ss 184). Sur cette transformation, v. not. Forray, « La jurisprudence, entre crise des sources du droit et crise du savoir des juristes », *RTD civ*. 2009. 463.

2. C'est d'ailleurs la doctrine italienne dite « du droit vivant », selon laquelle la Cour constitutionnelle ne se prononce pas sur la disposition législative mais sur le texte interprété par une jurisprudence constante, qui a inspiré le Conseil constitutionnel dans sa décision de soumettre l'interprétation jurisprudentielle de la loi au contrôle de constitutionnalité par la voie de la question prioritaire ; v. not. Deumier, *RTD civ*. 2010. 512 ; v. ss 85.

3. Raison pour laquelle il paraît impossible de ne pas soumettre l'interprétation jurisprudentielle de la loi, avec laquelle elle fait corps, au contrôle de constitutionnalité (*ibid*.).

4. Cf. Guinchard, Varinard et Debard, *Institutions juridictionnelles*, 14e éd., 2017, n° 294 s. Sur le droit communautaire, v. ss 90 ; v. en **Annexe documentaire II, B, 4**, un exemple d'arrêt.

du 24 octobre 1988, un *tribunal de première instance de l'Union européenne* – ancien tribunal de première instance des Communautés européennes[1] ; et, d'autre part, de la *Cour européenne des droits de l'Homme* (CEDH), installée à *Strasbourg* et habilitée à se prononcer sur les violations, commises par les États du Conseil de l'Europe, de la Convention européenne des droits de l'Homme[2].

Sans entrer dans des détails qui relèvent des ouvrages consacrés au droit européen[3], il convient de dire ici quelques mots de ces juridictions « européennes » et des décisions qu'elles rendent, afin de les situer par rapport à l'activité des juridictions françaises.

Il est certain qu'elles jouent un rôle grandissant dans le développement même de la jurisprudence « française » – celle de nos juridictions nationales[4]. Sans doute, ces juridictions européennes n'ont-elles aucun pouvoir de trancher les litiges de droit interne : en particulier elles ne sont pas habilitées à mettre à néant ou à rectifier la décision rendue par une juridiction française qu'elles estimeraient non conforme au droit européen. C'est ainsi qu'une condamnation de la France prononcée par la CEDH en considération d'une décision définitive prononcée par une juridiction française n'a pas pour effet de rouvrir la procédure qui avait été close par celle-ci : les arrêts de la CEDH n'ont pas d'effet direct sur le contentieux national en ce sens qu'ils n'ouvrent pas aux justiciables qui obtiennent condamnation de la France le droit de reprendre leur procès pour tenir compte de l'interprétation consacrée par la CEDH[5]. Cela du moins, traditionnellement, en *matière civile* Il en va quelque peu différemment en *matière pénale* pour laquelle a été mise en place, par une loi du 15 juin 2000, la possibilité d'un *réexamen* des décisions pénales définitives lorsque la Cour européenne a rendu un arrêt déclarant que la condamnation prononcée par la juridiction interne l'a été en violation des dispositions de la CEDH (C. pr. pén., art. 626-1 s.)[6]. Cette procédure de réexamen a inspiré celle instaurée partiellement, en matière civile par la loi n° 2016-1547 du 18 novembre 2016 de modernisation de la justice du XXIe siècle. En matière *d'état des personnes* le réexamen peut être ordonné lorsqu'il résulte d'un arrêt de la CEDH que la décision définitive a été rendue en violation de la convention et que, par sa nature et sa gravité, celle-ci entraîne des conséquences dommageables auxquelles la satisfaction équitable ne peut mettre un terme (COJ, art. L. 452-1 ; C. pr. civ., art. 1031-8 s.). Les premières applications ont été faites en matière de refus ou d'annulation de la transcription à l'état civil d'actes de naissance d'enfants nés à l'étranger d'une gestation pour autrui[7].

Hors de là, les juridictions européennes disposent, en toute hypothèse d'un pouvoir propre et souverain d'interprétation des règles qui relèvent de leur compétence. Il en résulte que les interprétations qu'elles adoptent ont vocation à s'imposer, plus ou moins strictement selon le cas, aux juridictions de l'ordre interne.

---

1. Guinchard, Varinard et Debard, *op. cit.* n° 296 s.
2. V. ss 91 ; v. Guinchard, Varinard et Debard, *op. cit.*, n° 287 s. ; v. un exemple d'arrêt, **Annexe documentaire II, B, 5**.
3. V. not. pour les *juridictions européennes* : Isaac et Blanquet, *Droit général de l'Union européenne*, 10e éd., Sirey, coll. « Université », 2012, p. 343 s. ; *Grands arrêts de la Cour de justice de l'Union européenne*, par Gaudin, Blanquet, Andriantsimbazovina et Finess, t. 1er, 7e éd., Dalloz, 2014. Pour la *Cour européenne des droits de l'Homme*, v. Marguénaud, *La Cour européenne des droits de l'Homme*, 7e éd., Dalloz, coll. « Connaissance du droit », 2016 ; Costa, *La Cour européenne des droits de l'Homme*, 2e éd., Dalloz, 2017 ; Berger et Pettiti, *Jurisprudence de la Cour européenne des droits de l'Homme*, 13e éd., Sirey, 2014.
4. V. ss 171 s.
5. Cf. Soc. 30 sept. 2005, *JCP* 2005. II. 10180, note Bonfils ; CE 11 févr. 2004, *D.* 2004. IR 676. De la même manière, le principe de coopération n'impose pas à une juridiction nationale d'écarter des règles de procédure interne afin de réexaminer une décision judiciaire passée en force de chose jugée et de l'annuler, lorsqu'elle est contraire au droit communautaire : CJCE 16 mars 2006, *RTD civ.* 2006. 728, obs. Remy-Corlay, *JCP* 2006. II. 10174, note Kostova-Bourgeix.
6. V. ss 166.
7. Cass., Cour de réexamen, 16 févr. 2018 (deux arrêts), n° 17-RDH-001 et n° 17-RDH-002, *D.* 2018. 825, note Guillaumé.

C'est ainsi, en particulier, que lorsque la Cour de justice de l'Union européenne vient à rendre une décision *préjudicielle* – c'est-à-dire, qui tranche spécialement, à la demande d'un juge national, une question d'interprétation d'une norme relevant du droit de l'Union européenne – cette décision s'impose, non seulement au juge national qui l'a suscitée mais encore à toutes les juridictions de l'Union[1].

Il faut aussi tenir compte de l'influence qu'exerce l'interprétation faite par la Cour européenne des droits de l'Homme des dispositions de la Convention sur les juridictions nationales appelées à mettre en œuvre ces mêmes dispositions[2]. La Cour de cassation paraît désormais prête à suivre plus strictement les interprétations de la Cour européenne puisqu'elle a jugé, en formation solennelle et sous forme de principe, que « les États adhérents à la Convention… sont tenus de respecter les décisions de la Cour européenne des droits de l'Homme sans attendre d'être attaqués devant elle ni d'avoir modifié leur législation[3] ». De son côté, cette Cour a consacré l'existence, pour le juge national, de « l'obligation [...] d'assurer, conformément à son ordre constitutionnel et dans le respect du principe de sécurité juridique, le plein effet des normes de la Convention telles qu'interprétées (par la Cour)[4] ». Les juridictions nationales ne devraient donc plus pouvoir résister à une jurisprudence de la Cour européenne des droits de l'Homme[5].

L'ouverture de la jurisprudence judiciaire au droit européen des droits de l'Homme et à l'interprétation qu'en donne la Cour européenne sera d'autant plus grande, pour ne pas dire sans limite, si la Cour de cassation suit les préconisations de son actuel premier président. Pour conserver à la Cour de cassation son « office de Cour suprême nationale », il propose en effet d'introduire systématiquement les droits de l'Homme dans les éléments du contrôle de la Cour et d'appliquer la méthode du contrôle de proportionnalité suivie par la CEDH. Il n'y a pas que la méthode qui est concernée. En effet, comme il s'agit essentiellement d'éviter que la France soit condamnée à Strasbourg pour des décisions que la Cour de cassation aurait rendues, il y a tout lieu de penser que quand la Cour européenne se sera prononcée, le test de proportionnalité français n'aboutira que très exceptionnellement à une décision contraire. Et quand elle ne l'aura pas fait, il s'agira d'anticiper sur ce qu'elle pourrait juger, à partir des précédents disponibles. Autrement dit, le tout suppose une adhésion inconditionnelle au système de protection européen des droits de l'Homme, jurisprudence de la CEDH comprise.

Après avoir décrit l'*organisation juridictionnelle française* on s'efforcera d'apprécier le *phénomène jurisprudentiel*, pour en définir l'exacte portée.

Section 1
L'organisation juridictionnelle française

131. ***Dualisme de l'organisation juridictionnelle. Tribunal des conflits. Conseil constitutionnel. Plan.*** Les juridictions françaises, entendues comme les organes *étatiques*[6] chargés de dire le droit, sont très diversifiées.

---

1. V. CE, ass., 11 déc. 2006, *RTD civ.* 2007. 299, obs. Remy-Corlay ; Isaac et Blanquet, *op. cit.*, p. 446 s.
2. V. par ex. Com. 9 avr. 1996, *Bull. civ.* IV, n° 115 (référence expresse à une interprétation de la Cour).
3. Ass. plén. 15 avr. 2011 (trois arrêts), *D.* 2011. 1713, obs. Bernaud et Gay, *RTD civ.* 2011. 725, obs. Marguénaud.
4. CEDH, Gr. ch., 7 févr. 2013, *Fabris c/France*, *RTD civ.* 2013. 333, obs. Marguénaud.
5. Pour exercer son office de Cour suprême, la Cour de cassation doit adapter ses modes de contrôle, « Entretien avec B. Louvel », *JCP* 2015, n° 43, 1122 ; égal. v. ss 71, 73, 77, 125, 150.
6. Le recours à ces juridictions n'est pas toujours obligatoire et il est possible de recourir à un *arbitrage privé* des différends ; cf. Guinchard, Varinard et Debard, *op. cit.*, n° 66 s. ; v. ss 183.

Cette diversification repose sur le *principe de séparation des autorités administratives et judiciaires* qui, posé notamment par la loi des 16-24 août 1790, interdit aux juges (judiciaires) de « troubler de quelque manière que ce soit les opérations des corps administratifs, ni citer devant eux les administrateurs en raison de leurs fonctions » (art. 13). L'application de ce principe appelait l'organisation d'une *juridiction administrative*, à côté de la *juridiction judiciaire* déclarée incompétente, pour trancher les litiges impliquant l'Administration [1].

Cette dualité de juridictions a suscité l'apparition d'une juridiction spéciale chargée de définir les compétences de chacune d'elles [2] : le *Tribunal des conflits* [3], composé à parts égales de magistrats des deux ordres et présidé par le ministre de la Justice, garde des Sceaux [4]. Il n'appartient, par essence, ni à l'ordre administratif, ni à la juridiction judiciaire.

Le *Conseil constitutionnel* (Constitution, art. 56 à 63) échappe pareillement à cette classification [5]. Conçu, à l'origine, et abstraction faite d'autres fonctions spéciales, comme l'organe de contrôle de la répartition des compétences entre loi et règlement, il a développé une compréhension extensive de ce contrôle de constitutionnalité qui lui a donné, notamment, un rôle décisif dans la mise en lumière des principes généraux du droit, lesquels intéressent tant le droit public que le droit privé [6]. Il constitue une juridiction à la fois autonome et suprême (Constitution, art. 62, al. 2) dont le rôle a encore été considérablement accru par l'instauration de la *question prioritaire de constitutionnalité* [7].

La qualité de juridiction suprême du Conseil constitutionnel, en dépit du champ de compétence spécialisé qui reste le sien, résulte de l'article 62, alinéa 2, de la Constitution, qui précise que les « décisions » de cette juridiction « s'imposent aux pouvoirs publics et à toutes les autorités administratives et juridictionnelles ». Les juridictions doivent ainsi s'incliner, en modifiant leur interprétation de la loi, le cas échéant, devant les solutions adoptées par le Conseil constitutionnel [8].

---

1. V. not. *De l'intérêt de la* summa divisio *droit public – droit privé ?*, Dalloz, coll. « Thèmes et commentaires », 2011, particulièrement B. Genevois, « Juge administratif et juge judiciaire : ressemblances et différences », *ibid.*, p. 155 ; C. Charruault, « Juge administratif et juge judiciaire : dualité ou unité ? », p. 177 ; A. Van-Lang, « Le dualisme juridictionnel peut-il disparaître ? », *ibid.*, p. 275 ; *Le dualisme juridictionnel*, Van Lang (dir.), Dalloz, coll. « Thèmes et commentaires », 2007.

2. Il s'agit, principalement, de trancher, d'une part, les cas où l'administration conteste la compétence du juge judiciaire saisi (conflit de compétence dit « positif ») et, d'autre part, ceux où les deux ordres de juridiction se sont déclarés incompétents pour une même affaire (le conflit dit « négatif »).

3. Institué par la loi du 24 mai 1872. V. *Le Tribunal des conflits. Bilan et perspectives*, Gonod et Cadiet (dir.), Dalloz, coll. « Thèmes et commentaires », 2009.

4. Sur cette juridiction, v. Guinchard, Varinard et Debard, *op. cit.*, n° 364 s. Pour un exemple d'arrêt de cette juridiction, v. *infra*, **Annexe documentaire II, B, 2°**.

La saisine du Tribunal des conflits ne nécessite pas que la Cour de cassation ait été saisie, dès lors que les décisions contraires rendues dans les deux ordres de juridiction et conduisant à un déni de justice sont définitives : T. confl. 16 juin 2014, n° 3941.

5. Sur celui-ci, v. Guinchard, Varinard et Debard, *op. cit.*, n° 336 s.

6. V. ss 84, 93 ; Roussillon et Espuglas, *Le Conseil constitutionnel*, 8e éd., Dalloz, coll. « Connaissance du droit », 2015 ; Molfessis, *Le Conseil constitutionnel et le droit privé*, préf. Gobert, LGDJ, coll. « Bibliothèque de droit privé », 1998.

7. V. ss 84, 85.

8. C'est ce qu'a fait, par exemple, en matière de sauvegarde des libertés individuelles, la chambre criminelle de la Cour de cassation (Crim. 25 avr. 1985, *D.* 1985. 329, concl. Dontenwille).

Mais la Cour de cassation tend à cantonner l'autorité absolue des décisions du Cobseil constitutionnel en jugeant « que si l'autorité absolue que la Constitution confère à la décision du Conseil constitutionnel

La portée de cette autorité peut cependant être discutée dans le cas de ce que l'on dénomme les « réserves d'interprétation » – qui assortissent une décision admettant la constitutionnalité d'une loi « sous réserve » qu'elle soit interprétée de telle ou telle manière. Il semble contestable – et peu souhaitable (rigidité de l'interprétation de la loi) – que ces « réserves » bénéficient de la même autorité que les décisions proprement dites. Mais le Conseil constitutionnel a lui-même affirmé l'autorité de chose jugée qui s'y attache [1].

Si l'on fait abstraction de ces deux juridictions particulières, il apparaît que, pour l'essentiel, l'organisation juridictionnelle française repose sur la distinction de la *juridiction administrative* (Sous-section 1) et de la *juridiction judiciaire* (Sous-section 2), qui sont parfaitement indépendantes [2]. Les deux types de juridictions sont affectées par un phénomène, destiné à associer les justiciables au règlement des différends et à décharger les tribunaux, consistant à favoriser les modes alternatifs de règlement des différends et notamment la médiation entre les parties [3].

Sous-section 1
La juridiction administrative

132. *Contentieux administratif. Règle de la décision préalable*. Par essence, la juridiction administrative est compétente pour trancher les litiges dans lesquels l'Administration se trouve impliquée à l'occasion de son action de puissance publique. De ce fait, elle est appelée à appliquer les règles du droit public qui sont, précisément, adaptées à cette spécificité de l'action administrative [4].

Le *contentieux administratif* se subdivise classiquement en quatre catégories de contestations.

– Le *contentieux de pleine juridiction*, qui est celui à l'égard duquel les pouvoirs du juge sont les plus étendus et où il bénéficie d'un pouvoir d'appréciation du fait comme du droit. Relèvent notamment de cette première catégorie les litiges mettant en cause les *contrats* de l'administration et la *responsabilité* de la puissance publique.

– Le *contentieux de l'annulation* dans lequel le juge est sollicité d'annuler un acte de l'administration. Une part importante de ce contentieux est constituée par le *recours pour excès de pouvoir*.

– Le *contentieux de l'interprétation* où le juge n'a d'autre pouvoir que de constater le sens ou la validité d'un acte de l'administration.

---

s'attache non seulement à son dispositif mais aussi à ses motifs, c'est à la condition que ceux-ci soient le support nécessaire de celui-là » (Civ. 1re, 15 déc. 2011, *D.* 2012. 323, note Vigneau, *RTD civ.* 2012. 75, note Deumier).

1. Cf. Favoreu, Gaïa, Ghevontian, Mestre, Pfersmann, Roux et Scoffoni, *Droit constitutionnel,* 20e éd., Dalloz, coll. « Précis », 2017, n° 470 s. Sur de telles réserves d'interprétation, v. par ex. Molfessis, « La réécriture de la loi relative au Pacs par le Conseil constitutionnel », *JCP* 2000. I. 210 ; v. *infra*, **Annexe documentaire II, B, 1**.

2. Contrairement à une idée reçue, cette structure n'est pas une particularité française ; elle est commune à la plupart des pays européens (v. Aguila, *D.* 2007. Act. 496) ; sur l'ensemble de la question, v. « La dualité de juridiction en France et à l'étranger… », *RFDA* 1990, n° 5.

3. Tel est l'un des objectifs principaux de la loi n° 2016-1547 du 18 novembre 2016 de modernisation de la justice du XXIe siècle (*JORF* 19 nov. 2016, textes 1), repris à nouveau par le projet de loi de programmation pour la justice 2018-2022 ; v. ss 182. ; Guinchard, Varinard et Debard, *op. cit.*, n° 37 s.

4. V. ss 41.

– Le *contentieux de la répression* où le juge a le pouvoir de prononcer une peine, par exemple une peine disciplinaire.

Une autre manière de présenter ce contentieux administratif consiste à opposer le *contentieux subjectif* et le *contentieux objectif*. Alors que le premier prend en considération des *droits subjectifs* – par exemple, la réparation d'un préjudice causé par un acte de l'Administration – le second concerne la *règle de droit objectif* et tend essentiellement à l'appréciation de la légalité d'un acte administratif – ce qui inclut notamment le contentieux de l'annulation [1].

Au regard de ce contentieux, la juridiction administrative est marquée par un particularisme qui se manifeste dans les *règles de procédure* applicables devant elle [2]. Ainsi, d'abord, l'instance administrative apparaît-elle comme un procès fait à un *acte* – une *décision* – de l'administration, et non comme un procès engagé contre une personne [3]. C'est ce qui résulte de la *règle de la décision préalable* en vertu de laquelle le juge administratif ne peut être saisi que d'une demande dirigée contre une décision de l'administration. Cette règle oblige, le cas échéant [4], à formuler d'abord la demande auprès de l'administration concernée – ce qui peut, au demeurant, conduire à une solution amiable – et à ne saisir la juridiction compétente qu'après que l'administration l'a rejetée. Ainsi, la victime d'un dommage causé par la faute de l'Administration doit-elle, d'abord, réclamer à celle-ci réparation de son préjudice avant de chercher à engager sa responsabilité devant le juge.

La règle est protectrice de l'administration qui est ainsi nécessairement avertie de l'éventualité d'un litige sur lequel elle a loisir de prendre parti. Toutefois, pour pallier le risque d'une inertie préjudiciable pour le requérant, l'administration est empêchée de trouver un refuge trop facile dans une abstention pure et simple. Longtemps il a été considéré que son *silence* prenait valeur de décision implicite de *rejet* au bout de *deux mois*, sauf dans les cas prévus par décrets en Conseil d'État pour lesquels le silence gardé pendant la même durée valait au contraire acceptation (L. du 12 avr. 2000, art. 21 et 22). Dans l'intérêt des administrés, principe et exceptions ont été *inversés* par l'ordonnance n° 2015-1531 du 23 octobre 2015. Désormais, le silence gardé par l'administration pendant deux mois sur une demande *vaut acceptation*, sauf dans un certain nombre cas prévus par la loi (Code des relations entre le public et l'administration, art. L. 231-1 s. et art. D. 231-1 s. [5]). Lorsque le refus résulte du silence, le demandeur dispose alors d'un délai de *deux mois* pour exercer son recours. Dans le cas où l'administration donne effectivement une réponse à la requête, ce même délai pour agir est décompté à partir de la *publication*, ou de la notification, de cette *décision expresse*.

Dans le but de favoriser les modes alternatifs de règlement des différends, la loi permet au tribunal administratif ou à la cour administrative d'appel saisie d'un litige, après avoir obtenu l'accord des parties, d'ordonner une médiation pour tenter de parvenir à un accord entre elles (CJA, art. L. 231-7 ; L. du 16 nov. 2016) [6].

---

1. Sur ces différentes présentations, v. Waline, *Droit administratif*, 26e éd., Dalloz, coll. « Précis », 2016, n° 643 s.
2. V. Guyomard et Sellier, *Contentieux administratif*, 4e éd., Dalloz, coll. « HyperCours », 2017.
3. Comp. la procédure devant les juridictions judiciaires, v. ss 154, 161.
4. La démarche n'est pas nécessaire lorsque le recours exercé est un recours en *annulation* car celui-ci présuppose l'existence d'une décision de l'administration : l'acte dont l'annulation est recherchée.
5. La liste des procédures dans lesquelles le silence vaut acceptation est publiée sur le site Légifrance.
6. La même possibilité existe pour le Conseil d'État lorsqu'il statue sur un litige en premier et dernier ressort (CJA, art. L. 114-1).

133. ***Caractère inquisitoire de la procédure. Voies de recours.*** Une autre particularité du contentieux administratif réside dans le fait que la procédure y est de type *inquisitoire*[1]. La formule signifie que le juge joue, dans la conduite du procès, et notamment dans la recherche des preuves, un rôle prééminent[2]. Ce caractère apparaît déjà dans la manière dont l'instance est engagée. Le juge administratif est en effet saisi par voie de *requête* – et c'est lui qui doit mettre en cause le défendeur (l'administration concernée) en la lui communiquant[3]. Ce même caractère inquisitoire se prolonge pendant l'instance, et se manifeste notamment par le pouvoir reconnu au juge administratif d'exiger de l'Administration compétente la production de tous documents susceptibles d'établir sa conviction et de permettre la vérification des allégations du requérant[4].

La décision prononcée par le juge, en forme de *jugement* ou d'arrêt selon la juridiction saisie, peut, le plus souvent[5], faire l'objet d'une *voie de recours*. Les principales d'entre elles sont l'*appel*, le *recours en cassation* et la *tierce opposition*[6].

L'appel, formé contre une décision rendue en *premier ressort*, tend à faire juger à nouveau l'ensemble de l'affaire par une juridiction hiérarchiquement supérieure (la cour administrative d'appel par rapport au tribunal administratif, par exemple), qui est invitée à rendre une décision contraire à celle du premier juge.

Le *recours en cassation* s'applique aux décisions rendues en *dernier ressort* et s'exerce devant le Conseil d'État. Il ne peut être formé que pour certains vices précisément caractérisés qui affectent la décision attaquée : l'incompétence, le vice de forme ou la violation de la loi. Ce recours tend à faire *annuler* le jugement ou l'arrêt qui en fait l'objet, sur le constat du vice dénoncé.

La *tierce opposition* enfin, se distingue des deux précédentes voies de recours par le fait qu'elle est ouverte aux *tiers*, c'est-à-dire à toute personne qui n'a pas été partie à l'instance. Elle suppose qu'une décision porte préjudice à un tiers, lequel en demande, en conséquence, la *rétractation* – sorte d'annulation.

Lorsqu'aucun recours n'est exercé et que le délai pour en user est expiré ou lorsque les recours ouverts ont été épuisés, la décision – décision originaire, ou celle qui lui a été substituée après recours, selon le cas – passe en *force de chose jugée* : elle fixe la vérité juridique.

Tels sont les principes – très sommairement évoqués – qui s'appliquent à l'intervention des juridictions administratives dont il faut préciser maintenant les principales : *tribunaux administratifs*, *cours administratives d'appel* et *Conseil d'État* ainsi que *certaines autres juridictions administratives* plus spécialisées.

§ 1. Les tribunaux administratifs et les cours administratives d'appel

134. ***Compétences des tribunaux administratifs.*** Les tribunaux administratifs et les cours administratives d'appel, ainsi que le Conseil d'État, sont régis par le *Code de justice*

1. L'opposition avec les juridictions judiciaires est moins marquée à cet égard ; v. ss 142.
2. Au contraire, la procédure est de type *accusatoire* lorsque les parties en ont la maîtrise et supportent la charge de la preuve de leurs prétentions ; v. ss 142.
3. Comp. le mécanisme de l'*assignation*, v. ss 154.
4. CE 28 mai 1954, *AJDA* 1954. II. 396, note Long ; cf. Waline, *op. cit.*, nº 704.
5. Un nombre important de décisions échappe cependant à tout recours : celles que le Conseil d'État rend en *premier et dernier ressort*, v. ss 138.
6. Sur les voies de recours en général, v. Waline, *op. cit.*, n° 715 s.

administrative, qui a été constitué, pour la partie législative, par une ordonnance du 4 mai 2000 et, pour la partie réglementaire, par un décret de la même date.

Les *tribunaux administratifs* sont issus des *Conseils de préfecture* institués par la loi du 28 pluviôse an VIII. Leur dénomination actuelle résulte d'un décret du 30 septembre 1953. Ils sont au nombre de quarante-deux : trente et un pour la métropole, et onze pour l'outre-mer [1].

Ces tribunaux sont, depuis la réforme de 1953, *juges de droit commun* en matière administrative, qualité qui signifie que le tribunal administratif bénéficie d'une compétence *de principe* pour statuer sur les litiges relevant de ce domaine (CJA, art. L. 211-1). Sa compétence inclut, notamment, le contentieux de *pleine juridiction* (où la décision suppose une appréciation de fait et de droit – contentieux des *contrats* de l'administration et de la *responsabilité* de la puissance publique) et le contentieux de l'*annulation des actes administratifs*. Le tribunal n'est incompétent que dans les cas où un texte le dessaisit pour attribuer compétence exclusive à une juridiction spécialisée dite « juridiction d'exception ». Par **exemple**, la Cour des comptes, qui est juge de la légalité des comptes publics [2].

Cette fonction juridictionnelle constitue l'attribution essentielle des tribunaux administratifs [3]. Elle est en principe de *premier ressort* ce qui signifie, d'une part, que le tribunal doit être saisi en premier pour les litiges de sa compétence, et, d'autre part, que les décisions qu'il est ainsi invité à rendre – *jugements* – sont susceptibles d'un recours – *appel* [4] – devant une cour administrative d'appel ou, exceptionnellement, devant le Conseil d'État.

Les tribunaux administratifs sont divisés en *chambres*, à l'exception des moins chargés d'entre eux, qui n'en comportent qu'une, et à l'exception du Tribunal de Paris qui bénéficie d'une organisation spéciale (chambres regroupées en *sections*).

135. ***Les cours administratives d'appel.*** Instituées par la loi n° 87-1127, du 31 décembre 1987, portant réforme du contentieux administratif, les *cours administratives d'appel* – dont le nombre (huit) et le ressort sont fixés par l'article R. 221-7 du CJA – sont devenues les juridictions d'*appel* de principe des jugements rendus par les tribunaux administratifs [5] (CJA, art. L. 321-1). Elles sont entrées en fonction le 1er janvier 1989.

Le recours à la cour administrative d'appel suppose que l'une des parties à un litige de la compétence du tribunal administratif estime que le jugement rendu par celui-ci est erroné. Elle peut alors, en vertu d'un principe de double degré de juridiction, saisir par la voie de l'*appel* – voie de recours dite « ordinaire » parce qu'elle autorise toutes les critiques à l'encontre de la décision attaquée [6] – la cour administrative d'appel à fin de *réformation* de ce jugement. La cour doit alors – dans la limite des griefs articulés par l'appelant – reprendre l'examen de l'affaire avant de rendre son *arrêt* aux termes duquel le jugement attaqué sera soit *confirmé* – si la cour l'estime bien rendu – soit, au contraire, *infirmé*. Dans cette hypothèse, la décision de la cour se substitue à celle des premiers juges. Les arrêts ainsi rendus peuvent, dans tous les cas, faire l'objet d'un pourvoi en *cassation* devant le Conseil d'État.

---

1. Sur l'histoire de cette juridiction, Guinchard, Varinard et Debard, *op. cit.*, n° 780.
2. V. ss 139.
3. Ils peuvent aussi, à sa demande, jouer un rôle de conseil au profit du préfet.
4. Lorsque cette voie de recours de l'appel n'existe pas, on dit que la décision est rendue en *premier et dernier ressort* (v. ss 139, pour la Cour des comptes). De façon exceptionnelle, le tribunal administratif statue ainsi.
5. C'était, auparavant, le Conseil d'État qui avait cette fonction de juge d'appel de principe.
6. Comp. la voie de recours *extraordinaire* de la cassation (v. ss 138).

La compétence de principe des cours administratives d'appel n'est cependant pas générale : elle concerne, pour l'essentiel, le *contentieux de pleine juridiction* (contrats et responsabilité de la puissance publique) et les recours pour excès de pouvoir, à l'exclusion de ceux qui sont dirigés contre les actes réglementaires, les autres matières demeurant de la compétence, en appel, du Conseil d'État.

136. ***Le corps des tribunaux administratifs et des cours administratives d'appel.*** Les tribunaux administratifs et les cours administratives d'appel sont animés par un corps particulier et autonome (CJA, art. L. 231-1 s.). C'est un corps hiérarchisé, recruté au sein des anciens élèves de l'*École nationale d'administration* (ENA), mais également par le biais d'un *tour extérieur*, et placé sous l'autorité du garde des Sceaux. Ce corps bénéficie de la règle de l'inamovibilité (CJA, art. L. 231-3)[1].

Chaque *tribunal* est dirigé par un *président*, et les chambres sont composées de trois *conseillers*. L'un de ceux-ci assure la fonction particulière de *rapporteur public*. Le rôle du rapporteur public n'est pas de faire valoir le point de vue du gouvernement[2] : il est seulement d'exposer, sous forme de *conclusions*, à propos de chaque affaire dont le tribunal se trouve saisi, la solution qui paraît être la plus conforme à la loi. La loi précise qu'il rapporte « en toute indépendance ». Il va de soi que, du fait de cette fonction particulière, le rapporteur public ne saurait être appelé à *juger* les affaires sur lesquelles il a déposé des conclusions. Le tribunal rend ses jugements en formation de trois membres, en principe, deux conseillers et le président ou vice-président du tribunal[3].

Quant aux *cours administratives d'appel*, elles sont organisées selon les mêmes principes. Divisées en chambres, dont le nombre est fixé par décret, elles sont présidées par un conseiller d'État. Elles rendent leurs arrêts soit en formation de cinq membres, soit en formation plénière, toujours en nombre impair.

§ 2. Le Conseil d'État

137. ***Organisation du Conseil d'État.*** L'origine du Conseil d'État remonte à la Constitution du 22 frimaire an VIII, mais la haute juridiction administrative que nous connaissons aujourd'hui n'a qu'un rapport assez lointain avec l'institution d'origine. Celle-ci, en effet, avait pour fonction essentielle de conseiller le Premier consul en matière de droit. Mais à ce rôle consultatif s'est peu à peu ajoutée une fonction juridictionnelle, qui fut consacrée officiellement par une loi du 24 mai 1872.

L'*organisation* actuelle du Conseil d'État, en six *sections* – auxquelles s'ajoute une section du rapport et des études – laisse clairement apparaître cette dualité de fonctions. Cinq d'entre elles sont, en effet, des sections *administratives* (Finances, Intérieur, Travaux publics, Section sociale, Section de l'administration), chargées essentiellement de donner des *avis*, entre autres, sur les projets de textes réglementaires, tels les *décrets*. La sixième section qui a, au contraire, une fonction *juridictionnelle* est dite « Section du contentieux ».

Le personnel du Conseil d'État – environ trois cents personnes – constitue un corps autonome, distinct notamment de celui des tribunaux administratifs et des cours administratives d'appel. Il est recruté, fondamentalement, par voie de *concours* (concours de sortie de l'ENA) avec,

---

1. Sur cette notion, v. ss 143.
2. Ce que pouvait laisser croire, à tort, l'ancienne dénomination de commissaire du Gouvernement.
3. Dans certaines affaires, les décisions peuvent cependant être rendues par un juge unique : CJA, art. R. 222-13.

pour partie, aux échelons les plus élevés (maîtres des requêtes et conseillers d'État) un *tour extérieur* dont peuvent bénéficier, parmi d'autres, certains membres des tribunaux administratifs. Au sommet de la hiérarchie, se trouvent les présidents des sous-sections, les présidents des sections et les présidents adjoints, au nombre de trois, de la Section du contentieux, et enfin le vice-président du Conseil d'État qui, en réalité, le préside (CJA, art. L. 212-1). Cette situation un peu surprenante s'explique par le fait que la présidence du Conseil était autrefois confiée au Premier ministre. Ce dernier ou, en son absence le ministre de la Justice, peut toujours présider l'assemblée générale du conseil (même texte).

Sous l'appellation de *rapporteur public* – anciennement *commissaire du gouvernement* –, interviennent au Conseil d'État deux catégories de personnes de statut et de fonctions très différents. Il s'en trouve, d'abord, dans les *sections administratives* : il s'agit de fonctionnaires qui n'appartiennent pas au Conseil d'État et qui ont pour mission de présenter à celui-ci les projets de leur administration, dont ils sont les porte-parole. Ces rapporteurs n'ont rien à voir avec ceux de la *Section du contentieux* qui sont des membres du Conseil d'État – en principe des maîtres des requêtes – dont la fonction est, comme celle de leurs homologues des tribunaux administratifs et des cours administratives d'appel, de conclure sur les affaires du seul point de vue de la loi [1].

Ce personnel ne bénéficie pas de la garantie de l'inamovibilité [2]. Il est permis de le regretter pour les membres de la Section du contentieux, même si les qualités du corps garantissent traditionnellement son indépendance, et même si celle-ci a été consacrée, comme principe fondamental reconnu par la loi de la République ayant valeur constitutionnelle par une décision du Conseil constitutionnel [3].

138. ***Compétence et rôle de la Section du contentieux du Conseil d'État.*** La Section du contentieux du Conseil d'État est subdivisée en diverses formations qui, à des titres divers, sont investies de la fonction juridictionnelle du Conseil.

Elle est, d'abord, divisée en dix chambres [4] qui constituent les formations ordinaires de jugement [5], et qui peuvent statuer soit seules, soit en réunion avec une ou deux autres chambres. Mais, pour les affaires qui soulèvent des questions de principe, un renvoi est opéré, à une autre formation de jugement, malencontreusement dénommée « Section du contentieux » [6]. Celle-ci est constituée par le président de la Section du contentieux du Conseil d'État, les trois présidents adjoints, les dix présidents de chambres et un rapporteur. Enfin, il existe, pour les affaires de particulière importance, une formation plus solennelle encore, qui est dénommée l'« Assemblée

---

1. La question a été posée de savoir si le commissaire du gouvernement peut, sans y participer, assister du moins au délibéré de la formation de jugement, ce qui était de pratique traditionnelle (v. Haim, « Le commissaire du gouvernement et le respect du contradictoire », *D.* 1999. Chron. 201). La Cour européenne des droits de l'Homme (CEDH) s'est opposée cependant à cette pratique et a condamné la France, à ce propos, à diverses reprises, cf. CEDH 12 avr. 2006, *D.* 2006. 1128, obs. Monteclerc ; v. Guillemin, « Le commissaire du gouvernement et le délibéré : suite et fin ? », *D.* 2006. 1121. Le décret n° 2006-964 du 1er août 2006 s'efforce de régler la question. Devant les tribunaux administratifs et les cours administratives d'appel, la présence du commissaire du gouvernement – rapporteur public – au délibéré est interdite (CJA, art. R. 732-2). Devant le Conseil d'État, sauf demande contraire d'une partie, le commissaire – rapporteur – assiste au délibéré sans toutefois y prendre part (art. R. 733-3).

2. À la différence des membres des tribunaux administratifs et des cours administratives d'appel (v. ss 136) et des juges de l'ordre judiciaire (v. ss 143).

3. Cons. const. 22 juill. 1980 (Décis. n° 80-119 DC), *D.* 1981. IR 356, obs. L. Hamon.

4. La dénomination a été substituée à celle de sous-section par le décret n° 2016-899 du 1er juillet 2016 (*JORF* 2 juill. 2016, texte 20).

5. Elles ont, en outre, la charge générale de l'instruction des affaires, c'est-à-dire qu'elles assurent la recherche des faits dont dépend la solution des litiges pour toutes les formations de jugement, y compris elles-mêmes.

6. Il ne faut pas la confondre avec la Section du contentieux *du Conseil d'État*.

du contentieux ». Elle est composée par : le vice-président du Conseil d'État, qui la préside [1] ; les sept présidents de section ; les trois présidents adjoints de la section du contentieux ; le président de la chambre ayant réalisé l'instruction de l'affaire ; les quatre présidents de chambre les plus anciens et un rapporteur.

La fonction juridictionnelle, exercée par ces diverses formations de jugement, remplit des rôles différents selon les cas [2]. En effet, le Conseil d'État est tantôt *juge en premier et dernier ressort*, tantôt *juge d'appel*, tantôt *juge de cassation*.

Le Conseil d'État est *juge en premier et dernier ressort* [3] pour certaines questions, d'importance ou de complexité particulière, en vertu de dispositions légales ou réglementaires expresses. Il est alors *juge d'exception*. Sa compétence concerne notamment les *recours en annulation contre les décrets*, le contentieux des *mesures individuelles intéressant les fonctionnaires et agents publics nommés par décret du président de la République* et les *recours en excès de pouvoir dirigés contre les actes réglementaires des ministres*. Le Conseil d'État est ici juge unique et exclusif du litige : ses *arrêts* ne peuvent faire l'objet ni d'un appel, ni d'un pourvoi en cassation [4].

Le Conseil d'État est *juge d'appel* de certaines décisions rendues en premier ressort. Il n'a, à la suite d'une réforme, entamée par une loi du 31 décembre 1987, qu'une compétence d'exception à l'égard des jugements rendus par les tribunaux administratifs. Cette compétence concerne le contentieux des élections locales, le contentieux de l'appréciation de légalité sur question préjudicielle et le « référé liberté » (CJA, art. L. 523-1, L. du 30 juin 2000).

Le Conseil d'État est, enfin, *juge de cassation* à l'encontre de toutes les décisions rendues en premier et dernier ressort par une autre juridiction administrative – notamment les arrêts des cours administratives d'appel ainsi que ceux de la Cour des comptes et de la Cour de discipline budgétaire [5].

Le *recours en cassation*, voie de recours *extraordinaire*, n'est ouvert que pour des cas précisément spécifiés par la loi. Il suppose que la décision critiquée devant le Conseil est entachée d'un *vice de forme* ou d'un *vice d'incompétence*, ou encore qu'elle réalise une *violation de la loi*. Normalement, le rôle du Conseil devrait alors se limiter à vérifier la réalité du vice invoqué. Or, si tel est bien le cas pour les vices de forme et d'incompétence, il en va autrement lorsqu'est invoquée une violation de la loi : le Conseil d'État contrôle non seulement l'interprétation de la loi adoptée par les juges dont la décision est attaquée [6], mais il vérifie *aussi* la matérialité des faits sur lesquels cette décision a été prononcée.

S'il lui apparaît, au terme de ce contrôle, que la décision attaquée a été mal rendue, celle-ci est annulée. Le Conseil d'État peut alors, depuis une loi entrée en vigueur le 1er janvier 1989, soit *renvoyer* l'affaire devant la même juridiction statuant, sauf impossibilité tenant à la nature de la juridiction [7], dans une autre formation, soit renvoyer l'affaire

---

1. Sauf si le Premier ministre ou le ministre de la justice le fait (CJA, art. L. 121-1).
2. V. des exemples d'arrêts rendus par le Conseil d'État, *infra*, **Annexe Documentaire II, B, 3**.
3. V. ss 133, et la note.
4. Cela ne signifie pas, cependant, qu'il n'existe aucun recours contre les décisions du Conseil d'État. Il en existe bien quelques-uns, mais qui présentent un caractère exceptionnel ; et ils ne peuvent être exercés que devant le Conseil d'État lui-même. Il s'agit, principalement, du *recours en révision*.
5. V. ss 139 s.
6. C'est le seul contrôle qu'opère – avec celui de la qualification juridique des faits – la Cour de cassation pour l'ordre judiciaire ; v. ss 168.
7. C'est le cas de la cour de discipline budgétaire et financière, v. ss 140.

devant une autre juridiction de même nature[1], soit *régler* l'affaire au fond si l'intérêt d'une bonne administration de la justice le justifie (CJA, art. L. 821-2). Lorsqu'il y a *renvoi*, et que l'affaire fait l'objet d'un deuxième pourvoi en cassation, la juridiction de renvoi ne s'étant pas conformée à la décision du Conseil d'État, celui-ci statue alors définitivement sur l'affaire.

§ 3. Autres juridictions administratives

Il existe de nombreuses autres juridictions qui relèvent de l'ordre administratif[2]. On s'en tiendra à deux d'entre elles qui ont une importance particulière : la Cour des comptes et la Cour de discipline budgétaire et financière.

139. ***La Cour des comptes***. La Cour des comptes[3], dont la création remonte à 1807, est un organe très particulier, tant au regard de son organisation, qu'en ce qui concerne ses fonctions.

Si, par le mode de recrutement de son personnel, la Cour se rapproche du Conseil d'État, elle s'en distingue cependant par deux spécialités notables. La première est que la Cour comporte, à côté de ses juges – premier président, présidents de chambres (au nombre de six), conseillers-maîtres et conseillers référendaires – un *parquet*, ou *ministère public*, c'est-à-dire des magistrats représentant le gouvernement[4] –, un procureur général et des avocats généraux. La seconde tient à ce que les membres de la Cour, à l'exclusion du parquet, bénéficient de l'inamovibilité[5].

La Cour des comptes cumule *des fonctions juridictionnelles* et *non juridictionnelles*. Pour ce qui est de ces dernières, il s'agit de fonctions de contrôle. Ainsi, l'article 47-2 de la Constitution, dispose que « la Cour des comptes assiste le Parlement et le Gouvernement dans le contrôle de l'exécution des lois de finances et de l'application des lois de financement de la sécurité sociale ainsi que dans l'évaluation des politiques publiques. ». Par ailleurs, la Cour exerce un contrôle – rendu célèbre par la publication de son rapport annuel, document largement diffusé et commenté – sur l'efficacité des administrations de l'État et la qualité de leur gestion.

En matière *juridictionnelle*, la Cour est compétente pour *juger les comptes* des comptables publics (CJF, art. L. 111-1). Au résultat des vérifications qu'elle est ainsi amenée à opérer, elle rend des *arrêts* : arrêt de *décharge*, lorsqu'aucune irrégularité n'a été constatée ; arrêt de *débet*, au contraire, si le comptable a omis de percevoir certaines recettes, ou s'il a réglé des dépenses injustifiées[6]. Classiquement, ces décisions juridictionnelles ne concernaient que la régularité des comptes : la Cour n'avait pas à se prononcer sur le comportement du comptable et son éventuelle responsabilité[7]. Mais désormais, la responsabilité du comptable est appréciée différemment selon que le manquement constaté à sa charge a causé ou non un préjudice financier[8].

Lorsqu'elle exerce ainsi sa fonction juridictionnelle, la Cour des comptes statue en *premier et dernier ressort*, de sorte que ses arrêts ne peuvent faire l'objet que d'un *recours en cassation*, lequel est de la compétence du Conseil d'État.

---

1. Il pourra en aller ainsi notamment lorsque l'arrêt censuré est un arrêt de cour administrative d'appel.

2. Guinchard, Varinard et Debard, *Institutions juridictionnelles*, 14e éd., Dalloz, coll. « Précis », 2017, n° 795 s.

3. Guinchard, Varinard et Debard, *op. cit.*, n° 799 s.

4. Sur la notion de *parquet*, v. ss 144.

5. Sur cette notion, v. ss 143.

6. Le comptable qui fait l'objet d'un arrêt de *débet* doit alors « combler la différence de ses propres deniers » (Guinchard, Varinard et Debard, *op. cit.*, n° 801).

7. L'appréciation de cette responsabilité personnelle du comptable relevait du seul ministre des Finances dont les décisions pouvaient faire l'objet, le cas échéant, d'un recours devant la juridiction administrative.

8. Guinchard, Varinard et Debard, *op. cit.*, n° 802.

La Cour des comptes est aussi *juge d'appel* et, à ce titre, elle statue sur les appels formés contre les jugements prononcés par les *chambres régionales et territoriales des comptes* régies, comme la Cour des comptes, par le Code des juridictions financières [1].

140. ***La cour de discipline budgétaire et financière***. La cour de discipline budgétaire et financière [2], créée par une loi du 25 septembre 1948, a un objet très particulier : elle doit permettre de consacrer une responsabilité effective des *ordonnateurs* – les personnes qui ont pouvoir de gérer et d'engager des crédits de nature budgétaire – et de sanctionner ainsi l'inobservation des règles budgétaires et financières dont ils peuvent se rendre coupables dans l'exercice de leurs fonctions. Seuls échappent à cette juridiction les ministres, ainsi que les agents élus par un collège électoral politique, tels les élus locaux.

Cette cour n'a pas de personnel propre : présidée par le président de la Cour des comptes, elle est composée de deux autres membres de cette même cour, et de trois membres du Conseil d'État. Son Parquet est constitué par celui de la Cour des comptes.

La cour de discipline budgétaire et financière, qui peut prononcer des peines d'amendes, statue par voie d'*arrêts*, susceptibles d'un *recours en cassation* devant le Conseil d'État.

141. ***Conclusion générale sur la juridiction administrative***. L'organisation de la juridiction administrative, telle qu'elle vient d'être décrite dans ses principaux éléments, consacre la *prééminence absolue du Conseil d'État*. Cette prééminence lui confère, en particulier, la *maîtrise de l'interprétation de la règle de droit public*.

Cette maîtrise est *directe* dans les cas où il apparaît comme juge exclusif : le Conseil affirme alors, seul, son interprétation.

Elle est *indirecte* lorsqu'il tranche soit comme juge *d'appel*, soit comme juge *de cassation* : le Conseil n'intervient alors que comme organe de contrôle de l'interprétation adoptée par les premiers juges. Mais, et c'est essentiel, son interprétation s'impose dans les deux cas, soit qu'elle se substitue à celle de la juridiction dont la décision est réformée (appel), soit qu'elle oblige pratiquement la juridiction de renvoi à s'y conformer (cassation). Le Conseil d'État joue par là un rôle d'unification de l'interprétation de la règle de droit : il est en mesure de remédier aux divergences d'interprétation qui peuvent résulter de la multiplicité des premiers juges.

L'œuvre du Conseil d'État permet donc de dégager le sens, précis et unique, de chaque règle de droit, ce qui est la marque première de la jurisprudence [3].

Sous-section 2
La juridiction judiciaire

142. ***Hétérogénéité de la juridiction judiciaire. Plan***. La juridiction judiciaire regroupe l'ensemble des organes de jugement qui ne relèvent pas de l'ordre administratif [4]. Elle a pour fonction essentielle de trancher les litiges entre particuliers ou, plus largement, ceux qui relèvent du droit privé.

---

1. Guinchard, Varinard et Debard, *op. cit.*, n° 803.
2. Guinchard, Varinard et Debard, *op. cit.*, n° 816 s.
3. Sur celle-ci, et son exacte portée, v. ss 171 s. ; selon le Conseil constitutionnel (Décis. n° 2011-120 QPC du 8 avr. 2011, *RTD civ*. 2011. 495, obs. Deumier), une intervention du Conseil d'État serait nécessaire à l'existence d'une interprétation jurisprudentielle constante pouvant être soumise à la question prioritaire de constitutionnalité (v. ss 85) La décision ajoute qu'il appartient au Conseil d'État, placé au sommet de l'ordre juridictionnel administratif, de s'assurer que la jurisprudence garantit les droits et les libertés consacrés par la Constitution.
4. Étant rappelé que le Conseil constitutionnel et le Tribunal des conflits sont extérieurs à l'organisation dualiste des juridictions ; v. ss 130.

Pareille approche, qui se situe dans la stricte logique du principe de séparation des autorités administratives et judiciaires, ne doit cependant pas inciter à croire à la rigoureuse homogénéité de la juridiction judiciaire. Une telle homogénéité n'existe pas car cette juridiction regroupe deux types de juridictions fort différentes : les juridictions *civiles*, d'une part ; et les juridictions *répressives*, de l'autre.

Tandis que les premières ont pour objet de trancher les conflits de prétentions relevant du droit privé, en général, les juridictions répressives ont pour fonction d'appliquer les règles du *droit pénal*, droit mixte par excellence [1]. Cette dualité ne se limite pas à une simple distinction des organes juridictionnels en considération de la nature des litiges. Elle s'affirme par une forte différenciation exigée par leurs finalités respectives et illustrée par la consécration de systèmes différents de procédure.

Devant les *juridictions civiles*, la *procédure est de type accusatoire*, en ce sens que les parties, ont, pour l'essentiel [2], la maîtrise de leur procès. Elles sont libres d'engager le procès, comme de se désister de l'instance [3] ; il leur revient de réunir les preuves propres à convaincre le juge, celui-ci étant même, parfois, privé de son pouvoir d'appréciation personnel à l'endroit des preuves qui lui sont ainsi présentées [4].

Au contraire, devant les *juridictions répressives*, la procédure est de type *inquisitoire*. Encore faut-il fortement modérer cette affirmation. En effet, c'est essentiellement l'*instruction*, c'est-à-dire la recherche des preuves, phase préalable au jugement, qui présente un tel caractère : le juge joue alors un rôle tout à fait prééminent et il dispose, sauf à respecter les droits de la défense, de la maîtrise de la procédure. En revanche, le *jugement* pénal se conforme au type de la procédure accusatoire dans la mesure où il se caractérise, comme le procès civil, par l'oralité des débats et la discussion contradictoire des preuves produites. Mais le juge pénal conserve toujours la liberté d'en apprécier la valeur (système de l'*intime conviction*).

À cette différence réelle – même s'il ne faut pas en exagérer la portée – des procédures civile et pénale, s'ajoute une autre particularité notable du procès pénal. C'est que le *ministère public* – c'est-à-dire le corps des magistrats qui ont pour fonction de représenter l'État – y est toujours partie principale [5], demandeur, alors qu'il ne prend cette qualité que de manière exceptionnelle devant les juridictions civiles.

Si la juridiction judiciaire se caractérise donc par une certaine hétérogénéité, il faut cependant affirmer sa profonde unité : à quelques exceptions près, elle est servie par un corps unique, celui des magistrats (§ 1) ; toutes les juridictions, civiles et pénales (§ 2), s'inscrivent dans une structure cohérente.

---

1. V. ss 52.

2. Le caractère accusatoire de la procédure civile n'est cependant pas absolu. Le juge civil a pris un rôle croissant dans la direction des procès, avec, notamment, l'institution du *juge de la mise en état des causes* (Chainais, Ferrand et Guinchard, *Procédure civile*, 33ᵉ éd., 2016, Dalloz, coll. « Précis », spéc. n° 1616 s., pour la procédure devant le tribunal de grande instance).

3. Ce qu'on appelle le *principe dispositif*, cf. Chainais, Ferrand et, Guinchard et, *op. cit.*, n° 503 s.

4. C'est le résultat du système dit des *preuves légales*, en vertu duquel la loi détermine les modes de preuve de tel ou tel fait, et fixe la force probante que le juge doit impérativement leur reconnaître, v. ss 222, 224. Ainsi, en matière civile, la preuve d'un contrat doit-elle se faire par la production d'un acte écrit dès lors que l'objet de ce contrat a une valeur supérieure à 1 500 euros (C. civ., art. 1359).

5. En cette qualité, il se trouve soumis, contrairement aux parties au procès civil, à un *principe d'indisponibilité du procès* : il ne peut, une fois que les poursuites ont été engagées, se désister et dessaisir la juridiction pénale ; cf. Bouloc, *Procédure pénale*, 26ᵉ éd., Dalloz, coll. « Précis », 2017, n° 197.

§ 1. Les magistrats

143. ***La distinction du siège et du parquet : les magistrats du siège*.** La juridiction judiciaire est servie, sous réserve d'une *nuance* et d'une *précision*, par un corps unique de magistrats.

La *nuance* relève que, dans l'ordre judiciaire, figurent des juridictions de caractère exceptionnel, dont le personnel, en tout ou en partie, n'est pas constitué de magistrats professionnels. C'est le cas, notamment, des conseils de prud'hommes et des tribunaux de commerce [1].

La *précision*, importante, souligne que le corps des magistrats professionnels se subdivise en deux catégories distinctes : les *magistrats du siège*, d'une part, et les *magistrats du parquet*, d'autre part. Certes, les uns et les autres appartiennent au corps de la magistrature et sont recrutés de la même manière. Abstraction faite du jeu de certains recrutements accessoires, ils proviennent tous, en effet, de l'École nationale de la magistrature [2], à laquelle ils ont accédé par voie de concours – après avoir obtenu le grade de maître en droit (ou la première année de master) – et où ils ont bénéficié d'une formation pratique d'environ deux ans. Mais, précisément, au sortir de l'École, ils ont été appelés à choisir entre le siège et le parquet. Ce choix, pour n'avoir rien de définitif – le passage du siège au parquet et *vice versa* est admis pendant toute la carrière du magistrat – n'en est pas moins essentiel dans la mesure où il concerne des fonctions et un statut différents : tandis que le magistrat du siège a la charge de *juger*, la fonction du magistrat du parquet, représentant de l'État, est de *requérir l'application de la loi*.

Les *magistrats du siège* – membres de la *magistrature assise* – ont seuls, en effet, la charge de juger, c'est-à-dire de trancher les litiges, par voie de jugements ou d'arrêts. Ils exercent leur fonction en siégeant à l'audience, d'où leur appellation.

Cette fonction de jugement, difficile, exige que ceux qui sont appelés à l'exercer soient protégés d'éventuelles pressions, notamment de la part du pouvoir exécutif. Cela explique que la Constitution affirme expressément « l'indépendance de l'autorité judiciaire », garantie par le président de la République (art. 64, al. 1er). Plus concrètement elle énonce que « les magistrats du siège sont inamovibles » (art. 64, al. 4), ce qui protège le magistrat non seulement contre les révocations, mais encore contre toute mutation qui pourrait constituer un moyen de pression. C'est ce que précise l'article 4, alinéa 2, d'une ordonnance (n° 58-1270) du 22 décembre 1958 : « le magistrat du siège ne peut recevoir, sans son consentement, une affectation nouvelle, même en avancement ». À cela s'ajoute que les magistrats du siège ne peuvent faire l'objet de sanctions disciplinaires que sur décision du *Conseil supérieur de la magistrature*, organe chargé, entre autres fonctions, d'assurer la sauvegarde de l'indépendance de l'autorité judiciaire [3].

---

1. V. ss 157 s.

2. Cette école est née d'une loi du 10 juillet 1970 qui l'a substituée au *Centre national d'études judiciaires*, institué par une ordonnance du 22 décembre 1958.

3. La loi constitutionnelle n° 2008-724 du 23 juillet 2008 a modifié la composition du Conseil de la magistrature statuant en matière disciplinaire afin de renforcer encore les garanties données aux magistrats, particulièrement ceux du siège (Constitution, art. 65). Dans ce cas, la présidence du Conseil est retirée au président de la République pour être confiée, s'agissant des magistrats du siège, au premier président de la Cour de cassation, pour les magistrats du Parquet, au procureur général près la Cour de cassation. Comme auparavant, à l'égard des magistrats du siège, la formation compétente statue comme conseil de discipline. La formation compétente pour les magistrats du Parquet donne simplement un avis sur les sanctions disciplinaires qui les concernent.

S'agissant des magistrats du siège, la question de l'*indépendance des juges* est aujourd'hui réglée de façon satisfaisante, du moins au regard du pouvoir politique – abstraction faite, parfois, de quelques dérapages verbaux.

Il est cependant un autre facteur d'indépendance du juge qui se trouve quelque peu mis à mal : celui du principe de la *collégialité*, qui veut que le jugement soit rendu par plusieurs juges délibérant ensemble. Il faut bien comprendre, en effet, qu'en dehors même de la garantie de bonne justice que donne un tel principe – on réfléchit mieux à trois que tout seul – cette règle de collégialité – jointe au principe du *secret du délibéré* – protège l'indépendance d'esprit du juge à l'égard des justiciables eux-mêmes, qui ne peuvent pas connaître l'opinion personnelle de chacun des juges qui ont statué. Or, la collégialité se trouve aujourd'hui, en droit [1], mais aussi en fait, trop souvent méconnue. C'est tout à fait regrettable, à tous égards, et il faut craindre que l'insuffisance criante du nombre des magistrats n'incline à amplifier une telle orientation [2]. Il existe cependant une tendance contraire consistant à favoriser le dialogue et le travail d'équipe entre les magistrats afin d'éviter un exercice solitaire de la justice [3].

144. ***Les magistrats du parquet.*** Les *magistrats du parquet* – membres de la *magistrature debout* – constituent le *ministère public*. Ils ne sont pas des juges mais des agents du pouvoir exécutif chargés de représenter l'État devant les tribunaux, et de requérir l'application de la loi dans l'intérêt de la société. De là procède d'ailleurs l'appellation de magistrature *debout* : les membres du ministère public doivent, en effet, requérir debout à l'audience [4].

Le rôle du parquet est particulièrement important devant les juridictions répressives, où il a le monopole de l'exercice des poursuites [5], et où il a la qualité de partie principale et plus précisément celle d'*accusateur*. C'est à ce titre qu'il a la charge d'exercer l'*action publique*, c'est-à-dire l'action qui vise à la sanction des actes délictueux. Cette importance est attestée par l'existence d'un ministère public auprès de toutes les juridictions répressives.

Au contraire, le ministère public n'a qu'un rôle relativement secondaire devant les juridictions civiles : il n'y a le plus souvent que la qualité de *partie jointe* – et non de partie principale – et en cette qualité il n'a pas à plaider contre l'une ou l'autre des parties

---

1. C'est ainsi que, depuis 1970, un juge unique peut, avec l'accord des parties, être substitué à la formation collégiale du tribunal de grande instance (C. pr. civ., art. 801 à 805 ; COJ, art. L. 212-1 s.). D'autres dispositions spéciales donnent directement compétence à un juge unique (ainsi COJ, art. R 212-8, en matière d'accidents de la circulation). À quoi il faut ajouter que, même si elle ne contredit pas le principe de collégialité, la possibilité (C. pr. civ., art. 786 et 945-1) de plaidoirie devant le seul juge rapporteur – ou conseiller rapporteur, devant la cour d'appel – est de nature à en entamer la réalité. Un mouvement semblable a affecté le tribunal correctionnel (C. pr. pén., art. 398 et 398-1). On peut en rapprocher l'extension du rôle du juge unique dans les tribunaux administratifs (v. not. CJA, art. R. 222-13 s.).

2. Il est vrai que le juge unique n'est pas une nouveauté. Abstraction faite du juge d'instruction – qui du reste ne *juge* pas, à proprement parler (v. ss 161) – le *juge d'instance* (v. ss 156) est, traditionnellement un juge unique. Mais, dans ce cas, l'exception à la règle de la collégialité trouve une justification sérieuse dans le fait que sa compétence est limitée, en principe, aux « petits litiges ».

3. V. le décret n° 2016-26 avril 2016 relatif à l'organisation judiciaire, aux modes alternatifs de règlement des conflits et à la déontologie des juges consulaires qui autorise la création de « pôles », dont le rôle n'est cependant pas défini, dans les tribunaux de grande instance et les cours d'appel comportant plusieurs chambres.

4. Quant à l'idée de *parquet*, on y voit une référence à la place qu'occupaient, dans l'ancien temps, les représentants du roi : le parquet, entre les sièges des juges.

5. En revanche, il partage avec la victime de l'infraction le droit de déclencher les poursuites. Celle-ci, en effet, peut les engager, notamment en se *constituant partie civile*.

et se borne à exposer au tribunal son opinion. Cela explique qu'il n'y ait de ministère public, en matière civile, qu'auprès des grandes juridictions de droit commun (tribunaux de grande instance, cour d'appel et Cour de cassation).

Le ministère public, du fait de sa spécificité, se trouve placé dans un *statut* distinct de celui des juges du siège. Ainsi, notamment, les membres du parquet ne bénéficient pas, comme ceux-ci, d'un principe d'indépendance. Certes, ils sont indépendants à l'égard des particuliers : ainsi peuvent-ils décider de poursuivre l'auteur d'une infraction, même si la victime ne le veut pas, de même qu'ils peuvent, inversement, refuser de soutenir l'accusation dans une poursuite déclenchée par la constitution de partie civile d'un justiciable. Pareillement, les magistrats du ministère public sont indépendants au regard des magistrats du siège qui ne sont pas admis à leur intimer des ordres [1].

En revanche, et c'est essentiel, ils sont subordonnés au garde des Sceaux, ministre de la Justice, et ils doivent, à la différence des rapporteurs publics de la Section du contentieux du Conseil d'État [2], obéir aux injonctions de l'autorité hiérarchique – garde des Sceaux [3], procureur général près la Cour de cassation dans sa juridiction, procureurs généraux des cours d'appel et procureurs de la République. En revanche, chacun de ces deux derniers « chefs de cour » dispose d'un *pouvoir propre* qui lui permet de décider librement des poursuites pénales, sauf à courir le risque d'une sanction disciplinaire [4].

Ce statut de subordination hiérarchique comporte un assouplissement notable en vertu duquel les membres du parquet, tenus de requérir par écrit conformément aux instructions qui leur sont adressées, restent en revanche libres de développer oralement des opinions différentes. C'est une règle d'une ancienne tradition – « si la plume est serve, la parole est libre » – formellement exprimée par l'article 5 de l'ordonnance du 22 décembre 1958, *in fine* : « à l'audience, leur parole est libre » et reprise par l'article 33 du Code de procédure pénale. Sous cette réserve, les membres du ministère public sont tenus d'obéir aux instructions de leurs supérieurs hiérarchiques, à peine de sanctions disciplinaires pouvant aller jusqu'à la révocation, et prononcées par le garde des Sceaux après avis de la formation compétente du Conseil supérieur de la magistrature [5].

La règle de la subordination du ministère public au ministre de la Justice est parfois contestée et certains prônent une coupure radicale du « lien ombilical » qui relie traditionnellement le parquet au pouvoir exécutif. La demande est de plus en plus pressante en relation avec des affaires sensibles « politico-financières ». Il semble pourtant naturel – voire constitutionnel – que le gouvernement ait son mot à dire en ce qui concerne l'expression et la mise en œuvre de sa politique judiciaire, pénale notamment. À tout le moins, il paraît nécessaire que le ministre de la Justice ait la possibilité de fixer au ministère public la ligne générale de ses interventions, ce que reconnaît le Code de procédure pénale [6]. S'agissant des cas individuels, l'indépendance des magistrats du parquet paraît mieux assurée depuis que le ministre de la justice ne peut plus enjoindre aux procureurs généraux d'engager ou de faire engager des poursuites ou de prendre des réquisitions [7].

---

1. Guinchard, Varinard et Debard, *op. cit.*, n° 128 s et n° 884 s.
2. V. ss 136.
3. Guinchard, Varinard et Debard, *op. cit.*, n° 169 s. et n° 884 s.
4. Guinchard, Varinard et Debard, *op. cit.*, n° 888, et spéc. Crim. 12 mai 1992, et la note Mayer sous cet arrêt, *D.* 1992. 427.
5. Sur ce régime disciplinaire, v. Guinchard, Varinard et Debard, *op. cit.*, n° 893.
6. V. Guinchard, Varinard et Debard, *Ibiid.*
7. C. pr. pén., art. 36, qui ne prévoit plus cette possibilité que pour les procureurs généraux, à l'égard des procureurs de la République. Et l'article 30, alinéa 3 (mod. L. du 25 juill. 2013) interdit désormais au ministre de la justice d'adresser aux magistrats du ministère public des instructions dans les affaires individuelles. Sur l'ensemble de la question de l'indépendance du parquet, notamment au regard des exigences de la CEDH, v. Guinchard, Chainais *et al.*, *Droit processuel*, 9e éd., Dalloz, coll. « Précis », 2017, n° 353-3.

Les différences qui séparent le siège et le parquet sont donc considérables. Elles ne doivent pas, cependant, faire perdre de vue la complémentarité de ces deux catégories de magistrats qui assurent ensemble le service public de la justice[1].

Mais *complémentarité* n'est pas identité Et il faut regretter que l'opinion publique distingue mal siège et parquet, notamment à propos de la question de l'indépendance des juges. Il serait opportun, de ce point de vue, de rompre avec la tradition d'unicité de la magistrature judiciaire et de séparer nettement les juges et le ministère public, en en faisant deux corps distincts et en supprimant la faculté de passer de l'un à l'autre, faculté qui apparaît de nature à altérer le principe d'indépendance des magistrats du siège[2].

§ 2. Les juridictions

145. ***Diversité des juridictions judiciaires***. On sait déjà que la juridiction judiciaire comporte une subdivision interne très importante, celle des juridictions *civiles* et des juridictions *répressives* ou *pénales*[3]. Cette distinction doit se combiner avec celle, déjà évoquée, des juridictions de *droit commun* – qui ont une compétence de principe – et des juridictions *d'exception* – auxquelles la loi attribue spécialement compétence en certaines matières[4].

L'ensemble des juridictions judiciaires peut aussi être classé, d'un autre point de vue, en deux catégories nettement distinctes : celle, d'abord, des *juridictions du premier degré* qui sont sollicitées en premier de trancher les litiges ; celle, ensuite, des *juridictions de contrôle* dont la fonction est, très schématiquement, de vérifier que le procès a été correctement jugé.

Avant d'examiner ces deux sortes de juridictions, il est utile de donner un aperçu des principales *notions de procédure*.

A. Notions sommaires de procédure

146. ***L'action en justice et le droit d'agir***. Le propre de la règle de droit est d'être une règle sanctionnée par l'autorité publique[5]. L'action en justice est le moyen – le droit – de demander cette sanction.

Très souvent, celui qui agit en justice le fait pour exercer ou défendre une prérogative dont il est personnellement investi – un droit subjectif[6] : il demande, par **exemple**,

---

1. Cette fonction suscite, depuis quelque temps, une interrogation, entretenue par diverses affaires fortement médiatisées, relative à la responsabilité des magistrats. La question, fort compliquée, est loin d'être résolue. Pour l'essentiel, cette responsabilité prend actuellement trois formes : d'une part, une responsabilité *disciplinaire*, qui sanctionne d'éventuels manquements aux exigences d'un comportement d'une constante rigueur ; d'autre part, une *responsabilité de l'État* pour défaut de fonctionnement du service de la Justice ; enfin une *responsabilité du juge pour faute personnelle*, mais qui ne peut être engagée que par l'État, par voie de recours. Sur l'ensemble de cette question, v. Guinchard, Varinard et Debard, *op. cit.*, n° 134 s. et n° 869 s. ; v. aussi Magendie, « La responsabilité des magistrats », *D.* 2003. Chron. 1177.

2. Il serait cependant souhaitable, d'une part, de maintenir l'unité de formation par l'ENM, et d'autre part, d'admettre, mais seulement pendant quelques années après la sortie de cette école, la possibilité de passer d'un corps à l'autre, afin de permettre un choix en connaissance de cause.

3. V. ss 142.

4. Pour la juridiction administrative, v. ss 134.

5. V. ss 21 s.

6. Sur cette notion, v. ss 185 s.

le paiement d'une créance, ou la réparation d'un dommage qui lui a été infligé. Mais cette coïncidence de l'action en justice et d'un droit subjectif n'est ni générale ni nécessaire : il est des actions qui sont indépendantes de tout droit subjectif[1], telle l'action – dite « action publique » – diligentée par le ministère public pour obtenir la sanction de celui qui s'est rendu coupable d'un comportement délictueux.

La procédure judiciaire connaît ainsi, à l'image de la procédure administrative[2], un *contentieux subjectif* – qui tend à la réalisation des droits subjectifs – et un *contentieux objectif* – dont la finalité est d'assurer le respect de la loi. Mais, dans un cas comme dans l'autre, l'action vise à la sanction de la règle de droit.

L'action en justice manifeste ainsi un *droit :* le droit de revendiquer la mise en œuvre de la règle de droit. C'est ce qu'exprime clairement l'article 30 du Code de procédure civile qui souligne que ce droit appartient aux *deux plaideurs* qui s'affrontent devant le juge. D'un côté, « l'action est le droit, pour l'auteur d'une prétention, d'être entendu sur le fond de celle-ci afin que le juge la dise bien ou mal fondée ». De l'autre, « pour l'adversaire, l'action est le droit de discuter le bien-fondé de cette prétention ».

La loi subordonne cependant le *droit d'agir* qu'elle consacre ainsi à différentes conditions. En vertu de l'article 31 du Code de procédure civile, « l'action est ouverte à tous ceux qui ont un intérêt légitime au succès ou au rejet d'une prétention, sous réserve des cas dans lesquels la loi attribue le droit d'agir aux seules personnes qu'elle qualifie pour élever ou combattre une prétention, ou pour défendre un intérêt déterminé ».

147. ***Intérêt pour agir et qualité***. Celui qui agit doit donc justifier d'un « intérêt légitime ». Cela suppose que l'action présente pour lui une *utilité certaine* qui peut prendre la forme, indifféremment, d'un avantage d'ordre pécuniaire ou moral, et qui *ne contrarie pas l'ordre légal*.

Outre cette première exigence, le texte se réfère à ce qu'il est convenu d'appeler la « *qualité* » de celui qui exerce le droit d'agir, c'est-à-dire l'habilitation à l'exercice de ce droit. Ainsi entendue, la qualité coïncide le plus souvent avec l'intérêt. Mais elle a une *fonction restrictive* qu'explicite l'article 31 : l'action peut être réservée à certaines personnes limitativement désignées par la loi. De la sorte, la « qualité » joue un rôle propre : elle sélectionne parmi tous ceux qui auraient intérêt à agir ceux qui sont seuls admis à le faire, donnant naissance à ce que l'on appelle une action « attitrée »[3]. Ainsi, par **exemple**, dans le cas d'un contrat affecté d'une cause de *nullité relative*[4]. L'hypothèse est qu'un contrat a été conclu en violation d'une règle de droit protectrice du contractant, telle celle qui exige un consentement libre et éclairé. Alors, seul le contractant victime du vice du consentement – celui, qui, par exemple, a fait une erreur – a qualité pour demander l'annulation du contrat. Le cocontractant, même s'il y a intérêt, n'a pas *qualité* pour demander cette nullité.

Ainsi en va-t-il, également, dans le cas où l'intérêt en cause présente un caractère général. Mais alors le problème prend un aspect particulier dans la mesure où, s'agissant d'un intérêt qui concerne la société tout entière – exemple limite : l'intérêt qu'il y a à ce que la loi soit respectée –,

1. En revanche, l'existence d'un droit subjectif implique pour son titulaire le droit d'agir pour le faire valoir en justice : « pas de droit sans action ».

2. V. ss 132.

3. Cf. Guinchard, Ferrand et Chainais, *Procédure civile*, 6e éd., Dalloz, coll. « HyperCours », 2017, n° 83.

4. Sur cette notion, v. ss 244.

la qualité pour agir est *a priori* concentrée sur le seul ministère public qui bénéficie d'une sorte de monopole de la *défense de l'intérêt général*. La question est alors de savoir si, outre le ministère public, certaines personnes peuvent être habilitées à agir pour la défense d'intérêts collectifs plus ou moins larges. Cette question, qui tend à modérer la fonction restrictive de la qualité au regard des problèmes d'intérêt général, se pose à l'endroit des groupements [1] établis pour la défense de certains intérêts : syndicats professionnels, associations de consommateurs, associations de lutte contre la drogue et l'alcoolisme, de protection des animaux ou de l'environnement... À partir d'une réponse de principe négative, la loi admet de multiples dérogations, d'ampleur variable. C'est ainsi que l'article L. 2132-3 du Code du travail donne qualité aux *syndicats professionnels* pour exercer, devant toutes les juridictions, tous les droits réservés à la partie civile [2] relativement aux faits portant un préjudice direct ou indirect à l'intérêt collectif de la profession qu'ils représentent [3]. La même formule s'applique en vertu de l'article L. 621-1 du Code de la consommation (réd. Ord. du 14 mars 2016) aux *associations de consommateurs* régulièrement déclarées, et dûment agréées, pour la défense de l'intérêt collectif des consommateurs. Le Code de l'environnement (art. L. 142-2) accorde le même droit aux *associations de protection de l'environnement agréées*, notamment en ce qui concerne les faits portant un préjudice direct ou indirect aux intérêts collectifs qu'elles ont pour objet de défendre et constituant une infraction aux dispositions législatives relatives à la protection de la nature et de l'environnement. En dehors des prévisions légales, la jurisprudence récente se montre assez favorable à l'action des associations, notamment en matière de responsabilité, les autorisant à agir en justice au nom d'intérêts collectifs dès lors que ceux-ci entrent dans leur objet social [4].

148. ***Intérêt pour agir et qualité (suite). L'action de groupe.*** La question précédemment évoquée ne doit pas être confondue avec celle, différente, de savoir si une association, de consommateurs par exemple, peut agir, à la place de ses membres, les consommateurs, en l'occurrence, ayant subi individuellement un dommage, en réparation des préjudices ainsi causés. En vertu d'un vieil adage – « nul ne plaide par procureur » – cette solution a été longtemps totalement exclue. Mais, depuis 1992, les choses avaient évolué. Selon l'article L. 422-1, alinéa 1er, du Code de la consommation (devenu l'art. L. 622-1, Ord. 14 mars 2016) : « lorsque plusieurs consommateurs, personnes physiques identifiées, ont subi des préjudices individuels qui ont été causés par le fait d'un même professionnel et qui ont une origine commune, toute association agréée et reconnue représentative sur le plan national [...] peut, si elle a été mandatée par au moins deux des consommateurs concernés, agir en réparation devant toute juridiction au nom de ces consommateurs ». Cette action, dite en représentation conjointe [5], ne s'éloignait pas trop des principes généraux de la procédure dans la mesure où l'association ne peut agir que sur le fondement d'un mandat qui lui est donné par les consommateurs. Cette action est apparue insuffisante pour protéger les consommateurs qui, bien souvent, n'agissent pas en justice pour obtenir la réparation de faibles dommages qui peuvent leur être causés par des manquements de professionnels à leurs obligations.

La question s'est donc posée de savoir s'il ne fallait pas reconnaître, en droit français, une action collective des consommateurs (action de groupe), à l'image des *class action* du droit américain [6]. La question a été extrêmement débattue, les milieux professionnels redoutant ce type

---

1. Il s'agit nécessairement de groupements dotés de la *personnalité morale* et ayant de ce fait la qualité de *sujet de droit* (v. ss 197 s.).

2. Il s'agit du droit pour la victime d'une infraction de saisir la juridiction pénale pour demander réparation du préjudice subi et déclencher par là même les poursuites répressives ; v. ss 161, 166.

3. Cet intérêt collectif – qui est spécialisé – ne se confond pas avec les intérêts généraux de la société dont la sauvegarde reste aux seuls soins du ministère public ; cf. Crim. 22 déc. 1987, *Bull. crim.* n° 484.

4. Flour, Aubert et Savaux, *Droit civil. Les obligations*, vol. 2, *Le fait juridique*, 14e éd., 2011, n° 366.

5. Que l'on retrouve aussi en matière d'environnement : C. envir., art. L. 142-3.

6. V. notamment, Y. Picod, « Le charme discret de la *class action* », *D.* 2005. Chron. 657 ; Guinchard, « Une *class action* à la française ? », *D.* 2005. Chron. 2180 ; Mainguy, « À propos de l'introduction de la *class action* en droit français », *D.* 2005. Chron. 1282 ; L. Boré et Y. Strickler, « Faut-il avoir peur de l'action de groupe ? », *RD d'Assas*, n° 9, 2014, p. 11.

d'action qui risque de les obliger à supporter le poids d'indemnisations élevées. Finalement, la loi n° 2014-344, du 17 mars 2014, relative à la consommation [1], a tranché dans un sens favorable à la reconnaissance de cette action. Selon le nouvel article. L. 623-1 du Code la consommation (Ord. du 14 mars 2016), une association de défense des consommateurs, représentative au niveau national et agréée, peut agir devant une juridiction civile pour obtenir la réparation des préjudices individuels subis par des consommateurs placés dans la même situation et ayant pour cause un manquement du même professionnel à ses obligations, à l'occasion de vente de biens ou de la fourniture de services, ou lorsque ces préjudices résultent de pratiques anticoncurrentielles. L'action ne peut avoir pour objet que la réparation des préjudices patrimoniaux résultant des dommages matériels subis par les consommateurs.

Cette action, dont le régime est précisé par les articles L. 623-3 s. et R. 623 s. du Code de la consommation constitue une innovation importante. Elle contient une atteinte plus directe au principe qui interdit d'agir en justice pour la défense des intérêts d'autrui puisque l'association demande la réparation de préjudices subis personnellement par les consommateurs, sans avoir reçu de mandat de ceux-ci. Elle est organisée de telle manière qu'elle ne devrait pas conduire aux dérives redoutées de certaines *class action* américaines, notamment quant aux préjudices indemnisables [2].

Comme on pouvait le penser, une fois implantée en droit français, cette action, dont certains critiquaient le caractère limité, s'est étendue au profit d'autres catégories de personnes et de litiges, en changeant parfois sensiblement de régime. La loi n° 2016-41 du 26 janvier 2016 a ouvert une telle action aux associations des usagers du système de santé agréées pour la réparation des préjudices individuels subis par des usagers placés dans une situation similaire ou identique et ayant pour cause commune un manquement d'un producteur ou d'un fournisseur de l'un des produits (de santé) ou d'un prestataire utilisant l'un de ces produits à leurs obligations légales ou contractuelles [3].

Surtout, la loi n° 2016-1547 du 18 novembre 2016 de modernisation de la justice du XXIe siècle et le décret n° 2017-888 du 6 mai 2017 ont instauré un régime commun de l'action de groupe devant le juge judiciaire (art. 60 s.) [4], applicable, sous réserve de dispositions particulières, à quatre actions de groupe qu'elle réglemente [5] : en matière de discrimination (art. 86, mod. L. 2008-496 du 27 mai 2008 ; art. 87, mod. art. L 1134-1 s., C. trav.), en matière environnementale (art. 89, créant art. L 142-3-1 C. envir.), en matière de santé (art. 90, mod. art. L. 1143-1 s., CSP) et en matière de protection des données à caractère personnel (art. 91, mod. L. n° 78-17 du 6 janv. 1978). L'action est en principe accordée aux associations agréées et aux associations déclarées depuis au moins cinq ans dont l'objet comporte la défense d'intérêts auxquels il a été porté atteinte. Elle est ouverte lorsque plusieurs personnes placées dans une situation similaire ont subi un dommage causé par une même personne ayant pour cause commune un manquement de même nature à ses obligations légales ou contractuelles. Elle tend soit à la cessation du manquement, soit à l'engagement de la responsabilité de l'auteur du dommage, soit aux deux fins à la fois.

Il se confirme donc que l'action de groupe est douée d'une force d'expansion considérable, du moins en législation. Maintenant qu'elle est dotée d'un régime commun, elle peut s'étendre

---

1. *JORF* 18 mars 2004, p. 5400.

2. Sur ce texte, v. notamment Rebeyrol, « La nouvelle action de groupe », *D.* 2014. Chron. 940 ; Aubert de Vincelles et Sauphanor-Brouillaud, « La loi du 17 mars 2014 : nouvelles mesures protectrices du consommateur », *D.* 2014. Chron. 879 ; Claudel, « Action de groupe et autres dispositions concurrence de la loi consommation : un dispositif singulier », *RTD com.* 2014. 339. Sur l'originalité de cette action par rapport aux modèles connus, v. part. Molfessis, « L'exorbitance de l'action de groupe à la française », *D.* 2014. Chron. 947.

3. Haeri et Javaux, « L'action de groupe en matière de produits de santé : une procédure complexe à l'efficience incertaine », *D.* 2016. 330.

4. La procédure est aussi organisée devant le juge administratif : art. 85 de la loi. ; CJA, art. L. 77-10-1 s.

5. L'action de groupe en matière de consommation reste soumise aux dispositions qui lui sont propres. V. Jeuland, « Retour sur la qualification de l'action de groupe à la lumière de la loi de modernisation de la justice du XXIe siècle », *JCP* 2017, n° 13, doctr. 354.

plus facilement, au gré de la volonté du législateur, à d'autres domaines encore. Mais son succès pratique n'est pas assuré, la première créée en matière de consommation ayant été rarement mise en œuvre jusqu'ici.

149. ***L'instance***. L'exercice de l'action constitue une situation juridique particulière que l'on dénomme l'*instance* [1] et qui lie, d'une part, les *parties* au procès – le *demandeur* qui soutient une prétention, et le *défendeur* qui la conteste – et d'autre part le *juge*.

Le caractère accusatoire prédominant de la procédure civile [2] confère aux *parties* un rôle essentiel dans la genèse et la délimitation de l'instance. Elles ont la maîtrise du déclenchement de l'action et de la saisine du juge : elles fixent l'*objet* du litige par les prétentions qu'elles articulent, et précisent les *faits* qui justifient leurs prétentions et qui constituent la *cause* du litige (C. pr. civ., art. 4 et 6) [3].

Le *juge* est obligé de s'en tenir à l'objet et à la cause caractérisés par les parties dans leurs demandes (C. pr. civ., art. 6 et 7). Il dispose, en revanche, d'une plus grande liberté en ce qui concerne le *droit* : chargé d'appliquer la règle de droit, il n'est pas, en principe, limité à l'argumentation juridique des parties. Ainsi, peut-il, dans le cadre des faits rapportés par elles, redresser les *qualifications* avancées par les plaideurs – dire d'un contrat, par exemple, qu'il s'agit d'un contrat de vente, et non d'un contrat d'entreprise – et, plus largement, appliquer à ces faits une règle de droit qui n'a pas été spécialement visée par les parties. Le juge a ainsi le pouvoir de *relever d'office* les moyens de droit applicables aux faits rapportés par les plaideurs [4].

Lorsqu'il procède ainsi, le juge doit, avant de statuer, informer les parties du moyen de droit qu'il envisage de mettre en œuvre et solliciter leurs observations sur ce point. C'est une application du *principe de la contradiction* qui domine l'instance et selon lequel tous les éléments qui fondent la décision doivent avoir pu être discutés préalablement par les plaideurs (C. pr. civ., art. 16). La règle est une manifestation d'un principe plus général de *loyauté* qui domine l'instance et qui impose, notamment, le respect des *droits de la défense* et *l'impartialité du juge*, laquelle interdit tout risque de préjugé de celui-ci [5]. Elle se rattache, en droit européen, à l'exigence de *procès équitable et contradictoire*, formulée par la Cour européenne des droits de l'Homme en application de l'article 6, § 1er, de la Conv. EDH [6].

150. ***La décision***. Prenant en compte l'ensemble des faits exposés par les parties et la ou les règles de droit qui peuvent s'y appliquer, le juge rend une décision

---

1. Sur la notion, v. Guinchard, Ferrand et Chainais, n° 490 s.
2. V. ss 142.
3. Ces notions jouent un rôle essentiel dans la détermination de la portée de la chose jugée ; v. ss 153.
4. En revanche, il ne semble pas, en principe, obligé de le faire. Plus précisément, il semble qu'il faille distinguer selon les points de droit concernés ; v. Ass. plén. 21 déc. 2007 (*rejet*), pourvoi n° 06-11343, *JCP* 2008. II. 10006, note L. Weiller, *Defrénois* 2008, art. 38802, note Savaux, qui juge que si l'article 12 du Code de procédure civile oblige le juge à donner ou restituer leur exacte qualification aux faits et actes litigieux invoqués par les parties au soutien de leurs prétentions, il ne lui fait pas obligation, sauf règles particulières, de changer la dénomination ou le fondement juridique de leurs demandes.
5. Cette exigence, indiscutable, n'est pas toujours d'un maniement aisé ; v. Butéri, « La participation du juge des référés à la formation de jugement du fond », *D.* 2004. 2586.
6. V. par ex. l'arrêt *Feldbrugge c/Pays-Bas* du 29 mai 1986, in Berger, *Jurisprudence de la Cour européenne des droits de l'Homme*, 13e éd., Sirey, 2014, p. 268 s.

en forme de *jugement* – pour les décisions du *premier juge* – ou en forme d'*arrêt* – pour les décisions des juridictions de contrôle [1].

En la forme et abstraction faite de multiples nuances, le jugement – au sens large du terme – est composé de trois parties distinctes : l'exposé du *litige* – les faits, les prétentions des parties, le développement de la procédure – d'abord [2] ; puis l'énoncé des *motifs* – la motivation – de fait et de droit, qui ont incliné le juge à sa décision ; enfin, cette décision elle-même – solution du litige – qui est enfermée dans ce que l'on dénomme le *dispositif*.

La motivation des décisions de justice est obligatoire [3] parce que c'est une garantie contre l'arbitraire, le moyen grâce auquel le justiciable peut se convaincre du bien-fondé ou non de la décision et décider d'exercer ou non un recours. Elle est aussi nécessaire pour que les juridictions supérieures puissent exercer leur contrôle. Cette exigence fait désormais partie intégrante du droit à un procès équitable, la question étant de savoir quelles qualités la motivation doit présenter pour y satisfaire [4]. Elle s'est particulièrement posée pour les décisions des cours d'assises qui n'étaient traditionnellement pas motivées. Après que la France a été condamnée par la Cour européenne des droits de l'Homme et que la chambre criminelle, confortée par le Conseil constitutionnel, a maintenu sa jurisprudence selon laquelle la réponse aux questions posées au jury constitue une motivation suffisante, la loi du 10 août 2011 a imposé, par l'article 365-1 nouveau du Code de procédure pénale, l'obligation de motivation des arrêts de cour d'assises [5].

Désormais, c'est celle des arrêts de la Cour de cassation qui est en question. Ces décisions sont jugées souvent très lapidaires, voire énigmatiques, leurs motifs trop sommaires ne permettant pas toujours de comprendre les raisons qui ont conduit la cour à juger de telle manière. Afin d'améliorer l'accessibilité au droit et la sécurité juridique, la Cour de cassation, dans des arrêts récents a donc entendu tester une nouvelle forme de motivation mentionnant les précédents jurisprudentiels [6] et précisant les raisons qui l'ont conduite à statuer en tel sens [7] (pour un exemple

---

1. S'y ajoutent encore les *ordonnances* qui sont des décisions prises par un magistrat plus ou moins spécialisé et qui statue seul : par exemple, le Premier président de la Cour de cassation (v. ss 152, *in fine*), ou le juge des référés. La distinction faite au texte est schématique et supporte des exceptions en dehors des juridictions civiles. Dans l'ordre répressif, les *cours d'assises* – même saisies en premier ressort (v. ss 162) – et, dans l'ordre administratif, le *Conseil d'État* – juridiction de contrôle, certes, mais qui intervient souvent comme seul juge (v. ss 134) – statuent toujours par voie d'arrêts.

2. Depuis une réforme de 1998, le jugement peut ne pas exposer les prétentions des parties et leurs moyens, pourvu qu'il porte un visa exprès de leurs conclusions avec l'indication de leur date (C. pr. civ., art. 455). Mesure de simplification regrettable : l'exposé, même succinct, des prétentions et moyens des parties avait le mérite d'appeler l'attention du juge sur les diverses composantes de l'argumentation développée devant lui. Le procédé semble assez peu utilisé.

3. « Le jugement doit être motivé », article 455, alinéa 1er, du Code de procédure civile ; cf. L. Boré, « La motivation des décisions de justice et la Convention européenne des droits de l'Homme », *JCP* 2002. I. 104.

4. Guinchard, Chainais *et al. Droit processuel. Droits fondamentaux du procès*, 9e éd., 2017, Dalloz, coll. « Précis », n° 436 s.

5. Elle prend la forme d'une feuille de motivation annexée au procès-verbal de délibération.

6. La méthode a été inaugurée par un avis du 4 janvier 2016 (n° 15-70004, *D.* 2016, Act. 133, obs. Deumier, *RTD civ.* 2016. 65, obs. Deumier) dans lequel l'existence d'une jurisprudence constante a été déterminante du rejet de la demande d'avis.

7. Ch. mixte 24 févr. 2017, n° 15-20411, *D.* 2017. 793, note Fauvarque-Cosson, *RTD civ.* 2017. 377, obs. Barbier ; Civ. 1re, 6 avr. 2016, n° 15-10552 ; Com. 22 mars 2016, n° 14-14218, *RTD civ.* 2016. 343, obs. Barbier ; Libchaber, « Une motivation en trompe-l'œil : les cailloux du Petit Poucet », *JCP* 2016, n° 22, doctr. 632, Jamin, « Motivation (suite) : quelle tradition civiliste défendre ? », *D.* 2016, éditorial, p. 1073 ; v. égal. Deumier, « Repenser la motivation des arrêts de la Cour de cassation ? », *D.* 2015. Chron. 2022 ; Fricero, « Pour un meilleur accès à la portée normative des arrêts de la Cour de cassation. Nouvelle manière de motiver, nouvelle manière de rédiger et de communiquer ? », in *Regards*

d'arrêt à motivation enrichie, v. **Annexe documentaire II**). Les résultats sont encore imparfaits, mais l'orientation est bonne. Elle permet au justiciable de mieux comprendre le sort réservé à sa demande et aux professionnels du droit de cerner et d'apprécier plus précisément le contenu et le fondement des solutions jurisprudentielles. Mais il faut prendre garde à ce que la modification de la forme (la motivation) ne masque pas un changement de fond affectant la nature et les moyens du contrôle de la Cour (se recentrer sur sa « fonction normative » en sélectionnant les pourvois, procéder à une vérification systématique de la conformité aux droits de l'Homme par la voie d'un contrôle d proportionnalité...) qui ne peut être décidé que par la voie démocratique d'une réforme des textes fixant les missions de la Cour [1]. Elle-même réclame désormais cette intervention du législateur.

Cette présentation schématique ne rend pas compte de toute la réalité des jugements, qui se révèle très diversifiée. Le mot « jugement » fait abstraction de nombreuses et importantes distinctions qui prennent en considération le fait que tous les « jugements » n'ont pas la même signification, la même valeur ou la même portée.

Il convient tout d'abord de souligner que les juridictions *civiles* n'ont pas seulement pour mission de trancher des litiges – ce qui correspond à leur *fonction contentieuse*. À côté de cette fonction, assurément principale – et à laquelle on limitera la suite des développements – il existe aussi une fonction, dite « de juridiction gracieuse » qui les appelle à exercer, en dehors de tout litige [2], un contrôle sur différents actes de la vie juridique [3] : par **exemple**, l'*émancipation* des mineurs non mariés, qui doit être prononcée par le juge (C. civ., art. 413-2), ou encore le *changement de régime matrimonial*, dont la loi exige, dans certains cas, qu'il soit homologué par le tribunal du domicile des époux (C. civ., art. 1397). Certains auteurs ont observé que cette fonction se rapproche, à certains égards, de l'activité administrative et que les décisions gracieuses sont des actes dont la nature n'est pas véritablement juridictionnelle, mais la position du Code de procédure civile paraît contraire [4].

Une autre distinction importante est celle des *jugements avant-dire droit* et des *jugements définitifs*.

Les *jugements avant-dire droit* sont ceux qui, comme l'indique nettement leur appellation, interviennent avant que le juge ne tranche le litige, notamment dans le but de préparer cette solution, ou de prendre une mesure ponctuelle et provisoire que les circonstances rendent nécessaire. C'est le cas, par **exemple**, des jugements qui ordonnent des mesures *d'expertise* afin d'éclairer le juge ; ou encore des *ordonnances de référé* qui ont pour objet de décider, à titre provisoire, des mesures nécessaires (C. pr. civ., art. 484), notamment dans les situations d'urgence. Ainsi de l'allocation d'une « provision »,

---

d'universitaires sur la réforme de la Cour de cassation, *JCP* 2016, suppl. au n° 1-2, p. 30 ; de Béchillon, « Observations sur la motivation des arrêts », *ibid.*, p. 35 ; *adde* : Castillo-Wyszogrodzka, « La motivation des décisions de justice, perspective comparatiste », *D.* 2014. 1838.

1. Rapp. Chénedé, « Contre-révolution tranquille à la Cour de cassation ? », *D.* 2016. 796 ; Libchaber, « Une motivation en trompe-l'œil : les cailloux du Petit Poucet », *JCP* 2016, n° 22. Doctr. 632, préc.

2. Cependant, la distinction du gracieux et du contentieux ne comporte pas de cloison étanche de l'une à l'autre matière (Bergel, « Juridiction gracieuse et matière contentieuse », *D.* 1983. Chron. 165). La distinction n'est pas toujours facile à mettre en œuvre, cf. Chainais, Ferrand et Guinchard, *Procédure civile, op. cit.*, n° 1856 s.

3. V. C. pr. civ., art. 25 : « Le juge statue en matière gracieuse lorsqu'en l'absence de litige, il est saisi d'une demande dont la loi exige, en raison de la nature de l'affaire ou de la qualité du requérant, qu'elle soit soumise à son contrôle. »

4. Chainais, Ferrand et Guinchard, *op. cit.*, n° 1867 s.

c'est-à-dire d'une somme d'argent qui doit être payée par avance à un créancier réclamant un paiement plus important et qui se trouve dans le besoin [1].

Les *jugements définitifs* au contraire, sont ceux qui tranchent le litige. Ce sont, principalement, les décisions qui se prononcent sur le *fond* du procès, c'est-à-dire qui règlent la question posée, en fait et en droit par le demandeur [2].

Le qualificatif « définitif » marque que le juge, en tranchant le fond du litige, a épuisé son pouvoir juridictionnel de sorte qu'il ne peut se saisir à nouveau de la question qu'il a ainsi résolue. Il faut souligner que ce terme, fort ambigu, ne signifie pas que la question est *définitivement* tranchée, qu'elle ne peut plus être remise en cause. Il existe en effet différentes *voies de recours* qui ont précisément un tel objet [3].

151. ***Les voies de recours ordinaires : appel et opposition***. Les juges, comme tous les hommes, sont faillibles. Considérant que les premiers juges saisis d'un litige peuvent se tromper dans leur décision, la loi pose le *principe du double degré de juridiction*.

Ce principe ouvre aux justiciables la faculté de soumettre leur litige à un second juge lorsqu'ils estiment que le premier n'a pas correctement statué. De portée assez générale [4], le principe cède cependant lorsque le litige représente des intérêts insuffisamment importants – par exemple, les petites affaires civiles jugées par le juge d'instance. On dit alors que le jugement est rendu en *premier et dernier ressort*. Au contraire, lorsque le principe du double degré de juridiction s'applique, le jugement est rendu *en premier ressort* ce qui signifie qu'il peut faire l'objet de la voie de recours de *l'appel* et être en conséquence déféré à une cour d'appel.

L'*appel* est une voie de *réformation* qui constitue une invitation, adressée à une juridiction hiérarchiquement supérieure, à juger de nouveau l'ensemble de l'affaire – fait *et* droit – et à rendre une décision différente de celle du premier juge : à *réformer* celle-ci. Le procès bénéficie ainsi d'un *second degré de juridiction* où il peut être réexaminé en son entier : appréciation des faits de l'espèce ; interprétation de la règle de droit.

Cette voie de recours se distingue de l'*opposition* qui est une voie de *rétractation* par laquelle une personne qui a fait l'objet d'un jugement rendu *par défaut* – c'est-à-dire alors qu'elle n'était ni présente, ni représentée au procès – demande au juge qui a prononcé ce jugement de juger de nouveau l'affaire, en fait et en droit, et, tenant compte des arguments développés par l'opposant, de *rétracter* sa première décision en lui substituant une décision différente. Il s'agit là d'une voie de recours tout à fait différente de celle de l'appel : elle ne relève pas du principe du double degré de juridiction, mais de la règle que tout justiciable doit pouvoir faire valoir ses arguments devant le juge.

---

1. Certains auteurs distinguent ces décisions, en tant qu'elles sont provisoires, des jugements avant-dire droit proprement dits, cf. Chainais, Ferrand et Guinchard, *op. cit.*, n° 1169 s.

2. Deux précisions complémentaires sont utiles : d'une part, le jugement définitif peut fort bien ne pas trancher *tout* le litige mais seulement une *partie* de celui-ci (ex. : il admet la responsabilité du défendeur, mais renvoie à plus tard la fixation de l'indemnité mise à la charge de celui-ci) ; d'autre part, selon l'article 480 du Code de procédure civile, il y a également jugement définitif dans le cas de décisions qui, sans se prononcer sur le fond, tranchent un *incident* – par exemple le jugement qui déclare le tribunal incompétent – ou qui admettent la validité, ou au contraire annulent, un acte de procédure.

3. Peut-être est-ce la raison pour laquelle le Code de procédure civile n'utilise pas cette formule, qui est en revanche conservée par la doctrine ; cf. Couchez et Lagarde, *Procédure civile*, 17e éd., Sirey, coll. « Université », 2014, n° 398.

4. Il s'applique aussi à la juridiction administrative, notamment pour les matières dont la compétence appartient, en premier degré, au tribunal administratif (v. ss 134).

Cependant, *appel et opposition* ont en commun d'être des *voies de recours ordinaires* qui, comme telles, sont ouvertes à chaque partie si la loi n'en dispose autrement, et qui peuvent être exercées dans le *délai d'un mois* en principe – quinze jours seulement en *matière gracieuse* – à compter de la notification de la décision attaquée (C. pr. civ., art. 538). Ce délai, et l'exercice du recours, ont un *effet suspensif* qui s'oppose à l'exécution immédiate du jugement (C. pr. civ., art. 539).

Par-là, ces deux voies de recours se distinguent de celle que constitue le *pourvoi en cassation* qui est, au contraire, une *voie de recours extraordinaire*.

152. ***Voie de recours extraordinaire : le pourvoi en cassation***. Voie de recours extraordinaire [1], le pourvoi en cassation n'est admis que pour certaines causes que la loi définit ; il n'a pas d'effet suspensif sauf disposition légale contraire. Il en va de même pour le délai de pourvoi, qui est en principe de *deux mois* à compter de la notification de la décision.

Le pourvoi en cassation est une voie de recours qui s'applique aux *jugements rendus en premier et dernier ressort* c'est-à-dire ceux contre lesquels il n'est pas possible de faire appel – et aux *arrêts rendus par les cours d'appel* [2]. Il ne tend pas à faire juger de nouveau l'ensemble de l'affaire, mais seulement au contrôle de la conformité de la décision attaquée à la règle de droit. Relevant de la compétence exclusive de la *Cour de cassation*, le pourvoi en cassation ne concerne que l'*interprétation du droit*, non celle des faits. La Cour de cassation *n'est pas un troisième degré de juridiction* ; elle est seulement juge de la rectitude juridique des décisions qui lui sont déférées, les faits étant fixés, devant elle, par l'appréciation qu'en a faite la décision attaquée – jugement ou arrêt d'appel, selon le cas [3]. Cette voie de recours répond à une double préoccupation : garantir au justiciable une *application correcte* de la règle de droit – préoccupation individuelle ; assurer, grâce à l'unicité de la Cour de cassation, l'*unité d'interprétation* de la règle de droit – préoccupation sociale, collective [4].

Le pourvoi n'est ouvert, en conséquence, que pour sanctionner une méconnaissance de la règle de droit par le *juge du fond* – le juge de l'ensemble de l'affaire, fait et droit – qui s'est prononcé en dernier ressort. Cela correspond à différents *cas d'ouverture à cassation* dont les principaux sont : la violation de la loi ; l'incompétence et l'excès de pouvoir ; l'absence ou l'insuffisance de motifs.

La conception extensive actuelle engendre un nombre excessif de pourvois, trop souvent dépourvus d'intérêt au regard de l'unité d'interprétation de la règle de droit, et qui tire la Cour de cassation vers une fonction de troisième degré de juridiction. Pour la restaurer dans son rôle de cour suprême et réaffirmer sa fonction « normative », celle-ci a donc entrepris une importante

---

1. Il existe d'autres voies de recours extraordinaires : ainsi, d'abord, de la *tierce opposition* qui tend à faire réformer ou rétracter une décision à la demande d'un *tiers* auquel cette décision porte préjudice (C. pr. civ., art. 582 s.). Ainsi aussi du recours en *révision*, tant en matière civile (C. pr. civ., art. 593 s.) qu'en matière pénale (C. pr. pén., art. 622 s.) ou encore du *réexamen* des décisions pénales définitives de condamnation ou des décisions en matière d'état des personnes ayant fait l'objet d'un constat de violation de la Convention européenne des droits de l'Homme par la Cour européenne des droits de l'Homme (v. ss 130, 166) ; v. Guinchard, Varinard et Debard, *op. cit.*, n° 152 s. ; Guinchard (dir.), *Droit et pratique de la procédure civile*, coll. « Dalloz Action » 2017-2018, n° 552.00 s.

2. Il s'applique pareillement aux arrêts d'appel de cour d'assises.

3. Jobard-Bachellier, Bachellier et Buk Lament, *La technique de cassation*, 8e éd., Dalloz, coll. « Méthodes du droit », 2013 ; L. et J. Boré, *La cassation en matière civile*, 5e éd., coll. « Dalloz Action », 2015 ; Guinchard, Varinard et Debard, n° 752 s. V. égal. Weber, « Comprendre un arrêt de la Cour de cassation rendue en matière civile », *Bull. info. Cass.* 15 mai 2009, p. 6.

4. Sur ce rôle de la Cour de cassation, v. ss 168 s.

réflexion sur sa mission et les moyens de son exercice. Elle comporte notamment la proposition d'un examen accéléré des pourvois qui ne soulèvent pas de question de droit nouvelle ou controversée, seules les affaires « à caractère normatif » donnant lieu à un examen approfondi [1]. Ces propositions suscitent d'importantes questions concernant notamment l'accès au juge et des réserves [2]. Le rapport de la Commission de réflexion sur la réforme de la Cour de cassation [3] propose l'instauration de trois circuits différenciés de traitement des affaires selon leur complexité et l'intérêt qu'elles présentent pour la formation du droit (portée normative) [4]. Il suggère aussi l'instauration d'une nouvelle procédure de filtrage des arrêts, associant le cas échéant, à titre expérimental, les cours d'appel [5].

Si la critique formulée contre la décision du juge du fond est exacte, la Cour rend un *arrêt de cassation* qui annule cette décision – en tout ou en partie, selon le cas. L'affaire est alors renvoyée pour être jugée à nouveau par une juridiction de même nature et de même degré que celle dont la décision est censurée. Si, au contraire, la Cour de cassation estime que la critique n'est pas justifiée, elle rend un arrêt de *rejet* (sous-entendu, du pourvoi) qui conforte définitivement la décision des juges du fond [6].

L'exercice du pourvoi en cassation n'a *pas d'effet suspensif* : la décision des juges du fond peut être exécutée normalement, sauf les cas exceptionnels où la loi dispose autrement – par **exemple** pour le divorce ou la séparation de corps des époux. Cette absence d'effet suspensif est soulignée par une disposition de l'article 1009-1 du Code de procédure civile qui permet au Premier président de la Cour de cassation de procéder, par voie d'ordonnance, au *retrait du rôle* [7] de l'affaire lorsque le demandeur en cassation ne justifie pas avoir exécuté la décision frappée du pourvoi. Ce retrait empêche qu'il soit statué sur le pourvoi [8].

153. ***L'autorité des décisions de justice : l'autorité de la chose jugée.*** L'existence de ces diverses voies de recours témoigne du désir de bonne justice du législateur. Le plaideur insatisfait de la décision du premier juge peut, *le plus souvent*, demander que son affaire soit réexaminée en entier, c'est-à-dire en fait et en droit, par une cour d'appel.

---

1. V. part. B. Louvel, « Réflexions à la Cour de cassation », *D.* 2015. 1326 et « Pour une juridiction à l'écoute de son temps », *D.* 2014. 1632 ; « Pour exercer son office de Cour suprême, la Cour de cassation doit adapter ses modes de contrôle », entretien avec B. Louvel, *JCP* 2015, n° 43, 1122. V. égal. « Regards d'universitaires sur la réforme de la Cour de cassation », *JCP* 2016, suppl. au n° 1-2, spéc. Molfessis, « Pour une sélection vertueuse des pourvois », p. 16.

2. Cassia, « Filtrer l'accès au juge de cassation ? », *D.* 2015. 1361 ; Deumier, « Accès à la Cour de cassation et traitement des questions jurisprudentielles », *D.* 2015. 1720. V. égal. Haftel, « Libres propos sur l'avant-projet de réforme de la Cour de cassation et la fonction du juge », *D.* 2015. 1378.

3. Disponible sur le site Internet de la Cour de cassation : https://www.courdecassation.fr/IMG/// Rapport sur la réforme de la Cour de cassation.pdf. V. Théron, « Sublimer l'essence de la Cour de cassation ? À propos du rapport de la Commission de réflexion sur la réforme de la Cour de cassation », *JCP* 2017, n° 24, 666 ; Urvoas, « L'*aggiornamento* nécessaire de la Cour de cassation », *D.* 2018. 1087.

4. Propositions 1 à 21.

5. Propositions 63 à 66.

6. Sur la Cour de cassation, le mécanisme du pourvoi et les issues de la procédure, v. ss 167 s.

7. L'enrôlement est une formalité d'enregistrement qui a pour effet de saisir une juridiction.

8. Après exécution dûment justifiée, le Premier président autorise la réinscription de l'affaire au rôle de la Cour (art. 1009-3). La mesure de retrait du rôle n'est pas une sanction mais une « mesure d'administration et de régulation destinée à rappeler le caractère extraordinaire du recours en cassation et à faire assurer au bénéficiaire d'une décision de justice exécutoire la pleine effectivité des prérogatives qui lui ont été reconnues par les juges du fond » [...] ; Cass., Ord. 1er Pr., 24 janv. 1990, *D.* 1990. 323, note Plouvin. Elle peut aussi dissuader de former un pourvoi dans le seul but de retarder la fin du procès.

Il peut *toujours* demander à la Cour de cassation un contrôle de l'application correcte de la règle de droit par le juge qui a statué en dernier ressort – tribunal saisi en premier et dernier ressort, ou cour d'appel. Mais, du même coup se trouve posée la question de l'autorité qui s'attache aux décisions rendues par les juges, question fort complexe qui ne peut être évoquée que dans ses lignes essentielles [1].

La loi attribue à la décision juridictionnelle du juge une autorité particulière sur le plan de la preuve, ce que souligne l'article 1355 du Code civil (réd. Ord. du 10 févr. 2016 portant réforme du droit des contrats, du régime général et de la preuve des obligations). La chose jugée bénéficie d'une *présomption légale de vérité* qui est fondée sur la volonté, pratique, de mettre fin au procès. Mais la solution est assortie de multiples nuances.

Pour l'essentiel, l'autorité de chose jugée ne s'applique qu'aux jugements *définitifs* [2], et ne s'attache qu'à ce qui a été précisément jugé : le *dispositif* [3]. Mais la force de cette autorité est variable en considération de l'existence de voies de recours.

C'est dès le moment où elle est rendue que la décision du juge acquiert l'*autorité de la chose jugée* (C. pr. civ., art. 480) : le jugement constitue un juste titre d'exécution pour celui dont le droit a été consacré. Toutefois, la portée de cette autorité reste limitée en ce sens que, le plus souvent, elle n'autorise pas l'exécution *immédiate* de la décision. Celle-ci n'est exécutoire que si elle n'est susceptible d'aucun recours suspensif d'exécution – opposition ou appel – ou lorsque le délai de ces recours est expiré sans qu'ils aient été exercés. Dans ces deux cas, la décision n'a plus seulement l'autorité de la chose jugée : la loi la dit *passée en force de chose jugée* (C. pr. civ., art. 501). La « force de chose jugée » marque donc le caractère exécutoire de la décision. Elle ne signifie pas, cependant, que la décision soit désormais définitivement acquise : elle ne le sera que lorsqu'aucun recours – notamment un pourvoi en cassation – ne pourra plus être exercé – que les délais pour ce faire soient expirés, ou que les recours aient été vainement mis en œuvre. Alors la décision devient *irrévocable* [4].

L'autorité de la chose jugée, dont la force varie donc avec le stade de la procédure (selon qu'il y a encore, ou non, possibilité d'appel ou de pourvoi en cassation), et qui attache une présomption légale de vérité au droit que le juge a consacré au bénéfice de l'un des plaideurs, n'a cependant, même lorsqu'elle atteint son maximum d'intensité (décision passée en force de chose jugée, devenue irrévocable), qu'une portée limitée.

Portée considérable, certes : en vertu de l'article 1355 du Code civil, l'autorité de chose jugée *interdit* un nouveau procès. Les parties ne peuvent même pas se fonder sur une jurisprudence apparue postérieurement pour faire rejuger l'affaire [5] ; la solution contraire serait évidemment une trop grande cause d'insécurité et de désordre. En revanche, l'autorité de la chose jugée ne joue pas lorsque des événements postérieurs sont venus modifier la situation reconnue par le premier jugement [6].

---

1. V. Chainais, Ferrand, et Guinchard,, *Procédure civile*, n° 428.
2. Sur cette notion, v. ss 150.
3. Rappelant la règle : Ass. plén. 13 mars 2009, *JCP* 2009. II. 10077, note Serinet. En vertu de l'article 480 du Code de procédure civile, l'autorité de la chose jugée, ainsi cantonnée au dispositif du jugement – ce qu'il décide – ne s'étend pas aux motifs, même à ceux qui sont le soutien nécessaire du dispositif. Mais la jurisprudence n'est pas sans nuances, qui admet, par exemple, que le dispositif s'interprète en considération des motifs du jugement (Com. 19 janv. 1990, *Bull. civ.* IV, n° 6).
4. Si, au contraire, le pourvoi réussit – la Cour rend un arrêt de cassation – il faut un nouveau jugement, v. ss 169.
5. Civ. 2e, 5 févr. 2009, *D.* 2009. 1060, note Paul-Loubiere.
6. V. not. Civ. 2e, 10 juill. 2008, *RDC* 2008. 1289, obs. Serinet.

Mais cette interdiction ne vaut – là sont les limites – qu'au regard de ce qui a été jugé – ce qui se caractérise par l'*objet* et la *cause* de la décision, y inclus (sous la réserve qui suit) son fondement juridique – et seulement dans les rapports entre les *parties* au procès [1]. C'est cette portée, ainsi restreinte, qu'exprime la formule usuelle selon laquelle « la chose jugée n'a qu'une *autorité relative* » ; ce qui peut être illustré par deux **exemples** simples :

– Le fait qu'une décision judiciaire, rendue au profit de A, ait dénié à B la qualité de propriétaire d'un bien parce que l'acte d'acquisition invoqué par lui était nul, n'empêche pas B d'agir à nouveau contre A pour faire constater qu'il est devenu propriétaire dudit bien par le jeu de la prescription. La solution s'explique par le fait que la nouvelle demande a une *cause* différente de la première.

– Un plaideur B a bénéficié contre A d'une décision consacrant son droit de propriété. Cela n'interdit pas à C de revendiquer, contre lui, ce même droit. C'est alors la condition d'*identité des parties* qui fait défaut.

La Cour de cassation a considérablement renforcé l'autorité de la chose jugée, et d'autant réduit la portée de sa relativité, en jugeant, par un arrêt d'Assemblée plénière du 7 juillet 2006 [2] qu'un demandeur ne peut être admis à contester l'identité de cause des demandes en invoquant un fondement juridique qu'il s'était abstenu de soulever en temps utile. Cette évolution essentielle oblige pratiquement l'auteur d'une prétention à invoquer, dès le début du procès, tous les moyens qui peuvent la soutenir (principe de « concentration des moyens »), sous peine de se heurter à l'autorité de chose jugée s'il présente, après une première décision, une nouvelle demande ayant le même objet mais reposant pourtant sur un fondement différent. La règle n'est pas toujours facile à mettre en œuvre [3]. En toute hypothèse, la concentration des moyens n'est pas celle des demandes et une prétention ayant un objet différent de celle qui a déjà fait l'objet d'une décision ne saurait se heurter à l'autorité de la chose jugée [4]. Elle s'applique aussi au défendeur qui doit concentrer les moyens de nature à justifier un rejet total ou partiel de la demande [5].

B. Les juridictions du premier degré

On distinguera juridictions *civiles* et juridictions *répressives*.

1° Juridictions civiles

154. ***Assignation et saisine du tribunal.*** Lorsque surgit un litige, celle des parties qui entend faire valoir ses droits doit exercer son action en saisissant de ses prétentions le tribunal compétent.

---

1. Sur cette question très complexe de la portée de l'autorité de chose jugée, v. Chainais, Ferrand et Guinchard, *op. cit.*, n° 1122 s.

2. *Bull. Ass. plén.* n° 8, *RTD civ.* 2006. 825, obs. R. Perrot, *D.* 2006. 2135, note L. Weiller. V. Pozes, « Le principe de concentration des moyens, ou l'autorité retrouvée de la chose jugée », *RTD civ.* 2015. 283.

3. Pour des cas d'irrecevabilité de la demande, v. not. Civ. 3e, 13 févr. 2008, *JCP* 2008. II. 10052 note Weiller (action en rescision pour lésion après une instance en régularisation forcée d'une vente d'immeuble) ; Civ. 1re, 24 sept. 2009, *JCP* 2009. 42. 326, note Blery (action en expulsion d'un emprunteur à usage fondée sur la résiliation unilatérale d'un prêt à durée indéterminée suivant une demande fondée sur un besoin pressant et imprévu du bien). Pour des hypothèses dans lesquelles l'autorité de la chose jugée ne s'oppose pas à la demande : Civ. 3e, 16 sept. 2009, *RDC* 2009. 1391, obs. Deshayes (réparation d'un préjudice de jouissance et demande de diminution du loyer pour modification de la surface louée) ; Civ. 3e, 10 nov. 2009, *JCP* 2010. 83, note Clery (action en bornage et action en revendication).

4. Civ. 1re, 12 mai 2016, n° 15-16743, *Bull. civ.* I, (à paraître) ; Civ. 2e, 26 mai 2011, *RTD civ.* 2011. 593, obs. Perrot.

5. Civ. 1re, 12 mai 2016, n° 15-13435, *D.* 2016. 1087.

Cette compétence est, d'abord, définie *matériellement* – en considération de la *matière*, civile ou commerciale, par exemple, dont relève le litige – ce qui permet de déterminer la catégorie du tribunal à laquelle il convient de s'adresser (*compétence d'attribution*) [1].

Elle l'est, ensuite, *territorialement*, ce qui désigne, à l'intérieur de la catégorie considérée, le tribunal géographiquement habilité à juger le litige (*compétence territoriale*) [2]. De ce dernier point de vue, le principe – qui comporte des exceptions multiples – est que la juridiction compétente est celle du *domicile du défendeur* [3].

L'instance est, normalement, introduite par une *assignation* [4]. Ce terme désigne un acte d'huissier par lequel le demandeur porte à la connaissance de son adversaire l'objet de sa demande en justice et les moyens de droit qui la soutiennent. Cette assignation est signifiée par l'huissier au défendeur qui doit, en conséquence, préparer sa défense et, le cas échéant, constituer un avocat, c'est-à-dire choisir un avocat pour le représenter devant le tribunal [5].

C'est la remise de la copie de l'assignation au greffe du tribunal qui a pour effet de saisir celui-ci. À partir de ce moment, l'affaire va être mise en état d'être jugée – notamment par l'échange des *conclusions* exposant les prétentions contraires des parties [6] – pour être, enfin, inscrite à l'audience des plaidoiries qui précédera le jugement.

Tel est, très schématiquement, le cheminement de l'instance devant les juridictions civiles du premier degré, qu'elles soient de droit commun ou d'exception.

a) Les juridictions civiles de droit commun

155. ***Les tribunaux de grande instance***. Nés de la réforme opérée par l'ordonnance n° 58-1273 du 22 décembre 1958, les *tribunaux de grande instance* [7] se sont substitués aux anciens tribunaux civils de première instance. Il y a au moins un tribunal de grande instance dans le ressort de chaque cour d'appel (COJ, art. L. 211-2). En pratique, il en existe un au moins par département. Au nombre total de 164 en 2018, leur siège et leur ressort sont fixés par décret en Conseil d'État (COJ, art. D. 211-1). Ils ont une compétence de principe pour toutes les affaires relevant du droit civil, réserve étant faite de la compétence du juge d'instance. Ils ont en outre une compétence exclusive dans certaines matières – par **exemple** les litiges concernant l'état des personnes, les successions ou la propriété immobilière (COJ, art. R. 211-4) et, désormais, les actions en réparation d'un dommage corporel (COJ, art. L. 211-4-1 ; L. n° 2016-1547 du 18 nov. 2016). Avec d'autres qui les ont précédées concernant, notamment, les compétences respectives des tribunaux d'instance et de grande instance, les réformes concentrent celle de ce dernier,

---

1. Ou compétence *ratione materiae* des tribunaux (C. pr. civ., art. 33 s.).
2. Ou compétence *ratione loci*.
3. C. pr. civ., art. 42 : « La juridiction territorialement compétente est, sauf disposition contraire, celle du lieu où demeure le défendeur ». « S'il y a plusieurs défendeurs, le demandeur saisit, à son choix, la juridiction du lieu où demeure l'un d'eux. »
4. Mais il existe aussi d'autres modes : requête conjointe, déclaration au secrétariat de la juridiction ; Chainais, Ferrand et Guinchard, *op. cit.*, n° 871 s.
5. La constitution d'avocat n'est obligatoire que devant le tribunal de grande instance.
6. Cet élément de la procédure est plus ou moins formaliste selon les cas. Nécessairement écrites, devant le tribunal de grande instance, elles peuvent rester simplement verbales devant le tribunal de commerce.
7. Sur ces tribunaux, Guinchard, Varinard et Debard, *Institutions juridictionnelles*, 14e éd., 2017, Dalloz, coll. « Précis », n° 382 s.

en matière civile sur quelques grands domaines : le droit de la famille, la propriété immobilière, les baux commerciaux [1].

Les tribunaux de grande instance règlent plus de 950 000 affaires par an.

Le tribunal de grande instance comprend des *magistrats du siège* (président, présidents de chambres, juges), et un *ministère public* (procureur de la République, substituts du procureur), tous magistrats qui ont vocation à exercer également leurs fonctions devant le tribunal d'instance [2].

Il est divisé en plusieurs chambres [3] et rend ses *jugements* [4] en principe en formation collégiale (un président et deux juges). Cependant, il existe une série d'hypothèses dans lesquelles il statue à juge unique. En premier lieu, certaines matières sont attribuées de plein droit à un juge unique, par exemple les litiges relatifs aux accidents de la circulation (COJ, art. R. 212-8). En second lieu, son président peut décider, en toute matière, que l'affaire sera jugée à juge unique (COJ, art. R. 212-9) ; toutefois, dans ce cas, les parties peuvent demander le renvoi à la collégialité (C. pr. civ., art. 804). Enfin, il existe des juges uniques *ad hoc*, portant une dénomination particulière, dans des matières spéciales : ainsi du juge aux affaires familiales dont les attributions sont fixées par l'article L. 213-3 du COJ et qui, désormais, exerce aussi les fonctions de juge des tutelles des mineurs (COJ, art. L. 213-3-1).

Devant ce tribunal, les parties doivent obligatoirement être *représentées* par un avocat qui accomplit en leur nom tous les actes et formalités de la procédure. En revanche, *l'assistance* d'un avocat – qui se manifeste par des conseils et la plaidoirie – n'est pas obligatoire.

En règle générale, le tribunal statue en *audience publique*. Mais il arrive qu'il se réunisse en *chambre* du *conseil*, c'est-à-dire à huis clos. Cette formation exceptionnelle s'explique par la volonté de ne pas donner aux débats une publicité qui risquerait d'être gênante pour les parties en raison du caractère intime et fondamentalement privé du litige. Ainsi par **exemple**, en matière de divorce. Mais dans tous les cas le *jugement* doit être prononcé publiquement : il faut que la situation de droit consacrée par le juge – tel le divorce des époux – soit portée à la connaissance des tiers.

Dans les matières pour lesquelles il bénéficie d'une compétence exclusive, le tribunal de grande instance statue en *premier et dernier ressort* lorsque la demande ne dépasse pas 4 000 euros et *à charge d'appel* au-dessus de cette somme ou lorsque la demande est indéterminée d'un (COJ, art. R. 211-3). Dans les autres matières, en particulier les affaires personnelles et mobilières, où il partage sa compétence avec le tribunal d'instance, sa compétence, qui est alors toujours à charge d'appel, ne commence qu'à partir d'un intérêt supérieur à 10 000 euros (COJ, art. R 211-3 et C. pr. civ., art. 40).

156. ***Les tribunaux d'instance***. À la vérité, la question est débattue, de savoir si les *tribunaux d'instance*, qui ont succédé en 1958 aux *justices de paix*, sont une juridiction de droit commun ou une juridiction d'exception. Si les juges de paix étaient incontestablement des juges d'exception, il ne semble pas, pourtant, que cette qualification doive

---

1. Guinchard, Varinard et Debard, *op. cit.*, n° 393 s.

2. V. ss 156.

3. Le décret n° 2016-514 du 26 avril 2016 prévoit que lorsqu'un tribunal de grande instance comprend plusieurs chambres, il peut être organisé en pôles (COJ, art. R. 212-62) pour permettre un travail collectif. En outre, au sein du ressort de chaque TGI, est mise en place une coordination entre les tribunaux d'instance, assurée par un magistrat de ce TGI (COJ, art. R. 222-39 s.).

4. V. un exemple de jugement de tribunal de grande instance, *infra*, **Annexe documentaire II, A, 1°**.

être maintenue pour les tribunaux d'instance [1], bien qu'assurément la compétence d'attribution de cette juridiction soit spécialement définie par la loi.

Il y a à cela deux raisons : d'abord l'étroite complémentarité des compétences du tribunal de grande instance et du tribunal d'instance, ce dernier étant, en principe, compétent pour tous les *petits procès civils* en matière personnelle et mobilière, c'est-à-dire ceux dont l'intérêt ne dépasse pas 10 000 euros (COJ, art. L. 221-4) ; ensuite, le fait que, depuis la réforme de 1958, ce sont les magistrats du tribunal de grande instance qui assurent, en principe, le service du tribunal d'instance.

Cela étant, il est vrai que la compétence de cette juridiction est hétérogène : outre sa compétence de principe pour les « petits procès civils », en matière personnelle et mobilière, elle se voit reconnaître certaines compétences spécifiques, par exemple en matière de baux d'habitation [2].

Les tribunaux d'instance, au nombre de 307, rendent environ 650 000 décisions par an. Ils ont été un temps concurrencés, quant à leur compétence générale, par les juridictions et les juges de proximité, finalement supprimés à compter du 1er juillet 2017 [3].

Les tribunaux d'instance statuent à *juge unique*. Il en existe actuellement 307. Devant ce juge, les parties sont libres de se défendre elles-mêmes, ou de se faire représenter et assister par un avocat ou par leur conjoint, par des parents ou alliés jusqu'au 3e degré, ou encore par des personnes attachées à leur entreprise. Les *jugements* rendus par le tribunal d'instance en vertu de sa compétence de principe – « petits procès civils » – le sont tantôt en *premier et dernier ressort* lorsque l'intérêt en cause ne dépasse pas 4 000 euros ; tantôt en *premier ressort* pour les litiges de 4 000 à 10 000 euros (COJ, art. R. 221-4 et R. 221-37). Dans le premier cas, la décision rendue peut seulement faire l'objet d'un *pourvoi en cassation*. Dans le second, au contraire, la voie de l'*appel* est ouverte. Dans le domaine de ses compétences spécifiques, le tribunal peut, en général, statuer en premier ressort sans limite de taux.

b) Les juridictions civiles d'exception

157. ***Spécificité des juridictions d'exception. Les juridictions de proximité (création puis suppression).*** Les juridictions civiles d'exception ont en commun d'être animées par des magistrats non professionnels. Les juridictions civiles d'exception ont, à l'époque actuelle, un rôle considérable. Quelques indications relatives aux principales d'entre elles – tribunal de commerce, conseils de prud'hommes et tribunaux paritaires des baux ruraux – suffisent pour s'en convaincre.

Leur existence se justifie, de façon classique, par le souci d'une justice particulièrement informée des contraintes, des pratiques et des besoins de tel ou tel secteur d'activités. Il n'est pas sûr, cependant, que la consécration de juridictions spécialisées – dont on ne peut s'empêcher de penser que l'institution traduit parfois une certaine défiance à l'encontre des magistrats de l'ordre judiciaire – ne présente que des avantages [4] : on peut en craindre l'entretien d'un certain corporatisme, et une relative négligence

1. En ce sens, Solus, « Le tribunal d'instance, juridiction de droit commun », *D.* 1964. Chron. 133 ; *contra* : Guinchard, Varinard et Debard, n° 459, qui insistent sur la « liaison organique » avec le TGI (n° 460) et admettent qu'il évolue de plus en plus vers une seconde juridiction de droit commun.
2. V. COJ, art. R. 221-38. Sur les compétences spéciales du tribunal d'instance : Guinchard, Varinard et Debard, n° 464 s.
3. V. n° suivant.
4. Sinon celui, incontestable, de décharger d'autant les juridictions de droit commun.

à l'égard de la règle de droit. Ce dernier danger, toutefois, se trouve considérablement atténué du fait de la soumission de l'ensemble de ces juridictions d'exception aux organes de contrôle de droit commun que sont les cours d'appel et la Cour de cassation. Quant au corporatisme, le législateur s'efforce de combattre le risque en renforçant les garanties d'indépendance et de compétence des membres des juridictions d'exception[1].

Une juridiction civile d'exception a eu une existence assez éphémère : les *juridictions de proximité*[2]. Elles ont été créées par la loi n° 2002-1138 du 9 septembre 2002 et par la loi organique n° 2003-153 du 26 février 2003. L'objectif était d'assurer pour de petits litiges un accès à la justice simplifié et de moindre coût, avec une forte possibilité de conciliation. En matière civile[3], la compétence de ces juridictions qui statuaient à juge unique, était limitée aux petits litiges dont l'intérêt ne dépasse pas 4 000 euros.

Les juridictions de proximité ont finalement été considérées comme ayant compliqué l'organisation judiciaire, devenue plus confuse et difficilement compréhensible pour les justiciables, notamment lorsqu'en l'absence de juridiction de proximité c'est le tribunal d'instance qui exerçait ses compétences. Après des reports successifs de l'entrée en vigueur de textes prévoyant leur suppression, les juridictions de proximité – et les juges de proximité qui leur ont, un temps, survécu – ont disparu le 1er juillet 2017 en application de l'article 15-3 de la loi du 18 novembre 2016 de modernisation de la justice du XXIe siècle[4].

158. ***Les tribunaux de commerce***. Les plus traditionnelles des juridictions civiles d'exception sont, sans doute, les *tribunaux de commerce*[5]. Ils sont composés exclusivement de juges ayant la qualité de *professionnels du commerce*[6], et *élus* par l'ensemble des commerçants[7]. Ces tribunaux – au nombre de 134 – tranchent, chaque année, 160 000 litiges environ.

L'existence de ces juridictions où les justiciables sont jugés par leurs pairs est régulièrement critiquée, en raison, notamment, du risque de partialité des juges consulaires. Cependant, dans une décision du 4 mai 2012 rendue sur une question prioritaire de constitutionnalité, le Conseil constitutionnel a jugé que les dispositions relatives au mandat des juges des tribunaux de commerce, qui instituent des garanties prohibant qu'un juge participe à l'examen d'une affaire dans laquelle il a intérêt, ne portent pas atteinte aux principes d'impartialité et d'indépendance des juridictions, ni à la séparation des pouvoirs[8]. Pour répondre aux critiques de partialité, le décret n° 2016-514 du 26 avril 2016 relatif à l'organisation judiciaire, aux modes alternatifs de résolution des litiges et à la déontologie des juges consulaires (*JORF* du 28 avr. 2016, texte 17) s'efforce

---

1. Pour les juges du tribunal de commerce, v. loi de modernisation de la justice du XXIe siècle, art. 94 s.

2. V. Moutouh, « La juridiction de proximité : une tentative attendue de déconcentration judiciaire », *D.* 2002. Chron. 3218 ;

3. En matière pénale, elles étaient compétentes pour juger les contraventions des quatre premières classes.

4. Guinchard, Varinard et Debard, n° 458.

5. Ils sont les descendants des *tribunaux consulaires* (commerce de terre) et des *amirautés* (commerce maritime) de l'Ancien Régime.

6. Il existe cependant, dans différents départements, un système mixte (dit « d'échevinage », v. ss 160) qui fait coopérer un juge professionnel avec les juges élus : c'est le cas des chambres commerciales des tribunaux de grande instance d'Alsace-Moselle (COJ, art. L. 215-2) et des tribunaux mixtes de commerce d'outre-mer (Guadeloupe, Guyane, Martinique et La Réunion ; C. com., art. L. 732-1 s.).

7. Selon un système assez complexe, v. Guinchard, Varinard et Debard, n° 485 s. Depuis le 1er janvier 2017, les artisans font partie du corps électoral (art. 94, L. n° 2016-1547 du 18 nov. 2016).

8. Cons. const. 4 mai 2012, Décis. n° 2012-241 QPC.

d'améliorer le fonctionnement de la justice commerciale en agissant sur la déontologie des juges. La loi du 18 novembre 2016 de modernisation de la justice du XXIe siècle contient des dispositions destinées, selon l'intitulé d'un chapitre, à « conforter le statut des juges des tribunaux de commerce » (art. 94 s.) Elles énoncent un certain nombre d'incompatibilités, une obligation de formation, des règles déontologie... Le texte modifie aussi le régime disciplinaire des membres des tribunaux de commerce[1].

Le tribunal de commerce a *compétence* (C. com., art. L. 721-3, Ord. du 27 juin 2013) pour statuer sur :

– les *contestations relatives aux engagements entre commerçants, entre établissement de crédit, entre sociétés de financement ou entre eux ;*

– les *contestations relatives aux sociétés commerciales* ;

– les *contestations relatives aux actes de commerce entre toutes personnes*[2].

La loi du 18 novembre 2016 de modernisation de la justice prévoit qu'à une date qui sera fixée par décret, et au plus tard le 1er janvier 2022, le tribunal de commerce sera également compétent pour les *litiges entre artisans* qui relèvent pour l'instant de la compétence du tribunal de grande instance.

Le tribunal de commerce est également compétent, entre autres, pour les *procédures de sauvegarde, de redressement et de liquidation judiciaire*, c'est-à-dire, selon l'ancienne terminologie, celles qui relèvent du droit de la faillite, lorsque le débiteur est commerçant ou immatriculé au répertoire des métiers (C. com., art. L. 621-2).

Devant ce tribunal, les parties sont admises à se défendre elles-mêmes. Elles ont cependant la faculté de se faire assister ou représenter par toute personne de leur choix (C. pr. civ., art. 853).

Le tribunal statue en premier et dernier ressort lorsque l'intérêt en cause ne dépasse pas 4 000 euros (C. com., art. R. 721-6). Au-delà de cette valeur, le jugement peut être frappé d'appel.

159. ***Les conseils de prud'hommes***. D'origine également ancienne, les *conseils de prud'hommes*[3] ont *compétence* pour trancher des litiges nés entre salariés et employeurs à l'occasion du contrat de travail (conflits individuels de travail). Au nombre de 210 depuis le 3 décembre 2008 (Décr. n° 2008-514 du 29 mai 2008), ils tranchent environ 180 000 litiges chaque année. Leur organisation et leur fonctionnement ont été sensiblement modifiés par la loi n° 2015-990 du 6 août 2015 pour la croissance, l'activité et l'égalité des chances économiques, par le décret d'application n° 2016-660 relatif à la justice prud'homale et au traitement judiciaire du contentieux du travail et par l'ordonnance n° 2016-388 du 31 mars 2016 relative à la désignation des conseillers prud'hommes[4].

Naguère constitués par des juges élus, et non rémunérés, qui, pour moitié, représentaient les salariés et, pour l'autre moitié, les employeurs, ils le sont, depuis le 1er janvier 2018, par des juges nommés conjointement par le garde des Sceaux et le ministre du travail parmi des candidats dont le texte indique les conditions qu'ils doivent remplir. Les risques de blocage inhérents à cette composition strictement paritaire ont rendu

---

1. Guinchard, Varinard et Debard, n° 488 s.
2. Sur la notion, v. ss 50. Encore faut-il mettre à part le cas des actes dits « *mixtes* », qui sont commerciaux à l'égard d'une partie, et civils à l'égard de l'autre (ainsi des ventes conclues par un détaillant avec sa clientèle). Dans cette hypothèse, le tribunal de commerce n'est compétent que si, le commerçant étant défendeur, le demandeur décide de le saisir au lieu du tribunal d'instance, ou de grande instance.
3. Guinchard, Varinard et Debard, *op. cit.*, n° 509 s.
4. Marshall et Henri, « Vers une normalisation de la justice prud'homale ? », *RDT* 2016. 457.

nécessaire le recours à un *juge départiteur* pour les cas où il y aurait partage égal des voix. Cette fonction est assurée par un juge du tribunal d'instance.

Une particularité notable de la procédure devant le conseil de prud'hommes tient au caractère obligatoire d'une phase préalable de conciliation, qui a lieu devant le Bureau de conciliation. Ce n'est qu'en cas d'échec de la tentative de conciliation que l'instance est renvoyée au bureau de jugement. Le juge départiteur a vocation à intervenir dans l'une et l'autre de ces deux formations. Autre particularité, en principe, les parties se défendent-elles mêmes devant le conseil. Mais elles peuvent se faire assister ou représenter par des salariés ou des employeurs appartenant à la même branche d'activité, par les défenseurs syndicaux, leurs conjoint, partenaire lié par un pacte civil de solidarité ou concubin, par les avocats (C. trav., art. R. 1453-1 et R. 1453-2).

Les jugements du conseil de prud'hommes sont rendus en *dernier ressort* jusqu'à 4 000 euros et à *charge d'appel* – devant la chambre sociale de la cour d'appel – au-delà de cette somme.

160. ***Les tribunaux paritaires des baux ruraux***. De moindre importance, les *tribunaux paritaires des baux ruraux* (il y en a, en principe, un au siège de chaque tribunal d'instance ; ils jugent environ 3 500 affaires par an)[1] sont compétents pour trancher les litiges nés à l'occasion d'un bail rural[2] – notamment les baux à ferme et baux à métayage (C. rur., art. L. 491-1 s.). Mais leur organisation présente une particularité remarquable. En effet, le tribunal paritaire est composé à égalité – comme l'indique son nom – de juges non professionnels représentant les *preneurs* et les *bailleurs*, mais il est présidé par le juge d'instance. Il s'agit, cette fois, d'une véritable *coopération* entre juges non professionnels élus, et un magistrat professionnel qui n'intervient pas seulement comme juge départiteur. C'est le système dit « de l'échevinage ».

Les parties aux procès doivent en principe comparaître personnellement, sauf motif légitime qui justifierait qu'elles soient représentées. Elles peuvent, en revanche, librement se faire assister, par un avocat, un huissier, un membre d'une organisation professionnelle agricole, ou un membre de leur famille.

Le tribunal – le président et quatre assesseurs (deux preneurs et deux bailleurs) – statue en *premier et dernier ressort* jusqu'à 4 000 euros, et à *charge d'appel* – devant la chambre sociale de la cour d'appel – au-delà de cette somme (C. rur., art. R. 491-1).

2° Juridictions répressives

161. ***Instruction et jugement. Partie civile et ministère public. Saisine de la juridiction***. Les juridictions répressives ont la charge de juger les procès de nature pénale[3], mission que les particularités du procès pénal rendent très complexe. L'organisation des juridictions et la procédure pénale sont très sensibles aux facteurs sociaux et politiques. La seconde est l'objet de réformes fréquentes.

En premier lieu, il faut souligner l'*enjeu spécifique du procès pénal* qui est le prononcé d'une peine à l'encontre d'une personne. C'est un *enjeu grave* qui justifie que des précautions particulières soient prises.

---

1. Guinchard, Varinard et Debard, *op. cit.*, n° 560 s.
2. À remarquer que les *baux commerciaux* sont de la compétence du tribunal de grande instance, et que les litiges relatifs aux baux d'habitation sont en principe soumis au tribunal d'instance, juge des loyers, qui juge alors en dernier ressort jusqu'à 4 000 euros, et à charge d'appel au-delà (sans limite – COJ, art. R. 221-38).
3. V. Guinchard, Varinard et Debard, n° 566 s.

De là procède le principe – qui donne à la procédure pénale un caractère inquisitoire [1] – que la recherche des preuves, l'*instruction* de l'affaire, soit confiée à un juge [2]. Il en résulte aussi que le procès pénal se caractérise par l'existence de deux phases complémentaires, la phase – finale – de *jugement* étant normalement précédée d'une *phase d'instruction*, où interviennent des organes spécialisés, en particulier le *juge d'instruction*, juge du siège nommé spécialement à cette fonction.

Ce juge a pour tâche d'instruire l'affaire « à charge et à décharge » – c'est-à-dire qu'il doit rechercher non seulement les éléments propres à établir la culpabilité du suspect, mais aussi, et c'est là un aspect qui ne devrait jamais être oublié, ceux qui sont de nature à conforter son innocence, qui est présumée.

L'institution du juge d'instruction est l'objet de vives discussions, notamment à la suite d'affaires malheureuses (l'affaire dite *d'Outreau*) ayant mis en lumière certains écueils de la procédure confiée à une seule personne. Certaines propositions radicales concernant à la supprimer purement et simplement au profit d'un élargissement du pouvoir d'enquête du Parquet n'ont pu être mises en œuvre à la suite de changements politiques. En revanche, d'assez longue date, l'instauration de la collégialité de l'instruction a été envisagée [3]. L'entrée en vigueur de la mesure a été reportée plusieurs fois, notamment pour des raisons budgétaires. Elle a été abrogée par la loi du 18 novembre 2016 de modernisation de la justice du XXIe siècle (art. 25) [4].

En second lieu, il ne faut pas perdre de vue que le procès pénal est la suite de la commission d'une *infraction*. Or, celle-ci provoque, le plus souvent, la *lésion d'intérêts privés* – les dommages résultant du vol ou du meurtre – et, toujours, un *trouble à l'ordre public*. Cette dualité d'effets retentit sur le procès pénal.

D'abord, le *particulier* qui a été victime de l'infraction se voit reconnaître la possibilité de déclencher les poursuites contre l'auteur de l'infraction en portant devant la juridiction pénale compétente sa demande en réparation des dommages qu'il a subis, ce qu'on appelle l'*action civile* (C. pr. pén., art. 2). Il le fera, le plus souvent, en se *constituant partie civile* devant le juge d'instruction [5], cette formule étant obligatoire en matière de crime [6]. Mais il peut aussi, dans les autres cas, le faire par voie de *citation directe*, dont l'effet est de saisir directement la juridiction de jugement [7].

Ensuite, parce que l'ordre public a été troublé, le *ministère public*, au nom de la société, est appelé à jouer un rôle déterminant. Tout d'abord, il est investi du droit de déclencher les poursuites en exerçant l'action publique, et il est juge de leur opportunité. Le seul fait de l'infraction ne le contraint pas à les engager ; il faut qu'elles lui paraissent opportunes. Si tel est le cas, il déclenche les poursuites soit en saisissant le juge d'instruction par un réquisitoire introductif d'instance, si une instruction est nécessaire, soit en saisissant directement la juridiction de jugement compétente. Sinon, il *classe sans suite*. Cependant, si la victime a, de son côté, décidé de déclencher les poursuites, le ministère public se trouve alors contraint de suivre. Dans tous les cas, le parquet a la maîtrise des poursuites, ce qui signifie qu'il lui revient d'assurer tous les actes qui vont permettre au procès de se dérouler jusqu'au jugement final : il est toujours partie principale au procès pénal [8].

---

1. V. ss 142.
2. Mais cette action du juge est précédée d'investigations, essentielles, réalisées par la police judiciaire.
3. Loi n° 2007-291 du 5 mars 2007 tendant à renforcer l'équilibre de la procédure pénale dont le chapitre 1, en créant notamment les articles 137-1 et suivants du Code de procédure pénale, sont destinés à instaurer la collégialité de l'instruction.
4. Guinchard, Varinard et Debard, n° 591.
5. La victime adresse alors au juge d'instruction une plainte en précisant son intention de réclamer réparation devant la juridiction répressive et en exposant les faits caractérisant l'infraction dénoncée.
6. La constitution de partie civile est également indispensable dans tous les cas où l'auteur de l'infraction est inconnu.
7. Sur les deux modes d'introduction de l'action civile, par voie d'action et par voie de plainte, v. Danti-Juan, *Rép. civ.*, Dalloz, v° *Action civile*, n° 191 s.
8. V. ss 144.

Abstraction faite de multiples adaptations, les indications qui précèdent valent, sinon dans leur détail, du moins dans leurs principes – notamment quant à l'importance de la phase d'instruction – pour l'ensemble des juridictions répressives. De celles-ci, on évoquera très sommairement les traits essentiels, en s'en tenant à leur fonction de jugement, mais en distinguant, comme pour les juridictions civiles, entre juridictions de droit commun et juridictions d'exception.

162. ***Les juridictions répressives de droit commun : tribunal de police, tribunal correctionnel et cour d'assises.*** L'organisation des juridictions répressives de droit commun est fondée sur la considération de la gravité des infractions. Celles-ci font traditionnellement l'objet d'une classification tripartite qui distingue, en ordre de gravité croissante, les *contraventions*, les *délits* et les *crimes*. À chacune de ces catégories d'infractions correspond une juridiction déterminée : le *tribunal de police* pour les premières ; le *tribunal correctionnel* pour les deuxièmes ; la *cour d'assises*, enfin, pour les crimes. La compétence de ces trois juridictions est de principe pour chacune des infractions considérées, sauf attribution spéciale de compétence à une juridiction d'exception.

Le *tribunal de police*[1] était initialement compétent pour toutes *les contraventions*. À la suite de la création des juridictions de proximité, il ne l'était, plus que pour juger les auteurs de *contraventions de la 5e classe* – c'est-à-dire les plus graves des contraventions[2] – commises dans son ressort territorial[3]. Avec la suppression des juridictions de proximité par la loi du 18 novembre 2016[4] le tribunal de police redevient compétent pour juger toutes les contraventions, sauf celles pour lesquelles la compétence est attribuée à une autre juridiction[5].

Cette juridiction n'était autre, traditionnellement, que le tribunal d'instance statuant au pénal. Cette compétence lui a été retirée par la loi du 18 novembre 2016 pour être confiée au tribunal de grande instance. Les fonctions du ministère public y sont tenues par le procureur de la République les contraventions de 5e classe et, pour les autres contraventions, par le commissaire de police du siège du tribunal[6]. L'appel des jugements du tribunal de police n'est admis que dans certains cas, notamment lorsque l'amende encourue est celle prévue pour les contraventions de la cinquième classe (C. pr. pén., art. 546).

Le *tribunal correctionnel*[7] a compétence pour juger les auteurs de *délits*, c'est-à-dire d'infractions punies d'une peine d'emprisonnement ou d'une *amende* supérieure ou égale à 3 750 euros (C. pr. pén., art. 381).

Il s'agit d'une chambre – chambre correctionnelle – du tribunal de grande instance, qui juge tantôt *collégialement*, tantôt à *juge unique* (C. pr. pén., art. 398 et 398-1) et dont la compétence territoriale est définie en considération de quatre critères alternatifs : le lieu du délit, la résidence du prévenu, le lieu de l'arrestation ou celui de la détention. Le procureur de la République et ses substituts y assurent les fonctions du ministère public. Les jugements rendus par le tribunal correctionnel peuvent, en principe, faire l'objet d'un recours devant la chambre des appels correctionnels de la cour d'appel. La *cour*

---

1. Guinchard, Varinard et Debard, n° 651 s.
2. À noter que les contraventions, même les plus graves, ne sont jamais sanctionnées par une peine d'emprisonnement.
3. Cependant, les diffamations et injures publiques simples (1re classe) ou présentant un caractère raciste ou discriminatoire (4e classe) relevaient du tribunal de police.
4. V. ss 157.
5. Guinchard, Varinard et Debard, n° 656.
6. Ou, à défaut, un commandant ou capitaine de police.
7. Guinchard, Varinard et Debard, *op. cit.*, n° 637 s.

d'assises[1] est compétente pour juger les auteurs de *crimes*, c'est-à-dire ceux qui se sont rendus coupables d'infractions punies de la *réclusion criminelle* à perpétuité ou à temps. C'est une juridiction départementale (C. pr. pén., art. 232).

Elle se distingue radicalement des précédentes juridictions. D'abord, parce que *ce n'est pas une juridiction permanente* : elle tient en effet des sessions, qui ont lieu chaque fois qu'il est nécessaire (C. pr. pén., art. 236). Ensuite, parce qu'elle a une *organisation* très particulière. Elle comporte, en effet, d'une part la *cour* – constituée par trois magistrats du siège, et à laquelle est attaché un ministère public représenté par un magistrat du parquet de la cour d'appel ou du tribunal de grande instance, selon le lieu d'implantation de la cour d'assises – et, d'autre part, un jury de *six* membres, en premier ressort, et de *neuf* membres en appel (C. pr. pén., art. 296) – les *jurés* – désignés selon des modalités complexes parmi les citoyens inscrits sur les listes électorales dans le ressort de la Cour.

Cette composition particulière de la cour d'assises explique qu'on la qualifie parfois de *juridiction populaire*. Une telle appellation est cependant excessive dans la mesure où cette juridiction comporte une Cour composée de magistrats professionnels et où ceux-ci peuvent, du fait de leur expérience, exercer une certaine influence sur les jurés. C'est d'ailleurs pour tenir compte de cette dernière éventualité, et donner au jury un poids certain, que le législateur a posé le principe que toute décision défavorable à l'accusé – notamment toute condamnation – ne peut être prononcée qu'à la majorité de *six* voix au moins en premier ressort et de *huit* au moins en appel (C. pr. pén., art. 359), d'où il résulte que toute décision de cette sorte suppose nécessairement l'adhésion d'une majorité de jurés.

Depuis sa création, la cour d'assises rendait ses décisions par voie d'arrêts non susceptibles d'appel. La solution, paradoxale si l'on considère la gravité des décisions de cette juridiction, s'expliquait historiquement, en particulier par sa nature de juridiction *populaire*. Elle a été abandonnée par une loi du 15 juin 2000. Cette loi a mis en place une procédure d'appel qui s'exerce, non pas devant une cour d'appel, mais devant une autre cour d'assises[2]. Ultérieurement, c'est *l'absence de motivation* en fait des décisions des cours d'assises qui a posé question, au regard du *droit à un procès équitable*. Alors que la Cour européenne des droits de l'Homme y voit une violation de l'article 6 de la Convention[3], la Cour de cassation considérait que les arrêts d'assises satisfont à ses exigences dès lors que sont reprises dans la décision les réponses données aux questions sur la culpabilité et qu'ont été assurés l'information préalable sur les charges, le libre exercice des droits de la défense ainsi que le caractère public et contradictoire des débats[4]. La motivation des arrêts de cour d'assises a finalement été imposée par la loi (C. pr. pén., art. 365-1).

La faculté de faire appel appartient, en vertu de l'article 380-2 du Code de procédure pénale à l'accusé, au ministère public et, limitée aux intérêts civils, à la partie civile et à la personne civilement responsable. Elle est réservée au procureur général à l'encontre des arrêts d'acquittement[5].

---

1. Guinchard, Varinard et Debard, *op. cit.*, n° 623 s.
2. V. ss 166.
3. CEDH 13 janv. 2009 (*Taxquet*), *D.* 2009. 1058, note Renucci. Un peu moins exigeant, v. CEDH 16 nov. 2010 (*Taxquet*), *AJ pénal* 2011. 35
4. Crim. 14 oct. 2009, *D.* 2009. 2778, note Pradel.
5. Cf. Crim. 26 juin 2002, *D.* 2002. IR 2654.

163. ***Les juridictions répressives d'exception : les juridictions pour mineurs, les juridictions militaires, la Haute Cour de justice et la Cour de justice de la République***. L'existence de juridictions d'exception en matière pénale suscite plus de controverses qu'en matière civile [1]. C'est que le droit pénal, par les sanctions qu'il édicte, menace les droits fondamentaux de la personne, et notamment sa liberté. Il convient donc de prendre garde qu'au prétexte du particularisme d'une forme de délinquance, qu'il est sans doute légitime d'incriminer spécialement [2], les pouvoirs publics n'attribuent compétence à une juridiction spéciale, pour la soumettre à un régime moins protecteur des droits de la défense. C'est un phénomène qui, malheureusement, n'a pas été absent de notre histoire, mais qui a aujourd'hui disparu [3]. Ce qui ne signifie pas que le droit français ne connaisse plus de juridictions pénales d'exception : il en subsiste un certain nombre, mais qui correspondent à des besoins réels et qui ne menacent pas les droits de la défense, bien au contraire.

Les principales juridictions d'exception pénales sont les *juridictions pour mineurs*. Il s'agit de tenir compte de ce que le droit pénal applicable aux mineurs délinquants est sensiblement différent de celui qui vaut pour les majeurs : en particulier, le prononcé d'une peine n'est pas automatique et se trouve même interdit pour les mineurs de 13 ans. Cette considération a conduit à mettre en place trois organes spécialisés différents.

D'abord, le *juge des enfants* compétent en matière de contraventions de la 5e classe et en matière de délits. Ce magistrat assure l'instruction des affaires pour lesquelles il est compétent. Il les juge lui-même ensuite [4] s'il estime que des mesures d'assistance ou de surveillance suffisent. Sinon, il renvoie au tribunal pour enfants.

Le *tribunal pour enfants* [5], ensuite, juge les mineurs auteurs de contraventions de la 5e classe ou de délits, ainsi que les mineurs de 16 ans qui ont commis un crime. Le tribunal est présidé par un juge des enfants, autre que celui qui a envoyé le mineur devant le tribunal, assisté de deux assesseurs, magistrats non professionnels, qui sont choisis parmi des personnes connues pour l'intérêt qu'elles portent aux questions de l'enfance [6]. Ce tribunal a le pouvoir de prononcer une véritable peine contre les mineurs de plus de 13 ans [7].

Enfin, la *cour d'assises des mineurs*, compétente pour juger les mineurs de 16 à 18 ans auteurs de crimes, est calquée sur la cour d'assises de droit commun. À son image, elle comporte une *cour* – un président, conseiller à la cour d'appel, et deux assesseurs choisis parmi les juges des enfants du ressort – et un jury de neuf membres en premier ressort.

Outre ces juridictions pour mineurs, il faut aussi tenir compte de règles d'organisation particulière pour le jugement des *infractions militaires* ainsi que les *atteintes à la sûreté de l'État*.

En ce qui concerne les *infractions militaires*, elles ne sont justiciables d'une véritable juridiction d'exception qu'en *temps de guerre* où elles relèvent des *tribunaux des forces armées*. *En temps de paix*, en revanche, les auteurs de ces infractions relèvent, depuis la loi du 21 juillet

1. Sur cette question, v. Guinchard, Varinard et Debard, *op. cit.*, n° 667 s.
2. Koering-Joulin, « Infraction politique et violence », *JCP* 1982. I. 3066, not. n° 21.
3. V. Guinchard, Varinard et Debard, *op. cit.* ; v. aussi, sur les juridictions d'exception mises en place par le régime de Vichy ; cf. Merle et Vitu, *Procédure pénale*, t. 2, 5e éd., Cujas, 2000, n° 1326.
4. Il s'agit là d'une hypothèse exceptionnelle où instruction et jugement se trouvent confiés à un même magistrat contrairement au principe qui veut que les deux fonctions soient indépendantes.
5. Il y en a cent cinquante quatre, en principe un au moins par département.
6. La composition antérieure a été déclarée inconstitutionnelle sur une question prioritaire de constitutionnalité, le Conseil constitutionnel estimant que le fait, pour le juge des enfants, après avoir instruit une affaire, de la renvoyer devant une juridiction qu'il préside, porte atteinte à l'impartialité des juridictions (Guinchard, Varinard et Debard, n° 678).
7. Toutefois la peine sera systématiquement réduite – sauf exception pour les mineurs de 16 à 18 ans – par le jeu de l'excuse atténuante de minorité.

1982, de la compétence d'une formation spécialisée en matière militaire d'un *tribunal correctionnel* pour les délits ; de la compétence d'une *cour d'assises*, pour les crimes. Cette dernière reçoit, cependant, dans un souci de sauvegarde de la défense nationale, une formation particulière : un président et quatre assesseurs (en premier ressort) – tous magistrats professionnels – et pas de jury [1] (C. pr. pén., art. 698-6).

Les auteurs d'infractions constitutives d'*atteintes à la sûreté de l'État* relèvent, en *temps de paix*, de la compétence des juridictions de droit commun. Il est cependant précisé que les auteurs de crimes et de délits prévus par les articles 411-1 et suivants du Code pénal (en particulier la trahison et l'espionnage) sont jugés par les formations spéciales du tribunal correctionnel et de la cour d'assises compétentes en matière militaire (C. pr. pén., art. 702, al. 2). De manière comparable, depuis une loi du 9 septembre 1986, les actes de *terrorisme* font l'objet de dispositions particulières : d'une part, les juridictions d'instruction et de jugement de Paris peuvent bénéficier d'une compétence qui s'étend à la totalité du territoire national ; d'autre part, la cour d'assises appelée à juger est constituée, comme pour les infractions militaires en temps de paix, de sept magistrats professionnels, et sans jury (C. pr. pén ; art. 706-17 s.).

Pour le *temps de guerre*, les crimes et délits contre la sûreté de l'État relèvent des juridictions des forces armées (C. pr. pén., art. 701).

Il reste, enfin, à évoquer une juridiction d'un type très particulier, dont le caractère tout à fait exceptionnel est fortement marqué : la *Haute Cour* instituée par l'article 67 de la Constitution. Cette Haute Cour, dont les juges sont des parlementaires élus par leurs pairs, a compétence pour statuer sur la destitution du président de la République en cas de manquement à ses devoirs manifestement incompatible avec l'exercice de ses fonctions (Constitution, art. 68). Cette juridiction a perdu, en 1993, la compétence que lui attribuait l'article 68 de la Constitution à l'encontre des ministres, pour les crimes et délits commis dans l'exercice de leurs fonctions, au profit d'une nouvelle juridiction, la *Cour de justice de la République*. L'article 68-1 nouveau de la Constitution (L. const. n° 93-952 du 27 juill. 1993) donne compétence à celle-ci pour juger les membres du gouvernement responsables d'actes qualifiés crimes ou délits accomplis dans l'exercice de leurs fonctions. Elle est composée de quinze juges : douze parlementaires et trois magistrats du siège de la Cour de cassation [2]. L'existence de cette juridiction spécialisée est de plus en plus critiquée, une partie non négligeable de l'opinion considérant que les hommes politiques devraient être soumis aux mêmes juridictions que les autres citoyens. Sa suppression au profit des juridictions parisiennes est envisagée dans le cadre du projet de réforme des institutions.

C. Les juridictions de contrôle

164. *Distinction*. Il existe deux sortes de juridiction de contrôle.

La première correspond à la mise en œuvre du *principe du double degré de juridiction* [3]. Il s'agit des *cours d'appel* et, depuis la loi du 15 juin 2000, des *cours d'assises en formation d'appel* – qui, par la voie de recours de l'appel, sont saisies de l'ensemble de l'affaire pour la juger à nouveau : apprécier les circonstances de *fait* et interpréter la règle de *droit*.

La seconde consiste dans un organe de contrôle auquel les cours d'appel elles-mêmes sont subordonnées : la *Cour de cassation*. Celle-ci, cependant, n'est pas un troisième degré de juridiction : son rôle n'est pas de reprendre l'examen complet des affaires qui lui sont soumises par l'exercice d'un pourvoi en cassation, mais seulement de vérifier la bonne application de la règle de droit [4].

---

1. Sur les juridictions militaires : Guinchard, Varinard et Debard, n° 687 s.
2. Guinchard, Varinard et Debard, *op. cit.*, n° 620 et 702 s.
3. V. ss 151.
4. V. ss 152.

1° Les cours d'appel et les cours d'assises d'appel

165. ***Généralités. Les cours d'appel et les juridictions civiles.*** Il existe trente-six cours d'appel – dont trente en métropole. Présidée par un *Premier président*, la cour d'appel est le plus souvent divisée en chambres[1], chacune d'elles étant composée d'un *président* et de deux *conseillers*. Le ministère public y est représenté ici par un *procureur général* assisté d'*avocats généraux* et de *substituts généraux*. Cette juridiction de second degré a une importance considérable et représente une éminente garantie de qualité de la justice française. Rendant plus de 200 000 décisions par an en matière civile, les cours d'appel sont des juridictions surchargées où le stock d'affaires augmente et le délai de jugement s'allonge. Le décret n° 2017-891 du 6 mai 2017 relatif aux exceptions d'incompétence et à l'appel en matière civile s'efforce d'y remédier par diverses mesures affectant la procédure[2].

En matière civile, la cour d'appel est saisie par la voie de l'*appel*, voie de recours ordinaire[3], des affaires ayant fait l'objet d'un jugement rendu en premier ressort par une juridiction de droit commun ou d'exception, ainsi notamment de la plupart des jugements du tribunal de grande instance ou du tribunal de commerce. Conformément au principe du double degré de juridiction, la cour d'appel est invitée à changer la solution admise par le jugement frappé d'appel[4].

L'appel a un *effet dévolutif*, ce qui signifie que la cour d'appel est tenue de reprendre l'examen de l'affaire dans la mesure des chefs du jugement critiqués[5]. Elle doit constater par elle-même, et apprécier, les *faits de l'espèce*, c'est-à-dire les diverses circonstances qui ont donné lieu au litige ; elle doit, aussi, *interpréter la règle de droit* applicable au litige : sa fonction est donc de reprendre l'examen du procès à la fois *en fait et en droit*[6]. **Exemple** d'un accident de la circulation dont un piéton a été victime : le juge d'appel doit vérifier, *en fait*, si, les premiers juges ont correctement apprécié les circonstances de l'accident, et, *en droit*, s'ils ont correctement interprété la loi en en faisant application.

L'appel a également un *effet suspensif* de la force exécutoire qui s'attache normalement à tout jugement : le jugement attaqué ne peut pas être exécuté tant que la Cour n'a pas statué. La règle, qui peut être écartée[7], se justifie par la volonté de ne pas créer une situation qu'il faudrait ensuite effacer en cas de succès de l'appel. Cet effet suspensif s'applique notamment au *délai d'appel*, c'est-à-dire au temps dans lequel l'appel peut être formé – un mois à compter de la notification du jugement, en principe. Il résulte de là que l'exécution d'un jugement ne peut en principe[8] être exigée avant l'expiration du mois qui suit

---

1. Comme le tribunal de grande instance, la cour d'appel peut désormais être organisée en pôles regroupant plusieurs chambres (COJ, art. R. 312-83).
2. N. Fricero, « L'appel nouveau est arrivé », *D. actualité*, 12 mai 2017. Sur la procédure d'appel en général : Chainais, Ferrand et Guinchard, *Procédure civile*, n° 1241 s.
3. Sur le sens de cette qualification, v. ss 151.
4. C'est une *voie de réformation*, par opposition à la *voie de rétractation* qui consiste à demander à la juridiction même qui s'est prononcée de rétracter sa décision ; v. ss 151. Mais cette nature n'est pas exclusive : l'appel est aussi une voie d'achèvement du procès, même si les réformes récentes tendent à réduire cet aspect : Chainais, Ferrand et Guinchard, *Procédure civile*, préc., n° 1236.
5. C. pr. civ., art. 562.
6. Cf. C. pr. civ., art. 561 : « L'appel remet la chose jugée en question devant la juridiction d'appel. Il est statué à nouveau en fait et en droit dans les conditions et limites déterminées aux livres premier et deuxième du présent code ».
7. Lorsque l'exécution provisoire du jugement est ordonnée par le juge qui le prononce.
8. L'exception réside là encore dans l'exécution provisoire.

sa notification. Mais cela signifie aussi que si ce délai d'un mois vient à expiration sans qu'un appel ait été formé, le jugement ne peut plus être attaqué, même par un pourvoi en cassation : le jugement acquiert alors *force de chose jugée irrévocable* et doit être tenu, définitivement, pour la vérité [1].

166. ***Les juridictions répressives : cours d'appel et cours d'assises d'appel.*** Ce qui vient d'être dit de la matière civile se retrouve, pour l'essentiel, en matière pénale. En particulier, l'autorité qui s'attache à la décision répressive *irrévocable* emporte pareillement cette présomption définitive de vérité qui vient d'être évoquée.

Celle-ci peut, cependant, plus facilement qu'en matière civile, mais de manière tout à fait exceptionnelle malgré tout, être remise en cause par un *pourvoi en révision* [2]. Ce recours s'applique aux arrêts de condamnation des cours d'assises ainsi qu'aux jugements correctionnels de condamnation lorsque ces décisions sont devenues irrévocables, c'est-à-dire qu'elles ne peuvent plus faire l'objet d'un recours de droit commun. La demande est jugée par la chambre criminelle de la Cour de cassation statuant comme cour de révision (C. pr. pén., art. 622 s.).

Chaque *cour d'appel* comporte, en principe, des chambres spécialisées en matière pénale. Si l'on fait abstraction de la *Chambre de l'instruction*, juridiction d'instruction du second degré, il s'agit, d'une part, de la *Chambre des appels correctionnels*, et d'autre part, de la *Chambre spéciale chargée des appels concernant les mineurs*. Devant la première, il peut être fait appel, notamment, de tous les jugements correctionnels ainsi que des jugements de condamnation rendus par le tribunal de police. La seconde est compétente au regard des jugements prononcés contre des mineurs par le tribunal de police, le juge des enfants ou le tribunal pour enfants.

Les délais d'appel devant la cour sont relativement divers en matière répressive. En principe, l'appel doit être formé dans les *dix jours* du prononcé du jugement contradictoire (C. pr. pén., art. 498). Mais le délai est de *vingt jours* pour ce qui concerne l'appel formé par le procureur général (art. 505). Inversement, le délai peut être, parfois, très bref : ainsi est-il de *24 heures* contre les décisions relatives à une demande de mise en liberté au cours de l'instruction (art. 501).

Enfin, l'*effet dévolutif* de l'appel n'est pas admis aussi largement qu'en matière civile. Tout dépend de l'appelant : la *partie civile* n'est admise à faire appel que sur les intérêts civils ; inversement, le *ministère public* ne peut faire appel que de l'action publique. Par ailleurs, en vertu d'un principe traditionnel [3], il est admis que si l'appel est formé par le *seul prévenu, la cour ne saurait aggraver* les condamnations pénale et civile, prononcées contre lui. Et inversement, *si seule la partie civile* a fait appel, la cour ne peut pas *diminuer* le montant des réparations allouées par les premiers juges.

Depuis la loi du 15 juin 2000, il existe des *cours d'assises* statuant en formation d'*appel*. Les arrêts rendus en premier ressort par les cours d'assises peuvent en effet, depuis cette loi, faire l'objet d'un appel porté devant une autre cour d'assises, de formation légèrement différente : la cour d'assises est alors constituée, outre la cour – trois magistrats professionnels – d'un jury de *neuf membres* – au lieu de six en première

---

1. V. ss 153.
2. V. Bouloc, *Procédure pénale*, *op. cit.*, n° 1200 s. Sur le recours en révision en matière *civile*, v. Chainais, Ferrand et Guinchard, n° 1330 s.
3. Principe de l'interdiction de la *reformatio in pejus* (réformation défavorable à l'appelant).

instance [1]. Comme pour les décisions de premier ressort, la cour d'assises d'appel ne peut rendre de décision défavorable à l'accusé que par une majorité qualifiée qui est ici d'au moins *huit voix*.

Il reste encore à signaler un mode de contrôle particulier qui résulte de la possibilité, ouverte par la loi du 15 juin 2000, de faire *réexaminer* les décisions pénales définitives jugées contraires aux dispositions de la Convention européenne des droits de l'Homme par un arrêt de la Cour EDH (C. pr. pén., art. 622-1). La même possibilité existe, depuis la loi du 18 novembre 2016, en matière *d'état des personnes* lorsqu'il résulte d'un arrêt de la CEDH que la décision définitive a été rendue en violation de la convention et que, par sa nature et sa gravité, celle-ci entraîne des conséquences dommageables auxquelles la satisfaction équitable ne peut mettre un terme (COJ, art. L. 452-1 ; C. pr. civ., art. 1031-8 s.). Un tel réexamen suppose une décision en ce sens d'une *Commission ou d'une Cour de réexamen* composée de sept magistrats de la Cour de cassation.

Qu'elles statuent comme juge du second degré en matière civile ou en matière pénale, les cours d'appel rendent des *arrêts* [2] contre lesquels peut être formé un *pourvoi* devant la Cour de cassation. Il en va de même pour les arrêts de cour d'assises rendus en appel.

2° La Cour de cassation

167. ***Organisation de la Cour de cassation*.** Plus haute juridiction de l'ordre judiciaire, la Cour de cassation a pour fonction générale de veiller à *la correction de l'interprétation de la règle de droit* par les juridictions du fond (premier degré et appel). Ce faisant, elle a également un *rôle unificateur de l'interprétation de la règle de droit*.

Cette *fonction normative* de la Cour de cassation est essentielle. Mais elle tend à être occultée par l'augmentation considérable du nombre des recours (les pourvois [3]), les justiciables ayant tendance à saisir la Cour de cassation pour faire rejuger une dernière fois l'affaire – pour retarder l'issue du litige aussi parfois. L'afflux de recours – en matière civile la Cour juge environ 20 000 affaires par an – dont 75 % sont voués à l'échec détourne la Cour de cassation de sa fonction normative.

Comme elle est par ailleurs concurrencée dans l'interprétation du droit par la Cour européenne des droits de l'Homme et la Cour de justice de l'Union européenne, la Cour de cassation a entrepris une importante réflexion sur sa propre réforme qui débouche progressivement sur un certain nombre de propositions, notamment en matière de filtrage des recours et de motivation des décisions [4].

La Cour de cassation compte près de deux cents magistrats du *siège* (le Premier président, six présidents de chambre, cent vingt conseillers, soixante-cinq conseillers référendaires). Le *ministère public* y est représenté par le procureur général, sept premiers avocats généraux et trente-et-un avocats généraux [5].

---

1. Cette formation différente vaut également pour la cour d'assises des mineurs (v. ss 164). En ce qui concerne les cours d'assises spécialisées pour les *infractions militaires* (v. ss 164) la cour comporte, en appel, huit assesseurs au lieu de six.
2. V. un exemple d'arrêt d'appel, *infra*, **Annexe documentaire II, I, 2°**.
3. V. ss 169.
4. V. l'ensemble des travaux des commissions de réflexion et des propositions sur le site Internet de la Cour de cassation : https://www.courdecassation.fr/institution_1/reforme_cour_7109/
5. Il faut y ajouter des *conseillers* et des *avocats généraux en service extraordinaire*, professionnels chevronnés nommés en cette qualité pour une durée de cinq ans.

Juridiction unique pour toute la France, la Cour de cassation est divisée en six *chambres* dont les attributions sont distinctes : une *chambre criminelle*, compétente pour les affaires pénales, et *cinq chambres civiles*, dont deux sont spécialisées, en matière commerciale pour l'une (chambre commerciale, financière et économique), et en matière sociale pour l'autre (chambre sociale).

Normalement chaque chambre doit, pour statuer, réunir au moins *cinq* de ses membres ayant voix délibératives. Cependant, dans le but d'accélérer le règlement des affaires et d'alléger le fonctionnement de la Cour de cassation, le Code de l'organisation judiciaire (ancien art. L. 131-6, mod. par L. org. n° 2001-539 du 25 juin 2001) avait prévu une formation restreinte, réduite à *trois* membres. Cette « formation restreinte » est devenue, depuis la loi du 25 juin 2001 la formation « de base », de principe, des chambres civiles ; c'est elle qui statue notamment « lorsque la solution du pourvoi s'impose » (COJ, art. L. 431-1). Elle remplit désormais une double fonction : d'abord une fonction de tri des pourvois ; ensuite une fonction de jugement qu'elle partage avec la formation dite « ordinaire » – par opposition à « restreinte » – laquelle réunit au moins cinq magistrats ayant voix délibérative [1].

La Cour de cassation se réunit parfois en des *formations plus solennelles* qui sont, d'une part, la *Chambre mixte* et, d'autre part, l'*Assemblée plénière.*

La *Chambre mixte* – il vaudrait mieux dire « une » chambre mixte, puisque sa composition varie – rassemble des magistrats de trois chambres au moins. Elle comprend alors, au minimum, treize membres : le Premier président, le président, le doyen et deux conseillers des chambres concernées. Cette formation est compétente pour les affaires qui soulèvent une question relevant des attributions de plusieurs chambres, ou encore une question ayant reçu ou susceptible de recevoir des solutions divergentes devant les différentes chambres de la Cour de cassation (COJ, art. L. 431-5). Cette formation est en principe saisie, facultativement, par le Premier président. Elle est saisie obligatoirement si le procureur général le demande.

L'*Assemblée plénière* formation plus solennelle encore que la Chambre mixte, est composée, sous la présidence du Premier président, et en présence du procureur général, des présidents et des doyens des six chambres, et d'un conseiller de chacune d'elles, soit au total dix-neuf représentants de la magistrature assise. Cette formation, qui s'est substituée, en 1967, à la formation dite « des chambres réunies » (créée en 1837) est obligatoirement saisie lorsque, dans une même affaire, une *opposition de doctrine* s'établit entre une chambre de la Cour de cassation et les juges du fond saisis sur renvoi [2] après décision de cette chambre (COJ, art. L. 431-6, *in fine*) [3]. Elle peut également être saisie – c'est facultatif – lorsqu'une affaire pose une *question de principe* notamment lorsqu'il existe une divergence d'interprétation entre les juges du fond [4], ou entre les juges du fond et la Cour de cassation, sans que les conditions de saisine obligatoire de l'Assemblée plénière soient réunies (COJ, art. L. 431-6).

L'existence de ces formations particulières souligne fortement *la fonction unificatrice* de la Cour de cassation dans l'interprétation de la loi. Cette mission essentielle est désormais clairement mise en lumière par la jurisprudence qui considère que l'intervention

---

1. Sur le fonctionnement de la Cour, v. ss 169.
2. Sur le mécanisme du renvoi, v. ss 169.
3. V. ss 169, les conditions techniques de la saisine de l'Assemblée plénière.
4. L'hypothèse est que l'on constate qu'à propos de l'interprétation d'une même règle de droit, certains juges du fond statuent dans un certain sens, alors que d'autres statuent dans un sens contraire.

d'une juridiction suprême dans un ordre est nécessaire à la formation d'une jurisprudence constante pouvant être soumise au contrôle de constitutionnalité [1]. Elle explique les particularités de sa compétence.

168. ***La Cour de cassation, juge du droit.*** La Cour de cassation est compétente pour contrôler la totalité des *décisions rendues en dernier ressort* par les juridictions de l'ordre judiciaire [2] : notamment, les *arrêts* des cours d'appel, ceux des cours d'assises d'appel, comme les *jugements* rendus en dernier ressort par les tribunaux d'instance et de grande instance ou les tribunaux de commerce.

La Cour de cassation n'est pas investie seulement de cette fonction de contrôle qui constitue évidemment sa fonction principale. En vertu de l'article L. 441-1 du COJ (résultant d'une loi du 15 mai 1991), les tribunaux et cours d'appel peuvent solliciter son *avis* « avant de statuer sur une demande soulevant une question de droit nouvelle, présentant une difficulté sérieuse et se posant dans de nombreux litiges » [3]. Elle est ainsi appelée à jouer un rôle préventif d'interprétation unitaire de la loi, rôle que favorisent diverses mesures de publicité de l'avis ainsi exprimé (C. pr. civ., art. 1031-1 s.). Initialement ouverte aux seules juridictions civiles – au sens large du mot – cette saisine pour avis a été ouverte, sous certaines conditions, aux juridictions pénales, à l'exception des juridictions d'instruction et de la Cour d'assises, par la loi organique du 25 juin 2001 (C. pr. pén., art. 706-64 s.). Depuis peu, la Cour de cassation applique aux avis la nouvelle motivation qui consiste à indiquer les précédents jurisprudentiels [4]. La loi n° 2015-990 du 6 août 2015 a étendu la procédure à l'interprétation des conventions et des accords collectifs de travail. Naguère confiée à une formation spéciale, la procédure d'avis relève désormais, depuis la loi du 18 novembre 2016 de modernisation de la justice du XXIe siècle, en principe, de la chambre compétente pour juger l'affaire.

En marge de cette procédure, le service de documentation et d'études de la Cour de cassation accepte, depuis les interrogations soulevées par l'entrée en vigueur de la loi de sauvegarde des entreprises (no 2005-845 du 26 juillet 2005), de répondre aux questions des magistrats concernant l'application de certains textes [5].

Depuis la loi constitutionnelle du 23 juillet 2008, la Cour de cassation est également chargée d'une mission de *filtrage des questions prioritaires de constitutionnalité* pour l'ordre judiciaire [6].

La Cour est saisie par le moyen d'un *pourvoi en cassation* que forme celle des parties qui estime que la décision prononcée en dernier ressort par les juges du fond a été mal rendue [7]. Le demandeur au *pourvoi* articule dans celui-ci les griefs qu'il entend faire valoir contre la décision attaquée. *Mais il ne peut s'agir que de griefs juridiques*, c'est-à-dire de méconnaissance ou de mauvaise application d'une règle de droit. En effet, la Cour de cassation doit seulement veiller à la bonne interprétation, et à la bonne mise en œuvre,

---

1. Cons. const., Décis. n° 2011-120 QPC du 8 avr. 2011, *RTD civ.* 2011. 495, obs. Deumier ; Civ. 2e, 12 juin 2014, n° 14-40022 (inédit), Com. 24 avr. 2013, n° 12-23486 et n° 12-23487 (inédits) ; v. ss 85.

2. V. ss 152. La Cour de cassation a d'autres missions : notamment, parmi bien d'autres, d'assurer l'indemnisation en matière de détention provisoire et de gérer un important service de documentation ; v. Guinchard, Varinard et Debard, n° 748 s.

3. V. Chauvin, « La saisine pour avis », in *L'image doctrinale de la Cour de cassation*, La Documentation française, 1994, p. 109 s. ; v. des exemples d'avis de la Cour de cassation, *infra*, **Annexe documentaire VI**.

4. Cass., avis, 8 janv. 2016, n° 15-70004, *D.* 2016, Act. 133, obs Deumier, *RTD civ.* 2016. 65, obs. Deumier.

5. V. Molfessis, « Les avis spontanés de la Cour de cassation », *D.* 2007. Chron. 37.

6. V. ss 85.

7. Sur cette voie de recours *extraordinaire*, v. ss 152.

de la règle de droit par les juges du fond ; les faits de l'espèce – de l'affaire qui donne lieu au procès – sont considérés comme définitivement établis par les juges dont la décision est attaquée. On dit que les juges du fond [1] constatent les faits *souverainement*, c'est-à-dire d'une manière qui échappe au contrôle de la Cour de cassation.

Ceci, qui est véritablement essentiel, peut être illustré, en reprenant l'**exemple** évoqué pour les cours d'appel [2]. S'agissant de la demande d'indemnisation formée par un piéton victime d'un accident de la circulation, la Cour de cassation tiendra pour acquise l'appréciation faite par le juge du fond des circonstances de l'accident (*fait*) – que le piéton traversait en dehors d'un passage protégé, par exemple. En revanche, elle fera porter son contrôle sur l'interprétation de la règle de droit applicable et sur sa mise en œuvre au regard des faits ainsi constatés (*droit*) – savoir si ce comportement de la victime peut entraîner une réduction de l'indemnisation qui lui est accordée, notamment. En bref, alors que les cours d'appel jugent *en fait* et *en droit*, la Cour de cassation ne statue qu'*en droit* [3].

Dire que le contrôle exercé par la Cour de cassation se limite aux questions de droit ne signifie pas qu'elle se borne à veiller à ce que les juges donnent à la loi son sens exact. Le contrôle de la Cour est sensiblement plus large et porte sur l'*application* de la loi [4], ce qui implique qu'il s'étende à la *qualification* des faits. On entend par là l'opération intellectuelle qui consiste à conférer aux circonstances de fait relevées la qualité juridique qui leur convient [5], ou, si l'on préfère, à spécifier la notion juridique dont les faits constatés réunissent les caractères. En adoptant ainsi une conception extensive de son contrôle de la légalité des décisions critiquées devant elle, la Cour de cassation a, de fait, exagérément élargi l'ouverture du pourvoi en cassation. Le nombre, très excessif, de ces pourvois, aboutit à surcharger gravement cette juridiction au point de gêner sa fonction – essentielle – d'unification de l'interprétation de la règle de droit [6]. Cela explique, entre autres, que la Cour réfléchisse aux moyens d'accélérer le traitement des pourvois ou de limiter les hypothèses dans lesquelles ils pourraient être formés [7]. Mais d'un autre côté, le contrôle de proportionnalité qu'elle commence à pratiquer [8] obligera certainement la Cour à accorder une attention accrue aux faits, même s'ils restent souverainement constatés par les juges du fond, puisque c'est sur leur fondement que peut se faire la balance concrète des intérêts. Qu'elle le veuille ou non, la jurisprudence de la Cour deviendra plus factuelle. Mais la procédure d'autorisation des pourvois qu'elle propose par ailleurs limiterait le phénomène aux affaires posant une question de principe ou recélant une atteinte grave aux droits fondamentaux [9].

---

1. V. ss 152 ; on dit aussi « juge *du fait* ».
2. V. ss 165.
3. Cf. C. pr. civ., art. 604 : « Le pourvoi en cassation tend à faire censurer par la Cour de cassation la non-conformité du jugement qu'il attaque aux règles de droit. » ; comp. Bel, « Le bicentenaire de la Révolution, retour aux sources pour la Cour de cassation », *D.* 1989. Chron. 105.
4. Cela inclut, bien sûr, les lois de procédure, et en particulier l'obligation qui est faite aux juges de motiver leurs décisions (C. pr. civ., art. 455).
5. V. ss 73 ; Aubert, « La distinction du fait et du droit dans le pourvoi en cassation en matière civile », *D.* 2005. 1115, spéc. 1117 s., et « Le fait et la Cour de cassation », in *Études offertes au doyen Ph. Simler*, Litec – Dalloz, 2006.
6. J.-L. Aubert, article préc. ; v. ss 152, en note.
7. V. ss 152, 167.
8. V. ss 71, 73, 77, 125.
9. V. ss 170.

169. ***Le mécanisme du pourvoi en cassation***. Le pourvoi en cassation[1] doit être exercé dans un *délai de deux mois* à compter de la signification de la décision attaquée[2]. Pas plus que le pourvoi lui-même, ce délai n'a d'effet suspensif en *matière civile*[3] ; cet effet se produit, en revanche, en *matière pénale*. Désormais, la procédure suivie devant la Cour de cassation est entièrement dématérialisée, la réception du pourvoi, le dépôt des mémoires, les échanges de pièces, les rapports, les avis étant réalisés sous forme électronique, l'ensemble donnant lieu à la création d'un dossier virtuel.

Ainsi saisie, la chambre compétente de la Cour de cassation est appelée à se prononcer par un *arrêt*. Mais auparavant – selon des modalités diverses, en pratique[4] – le pourvoi est examiné pour savoir s'il y a lieu de l'*admettre*. Cette procédure autorise la *non-admission* des pourvois irrecevables ainsi que de ceux qui ne sont pas fondés sur un moyen sérieux (C. pr. civ., art. 1014) : ceux qui sont à l'évidence voués à l'échec[5]. Si le pourvoi est *admis*, la chambre se prononce en statuant soit en formation *restreinte* soit en formation *ordinaire*. Si elle estime que la décision attaquée a correctement appliqué la règle de droit, elle rend un *arrêt de rejet* (du pourvoi) ; sinon elle rend un *arrêt de cassation* (de la décision attaquée)[6].

Dans le premier cas – *arrêt de rejet* –, la décision de la Cour de cassation marque la fin du procès. L'arrêt de la cour d'appel – ou le jugement d'un tribunal statuant en dernier ressort – qui avait fait l'objet du pourvoi acquiert force *de chose jugée irrévocable*.

Dans le second cas – *arrêt de cassation* –, la situation est plus complexe : d'une part, la décision attaquée n'a plus de valeur puisqu'elle est cassée et donc annulée[7] ; d'autre part, la Cour de cassation ne statuant qu'en droit, elle ne peut normalement lui substituer une décision nouvelle. Il convient donc de rejuger l'affaire et, pour cela de la *renvoyer* devant une juridiction différente, mais de même nature et de même degré que celle dont la décision a été cassée : il y a *cassation avec renvoi*. Par exemple, si c'est un arrêt de la cour d'appel de Paris qui a été cassé, il pourra y avoir renvoi à la cour d'appel d'Orléans.

Cependant, il peut y avoir parfois cassation *sans renvoi*. Cette solution, qui reste relativement rare, est prévue par l'article 627 du Code de procédure civile et l'article L. 411-3 du Code de l'organisation judiciaire selon lesquels cette absence de renvoi peut intervenir dans deux cas, dont le second a été modifié par la loi n° 2016-1547 du 18 novembre 2016 de modernisation de la justice du XXIe siècle.

La cassation peut d'abord ne pas s'accompagner d'un renvoi « lorsque la cassation n'implique pas qu'il soit à nouveau statué sur le fond » (al. 1er) : par exemple, un arrêt d'appel était attaqué

---

1. Le décret n° 2014-1338 du 6 novembre 2014 a simplifié la procédure applicable devant la cour de cassation, spécialement celle de l'ouverture du pourvoi en cassation, réglementée par les articles 605 s. du Code de procédure civile. V. Baraduc et Boré, « Simplification de la procédure devant la Cour de cassation », *JCP* 2014. 1242.

2. Si la décision attaquée est une décision rendue par défaut (v. ss 151), ce délai court à compter du jour où l'opposition n'est plus recevable.

3. La décision attaquée doit donc, normalement, être exécutée. À défaut, il peut y avoir lieu à *retrait du rôle*, v. ss 152, *in fine*.

4. V. Canivet, « La procédure d'admission des pourvois en cassation. Bilan d'un semestre d'application de l'article L. 131-6 du Code de l'organisation judiciaire », *D.* 2002. 2195, spéc. 2198, col. 1.

5. Sur la procédure d'autorisation des pourvois que la Cour de cassation propose afin de restaurer sa fonction normative, v. ss 170.

6. V. des exemples d'arrêts rendus par la Cour de cassation, *infra*, **Annexe documentaire II, I, 3°**.

7. Dans la mesure, du moins, de la cassation qu'elle encourt, qui peut être totale ou partielle.

pour avoir accueilli le recours après l'expiration du délai d'appel. Étant cassé pour cette raison, cet arrêt est annulé et, par hypothèse, il n'y a pas lieu de lui en substituer un autre ;

Traditionnellement, le renvoi pouvait aussi être écarté « lorsque les faits, tels qu'ils ont été souverainement constatés et appréciés par les juges du fond, lui permettent d'appliquer la règle de droit appropriée » (ancien al. 2) : par exemple, un jugement en dernier ressort ayant rejeté la demande de paiement d'une créance pour une raison technique, ne remettant pas en cause la réalité de cette créance, la Cour de cassation, jugeant cette raison infondée, casse sans renvoi et ordonne le paiement[1]. Cette seconde hypothèse a été considérablement élargie par la loi du 18 novembre 2016. L'article L. 411-3, alinéa 2, du COJ permet désormais à la Cour de « statuer au fond lorsque l'intérêt d'une bonne administration de la justice le justifie ». C'est une habilitation large qui est susceptible d'englober d'autres hypothèses que celle visée antérieurement et qui laisse à la Cour de cassation une assez grande latitude.

Devant la *juridiction de renvoi*, dont on supposera, pour la suite des développements, qu'il s'agit d'une cour d'appel, l'affaire doit être examinée de nouveau, en fait et en droit, dans la mesure de la cassation qui a été prononcée[2]. Et la juridiction de renvoi n'est pas tenue de s'incliner devant l'interprétation affirmée par la chambre qui a prononcé la cassation.

Supposons, pour concrétiser l'exposé, que le procès reposait sur une demande de dommages-intérêts en réparation d'un préjudice provoqué par le comportement dangereux d'un aliéné mental, et que la cour d'appel n° 1 ait repoussé cette demande au motif que la responsabilité de l'auteur du dommage ne pouvait être engagée du fait de son aliénation mentale. Admettons que, sur pourvoi, la deuxième chambre civile ait cassé cet arrêt pour violation de l'article 414-3 du Code civil (ancien art. 489-2) qui oblige à réparation ceux qui ont causé un dommage à autrui alors même qu'ils étaient sous l'empire d'un trouble mental. Dans ces conditions, trois types de solution peuvent intervenir sur le renvoi :

1. La cour de renvoi (cour d'appel n° 2) *adopte l'interprétation consacrée par la Cour de cassation* : elle rend alors un arrêt conforme à cette interprétation. Le procès est terminé[3] : la victime a définitivement droit à des dommages-intérêts.

2. La cour de renvoi *adopte une solution différente* à la fois de celle de la cour n° 1 et de celle de la deuxième chambre civile : par exemple, elle repousse la demande de dommages-intérêts, mais cette fois au motif que le comportement de l'aliéné n'a pas été la véritable cause du dommage. Il peut alors y avoir place pour un *nouveau pourvoi*, exercé devant la même deuxième chambre civile, sur cette question de la causalité.

3. La cour de renvoi *adopte la même solution que la cour n° 1*. La partie qui avait exercé un premier pourvoi avec succès va évidemment vouloir soumettre cette nouvelle décision à la Cour de cassation. Or, la situation révèle une divergence de doctrine entre, d'une part, une chambre civile de la Cour de cassation, d'autre part deux cours d'appel distinctes[4]. Une telle situation, qui signale une difficulté particulière d'interprétation

1. Civ. 1re, 16 juin 1987, *Bull. civ.* I, n° 201, p. 149 ; v. un exemple de cassation sans renvoi, *infra*, **Annexe documentaire II, A, 3, n° 4**.

2. Si la cassation n'a été que partielle, la cour de renvoi n'est saisie que de ce qui a été censuré par la Cour de cassation. Tout le reste est définitivement jugé.

3. La solution a été solennellement réaffirmée par deux arrêts de l'Assemblée plénière du 21 décembre 2006 (*JCP* 2007. II. 10016, note Guyader) : « le moyen qui reproche à la juridiction de renvoi d'avoir statué conformément à l'arrêt de cassation qui la saisissait est irrecevable ».

4. La situation est évidemment la même, *mutatis mutandis*, si les juridictions de fond concernées sont des tribunaux statuant en dernier ressort.

de la loi, exige un examen vigilant de la question de droit : c'est l'*Assemblée plénière* qui sera nécessairement saisie de ce second pourvoi. Cette formation peut alors adopter deux partis différents :

– soit rendre un arrêt de *rejet* et consacrer l'opinion des deux cours d'appel contre la chambre civile. L'affaire est alors terminée et l'arrêt de la cour n° 2 acquiert force de chose jugée irrévocable ;

– soit – démarche inverse – donner gain de cause à la chambre civile, contre la résistance des cours d'appel. Elle rend alors un *arrêt de cassation* qui, sauf exception, opère un nouveau renvoi devant une autre juridiction de même nature et de même degré que les deux précédentes.

Sur cet arrêt de cassation rendu par *l'Assemblée plénière*, une cour d'appel n° 3, *seconde juridiction de renvoi*, se trouve donc, à son tour, saisie du dossier, dans la mesure de la cassation prononcée. Mais cette fois-ci la cour de renvoi ne dispose plus d'*aucune liberté* : elle doit s'incliner devant l'interprétation de la Cour de cassation et rendre un arrêt conforme à celle-ci (COJ, art. L. 431-4, al. 2).

170. ***Le rôle de la Cour de cassation : unification de l'interprétation de la règle de droit*****.** Le mécanisme du pourvoi en cassation, tel qu'il vient d'être décrit, peut sembler bien compliqué et d'une grande lourdeur, d'autant qu'il se développe souvent après que l'affaire a déjà été examinée par deux fois en vertu du principe du double degré de juridiction. Mais il constitue une *garantie de bonne justice*, en ce qu'il assure une réflexion approfondie, et une saine confrontation des idées, sur l'interprétation de la règle de droit.

Il y a là une garantie appréciable pour le justiciable, c'est incontestable. Mais la fonction essentielle de la Cour de cassation a une portée plus large, qui est d'intérêt général : assurer l'*unité d'interprétation de la règle de droit*. De cela, le mécanisme du pourvoi témoigne directement : il permet de résoudre, par le recours final à l'Assemblée plénière, toute divergence d'interprétation qui surgit entre une chambre de la Cour de cassation et deux juridictions de fond, saisies successivement de la même affaire.

Cette *fonction d'unification* a été renforcée de deux manières par une loi du 3 janvier 1979.

L'article L. 431-6 du COJ, dans la rédaction reprise de cette loi, dispose en effet que si le recours à l'*Assemblée plénière* est *obligatoire* dans l'hypothèse qui vient d'être évoquée, il peut aussi y avoir lieu, *dès le premier pourvoi* contre la décision en dernier ressort d'un juge du fond, à renvoi devant cette même formation « lorsque l'affaire pose une question de principe, notamment s'il existe des solutions divergentes soit entre les juges du fond, soit entre les juges du fond et la Cour de cassation »[1].

La saisine de l'Assemblée plénière est alors *facultative*. Mais, lorsqu'elle a lieu, l'arrêt rendu mettra fin aux discussions dans tous les cas : là comme ailleurs, le *rejet* du pourvoi terminera le procès ; et s'il y a, au contraire, cassation, l'interprétation adoptée par l'arrêt *s'imposera* à la juridiction de renvoi, bien qu'il ne s'agisse que d'un premier renvoi[2]. Cette procédure particulière a le mérite

---

1. Les hypothèses considérées supposent, la première, que la Cour de cassation n'a encore jamais été saisie de la question, mais que plusieurs cours d'appel l'ont été, et qu'elles ont tranché différemment ; la seconde, que les conditions du renvoi obligatoire devant l'assemblée plénière n'ont jamais été remplies, des cours d'appel ayant statué d'une certaine manière, sans que leurs arrêts aient fait l'objet de pourvoi, et une chambre de la Cour de cassation, saisie par pourvoi contre d'autres arrêts statuant différemment, ayant consacré cette dernière interprétation.

2. Il y a là une mesure de raccourcissement de la procédure qui peut favoriser une relative accélération de la justice. Il n'apparaît cependant ni possible, ni souhaitable, d'en faire un usage fréquent.

de permettre l'affirmation de l'interprétation de la loi par la plus solennelle des formations de la Cour de cassation sans qu'il y ait à attendre que soient réunies les conditions de sa saisine obligatoire.

Par ailleurs, l'article L. 431-5 du COJ prévoit la possibilité d'un renvoi devant une *chambre mixte*[1] « lorsqu'une affaire pose une question relevant normalement des attributions de plusieurs chambres, ou si la question a reçu ou est susceptible de recevoir devant les chambres des solutions divergentes »[2].

Il s'agit alors d'une procédure qui tient compte de la division de la Cour de cassation en six chambres, structure diversifiée qui fait naître des risques de *divergences d'interprétation* à *l'intérieur même* de la Cour de cassation. C'est qu'en effet, si chaque chambre est spécialisée dans un certain type d'affaires, elles n'en sont pas moins appelées souvent à mettre en œuvre les mêmes règles de droit : exemple bien connu, la chambre criminelle et, principalement, la deuxième chambre civile, ont à appliquer les règles de la responsabilité civile[3]. Or, le fait même de la spécialisation de chaque chambre peut favoriser des interprétations contradictoires, d'une chambre à l'autre. Il convient donc de prévenir ou de réduire ces possibles divergences[4]. C'est le rôle essentiel de la chambre mixte.

Du moins faut-il remarquer que, lorsqu'elle est saisie, cette formation se trouve dans la même situation qu'une chambre ordinaire de la Cour, et non dans une position d'autorité comparable à celle de l'Assemblée plénière : si elle rend un arrêt de cassation, la juridiction de renvoi est libre de ne pas s'incliner devant l'interprétation de la chambre mixte, ce qui donnera, le cas échéant, compétence à l'Assemblée plénière.

On constate ainsi que par le jeu des voies de recours – appel et cassation – et par le mécanisme du pourvoi en cassation, la Cour de cassation se trouve, comme le Conseil d'État pour le droit public[5], en mesure d'*imposer son interprétation* de la règle de droit privé et donc d'en unifier l'application.

Une institution particulière est destinée à renforcer cette fonction d'unification : le *pourvoi dans l'intérêt de la loi* créé par la loi du 3 juillet 1967 (art. 17)[6]. Il permet au procureur général près la Cour de cassation qui apprend l'existence d'une décision contraire à la loi et contre laquelle n'ont pas été exercées en temps utile des voies de recours, de saisir la Cour de cassation de cette décision à fin de cassation, étant observé que si la cassation intervient effectivement, les parties ne peuvent s'en prévaloir (C. pr. civ., art. 639-1). C'est une censure purement technique mais hautement significative de la fonction protectrice et unificatrice de la règle de droit dont la Cour de cassation est investie. Ce pourvoi dans l'intérêt de la loi n'est peut-être pas suffisamment utilisé.

Certes, il serait faux de croire que l'ensemble des mécanismes mis en place garantit absolument une interprétation uniforme de la loi. Il y a, au sein même de la Cour de cassation des divergences d'interprétation, et il va de soi que, d'une cour d'appel à une autre, l'interprétation de la règle de droit peut être très différente.

---

1. V. ss 167.

2. Il y a lieu, en revanche, à renvoi *obligatoire* devant la chambre mixte lorsque dans une affaire la chambre saisie se partage à égalité sur la décision à rendre (à la Cour de cassation, l'obligation de juger en nombre impair ne s'applique pas, cf. *op. cit.*, n° 690).

3. Certaines oppositions entre chambre criminelle et chambres civiles sont célèbres. Ainsi, sur la responsabilité des commettants du fait de leurs préposés (v. ss 171, dernière note), Flour, Aubert et Savaux, *Droit civil. Les obligations*, vol. 2, *Le fait juridique*, n° 216 s. Sur les divergences de jurisprudence en général, v. Deumier, « Les divergences de jurisprudence : nécessité de leur existence et nécessité de leur résorption, obs. sur Ass. plén. 15 févr. 2013 », *RTD civ.* 2013. 557.

4. Par la force des choses, il y a des compétences qui sont très voisines ou complémentaires : par exemple, les affaires de responsabilité contractuelle vont à la première chambre alors que la responsabilité délictuelle incombe à la deuxième ; v. le détail de ces compétences, *infra*, **Annexe documentaire III**.

5. V. ss 141.

6. V. par ex., Civ. 1re, 15 déc. 1999, *Bull. civ.* I, n° 348. Il existe aussi un tel pourvoi devant le Conseil d'État ; cf. Guinchard, Varinard et Debard, n° 160.

L'unité d'interprétation est un idéal, peut-être même un mythe à certains égards : à l'évidence, bien des décisions rendues en dernier ressort, contre la doctrine de la Cour de cassation, ne sont pas censurées pour la simple raison qu'elles ne font l'objet d'aucun pourvoi ; plus gravement, on constate parfois des résistances plus ou moins durables à l'interprétation consacrée par la Cour de cassation. Ces phénomènes sont de nature à favoriser l'installation de jurisprudences locales dissidentes qui contredisent, directement, l'idéal d'interprétation uniforme de la règle de droit. Peut-être, au demeurant, la Cour de cassation a-t-elle parfois donné elle-même le mauvais exemple, en tardant trop à dominer ses propres divisions internes [1]. C'est en tout cas une question difficile – si elle n'est pas insoluble – que de savoir jusqu'où va la résistance légitime qui est le ferment de revirements opportuns, et où commence la rébellion injustifiable, préjudiciable aux intérêts des justiciables [2].

Il demeure que la Cour de cassation, et les principes de son fonctionnement, évitent des distorsions majeures qui rendraient vaine l'affirmation du principe que la loi doit être la même pour tous. Son autorité institutionnelle, mais aussi son autorité morale, concourent à une *large harmonisation de l'interprétation des règles de droit.* C'est là un élément déterminant du phénomène jurisprudentiel.

Dans ce rôle essentiel, la Cour de cassation est aujourd'hui concurrencée, nationalement, par le Conseil constitutionnel, et, en provenance de l'extérieur, par la Cour de justice de l'Union européenne et la Cour européenne des droits de l'Homme [3]. C'est l'un des facteurs qui, avec le nombre des pourvois qui lui sont soumis, contribue au sentiment que la Cour de cassation est une institution en crise pour ce qui concerne l'exercice de sa fonction normative.

Pour la restaurer, la Cour propose au gouvernement d'adopter un texte instaurant un mécanisme d'autorisation du pourvoi en cassation. La demande d'autorisation serait examinée par trois magistrats de la chambre dont relève l'affaire. Elle ne pourrait être donnée que dans trois cas limitativement énumérés : si l'affaire soulève une question de principe présentant un intérêt pour le développement du droit, si elle soulève une question présentant un intérêt pour l'unification de la jurisprudence ou si est en cause une atteinte grave à un droit fondamental (proposition d'un nouvel article L. 411-2-1 du COJ). Les trois hypothèses sont définies de manière vague mais l'exposé des motifs les précise de manière restrictive. Les deux premières sont de nature à recentrer l'activité de la Cour sur l'interprétation de la règle de droit. C'est moins évident pour la troisième qui traduit l'importance prise dans la société et dans le contentieux par les droits fondamentaux.

Cette modification qui suscite de vives critiques concernant, notamment, la sanction des erreurs de droit commises par les juges du fond [4], comme d'autres remèdes que la Cour envisage elle-même, seraient de nature à affecter le phénomène jurisprudentiel [5].

Section 2
Le phénomène jurisprudentiel

L'ensemble des juridictions, administratives et judiciaires rend un nombre considérable de décisions qui expriment, cas par cas, l'interprétation de la règle de droit. De cette accumulation de décisions se dégage, plus ou moins nettement, selon les cas, la signification précise de la règle. Ce phénomène est celui de la *jurisprudence* dont il convient de préciser, d'abord, la *notion*, et ensuite les *fonctions*.

---

1. Cf. pour la responsabilité des commettants du fait de leur préposé, la question du rattachement de la faute du préposé au lien de préposition, Flour, Aubert et Savaux, *op. cit.*, n° 215 s.

2. Cf. *L'image doctrinale de la Cour de cassation, op. cit.*, 1994, « La résistance des juges du fond », p. 181 s.

3. V. ss 71.

4. V. not. : Le Bars, « Menaces sur la cassation à la française : des propositions consternantes », *Gaz. Pal.* 10 avr. 2018, n° 32087, p. 12.

5. V. égal. Deumier, *Rép. civ.*, Dalloz, v° *Jurisprudence*, notamment n° 7 et n° 34.

§ 1. La notion de jurisprudence

171. ***Les conditions d'établissement de la jurisprudence.*** Si *la* jurisprudence est bien l'ensemble constitué par les diverses décisions prononcées par les juridictions, le même terme peut aussi être défini comme la façon dont une difficulté juridique est habituellement tranchée par les juridictions[1]. On parlera alors d'*une* jurisprudence, désignant par là le sens donné par les juges à une règle de droit déterminée.

Le mot *jurisprudence* a, en réalité, une signification de beaucoup plus grande portée. Il désignait, à l'origine, la *science du droit*, produit de la réflexion de tous les interprètes du phénomène juridique[2]. Sa compréhension contemporaine le réduit à l'œuvre d'interprétation des juridictions : c'est la jurisprudence des tribunaux[3].

Pour limitée qu'elle soit, cette compréhension de la notion est évidemment beaucoup plus importante pour la vie juridique que celle qui se borne au constat de l'accumulation des décisions produites par l'activité juridictionnelle. La jurisprudence devient, en effet, dans cette vision, un phénomène majeur de la vie juridique : elle est le *droit positif*, c'est-à-dire la règle de droit telle qu'elle s'applique dans la réalité concrète. Ainsi entendue, la jurisprudence révèle donc la règle de droit applicable à telle ou telle situation et la signification exacte de cette règle.

Prise en ce sens, à la fois technique et précis, la jurisprudence ne peut être le fruit de n'importe quelle décision de justice, rendue dans n'importe quelles conditions[4]. À l'évidence, pour qu'il soit possible d'affirmer que telle question est réglée de telle manière par les juges – administratifs ou judiciaires – il faut, à tout le moins, que la solution invoquée bénéficie du *support d'une décision dotée d'une particulière autorité*. Les particularités de l'organisation juridictionnelle française conduisent à privilégier, de ce point de vue, les *arrêts du Conseil d'État*, pour le droit public, et ceux de la *Cour de cassation*, pour le droit privé, ces juridictions ayant le pouvoir d'imposer aux autres juges de leur ordre une interprétation déterminée de la règle de droit[5]. Le Conseil constitutionnel semble s'être rangé à cette conception en jugeant que l'intervention d'une juridiction supérieure dans un ordre – en l'occurrence le Conseil d'État – est nécessaire à l'existence d'une interprétation jurisprudentielle constante nécessaire

1. Sur la jurisprudence en général, v. not. Deumier, *Rép. civ.*, Dalloz, v° *Jurisprudence*, préc. ; F. Zenati, *La jurisprudence*, 1991 ; Esmein, « La jurisprudence et la doctrine », *RTD civ.* 1902. 5 ; « La jurisprudence et la loi », *RTD civ.* 1952. 17 ; Boulanger, « Notations sur le pouvoir créateur de la jurisprudence civile », *RTD civ.* 1961. 417 ; v. aussi « La jurisprudence », Archives Phil. dr., t. 30, 1985 ; v. égal., une étude assez approfondie in Deumier, n° 345 s. ; *adde* : J.-P. Andreux, *Histoire de la jurisprudence. Les avatars du droit prétorien*, Vuibert, 2012.

2. Sur ce changement de signification, et ses raisons, v. Forray, « La jurisprudence, entre crise des sources du droit et crise du savoir des juristes », *RTD civ.* 2009. 463.

3. V. Zenati, *op. cit.*, p. 80 s.

4. Comp. Deumier, *op. cit.*, n° 7 s ; Ghestin, Barbier et Bergel, *Introduction générale*, préc., n° 643 s.

5. Cf. Capitant, préface, in *Grands arrêts de la jurisprudence civile* : l'ouvrage « ne contient que des arrêts de la Cour de cassation. La raison en est que la Cour de cassation a pour mission d'assurer l'unité de l'interprétation judiciaire des lois. Tant que la Cour de cassation ne s'est pas prononcée sur un point de droit controversé, la jurisprudence n'est pas fixée. Il est rare que les tribunaux arrivent, sans l'intervention de la Cour suprême, à s'accorder sur la solution qu'il comporte » (p. XIII-XIV).

Sur les nuances et les limites de l'autorité des décisions de la Cour de cassation sur les juges du fond : Deumier, *op. cit.*, n° 92 s.

pour soumettre l'interprétation d'une loi à une question prioritaire de constitutionnalité. La Cour de cassation statue dans le même sens [1].

On fait ici abstraction, par souci de simplification, de la jurisprudence de ces autorités juridictionnelles supérieures que sont, d'une part, le Conseil constitutionnel, et, d'autre part, la Cour de justice de l'Union européenne et la Cour européenne des droits de l'Homme. Il suffit de rappeler l'autorité particulière qui s'attache aux décisions de ces juridictions au regard du juge administratif comme du juge judiciaire [2].

Il est certain que l'autorité spécifique des décisions de ces juridictions – dont le respect s'impose aux pouvoirs publics eux-mêmes, y inclus le législateur – installe ces juridictions et leur œuvre dans un statut particulier qui déborde la question de la jurisprudence, au sens traditionnel du mot [3].

Mais les « jurisprudences » du Conseil constitutionnel, de la Cour de justice de l'Union européenne et de la Cour européenne des droits de l'Homme concurrencent celle de la Cour de cassation dans sa mission d'interprétation uniforme de la loi. Certaines mesures qu'elle envisage pour remédier à ce déclin ne sont pas de nature à restaurer immédiatement la fonction « normative » de la Cour. La vérification systématique de la sauvegarde des droits de l'Homme par un contrôle de proportionnalité, qui en déborde d'ailleurs largement le seul domaine, confie *a priori* aux juges du fond le soin de dire comment les différents droits ou règles invoqués doivent être conciliés [4]. Pour que la fonction normative de la Cour de cassation s'exerce vraiment, et qu'elle retrouve son statut de cour suprême, il faudra au moins qu'elle exerce un contrôle strict sur l'appréciation de la proportionnalité à partir des éléments de fait livrés par les juridictions du fond et qu'elle n'y ait pas systématiquement recours en dehors des domaines où les textes et la jurisprudence européenne l'imposent.

Deux nuances importantes doivent encore être ajoutées. La première est que tous les arrêts rendus par le Conseil d'État ou la Cour de cassation n'ont pas la même *portée* : il convient donc de mesurer celle-ci au cas par cas [5]. La seconde est que, le plus souvent, une jurisprudence véritable ne peut être établie qu'après une *répétition de décisions identiques*.

---

1. V. ss 85.
2. Pour le Conseil constitutionnel, v. ss 30, et, pour les juridictions européennes, v. ss 130.
3. Cela est particulièrement vrai des « arrêts pilotes » par laquelle la Cour européenne des droits de l'Homme indique à l'État défendeur quelles mesures générales s'imposent pour que d'autres personnes appartenant à une catégorie entière qui a été privée d'un droit reconnu par la Convention bénéficient de la solution que l'arrêt consacre ; v. Marguénaud, obs. sous CEDH 19 juin 2006, *RTD civ.* 2006. 719 ; sur la question de savoir si la jurisprudence peut être qualifiée de source du droit, v. ss 175.
4. V. en ce sens les arrêts qui cassent des décisions des juges du fond pour ne pas avoir précisé en quoi la mesure qu'ils ordonnent est proportionnée au regard de tel ou tel droit : Civ. 3e, 17 déc. 2015, n° 14-22095, *Bull. civ.* III, n° 601, *JCP* 2015, n° 7, 189, note P.-Y. Gautier, qui casse une décision ayant ordonné en référé l'enlèvement d'ouvrages installés illégalement sur un terrain pour ne pas avoir recherché si la mesure était proportionnée au droit au respect de la vie privée et familiale et du domicile des occupants. V. égal. Civ. 1re, 10 juin 2015, n° 14-20790 (inédit), *D.* 2015. 2365, note Fulchiron, *RTD civ.* 2015. 596, obs. Hauser et 825, obs. Marguénaud ; Civ. 3e, 15 oct. 2015, n° 14-23612, *Bull. civ.* III, n° 293, *D.* 2015. 2423, qui, sans le soutien d'aucun droit fondamental, reproche aux juges du fond de ne pas avoir recherché si la démolition d'un ouvrage ne constituait pas une sanction proportionnée à la gravité des désordres et des non-conformités qui l'affectaient.
5. Sur celle des arrêts de la Cour de cassation en matière civile, il est essentiel de se reporter aux indications que la Cour livre elle-même ; v. particulièrement : « Interprétation et portée des arrêts de la Cour de cassation en matière civile », *BICC* n° 661, 15 mai 2007, p. 6, préc. ; Weber, « Comprendre un arrêt de la Cour de cassation rendue en matière civile », *BICC* 15 mai 2009, p. 6, préc. Parmi les réformes envisagées au sein de la Cour de cassation, figure une nouvelle indexation selon que l'arrêt aurait une portée « normative » ou non.

Quant au premier point, seuls présentent un intérêt les arrêts qui tranchent une question d'interprétation d'une règle de droit donnée, et qui, par leur formulation, prennent la forme d'un *arrêt de principe*[1]. Mais il arrive que des décisions de ce type aient du mal à imposer la solution qu'elles énoncent[2].

En revanche, les arrêts qui déclarent le pourvoi irrecevable ou qui le rejettent parce que la question soulevée est une question de fait qui relève du pouvoir souverain d'appréciation des juges du fond n'ont pas de signification particulière[3]. C'est dire que l'origine même de la décision n'est pas suffisante : il faut, dans tous les cas, rechercher dans la décision elle-même si la juridiction a affirmé, expressément ou implicitement, un principe de droit qu'elle déclarait faire sien. Il y a lieu aussi de tenir compte de *la publication* ou pas de la décision dans le *Bulletin des arrêts de la Cour de cassation*[4]. Un arrêt non publié, « inédit », auquel la Cour elle-même ne souhaite donc pas donner une grande publicité, n'a pas vocation « à faire jurisprudence » – ce qui ne veut pas dire qu'il n'acquerra pas une certaine importance, notamment si la doctrine s'en saisit[5].

Encore, le plus souvent, il ne suffit pas que la Cour de cassation, ou le Conseil d'État, ait rendu un arrêt exprimant telle ou telle compréhension de la règle de droit. Il n'y a, à proprement parler, jurisprudence fixée que s'il est possible d'observer, au fil des décisions concernant une même sorte d'affaires, une répétition, la permanence, d'un principe de solution[6].

Toutefois, cette exigence de répétition ne peut être posée en absolu : il est certain qu'un arrêt rendu par l'*Assemblée plénière* de la Cour de cassation, et *à un moindre degré* un arrêt rendu par une *Chambre mixte*, peuvent à eux seuls, « faire jurisprudence ». La solennité particulière de ces formations, leur autorité, leur permettent d'orienter par un seul arrêt les décisions à venir des juges. Mais encore faut-il pour cela que l'arrêt affirme un principe clair. Ce n'est pas toujours le cas[7].

---

1. Exemple du célèbre arrêt, dit « du marchand d'engrais », qui a admis le principe de l'enrichissement sans cause : « Attendu que cette action (*de in rem verso*) dérivant du principe d'équité qui défend de s'enrichir au détriment d'autrui et n'ayant été réglementée par aucun texte de n° lois, son exercice n'est soumis à aucune condition déterminée ; – qu'il suffit pour la rendre recevable, que le demandeur allègue et offre d'établir l'existence d'un avantage qu'il aurait, par un sacrifice ou un fait personnel, procuré à celui contre lequel il agit » (Req. 15 juin 1882, *DP* 82. 1. 596, *S*. 93. 1. 281, note Labbé).

2. Ghestin, « De l'effectivité normative d'un arrêt de la Cour de cassation. À propos de la définition des grosses réparations », *RTD civ*. 2015. 1.

3. V. Voulet, « L'interprétation des arrêts de la Cour de cassation », *JCP* 1970. I. 2305. Pour comprendre les arrêts de la Cour de cassation et mesurer leur portée, il est essentiel de se reporter aux indications que la Cour livre elle-même ; v. particulièrement : Interprétation et portée des arrêts de la Cour de cassation en matière civile, *BICC* n° 661, 15 mai 2007, p. 6 ; Comprendre un arrêt de la Cour de cassation rendu en matière civile, *BICC* n° 702, 15 mai 2009, p. 6, préc. ; Le manque de base légale, *BICC* n° 719, 1er avr. 2010, p. 6 et 11. V. égal. Lacabarats, « Les outils pour apprécier l'intérêt d'un arrêt de la Cour de cassation », *D*. 2007. 889.

4. Signalée, sur les arrêts eux-mêmes, selon les cas, par les lettres P.B.R.I dont la Cour de cassation donne la signification sur son site Internet (https://www.courdecassation.fr/jurisprudence_2/p._b._22450.html).

5. V., par ex., sur l'importante question de la révision pour imprévision du contrat : Com. 29 juin 2010, pourvoi n° 09-67369 (inédit), *D*. 2010. 241, note D. Mazeaud et *ibid*. 2485, note Genicon, *RTD civ*. 2010. 782, obs. Fages, *RTD civ*. 2011. 87, obs. Deumier, *JCP* 2010. 43, 1056, note Favario, *JCP* 2011. 3, 63, obs. Ghestin, *Dr. et patr*. 2011. 200, obs. Stoffel-Munck, *RDC* 2011/1, 34, obs. Savaux.

6. Carbonnier, *op. cit*., n° 142. L'existence de solutions contraires adoptées par les juridictions – que l'on appelle une divergence de jurisprudence – est donc contraire à la constitution « d'une jurisprudence » sur la question considérée. Sur les divergences de jurisprudence en général, v. Deumier, « Les divergences de jurisprudence : nécessité de leur existence et nécessité de leur résorption, obs. sur Ass. plén. 15 févr. 2013 », *RTD civ*. 2013. 557 ; *Rép. civ*., Dalloz, v° *Jurisprudence*, préc., n° 27 s et n° 39 s.

7. Exemple célèbre : la question du lien qui doit nécessairement exister entre la faute commise par le préposé et ses fonctions, pour que la responsabilité du commettant se trouve engagée (art. 1242, al. 5, ancien art. 1384, al. 5), question qui a opposé la chambre criminelle à la chambre civile. Cette divergence de jurisprudence a duré plus de trente ans ; v. Flour, Aubert et Savaux, *op. cit*., n° 216 s.

Si les réformes envisagées par la Cour aboutissent (procédure d'autorisation des pourvois, instauration de circuits différenciés de traitement[1]...), de manière générale ses décisions devraient être de nature à fixer plus rapidement et plus directement la jurisprudence puisque les modifications sont justement destinées à restaurer la fonction normative de la Cour.

172. ***Le particularisme de la jurisprudence.*** La jurisprudence, entendue comme il vient d'être dit, est un effet de la hiérarchie des juridictions, et en particulier de l'existence, au sommet de cette hiérarchie, d'une juridiction habilitée à imposer son interprétation aux juridictions subordonnées.

Cela étant, il faut bien voir que l'autorité du Conseil d'État et de la Cour de cassation, si forte qu'elle soit, n'enlève pas aux juges du fond la liberté de leur interprétation : certes, si leurs décisions sont contraires à la doctrine de ces juridictions, elles risquent fort d'être censurées par une cassation[2] ; mais rien ne leur interdit – sauf dans le cadre de l'affaire même sur laquelle la Haute juridiction s'est prononcée – de maintenir leur conception.

Cette résistance possible des juges du fond est souvent – mais pas nécessairement – à l'origine de *revirements de jurisprudence*. On désigne par là le fait qu'après avoir admis tel principe de solution, les juges, à l'occasion d'un nouveau procès, décident de l'abandonner pour un principe nouveau et différent.

De tels revirements marquent la *précarité naturelle* de la jurisprudence. Aussi bien fixée soit-elle, l'interprétation jurisprudentielle peut à tout moment être renversée ou modifiée. Il suffit pour cela que les juges découvrent des raisons nouvelles de donner à la règle de droit un sens différent de celui qu'ils lui reconnaissaient jusque-là. Rien, dans la loi, ne s'oppose à de telles variations. Tout au contraire, la loi interdit aux juges de se lier pour l'avenir par les décisions qu'ils rendent : c'est la *prohibition des arrêts de règlement* (C. civ., art. 5)[3].

L'existence même d'un revirement n'est pas toujours facile à caractériser, par rapport aux évolutions de la jurisprudence[4]. Le caractère prévisible (plus ou moins) de l'un et des autres est aussi difficile à apprécier. Longtemps ignorées, ces questions se posent aujourd'hui pour apprécier la responsabilité des professionnels du droit, particulièrement des avocats dans leur mission de conseil. La Cour de cassation a jugé que l'avocat, sans que puisse lui être imputé à faute de n'avoir pas anticipé une évolution imprévisible du droit positif, doit faire valoir une évolution jurisprudentielle acquise dont la transposition ou l'extension à la cause dont il a la charge a des chances sérieuses de la faire prospérer[5]. Elle a également précisé qu'un avocat ne saurait éviter sa responsabilité en invoquant le caractère imprévisible d'un revirement, dès lors

---

1. V. ss 170.

2. Certains arrêts jugent même des pourvois ou des moyens irrecevables comme étant « contraire(s) à la doctrine de la Cour » : v. Deumier, « La “doctrine de la Cour de cassation” : opinion ou précédent ? », obs. sur Com. 8 nov. 2005, *RTD civ.* 2006. 73.

3. « Il est défendu aux juges de prononcer par voie de disposition générale et réglementaire sur les causes qui leur sont soumises. » La règle s'applique pareillement aux juges de l'ordre administratif Elle n'est pas toujours parfaitement respectée, notamment s'agissant de l'autorité des décisions des juridictions européennes ; sur un ton assez polémique, v. J. Huet, « Union européenne et démocratie : prohibition des arrêts de règlement et avis de décès de l'article 5 du Code civil », *JCP* n° 17, 2011. 473 ; plus généralement : Tournafond, « Considération sur les nouveaux arrêts de règlement », in *Mélanges en l'honneur de Ph. Jestaz*, Dalloz, 2006, p. 547.

4. Signalant assez clairement l'existence d'un revirement, v. cep. Com. 8 févr. 2011, *D.* 2011. 1314, note Molfessis et Klein, *RTD civ.* 2011. 493, obs. Deumier.

5. Civ. 1re, 14 mai 2009, *D.* 2010. 183, note de la Asucion Planes, *RTD civ.* 2009. 495, obs. Deumier, *ibid.* 2009. 725, obs. Jourdain et *ibid.*, 2009. 744, obs. Gautier, *JCP* 2009. 28, 94, note Slim, *RDC* 2009. 1373, obs. Carval.

que le changement de jurisprudence ne constituait ni un revirement ni même l'expression d'une évolution imprévisible de la jurisprudence [1].

La Cour de cassation a par ailleurs jugé qu'une jurisprudence apparue postérieurement à une décision ne saurait permettre de remettre en cause l'autorité de la chose jugée [2].

La précarité naturelle de la jurisprudence se conjugue néanmoins avec la recherche d'une certaine *stabilité* indispensable à la prévisibilité des solutions [3]. Sur le fond, cela conduit la jurisprudence à n'évoluer le plus souvent que lentement, par *adaptations successives*. Cela situe chaque décision dans un *courant jurisprudentiel* que la Cour de cassation signalait traditionnellement par la mention des « précédents jurisprudentiels » dans l'analyse publiée sous l'arrêt. L'enrichissement de la motivation des arrêts [4] la conduit désormais à mentionner parfois les précédents dans la décision même [5]. La méthode est destinée à expliquer plus amplement les raisons de la décision, à convaincre de son bien-fondé et à la faire accepter plus facilement. Dans ce cadre, l'indication des décisions antérieures rendues sur la même question reprises ou au contraire abandonnées ou modifiées dans l'affaire considérée peut s'expliquer. Mais en aucun cas, elles ne doivent constituer un précédent obligatoire dont la Cour ne pourrait dévier que sur le fondement d'une dissemblance des circonstances de fait. Ce serait contraire à l'article 5 du Code civil [6].

173. ***Application de la jurisprudence dans le temps***. Cette précarité se conjugue aussi avec la non moins naturelle *rétroactivité de la règle jurisprudentielle* [7]. Celle-ci s'explique fondamentalement par la spécificité de la « norme jurisprudentielle » : « si cette norme n'est rien d'autre que la pratique de la loi, c'est qu'elle en est indissociable, qu'elle est inséparable du texte qu'elle éclaire, comme de l'intérieur » [8]. Cette rétroactivité – qu'il vaudrait sans doute mieux appeler déclarativité [9]– se manifeste de façon particulièrement flagrante en cas de revirement de jurisprudence : la règle se trouve alors changée, sans annonce préalable, à l'occasion du jugement de faits accomplis en considération d'une règle différente. Mais elle constitue un phénomène tout à fait général [10].

---

1. Civ. 1re, 5 févr. 2009, *RTD civ.* 2009. 495, obs. Deumier et *ibid.* 2009. 725, obs. Jourdain, *JCP* 2009. 28. 94, note Slim, *RDC* 2009. 1373, obs. Carval.

2. Civ. 2e, 5 févr. 2009, *D.* 2009. 1060, note Paul-Roubière ; v. ss 153.

3. Deumier, *op. cit.*, n° 101 s.

4. Sur lequel, v. Deumier, *op. cit.*, n° 67 s. et « Motivation enrichie : bilan et perspectives », *D.* 2017. 1783.

5. V. par ex : Ch. mixte 24 févr. 2017, n° 15-20411, *D.* 2017. 793, note Fauvarque-Cosson, *RTD civ.* 2017. 377, obs. Barbier. V. **Annexe documentaire II, A** pour un exemple d'arrêt à motivation enrichie.

6. Pour d'aures objections : Gautier, « Contre le visa des précédents dans les décisions de justice », *D.* 2017. 752.

7. G. Drouot, *La rétroactivité de la jurisprudence. Recherche sur la lutte contre l'insécurité juridique en droit civil*, thèse, Paris 2, 2014. V. égal. Deumier, *op. cit.*, n° 120 s.

8. Libchaber, « Retour sur une difficulté récurrente : les justifications du caractère rétroactif ou déclaratif de la jurisprudence », *RTD civ.* 2002. 179.

9. Libchaber, *L'ordre juridique et le discours du droit. Essai sur les limites de la connaissance du droit*, préc., n° 267 s., qui reconnaît à la jurisprudence le caractère nécessairement rétrospectif, alors que la loi serait forcément prospective : « Le juge n'a pas artificiellement créé une règle qu'il aurait projetée dans le passé ; il en a déclaré l'existence, estimant qu'elle était effective lors de la constitution du litige, même si elle était alors demeurée informulée » (*op. cit.*, n° 269).

10. L'interprétation jurisprudentielle a, par nature, la même rétroactivité que la *loi interprétative ;* v. ss 108 ; l'une et l'autre sont aujourd'hui remises en cause par la Cour de cassation.

Cette *rétroactivité*, qui est dans la nature des choses [1], est assurément déceptive pour le justiciable qui, ayant conformé son comportement à l'interprétation de la loi telle qu'elle était acquise à l'époque, perd cependant son procès par l'effet de la nouvelle interprétation. L'observation doit incliner le juge de cassation à ne consacrer un revirement de jurisprudence que de façon exceptionnelle, lorsque celui-ci est imposé par des raisons impérieuses. Certains auteurs, cela étant, se sont insurgés contre cette rétroactivité [2] et l'on a parfois proposé que les revirements n'interviennent plus de façon abrupte mais fassent l'objet d'une annonce préalable. En dernier lieu, il a été proposé que la Cour de cassation s'autorise à prononcer, dans certains cas, des revirements qui ne vaudraient que pour l'avenir [3].

Une telle suggestion se heurte à de multiples objections [4]. D'abord, il est permis de douter qu'il soit satisfaisant, pour un justiciable, de s'entendre dire qu'il perd son procès mais qu'il aurait eu gain de cause si les circonstances de son affaire avaient été plus tardives. Ensuite, la question de savoir dans quelles conditions la nouvelle interprétation devrait entrer en application apparaît compliquée : application aux espèces relatives à des faits postérieurs à l'annonce de la nouvelle jurisprudence ; mais il faudrait alors, au moins pendant un certain temps, statuer différemment, sur des affaires pourtant semblables, selon l'époque des faits en cause… ce qui ne serait pas un facteur de clarification. Par ailleurs, la solution proposée empiéterait sur l'avenir de façon inacceptable : d'une part – considération de *fait* – rien n'assure qu'au jour de « l'entrée en vigueur » de la jurisprudence nouvelle, la chambre qui l'a annoncée n'ait pas changé d'avis, suite, par exemple, à une nouvelle réflexion ou, plus prosaïquement à une modification de sa composition ; d'autre part – considération de *droit* – rien ne saurait obliger ladite chambre à mettre en œuvre, le moment venu, la jurisprudence nouvelle ; tout au contraire, il est interdit à la Cour de cassation, comme aux autres juges, de se lier pour l'avenir en vertu du principe de *prohibition des arrêts de règlement* (C. civ., art. 5). Ce dernier argument est décisif.

C'est pourtant dans la voie de la modulation dans le temps des effets des revirements de jurisprudence que la Cour de cassation s'est engagée par un arrêt de l'Assemblée plénière du 21 décembre 2006 [5]. La Cour a en effet jugé que bien qu'une cour d'appel ait statué à tort comme elle l'a fait sur le point de droit litigieux, la censure de sa décision n'est pas encourue de ce chef, dès lors que l'application immédiate, dans l'instance en cours, de la solution issue du revirement aboutirait à priver le demandeur d'un procès équitable, au sens de l'article 6, § 1, de la Convention des droits de l'Homme, en lui interdisant l'accès au juge. Bien qu'elle soit circonscrite à des hypothèses limitées [6], l'évolution est notable. La Cour de cassation considère que la règle de droit devait être interprétée autrement que les juges du fond l'ont fait, mais elle renonce à appliquer

---

1. Cf. Civ. 1re, 9 oct. 2001, *Bull. civ.* I, n° 249, *D.* 2001. 3470, rapp. Sargos, note Thouvenin (l'arrêt énonce que « l'interprétation jurisprudentielle d'une même norme à un moment donné ne peut être différente selon l'époque des faits considérés, et nul ne peut se prévaloir d'un droit acquis à une jurisprudence figée ») ; v. aussi Civ. 1re, 21 mars 2000, *Bull. civ.* I, n° 97, *D.* 2000. 593, note Atias, *RTD civ.* 2000. 666, obs. Molfessis.

2. C. Mouly, *L'image doctrinale de la Cour de cassation*, 1994, « Les revirements de jurisprudence de la Cour de cassation », 123 ; Molfessis, obs. préc.

3. *Les revirements de jurisprudence*, rapport remis à M. le Premier président Canivet, Groupe de travail présidé par N. Molfessis, 2005.

4. V. Heuzé, « À propos du rapport sur les revirements de jurisprudence. Une réaction entre indignation et incrédulité », *JCP* 2005. I. 130 ; Dross, « La jurisprudence est-elle seulement rétroactive ? », *D.* 2006. Chron. 472 ; X. Lagarde, « Jurisprudence et insécurité juridique », *D.* 2006. Chron. 678 ; v. aussi les réactions diverses exprimées « À propos de la rétroactivité de la jurisprudence », *RTD civ.* 2005. 293 ; *adde* : Sargos, rapp. préc., spéc. n° 17 s.

5. *Bull. Ass. plén.* n° 15, *D.* 2007. 835, note Morvan, *RTD civ.* 2007. 72, obs. Deumier, et *ibid.*, 2007. 522, obs. Jacques, *JCP* 2007. II. 10040, note Verpeaux, et 10111, note X. Lagarde ; v. déjà, antérieurement : Civ. 2e, 8 juill. 2004, *D.* 2004. 2956, note C. Bigot, *RTD civ.* 2005. 174, obs. Théry, *JCP* 2005. I. 143, note Beigner et Lamy.

6. Celle du régime de la prescription de l'action en responsabilité pour atteinte à la présomption d'innocence, dans l'arrêt précité ; v. également, à propos de l'irrecevabilité d'un pourvoi, faute de notification préalable de la décision critiquée : Com. 13 nov. 2007, *JCP* 2008. II. 10009, note Cholet.

cette interprétation aux faits dont ils étaient saisis ; l'application de l'interprétation nouvelle est différée. Mais on ne sait pas à quelles conditions elle pourra intervenir. De ce point de vue, le fondement de la solution – le droit à un procès équitable, et plus précisément le droit à l'accès au juge – n'offre pas de guide sûr [1].

Malgré les incertitudes qu'il recèle, ce fondement de l'atteinte au droit à un procès équitable, pour moduler dans le temps les effets des revirements de jurisprudence, est désormais assez largement répandu dans la jurisprudence. Il est ressorti implicitement de deux arrêts de la première chambre civile de la Cour de cassation du 11 juin 2009 [2]. Il fonde expressément un arrêt récent statuant sur l'application dans le temps du revirement de jurisprudence concernant les juridictions compétentes pour statuer en appel sur les décisions jugeant les pratiques restrictives de concurrence (C. com., art. L. 442-6) [3]. Mais certaines décisions marquent une réticence à l'égard de la limitation de la rétroactivité naturelle de la jurisprudence [4].

De son côté, le Conseil constitutionnel, a été saisi de la question de la constitutionnalité, au regard du droit au respect des situations légalement acquises, garanti par l'article 16 de la Déclaration des droits de l'Homme et du citoyen, d'une jurisprudence de la Cour de cassation dont les demandeurs considéraient qu'elle avait consacré, de façon rétroactive, une interprétation imprévisible et tardive [5]. Le Conseil a constaté qu'en l'espèce, cette interprétation n'a pas porté atteinte à une situation légalement acquise. Bien que la décision ne se prononce pas directement sur la rétroactivité de la jurisprudence, c'est donc ce critère, emprunté au contrôle de la constitutionnalité des lois, qui semble se dégager pour apprécier celle d'une interprétation jurisprudentielle (forcément) rétroactive [6]

Finalement, la place de la modulation dans le temps des effets des revirements semble devoir être très limitée, réservée à des cas exceptionnels.

Ces particularités de la jurisprudence nous inclinent à refuser d'y voir une véritable source du droit [7], opinion confortée par l'examen des fonctions, néanmoins fort importantes, dont la jurisprudence est investie.

---

1. Le Conseil d'État suit la même pente, sur un fondement différent (la sécurité juridique), dans un autre contexte (les relations contractuelles) et avec des résultats pas strictement identiques : CE, ass., 16 juill. 2007, *RTD civ.* 2007. 531, obs. Deumier. De son côté, la Cour européenne des droits de l'Homme se montre très stricte dans l'appréciation des conditions dans lesquelles l'application rétroactive d'un revirement de jurisprudence pourrait constituer une violation du droit à un procès équitable : CEDH 26 mai 2011, *Legrand c/France, Procédures* n° 7, juill. 2011, comm. 229, obs. Fricero ; CEDH 17 janv. 2006, *JCP* 2007. II. 10152, note Lucas-Alberni (v. cep., à propos de la jurisprudence pénale, CEDH 10 oct. 2006, *JCP* 2007. II. 10092).

2. Civ. 1re, 11 juin 2009, pourvois n° 08-16914 et 07-14932, *Bull. civ.* I, n° 124, *RTD civ.* 2009. 495, obs. Deumier, *RDC* 2009. 1371, obs. Carval, *JCP* 2009. 38. 237, note X. Lagarde ; Molfessis, « La Cour de cassation face à la modulation dans le temps des revirements de jurisprudence », *D.* 2009. Chron. 2567. Les deux décisions jugent identiquement, en forme de principe, que « la sécurité juridique, invoquée sur le fondement du droit à un procès équitable, pour contester l'application immédiate d'une solution nouvelle résultant d'une évolution de la jurisprudence, ne saurait consacrer un droit acquis à une jurisprudence figée, dès lors que la partie qui s'en prévaut n'est pas privée du droit à l'accès au juge ». Le critère du droit au recours se retrouve dans la jurisprudence du Conseil d'État (CE 2 sept. 2009, *AJDA* 2009. 1584, obs. Brondel). Consacrant aussi implicitement la rétroactivité de la jurisprudence, v. Civ. 1re, 31 janv. 2008, *D.* 2008. 1448, note A. Aynès, *RTD civ.* 2008. 442, obs. Deumier.

3. Com. 21 mars 2018, n° 16-28421, *Bull. civ.* IV, à paraître.

4. Civ. 1re, 11 juin 2009, préc.

5. Cons. const. 1er août 2013, déc. 2013-336 QPC, *JORF* 4 août 2013, p. 13337 ; *RTD civ.* 2014. 71, obs. Deumier ; *Constitutions* 2013. 592, obs. Radé et Gervier.

6. Étant précisé que, s'agissant de la loi, il peut y avoir atteinte aux situations légalement acquise si cette atteinte est justifiée par un motif d'intérêt général suffisant.

7. Les opinions sont partagées sur ce point, même si la tendance à y voir une source est désormais prédominante ; v. par exemple, en ce sens : Carbonnier, n° 148, p. 172 ; Cornu, n° 440 s. ; (avec des

§ 2. Les fonctions de la jurisprudence

174. ***Interprétation, suppléance et adaptation de la loi.*** On s'est borné, jusqu'ici, à évoquer le rôle d'interprète qui incombe à la jurisprudence, en soulignant, notamment, la fonction unificatrice qu'assurent le Conseil d'État et la Cour de cassation. Il faut remarquer maintenant que cette interprétation, qui constitue le fondement même de la jurisprudence, correspond en réalité à des fonctions complexes et diversifiées. Pour simplifier, on peut distinguer dans la jurisprudence trois fonctions complémentaires qui sont : l'*interprétation* proprement dite, la *suppléance* et l'*adaptation* de la loi.

La *fonction d'interprétation* est la plus évidente : la jurisprudence assure le passage de la règle abstraite aux cas concrets en en définissant le sens et la portée. En fait, hormis les cas où la loi est si claire et précise qu'il suffit de l'appliquer[1], le juge doit, le plus souvent, se livrer à un travail de définition des composantes de la règle qu'elle édicte[2], ce qui devrait suffire à écarter le grief d'application mécanique que l'on adresse parfois au syllogisme judiciaire[3].

Ainsi, par **exemple**, dans le cas de l'article 1240 du Code civil (ancien art. 1382) selon lequel « tout fait quelconque de l'homme qui cause à autrui un dommage, oblige celui par la faute duquel il est arrivé à le réparer », il est indispensable que le juge détermine quels faits peuvent être qualifiés *fautes*, quel *lien* doit exister entre la faute et le dommage, quelles *sortes de dommages* donnent lieu à réparation.

Cette interprétation – la plupart du temps nécessaire parce que la loi a recours à des notions générales, standards, notions-cadres et autres directives[4] – est fortement créatrice : elle ajoute à la loi des précisions indispensables à son application. Mais, ce faisant, le juge se borne à révéler la volonté du législateur, auquel il reste subordonné, et que la prohibition des arrêts de règlement lui interdit de supplanter.

La *fonction de suppléance de la loi* est plus troublante. Elle résulte de ce que le silence de la loi n'autorise pas le juge à refuser de statuer. L'article 4 du Code civil

---

nuances, ces auteurs y voient une *autorité* ; v. ss 177, *in fine*). La considérant comme une source, Ghestin, Barbier et Bergé, n° 637 s. et 735 ; Terré, n° 360 s. ; Malaurie et Morvan, n° 392. 105 ; Waline, *Droit administratif*, 26e éd., 2016, n° 337 s. ; v. aussi Dupeyroux, « La doctrine française et le problème de la jurisprudence source de droit », in *Mélanges dédiés à G. Marty*, Université des sciences sociales de Toulouse, 1978, p. 463 (où l'auteur voit dans la jurisprudence une « source directe » mais « honteuse » [p. 475] du droit) ; Jestaz, « La jurisprudence : réflexions sur un malentendu », *D.* 1987. Chron. 11. L'opposition est peut-être moins tranchée, en réalité, qu'il n'y paraît à prime abord. C'est qu'ici les nuances sont subtiles ; v. par ex. David et Jauffret-Spinosi, *Les grands systèmes de droit contemporain*, 11e éd., Dalloz, coll. « Précis », 2002, n° 101, *in fine*, ces auteurs écrivent, à propos des systèmes romano-germaniques en général, et du système français en particulier : « La formule que la jurisprudence n'est pas une source du droit nous paraît y être inexacte, mais elle exprime une vérité si on la corrige en disant que la jurisprudence n'est pas la source des règles de droit ».

1. Encore que la nécessité de l'interprétation réapparaît lorsque l'application de la loi claire aboutirait à un résultat absurde : Civ. 1re, 11 mai 2017 (deux arrêts), n° 16-15549 et 16-60115, *Bull. civ.* I, à paraître, *D.* 2018. 87, obs. Wickers, *RTD civ.* 2018. 61, obs. Deumier, *JCP* 2017. 922, obs. Sargos.

2. Travail qui prépare le cheminement ultérieur consistant à *qualifier* les faits de l'espèce, pour vérifier qu'ils appellent l'application de telle ou telle règle ; sur cette qualification, v. ss 168.

3. V. ss 71, 73, 77, 125, à propos du contrôle de proportionnalité.

4. Exemples : outre la faute, la causalité et le dommage, évoqués au texte, la bonne foi, la fraude, l'urgence ou encore l'intérêt de la famille ou de l'enfant. Sur les standards juridiques, v. sous cet intitulé, une série d'études in *RD d'Assas*, n° 9, 2014, p. 35 s.

dispose, au contraire, que « le juge qui refusera de juger, sous prétexte du silence, de l'obscurité ou de l'insuffisance de la loi, pourra être poursuivi comme coupable de *déni de justice* »[1].

On pourrait penser que ce principe contredit celui de la prohibition des arrêts de règlement. Mais, d'une part, la règle supplétive adoptée dans ce cas par le juge est affectée de la précarité inhérente à toute jurisprudence ; d'autre part, et surtout, il est caractéristique que l'article 4 place sur le même plan le *silence*, l'*obscurité* et l'*insuffisance* de la loi. Cela laisse entendre que la jurisprudence ne joue, même dans cette hypothèse, qu'un rôle d'interprète. Et il est vrai que, dans tous les cas, le principe de solution retenu par le juge ne pourra pas déborder l'espèce tranchée : l'article 1355 du Code civil (ancien art. 1351) pose en effet le *principe de l'autorité relative de chose jugée* qui limite l'autorité du jugement à la seule demande sur laquelle il a été prononcé, et aux seuls rapports des parties au procès[2].

S'il apparaît ainsi certain que dans ce cas, pas plus que dans les autres, la jurisprudence ne peut créer la règle de droit, il reste à expliquer en quoi consiste alors l'interprétation, qui ne se borne plus à révéler l'intention du législateur – encore que les tenants de l'idée de *plénitude de l'ordre juridique*, qui confèrent une signification aux silences mêmes du législateur, puissent soutenir le contraire.

Ce qui doit être souligné c'est que, même dans ce cas, le juge ne tire pas la règle de droit qu'il applique de son seul esprit. Il règle l'affaire qu'il doit trancher après une réflexion sur les diverses solutions légales qui, pour n'être pas applicables à l'espèce, par hypothèse, sont néanmoins de nature à lui fournir des éléments d'appréciation, et en tenant compte des spécificités de la question litigieuse, de l'état des mœurs, des besoins économiques et sociaux de la société[3]. C'est la méthode qui a présidé à diverses constructions jurisprudentielles tout à fait remarquables, telles celles de l'*enrichissement sans cause*[4] *et du contrat d'assurance*, avant que celui-ci ne fût réglementé par une loi du 13 juillet 1930, ou encore de la *responsabilité administrative*.

Reste, enfin, la *fonction d'adaptation de la loi*, qui est, en quelque sorte intermédiaire entre les deux précédentes. Le problème n'est plus alors le silence du législateur, mais le caractère excessivement sommaire, ou dépassé, de l'expression de sa volonté. Le juge adapte alors la loi en considération des besoins de la société et il lui arrive, pour cela, d'aller en dehors, voire contre les textes.

Il y a, de cette troisième fonction, de multiples exemples. Le plus remarquable est sans doute celui des *principes généraux* de la *responsabilité du fait des choses*, puis, près de cent ans plus tard, de la *responsabilité du fait d'autrui*, découverts par les juges dans le premier alinéa de l'article 1384, texte qui n'avait, dans l'esprit des rédacteurs du Code, aucune signification particulière, mais qui a permis de déborder les cas que visait limitativement la loi dans ces deux ordres de responsabilité[5]. On peut citer aussi, parmi beaucoup

---

1. Le déni de justice a en réalité une portée plus large et s'entend de tout refus – par opposition à un simple oubli *(omission de statuer)* – du juge de trancher une question qui lui est posée ; cf. par ex., Civ. 3e, 6 févr. 2002, *Bull. civ.* III, n° 34.

2. V. ss 153.

3. V.. Deumier (dir.), *Le raisonnement juridique. Recherche sur les travaux préparatoires des arrêts*, Dalloz, coll. « Méthodes du droit », 2013.

4. V. ss 171, en note, et v. ss 248.

5. V. Flour, Aubert et Savaux, *Les obligations*, vol. 2, *Le fait juridique*, n° 223 s. (responsabilité du fait d'autrui) et n° 223 s. (responsabilité du fait des choses).

d'autres cas, le refus, exprimé par la Cour de cassation, de voir dans l'exigence d'un écrit une condition de validité du contrat d'assurance (C. assur., art. L. 112-3), alors que la disposition légale ne pouvait, en bonne logique, avoir d'autre signification. Dans tous les cas, les juges se sont prononcés en fonction des besoins de la vie sociale et ont donné aux textes le sens que ces besoins paraissaient exiger[1].

175. ***La jurisprudence n'est pas une source du droit. L'autorité jurisprudentielle.*** Affirmer que la jurisprudence n'est pas une source du droit peut sembler paradoxal après qu'un projecteur a été braqué sur d'aussi considérables « créations » jurisprudentielles que le droit de la responsabilité administrative, le régime du contrat d'assurance, ou encore le principe général de la responsabilité du fait des choses et du fait d'autrui. Une telle affirmation ne va-t-elle pas contre l'évidence alors que chacun admet que la connaissance du droit ne peut se concevoir sans une étude approfondie des décisions judiciaires, dont la succession dans le temps fixe les principes de solution des litiges, même dans le silence de la loi ?

Il est exact que la répétition conforme des solutions consacrées par les juridictions constitue un élément important de la vie juridique. Mais c'est un élément de *pur fait*.

Qu'on le veuille, ou non – mais il nous paraît préférable de le vouloir –, le juge est enfermé dans des principes – autorité relative de la chose jugée ; prohibition des arrêts de règlement – qui lui interdisent de *créer* la règle de droit. Il n'a pour fonction que de trancher des litiges, un par un. L'addition de plusieurs décisions successives de même sens ne saurait avoir pour résultat de créer une règle de droit. Leur constance n'est que la marque, banale, d'une certaine stabilité de l'interprétation que donnent les juges de l'ordre juridique, interprétation qui est – et là réside l'essentiel – fondamentalement *dépendante* de la loi. Très révélateur, à cet égard, est le fait que le juge judiciaire éprouve toujours le besoin d'abriter ses décisions sous la référence, parfois fort artificielle[2], à un texte de loi[3]. L'est également le fait qu'alors que la Constitution ne soumet formellement à la question prioritaire de constitutionnalité que les « disposition(s) législative(s) » (art. 61), le Conseil constitutionnel a décidé de l'appliquer aussi aux « interprétation(s) jurisprudentielles(s) constante(s) » qui leur confèrent leur « portée effective »[4]. L'interprétation jurisprudentielle fait donc corps avec le texte auquel elle s'applique.

Mais ce qui, à nos yeux, s'oppose irréductiblement à l'admission de la jurisprudence comme source du droit, c'est l'*incertitude* qui lui est inhérente. D'une part, l'apparition de la règle jurisprudentielle n'est jamais instantanée. Quelle que soit l'autorité naturelle de la juridiction qui s'est prononcée, le juriste doit toujours s'interroger sur la valeur

---

1. Dans le premier cas (art. 1384, al. 1er, devenu l'art. 1242, al. 1er, depuis le 1er oct. 2016), volonté d'indemniser des victimes qui se trouvent dans une quasi-impossibilité de prouver la faute du responsable. Dans le second (L. du 13 juill. 1930), volonté d'empêcher que l'exigence d'un écrit, lorsqu'elle avait été méconnue, ne fournisse un prétexte pour ne pas respecter la convention verbalement formée ; cf. sur ce dernier point, J. Flour, « Quelques remarques sur l'évolution du formalisme », in *Études G. Ripert*, t. 1, p. 93 s.

2. Ainsi, pour les arrêts de cassation qui, avant la réforme du droit des obligations, tranchaient en matière d'enrichissement sans cause, de la référence à l'article 1371, qui n'avait pourtant aucune valeur normative.

3. Et il importe peu que cette pratique soit infiniment moins fréquente de la part de la juridiction administrative : c'est là un produit de l'histoire de cette juridiction, et une conséquence de la structure particulière du droit administratif.

4. V. ss 85.

et la portée de la décision considérée [1]. D'autre part, lorsqu'une habitude constatée assure la consécration d'une solution jurisprudentielle, celle-ci peut, à tout moment et sans avertissement, être gommée par un revirement [2]. Surtout, la règle jurisprudentielle *ne s'impose pas au juge*, ce qui la différencie, radicalement, de la règle de droit. Ainsi que l'a annoncé un arrêt, de manière assez abrupte, « ... nul ne peut se prévaloir d'un droit acquis à une jurisprudence figée » [3].

Sans doute pourrait-on penser à faire valoir, pour asseoir l'autorité de la jurisprudence comme source du droit, que lorsque le législateur ne réagit pas contre une interprétation affirmée comme jurisprudence – alors qu'il lui arrive souvent de moduler, voire de contredire, une solution adoptée par les tribunaux [4] – son abstention la *consacre* implicitement comme règle de droit. Mais ce ne peut être qu'une image : le silence du législateur ne peut faire obstacle à un éventuel revirement de jurisprudence. La stabilité et la certitude de la solution ne pourront jamais résulter que d'une décision formelle du législateur qui en fera *la règle* de droit à laquelle chacun doit se conformer, à commencer par le juge.

Il y a là, assurément, aussi bien pour le droit public que pour le droit privé, une singulière différence avec l'exemple type de droit jurisprudentiel que constitue le droit anglais. Ce système juridique, où la jurisprudence joue un rôle prééminent dans la création du droit, est caractérisé par la règle du précédent (*rule of precedent*) qui *oblige les juges* à respecter et appliquer les principes de solution antérieurement affirmés par eux-mêmes et leurs prédécesseurs : *stare decisis*.

Selon l'observation de comparatistes éminents, « les règles que les décisions judiciaires ont posées doivent être suivies à peine de détruire toute certitude et de compromettre l'existence même de la *common law* » [5]. En bref, le droit anglais affirme, sous diverses réserves, l'autorité, à l'égard de tous, et des juges eux-mêmes, des décisions rendues par ceux-ci [6]. Le système s'oppose ainsi radicalement à celui que consacre le droit français, lequel cantonne l'effet obligatoire de la décision du juge aux relations entre les parties.

Cette incertitude de la règle jurisprudentielle, qui ne peut en rien se comparer avec les fluctuations que connaît inévitablement la loi au gré des réformes que décide le législateur, interdit de la considérer comme règle de droit, et donc d'admettre la jurisprudence parmi les sources du droit.

Il convient, à ce point, de rappeler que la notion de jurisprudence ici envisagée fait abstraction de l'œuvre de ces juridictions supérieures, et très particulières, que sont le Conseil constitutionnel, d'une part, et la Cour européenne des droits de l'Homme et la Cour de justice de l'Union européenne, d'autre part [7]. L'autorité spécifique des décisions de ces juridictions, qui s'imposent – dans l'ordre national pour le premier, et dans l'ordre européen pour les secondes – non seulement aux juges des autres juridictions mais encore au législateur, leur confèrent sans aucun doute

---

1. Sur les conditions d'apparition de la – ou d'une – jurisprudence, v. Deumier, n° 348 s.
2. V. ss 172.
3. Civ. 1re, 9 oct. 2001, *Bull. civ.* I, n° 249, *D.* 2001. 3470, rapp. Sargos, note Thouvenin ; également, à propos de la modulation dans le temps des effets des revirements de jurisprudence, v. ss 172.
4. V. par ex. : l'article 1er de la loi n° 2002-303 du 4 mars 2002, condamnant la jurisprudence de la Cour de cassation qui avait consacré le droit pour l'enfant né handicapé d'obtenir, sous certaines conditions, la réparation de son dommage (v. ss 195, en note) ; ou encore le nouvel article 1124, alinéa 2, du Code civil, issu de l'ordonnance du 10 février 2016 réformant le droit des contrats qui, en disposant que la révocation d'une promesse unilatérale de vente pendant le délai d'option n'empêche pas la formation du contrat promis.
5. David et Jauffret-Spinosi, *Les grands systèmes de droit contemporains*, *op. cit.*, n° 287.
6. Il y a, cependant, une hiérarchie dans cette autorité judiciaire ; cf. David et Jauffret-Spinosi, *op. cit.*, n° 288.
7. V. ss 130, 131.

la nature de source du droit. Ce qui confirme indirectement que l'on ne peut reconnaître une telle nature à la « jurisprudence » judiciaire ou administrative et qui rend assez vaine la revendication de la Cour de cassation de se hausser à la hauteur des juridictions européennes et de concurrencer leur fonction normative[1].

Il ne faut pas, pour autant, sous-estimer l'importance de la jurisprudence. D'abord parce que si on lui dénie la qualité de source du droit, il reste que le juge, dans chacune de ses décisions, dit le droit, ce qui, pour n'être pas la même chose, n'en est pas moins capital pour la vie sociale. Ensuite, et peut-être surtout, parce qu'il existe une *autorité jurisprudentielle* – fondée, à la fois, sur l'institution étatique des organes de justice, et sur la sagesse de ceux qui les animent – qui confère, sous les conditions que l'on a vues précédemment, une portée particulière à certaines décisions et qui, en fin de compte, précise le droit positif[2].

Cette autorité jurisprudentielle se manifeste, d'ailleurs, non seulement par ce rôle de révélateur du droit positif, mais encore par une *fonction d'incitation législative*. Cette dernière fonction de la jurisprudence est, au demeurant, dans l'ordre naturel des choses. En définissant le contenu exact du droit positif, la jurisprudence est à même de constater les défaillances, les insuffisances, voire les incohérences, de l'ordre juridique. Le juge peut alors, pour faire bénéficier la société de son expérience, attirer l'attention du législateur sur certains points particuliers qui mériteraient son intervention. Cette alerte, en direction du législateur, peut être réalisée, de manière implicite, par le moyen de décisions judiciaires particulièrement rigides[3]. Elle l'est aussi, explicitement, par le *rapport annuel de la Cour de cassation*.

Cette autorité jurisprudentielle est susceptible d'être grandement affectée, pour la *jurisprudence judiciaire*, par les réformes que la Cour de cassation envisage pour réaffirmer son rôle de juridiction suprême. L'intégration systématique des droits de l'Homme dans les normes à partir desquelles s'opère le contrôle de légalité des décisions des juges du fond, avec le test de proportionnalité destiné à concilier les droits concurrents dans le litige, donnerait une place centrale à la jurisprudence dans le système juridique. D'abord, aux juges du fond qui doivent opérer le contrôle de proportionnalité à partir des données concrètes de l'affaire. Ensuite, à la Cour de cassation si elle ne veut pas que ce contrôle sombre dans l'arbitraire et entraîne une rupture d'égalité entre les justiciables, ce qui l'obligerait à énoncer et à imposer les principes devant guider les juges du fond dans la conciliation concrète des intérêts sur le fondement des droits fondamentaux[4]. Cette évolution aboutirait à un droit plus jurisprudentiel qu'il ne l'est actuellement.

---

1. V. ss 71, 73, 77, 125.

2. Il existe aussi, au moins en certains domaines, une « politique jurisprudentielle », qui guide la jurisprudence en tant que soubassement des décisions, ligne directrice et source d'inspiration des juges sur les questions qu'ils ont à trancher ; v. Canivet et Molfessis, « La politique jurisprudentielle », in *Mélanges en l'honneur de J. Boré*, Dalloz, 2006, p. 79.

3. Ce fut le cas en matière de *clauses pénales* avant la réforme des articles 1152 et 1231 du Code civil par la loi nº 75-597 du 9 juillet 1975. On peut y ajouter la jurisprudence *Desmares*, précitée, qui a provoqué la loi du 5 juillet 1985 sur les accidents de la circulation.

4. Dans la vive controverse que suscite cette orientation, v. not. Bénabent, « Un culte de la proportionnalité… un brin disproportionné », *D*. 2016, Point de vue, 137 ; Chazal, « Raisonnement juridique (suite) : sortir de la liturgie doctrinale », *D*. 2016, éditorial, 417 ; Fulchiron, « Flexibilité de la règle, souplesse du droit », *D*. 2016, Point de vue, p. 1376 ; Chénedé, « Contre-révolution tranquille à la Cour de cassation ? », *D*. 2016. 796 ; Puig, « L'excès de proportionnalité (à propos de la réforme de la Cour de cassation et quelques décisions récentes) », *RTD civ*. 2016. 70 ; Fattaccini, « L'intensité du contrôle de cassation (le contrôle de proportionnalité par la Cour de cassation) », *D*. 2015. 1734 ;

Dans les propositions formulées par la commission de réflexion sur la réforme de la Cour de cassation, le contrôle de proportionnalité occupe apparemment une place moindre. La commission suggère d'appliquer la motivation enrichie en cas de contrôle de proportionnalité (proposition 33) et d'harmoniser la pratique des chambres quant à la mise en œuvre du contrôle (proposition 36). Mais comme il s'agit d'aboutir à une « doctrine de la proportionnalité » de la Cour de cassation, celle-ci reste à définir et elle pourrait être ambitieuse.

Même si le contrôle de proportionnalité devait être moins systématique, l'autorité jurisprudentielle serait affectée, d'une autre manière, par la procédure d'autorisation des pourvois et par l'instauration de circuits différenciés pour leur traitement. Recentrant l'activité de la Cour de cassation sur sa « fonction normative », elles auraient pour résultat de conférer à certaines de ses décisions, plus facilement identifiées, une portée accrue et de constituer plus rapidement, dans des conditions plus aisément identifiables, des solutions jurisprudentielles s'imposant plus sûrement aux juges du fond.

Si elle n'est pas une source du droit, la jurisprudence n'en remplit pas moins une fonction éminente puisqu'elle a la charge de dire le droit positif, à partir de l'ordre juridique qu'elle doit interpréter. Elle joue ainsi, dans la mise en œuvre du droit, un rôle unique, étroitement complémentaire de la création de la règle de droit, et qui la distingue des autres interprètes de l'ordre juridique que sont la pratique et la doctrine. À la différence de celles-ci, en effet, l'autorité jurisprudentielle est une *autorité de droit*, investie d'un pouvoir de *décision* qui lui confère une valeur prééminente [1].

P.-Y Gautier, « Contre la "balance des intérêts" hiérarchie des droits fondamentaux », *D.* 2015, Point de vue, p. 2189 ; P.-Y. Gautier, « Éloge du syllogisme », *JCP* 2015, n° 36, 902 ; Malaurie, « Pour : la Cour de cassation, son élégance, sa clarté et sa sobriété. Contre : le *judge made law* à la manière européenne », *JCP* 2016, n° 12, 318 ; Dupré de Boulois, « Regard extérieur sur une jurisprudence en procès », *JCP* 2016, n° 18, 552 ; Jestaz, Marguénaud et Jamin, « Révolution tranquille à la Cour de cassation », *D.* 2014. 2061 ; Jamin, « Juger et motiver. Une introduction comparative à la question du contrôle de la proportionnalité en matière de droits fondamentaux », *RTD civ.* 2015. 263.

1. La nature d'autorité de droit est soulignée par la consécration de « l'autorité judiciaire » dans la Constitution (art. 64 s.). Quant au pouvoir de décider il s'érige même en *devoir* du fait de la condamnation du déni de justice.

Chapitre 3

La pratique

176. ***La notion de pratique***. La *pratique* désigne l'activité de ceux qui ont pour fonction de mettre en œuvre la règle de droit, et donc de l'interpréter, pour le compte des sujets de droits. Bien évidemment, les magistrats – de l'ordre administratif aussi bien que de l'ordre judiciaire – sont des praticiens. Mais ils ont cette particularité – qui conduit à les exclure de la notion générale de pratique – d'être investis du pouvoir de *décider* du sens de la règle de droit. La pratique, au contraire, se borne à une fonction d'interprétation, active certes puisqu'elle organise la vie juridique – conclusion de contrats, conduite d'un procès, etc. –, mais dépourvue du pouvoir de s'imposer à autrui. Encore y a-t-il, sur ces différents points, de multiples nuances que l'on apercevra en évoquant, successivement, la *pratique administrative*, les *auxiliaires de la justice* et les *autres praticiens* du droit[1].

Section 1

La pratique administrative

177. ***Notion générale. Les circulaires administratives***. La notion de pratique se rattache mieux au droit privé qu'au droit public. Il existe cependant une *pratique administrative*, assez diversifiée au demeurant, qui consiste, d'une part, dans l'application directe de la règle de droit par l'Administration, ce qui n'appelle pas d'observations particulières, et, d'autre part, dans l'expression du point de vue de l'Administration quant à l'interprétation de la règle de droit[2]. Cette dernière forme de la pratique administrative, du fait de son origine et de l'autorité intrinsèque de l'Administration, tend, parfois, à rivaliser avec la règle de droit elle-même. Le phénomène est particulièrement sensible dans le cas des *circulaires administratives* qui constituent bien souvent le guide essentiel de l'action de l'administration.

1. Comp., Terré, n° 370 s. « les pratiques » ; Deumier, n° 391 s. (qui distingue la pratique des professionnels du droit et celle des destinataires de la règle). Comp. Ghestin, Barbier et Bergé, n° 361, qui rattachent l'activité des praticiens, soit à la jurisprudence, soit à la coutume.

2. L'activité des sections administratives du Conseil d'État, et notamment leur participation à l'élaboration de certains textes de nature réglementaire, entre sans doute dans la notion de pratique administrative. On la laissera cependant de côté en raison du particularisme de sa fonction de conseiller de l'Administration (v. sur cette fonction Waline, *Droit administratif*, 26e éd., 2016, nº 633). Sur la portée de la pratique administrative au regard du droit privé, v. not. Olivier, *Les sources administratives du droit privé*, thèse dactyl., Paris II, 198 ; S. Gerry-Vernieres, *Les « petites » sources du droit (À propos des sources étatiques non contraignantes)*, préf. Molfessis, Economica, coll. « Recherches juridiques », 2012.

Ces *circulaires administratives* sont des instructions de service établies par un ministre, à l'intention de l'administration dont il a la charge – ou par un chef de service d'une administration à l'usage de ses subordonnés – pour l'application par celle-ci d'une loi ou d'un règlement. Ces documents peuvent prendre, selon la jurisprudence administrative, la nature d'un règlement et faire l'objet d'un recours pour excès de pouvoir. Il en va ainsi des circulaires impératives qui peuvent être annulées si l'interprétation qu'elles donnent méconnaît le sens et la portée des lois ou règlements qu'elles se proposent d'expliciter ou si elles contreviennent aux exigences de la hiérarchie des normes [1].

Pour la jurisprudence judiciaire, en revanche [2], ces circulaires, quelles que soient leurs caractéristiques propres, sont dépourvues de tout caractère réglementaire : elles s'analysent en de simples mesures d'ordre intérieur à l'administration, n'ayant aucun effet obligatoire à l'endroit des administrés, et moins encore du juge. Cela revient à les considérer, dans tous les cas, comme des documents qui établissent, pour guider le fonctionnement quotidien d'une administration, l'interprétation des règles de droit que celle-ci est appelée à mettre en œuvre [3].

178. ***Les réponses ministérielles***. Une autre pratique de l'Administration, qui mérite d'être signalée, est celle des *réponses ministérielles aux questions écrites formulées par les parlementaires* [4]. Le procédé de la question écrite est un moyen de contrôle du Parlement sur l'action du Gouvernement : il permet à tout parlementaire d'obtenir des informations sur les activités et les projets du Gouvernement. Mais ce procédé a été, très largement, détourné de cette finalité d'origine pour devenir un moyen « de provoquer une interprétation officielle du gouvernement sur tel ou tel point de législation [...] » [5].

Dans cette perspective, un parlementaire, soucieux de répondre à l'interrogation précise d'un électeur [6], formule en termes plus ou moins généraux la difficulté d'ordre juridique que rencontre celui-ci, et demande au ministre concerné en quel sens il convient de comprendre la loi pour résoudre cette difficulté. C'est donc, très directement, une interprétation de la loi qui est demandée à un membre du Gouvernement. Certes, cette interprétation n'a aucune force contraignante, que ce soit à l'égard des juges (les réponses, qui sont publiées au *Journal officiel*, réservent généralement « l'appréciation souveraine des tribunaux »), ou à l'égard de l'Administration elle-même [7]. Il n'en reste pas moins vrai que, non seulement ces réponses sont de nature à orienter l'interprétation des personnes privées – notaires et avocats notamment – qui ont la charge de mettre en œuvre concrètement la règle de droit considérée, mais encore elles peuvent influencer l'interprétation des tribunaux.

On a justement relevé les dangers d'une telle pratique, où l'Administration n'est ni forcément, ni toujours, neutre [8], et où l'attention accordée aux données du problème d'interprétation risque d'être infiniment moindre que celle des juges. Quoi qu'il en soit, le développement de cette

---

1. Waline, *op. cit.I*, n° 426.

2. V. Blumann, « L'application des circulaires administratives par le juge judiciaire », *AJDA* 1972. 263.

3. Sur l'ensemble de la question, v. Ghestin, Barbier et Bergé, n° 383.

4. Oppetit, « Les réponses ministérielles aux questions écrites des parlementaires et l'interprétation des lois », *D.* 1974. Chron. 107 ; v. des exemples de réponses ministérielles, *infra*, **Annexe documentaire VIII**.

5. Oppetit, *op. cit.*, p. 106, col. 1, *in fine*.

6. Exemple, parmi des milliers, de cet aspect terre à terre de la plupart des questions écrites, la question qui a donné lieu à la réponse publiée au *JO* du 21 avril 1983, p. 610 : « M. K... demande à M. le ministre de l'Urbanisme et du logement de faire connaître si la loi n° 82-526 du 22 juin 1982 sur le logement s'applique à un propriétaire d'un immeuble de quatre étages jusqu'ici occupé par une seule personne qui a quitté volontairement et spontanément les lieux [...] ».

7. Oppetit, *op. cit.*, n° 5 et 14, not.

8. Oppetit, *op. cit.*, n° 11.

pratique, qui n'est pas dénuée d'avantages – en particulier, celui de fournir une interprétation plausible des textes ambigus, plus vite que ne le peut la jurisprudence [1] – manifeste l'importance et la complexité du problème de l'interprétation de la règle de droit.

Section 2
Les auxiliaires de la justice

179. ***Les avocats***. La catégorie générale des *auxiliaires de la justice* réunit ceux des praticiens du droit qui se trouvent le plus étroitement mêlés à l'activité des juridictions. Aussi bien, il serait faux de croire que ces auxiliaires de la justice sont appelés à mettre en œuvre les seules règles de droit qui relèvent du droit privé. Tout au contraire, la plupart d'entre eux ont une égale vocation à participer à l'application des règles du droit public. C'est, notamment, le cas des *avocats*. Comme celles des autres professions juridiques réglementées, les conditions de leur exercice ont été sensiblement modifiées par la loi n° 2015-990 du 6 août 2015 pour la croissance, l'activité et l'égalité des chances économiques [2], mais leurs missions restent les mêmes.

Les *avocats* exercent une profession libérale et leurs fonctions sont, très schématiquement, de deux ordres. Une fonction qui se rattache au contentieux, d'abord ; une fonction extra-contentieuse, ensuite. La première, la plus connue, consiste à *représenter* les parties devant le tribunal compétent en y accomplissant les actes nécessaires à la procédure [3], et à les *assister*, en formulant leurs demandes et en développant, notamment par la plaidoirie, les arguments propres à soutenir leur cause [4]. Cette fonction s'exerce à la fois devant les diverses juridictions de l'ordre judiciaire et devant les tribunaux administratifs.

Leur seconde fonction, extra-contentieuse, prend elle-même deux aspects, étroitement complémentaires : la *rédaction d'actes* et la *consultation juridique*. C'est une fonction de conseil qui prend une importance croissante à l'époque contemporaine, importance accentuée par la fusion des professions d'*avocat* et de *conseil juridique* qui a été opérée par la loi n° 90-1259 du 31 décembre 1990 organisant la nouvelle profession d'avocat, et qui est entrée en vigueur le 1er janvier 1992 [5]. Depuis la loi du 28 mars 2011, ils ont aussi une certaine fonction de *certification des actes juridiques*. Ils sont en effet habilités à contresigner les actes sous signature privée qui font alors foi de l'écriture et de la signature des parties (C. civ., art. 1374).

La déjudiciarisation de certaines procédures dans le cadre de la réforme de la justice conduit à confier aux avocats certaines tâches qui appartenaient autrefois au juge. Il en va ainsi du divorce par consentement mutuel qui peut se faire, en cas d'accord des époux sur la rupture et sur ses effets, par une convention en la forme d'un acte sous signature privée contresigné par leurs avocats (C. civ., art. 229-1 s.).

---

1. Oppetit, *op. cit.*, n° 17 s.

2. *JORF* 7 août 2015, p. 13537.

3. Depuis la loi du 6 août 2015, ils peuvent en principe le faire devant l'ensemble des tribunaux de grande instance du ressort de cour d'appel dans lequel ils ont établi leur résidence professionnelle et devant ladite cour d'appel.

4. Aucune limitation territoriale ne restreint la fonction d'assistance des parties.

5. Les *conseils juridiques* avaient, avant cette réforme, une très importante activité de consultation et de conseil, notamment pour la rédaction d'actes. La profession avait été organisée par une loi n° 71-1130 du 31 décembre 1971, article 54 s.

Dans leurs diverses activités, les avocats sont appelés à interpréter la règle de droit, en tenant compte notamment de la jurisprudence. Ce peut être pour éclairer leurs clients sur leur situation juridique exacte, en leur indiquant les modes, et les chances, de solution des problèmes qu'ils rencontrent (c'est l'objet principal de la *consultation* et de la *rédaction d'actes*)[1]. Il peut s'agir aussi, dans le cadre d'un procès, de faire valoir, en tentant d'en convaincre le tribunal, une interprétation de la règle de droit qui sauvegarde les intérêts des clients (c'est l'objectif plus spécifique de l'*assistance* des parties et de la *plaidoirie*). Dans ce dernier cas, les avocats contribuent directement à l'interprétation de la règle de droit par le juge et donc à l'élaboration de la jurisprudence.

180. ***Les autres auxiliaires de la justice***. Hormis les *administrateurs judiciaires*, les *mandataires judiciaires* et les *experts en diagnostic d'entreprise* (C. com., art. L. 811-1 s.) qui ont d'importantes fonctions dans le cadre des procédures de sauvegarde, de redressement et de liquidation judiciaires – les autres auxiliaires de la justice ont, tous, la qualité d'*officiers ministériels*[2].

Tel fut d'abord le cas, longtemps, des *avoués près les cours d'appel*, qui étaient chargés de la procédure et qui avaient le monopole de la *représentation* des parties devant les cours d'appel, en matière civile, les avocats assurant seulement l'assistance des parties. La profession a été supprimée et fusionnée avec celle d'avocat, à compter du 1er janvier 2012, par la loi n° 2011-94, du 25 janvier 2011, portant réforme de la représentation devant les cours d'appel.

Tel l'est toujours des *avocats au Conseil d'État et à la Cour de cassation* dits aussi *avocats aux conseils* – qui ont le monopole de la représentation et de l'assistance des parties devant ces deux hautes juridictions.

Les *huissiers de justice*, enfin, ont le monopole de la *signification* – c'est-à-dire de la notification – des actes judiciaires (telle l'assignation) ou extrajudiciaires (par exemple, une sommation de payer), ainsi que celui de l'*exécution forcée* – par voie de saisie notamment – des actes publics, en particulier les jugements[3]. Ils ont aussi la charge du *service des tribunaux*, c'est-à-dire notamment de la police des audiences (appel des causes, maintien de l'ordre...). Lorsqu'ils assurent cette fonction particulière, ils prennent le nom d'*huissier-audiencier*.

Ces différents auxiliaires de la justice participent, comme les avocats, à l'œuvre des tribunaux. Cependant, l'influence qu'ils peuvent exercer à cette occasion sur l'élaboration de la jurisprudence est très inégale. Il est incontestable que, de ce point de vue particulier, les *avocats aux conseils* jouent un rôle tout à fait prééminent dans la mesure où, par fonction, ils sont appelés, pour chacune des causes qu'ils ont la charge de défendre, à proposer directement, au Conseil d'État comme à la Cour de cassation, la consécration d'une interprétation particulière de la règle de droit.

Mais il serait erroné de croire, sur le fondement de cette constatation, qu'ils sont seuls – avec les avocats simples – à jouer un rôle dans l'interprétation de la loi : s'ils ont une efficience particulière dans l'établissement de la jurisprudence, il n'en reste pas moins vrai que tous les auxiliaires de la justice ont, à des degrés divers, à mettre en œuvre, dans leur pratique, une interprétation des règles de droit qui les concernent plus spécialement. Et il y a là un travail d'interprétation qui, pour n'avoir pas les mêmes incidences que celui qui fonde la jurisprudence, n'en est pas moins fort important. Cela se vérifie bien avec les autres praticiens du droit.

---

1. Cette activité est très précisément réglementée par la loi du 31 décembre 1971 (mod. à plusieurs reprises, notamment par la loi du 6 août 2016). Les avocats l'exercent concurremment avec d'autres professionnels, notamment les notaires, qui ont un rôle particulier de rédaction d'actes (v. ss 182).

2. Cette qualité comporte diverses caractéristiques : d'abord, un monopole professionnel, avec en contrepartie l'obligation de prêter son ministère à qui le requiert ; ensuite, le droit de présenter au garde des Sceaux son successeur et de percevoir de ce dernier, à cette occasion, le prix de la charge. Certains officiers ministériels ont, en outre, la qualité d'*officier public*, ce qui signifie qu'ils ont la faculté de requérir, au besoin avec le secours de la force publique, l'exécution de certains droits. C'est, en particulier, le cas des huissiers et des notaires.

3. Cela concerne aussi les actes notariés revêtus de la *formule exécutoire*.

Section 3
Les autres praticiens du droit

181. ***Extrême diversité de la pratique juridique***. Sans même s'arrêter à ce constat d'évidence que chacun, à l'image de M. Jourdain et de la prose, fait chaque jour du droit sans le savoir – ainsi, l'alimentation de tous les jours donne-t-elle l'occasion de quelques contrats de vente, et les contrats de transport sont banalités quotidiennes avec métro, autocars, autobus et autres taxis – il n'en reste pas moins certain que la pratique juridique est extrêmement diverse.

On la rencontre, ainsi, si l'on s'en tient au cadre commode des entreprises, avec ceux que l'on dénomme « juristes d'entreprises » [1] et, notamment, dans les services *juridiques* et *commerciaux* (négociation et conclusion de contrats) et *contentieux* (examen des litiges avec clients et fournisseurs, à la recherche des suites à donner, judiciaires ou non), sans oublier les *services du personnel* (contrats de travail et litiges connexes).

Elle prend aussi des formes très spécialisées, comme c'est le cas, notamment, pour les activités d'*expertise*, qu'il s'agisse de professions réglementées (telle l'expertise comptable), ou des experts librement choisis par le tribunal – médecins, architectes…

On aperçoit ainsi le nombre considérable de ceux qui, étant appelés à mettre en application les règles de droit relevant de secteurs très divers (commerce, assurance, banque, immobilier, tourisme, etc.), ont effectivement la qualité de praticiens du droit et doivent, comme tels, interpréter la règle de droit pour déterminer la meilleure façon de la mettre en œuvre, compte tenu de leurs préoccupations propres.

Il est cependant d'autres praticiens qui doivent retenir davantage l'attention parce que l'importance de leurs fonctions est de nature à influer non seulement sur l'interprétation de la règle de droit, mais encore sur la règle elle-même : ce sont, d'une part, les *notaires* et d'autre part, les *arbitres* en envisageant au surplus, avec ces derniers, les *conciliateurs* et *médiateurs* dont le rôle va croissant.

182. ***Les notaires***. Ayant la qualité d'officiers publics [2], les *notaires* ont un rôle particulièrement important dans la mise en œuvre *non contentieuse* du droit [3]. Ils sont en effet investis par la loi du pouvoir de délivrer des *actes authentiques*, c'est-à-dire des actes qui bénéficient d'une *valeur probante particulière* – ils font preuve jusqu'à inscription de faux [4] – et qui peuvent être dotés de *la force exécutoire*, ce qui signifie que les droits stipulés à l'acte peuvent donner lieu à exécution forcée, sans qu'il soit nécessaire d'obtenir préalablement une décision de justice qui l'autorise.

Le recours aux notaires est obligatoire pour un certain nombre d'actes dont la loi exige, à peine de nullité, qu'ils soient établis en la forme authentique. C'est le cas notamment du *contrat de mariage* (par lequel les époux fixent les règles de leur régime matrimonial : affectation et gestion des biens des époux), de la *constitution d'hypothèque* (sûreté qui garantit une créance par l'affectation à son paiement de la valeur d'un immeuble

---

1. Ils sont habilités, dans le cadre de leurs fonctions, à donner des consultations et rédiger des actes sous seing privé (v. ss 224) au profit exclusif de leur entreprise (L. du 31 déc. 1971, art. 58).
2. V. ss 180, en note. Sur ces officiers publics, v. not. de Poulpiquet, *Rép. civ.*, Dalloz, v° *Notaire* ; et Aubert, *La responsabilité civile des notaires*, 5e éd., par R. Crone, *Defrénois*, 2008.
3. Leur activité s'applique principalement au droit privé, mais elle concerne aussi, de façon non négligeable, le droit public, notamment pour tout ce qui touche à l'urbanisme.
4. V. ss 224.

déterminé), de la *donation* (contrat par lequel le donateur se dépouille, sans contrepartie, d'un ou plusieurs biens au profit du donataire), du *mandat de protection future* (par lequel une personne en charge une autre de la représenter pour le cas où elle ne pourrait plus pourvoir à ses intérêts) conclu par des parents au profit de leur enfant mineur ou de leur enfant majeur qui ne pourrait plus pourvoir à ses intérêts, de la *déclaration d'insaisissabilité* (acte par lequel une personne physique immatriculée à un registre de publicité professionnel déclare insaisissable ses droits sur tout bien foncier non affecté à l'exercice d'une activité professionnelle)...

Mais les notaires ont un domaine d'activité beaucoup plus large que celui qui est ainsi défini par les actes obligatoirement notariés. D'une part, en effet, ils sont requis d'intervenir pour la plupart des opérations relatives aux immeubles urbains et ruraux (vente, contrats relatifs à la construction, servitudes) parce que ces opérations sont soumises à un régime de publicité obligatoire [1] qui impose la rédaction authentique des actes publiés ; d'autre part, les effets avantageux des actes authentiques (force probante et force exécutoire) et la qualité, reconnue, des services fournis par les notaires, incitent les particuliers à requérir leur ministère pour des actes libres de toute exigence d'authenticité, par exemple en matière de sociétés commerciales.

La déjudiciarisation de certaines procédures, destinée à recentrer l'activité des juges sur la fonction juridictionnelle, conduit aussi à confier de nouvelles tâches au notaire, ainsi, dans la nouvelle procédure de divorce par consentement mutuel conventionnel, de la conservation de la convention de divorce [2]. Le projet de loi de programmation pour la justice 2018-2022 propose d'étendre le phénomène à d'autres matières (pour les actes de notoriété en matière d'état civil, notamment).

Conjointement à leur fonction de *rédacteurs d'actes*, les notaires exercent une fonction générale de *conseil* qui déborde sensiblement l'image traditionnelle du notaire « conseiller des familles » [3]. Ces deux fonctions les amènent à jouer un rôle très important dans la mise en œuvre du droit. Ce rôle est d'ailleurs accru par le fait que les notaires, en raison même de la nature de leurs fonctions, entretiennent un contact permanent avec les particuliers qui les éclaire sur les besoins de la vie juridique. Cela explique la place particulière du notariat : interprète de la règle dans l'activité quotidienne, il est aussi à l'origine d'usages devenus coutumiers – ainsi de *l'acte de notoriété* destiné à établir la qualité d'héritier, finalement consacré par la loi (C. civ., art. 730-1 s. ; L. du 3 déc. 2001) – et, surtout, il est l'instigateur de réformes législatives, dans le domaine, notamment, du droit de la famille [4].

183. ***Les arbitres. Les conciliateurs, médiateurs. Les autorités administratives indépendantes...*** Avec les arbitres, ou pour mieux dire l'*arbitrage*, c'est un aspect très particulier de la pratique juridique qui se révèle. Selon l'article 2059 du Code civil toute personne peut compromettre, c'est-à-dire avoir recours à un arbitre, sur les droits dont elle

---

1. Sur la *publicité foncière*, v. ss 241.
2. David et Brunet, « Le rôle du notaire dans le nouveau divorce par consentement mutuel », *AJ fam.* 2017. 31.
3. La fonction de conseil est sanctionnée par une *responsabilité professionnelle* assez rigoureuse ; cf. Aubert, *op. cit.*, spéc. n° 55 s.
4. Les propositions issues du Congrès que les notaires tiennent annuellement, sur des thèmes d'actualité, ont un rôle important à cet égard. Sur cette fonction créatrice du notariat, v. not. : Sourioux, *Recherches sur le rôle de la formule notariale dans le droit positif*, thèse, Paris, 1965 ; et Charlin, *La participation du notaire à la création de la règle de droit*, thèse, Lyon, 1981 ; S. Toricelli-Chrifie, *La pratique notariale, source du droit*, Defrénois, coll. « Doctorat et notariat », 2015.

a la libre disposition[1]. En effet, le recours au service public de la justice n'est pas toujours obligatoire. Lorsque tel est le cas, les particuliers sont libres de recourir à des *arbitres*, simples personnes privées[2], pour trancher les litiges qui les concernent. Ce recours à la procédure d'arbitrage, réformée par la loi n° 2011-48 du 13 janvier 2011 (C. pr. civ., art. 1442 s.) s'opère par une convention – dite « compromis » – selon laquelle les parties à un litige s'accordent pour soumettre celui-ci à l'arbitrage d'une ou plusieurs personnes déterminées. Ce compromis peut être la conséquence d'un accord de volontés antérieur. Il s'agit alors de la *clause compromissoire*, stipulée dans un contrat – par exemple un contrat de fournitures – et en vertu de laquelle les parties à ce contrat s'engagent à soumettre à l'arbitrage les litiges qui pourraient survenir entre eux à l'occasion de l'exécution de leurs relations contractuelles (C. pr. civ., art. 1442). La clause n'est valable que si le contrat a été conclu dans le cadre d'une activité professionnelle (C. civ., art. 2061).

Ce recours à l'arbitrage – courant en matière commerciale, et notamment dans le commerce international[3] – présente divers intérêts : il peut assurer un règlement plus rapide du différend soumis aux arbitres ; il est parfois moins coûteux ; il peut être moins perturbateur des relations commerciales entre les parties que ne le serait un procès ; il permet, également, d'écarter la mise en œuvre des règles de droit applicables lorsque celles-ci apparaissent mal adaptées. En effet, si les arbitres sont en principe tenus de trancher conformément au droit, du moins peuvent-ils être déliés de cette obligation si les parties leur donnent mission de statuer comme *amiables compositeurs* (C. pr. civ., art. 1478). Ils peuvent alors se prononcer en équité.

Dans tous les cas, la *sentence* rendue par la juridiction arbitrale a l'autorité de la chose jugée[4]. Mais, pour être exécutoire, il faut encore qu'elle fasse l'objet d'une *ordonnance d'exequatur*. Cette ordonnance est rendue par le juge de *l'exequatur* – juge unique – du tribunal de grande instance dans le ressort duquel a été rendue la sentence, après vérification de la validité du compromis et du non-dépassement des pouvoirs de l'arbitre (C. pr. civ., art. 1487). Classiquement, la sentence arbitrale pouvait normalement faire l'objet d'un *appel* devant la cour d'appel, sauf si les parties avaient renoncé à cette voie de recours, et lorsque l'arbitre avait été institué comme amiable compositeur (C. pr. civ., ancien art. 1482). La loi du 13 janvier 2011 a inversé le principe : la sentence n'est pas susceptible d'appel, sauf volonté contraire des parties (C. pr. civ., art. 1489). Elle ne peut pas faire l'objet d'une opposition ou d'un pourvoi en cassation (C. pr. civ., art. 1503).

Ces particularités de la procédure d'arbitrage suffisent pour comprendre l'originalité de cette pratique du droit. D'une part, elle participe, avec les autres pratiques juridiques, et avec les magistrats, à l'interprétation de la règle de droit. D'autre part, grâce à l'institution de l'amiable composition, elle est de nature à apporter des assouplissements à la règle de droit, voire à consacrer des pratiques d'équité contraires à celle-ci. L'arbitrage apparaît ainsi comme une sorte de soupape de sûreté qui permet, dans un certain nombre de cas, l'infléchissement, voire l'occultation de la règle de droit, sur le fondement de la volonté des particuliers dûment consacrée par la loi. Par là même, il peut être source d'enseignements propres à susciter certaines adaptations de la règle de droit[5].

---

1. L'article 2060 du Code civil fixe les matières où l'arbitrage est exclu : état et capacité des personnes, divorce et séparation de corps, litiges avec les collectivités publiques et les établissements publics (sauf autorisation par décret pour certains établissements publics à caractère industriel et commercial), litiges concernant l'ordre public.

2. Guinchard, Varinard et Debard, *Institutions juridictionnelles*, 14e éd., 2017, n° 66 s. ; *L'arbitrage*, Archives Phil. dr., t. 52, ; v. aussi J. Billemont, *La liberté contractuelle à l'épreuve de l'arbitrage*, LGDJ, « Bibl. dr. privé », 2013 ; Jarrosson, « Le nouvel essor de la clause compromissoire après la loi du 15 mai 2001 », *JCP* 2001. I. 333 ; T. Clay, *L'arbitre*, Dalloz, coll. « Nouvelle Bibliothèque de Thèses », 2001 ; J. Ortscheidt et Seraglini, *Droit de l'arbitrage interne et international*, Montchrestien, 2012.

3. V. not. Locquin, *L'arbitrage du commerce international*, Joly, Pratique des affaires, 2015 ; Fontaine, *Contrats internationaux et arbitrage*, Larcier, 2014.

4. C. pr. civ., art. 1484 ; sur cette notion, v. ss 153.

5. Il existe quand même un obstacle important. La plupart des sentences arbitrales ne sont pas publiées, les entreprises qui y ont recours préférant un règlement discret de leurs différends.

Pareillement installés « en marge » des juridictions étatiques, mais de nature différente, il existe aussi des *médiateurs* et des *conciliateurs*[1]. Ils représentent un mode *non juridictionnel* de résolution des conflits, contrairement à la justice arbitrale. Ils participent à la résolution amiable des litiges – ils relèvent de ce que l'on appelle aussi les « modes alternatifs de règlement des différends ». Le développement de ces nouvelles procédures est très favorisé par le législateur. Le décret n° 2012-66 du 20 janvier 2012 relatif à la résolution amiable des différents ayant ajouté au Code de procédure civile un Livre V consacré à la médiation conventionnelle (art. 1530 et 1531), à la conciliation (art. 1536 s.) et à la procédure participative (art. 1542 et 1543). La loi n° 2016-1547 du 18 novembre 2016, de modernisation de la justice du XXIe siècle contient un titre II consacré aux modes alternatifs de règlement des différends qu'elle entend favoriser. Entre autres, il institue une procédure de médiation devant le Conseil d'État statuant en premier et dernier ressort et devant les juridictions administratives du fond ; il réforme la médiation familiale et la convention de procédure participative…

La caractéristique commune des médiateurs et des conciliateurs est de ne pas disposer de pouvoir de décision et de se situer assez nettement « en dehors » de la règle de droit. Leur rôle, à des degrés divers, est de donner aux parties une chance de règlement amiable de leurs différends en leur proposant les éléments d'un accord[2]. On a d'ailleurs observé que la différence entre les deux procédés est mince et se réduit, pratiquement, au fait que « le conciliateur propose la solution alors que le médiateur conduit les parties à la trouver elles-mêmes »[3]. La réglementation ne facilitait pas leur distinction, le législateur assimilant souvent les deux procédés. La loi du 18 novembre 2016 paraît impliquer une distinction plus claire. La conciliation semble réservée au seul juge judiciaire ; il peut l'exercer lui-même ou la déléguer à un conciliateur de justice seulement. La loi (art. 4) instaure une procédure de conciliation obligatoire devant un conciliateur de justice pour les parties qui saisissent un tribunal d'instance par déclaration au greffe. Quant à la médiation, elle peut exister dans le cadre d'une procédure juridictionnelle ou hors de celle-ci. Dans le contentieux judiciaire, la médiation peut être le fait du juge ou d'un médiateur qu'il désigne. Hors procédure juridictionnelle, la médiation résulte d'une convention par laquelle les parties tentent de parvenir à un accord en vue de résoudre leur différend avec l'aide d'un tiers choisi par elles[4].

En se limitant au *contentieux* judiciaire, on observera que la *fonction de conciliation* est générale et traditionnelle. Selon l'article 21 du Code de procédure civile, [5] « il entre dans la mission du juge de concilier les parties ». Devant le tribunal d'instance, juridiction qui, héritière du *juge de paix*[6], a traditionnellement une vocation particulière en ce domaine, la demande est formée à fin de conciliation et, à défaut, de jugement (C. pr. civ., art. 829). Le projet de loi de programmation pour la justice 2018-2022 envisage de tendre obligatoire la conciliation préalable devant le tribunal de grande instance, sauf exception.

---

1. Sur l'ensemble de la question, v. Guinchard, Varinard et Debard, n° 37 s. et n° 1005 s.
2. C'est en particulier le cas du *Défenseur des droits* qui a succédé (L.-org. du 29 mars 2011) au *Médiateur de la République*, (institué par L. du 3 janv. 1973) chargé d'intervenir, notamment par voie de « recommandations », dans les relations entre les particuliers et les administrations et organismes de service public.
3. Martin, « Quand le grain ne meurt [...] de conciliation en médiation », *JCP* 1996. I. 3977, spéc. n° 7.
4. Sur l'ensemble de la question : Guinchard, Varinard et Debard, n° 37 s.
5. Cf. l'ancien juge de paix (v. ss 156), que le professeur Solus a présenté à des générations d'étudiants comme un juge « paternel et conciliateur ».
6. V. ss 156.

Cette dimension de la justice étatique s'est accompagnée de la création des *conciliateurs de justice* par un décret n° 78-381 du 20 mars 1978 (modifié à plusieurs reprises ; C. pr. civ., art. 1536 s.). Leur rôle est d'inciter au dialogue et à la concertation, pour faciliter, en dehors de toute procédure judiciaire, le règlement amiable de différends. Cette fonction de conciliation tend aujourd'hui à se développer [1], ce qui pourrait être de nature à réduire, opportunément, le nombre des procès [2].

La *médiation* (C. pr. civ., art. 131-1 s.) permet au juge, après avoir recueilli l'accord des intéressés, de désigner une tierce personne « afin d'entendre les parties et de confronter leurs points de vue pour leur permettre de trouver une solution au conflit qui les oppose ». Elle est particulièrement favorisée en matière familiale [3].

La médiation a récemment conquis un autre vaste domaine. L'ordonnance n° 2015-1033 du 20 août 2015 relative au règlement extrajudiciaire des litiges de consommation [4] (C. consomm., art. L. 611-1 s.). reconnaît en effet au *consommateur* le droit de recourir gratuitement à un *médiateur de la consommation* en vue de la résolution amiable du litige qui l'oppose à un professionnel (C. consomm., art. L. 612-1). La médiation est réalisée par un médiateur de la consommation qui peut être mis en place par le professionnel lui-même ou par toute autre personne dans les conditions prévues par le texte [5].

Le projet de loi de programmation pour la justice 2018-2022 propose de généraliser le pouvoir d'injonction du juge de rencontrer un médiateur en lui permettant de l'ordonner en tout état de la procédure lorsqu'il estime qu'une résolution amiable du litige est possible.

La médiation se développe désormais sur l'Internet. Le même texte contient donc également des dispositions destinées à encadrer l'activité des personnes proposant des services en ligne d'aide à la résolution amiable des différends, notamment lorsque la résolution est proposée sur le fondement d'en traitement par algorithme.

S'ajoutant à ce dispositif déjà fort riche, la loi du 22 décembre 2010 a créé une *convention de procédure participative* (C. civ., art. 2062 s., mod. L. du 18 nov. 2016. ; C. pr. civ., art. 1542 s. mod. Décr. du 6 mai 2017), qui est une convention par laquelle les parties à un différend s'engagent à œuvrer conjointement et de bonne foi à sa résolution ou à la mise en état du litige.

Dans un ordre d'idée différent, le droit contemporain connaît aussi un développement remarquable d'organismes de contrôle et de régulation, adaptés à des secteurs divers d'activité, qui

---

1. V. par exemple, les commissions de *surendettement* des particuliers, articles L. 721-1 et suivants du Code de la consommation, notamment article L. 732-1, ou encore les commissions départementales de conciliation, compétentes en matière de fixation des *loyers* des baux d'habitation (L. du 6 juill. 1989, art. 20).

2. Est caractéristique de cette finalité, la jurisprudence de la Cour de cassation qui juge qu'en présence d'une clause prévoyant une procédure de conciliation préalable à toute instance judiciaire, le non-respect de la clause constitue une fin de non-recevoir de l'action exercée par l'un des contractants si son cocontractant l'invoque à cet effet (v not. Ch. mixte 14 févr. 2003, *Bull. Ch. mixte* n° 1 ; Civ. 3e, 16 nov. 2017, n° 16-24642, *Bull. civ.* III, à paraître).

3. V. not. Juston et Comba, « Pratique de la médiation familiale », *AJ fam.* 2005. 399 ; Chabault-Marx, « À propos de la médiation familiale : vers la judiciarisation du dialogue ? », *D.* 2012. 43 ; v. égal. une série d'études in *AJ fam.* n° 2, 14 févr. 2003.

4. *JORF* 21 août 2015, p. 14721.

5. Mallet-Bricout, « Médiation et droit de la consommation : une avancée vers la généralisation du règlement extrajudiciaire des litiges », *RTD civ.* 2015. 952.

prennent la forme d'*autorités administratives indépendantes*, ou encore, d'*autorités publiques indépendantes* dotées de la personnalité morale [1].

On citera, à titres d'exemples d'autorités administratives indépendantes, la *Commission nationale de l'informatique et des libertés* (CNIL), créée par une loi du 6 janvier 1978, le *Conseil de la concurrence* (Ord. du 1er déc. 1986), le *Conseil supérieur de l'audiovisuel* (CSA) institué par une loi du 17 janvier 1989, la *Commission des clauses abusives* de la loi n° 78-23 du 10 janvier 1978, ou encore, le *médiateur de la République*, évoqué précédemment à propos de la médiation. Quant aux autorités publiques indépendantes, la loi du 1er août 2003 en a institué deux : d'une part, l'*Autorité des marchés financiers* (AMF), regroupant trois organismes existant auparavant, à savoir, la Commission des opérations de bourse (COB), le Conseil des marchés financiers (CMF) et le Conseil de discipline de la gestion financière, et d'autre part, l'*Autorité de contrôle des assurances et des mutuelles* (ACAM) nouvelle dénomination de la Commission de contrôle des assurances, des mutuelles et des institutions de prévoyance (CCMIP), qui avait regroupé la Commission de contrôle des assurances (CCA) et la Commission de contrôle des mutuelles et institutions de prévoyance (CCMIP).

Les pouvoirs de ces différents organismes sont très variables, allant du simple avis (« recommandations » de la Commission des clauses abusives, par exemple) jusqu'à une fonction normative (pouvoir réglementaire de l'Autorité des marchés financiers) ou à un pouvoir de décision quasi juridictionnel, comme c'est le cas du Conseil de la concurrence.

D'une manière générale, ces organismes réalisent une démultiplication de la fonction étatique et affirment la présence active de l'État dans les secteurs concernés.

---

1. V. Chrétien, Chifflot et Tourbe, *Droit administratif*, 14e éd., Sirey, 2014, n° 118 s. et 266 s. ; Waline, *Droit administratif*, 26e éd., 2016, Dalloz, coll. « Précis », n° 96 s.

Chapitre 4

La doctrine

184. ***La notion de doctrine.*** Il est impossible d'exposer les aspects principaux de l'interprétation de la règle de droit sans évoquer la *doctrine*. Pris ici en un sens assez particulier, ce mot désigne à la fois l'ensemble des *travaux écrits* consacrés à l'étude du droit, et leurs *auteurs*. C'est, si l'on veut, l'opinion publiée des jurisconsultes [1].

La doctrine ainsi entendue se manifeste par des œuvres, de nature et de forme variables [2], qui sont élaborées, principalement, par des *universitaires* – notamment les professeurs de droit –, des magistrats, et des praticiens, avocats et notaires surtout [3].

On peut distinguer, parmi ces divers travaux [4] :

1° des *ouvrages généraux*, consacrés, en un ou plusieurs volumes, à une branche de droit déterminée, tels le droit civil, le droit administratif ou le droit pénal. Dans cette première catégorie, on rencontre des genres variés : les *répertoires*, d'abord, qui se caractérisent par un mode d'exposé thématique ; les *traités* ensuite, qui font le point de la matière et exposent de manière synthétique et dogmatique les diverses règles de droit qui la gouvernent, leurs combinaisons, les problèmes d'interprétation qu'elles soulèvent et la manière dont elles doivent être résolues ;

---

1. Cette conception exclut de la doctrine les *consultations juridiques* établies notamment par les professeurs de droit et les avocats pour expliciter le bien-fondé, en droit, des prétentions d'une partie à un litige. Le caractère essentiellement privé, et finalisé, de cette sorte de travail nous paraît interdire qu'on en fasse un élément doctrinal. Comp. Carbonnier, nº 151. Cela exclut aussi la « doctrine de la Cour de cassation », à laquelle cette dernière se réfère elle-même de plus en plus souvent, et qui désigne son interprétation de la règle de droit (sur laquelle, v. not. Lichaber, *RTD civ.* 2000. 197 ; Molfessis, *RTD civ.* 2003. 567 ; Deumier, *RTD civ.* 2006. 73).

2. Il peut y avoir des écrits sans doctrine, parce qu'ils sont censés ne contenir qu'une description des règles et des solutions du droit positif, dénuée d'analyse critique de la part de leurs auteurs ; v. Bureau et Molfessis, « L'asphyxie doctrinale », in *Études à la mémoire du professeur B. Oppetit*, Litec, 2010, p. 45.

La prétention de certains écrits à constituer une pure relation du droit positif est cependant fortement contestée : Pimont et Forray, *Décrire le droit... et le transformer. Essai sur la décriture du droit*, Dalloz, coll. « Méthodes du droit », 2017.

3. Pour une étude approfondie, historique et comparative, v. Jestaz et Jamin, *La doctrine*, Dalloz, 2004. La notion de doctrine peut, curieusement, donner lieu parfois à de vifs débats, cf. Jestaz et Jamin, « L'entité doctrinale française », *D.* 1997. Chron. 167 ; et Aynès, Gautier et Terré, « Antithèse de l'entité... », *D.* 1997. Chron. 229 ; *adde* : Deumier et Encinas de Munagori, « L'absence de statut homogène de la doctrine », *RTD civ.* 2006. 63 ; v. égal. Terré, « La doctrine de la doctrine », in *Études offertes au doyen Ph. Simler* ; v. aussi : Atias, « Debout les ouvriers du droit ! Autorité et poids de la doctrine », in *Mélanges Aubert*, Dalloz, 2005, 363, et « Ce que savent les juristes. Les états du droit », *RTD civ.* 2013. 315 ; Brun, « Sources sulfureuses : remarques cursives sur l'office de la doctrine », G. Decocq, « Réflexions sur l'influence doctrinale », et C. Jamin, « La doctrine : explication de texte », in *Mélanges en l'honneur de Ph. Jestaz*, Dalloz, 2006 ; Pimont, « À propos de l'activité doctrinale civiliste. Quelques questions dans l'air du temps », *RTD civ.* 2006. 707.

4. Sur les types d'écrits, v. égal. P.-Y. Gautier, « Essai sur la plume juridique », in *Mélanges Goubeaux*, Dalloz-LGDJ, 2009, p. 165.

les *manuels* et *précis*, enfin, qui sont construits à partir d'une démarche comparable à celle qui commande les traités, mais avec un effort didactique de clarification et de simplification. Sans doute convient-il d'ajouter à cette liste, malgré leur oralité, les *cours* professés dans les universités, qui se rapprochent des manuels et précis, avec une forme pédagogique plus marquée ;

2° des *ouvrages spécialisés* portant sur des thèmes limités – « la formation de la vente », « le président de la République », ou « le juge d'instruction »... Là encore, la catégorie n'est pas homogène. Elle comporte, d'une part, des œuvres de caractère scientifique prononcé – dont les *thèses* de doctorat, qui sont un élément important de la recherche juridique [1], donnent un bon exemple – et d'autre part, des *monographies* à finalités plus utilitaires, qui sont destinées à aider les praticiens dans la solution de problèmes particuliers ;

3° des *écrits ponctuels*, qui prennent, tantôt, la forme *d'articles* – on parle aussi de *chroniques* – consacrés à une question de droit assez précise et souvent d'actualité, tantôt celle de *notes* – encore appelées *observations* – qui sont consacrées au commentaire critique de décisions rendues par les juridictions. Ces articles et notes sont publiés dans des *revues* périodiques plus ou moins étroitement spécialisées dans les diverses branches du droit [2].

Tous ces travaux apportent à l'ensemble des juristes, et aux étudiants, une masse d'informations, organisée de manière cohérente, ainsi qu'une accumulation d'appréciations et de suggestions, dont il convient de mesurer la portée.

À ces écrits qui utilisent le support classique du papier, il convient d'ajouter ceux qui prennent la forme numérique et qui sont souvent diffusés sur l'Internet. Certains appartiennent à ce que l'on appelle la « littérature grise », notamment parce qu'ils échappent aux circuits commerciaux [3]. Malgré la large diffusion que permet l'Internet, contrairement à d'autres supports plus anciens de textes destinés à des publics restreints – autre critère possible de ce genre de littérature –, ces écrits sont encore, le plus souvent, beaucoup moins connus que ceux de la littérature traditionnelle, ce qui pose question quant à leur appartenance à la doctrine.

185. ***Le rôle de la doctrine***. S'ils sont, assurément, d'inégale importance, les différents ouvrages de la doctrine n'en représentent pas moins un commentaire, explicatif et critique, des règles qui constituent l'ordre juridique, et de la manière dont elles sont mises en œuvre par la pratique, et, surtout, par la jurisprudence [4]. De là découle le rôle particulier de la doctrine, qui comporte deux fonctions.

La première est, au *regard du droit positif*, de promouvoir la meilleure utilisation possible des textes existants. Cette fonction se réalise à partir d'une double démarche : d'abord, l'élaboration d'une vision globale, synthétique et ordonnée, de l'ordre juridique qui permette d'en comprendre les mécanismes fondamentaux et les finalités [5] ; ensuite, et à l'intérieur de ce cadre général, proposer la solution ponctuelle des divers problèmes particuliers qui animent la vie juridique.

---

1. V. ss 75 s.
2. Sur ces différentes revues, v. *infra*, **Annexe documentaire IX**.
3. V. une liste de sites et de liens fournie par la Bibliothèque nationale universitaire de Strasbourg : http://www.bnu.fr/catalogues/theses-et-litterature-grise.
4. Un auteur a reproché à la doctrine contemporaine l'attention excessive qu'elle porte à la jurisprudence (Atias, « La mission de la doctrine universitaire en droit privé », *JCP* 1980. I. 2999, not. n° 7). La critique est juste en ce que la science du droit, œuvre de réflexion, ne saurait se réduire à un catalogue de solutions toutes faites. Mais elle est excessive en ce qu'elle tend à cantonner la doctrine dans un rôle de pur esprit, lui déniant cette autre fonction qui est de guider juges et praticiens vers une application plus sûre de la règle de droit. Plus récemment, le même auteur a prôné un retour de la doctrine à l'étude du « droit même », c'est-à-dire à celui mis en œuvre concrètement par les professionnels du droit (juges, notaires, avocats) : Atias, « Ce que savent les juristes. Les états du droit », préc.
5. Cette part du travail de la doctrine s'étiole au fur et à mesure que les auteurs préfèrent rendre compte, sans mise en perspective générale, de la production des différentes autorités qui contribuent à forger le droit ; v. Bureau et Molfessis, « L'asphyxie doctrinale », préc.

La seconde fonction, d'ordre *prospectif*, s'appuie sur les enseignements fournis par l'examen du droit positif, et se situe dans le prolongement d'une approche critique de celui-ci. Cet examen conduit au constat d'imperfections diverses – contradictions, ambiguïtés, lacunes… – voire à celui de l'inadéquation, ou du caractère erroné ou nocif, de la règle en vigueur. La doctrine a pour tâche de mettre en lumière ces défaillances de l'ordre juridique, et de proposer les moyens d'y remédier. Dans l'accomplissement de cette seconde fonction, il entre inévitablement une certaine subjectivité : c'est dans une vision personnelle de la société que chacun exprime ses propositions [1].

Ces deux aspects, normalement complémentaires, du rôle de la doctrine désignent la place qui lui revient [2]. D'une part, la doctrine n'est pas, et ne peut pas être, une source du droit, même indirecte : elle n'est investie d'aucun pouvoir institutionnel qui lui permette de créer la règle de droit. Mais, d'autre part, la doctrine a un *rôle d'instigation* qui la mêle directement à la vie du droit. Elle est une *autorité de fait*. En tant que telle elle exerce une *influence sur l'interprétation jurisprudentielle* [3] – ses travaux sont, en effet, de nature à guider le juge dans l'application qu'il fait de la règle de droit – et sur *la pratique du droit* – par les indications qu'elle fournit aux praticiens sur les risques, ou au contraire, la sécurité, de tel ou tel mode de mise en œuvre de la règle de droit. Et elle peut, également, *influer sur la création même de la règle de droit*, en éclairant le législateur sur les besoins de la vie juridique et les moyens d'y satisfaire.

Sans aucun doute ne faut-il pas exagérer et systématiser à l'excès cette contribution de la doctrine à la création de la règle de droit et à l'interprétation jurisprudentielle. Inversement, il serait erroné de la nier au prétexte qu'il n'est pas d'usage que le législateur ou le juge citent leurs sources d'inspiration, et qu'il est exceptionnel que la loi ou le jugement reproduisent mot pour mot une formule doctrinale [4]. Au demeurant, si le résultat recherché en priorité par les auteurs est, assurément, de *convaincre* – ce qui se produit quelquefois – il est aussi, et peut-être surtout, de susciter et de nourrir la *réflexion*. Il est permis de penser que cette deuxième fin est beaucoup plus souvent atteinte, et que cela fournit à la doctrine sa raison d'être.

L'histoire de la doctrine est jalonnée de **noms célèbres**, dont on ne citera que quelques-uns des plus prestigieux [5].

---

1. Cette subjectivité n'est sans doute pas absente de la première la fonction de la doctrine mais elle y est encadrée par l'objet même de l'étude qui est alors, pour une large part de rendre compte du droit positif. Mais même ainsi cantonnée, la doctrine donne du droit positif des représentations dont la fidélité à l'objet qu'elles sont censées décrire n'est pas assurée. Il s'agit d'un droit savant, produit de l'activité des juristes, et non pas du donné brut de la pratique du droit qui, en retour, risque elle-même d'être influencée par ces représentations. ; v. Savaux, *La théorie générale du contrat, mythe ou réalité ?*, préf. Aubert, 1997, spéc. n° 191 s. ; Pimont, « Peut-on réduire le droit en théories générales ? Exemples en droit du contrat », *RTD civ.* 2009. 417 ; Atias, « Ce que savent les juristes. Les états du droit », préc.

2. Sur laquelle les opinions s'affrontent, tous les juristes ne concevant par leur rôle de la même manière – ce qui, au demeurant est fort heureux. Outre les ouvrages de théorie générale du droit et d'épistémologie juridique précédemment cités (v. ss 59), v. *La place du juriste face à la norme*, Journées nationales de l'Association Capitant, Tome XVI, Dalloz, 2012.

3. Gautier, « L'influence de la doctrine sur la jurisprudence », *D.* 2003. Chron. 2839. V. égal., sur la manière dont la doctrine et la Cour de cassation se perçoivent réciproquement, Canivet, « La Cour de cassation et la doctrine. Effets d'optique », in *Mélanges Aubert*, Dalloz, 2005, p. 373.

4. En revanche, les différentes opinions doctrinales sont très généralement analysées dans l'examen des questions de droit soumises au juge, comme le révèlent les rapports des conseillers et les avis du ministère public publiés par la Cour de cassation avec certains arrêts. Pour un cas où la source doctrinale est cependant assez claire, v. Com. 10 juill. 2007, *D.* 2007. 2839, note Stoffel-Munck, *ibid.* 2844, note Gautier et Pan. 2972, obs. Fauvarque-Cosson, *RTD civ.* 2007. 773, obs. Fages, *Defrénois* 2007, art. 38667, n° 61, obs. Savaux, *JCP* 2007. II. 10154, note Houtcieff, *RDC* 2007. 1107, obs. Aynès et *ibid.* 1110, obs. D. Mazeaud, *Dr. et patr.* 2007, n° 162, 94, obs. Stoffel-Munck.

5. Comp. L. Fontaine, *Qu'est-ce qu'un « grand » juriste ? Essai sur les juristes et la pensée juridique contemporaine*, Lextenso, 2012. Sur les oppositions d'opinions chez les juristes, v. Guenzoui, « Les querelles doctrinales », *RTD civ.* 2013. 47.

Au *XIX*^e *siècle* [1], doivent être mentionnés, Demolombe [2] (*Cours de Code Napoléon* en trente-et-un volumes, limité cependant aux articles 1er à 1386 du Code) ; Pardessus (*Cours de droit commercial*, en quatre volumes) ; Baudry-Lacantinerie (*Précis de droit civil*, et avec des collaborateurs, *Traité théorique et pratique de droit civil*) ; Aubry et Rau, auteurs d'un *Droit civil français*, réédité jusqu'à nos jours, actuellement en douze volumes ; Faustin-Helie (*Traité de l'instruction criminelle*, en huit volumes, et *Théorie du Code pénal*, sept volumes, en collaboration avec Chauveau) ; et enfin Laferrière, auteur d'un *Traité de la juridiction administrative* qui consacre l'existence du droit administratif.

Au *XX*^e *siècle*, la doctrine a connu un développement considérable qui s'est manifesté aussi bien sous la forme de traités et de manuels que sous celle de publications ponctuelles, dont le nombre s'est multiplié au point, peut-être, de déterminer une *surinformation* difficilement maîtrisable, sans doute aggravée par le développement des ressources de l'informatique.

Quoi qu'il en soit, il convient de citer, dans cet ensemble d'une grande richesse, un certain nombre d'auteurs, aujourd'hui décédés, dont l'apport à la science juridique a été particulièrement considérable (pour la doctrine contemporaine, il suffit de se reporter aux nombreuses références données dans cet ouvrage en bibliographie générale, d'une part, et dans les notes, d'autre part). Pour chacun d'eux ne seront mentionnées qu'une ou deux de leurs œuvres majeures.

Ainsi, d'abord, au titre de la *théorie générale du droit*, de F. Gény (*Méthodes d'interprétation et sources en droit privé positif*, et *Sciences et techniques en droit privé*, en quatre volumes) ou de P. Roubier (*Droits subjectifs et situations juridiques*, et *Le droit transitoire*).

On citera aussi, au titre du *droit privé*, et non sans quelque arbitraire : E. Thaller [3] (*Traité de droit commercial*), Planiol et Ripert (*Traité pratique de droit civil*, 14 vol.), G. Ripert et R. Roblot (*Traité de droit commercial*, régulièrement réédité jusqu'à ce jour par de nouveaux coauteurs) [4]. Divers autres grands noms doivent encore être mentionnés : R. Demogue (notamment *Traité des obligations en général*), Beudant et Lerebours-Pigeonnière (*Cours de droit civil français*, 14 vol.), L. Josserand (*Cours de droit positif français*, 3 vol.) ; R. Savatier (publications très nombreuses et très diverses, dont *Les métamorphoses économiques et sociales du droit civil d'aujourd'hui*, 3 vol.). Il faut désormais (2003) ajouter à cette liste le nom de Jean Carbonnier, tant pour la théorie générale du droit (*Sociologie juridique* et *Flexible droit – pour une sociologie du droit sans rigueur*) que pour le droit positif (*Droit civil*, 5 vol.).

Pour le *droit public*, on évoquera pareillement : L. Duguit (*Traité de droit constitutionnel*, 5 vol.), M. Hauriou (auteur, notamment, d'un *Précis de droit administratif*) ; G. Jèze (*Principes généraux du droit administratif*, 6 vol.), A. de Laubadère (auteur, notamment d'un grand *Traité élémentaire de droit administratif*, 5 vol., réédité jusqu'à ce jour par divers coauteurs), M. Waline (*Droit administratif*), G. Vedel (*Manuel élémentaire de droit constitutionnel*).

À ces quelques indications, on ajoutera encore, pour la *science pénale* : R. Garraud (*Traité théorique et pratique de droit pénal*, 6 vol.) et Donnedieu de Vabres (*Traité de droit criminel et de législation pénale comparée*).

---

1. Il faudrait aussi citer – car l'autorité de la doctrine n'est pas née de la Révolution – des auteurs de l'Ancien droit qui ont fortement marqué le droit français moderne ; v. ss 230 ; v. Audren et Halpérin, *La culture juridique française : entre mythes et réalité : XIX-XX*^{es} *siècles*, Ed. CNRS, 2013.

2. Sur lequel, v. Chénedé, *RDC* 2013. 296 (1re partie) et 1131 (2e partie, plus spécialement consacré à la question particulière de la condition potestative).

3. P.-Y. Gautier, « Edmond Thaller », *RDC* 2011. 1355.

4. On remarquera, au passage, que G. Ripert, outre traités et manuels, a également publié d'importantes monographies dont *La règle morale dans les obligations civiles* (4e éd., LGDJ, 1949) fut sans doute la plus marquante. Sur *Le déclin du droit*, une autre de ses œuvres, v. Chazal, *RDC* 2004. 244.

Deuxième partie

Les droits subjectifs et la personnalité juridique

186. ***Idée générale et plan***. Le droit objectif, tel qu'il a été caractérisé dans ses composantes et dans ses sources, n'est évidemment qu'un aspect du phénomène juridique : il est l'ensemble des règles destinées à organiser la vie sociale. Mais il faut bien comprendre qu'il ne correspond qu'à une vision particulière du droit, vision à laquelle il est impossible de se limiter.

Par essence, le droit objectif est destiné à régir l'ensemble des activités inhérentes à la vie sociale, et donc à s'appliquer aux personnes qui constituent la société. Cette appréhension nécessaire de la personne dans l'ordonnancement juridique est traduite, de façon relativement traditionnelle, par la notion de *droit subjectif*[1]. Celle-ci – dont on constatera qu'il convient de ne lui reconnaître qu'une portée limitée – constitue un mode d'insertion de la personne dans le droit objectif, et souligne la qualité de *sujet de droit* qui accompagne la *personnalité juridique*, c'est-à-dire, précisément, la prise en compte de la personne par le droit. Il en résulte que les personnes ont vocation à être investies de *divers droits subjectifs*, dont on citera les principaux, avant d'en rechercher les *sources* – c'est-à-dire les conditions d'existence – et les *modes de preuve*.

1. On a observé que l'apparition de la notion de droit subjectif est, historiquement, assez récente et que le droit romain l'ignorait ; cf. Villey, *Philosophie du droit*, coll. « Bibliothèque Dalloz », rééd. 2001, n° 80.

Chapitre 1

La notion générale de droit subjectif

187. ***Approche de la notion.*** Élaborée pour régir la vie en société, la règle de droit s'adresse aux personnes qui composent celle-ci. La notion de droit subjectif [1] exprime un aspect – qu'il est permis de considérer comme majeur – de cette rencontre de la règle de droit et des personnes dont elle prétend gouverner la conduite.

À cette notion de droit subjectif s'attache traditionnellement l'idée de *prérogative* ce qu'une formule doctrinale a parfaitement exprimé : « si le droit (objectif) nous permet de faire quelque chose, nous avons le droit (subjectif) de le faire » [2]. Le droit subjectif est la prérogative individuelle que la personne-sujet de droit tire de la règle de droit objectif. Mais cette vision des choses a suscité diverses objections, notamment en ce qu'elle prétendait rendre compte de la réalité juridique tout entière, en escamotant quelque peu le droit objectif. Et nous verrons, après avoir rendu compte de ce *débat* que le droit subjectif, en effet, n'est qu'un *aspect de la mise en œuvre du droit objectif*, dont il procède nécessairement [3].

Section 1

Le débat relatif à la notion de droit subjectif

188. ***La notion classique de droit subjectif.*** Le droit subjectif, dans sa compréhension d'origine, déborde singulièrement l'idée de prérogative individuelle puisée par la personne dans la règle de droit objectif [4]. En effet, dans cette conception, le droit subjectif est, en réalité, le principe et la fin du droit. *Principe*, parce que le droit est dans la nature même de l'homme [5] ; et *fin*, en ce que la règle de droit, qui est le résultat – la mise

---

1. Roubier, *Droits subjectifs et situations juridiques*, 1963 ; Dabin, *Le droit subjectif*, 1952 ; Archives Phil. dr., t. 9, 1964, *Le droit subjectif en question* ; Michaelides-Nouaros, « L'évolution récente de la notion de droit subjectif », *RTD civ.* 1966. 216 ; v. aussi Carbonnier, *Flexible droit*, 10e éd., LGDJ, 2001, p. 193 (théorie sociologique du droit subjectif) ; Rochfeld, *Les grandes notions du droit privé*, PUF, « Thémis », 2011, p. 150 s.

2. Carbonnier, *op. cit.*, no 104.

3. Constatant un relachement du lien entre droit subjectif et droit objectif, ce qui expliquerait l'effacement du lien entre créancier et débiteur, la substitution de l'État à ce dernier et ce qui favoriserait donc la prolifération des droits, v. Libchaber, *L'ordre juridique et le discours du droit. Essai sur les limites de la connaissance du droit, op. cit.*, n° 241 s.

4. Sur les différentes définitions de la notion, v. Rochfeld, *op. cit.*, p. 153 s. ; Ghestin, Barbier et Bergé, n° 273 s.

5. Villey, *op. cit.*, no 81, exposant la théorie de Hobbes : « tout est permis à tous les hommes dans l'état de nature ; ils ont droit à n'importe quoi ».

en œuvre – du contrat social, a pour objet de garantir les droits de chacun après que l'État, en vertu de ce pacte, les a organisés de manière à en assurer l'effectivité [1].

Au sens classique – celui qui a prévalu au XIXe siècle –, la notion de droit subjectif a sans doute perdu une part de son absolutisme : en particulier, l'idée d'un droit inhérent à l'état de nature s'est peu à peu estompée. L'essentiel a cependant subsisté de la construction originaire en ce que le droit est défini comme « un système de droits subjectifs assorti de ses instruments – c'est-à-dire des lois qui les garantissent, sauf à devoir leur faire subir des limitations » [2]. Il résulte de là : d'abord, que le droit doit être centré sur la personne, ce qui implique la *prééminence* du droit subjectif sur le droit objectif, et du même coup l'affirmation de l'individu face à l'État [3] ; ensuite, que cette prééminence confère à la *volonté individuelle* un pouvoir juridique égal, sinon supérieur, à celui du législateur.

Ainsi conçue, la théorie du droit subjectif a fait l'objet de nombreuses critiques dont il convient de connaître les dominantes.

189. ***Les critiques adressées à la notion classique de droit subjectif.*** Les objections adressées à la notion classique de droit subjectif ont pour trait commun de condamner la prétention à la primauté du droit subjectif sur le droit objectif. En définissant le droit comme un système de prérogatives individuelles, on a oublié la sagesse du droit romain, où le droit se définissait essentiellement comme rapport à l'autre [4] ; on a cherché à idéaliser la volonté individuelle – affirmation de liberté – contre l'autorité de l'État – source de toutes contraintes [5] ; on a méconnu « l'aspect social de toute la matière juridique » [6].

À partir de là se sont dégagées deux tendances : l'une, *maximaliste*, niant globalement l'existence des droits subjectifs [7] ; l'autre, *relativiste*, affirmant le caractère parcellaire de la notion de droit subjectif [8].

La première de ces deux tendances est animée par la volonté d'affirmer la prééminence du groupe sur l'individu, volonté qui incline à condamner la tentation égoïste du droit subjectif pour substituer à la prérogative personnelle, une *simple fonction* dans la société : les droits sont des fonctions.

La thèse comporte, certes, une nuance, dans la mesure où elle admet la coexistence de *situations objectives* – qui correspondent à une application directe de la règle de droit, comme c'est le cas de la situation qui résulte, pour les époux, de leur *mariage* – et de *situations subjectives*. Dans ce dernier cas, en effet – caractérisé par le *contrat* – les volontés individuelles sont admises à aménager la situation juridique considérée. Mais, dans un cas comme dans l'autre, les effets de droit qui se réalisent ne sont que le produit de la règle de droit objectif.

On souligne, en effet, que l'affirmation d'un droit subjectif fondé sur la volonté individuelle est une erreur : celle-ci est le fruit de la croyance à un pouvoir juridique propre de la volonté individuelle, croyance fondée sur la constatation de ce que la volonté, dans les situations juridiques

---

1. Villey, *eod. loc.*
2. Villey, *op. cit.*, no 82, *in fine*.
3. Roubier, *Droits subjectifs et situations juridiques*, 1963, p. 26 : le subjectivisme est, historiquement, un effort, lent ou révolutionnaire selon les cas, « pour dégager les sujets de l'emprise trop forte du pouvoir politique, ou de la contrainte de structures sociales devenues inadaptées ».
4. Villey, *op. cit.*, no 80.
5. Miaille, p. 161 s.
6. Ghestin, Barbier et Bergé, no 269.
7. C'est essentiellement la conception de Duguit, notamment dans son *Traité de droit constitutionnel*, t. 1, 3e éd., de Boccard, 1927. On cite également Kelsen ; v. Ghestin, Barbier et Bergé, *op. cit.*, no 264.
8. Roubier, *op. cit.*

subjectives, produit des effets de droit. Mais ce pouvoir n'est qu'une illusion : la volonté ne *crée* pas d'effets de droit ; elle se borne à *déclencher* l'application de la règle de droit, ce qui est tout autre chose[1].

La seconde tendance refuse l'absolutisme de la première, dont elle retient, cependant, la distinction des situations objectives et des situations subjectives : « il existe des cas où on se trouve en effet en présence de simples applications de la règle juridique, qui n'ont pas le caractère de vrais et propres droits subjectifs », l'un des exemples les plus nets de cette sorte de situation étant fourni par l'application du droit pénal. La théorie débouche, ainsi, sur la distinction de *situations objectives* et de *droits subjectifs* (situations juridiques subjectives)[2]. Ainsi se trouvent affirmées l'*existence des droits subjectifs*, mais aussi leur *incapacité à rendre compte de toute la réalité juridique*.

Dans cette approche, les droits subjectifs ne constituent, en effet, qu'une partie du juridique : ils correspondent aux seules situations « qui tendent à créer principalement des droits plutôt que des devoirs », et s'opposent ainsi aux situations juridiques objectives qui tendent, au contraire, « à reconnaître des devoirs plutôt que des droits »[3]. Et il faut encore tenir compte de ce que toute prérogative n'est pas nécessairement constitutive d'un droit subjectif : ainsi faut-il compter, en dehors des droits proprement dits, avec les *libertés*, les *facultés*, et autres *pouvoirs* qui consacrent diverses prérogatives de la personne, qui ne peuvent être considérés comme des droits subjectifs[4]. Ceux-ci doivent en effet s'entendre de façon stricte, comme « des situations régulièrement établies, soit par acte volontaire, soit par la loi, desquelles découlent principalement des prérogatives qui sont à l'avantage de leurs bénéficiaires, et auxquelles ils peuvent d'ailleurs en principe renoncer »[5].

Cette compréhension conduit à n'admettre comme droits subjectifs que les *« droits de créance »*, les *« droits réels »* (dont l'exemple type est le *droit de propriété*), les *« droits d'entreprise et de clientèle »* (actions de sociétés, droits d'auteur, droits portant sur le fonds de commerce...), les *« droits universels »* (droits successoraux), *certains « droits extrapatrimoniaux »* (par exemple, le droit moral de l'auteur, qui lui permet de s'opposer à toute atteinte à l'intégrité de son œuvre)[6]. Doivent, au contraire, être exclus de cette catégorie, les droits dits de la personnalité (droit à la vie, droit à la liberté, droit à l'honneur) : « ces droits, n'ayant pas d'autres sanctions que des actions pénales ou des actions en responsabilité civile, ne sont pas de véritables droits subjectifs [...] ; ils ne sont pas d'ailleurs des biens dont on puisse disposer, par voie de transfert ou de renonciation »[7].

Il résulte de là que, dans cette conception, la volonté reste le critère décisif du droit subjectif : ce droit est toujours soumis à la volonté des individus qui, s'ils n'ont pas toujours le pouvoir de le créer, ou d'en déterminer les effets, se voient du moins reconnaître, au minimum, le pouvoir de s'en débarrasser par leur seule volonté. De la sorte, si la théorie classique du droit subjectif est bien abandonnée dans son excessive généralité, du moins lui conserve-t-on une certaine réalité. Les droits subjectifs, si restreint que soit leur domaine, demeurent la marque d'une certaine prééminence de la personne, prééminence consacrée par le droit lui-même : « Si l'ordre juridique les reconnaît, et parfois dans un cadre complètement choisi par l'initiative privée, c'est en vue de satisfaire les désirs des particuliers, tels qu'ils ont été peu à peu dégagés au cours des âges dans la plupart des pays »[8].

---

1. Pour Duguit, « le vouloir humain, pas plus en matière juridique que dans les autres domaines, ne peut avoir d'autre objet direct, immédiat, qu'un mouvement corporel du sujet. Si un effet extérieur se produit, ce n'est pas la volonté de l'homme qui en est la cause efficiente, cet effet se produit conformément à la loi naturelle qui attache un certain effet à un mouvement corporel voulu par le sujet. Cela est vrai dans le monde de la nature physique, cela est aussi vrai dans le monde juridique [...]. Puisque le sujet ne peut déclencher par sa volonté qu'un mouvement corporel propre, ce n'est pas, ce ne peut pas être sa volonté qui engendre un effet de droit [...] » (*op. cit.*, p. 337).

2. Roubier, *op. cit.*, p. 10 ; v. aussi, p. 31 s., le « tableau général de l'activité juridique », dressé par cet auteur qui s'efforce de faire la part de l'objectivisme et du subjectivisme dans la mise en œuvre du droit.

3. Roubier, *op. cit.*, n° 6, p. 54.

4. V. ss 191.

5. Roubier, *op. cit.*, n° 9, p. 73.

6. Cette énumération des droits subjectifs est celle qu'a établie Roubier, *op. cit.*, n° 19.

7. Roubier, n° 19, p. 138. Sur ces droits de la personnalité, v. ss 204.

8. Roubier, *op. cit.*, n° 9, p. 72.

Section 2

Le droit subjectif, aspect particulier de la mise en œuvre du droit objectif

190. *Réalité des droits subjectifs*. Les différentes critiques adressées à la théorie classique du droit subjectif ont le mérite de souligner la complexité de la mise en œuvre concrète de la règle de droit, et donc de la prise en compte des individus, des personnes, par le mécanisme juridique. À cet égard, la notion classique de droit subjectif apparaît abusivement simplificatrice.

Mais un reproche du même ordre peut être adressé à la théorie qui, inversement, dénie toute réalité aux droits subjectifs et admet seulement l'existence de *situations juridiques*. Cette vision unitaire – que la distinction des situations objectives et subjectives nuance insuffisamment – schématise à l'excès la réalité juridique en omettant de tenir compte de la dimension de l'homme dans le phénomène juridique.

Certes, le droit a une finalité sociale, mais la société n'en reste pas moins composée d'individus dont la situation vis-à-vis de la règle de droit ne peut être réduite à une simple subordination. C'est particulièrement vrai pour la règle de droit privé dont la vocation est de régir les particuliers, et les relations qui s'établissent entre eux [1].

La notion de droit subjectif ne peut donc pas être niée. Mais sa consécration n'implique nullement qu'on y voit la marque d'un prétendu pouvoir supérieur de la volonté de l'individu. Les droits subjectifs sont dans la dépendance du droit objectif ; ils sont, parce que la règle de droit objectif les admet [2].

C'est dans la logique du droit : la règle de droit ne peut organiser la vie en société – ce qui est sa finalité – sans prendre en compte les individus qui la composent, et sans leur reconnaître les prérogatives qui leur permettent de définir leur identité propre et d'accomplir leur fonction dans la société où ils vivent [3]. Ce qui revient à dire que le droit subjectif consacre une prérogative individuelle jugée socialement utile ; d'où il résulte que ce droit est à la fois prérogative et fonction. Inséparablement [4].

Il reste alors à donner une *définition du droit subjectif* qui rende compte de ces différentes particularités.

D'excellents auteurs ont tenté de le caractériser comme une « inégalité légitime » consacrée par le droit objectif [5]. La formule a le mérite d'être « parlante » et de bien souligner l'avantage unilatéral conféré au titulaire du droit subjectif. Elle nous semble

---

1. V. ss 40.

2. Contestant ce lien de dépendance nécessaire et jugeant que les droits subjectifs ont acquis un caractère autoréalisateur qui conduit le droit objectif à les reconnaître nécessairement, dès lors qu'ils correspondent à un besoin fondamental de l'homme (ce qui est un trait essentiel des droits de l'Homme qui revivifient les droits subjectifs), v. Libchaber, *op. cit.*, n° 245.

3. Si la société est la fin du droit, l'homme est, lui-même, une fin de la société. Il n'y a donc rien d'incompatible ni de contradictoire dans le fait que l'individu soit simultanément attributaire de prérogatives et soumis à la règle de droit.

4. Cf. Coulombel, p. 20 : « La société ne peut pas admettre des droits dont l'exercice serait contraire à l'intérêt général, au bien commun. Il y a un élément de devoir social dans tout droit subjectif ».

5. Ghestin, Barbier et Bergé, n° 284 s. ; rappr. Ripert, pour qui le droit subjectif « dérive de la grande loi naturelle de l'inégalité » (« Abus et relativité des droits », *RDIP* 1929. 62). Sur d'autres définitions, classique comme celle d'intérêt légitime juridiquement protégé (Ihering), considérée comme encore dominante, ou plus récente telle la « légitimation juridique d'un désir individuel » (D. Cohen), v. Rochfled, *op. cit.*, p. 153 s., préc.

cependant entachée d'équivoque dans la mesure où l'inégalité considérée n'est et ne peut être que ponctuelle et relative : c'est l'inégalité dans un rapport donné, par exemple celle qui bénéficie au propriétaire d'une maison, vis-à-vis de ceux qui n'ont aucun droit sur celle-ci ; ou celle dont profite le salarié, en vertu de la créance de salaire dont il est investi contre son patron. En particulier l'idée d'inégalité nous paraît mal adaptée à ces droits subjectifs de nature extrapatrimoniale que sont les *droits de la personnalité*[1] qui ont précisément pour spécificité d'être également attribués à tous.

C'est pourquoi nous croyons préférable de définir le droit subjectif comme l'*attribution, par la règle de droit, d'un pouvoir d'imposer, d'exiger ou d'interdire, considéré comme utile à la personne prise à la fois comme individu et comme acteur de la vie sociale*[2]. La formule laisse apparaître que les droits subjectifs ne sont pas, en principe, des prérogatives absolues. C'est ainsi que, sauf le cas exceptionnel des droits dits « discrétionnaires » – tel le droit pour un ascendant de faire opposition au mariage d'un descendant (C. civ., art. 173 et 179, al. 1er) – l'exercice d'un droit subjectif peut engager la responsabilité de son titulaire si cet exercice se révèle fautif et dommageable pour un tiers : c'est l'hypothèse de l'*abus de droit*[3].

Ainsi entendu, le droit subjectif correspond à une réalité certaine, peu important qu'elle intéresse surtout le droit privé[4]. La notion nous semble, de surcroît, philosophiquement et politiquement opportune, en ce qu'elle rappelle la nécessaire dimension humaine du droit, et affirme la reconnaissance de l'individu et de son rôle dans la vie sociale. Mais il est également sûr qu'elle ne rend pas compte, à beaucoup près, de la totalité du phénomène juridique. Le développement des droits de l'Homme traduit la place éminente de ce dernier dans la société[5], mais la construction d'un système juridique reposant pour l'essentiel sur leur protection et sur leur conciliation tend à masquer les autres dimensions du droit.

191. ***Les droits subjectifs ne sont qu'une partie de la réalité juridique*.** Ce serait limiter singulièrement la portée du droit que de vouloir le réduire à un simple système de droits subjectifs. Ceux-ci ne sont, en effet, qu'un aspect de la mise en œuvre du droit objectif. On ne trouve pas de droit subjectif dans chaque situation réglée par le droit objectif.

À côté de ces droits, on trouve des *situations* qui ne peuvent être classées en droits *stricto sensu* parce qu'elles dépassent le stade des prérogatives individuelles pour servir le bien commun : telles celles qui résultent de l'application du droit pénal, ou du Code de la route, ou encore des règles qui définissent l'organisation administrative de l'État. Le droit privé le plus pur connaît lui-même de semblables situations avec, notamment,

---

1. V. ss 189, 204. L'inadaptation est peut-être encore plus grande à l'égard des droits de l'Homme, si tant est qu'il s'agisse de véritables droits subjectifs.

2. Rappr. Michaelides-Nouaros, *op. cit.*, p. 235 : « Le droit subjectif est une prérogative reconnue par l'ordre juridique au profit d'un particulier, en tant que personne et membre de la société, dans le but de déployer une activité utile à lui-même et au bien commun. »

3. V. ss 249, en note.

4. Pour autant, la notion n'est pas étrangère au droit public. Ainsi le permis de construire accordé par l'Administration est-il constitutif de droit pour son bénéficiaire. Surtout, l'Administration et les personnes publiques se trouvent naturellement investies de droits subjectifs dans les rapports juridiques qu'elles entretiennent avec les autres sujets de droit, notamment dans les rapports contractuels, fussent-ils de droit public.

5. V. ss 90, 203.

les règles du mariage, de la filiation, ou celles qui commandent la capacité juridique, c'est-à-dire l'aptitude à l'exercice des droits [1].

Par opposition aux droits subjectifs, il est commode de les désigner comme des *situations juridiques* formule qui, sans nier l'individu – c'est lui qui « polarise » la situation considérée – marque plus nettement la prééminence de la règle objective. C'est l'autre aspect, considérable, de la réalité juridique.

Au surplus, il n'est pas inutile, pour mieux situer le droit subjectif dans l'ensemble du droit, de préciser les diverses manières dont celui-ci implique l'individu. Cela permet de constater, d'une part, qu'il est d'autres *prérogatives*, pour la personne, que celles qui résultent des droits subjectifs *stricto sensu*, et, d'autre part, que la mise en œuvre du droit objectif détermine aussi des *charges* [2].

Ainsi, à côté des *droits subjectifs* qui confèrent à leurs titulaires des *droits* proprement dits, il convient de faire une place, notamment, aux *libertés* et aux *facultés* qui ouvrent à l'individu la possibilité de prendre parti quant à sa propre activité juridique [3]. Mais, tandis que les *libertés* sont en principe conférées à tous, et ouvrent à chacun un large choix – par **exemple**, la *liberté d'opinion*, liberté publique, qui, entre autres, autorise chacun à adhérer au parti de son choix, ou à récuser tout engagement partisan ; ou encore la *liberté contractuelle*, liberté civile, qui permet la conclusion de n'importe quel contrat, ou inversement, le refus de tout contrat – les facultés n'ouvrent que des options limitées – telle celle, pour l'*héritier* d'accepter la succession ou d'y renoncer, ou encore, solution prudente, de l'accepter à concurrence de l'actif net [4].

Par ailleurs, si l'activité juridique fait ainsi apparaître des prérogatives au bénéfice des individus, elle suscite aussi, nécessairement, des *charges* [5].

Cet autre aspect de la réalité juridique est directement impliqué par la notion même de droit subjectif : au pouvoir d'exiger, d'imposer, ou d'interdire, répond en écho, tantôt une *dette* – obligation pour une personne d'exécuter ce que le titulaire du droit subjectif est admis à lui réclamer [6] – tantôt, un *devoir* tel le devoir de respecter l'honneur, la liberté, l'intégrité physique d'autrui, ou celui de ne pas méconnaître les droits du propriétaire sur ses biens. Mais, précisément, la notion de *devoir* déborde considérablement ce simple reflet nécessaire du droit subjectif : elle englobe toutes les règles générales qui définissent les comportements auxquels il convient de se conformer et qui s'imposent à tous. **Exemples** : le devoir de fidélité des époux, le devoir de payer ses impôts qui incombe à tout citoyen, ou le devoir de ne pas nuire à autrui [7].

---

1. Roubier, *op. cit.*, n° 2, p. 10.

2. Roubier, *op. cit.*, n° 18 s. (sous l'intitulé « Le contenu des situations juridiques. Analyse des prérogatives et des charges »).

3. Roubier distingue deux catégories de prérogatives : celles, d'abord, qui concernent la *création* des situations juridiques – ce sont les *libertés* et les *facultés* ; celles, ensuite, qui se manifestent au cours de situations juridiques dûment constituées – les *fonctions* et les *pouvoirs*. Cette dernière distinction est un peu forcée. En effet, le *pouvoir* étant l'aptitude à exercer les droits d'une autre personne, et la *fonction*, la collation d'un tel pouvoir à une personne déterminée (par ex. au gérant d'une société, qui a la fonction d'exercer les droits de celle-ci), il y a, en réalité, une très large coïncidence des deux.

4. Il affirme alors sa qualité d'héritier en limitant son obligation d'acquitter les dettes de la succession au montant de l'actif de celle-ci.

5. Comp. l'analyse de Roubier, *op. cit.*, n° 24 s.

6. La dette a un sens très précis en droit : c'est l'aspect négatif du *lien d'obligation*, dont la *créance* représente l'aspect positif, et constitue un droit subjectif tout à fait caractéristique ; v. ss 206 s.

7. Cette notion de devoir appelle deux remarques :

– d'abord, à la différence de la dette le devoir s'applique à tous et reste relativement indéterminé ;

– ensuite, la méconnaissance d'un devoir peut engendrer un droit subjectif : ainsi, par exemple, du droit à réparation de la victime d'une imprudence contre l'auteur de celle-ci.

Ainsi se vérifie que la notion de droit subjectif ne correspond qu'à un aspect de la réalité juridique, laquelle est infiniment plus vaste et diversifiée. Mais, pour limité qu'il soit, cet aspect revêt une importance particulière, pour le droit privé notamment. Le droit subjectif, en effet, marque l'investiture de l'individu, par la règle de droit objectif, d'un pouvoir d'action déterminée dans la société. L'idée se retrouve dans la notion de sujet de droit, qu'il convient de préciser maintenant.

Chapitre 2

Les sujets de droit. La personnalité juridique

192. ***Notions générales***. La théorie du droit subjectif implique la notion de *sujet de droit* : le titulaire des droits *subjectifs*. On peut alors comprendre la qualité de sujet de droit comme l'aptitude à bénéficier de droits subjectifs, mais aussi, simultanément, à subir ceux dont les autres sont investis.

Une telle conception n'est pas fausse ; elle est seulement incomplète. En effet, le *sujet de droit* n'est autre que la *personne* envisagée dans sa *fonction* juridique[1]. Ce caractère fonctionnel a été souligné par un auteur qui, après avoir rappelé le sens étymologique du mot « personne » – *persona* : le masque de l'acteur, le rôle – a joliment écrit que « le sujet est le masque juridique de la personne »[2]. En d'autres termes, le sujet de droit n'est autre que la personne impliquée par le droit dans toutes les fonctions que celui-ci assigne à chacun, en considération de l'intérêt social et de son intérêt propre. On rejoint ainsi la notion de *personnalité juridique* qui n'est pas seulement l'aptitude à recueillir des droits subjectifs – devenir propriétaire, créancier… – et à subir ceux d'autrui, mais, beaucoup plus largement, la vocation à être pris en compte dans les diverses situations définies et régies par le droit objectif – se marier, divorcer, payer des impôts, voter aux élections politiques, conclure des contrats…

La notion de sujet de droit attire donc l'attention sur cet élément moteur de la vie juridique qu'est la *personne*[3]. Mais il faut immédiatement prendre garde que le droit consacre une conception particulière de la personnalité, en admettant deux catégories de personnes : les personnes *physiques* – êtres de chair et de sang – et les personnes *morales* qui sont des entités construites. C'est cette *dualité des sujets de droits* que nous décrirons avant de préciser comment ces différentes personnes sont *individualisées*, ce qui est essentiel pour la mise en œuvre du droit.

Section 1
La dualité des sujets de droit : personnes physiques et personnes morales

193. ***La personnalité juridique***. L'aptitude à la mise en œuvre des règles du droit objectif et à la participation à l'activité juridique est reconnue *a priori* et par principe,

1. Sur les rapports entre les deux notions, v. Rochfeld, *Les grandes notions du droit privé*, p. 15 et 50 s.
2. R. Martin, « Personne et sujet de droit », *RTD civ.* 1981. 785, not. nº 6.
3. Sur la notion, v. Rochfeld, *op. cit.*, p. 9 s.

aux êtres humains[1]. Ce principe oppose nettement les êtres humains, *personnes physiques*, aux *choses* : alors que les premières sont les animatrices de la vie juridique, les secondes n'en sont que l'objet.

Traditionnellement, *les animaux* étaient classés dans la seconde catégorie. Mais le traitement de l'animal comme une chose quelconque ne correspond plus à l'état de nos mœurs. Son statut est donc l'objet d'assez vives discussions[2]. Tenant compte, au moins pour partie, des réflexions relatives au statut de l'animal, la loi n° 2015-177 du 16 février 2015 a ajouté au Code civil l'article 515-14 qui dispose : « Les animaux sont des êtres vivants doués de sensibilité. Sous réserve des lois qui les protègent, les animaux sont soumis au régime des biens ». À première vue, ce texte n'apporte pas grand-chose à la condition de l'animal dont il ne modifie pas le régime juridique. C'est toujours celui des biens, sous réserve des lois qui en assurent la protection, comme c'était le cas auparavant. Mais en indiquant que les animaux « sont soumis au régime des biens », le texte peut être compris comme indiquant implicitement qu'ils n'en sont pas. Comme par ailleurs la loi ne dit pas ce qu'ils sont, la question de leur nature juridique reste posée[3].

Toutefois, les êtres humains ne sont pas les seuls à être admis à avoir une activité juridique : le droit reconnaît en effet la même aptitude à certains *groupements* – de personnes, ou de biens – qui sont érigés en personnes distinctes et autonomes. Ce sont les *personnes morales*.

§ 1. Les personnes physiques

194. ***Les conditions de la personnalité***. La personnalité se définit comme l'*aptitude à participer à la vie juridique* – bénéficier de droits subjectifs, animer les situations juridiques. Ainsi entendue, elle est reconnue à *tous les êtres humains* sans exception ce qui appelle deux observations.

La première est que l'*absolue généralité* du principe est relativement récente : jusqu'en 1854, certains condamnés pénaux étaient encore frappés de la *mort civile* qui les privait d'existence juridique et provoquait, entre autres conséquences, l'ouverture de leur succession de leur vivant[4].

1. Plus nuancée : v. Rochfeld, *op. cit.*, p. 15, qui observe que la distinction entre l'être humain et la personne juridique place la reconnaissance juridique des individus et de leurs droits dans la dépendance de l'État.

2. Sur la question de savoir si le particularisme de l'animal – être vivant – n'appelle pas des aménagements spéciaux du droit, v. Marguénaud, *L'animal en droit privé*, préf. Lombois, 1992 ; et « La personnalité juridique des animaux », *D.* 1998. Chron. 205 ; Libchaber, « La souffrance et les droits. À propos d'un statut de l'animal », *D.* 2014. Chron. 390 ; Delage, « L'animal, la chose juridique et la chose pure », *D.* 2014. 1097 ; Malinvaud, « L'animal va-t-il s'égarer dans le Code civil ? », *D.* 2015, Point de vue, p. 87.

3. Marguénaud, « Une révolution théorique : l'extraction masquée des animaux de la catégorie des biens », *JCP* 2015, n° 19-11. Doctr. 305 ; Reboul-Maupin, « Nos amis les animaux… sont désormais doués de sensibilité : un tournant et des tourments ! », *D.* 2015, Point de vue, p. 573. En jugeant qu'en cas de défaut de conformité d'un chiot, être vivant, unique et irremplaçable, le remplacement de celui-ci est impossible au sens de la garantie légale de la conformité des biens vendus au consommateur, la première chambre civile de la Cour de cassaton (9 déc. 2015, n° 14-25910, *D.* 2016. 360, note Desmoulin-Canselier) incline plutôt en faveur d'un bien spécial. Mais en raison de l'attachement de son maître, pas de la sensibilité de l'animal : Desmoulin-Canselier, « De la sensibilité à l'unicité : une nouvelle étape dans l'élaboration d'un statut *sui generis* pour l'animal ? », *D.* 2016. 360.

4. C'est une loi du 31 mai 1854 qui a aboli la mort civile. Il convient, par ailleurs, de rappeler d'abord que l'*esclavage*, revigoré par la découverte de l'Amérique, impliquait l'absence de personnalité de l'esclave qui était traité comme une chose (cf. l'ordonnance coloniale de Colbert, dite « Code noir »,

La seconde observation vise à souligner que l'*attribution de la personnalité juridique* est indépendante du niveau de conscience de la personne. Le très jeune enfant (l'*infans*), comme l'aliéné mental, sont des personnes juridiques au même titre que l'adulte pleinement doué de raison[1]. De ce point de vue, il faut distinguer soigneusement la *personnalité juridique* de la *capacité juridique*. Tandis que la première affirme une aptitude générale à participer à la vie juridique, la seconde précise pour chacun les conditions de cette participation. Ainsi la *pleine capacité civile*, reconnue en principe à tous les majeurs sains d'esprit, habilite ceux-ci à acquérir et à exercer tous les droits civils. Au contraire, les *incapacités* apportent des limitations, de portée variable, à la jouissance ou à l'exercice des droits.

Les *incapacités de jouissance* correspondent à la *privation d'un droit*. Cette particularité interdit qu'une telle incapacité soit *générale* : pareille généralité contredirait l'aptitude de toute personne physique à acquérir les droits qu'implique la personnalité juridique. C'est une mesure qui est donc exceptionnelle et de portée limitée – on dit que l'incapacité est *spéciale*, en ce qu'elle n'affecte que tel ou tel droit défini. **Exemple** : en vertu de l'article 509-4° du Code civil le tuteur d'un incapable n'a pas, en principe, le droit d'acquérir les biens de son pupille.

Au contraire, les *incapacités d'exercice* sont très fréquentes[2]. Les personnes auxquelles elles s'appliquent – dans le but d'assurer la protection de leur patrimoine, le plus souvent – ne sont nullement privées d'un droit ; elles se trouvent seulement empêchées – plus ou moins largement – d'exercer leurs droits elles-mêmes : selon le cas, elles sont soit *représentées*, soit *assistées*, à cet effet. Par **exemple**, s'agissant de la vente d'un immeuble appartenant à la personne protégée (l'incapable), cette vente sera faite, pour un *mineur*, par ses parents ou celui d'entre eux qui a la qualité d'administrateur légal. Le contrat sera conclu par eux *au nom et pour le compte du mineur*, selon le mécanisme de la *représentation*. En revanche, dans le cas d'un majeur placé sous le régime de la *curatelle*, le contrat sera bien conclu par celui-ci, mais avec l'*assistance* de son *curateur*, c'est-à-dire de la personne chargée de le conseiller et de le contrôler dans les actes de la vie civile[3].

On constate ainsi que, loin de priver d'une prérogative de droit, les incapacités d'exercice visent, généralement, à protéger les personnes qu'elles concernent en assurant une meilleure mise en œuvre de leur droit (raison pour laquelle la loi parle désormais de mesures de protection de la personne). Elles peuvent être générales ; il n'en résulte aucune contradiction avec le principe de la personnalité juridique.

Attachée à la qualité d'être humain, et indépendante de son état de conscience, la personnalité juridique n'est, en définitive, subordonnée qu'à une *condition* : que l'être considéré soit *né viable*.

Cette exigence, qui apparaît dans différents textes du Code civil[4], demeure fort difficile à définir précisément : elle implique que l'enfant soit né dans un état de développement suffisant, et doté des organes propres à assurer sa survie[5]. C'est, en principe,

---

de 1685), et ensuite que ce n'est qu'en 1815 que la traite des esclaves fut interdite par la loi française (il fallut même attendre 1848 pour que fût décidée l'émancipation des esclaves en dehors du territoire de la République).

1. Sur la situation de l'enfant simplement conçu, v. ss suivant.

2. Le législateur moderne préfère parler de personne protégée que d'incapable, et de protection de la personne que d'incapacité, mais il est difficile d'évacuer totalement ce dernier mot, particulièrement pour distinguer cette situation de celle de privation d'un droit.

3. Sur ces différents points et les incapacités en général, v. ss 242.

4. Art. 318 : « Aucune action n'est reçue quant à la filiation d'un enfant qui n'est pas né viable. » ; v. aussi art. 725, al. 1er, et art. 906, al. 3.

5. Salvage, « La viabilité de l'enfant nouveau-né », *RTD civ*. 1976. 725. Cet auteur énonce (n° 21) que « la viabilité semble résulter d'un faisceau de critères relatifs s'articulant autour des idées à celui qui conteste la personnalité juridique d'un enfant[1] qu'il revient de prouver que celui-ci était mort-né ou qu'il n'était pas né viable[2]. Il peut faire cette preuve par tous moyens, et notamment par expertise. C'est un problème qui se rattache à la détermination du commencement de la personnalité.

195. ***Le commencement de la personnalité : la naissance.*** S'agissant des personnes physiques, la question de la durée de la personnalité – détermination du commencement et de la fin de la personne juridique – est l'une de celles où le droit s'élabore, difficilement, au travers d'un faisceau d'interrogations essentielles. C'est que la relation faite entre la personnalité juridique et la naissance d'un individu vivant et viable établit un lien entre cette personnalité et la *vie*[3] et soulève les questions du *commencement de la vie*, et de sa *fin*[4].

En schématisant beaucoup, le problème du *commencement de la vie* – et donc de la *personnalité* – peut être résolu de deux manières distinctes : soit on insiste sur l'absence d'autonomie de l'embryon par rapport à la mère, et l'on admet que la vie ne débute qu'à la *naissance*[5] ; soit on s'attache à l'enclenchement du processus vital, et l'on considère que le commencement de la vie coïncide avec la *conception*.

Le droit français, appuyé sur une longue tradition – fruit de l'évidence première ? – lie la *personnalité à la naissance*, sous la seule condition de viabilité. Cependant il admet, à certains égards, une portée en quelque sorte rétroactive de cette personnalité en consacrant un adage classique selon lequel l'enfant *conçu* est tenu pour né dès lors qu'il y va de son intérêt[6]. Il résulte de là qu'un enfant, dès lors qu'il est né viable, et peu important qu'il soit décédé peu après sa naissance, peut avoir recueilli des droits pendant la durée de sa gestation. C'est le cas notamment lorsque, pendant celle-ci, s'est ouverte une succession au regard de laquelle il avait la qualité d'héritier. C'est l'hypothèse principale où il peut y avoir un intérêt à contester l'existence d'une personnalité juridique : en particulier parce que l'auteur de la contestation est évincé de la succession par l'enfant conçu.

La personnalité est donc liée à la naissance, sous la seule réserve de cette éventuelle rétroactivité au jour de la conception[7], dans l'intérêt de l'enfant né vivant et viable.

---

de maturité et de conformation et se manifestant par l'autonomie végétative de l'être dont la personnalité est en cause » ; comp. Philippe, « La viabilité de l'enfant nouveau-né », *D.* 1996. Chron. 29, spéc. p. 30, col. 1 (référence essentielle à la durée de la gestation et au poids).

1. Sur les motifs de cette contestation, v. ss 195.

2. Comp. Salvage, *op. cit.*, n° 23 s. ; v. aussi Dutrieux, « Législation funéraire : une nouvelle définition de l'enfant mort-né », *Defrénois* 2002, art. 37556 (à propos d'une circulaire du 30 novembre 2001 relative aux « enfants décédés avant la déclaration de naissance »).

3. Rappr. C. civ., art. 79-1 qui distingue, pour les enfants décédés avant la déclaration de leur naissance, le cas où est produit un certificat médical indiquant que l'enfant est né vivant et viable, l'officier de l'état civil établissant alors un acte de naissance et un acte de décès, de celui où un tel certificat n'est pas produit, et où un acte d'enfant sans vie est délivré, la question de savoir si l'enfant a vécu ou non étant alors réservée.

4. Sur lesquelles v. Rochfeld, *Les grandes notions du droit privé*, PUF, 2011, p. 24 s.

5. La problématique évolue, sensiblement, avec les progrès de la science et l'éventualité, inquiétante, de gestation complète *in vitro*.

6. *Infans conceptus pro nato habetur quoties de commodis ejus agitur.*

7. La *preuve du moment de la conception* est simplifiée par la loi. Article 311 du Code civil : « la loi présume que l'enfant a été conçu pendant la période qui s'étend du trois centièmes au cent quatre-vingtième jour, inclusivement, avant la date de la naissance » et (al. 2) « la conception est présumée avoir eu lieu à un moment quelconque de cette période, suivant ce qui est demandé dans l'intérêt de l'enfant ». Ces présomptions sont des présomptions *simples*, c'est-à-dire qui peuvent être renversées

Il résulte de là que l'*embryon* et le *fœtus*, ne se voient pas reconnaître la qualité de personne, de sujet de droit. On peut en voir une manifestation [1] dans le fait qu'une interruption volontaire de grossesse peut, sous certaines conditions, mettre fin à son existence de manière licite [2] – solution qui consacre la souveraineté de la femme dans le binôme femme-fœtus qui suit la conception. La jurisprudence en fournit une autre manifestation en excluant l'application de l'incrimination d'homicide involontaire à l'enfant à naître lorsque celui-ci est mort-né [3].

Cette non-personnalité de l'embryon et du fœtus ne signifie pas, pour autant, l'absence de statut juridique [4] : d'une part, ils sont le support juridique de l'acquisition de certains droits par l'enfant né vivant et viable [5] ; d'autre part, ils font, directement, l'objet de diverses dispositions légales qui, notamment, en assurent la protection : ainsi d'abord, de façon générale, contre les manœuvres abortives, lorsque les conditions de l'interruption volontaire de grossesse ne sont pas réunies [6] ; ainsi, ensuite, plus spécialement, contre les recherches sur embryons, qui ne peuvent être autorisées qu'à des conditions très strictes (C. santé publ., art. L. 2151-5) [7]. Lorsque l'enfant décède avant que sa naissance ait été déclarée à l'état civil, et sans qu'il soit établi qu'il est né vivant et viable, un acte d'enfant sans vie (C. civ., art. 79-1, al. 2) doit être établi sans condition de durée d'existence ou de poids du fœtus [8].

---

par la preuve contraire. Les tiers, comme l'enfant lui-même (qui voudrait fixer la date de sa conception en dehors de la période définie par la loi), peuvent contredire les dispositions légales par tous moyens de preuve, en particulier au moyen d'expertises biologiques.

1. Outre le fait que le droit n'admet pas, lors même qu'il naîtrait vivant et viable, que des charges ou des dettes puissent venir sur sa tête pendant la durée de la gestation.

2. Depuis la loi nº 75-17 du 17 janvier 1975, relative à l'interruption volontaire de la grossesse, loi ultérieurement confirmée et complétée (C. santé publ., art. L. 2212-1 s.).

3. Ass. plén. 29 juin 2001, *Bull. Ass. plén.* nº 8, *D.* 2001. 2917, concl. Sainte-Rose, note Mayaud ; Crim. 25 juin 2002, *D.* 2002. 3099, note Pradel, *D.* 2002. IR 2171. Même si elle est expressément fondée sur le principe de légalité des délits et des peines qui impose l'interprétation stricte de la loi pénale, la solution n'en est pas moins significative de l'absence de personnalité de l'embryon ou du fœtus. Cela est d'autant plus net qu'au contraire, si l'enfant est né vivant mais qu'il est décédé peu après sa naissance, la jurisprudence applique l'incrimination, Crim. 2 déc. 2003, *D.* 2204. 449, note Pradel (la mère, victime d'un accident de la circulation, avait aussitôt accouché par césarienne d'un garçon décédé une heure plus tard : l'auteur de l'accident est condamné pour homicide involontaire sur enfant).

4. Pour la Cour européenne des droits de l'Homme, l'embryon ne constitue pas un bien au sens du protocole additionnel n° 1, mais le choix du sort à lui réserver relève du droit au respect de la vie privée de la donneuse de gamètes ayant servi à la fécondation *in vitro* : CEDH 27 août 2015, *RTD civ.* 2015. 830, obs. Marguénaud. V. Neirinck, « L'embryon humain, catégorie juridique à dimension variable ? », *D.* 2003. Chron. 841.

5. Cf. C. civ., art. 725, al. 1er (succession), et art. 906, al. 1er (donation).

6. Pour le cas où, au contraire, les conditions de l'interruption volontaire de grossesse se trouvaient réunies, la jurisprudence avait même consacré, au profit de l'enfant né handicapé, un droit à indemnisation dans le cas où, alors que la volonté de sa mère d'empêcher cette naissance était établie, une faute médicale (erreur de diagnostic…) l'avait conduite, par ignorance de la situation, à ne pas interrompre sa grossesse ; v. not. Ass. plén. 17 nov. 2000, *Bull. Ass. plén.* nº 9, *D.* 2001. 316, concl. Sainte-Rose, 332, note D. Mazeaud, et 336, note Jourdain ; *JCP* 2000. II. 10438, rapp. Sargos, concl. Sainte-Rose, note Chabas. Cette jurisprudence, très controversée, a suscité de multiples commentaires qu'il n'y a pas lieu de rapporter ici. La solution a, finalement, été condamnée par une loi nº 2002-303 du 4 mars 2002 (art. 1er).

7. V. Galloux et Gaumont-Prat, « Droits et libertés corporelles », *D.* 2016. 752.

8. Civ. 1re, 6 févr. 2008 (trois arrêts), *D.* 2008. 638, obs. Chauvin et Creton, *JCP* 2008. II. 10045, note Loiseau ; v. égal. Décr. nº 2008-800 du 20 août 2008 relatif à l'application du deuxième alinéa de l'article 79-1 du Code civil.

L'évolution actuelle des techniques biologiques élargit considérablement le débat et complique encore la problématique, dans la mesure, à divers égards vertigineuse, où les progrès de la science permettent – techniquement – d'envisager la « production » d'êtres humains[1]. Par la loi du 6 août 2004, le législateur a nettement pris position contre le *clonage* de l'être humain. En vertu du nouvel alinéa 3 de l'article 16-4 du Code civil : « est interdite toute intervention ayant pour but de faire naître un enfant génétiquement identique à une autre personne, vivante ou décédée »[2]. De même, le clonage d'embryon humain à des fins thérapeutiques est interdit (C. santé publ., art. L. 2151-4).

Tout en veillant à une protection de l'embryon[3], les lois nouvelles ne reviennent donc pas sur le principe que la personnalité juridique est liée à la naissance d'un enfant vivant et viable. Ainsi de l'article 16 du Code civil (L. du 29 juill. 1994) selon lequel « la loi assure la primauté de la personne, interdit toute atteinte à la dignité de celle-ci et garantit le respect de l'être humain dès le commencement de sa vie ».

196. ***La fin de la personnalité : décès, disparition, absence***. Si *la fin de la vie* – et de la personnalité – soulève moins de difficultés, il serait faux de croire, cependant, que sa détermination ne suscite aucun problème. Il est admis, sans discussion, que la personne physique cesse avec son décès. Mais, d'une part, la notion même de mort est relativement incertaine et, d'autre part, il est des cas où le décès d'une personne ne peut, pas plus que sa survie, être constaté formellement[4].

À la lumière des progrès de la science, la *thanatologie* – science de la mort – devient chaque jour plus complexe, et déroutante pour le profane. En dehors même de la douloureuse question de « l'acharnement thérapeutique »[5], il est apparu de plus en plus difficile de cerner le critère de la mort – arrêt cardiaque et respiratoire, ou cessation prolongée de toute activité radioélectrique du cerveau. C'est en faveur d'un cumul de ces différents critères que le droit positif tend à s'établir, en accordant, au demeurant, un rôle décisif à la mort cérébrale. C'est ce qui résulte du Code de la santé publique qui fixe les conditions du *constat de la mort* préalable aux *prélèvements d'organes* effectués à des fins thérapeutiques ou scientifiques (art. R. 1232-1) : « si la personne présente un arrêt cardiaque et respiratoire persistant, le constat de la mort ne peut être établi que si les trois critères cliniques suivants sont simultanément présents » : absence totale de conscience et d'activité motrice spontanée, abolition de tous les réflexes du tronc cérébral et absence

---

1. Cf. Baudouin et Labrusse-Riou, *Produire l'homme. De quel droit ?*, PUF, 1987 ; v. aussi, Delmas-Marty, « Faut-il interdire le clonage humain ? », *D.* 2002. Chron. 2517 (où l'auteur souligne avec une grande clarté la complexité de l'appréciation éthique).

2. V. aussi C. santé publ., art. 2151-3.

3. Le Conseil constitutionnel considère que, selon le législateur, le principe du respect de tout être humain dès le commencement de sa vie n'est pas applicable aux embryons fécondés *in vitro*, lesquels ne bénéficient que de garanties spéciales (Cons. const. 27 juill. 1994, Décis. n° 94-343-344 DC, *JO* 29 juill. 1994, p. 11024) ; cf. Neirinck, *op. cit.*, spéc. p. 843 s.

4. Sur l'ensemble de la question, v. Gridel, « L'individu juridiquement mort », *D.* 2000. 1. 266-6 s.

5. Cette difficile question a fait l'objet d'une réglementation détaillée aux termes de deux lois n° 2005-370 du 22 avril 2005 et n° 2016-87 du 2 février 2016 (sur laquelle, v. *D.* 2016. 460, obs. Denizot). Très schématiquement, l'acharnement thérapeutique est interdit (C. santé publ., art. L. 1110-5-1). Le malade en fin de vie a le droit de décider de cesser tout traitement et d'obtenir une sédation profonde pour éviter toute souffrance (art. L. 1110-5-2). Les majeurs peuvent donner des directives anticipées de fin de vie qui s'imposent en principe aux médecins (art. L. 1111-11). Ces solutions, qui ne doivent pas être confondues avec l'euthanasie (v. ss 19), sont accompagnées d'une règle qui prescrit au médecin de sauvegarder la dignité du mourant et d'assurer le meilleur accompagnement possible de sa souffrance (art. L. 1110-5, al. 2).

totale de ventilation spontanée, des examens particuliers devant être faits pour attester du caractère irréversible de la destruction encéphalique (art. R. 1232-2). C'est une conception de la mort qui, en ce qu'elle exige une situation irréversiblement incompatible avec la vie [1], paraît mériter d'être retenue en dehors même du cas particulier des prélèvements d'organes [2].

Hormis ce problème de définition de la mort, il faut encore tenir compte des situations où le décès d'une personne ne peut pas être constaté parce que le cadavre de celle-ci ne peut être examiné. Deux situations correspondent à cette hypothèse et donnent lieu à des régimes distincts.

La première est celle de la *disparition* d'une personne « dans des circonstances de nature à mettre sa vie en danger » – tels la guerre ou un naufrage – alors que son corps n'a pu être retrouvé (C. civ., art. 88). Une telle disparition peut donner lieu à déclaration judiciaire du décès du disparu. Cette déclaration marque la fin de la personnalité juridique du disparu, comme le décès proprement dit.

La seconde correspond à la notion juridique d'*absence*, c'est-à-dire à la situation d'une personne qui a disparu dans des conditions telles qu'il est *impossible de savoir si elle est vivante ou morte*. Pour cette hypothèse particulière, la loi a mis en place un régime [3] qui concilie autant que possible la sauvegarde des intérêts de l'absent et ceux de ses ayants droit. Dans un premier temps, la *présomption d'absence* peut être constatée judiciairement à la demande des personnes intéressées – essentiellement, les membres de la famille de l'absent – ce qui a pour effet de faciliter, dans l'intérêt de celui-ci, la gestion de ses biens. Dans un second temps, un *jugement déclaratif d'absence* peut être ensuite prononcé, à la demande de tout intéressé, dix ans après la constatation de la présomption d'absence. Ce jugement emporte les mêmes effets que ceux d'un décès établi de l'absent, marquant la fin de sa personnalité : ouverture de sa succession, dissolution de son mariage… (art. 128) [4].

Il reste à observer que la cessation de la personnalité juridique ne détermine nullement une indifférence du droit à l'égard de la personne qui s'est éteinte. Il existe ainsi tout un régime de protection du cadavre qui, notamment pour ce qui concerne la question des prélèvements d'organes, tient compte du refus qu'a pu exprimer la personne de son vivant [5]. Le respect du corps humain après la mort interdit l'organisation d'une exposition de cadavres « plastinés », placés dans des positions diverses [6]. Plus largement, le droit

---

1. Ce qui distingue cette situation de l'état végétatif, cf. Beignier, note sous Civ. 1re, 7 janv. 1997, *JCP* 1997. II. 22830. À la différence de la mort, l'état végétatif n'emporte pas d'altération des droits de la personne.

2. Rappr. Civ. 1re, 7 janv. 1997, préc. Il va de soi que des examens, aussi poussés que ceux exigés pour les prélèvements d'organes, ne sont pas pour autant nécessaires pour établir tous les décès ; cf. Durrieu-Diebolt, « Le moment de la mort », *AJ fam.* 2004. 120.

3. V. C. civ., art. 112 s.

4. Il va de soi que la loi a envisagé le cas où l'absent reparaîtrait ultérieurement (art. 129 s.). Dans une telle hypothèse, le jugement déclaratif d'absence est annulé, et l'ex-absent recouvre l'ensemble de ses droits (mais son mariage demeure dissous, art. 132). La solution est identique en cas de retour d'un « disparu » (C. civ., art. 92).

5. L'article L. 1232-1, alinéa 3, du Code de la santé publique dispose que le prélèvement « peut-être effectué dès lors que la personne concernée n'a pas fait connaître, de son vivant, son refus d'un tel prélèvement ». Un registre national des refus de prélèvement a été institué par un décret du 30 mai 1997.

6. Notamment faisant du vélo : Civ. 1re, 16 sept. 2010, n° 09-67456, *D.* 2010. 2750, note Loiseau et *ibid.* 2754, note Edelman, *RTD civ.* 2010. 760, obs. Hauser (affaire *Our body*).

consacre l'efficience juridique de la volonté du défunt par-delà sa mort lorsqu'elle porte sur des questions relevant de sa compétence et qu'elle s'est exprimée dans le cadre d'un testament. Enfin, il existe une protection civile, mais aussi pénale, de la mémoire des morts.

Cette prise en compte de la personne par le droit, au-delà de son décès, est un point de différenciation des personnes physiques et des personnes morales.

§ 2. Les personnes morales

197. ***Le débat relatif à la nature des personnes morales.*** L'existence et la nature des personnes morales ne sont plus guère discutées aujourd'hui [1]. Il est vrai que la vie juridique quotidienne fait des personnes morales des partenaires habituels des personnes physiques.

On désigne, en effet, sous cette appellation, des groupements très variés de personnes et de biens qui, par la spécificité de leurs buts et de leurs intérêts, ont vocation à une activité autonome distincte de celle des personnes qui les composent. Ainsi, parmi bien d'autres, de l'*État*, des *communes*, des *sociétés commerciales*, des *associations* ou des *syndicats*.

Il faut savoir, cependant, qu'on a beaucoup débattu de la question de savoir si la personnalité morale est un artifice juridique – une fiction – ou si elle est, au contraire, la traduction d'une *réalité* de la vie juridique [2]. Pour l'essentiel, l'enjeu de la discussion se ramenait au pouvoir qu'il convenait de reconnaître au législateur dans la consécration des personnes morales : *fictions*, elles ne devraient leur existence qu'à la volonté du législateur ; *réalités*, elles existeraient indépendamment de sa volonté.

La théorie de la *fiction*, théorie classique, part du postulat que seul l'être humain peut être investi de droits ; seul il a la qualité de personne juridique. Mais, constatant l'existence d'intérêts collectifs qui méritent d'être pris en compte, les tenants de cette conception admettent que les groupements qui y correspondent peuvent se voir reconnaître, artificiellement, une personnalité juridique calquée sur celle des personnes physiques. Cette personnalité – dite « morale » – n'est rien d'autre qu'une fiction propre à permettre aux groupements considérés de faire valoir leurs intérêts. Son caractère fictif, et donc irrespectueux de la réalité, et en particulier de l'unicité de la personne humaine, impose que le législateur en ait la maîtrise : lui seul peut accorder la personnalité, comme il le juge utile.

Pour les tenants de la *réalité* des personnes morales, la personnalité juridique appartient naturellement aux groupements constitués pour la défense d'un intérêt collectif, et dotés des structures propres à permettre l'expression d'une volonté collective représentative de cet intérêt. La personnalité morale est l'équivalent nécessaire, pour cette réalité sociale que constituent de tels groupements, de la personnalité physique dont se trouvent investis les êtres humains. Le législateur n'a pas, dans ces conditions, à octroyer une personnalité qui est inhérente au groupement.

---

1. Sur l'ensemble de la question, v. not. Terré et Fenouillet, *Droit civil. Les personnes*, 8e éd. 2012, Dalloz, coll. « Précis », n° 250 s. *La personnalité morale*, Association Capitant, Journées nationales, Tome XII, 2010 ; N. Mathey, *Recherche sur la personnalité morale en droit privé*, thèse, Paris II, 2001 ; Baruchel, *La personnalité morale en droit privé. Éléments pour une théorie*, LGDJ, 2004, préf. B. Petit ; J.-F. Quievy, *Anthropologie juridique de la personne morale*, LGDJ, 2009, préf. D. Martin ; Paillusseau, « Le droit moderne de la personnalité morale », *RTD civ.* 1993. 705 ; Freyria, « La personnalité morale à la dérive », in *Mélanges en hommage à A. Breton et F. Derrida*, Dalloz, 1991, p. 121 ; Wicker, « La théorie de la personnalité morale depuis la thèse de Bruno Oppetit », in *Mélanges Oppetit*, Litec, 2010, p. 691 ; Rochfeld, *Les grandes notions du droit privé*, notion n° 2 : « Les groupes de personnes », PUF, coll. « Thémis », 2011, p. 75 s.

2. V. Terré et Fenouillet, n° 236 s. ; *adde* : Savaux, « La personnalité morale en procédure civile », *RTD civ.* 1995. 1.

198. ***La personnalité morale et le droit positif***. La théorie de la *réalité* a été consacrée par la Cour de cassation. Elle a affirmé que la personnalité morale « appartient en principe à tout groupement pourvu d'une expression collective pour la défense d'intérêts licites, dignes par suite d'être juridiquement reconnus et protégés » [1].

La solution est bonne : d'abord parce qu'elle confère une portée juridique à un mode d'animation de la vie sociale qui, pour être une construction de l'homme, n'en est pas moins profondément naturel ; ensuite, en ce que, par là même elle écarte la nécessité d'une reconnaissance expresse de cette personnalité par le législateur.

Cependant, quant à ce second point, il faut souligner – ce que n'avaient pas toujours fait les tenants de la théorie de la réalité, mais qui est unanimement admis aujourd'hui – qu'en aucun cas cette réalité ne peut s'imposer au législateur. Celui-ci a assurément la maîtrise du maintien – ou du retrait – de la personnalité juridique des groupements [2] : admettre le contraire reviendrait à considérer que le législateur n'est pas maître de l'organisation juridique de la vie sociale.

La solution est pleinement conforme à l'idée, déjà exprimée, que la notion de sujet de droit a un caractère fonctionnel marqué [3]. C'est donc par référence aux besoins de la vie en société que le législateur admettra, ou refusera, la personnalité morale de tel ou tel groupement.

Cela étant, il est évident que la personnalité morale est d'une immense utilité en ce qu'elle permet de simplifier la poursuite et la reconnaissance d'un intérêt collectif : elle permet à un groupement d'agir en justice par le seul intermédiaire de ses organes représentatifs alors qu'en l'absence d'une telle personnalité, *tous les membres* de ce groupement devraient agir ensemble et individuellement. On comprend, à partir de là que la personnalité morale ait pris une importance croissante avec la complexité grandissante de la vie économique et sociale. On comprend, du même coup, que les personnes morales que consacre notre droit positif soient très diverses.

199. ***La diversité des personnes morales***. De cette diversité, on ne peut donner qu'un aperçu très sommaire, en évoquant les principales catégories de personnes morales et leurs régimes.

Il est usuel de distinguer entre personnes morales de *droit public* et personnes morales de *droit privé* [4], les premières ayant pour spécificité d'exercer des prérogatives de puissance publique.

Il existe trois catégories différentes de *personnes morales de droit public*, la première d'entre elles étant d'une nature très particulière puisqu'il s'agit de l'*État*. Les autres sont : les *collectivités territoriales* (régions, départements, territoires d'outre-mer, communes) ; et les *établissements publics*, qui sont des organismes investis d'une mission d'intérêt

---

1. Civ. 2e, 28 janv. 1954, *Dr. soc.* 1954. 161 (comités d'établissement) ; v. aussi, Soc. 23 janv. 1990, *Rev. sociétés* 1990. 44, note Vatinet (comité de groupe de sociétés).

2. Dans son arrêt du 28 janvier 1954, la Cour de cassation après avoir réservé son propre contrôle de l'utilité sociale du groupement – la personnalité de celui-ci ne sera reconnue par le juge que si ce groupement poursuit des intérêts licites et dignes d'être juridiquement protégés – a expressément affirmé ce pouvoir du législateur : « [...] si le législateur a le pouvoir, dans un but de haute police, de priver de la personnalité civile telle catégorie déterminée de groupements, il en reconnaît au contraire implicitement, mais nécessairement, l'existence en faveur d'organismes créés par la loi elle-même, avec mission de gérer certains intérêts collectifs présentant ainsi le caractère de droits susceptibles d'être déduits en justice » ; comp. Paillusseau, *op. cit.*, n° 3 s.

3. V. ss 192.

4. Terré et Fenouillet, n° 261 s. Cette distinction, comme celle du droit privé et du droit public, comporte certaines zones de flou. Comme il y a des droits *mixtes* (v. ss 51 s.), certaines personnes morales sont de *nature mixte*, tels les *ordres professionnels* (médecins, architectes, avocats…) qui sont des personnes privées chargées d'un service public.

général et parmi lesquels on peut distinguer les établissements publics *administratifs* (par exemple, la Caisse des dépôts, les hôpitaux, Pôle emploi, les collèges, lycées et les universités...) et les établissements publics *industriels et commerciaux* (par exemple, la Société nationale des chemins de fer français, autrefois, ou la Régie autonome des transports parisiens [1]...).

Les *personnes morales de droit privé* se réduisent, quant à elles, à deux catégories, d'ailleurs fort inégales. La plus importante, et de beaucoup, est celle des *groupements de personnes* qui comprend, notamment, les *sociétés commerciales*, les *sociétés civiles*, les *groupements d'intérêt économique*, les *associations* [2], les *syndicats professionnels*. L'autre catégorie est constituée par l'*affectation de biens à une fin déterminée*, et se réduit aux *fondations* – fondations ordinaires ou fondations d'entreprise [3] – œuvres désintéressées qui ne sont dotées de la personnalité morale que lorsqu'elles bénéficient d'une reconnaissance d'utilité publique par décret.

Cette très grande diversité des personnes morales rejaillit sur le plan de leur *régime juridique*. Même s'il existe des éléments d'homogénéité relative – sur le plan de la *responsabilité civile* ou *administrative*, selon le cas et de la *responsabilité pénale*, admise en principe par le Code pénal, à l'exclusion toutefois de l'État (C. pén., art. 121-2) – il demeure que le fonctionnement des personnes morales obéit à des règles très différentes. Elles sont soumises à un *principe de spécialité*, ce qui signifie que leur activité ne peut s'étendre à d'autres objets que celui qui leur a été assigné, tel l'objet social de la société [4]. Il n'est pas même possible de caractériser de manière unitaire la durée de leur personnalité.

Les conditions de *« naissance » de la personnalité morale* sont très variables : il suffit, pour s'en convaincre, de comparer le cas de l'*État* (« contrat social » ?), celui des *sociétés commerciales* (contrat de société et immatriculation au registre du commerce et des sociétés), et celui des *fondations* (décision individuelle d'affectation de biens à une œuvre déterminée, et reconnaissance d'utilité publique par décret) [5].

Pareillement, le « *décès* » de la personne morale intervient dans des conditions variées. Sans parler de la quasi-perpétuité de l'État, il apparaît que les personnes morales peuvent prendre fin, notamment, par *l'expiration du temps* initialement prévu pour leur action (arrivée du terme fixé par les statuts d'une association), par la *volonté des membres du groupement* (dissolution anticipée de la société décidée par les associés), ou encore du fait de la *réalisation de l'objet* de la personne morale, ou du fait d'une *décision administrative ou judiciaire* [6].

---

1. Cf. T. confl. 4 mars 2002, *D.* 2002. Somm. 2091, obs. Debord ; sur l'ensemble de la question des établissements publics, v. Waline, *Droit administratif*, 26e éd., Dalloz, coll. « Précis », 2016, n° 235 s.

2. Celles-ci sont dotées d'une personnalité de portée variable selon les cas : « grande personnalité » des associations déclarées d'utilité publique par décret, et « petite personnalité » des associations simplement déclarées. Quant aux associations non déclarées, elles n'ont aucune personnalité.

3. L. n° 87-571 du 23 juill. 1987, mod. Ord. n° 2015-904 du 23 juill. 2015. L'article 18 définit la fondation comme « l'acte par lequel une ou plusieurs personnes physiques ou morales décident l'affectation irrévocable de biens, droits ou ressources à la réalisation d'une œuvre d'intérêt général et à but non lucratif ».

4. V. ss 203.

5. Du moins faut-il constater que ces conditions permettent généralement de fixer une date précise de création de la personne morale. Mais on se demande s'il n'y a pas lieu de faire rétroagir, parfois, cette naissance de la personnalité morale, comme pour les personnes physiques avec l'adage *infans conceptus*. La loi l'admet parfois expressément ; v. ss 210, en note.

6. Sur ces différentes fins de la personnalité morale, v. Terré et Fenouillet, n° 276-277.

Il demeure que, par-delà cette diversité qui correspond au caractère fonctionnel et construit de la personne morale, celle-ci, à l'image de la personne physique, marque un moment de la vie juridique. Cette ressemblance – qu'il ne faut pas forcer car elle comporte d'importantes et nombreuses limites [1] – a des prolongements divers, notamment dans la reconnaissance de certains droits de la personnalité. Les personnes morales ont un droit à la protection de leur nom, de leur domicile, de leurs correspondances et de leur réputation, mais elles n'ont pas le droit à la protection de la vie privée au sens de l'article 9 du Code civil qui ne profite qu'aux personnes physiques [2]. Les différences se perçoivent en particulier pour ce qui concerne l'individualisation des personnes.

Section 2
L'individualisation des personnes

200. ***Les divers modes d'individualisation. La nationalité***. Animatrices de la vie juridique, les personnes, tant morales que physiques, doivent impérativement être individualisées. C'est une condition du développement harmonieux de leur activité : il faut savoir qui fait quoi, et avec ou contre qui. Quatre éléments distincts concourent à cette individualisation : la *nationalité*, le *nom*, le *domicile*, et enfin l'*état des personnes* [3].

Nous les examinerons successivement, à propos des personnes physiques principalement, mais sans perdre de vue le cas des personnes morales dont ce sera l'occasion de constater la ressemblance avec les personnes physiques.

La *nationalité* correspond à un souci d'identification des personnes dans la communauté internationale. Elle se définit comme l'appartenance juridique et politique d'une personne à la population constitutive d'un État [4]. Sa conséquence principale est de faire accéder la personne physique considérée au statut – droits, libertés et devoirs [5] – que réserve l'État concerné à ses nationaux. Cette question, fort complexe [6] et sujette à des fréquentes modifications, fait l'objet d'un corps de règles inséré dans le Code civil (art. 17 à 33-2). L'article 17 dispose que « la nationalité française est attribuée, s'acquiert ou se perd selon les dispositions fixées par le présent [code], sous la réserve de l'application des traités et autres engagements internationaux de la France ». En faisant abstraction

1. Cf. les remarques d'un pénaliste, mettant en relief cette particularité, lourde de conséquences au plan pénal, que la personne morale est composée de personnes physiques et, en particulier, que sa « mort » laisse subsister celles-ci, ce qui peut imposer de veiller à empêcher sa résurrection ; Vermelle, « La dissolution d'un groupement. Chronique d'une mort prononcée », in Propos *sur les obligations et quelques autres thèmes fondamentaux du droit, Mélanges offerts à J.-L. Aubert*, Dalloz, 2005, p. 505.

2. Civ. 1re, 17 mars 2016, n° 15-14072, *D.* 2016. 1116, note Loiseau ; Dumoulin, « Les droits de la personnalité des personnes morales », *Rev. sociétés* 2006. 1.

3. La société moderne multiplie en fait les éléments d'identification des personnes : n° de sécurité sociale, codes ; Terré et Fenouillet, n° 199 s. ; Garé, *Le droit des personnes*, 2e éd., Dalloz, coll. « Connaissance du droit », 2003, p. 38 ; v. égal. Rochfeld, *Les grandes notions du droit privé, op. cit.*, p. 38 s., qui ajoute aux éléments classiques d'identification de la personne, une dimension moderne d'« identité choisie » tendant à assurer l'épanouissement personnel, que le droit prendrait de plus en plus en compte (changement de sexe, choix – limité – du nom de famille...).

4. Loussouarn, Bourel et de Vareilles-Sommieres, *Droit international privé*, 10e éd., Dalloz, coll. « Précis », 2013, n° 516 s. ; Lagarde, *La nationalité française*, 4e éd., Dalloz, 2011.

5. Par exemple, le droit de vote aux élections politiques, l'ensemble des libertés publiques, et la jouissance des droits civils.

6. Elle relève du droit international privé.

de nombreuses difficultés et d'une relative instabilité de la matière, le droit français – remanié à de multiples reprises (dont l'ordonnance n° 2015-1288 du 6 octobre 2015 et les lois n° 2021-297 du 14 mars 2016, n° 2016-274 du 7 mars 2016 et n° 2016 547 du 18 novembre 2016) peut être schématisé de la manière suivante [1].

La nationalité française est *attribuée* (nationalité d'*origine*) soit sur le fondement d'un *lien de filiation* avec des parents français, soit sur le fondement de la *naissance sur le territoire français*.

Elle peut être *acquise* (par une personne ayant la qualité *d'étranger*) dans des hypothèses multiples et de manière variable [2]. Il s'agit notamment, d'abord, et sous diverses conditions, des cas de *naissance et résidence en France* (art. 21-7), et de *mariage avec un conjoint de nationalité française* (art. 21-2) [3]. Dans le premier cas, l'acquisition de la nationalité française est automatique, sauf à être déclinée par l'intéressé dans certaines conditions (art. 21-7 et 21-8) ; dans le second, l'acquisition de la nationalité française est subordonnée, outre l'écoulement d'un délai de quatre ans, en principe, à compter du mariage et à une communauté de vie, à une déclaration de l'intéressé. Il s'agit, aussi, de la *naturalisation* (art. 21-15 s.), qui suppose, bien sûr, une démarche particulière de celui qui veut en bénéficier, mais qui est essentiellement subordonnée à une *décision de l'autorité publique*. L'acquisition de la nationalité peut, dans les cas de naturalisation et de mariage, avoir un effet collectif au bénéfice des enfants de moins de 18 ans de celui qui a acquis la nationalité française [4].

Enfin, la nationalité française peut être *perdue*, dans différents cas, soit sur *déclaration* de l'intéressé qui a acquis une nationalité étrangère (art. 23), soit par *décret* – par **exemple**, le « Français qui se comporte en fait comme le national d'un pays étranger » dont il a par ailleurs la nationalité (cas de double nationalité) – soit, enfin, très exceptionnellement, par *jugement* (C. civ., art. 23-6) [5].

La question de la nationalité se pose, tout autant, dans le cas des *personnes morales* [6]. Mais les principes de solution sont alors beaucoup moins variés.

En règle générale, la nationalité d'une personne morale dépend de la localisation de son *siège social* – c'est-à-dire du lieu de son principal établissement, où se trouvent ses organes de gestion – étant entendu que, le cas échéant, la réalité d'un siège social déclaré peut être vérifiée, et cette vérification donner lieu à substitution, par le juge, pour tenir compte du lieu de l'activité effective de la personne morale considérée.

---

1. Sur l'ensemble de la question, v. Loussouarn, Bourel et de Vareilles-Sommieres, *Droit international privé*, *op. cit.*

2. On peut en rapprocher l'acquisition de la nationalité française, sur proposition du ministre de la Défense, par tout étranger qui en fait la demande alors qu'engagé dans les armées françaises, il a été blessé en mission au cours ou à l'occasion d'un engagement opérationnel (C. civ., art. 21-14-1 ; L. du 29 déc. 1999).

3. Pour un nouveau cas d'acquisition de la nationalité, v. C. civ., art. 21-13-1 (Ord. du 6 oct. 2015), au profit de personnes âgées d'au moins 65 ans, ayant résidé en France habituellement au moins 25 ans, qui sont des ascendants directs de ressortissants français.

4. Art. 22-1. Cet effet extensif peut être refusé par l'intéressé, s'il n'est pas né en France (art. 22-3, al. 1er).

5. Sur le projet très controversé, et finalement abandonné, de la déchéance de nationalité pour les auteurs d'actes *de terrorisme*, v. Dionisi-Peyrusse, « Déchéance de nationalité : portée des projets de réforme annoncée », *D.* 2016. 129 ; Cassia, « Déchéance de nationalité : clap de fin », *D.* 2016. 697.

6. La question de la réalité du concept de nationalité des personnes morales est discutée ; v. Loussouarn, Bourel et de Vareilles-Sommieres, *op. cit.*, n° 1192 s. L'idée paraît être imposée par le fait qu'il existe un statut propre aux personnes morales nationales. Rappr. Traité de Rome, art. 58, al. 1er : « Les sociétés constituées en conformité de la législation d'un État membre et ayant leur siège statutaire, leur administration centrale ou leur principal établissement à l'intérieur de la Communauté, sont assimilées, pour l'application des dispositions du présent chapitre, aux personnes physiques ressortissant des États membres. »

De manière exceptionnelle, la nationalité peut être fixée en considération de la nationalité des *personnes qui contrôlent la personne morale*[1].

La nationalité des personnes morales n'est pas réglée de la même manière, rigoureuse et rigide, que pour les personnes physiques. Il est vrai que les conséquences qui lui sont attachées sont moins importantes – le statut des personnes morales n'ayant pas la richesse de celui des personnes physiques. Il est vrai, aussi, que la nature particulière des personnes morales – qui sont des constructions de l'homme – peut appeler parfois une approche plus pragmatique. Le cas des groupes de sociétés, ou *sociétés multinationales* – qui se caractérisent par des localisations multiples et une nationalité nécessairement distincte des nationalités correspondant à ces diverses localisations – en fournit une bonne illustration.

201. *Le nom*. Un deuxième élément essentiel de l'individualisation des personnes est constitué par le *nom*. Encore convient-il de souligner que ce terme est générique et comprend plusieurs éléments distincts : le *nom de famille* – aussi appelé *patronyme* ou *nom patronymique* ; les *prénoms*, qui servent à individualiser la personne au sein même de la famille ; éventuellement, le *surnom* (appellation différente du nom patronymique et qui est attribuée à une personne par les tiers), et le *pseudonyme* (« nom de guerre » ou « nom de plume » ou « de scène », qu'une personne s'attribue pour une activité)[2]. De ces éléments divers nous nous bornerons à évoquer le principal : le nom de famille.

Le *nom* des personnes physiques fait l'objet d'une réglementation précise quant aux conditions de son attribution. Il est, le plus souvent, acquis par la voie de la *filiation*. Jusqu'à une loi du 4 mars 2002[3], les conditions d'attribution du nom différaient profondément selon que la filiation de l'enfant était légitime, naturelle ou adoptive. La loi de 2002, modifiée notamment par l'ordonnance n° 2005-759 du 4 juillet 2005, les a, dans toute la mesure du possible, uniformisées. Elle les a aussi, en abandonnant le principe traditionnel de dévolution du nom du père, sensiblement compliquées en ouvrant une assez large possibilité de choix entre le nom du père, celui de la mère ou les deux accolés dans l'ordre choisi par eux, et dans la limite d'un nom de famille pour chacun d'eux[4]. La loi du 17 mai 2013 ouvrant le mariage aux couples de personnes de même sexe a modifié les règles d'attribution du nom dans la famille adoptive afin de tenir compte de la possibilité

---

1. G. Wicker et Pagnucco, *Rép. civ.*, Dalloz, v° *Personne morale*, n° 109 s.

2. Exemples : *Molière* (J.-B. Poquelin), *Voltaire* (F.-M. Arouet), *Stendhal* (H. Beyle), *George Sand* (Aurore Dupin), *Jules Romains* (Louis Farigoule) ; v. Leloup, « Le pseudonyme », *RTD civ.* 1963. 449.

3. La complexité des dispositions nouvelles a conduit le législateur à retarder l'entrée en vigueur de la loi. Elle a été fixée au 1er janvier 2005 (par L. du 18 juin 2003) et au 1er janvier 2007 pour Mayotte. Décret d'application n° 2004-1159 du 29 octobre 2004.

4. V. l'article 311-21 qui ouvre cette liberté de choix sous diverses conditions : établissement simultané de la filiation de l'enfant à l'égard de ses deux parents, déclaration conjointe de ceux-ci. À défaut d'une telle déclaration, l'enfant prend le nom de celui de ses parents à l'égard duquel sa filiation a été établie en premier et le nom du père en cas d'établissement simultané de cette filiation. La loi n° 2013-404 du 17 mai 2013, a ajouté au texte la précision qu'en cas de désaccord des parents, l'enfant prend leurs deux noms, dans la limite du premier nom de famille pour chacun d'entre eux, accolés dans l'ordre alphabétique ; v. sur l'ensemble de la question, Terré et Fenouillet, n° 156 s. ; T. Garé, *Le droit des personnes*, 2e éd., Dalloz, coll. « Connaissance du droit », 2003, spéc. p. 39 s. ; v. aussi Corpart, « La vision égalitaire de la dévolution du nom de famille », *D.* 2003. Chron. 2845. Le nouvel article 311-23 résultant de l'ordonnance du 4 juillet 2005 régit l'attribution du nom dans le cas où, à la date de la déclaration de naissance, la filiation de l'enfant n'a été établie qu'à l'égard d'un parent. Il prend alors le nom de celui-ci. Lors de l'établissement du second lien de filiation de l'enfant, et pendant sa minorité, les parents ont le choix, soit de lui conserver son nom d'origine, soit de substituer à celui-ci le nom du deuxième parent, soit enfin d'accoler leurs deux noms.

reconnue à ces couples d'adopter conjointement un enfant ou l'enfant du conjoint[1]. Le nom peut aussi être acquis par voie d'*attribution par décision de l'autorité publique* dans le cas des enfants de filiation inconnue[2].

Le nom ainsi attribué est *obligatoire* et *immuable* – ce qui signifie que chacun est tenu de porter son nom, sans le modifier, dans le cadre de ses activités juridiques[3]. Il est, par là même, *indisponible* – nul ne peut céder son nom[4] – et *imprescriptible* – nul ne saurait être privé de son nom au motif qu'il ne s'en serait pas servi pendant longtemps.

Ces divers caractères soulignent la nature d'*institution de police* qui s'attache au nom patronymique : il s'agit d'un élément d'ordre public et de sécurité juridique qui, comme tel, échappe au pouvoir discrétionnaire de la personne. Il serait faux, cependant, de s'en tenir à cette seule analyse et de dénier à chacun tout droit sur son nom. En réalité, le nom constitue en même temps un *droit de la personnalité*[5] qui confère à son titulaire et le droit de s'en servir dans ses diverses activités[6], et le droit de se défendre contre les utilisations irrégulières de son nom[7]. Au surplus, le principe d'immutabilité du nom n'est pas absolu : chacun peut demander à changer de nom (C. civ., art. 61), comme d'ailleurs de prénom (art. 60, mod. L. n° 2016-1547 du 18 nov. 2016), pourvu de justifier d'un intérêt légitime. Du moins le changement du nom suppose-t-il un décret, alors que celui du prénom dépend d'une décision de l'officier d'état civil et, en cas de refus de celui-ci, du juge aux affaires familiales.

La loi de 2002 n'a pas remis en cause la solution adoptée par une loi du 23 décembre 1985, qui, tenant compte de ce que le nom de famille était ordinairement celui de l'un des parents à l'exclusion de celui de l'autre, a autorisé à ajouter à son nom celui de l'autre parent pour constituer un *nom d'usage*, à défaut de nom de famille *stricto sensu*.

Les *personnes morales* comme les personnes physiques, sont également individualisées par une dénomination : *titre* des associations, *raison sociale* ou *dénomination commerciale* des sociétés commerciales. Mais, en dépit de cette similitude, il n'existe pas ici, comme pour les personnes physiques, une réglementation rigide : en général, le choix de la dénomination est libre et il n'a rien d'irréversible[8].

---

1. C. Doublein, « Le nom de famille. Les modifications apportées par la loi du 17 mai 2013 », *AJ fam.* 2013, n° 349, et « Nom de famille. Tableau de synthèse », *ibid.* 431, préc.

2. Cf. Terré et Fenouillet, n° 170.

3. En revanche, il est possible d'user d'un pseudonyme dans d'autres activités.

4. Cette indisponibilité ne fait pas obstacle, cependant, à ce qu'une personne cède, à des fins commerciales notamment, l'usage de son nom ; v. ss 204 ; v. Loiseau, *Le nom, objet d'un contrat*, préf. Ghestin, LGDJ, coll. « Bibliothèque de droit privé », 1997.

5. On souligne parfois, à cet égard, que le nom est « moins un problème d'identification que d'identité, c'est-à-dire de rapport avec soi-même », qu'il est une « seconde peau » qui doit « adhérer parfaitement à la personne » (Gobert, « L'attribution du nom : égalité ou liberté ? », *LPA* 23 mars 2001, p. 11, *in fine*).

6. Ainsi le porteur d'un pseudonyme ne saurait-il s'opposer à ce que le titulaire d'un nom patronymique identique à ce pseudonyme use de son nom, fût-ce dans une activité concurrente, par exemple littéraire (T. civ. Seine 7 déc. 1955, *D.* 1956. 131).

7. Par exemple, contre l'usage de son nom pour désigner le personnage d'une œuvre littéraire. Mais encore faut-il, pour que la défense soit justifiée, qu'il existe un risque de confusion et qu'une telle confusion soit dommageable (personnage imaginaire ridicule ou odieux) ; v. Paris, 24 mai 1975, *D.* 1975. 488, note Lindon, *RTD civ.* 1975. 524, obs. Nerson.

8. Sur les inconvénients de cette liberté, v. Dagot, « Le nom des personnes morales », *JCP N* 1991. Doctr. 479.

Il convient cependant de nuancer ce régime de liberté à deux égards : d'une part, la loi impose la publicité des dénominations des associations et des sociétés, d'autre part, ces dénominations bénéficient d'une protection contre les risques de confusion.

202. ***Le domicile***. Plus encore que le nom, le *domicile* représente une institution de police civile. En atteste, d'abord, la différence qu'il convient de faire entre cette notion et celles de *résidence* et d'*habitation*.

Alors que la *résidence* désigne le lieu où une personne vit habituellement, et l'*habitation*, celui où elle séjourne pour peu de temps et occasionnellement, le *domicile* marque le lieu de rattachement géographique de la personne au regard de la loi. Il est un point essentiel de centralisation de l'activité juridique du sujet de droit, ce dont témoignent : le principe de la compétence territoriale du tribunal du domicile du défendeur (C. pr. civ., art. 42 et 43) ; la règle selon laquelle, à défaut de pouvoir l'être à sa personne, les actes de procédure doivent être signifiés au domicile du justiciable et seulement en cas d'absence de domicile connu, à la résidence (C. pr. civ., art. 655) ; l'ouverture de la succession au domicile du défunt…

Cette nature d'institution de police civile se manifeste également par le double caractère, *obligatoire* et *fixe*, du domicile.

Certes, la fixation du domicile est, en principe, *volontaire*. La combinaison des articles 102 et 103 du Code civil montre en effet que le domicile est déterminé en considération de la localisation du *principal établissement* de chacun – c'est-à-dire du point de rattachement dominant de ses activités [1] – et de son *intention* de fixer son domicile en ce lieu. Mais, il existe aussi des *domiciles légaux*, c'est-à-dire des domiciles qui sont imposés par la loi : le domicile des parents pour le mineur [2] ; celui du tuteur pour le majeur en tutelle ; le lieu d'exercice des fonctions pour le fonctionnaire nommé à vie [3] ; un domicile de rattachement obligatoire pour les bateliers, forains et nomades [4]. Ainsi, même en l'absence de fixation volontaire du domicile, toute personne en a toujours un : au moins celui qu'elle avait comme mineur, qui constitue un *domicile d'origine* [5].

Obligatoire donc, le domicile est en outre *fixe*. Ce second caractère ne doit pas, cependant, être entendu de manière rigide. À telle enseigne que la loi elle-même (C. civ., art. 103) prévoit la possibilité d'un changement volontaire de domicile qui est, au demeurant, pour chacun, le moyen de rompre avec son domicile d'origine. Ce changement s'opérera « par le fait d'une habitation réelle dans un autre lieu, joint à l'intention d'y fixer son principal établissement ». La fixité du domicile signifie donc seulement qu'il ne varie pas au gré des déplacements plus ou moins longs que la personne effectue en d'autres lieux ; qu'il ne change que dans le cas d'un déplacement réel et volontaire du principal établissement [6].

---

1. Ce peut être le lieu de résidence habituelle, ou le lieu de l'activité professionnelle. Les situations individuelles sont très diverses, et le juge apprécie souverainement cas par cas.

2. En cas de séparation, celui du parent chez qui réside le mineur (C. civ., art. 108-2).

3. Ce sont les magistrats assis de l'ordre judiciaire (sur ceux-ci, v. ss 143).

4. C. civ., art. 102, al. 2 (bateliers) ; L. n° 69-3 du 3 janv. 1969, art. 7 (forains et nomades).

5. Cf. Terré et Fenouillet, *op. cit.*, n° 207 s.

6. On affirme parfois, le principe *d'unicité* du domicile. La technique de l'*élection de domicile* – que la loi rend d'ailleurs obligatoire dans certains cas – qui consiste à choisir, sans pour autant renoncer à son domicile normal, un domicile fictif destiné, en particulier, à fixer la compétence d'un tribunal, rend un tel principe douteux (cf. Terré et Fenouillet, n° 210 s.).

Au domicile des personnes physiques correspond le *siège* des *personnes morales*. Cependant, plus encore que pour la nationalité et le nom, le régime de ce siège est beaucoup plus souple que celui du domicile : le principe est que chaque personne morale peut le fixer librement. Cependant : d'une part, les juges restent libres de vérifier la coïncidence du siège ainsi choisi avec la réalité de l'activité principale de la personne morale et, à défaut, de rectifier la domiciliation adoptée ; d'autre part, tenant compte de la multiplicité des lieux d'activité des sociétés importantes, la jurisprudence admet qu'une même personne morale peut avoir autant de domiciles qu'elle a d'établissements [1].

203. ***L'état des personnes***. Dernier élément d'individualisation des personnes, l'*état* est assurément le plus complexe. C'est aussi celui qui marque le plus nettement la distance qui sépare les personnes physiques des personnes morales.

On entend par *état des personnes* l'ensemble des caractéristiques de la personne qui déterminent, selon la loi, certains effets de droit et définissent son statut juridique. Il est classique de distinguer – par commodité, plus que par nécessité [2] – l'*état dans la cité*, l'*état dans la famille* et l'*état individuel*.

L'*état dans la cité* tient compte, d'abord, des éléments qui définissent la *nationalité* de la personne et de ceux qui conditionnent la qualité de *citoyen*. Celle-ci, qui dépend initialement de la nationalité, est subordonnée à une condition d'âge : seuls les *majeurs* peuvent exercer les droits de nature politique – fonction électorale, éligibilité [3]. Mais l'état dans la cité n'est pas seulement *politique*. Il est aussi *socioprofessionnel* : l'activité professionnelle de chacun – salarié, profession libérale, commerçant, artisan, agriculteur... – entraîne son intégration à un statut, plus ou moins spécialisé selon les cas [4].

L'*état dans la famille* prend en considération, de manière traditionnelle, la filiation ou plus largement la *parenté*, et le *mariage*. Les qualités d'époux, de père ou de mère, d'enfant, sont génératrices de droits et de charges.

Mais il convient d'ajouter à cela que, sous la pression d'une évolution des mœurs, le *concubinage*, encore appelé *union libre*, est devenu un élément de l'état dans la famille, notamment en raison des conséquences qu'il comporte en droit social [5].

Enfin, l'*état individuel de la personne* s'attache, sans omettre la *naissance* et le *décès*, qui en délimitent l'existence, au *sexe, à* l'*âge* et aux *facultés mentales*. Ces deux derniers éléments jouent un rôle essentiel dans la définition de la *capacité juridique* de chacun. Ainsi, notamment, l'âge de 18 ans marque l'accès à la pleine capacité civile ainsi qu'à la pleine

---

1. C'est la jurisprudence, dite « des *gares principales* », qui récuse totalement, pour les personnes morales, le prétendu principe d'unicité du domicile. Cette jurisprudence, consacrée par l'article 43 du Code de procédure civile, présente l'intérêt de permettre aux personnes qui ont un litige avec des sociétés à succursales multiples de saisir le tribunal du lieu de la succursale au lieu d'être contraint d'assigner devant le tribunal du siège de la société, qui peut être fort éloigné.

2. Il est fréquent, en effet, qu'un même élément ait des conséquences sur des plans différents. Ainsi, par exemple, de l'*âge*, qui a des effets tant sur le plan individuel que sur le plan de la citoyenneté.

3. Il peut d'ailleurs exister des exigences d'âge particulières. Ainsi, l'éligibilité au Sénat est fixée à 24 ans (C. électoral, art. LO 296).

4. On peut citer, à titre d'illustrations : le Code de déontologie médicale, le statut du notariat, le statut du travailleur dans l'entreprise...

5. V. ss 253 ; Saint-Jours, « Le statut social du concubinage », *JCP N* 1993. I. 138. « Des concubinages, Droit interne. Droit international. Droit comparé », in *Études offertes à J. Rubbelin-Devichi*, LGDJ, 2002. Il en va de même du pacte civil de solidarité (C. civ., art. 515-1 s.) en raison des conséquences nombreuses qui s'y attachent, bien que l'on ait prétendu, au moment de l'adoption de la loi qui l'a consacré, qu'il est sans effet sur l'état des personnes.

responsabilité pénale[1]. Mais il convient d'observer que si les conséquences attachées à l'âge se produisent, en principe, de manière automatique, l'incidence d'un trouble des facultés mentales, d'une aliénation, est beaucoup moins systématique : en particulier, si un tel état peut justifier la mise en place d'un régime de protection, celui-ci n'interviendra qu'au résultat d'une procédure volontairement déclenchée à cette fin[2].

Le *sexe* est un élément essentiel de l'identité et de la condition de l'homme. Longtemps, il a été appréhendé de manière assez simple en considération de la seule conformation anatomique. Y étaient attachées un certain nombre de conséquences, notamment en matière d'état civil et en droit de la famille où la différence de sexe des époux constituait une condition tout à fait traditionnelle du mariage. Récemment, les choses se sont considérablement compliquées. D'une part, par la complexification de la définition même du sexe avec l'ajout au traditionnel sexe anatomique, du sexe génétique, du sexe psychologique, social... D'autre part, par l'évolution des problématiques liées au sexe et par la manière de les aborder. Le droit à l'identité sexuelle est un aspect fondamental du droit à la vie privée protégé par la Convention européenne des droits de l'Homme.

Parmi les plus importantes figure le *transsexualisme* avec, notamment, les questions liées de sa définition et de ses conséquences sur l'état civil. Après avoir longtemps refusé la modification de la mention du sexe à l'état civil du transsexuel en se fondant sur l'indisponibilité de l'état, la Cour de cassation, pour partie sous l'influence de la Cour européenne des droits de l'Homme, avait fini par l'admettre, sur le fondement du droit au respect de la vie privée, pour les « vrais » transsexuels, c'est-à-dire ceux à qui le changement de morphologie (par traitement et opération) et le comportement social confèrent une apparence qui les rapproche du sexe qu'ils revendiquent[3]. Mais les conditions posées par la jurisprudence tenant, surtout, à l'irréversibilité du changement de l'apparence[4] ont été jugées par la Cour européenne des droits de l'Homme, du fait de la stérilisation ou du risque de stérilisation qu'elle recèle, contraires au respect du droit à la vie privée en raison de la renonciation au plein exercice du droit au respect de l'intégrité physique qu'elle suppose[5]. Anticipant sur cette condamnation, la loi n° 2016-1547 du 18 novembre 2016 a instauré une procédure de changement de sexe à l'état civil qui en modifie profondément les conditions. Elle crée dans le Code civil une nouvelle section consacrée à la modification de la mention du sexe à l'état civil (art. 61-5 à 65-8). Désormais, la modification peut être demandée par toute personne majeure ou mineure émancipée qui « démontre par une réunion suffisante de faits que la mention relative à son sexe dans les actes de l'état civil ne correspond pas à celui dans lequel elle se présente et dans lequel elle est connue » Le changement de la mention du sexe ne nécessite donc plus la preuve d'un changement irréversible résultant de traitements ou d'opérations. Il est seulement conditionné à celle d'une « possession d'état » du sexe revendiqué, autrement dit au fait que le demandeur se comporte et est connu comme appartenant à ce sexe. Les faits de nature à établir cet état sont notamment que la personne se présente publiquement comme appartenant au sexe revendiqué ; qu'elle est connue sous le

1. Également, on l'a vu à la citoyenneté. Il convient de remarquer que le droit attache des conséquences à d'autres âges que celui de 18 ans. Ainsi, le mineur de 16 à 18 ans a-t-il la capacité de faire un testament, sous réserve de certaines exigences (C. civ., art. 904). Ainsi, encore, le droit pénal distingue-t-il entre les mineurs de 10 ans, qui ne peuvent faire l'objet que de mesures d'assistance, les mineurs de 10 à 18 ans, contre qui peuvent être prononcées des sanctions éducatives et les mineurs de 13 à 18 ans qui peuvent être condamnés à une peine, en considération des circonstances et de leur personnalité (Ord. du 2 févr. 1945, art. 2, mod. L. n° 2016-1547 du 18 nov. 2016).

2. Cf. C. civ., art. 440 s., régissant l'ouverture de la *tutelle* et de la *curatelle*.

3. Ass. plén. 11 déc. 1992, *RTD civ.* 1993. 325, obs. Hauser ; *JCP* 1993. II. 21991, concl. Jéol et note Mémeteau ; *Grands arrêts de la jurisprudence civile*, 12ᵉ éd., Dalloz, 2007, n° 26.

4. V. notamment : Civ. 1re, 7 juin 2012 (deux arrêts), n° 11-22490 et n° 10-26947, *RTD civ.* 2012. 502, obs. Hauser ; Civ. 1re, 13 févr. 2013 (deux arrêts), n° 11-14515 et n° 12-11949, *D.* 2013. 1089, obs. Lemouland et Vigneau, *RTD civ.* 2013. 344, obs. Hauser.

5. CEDH 6 avr. 2017 (trois arrêts), n° 79885/12 52471/13 et n° 52596/13, *D.* 2017. 1027 note Vauthier et Vialla, ; *AJ fam.* 2017. 299, obs. F. Viney; *RTD civ.* 2017. 350, obs. Hauser.

sexe revendiqué de son entourage familial, amical ou professionnel, qu'elle a obtenu le changement de son prénom afin qu'il corresponde au sexe revendiqué (art. 61-5). Le texte précise expressément que le fait de ne pas subir de traitements médicaux, d'opération chirurgicale ou de stérilisation ne peut motiver le refus de modification de la mention du sexe à l'état civil (art. 61-6, al. 3). Cette « démédicalisation » de la modification du changement de sexe est plus respectueuse de l'intégrité physique de la personne mais elle accroît le risque de changement par phantasme ou à des fins de prostitution.

La loi laisse irrésolue la difficulté suscitée par la situation des *personnes intersexuées*, c'est-à-dire celles dotées d'organes génitaux ambigus. Après qu'une juridiction de première instance a accepté de remplacer, à l'état civil, la mention du sexe « masculin », par celle de sexe « neutre » [1], la cour appel a infirmé sa décision en admettant pour sa part la possibilité de ne mentionner aucun sexe, en se fondant sur le droit à la vie privée de l'article 8 de la CEDH [2]. Sur le pourvoi formé contre cet arrêt, la Cour de cassation a quant à elle jugé que la loi française ne permet pas de faire figurer dans les actes de l'état civil un sexe autre que masculin ou féminin. Elle exclut donc que soit mentionné « sexe neutre » ou « intersexe ». Elle précise que l'atteinte au droit au respect de la vie privée qui peut résulter de ce refus n'est pas disproportionnée au regard du but légitime poursuivi par la dualité des énonciations relatives au sexe dans les actes de l'état civil, nécessaire à l'organisation sociale et juridique dont elle constitue un élément essentiel [3]. La motivation est plus affirmative que démonstrative et les fondements de la solution ne sont pas si fermes que cela. Il convient donc que le législateur s'empare de la question.

Dans un tout autre ordre d'idée, et de manière beaucoup plus générale, c'est l'inégalité de traitement entre les hommes et les femmes qui a été progressivement jugée insupportable. L'une des premières conséquences a été la lutte contre les discriminations, les distinctions opérées entre les personnes en raison de leur sexe figurant dès l'origine parmi les discriminations interdites (C. pén., art. 225-1, en vigueur au 1er mars 1994 ; C. trav., art. L. 1132-1). Néanmoins, la seule sanction des traitements délibérément défavorables fondés sur le sexe ne suffit pas, à elle seule, à assurer l'égalité entre les hommes et les femmes. Celle-ci a donc été directement promue par la loi, particulièrement dans les domaines de l'emploi et de la représentation où la question semble toujours à reprendre [4].

La lutte contre les discriminations a aussi été dirigée contre celles fondées sur les mœurs, puis un peu plus tard, sur l'orientation sexuelle (C. pén., art. 225-1, préc.). C'est l'un des manifestations de la libéralisation des mœurs qui s'est aussi traduite par la dépénalisation de l'homosexualité. Cette liberté des comportements sexuels s'est accompagnée de la revendication de droits égaux pour toutes les personnes, qu'elles soient hétérosexuelles ou homosexuelles. De ce point de vue la loi du 17 mai 2013 ouvrant le mariage aux couples de personnes de même sexe constitue un changement fondamental, qui, par la reconnaissance de la possibilité d'adopter aux couples mariés homosexuels, ouvre la voie de l'« homoparentalité » [5].

Notons enfin, pour terminer, que la considération du sexe est parfois aujourd'hui dépassée par celle du genre, sous l'impulsion de théories venues des États-Unis [6].

---

1. TGI Tours, 20 août 2015, *D*. 2015. 2295, note Vialla ; R. Libchaber, « Les incertitudes du sexe », *D*. 2016, Point de vue, p. 20.

2. Orléans, 22 mars 2016, *D*. 2016. 1404, obs. Moron-Puech et 1915, note Reigné.

3. Civ. 1re, 4 mai 2017, n° 16-17189, *D*. 2017. 1399, note Vauthier et Vialla, *RTD civ*. 2017. 607, obs. Hauser.

4. V. notamment : loi constitutionnelle n° 99-569 du 8 juillet 1999 relative à l'égalité entre les femmes et les hommes ; loi n° 2001-397 du 9 mai 2001 relative à l'égalité professionnelle entre les femmes et les hommes ; loi n° 2006-340 du 23 mars 2006 relative à l'égalité salariale entre les femmes et les hommes ; loi n° 2011-103 du 27 janvier 2011 relative à la représentation équilibrée des femmes et des hommes au sein des conseils d'administration et de surveillance et à l'égalité professionnelle ; loi n° 2014-873 du 4 août 2014 pour l'égalité réelle entre les femmes et les hommes.

5. V. ss 254 s.

6. V. not. Dionisi-Peyrusse et Pichard, « Autorité parentale et stéréotypes de genre : la part du droit », *AJ fam*. 2014. 174 ; Reigné, « Sexe, genre et état des personnes », *JCP* 2011, n° 42, 1140.

L'importance pratique de l'état des personnes justifie que celui-ci relève de l'*ordre public*[1] en ce sens, notamment, que ses éléments échappent à la volonté des sujets de droit : c'est le principe de l'*indisponibilité de l'état des personnes*[2]. Cette importance justifie aussi qu'ait été mis en place un moyen sûr de constatation et de preuve des éléments qui le composent – ou du moins de la plupart d'entre eux. Il s'agit des *actes de l'état civil* – en particulier les actes de *naissance*, de *mariage* et de *décès* – qui doivent faire l'objet d'une inscription sur les *registres de l'état civil* que chaque commune est obligée de tenir en double exemplaire[3].

On observera, pour finir, que le droit pénal prévoit la possibilité d'une interdiction – nécessairement temporaire – des *droits civiques, civils et de famille* (C. pén., art. 131-26) et de multiples déchéances, et interdictions professionnelles, qui viennent souligner encore le caractère essentiel de cet état des personnes.

L'état des personnes est fortement marqué par la spécificité des personnes physiques et n'a pas d'équivalent véritable pour les *personnes morales.*

À la vérité, la question ne se pose pas, pour celles-ci, dans les mêmes termes que pour celles-là : à l'unicité de l'être humain s'oppose, en effet, la diversité des personnes morales. Or, cette diversité est soulignée par le *principe de spécialité* des personnes morales[4], principe qui cantonne leurs activités à celles qu'appelle le but dans lequel elles ont été instituées. Partant, c'est plutôt par *catégorie* de personnes morales que la question d'un « état » peut se poser. Et l'on peut alors constater, cas par cas, l'existence d'un embryon d'état des personnes morales. Ainsi, en particulier, les *sociétés commerciales* sont-elles investies, du seul fait de leur existence, d'un droit de vote (élection des juges consulaires et des membres des chambres de commerce) et d'un *statut spécifique* selon la forme dans laquelle elles ont été constituées. Et l'on peut voir dans le *Registre du commerce et des sociétés*[5] où, notamment, elles doivent être immatriculées pour bénéficier de la personnalité morale, un équivalent approximatif – très – de l'état civil.

---

1. Sur cette notion, v. ss 101.
2. Cf. Ass. plén. 31 mai 1991, *D.* 1991. 417, rapp. Chartier, note Thouvenin, et *D.* 1991. Somm. 318, obs. Aubert ; *JCP* 1991. II. 21752, communic. Bernard, concl. Dontenwille, note Terré (l'arrêt déclare illicites les conventions dites de « mère porteuse », notamment parce qu'elles contreviennent au principe d'indisponibilité de l'état des personnes). Sur cette question de la gestation pour autrui, où la jurisprudence a considérablement évolué, v. ss 257.
3. La loi n° 2013-404 du 17 mai 2013, a ajouté au Code civil un article 34-1 qui dispose que les actes de l'état civil sont établis par les officiers de l'état civil, sous le contrôle du Procureur de la République. L'article 34 modifié indique quelles sont les mentions qui doivent figurer dans ces actes.
4. V. ss 199.
5. Le *registre du commerce et des sociétés*, établi au greffe de chaque tribunal de commerce, permet une centralisation des principaux actes de la vie des sociétés commerciales – documents constitutifs, modification des statuts, décisions d'augmentation ou de réduction du capital… – et leur publicité ; v. D. Legeais, *Droit commercial et des affaires*, 24e éd., Sirey, coll. « Université », 2018, n° 78 s.

Chapitre 3

Les droits subjectifs

Les droits subjectifs, définis comme des pouvoirs d'imposer, d'exiger ou d'interdire attribués par la loi à la personne, en considération de leur utilité individuelle et sociale [1], sont évidemment multiples. Comme tels, ils font l'objet de classifications très diverses [2]. Nous retiendrons la principale d'entre elles, qui oppose droits extrapatrimoniaux et droits patrimoniaux. Après avoir exposé cette distinction, nous préciserons, avec l'étude des principaux droits patrimoniaux, la notion de patrimoine.

Section 1
La distinction des droits extrapatrimoniaux et des droits patrimoniaux

204. ***Le critère de la distinction. Les principaux droits extrapatrimoniaux***. Pour imparfaite qu'elle soit, la distinction entre droits *extrapatrimoniaux* et droits *patrimoniaux* a le double mérite d'être relativement simple, et de tenir compte d'une réalité sociale importante en opposant les droits dont la finalité est principalement économique à ceux qui sont, *a priori* au moins, étrangers à cette fin. Elle s'opère à partir du critère que constitue la possibilité d'une *évaluation pécuniaire* du droit considéré.

Alors que les droits patrimoniaux – ainsi dénommés parce qu'ils ont vocation à être réunis dans le *patrimoine* [3] – sont des droits qui représentent un élément de richesse pour leur titulaire, les *droits extrapatrimoniaux* [4] – qui demeurent hors du patrimoine – sont insusceptibles d'une évaluation pécuniaire [5].

Tel est le cas, tout d'abord, des *droits de l'Homme* – prérogatives inhérentes à l'être humain et inviolables [6], tels, par exemple, la dignité et la primauté de la personne (C. civ., art. 16), le droit à la vie, à la liberté et à la justice (Conv. EDH, art. 2, 5 et 6) [7], le droit

---

1. V. ss 190 ; pour d'autres définitions, v. Rochfeld, *Les grandes notions du droit privé*, *op. cit.*, p. 149 s.
2. Ghestin, Barbier et Bergé, n° 289 s. ; Rochfeld, *op. cit.*, p. 159 s. qui propose une *summa divisio* opposant les droits fondamentaux aux « droits ordinaires ».
3. V. ss 209.
4. Sur ces divers droits extrapatrimoniaux, v. Terré, nº 236.
5. V. cependant, proposant la reconnaissance d'une catégorie de droits de la personnalité de nature patrimoniale : Bruguière, « Droits "patrimoniaux" de la personnalité. Plaidoyer en faveur de leur intégration dans la catégorie des droits de la notoriété », *RTD civ.* 2016. 1.
6. V. ss 38.
7. La question a été posée à la Cour européenne des droits de l'Homme de savoir si l'article 2 de la Convention ne consacrait pas pour chacun un « droit à mourir » de la main d'un tiers ou avec

au respect de la présomption d'innocence (C. civ., art. 9-1)... C'est le cas, également, des *droits de nature politique* que sont, par exemple, le droit de vote ou l'éligibilité. Il en va de même des droits résultant du statut de la *famille* : droits attachés à l'autorité parentale [1], droit pour l'enfant d'entretenir des relations personnelles avec ses ascendants (C. civ., art. 371-4). Enfin, les droits extrapatrimoniaux comptent divers droits auxquels s'attachent des *intérêts moraux* de leur titulaire, parmi lesquels, notamment, les *droits de la personnalité* : droit à la sauvegarde de son intégrité physique, droit à l'honneur, droit au respect de sa vie privée [2], droit au nom, dans la mesure où un tel droit peut être consacré [3]. Ces droits extra-patrimoniaux bénéficient aux personnes morales comme aux personnes physiques, à l'exception cependant du droit au respect de la vie privée consacré par l'article 9 du Code civil dont les personnes morales ne peuvent se prévaloir [4].

On inscrit aussi dans les droits de la personnalité le droit pour chacun d'avoir connaissance de ses origines, qui relève d'un droit à l'identité. Ce droit, cependant, se trouve contredit par l'admission de « l'accouchement sous X » qui consacre le droit pour la mère au secret de son identité [5].

Il convient cependant d'observer que, pour utile qu'elle soit, la distinction entre droits patrimoniaux et droits extrapatrimoniaux n'est pas absolue. D'une part, il est très fréquent que des *droits extrapatrimoniaux* emportent des *effets pécuniaires* [6].

---

l'assistance d'une autorité publique. La réponse donnée par la Cour a été négative, un tel droit ne pouvant se déduire du « droit à la vie » garanti par cet article 2 (CEDH 29 avr. 2002, *D.* 2002. IR 1596) ; v. Malaurie, « Euthanasie et droits de l'Homme : quelle liberté pour le malade ? », *Defrénois* 2002, art. 37598, p. 1131. La plus récente évolution du droit français permet au malade en fin de vie de refuser la poursuite des soins et traitements mais elle n'admet pas l'euthanasie (C. santé publ., art. L. 1110-10 s., mod. L. du 22 avr. 2005 et L. du 25 janv. 2016) dont l'admission est de nouveau réclamée par certains.

1. Cf. C. civ., art. 371-1, al. 1er : « l'autorité parentale est un ensemble de droits et de devoirs ayant pour finalité l'intérêt de l'enfant ».

2. Ce droit, qui inclut le *droit à l'image*, a été consacré par une loi du 17 juillet 1970, insérée à l'article 9 du Code civil. Le droit à l'image est également affirmé par la Convention européenne des droits de l'Homme (art. 8). Il entre souvent en conflit avec cette autre prérogative que constitue la liberté de l'information et de la presse (Conv. EDH, art. 10). L'équilibre entre les deux droits est apprécié en considération de l'intérêt général qui s'attache à l'information considérée et qui fait contrepoids à l'intérêt personnel en cause, ce qui ne va pas sans de multiples nuances ; v. Gridel, « Un élément de vie privée, divulgué en violation du droit, peut être repris par voie de presse s'il contribue à un débat d'intérêt général », in *Mélanges offerts à J.-L. Aubert*, Dalloz, 2005, p. 441. ; v. un arbitrage favorable au droit à l'information contre le droit à l'image, Civ. 1re, 12 juill. 2001, *D.* 2002. 1380, note Bigot. À noter que la jurisprudence n'admet pas l'existence d'un droit à l'image des *choses* au profit du propriétaire, qui n'est protégé que contre le trouble anormal, Ass. plén. 7 mai 2004, *Bull. Ass. plén.* n° 10.

3. V. ss 201.

4. Civ. 1re, 17 mars 2016, n° 15-14072, *D.* 2016. 1116, note Loiseau, *RTD civ.* 2016. 321, obs Hauser.

5. C. civ., art. 326, et CASF, art. L. 222-6. La validité de la primauté ainsi reconnue par la loi française au droit de la mère au secret a été affirmée par la CEDH (CEDH 13 févr. 2003, *JCP* 2003. II. 10049, note Gouttenoire-Cornut et Sudre) ; v. Malaurie, « La Cour européenne des droits de l'Homme et le "droit" de connaître ses origines », *JCP* 2003. I. 120. La CEDH a également jugé que le délai de rétractation du consentement en vue de l'adoption de l'enfant et l'information délivrée sur la possibilité de rétractation sont suffisants (CEDH 10 janv. 2008, *D.* 2008. Actu. 415, obs. Guiomard). Un Conseil national de l'accès aux origines a été créé afin de faciliter l'accès aux origines personnelles des personnes nées dans le secret (« sous X ») : CASF, art. L. 147-1 s.

6. V. Loiseau, *Le nom, objet d'un contrat*, préf. Ghestin, LGDJ, 1997. Cet auteur propose de distinguer entre droit primaire et droit dérivé de la personnalité, ce dernier étant un droit patrimonial à caractère personnel (spéc. n° 476 s.).

Ainsi les liens de parenté font-ils naître des droits à pension, et plus généralement, un droit de succession, dont la nature est pécuniaire. Ainsi encore, la lésion d'un droit extrapatrimonial – l'atteinte à la vie ou à l'intégrité corporelle, ou encore à l'honneur – peut justifier l'allocation d'une indemnité de nature également pécuniaire.

D'autre part, il est certains droits extrapatrimoniaux qui peuvent servir de substance à une opération commerciale : le nom peut être cédé, malgré son indisponibilité, lorsque, par l'usage qui en est fait dans le commerce, il devient nom commercial ou enseigne ; de même, le droit à sa propre image peut être monnayé.

Sans doute convient-il de ne pas exagérer la portée de ces altérations du principe de distinction : les premières ne mettent en relief que des *effets*, des *conséquences* du droit extrapatrimonial ; les secondes ne concernent qu'un usage du nom ou de l'image, qui jamais ne prive le cédant de son *droit*[1]. Du moins faut-il en retenir qu'il n'y a pas de cloison étanche entre les deux catégories de droits. Sous cette réserve il reste que le droit extrapatrimonial se distingue assez clairement du *droit patrimonial* qui constitue directement un *bien*.

205. ***Les droits patrimoniaux et la notion de bien.*** Conformément au critère retenu, on doit considérer comme droit patrimonial tout droit qui peut être directement évalué en argent. Tel est le cas du *droit de propriété*, ou encore d'un *droit de créance*. On dit de ces droits qu'ils sont des *biens*, terminologie ambiguë qui doit être éclairée[2].

L'analyse juridique traditionnelle[3] distingue deux sortes de biens : les *biens corporels*, d'une part, et les *biens incorporels*, de l'autre. Les *biens corporels* sont les choses elles-mêmes, c'est-à-dire tout ce qui n'est pas l'être humain : une maison, une somme d'argent, une automobile[4]. Les biens dits *incorporels* parce que, faute de substance matérielle on ne peut les toucher, sont les *droits*. Mais la distinction ainsi faite est des plus discutables : ce qui, seul, constitue un bien, un élément de richesse, c'est le *droit portant sur la chose*, en d'autres termes l'ensemble droit-objet du droit[5].

Dans cette relation, le droit joue un rôle essentiel. Cependant, les caractères propres de la chose ont une importance indéniable dans la mesure où ce sont eux qui déterminent les règles de droit applicables au bien, c'est-à-dire son régime juridique. Cela explique qu'un effort ait été accompli pour une *classification des biens corporels*[6].

---

1. Le cédant ne perd pas son nom, ni ne le change : c'est seulement l'usage commercial du nom qui est transmis. Jugeant l'approche insuffisante et considérant qu'il convient de reconnaître clairement l'existence de droits patrimoniaux de la personnalité, qu'il propose de classer dans la catégorie des « droits de notoriété », v. Bruguière, « "Droits patrimoniaux" de la personnalité. Plaidoyer en faveur de leur intégration dans la catégorie des droits de la notoriété », *RTD civ*. 2016. 1.

2. Sur la notion, v. Rochfeld, *Les grandes notions du droit privé*, *op. cit*., p. 216 s. ; Libchaber, *Rép. civ*., Dalloz, v° *Biens*.

3. Cf. Flour, Aubert et Savaux, *Les obligations*, vol. 1, *L'acte juridique*, 16e éd., 2014, n° 4 s.

4. Pour tenir compte des préoccupations écologiques, il a été proposé de consacrer, à côté de la notion classique de chose et de bien, une catégorie nouvelle soumise à un droit objectif propre, celle des *biens naturels*, correspondant aux éléments naturels, qui feraient l'objet d'un droit spécifique, Del Rey-Bouchentouf, *D*. 2004. Chron. 1615. Sur une notion de choses, distincte de celle des biens, v. Loiseau, « Pour un droit des choses », *D*. 2006. Chron. 3015. Sur les relations entre les choses et les biens, v. égal. Rochfeld, *ibid*. Sur le statut de l'animal ; v. ss 192.

5. La question se pose de savoir dans quelle mesure le droit lui-même peut être l'objet de la propriété. V. J. Laurent, *La propriété des droits*, préf. T. Revet, LGDJ, 2012 ; W. Dross, « Une approche structurale de la propriété », *RTD civ*. 2012. 419.

6. Terré et Simler, *Les biens*, 9e éd., Dalloz, coll. « Précis », 2014, n° 2 s.

On distingue, tout d'abord : les *choses communes*, qui ne sont pas susceptibles d'appropriation, tel l'air ; les *choses sans maître*, qui ne sont pas appropriées, mais qui peuvent l'être – ainsi du gibier ; et les *choses appropriées*, qui sont soumises au droit de propriété d'une personne.

Dans une autre perspective, qui tient compte des caractères physiques des choses, on distingue :

– les *choses consomptibles* qui se consomment par le premier usage – tels les aliments – et qui ne peuvent, en conséquence, faire l'objet d'une location, contrairement aux *choses non consomptibles* – un immeuble, par exemple – que leur caractère durable rend compatibles avec cet élément de régime juridique ;

– les *choses fongibles*, ou *choses de genre*, qui se pèsent, se comptent ou se mesurent et sont, à qualité égale, interchangeables – comme le charbon – alors que les choses non fongibles, dites *corps certains*, sont individualisées et non interchangeables – telle une maison ;

– les *meubles*, enfin, dont le déplacement possible les distingue des *immeubles* [1].

Cette dernière distinction joue un rôle particulièrement important. Cela résulte de la classification fondamentale des biens qu'opère – non sans maladresse – le Code civil (art. 516) : « tous les *biens sont meubles ou immeubles* ». La loi étend ainsi la classification des choses aux droits eux-mêmes, bien qu'ils lui soient, *a priori*, étrangers.

Pour être certain, l'artifice doit cependant être connu car la qualification de meuble ou d'immeuble détermine l'application de régimes juridiques très différents. Il convient alors de savoir : d'abord, que le *droit de propriété* – et plus généralement les *droits réels* dont il est le prototype [2] – sera meuble ou immeuble selon la nature, mobilière ou immobilière, de la chose sur laquelle il porte ; ensuite que les *droits de créance* sont en principe *meubles* par détermination de la loi (art. 529) ; enfin que, selon la jurisprudence, la catégorie des immeubles est limitée, alors que celle des meubles est *ouverte* [3], ce qui permet de qualifier de mobiliers une dernière catégorie de droits patrimoniaux que l'on dénomme, ainsi qu'on va le préciser maintenant, les *droits intellectuels*.

Section 2
Les droits patrimoniaux et la notion de patrimoine

La notion de *patrimoine* [4] est, en quelque sorte, la traduction juridique de la dimension économique du sujet de droit : elle appréhende, en effet, l'ensemble des éléments – actifs ou passifs ; biens et dettes – qui définissent l'état de fortune de la personne.

C'est une notion juridique complexe dont on exposera les traits dominants, après avoir précisé la nature des principaux droits patrimoniaux.

1. En droit, toutefois, la distinction n'est pas aussi simple qu'il y paraît à prime abord, du fait, notamment, de la catégorie particulière des *immeubles par destination*, qui sont des biens physiquement meubles, mais qui, servant à l'exploitation d'un immeuble, sont déclarés immeubles pour assurer l'unité économique de cette exploitation ; cf. Flour, Aubert et Savaux, *op. cit.*, n° 23.

2. Sur la notion de droit réel, v. ss 207.

3. Traduite en principe, cette jurisprudence signifie que « tout ce qui n'est pas immeuble, selon la nature des choses, ou selon une disposition expresse de la loi, est meuble ».

4. Sur laquelle, v. notamment Rochfeld, *Les grandes notions du droit privé*, *op. cit.*, p. 351 s. ; M. Mekki, « Le patrimoine aujourd'hui », *JCP* 2011, n° 46, 2011. 1258.

§ 1. Les principaux droits patrimoniaux

206. ***Les droits de créance.*** Les droits patrimoniaux se regroupent en trois catégories : celles du *droit de créance*, du *droit réel* et des *droits intellectuels*, également appelés *propriétés incorporelles*.

Le *droit de créance* [1] représente l'aspect positif du rapport d'obligation [2] : c'est le *lien de droit qui existe entre deux personnes et en vertu duquel l'une* – le créancier, titulaire du droit de créance – *est en droit d'exiger quelque chose de l'autre* – le débiteur, tenu de la dette, aspect négatif de ce même rapport d'obligation. Il convient de souligner que, contrairement à une croyance répandue, le droit de créance ne s'applique pas seulement aux sommes d'argent. Selon le Code civil de 1804, les obligations – donc droit de créance et dette corrélative – pouvaient être « de donner, de faire, ou de ne pas faire quelque chose » (C. civ., ancien art. 1101). Cette formule ouvrait au droit de créance trois objets possibles : *transférer la propriété d'une chose* – c'est le sens juridique du verbe « donner » – telle l'obligation du vendeur quant à la chose vendue, et celle de l'acheteur, quant à la somme promise ; *exécuter une prestation*, comme c'est le cas d'un transporteur ou d'un garagiste ; *s'abstenir de certains actes*, par exemple, ne pas faire concurrence à telle entreprise. L'ordonnance du 10 février 2016 portant réforme du droit des contrats, du régime général et de la preuve des obligations [3] a supprimé cette trilogie. La notion d'obligation de donner était en effet contestée et les nouveaux textes traitent le transfert de propriété comme un effet légal du contrat. Il n'en demeure pas moins que l'obligation a pour objet une prestation consistant, selon les cas, en un acte positif ou en une abstention.

Ainsi défini, le droit de créance est constitué de deux éléments : d'abord, une *relation interpersonnelle* – entre le créancier et le débiteur – qui délimite le pouvoir d'exiger dont le créancier est investi (c'est au débiteur, et à lui seul, qu'il peut réclamer ce à quoi il a droit) ; ensuite, un élément économique qui consiste dans un *droit sur le patrimoine du débiteur* – c'est-à-dire sur l'ensemble des biens de celui-ci – que l'on qualifie de *droit de gage général* [4].

Il résulte de cette analyse que le droit de créance constitue une prérogative assez fragile : son exécution – le *paiement* de la dette [5] – suppose que le patrimoine du débiteur soit en état de donner satisfaction au créancier.

Cette fragilité peut être illustrée de deux manières. D'abord, si le débiteur a vidé son patrimoine en aliénant tous ses biens, le créancier ne pourra pas saisir ceux-ci pour obtenir son paiement : il n'a pas, en termes techniques, de *droit de suite* qui lui permette de reprendre tel ou tel bien entre les mains de qui il a été aliéné. Ensuite, si le débiteur a souscrit d'autres dettes, tous ses créanciers se voient reconnaître un droit égal au paiement, de telle sorte que si le patrimoine du débiteur ne suffit pas pour les payer tous, chacun ne

---

1. On parle, aussi, de *droit personnel*, pour souligner la relation interpersonnelle qui caractérise ce droit, par opposition au droit réel (v. n° suivant). Cette terminologie est à proscrire, en ce qu'elle crée un risque de confusion, notamment avec les *droits de la personnalité*, qui sont tout autre chose (v. ss 195).
2. V. Flour, Aubert et Savaux, *op. cit.*, n° 8 s. (spéc. 9, 16 et 17).
3. V. ss 239 s.
4. Cf. C. civ., art. 2285 (ancien art. 2093) : « Les biens du débiteur sont le gage commun de ses créanciers [...] ».
5. À noter que le terme *paiement* concerne toutes les obligations et pas seulement celles qui portent sur une somme d'argent.

touchera qu'une partie de sa créance, à proportion du montant de celle-ci [1] : on exprime cette solution en disant que le créancier n'a pas de *droit de préférence*, ce qui signifie qu'il ne bénéficie, par rapport aux autres créanciers, d'aucune priorité, même fondée sur son ancienneté.

Il faut en outre prendre en considération cette circonstance que la loi consacre parfois une sorte de droit de ne pas payer ses dettes. Ainsi en va-t-il, en particulier, dans le cas du surendettement, situation d'une personne physique qui, débiteur de bonne foi, se trouve dans l'impossibilité manifeste de faire face à l'ensemble de ses dettes non-professionnelles (C. consomm., art. L. 711-1 s.). Alors, au résultat d'une procédure complexe et en fonction des circonstances, ce débiteur peut être déchargé de partie de ses dettes ou même faire l'objet d'un « rétablissement personnel » qui peut emporter l'effacement de ses dettes non-professionnelles (C. consomm., art. L. 741-3) [2].

207. ***Les droits réels***. Par comparaison, le *droit réel* apparaît particulièrement vigoureux. De manière classique, cette sorte de droit est définie comme le *pouvoir juridique reconnu à une personne et qui porte directement sur une chose* [3]. Il ne s'agit donc plus, comme pour le droit de créance, d'un droit qui porte sur un ensemble de biens indéfinis et dont l'exécution passe par l'intermédiaire d'une autre personne (le débiteur), mais d'un pouvoir direct et immédiat sur une chose déterminée. L'exemple type en est le *droit de propriété*.

Cette différence radicale de structure [4] emporte, au profit du titulaire du droit réel, les deux prérogatives qui, précisément, font défaut au droit de créance. D'une part, il bénéficie d'un *droit de suite* : le propriétaire peut *revendiquer* son bien, c'est-à-dire reprendre la chose entre les mains de qui s'en est emparé. D'autre part, il jouit d'un *droit de préférence* : si un bien vendu n'a pas été livré, l'acquéreur, investi du droit de propriété par le seul fait de la vente [5], pourra en obtenir la livraison alors même que les créanciers du vendeur, qui serait devenu entre-temps insolvable, prétendraient en partager avec lui la valeur. Ces deux prérogatives, qui signalent le droit réel [6], sont la justification directe de ce qu'on appelle les droits réels *accessoires*, lesquels constituent l'une des deux catégories de droits réels, l'autre étant celle des droits réels *principaux*.

---

1. Art. 2285 (ancien art. 2093) : « les biens du débiteur sont le gage commun de ses créanciers, et le prix s'en distribue entre eux par *contribution* ». À supposer qu'un créancier A ait une créance de 20 000 euros et un créancier B une créance de 40 000 euros, le débiteur C ayant un patrimoine de 30 000 euros : A recevra 10 000 euros et B 20 000 euros.

2. Sur l'ensemble de la question, v. Picod, *Droit de la consommation*, 3e éd., Sirey, 2015, n° 581 s. ; Calais-Auloy et Temple, *Droit de la consommation*, 9e éd., Dalloz, coll. « Précis », 2015, n° 634 s.

3. Aubry et Rau, *Droit civil français*, t. II, par Esmein, § 172, n° 54.

4. Qui explique, pour partie, que l'on a du mal à admettre que la propriété puisse avoir un droit, en particulier un droit de créance pour objet. V. J. Laurent, *La propriété des droits*, préc. ; W. Dross, *Une approche structurale de la propriété*, préc.

5. C'est le principe, posé par l'article 1583 du Code civil, qui dispose que la vente « est parfaite entre les parties, et la propriété est acquise de droit à l'acheteur à l'égard du vendeur dès qu'on est convenu de la chose et du prix, quoique la chose n'ait pas encore été livrée ni le prix payé ». Le principe peut être écarté par une *clause de réserve de propriété* qui subordonne le transfert de la propriété au paiement du prix.

6. La doctrine classique insistait aussi sur son *opposabilité absolue*, en ce que tout le monde est tenu de le respecter. Mais c'est également vrai du droit de créance, cf. not. Ginosar, *Droit réel, propriété et créance*, Paris, R. Pichon et R. Durand-Auzias, 1960 ; et, du même auteur, « Pour une meilleure définition du droit réel et du droit personnel », *RTD civ.* 1962. 573 ; v. aussi, Flour, Aubert et Savaux, *op. cit.*, n° 17 s.

Les *droits réels principaux*, qui ont une utilité autonome, assurent à leur titulaire la maîtrise d'une chose. Mais il existe des degrés dans cette maîtrise : elle est complète pour le *droit de propriété* ; elle se réduit, de façon variable, pour les autres droits réels principaux qui ne sont que des *démembrements de la propriété*, tels l'*usufruit* et la *servitude*.

Le *droit de propriété* [7], droit perpétuel, assure au propriétaire une maîtrise complète de la chose, maîtrise qui se caractérise par trois attributs (C. civ., art. 544) : *usus*, droit de se servir de la chose ; *fructus*, droit d'en jouir, c'est-à-dire d'en percevoir les revenus, les fruits ; *abusus*, droit de disposer de la chose, en particulier de l'aliéner [8]. Cela ne signifie pas que le droit du propriétaire est sans limite, l'article 544 du Code civil interdisant de faire de la chose « un usage prohibé par les lois ou par les règlements ».

L'*usufruit* (art. 578) réunit l'*usus* et le *fructus*, l'usufruitier étant privé seulement du droit de disposer de la chose [9]. C'est un droit *viager* qui prend fin au plus tard au décès de l'usufruitier – l'usufruit peut également être temporaire, c'est-à-dire fixé pour une durée déterminée.

La *servitude* (art. 637), au contraire, est perpétuelle, comme la propriété, mais elle n'a qu'une portée limitée : elle constitue un droit, pour le propriétaire d'un immeuble (appelé *fonds dominant*) d'avoir un certain usage d'un immeuble voisin (appelé *fonds servant*). Ainsi, de la servitude de passage, qui permet au propriétaire d'un fonds enclavé de passer sur un fonds voisin pour y accéder.

À ces droits réels classiques, la jurisprudence a ajouté le droit réel de *jouissance spéciale* que le propriétaire peut consentir sur son bien [10]. Ce droit ne peut pas être perpétuel [11].

Les *droits réels accessoires* sont ainsi dénommés parce qu'ils accompagnent une créance : ils sont accessoires à une créance. Ce sont les deux prérogatives spécifiques du droit réel – droit de suite et droit de préférence – qui justifient cette association : le droit réel accessoire assure au créancier qui en bénéficie une garantie, en affectant au paiement de sa créance un bien déterminé qu'il pourra, le cas échéant, reprendre entre les mains de tiers, et sur la valeur duquel il bénéficiera d'un paiement prioritaire.

Les plus importants de ces droits réels accessoires sont, d'une part, l'*hypothèque* (C. civ., art. 2393), qui porte sur les *immeubles*, et d'autre part, le *gage* (C. civ., art. 2333), qui porte sur les *meubles corporels*, et le *nantissement* (C. civ., art. 2355) qui porte sur les meubles incorporels (en particulier les créances). Ces droits réels accessoires sont des *sûretés* réelles [12] qui confèrent à leurs titulaires une préférence sur les créanciers qui en sont démunis, que l'on appelle créanciers *chirographaires*.

---

7. Sur lequel, v. W. Dross, *Une approche structurale de la propriété*, préc. ; G. Lardeux, « Qu'est-ce que la propriété ? », *RTD civ.* 2013. 741 ; Chazal, « La propriété, dogme ou instrument politique ? ou comment la doctrine s'interdit de penser le réel », *RTD civ.* 2014. 763 s. ; Dross, « Que l'article 544 du Code civil nous dit-il de la propriété ? », *RTD civ.* 2015. 27.

8. Pour une critique des caractères d'exclusivité et de perpétuité traditionnellement reconnus à la propriété, v. part. G. Lardeux, « Qu'est-ce que la propriété ? », préc. ; Chazal, « La propriété, dogme ou instrument politique ? », préc.

9. Dans ce cas, l'*abusus* reste entre les mains d'une autre personne, appelée « nu-propriétaire », qui a vocation à recouvrer la pleine propriété de la chose au décès de l'usufruitier.

10. Civ. 3e, 31 oct. 2012, *Bull. civ.* III, n° 159, *D.* 2013. 53, obs. d'Avout et Mallet-Bricou ; *RTD civ.* 2013. 141, obs. Dross ; *RDC* 2013. 584, obs. Lichaber ; *RDC* 2014. 105, obs. Mekki ; *JCP* 2012, n° 52, 1400, obs. Testu ; *Defrénois* 2013. 12, obs. Tranchant ; *LPA* 2013, n° 117, p. 11, obs. Barbieri ; *RLDC* 2013, n° 101, obs. Dubarry et Julienne et n° 113, obs. Parance.

11. Civ. 3e, 28 janv. 2015, n° 14-10013, *RTD civ.* 2015. 413, obs. Dross et *ibid.* 619, obs. Barbier.

12. Sur les *sûretés* en général, v. ss 252 s.

208. ***Les droits intellectuels***. Les droits intellectuels – également appelés propriétés incorporelles – sont une catégorie de droits subjectifs qui a pris, dans le droit moderne, une importance grandissante.

Bien que leur diversité soit rebelle à une synthèse satisfaisante, il est possible de définir ces droits comme des *monopoles d'exploitation* affirmés au regard du produit ou au moyen d'une activité intellectuelle. L'exclusivité du droit fait, assurément, penser à la *propriété* ; mais l'objet de cette appropriation est *incorporel* et interdit l'assimilation.

De ces droits intellectuels, qui sont très divers, on ne signalera que les plus importants : d'une part, les *droits sur les œuvres de l'esprit* – tels, notamment, *la propriété littéraire et artistique* [1] et la *propriété industrielle*, en particulier les droits de brevet d'invention – et, d'autre part, les *droits de clientèle* – droits des officiers ministériels, droits sur le fonds de commerce [2].

§ 2. La notion juridique de patrimoine

209. ***Nature et structure du patrimoine***. Il faut souligner d'emblée que la notion juridique de patrimoine n'est pas synonyme de fortune. Le patrimoine réunit l'ensemble des rapports de droit, susceptibles d'une évaluation pécuniaire, et dans lesquels une personne est engagée soit *positivement* (droits de créance, droit de propriété, usufruit, etc.), soit *négativement* (dette ou servitude). Il s'ensuit que le patrimoine, en soi, n'est ni riche, ni pauvre, l'une de ces qualités ne pouvant être déterminée qu'en considération de ce qu'il contient [3].

D'une manière imagée, on peut dire que le patrimoine est une sorte de sac, en lui-même neutre, qui rassemble tous les rapports juridiques de la personne susceptibles d'une évaluation pécuniaire, positive ou négative [4]. En termes juridiques, et conformément à l'analyse qui en a été faite au XIXe siècle par Aubry et Rau [5], on dit que le patrimoine est une *universalité de droit*, c'est-à-dire un ensemble de droits et de charges indissolublement liés [6], rattaché à la personne qui est simultanément le débiteur de celles-ci et le titulaire de ceux-là [7].

---

1. La propriété littéraire et artistique comporte en vérité deux ordres de prérogatives : un *droit patrimonial*, droit de tirer profit par l'exploitation de l'œuvre ; un *droit extrapatrimonial*, dit « droit moral » de l'auteur, en vertu duquel celui-ci reste libre de ne pas divulguer son œuvre, ou de la modifier.

2. La clientèle constitue un élément essentiel du fonds de commerce. Mais il en est d'autres : notamment, l'*enseigne*, et divers biens corporels, dont les *marchandises*.

3. V. cependant, pour une conception du patrimoine qui exclut les dettes, Sériaux, « La notion juridique du patrimoine. Brèves notations civilistes sur le verbe avoir », *RTD civ.* 1994. 801.

4. Mazeaud et Chabas, n° 282 (ces auteurs parlent de « contenant ». Ils estiment, aussi, que le patrimoine recueille l'ensemble des droits d'une personne y compris ceux qui ne peuvent être évalués en argent, v. ss 204).

5. Aubry et Rau, *Droit civil français*, t. IX par Esmein, § 573 s.

6. L'universalité de droit s'oppose à l'universalité *de fait*, groupe de choses dépourvu de passif : un troupeau, une bibliothèque, un fonds de commerce, un portefeuille de valeurs mobilières (Civ. 1re, 12 nov. 1998, *Bull. civ.* I, n° 315). Du moins, l'universalité de fait permet-elle de prendre en compte, à certains égards, l'ensemble ainsi constitué. Cf. Libchaber, « Le portefeuille de valeurs mobilières : bien unique ou pluralité de biens ? », *Defrénois* 1997, art. 36464, p. 65, spéc. n° 4 s. V. Meiller, « L'universalité de fait », *RTD civ.* 2012. 651.

7. Pour une critique radicale de la notion de patrimoine et la proposition de l'abandon de cette notion, v. Hiez, *Étude critique de la notion de patrimoine en droit privé actuel*, préf. Jestaz, LGDJ, 2003.

Il résulte de là, d'abord, que le patrimoine comporte deux compartiments distincts : un *actif* et un *passif.* À l'*actif* figurent tous les rapports de droit qui ont une valeur économique positive pour la personne considérée. Au *passif* sont, au contraire, répertoriés tous les rapports juridiques qui ont une valeur négative pour cette même personne. Chacun de ces deux compartiments se modifie dans sa substance avec l'activité juridique du sujet de droit : les droits aliénés – par vente ou donation, par exemple – diminuent la part de l'actif, tandis que ceux qui sont acquis viennent le renforcer ; les dettes nouvelles accroissent le passif, alors que celles qui sont payées le diminuent[1]. Et c'est de l'état du patrimoine, tel qu'il se trouve *au moment où il exerce son droit*, que doit se satisfaire le créancier chirographaire[2], c'est-à-dire celui qui, ne bénéficiant d'aucune sûreté réelle – hypothèque ou gage – ne peut invoquer ni droit de suite ni droit de préférence.

La seconde conséquence de la nature d'universalité de droit reconnue au patrimoine est que *l'actif et le passif sont indissolublement liés* : la transmission du patrimoine implique le transfert simultané des biens et des charges qui y figurent. C'est la situation de l'héritier, qui recueille à la fois les *droits* et les dettes de son auteur[3]. Reste alors à préciser qu'un tel transfert ne peut s'opérer qu'à *cause de mort*, c'est-à-dire à la suite du décès de la personne : le patrimoine est, en effet, un attribut de la personnalité, ce qui impose que toute personne soit dotée d'un patrimoine.

210. ***Relation nécessaire entre patrimoine et personnalité. Impossibilité des patrimoines autonomes***. Le caractère nécessaire de la relation entre patrimoine et personnalité juridique a été souligné par Aubry et Rau : « le patrimoine est une masse de biens qui, de nature et d'origine diverses, et matériellement séparés, ne sont réunis par la pensée qu'en considération du fait qu'ils appartiennent à une même personne. L'idée de patrimoine est le corollaire de l'idée de personnalité »[4]. L'idée peut être exprimée en principe : celui « selon lequel le patrimoine est indissolublement lié à la personne »[5].

Cette conception [6] emporte trois règles que le droit positif consacre pour l'essentiel, même s'il leur apporte quelques atténuations : celle de l'*impossibilité de patrimoines autonomes* ; celle de l'*intransmissibilité du patrimoine entre vifs* ; et celle enfin de l'*unicité du patrimoine*[7].

L'*impossibilité de patrimoines autonomes* est la conséquence première de la corrélation établie entre patrimoine et personnalité. Il en résulte, en effet, que seules les personnes peuvent avoir un patrimoine, et, réciproquement, qu'aucun patrimoine ne peut exister en dehors de la personne.

Ce principe a fait l'objet de critiques fondamentales selon lesquelles l'élément de fixation du patrimoine n'était nullement la personne, mais le but assigné à une activité déterminée.

---

1. Pour Sériaux, les dettes ne figurent pas dans le patrimoine. Elles sont directement attachées à la personne même du débiteur, non aux biens de celui-ci (*op. cit.*, p. 802).
2. V. ss 207, *in fine*.
3. V. ss 260.
4. Aubry et Rau, *op. cit.*, § 573.
5. Com. 12 juill. 2004, *Bull. civ.* IV, nº 161.
6. V. la critique de cette conception, in Rochfeld, *Les grandes notions du droit privé*, préc., p. 369 s.
7. Selon A. Denizot, « L'étonnant destin de la théorie du patrimoine » (*RTD civ.* 2014. 547), cet aspect de la théorie d'Aubry et Rau aurait été accentué par la doctrine postérieure, eux-mêmes y apportant pas mal d'exceptions. Celles que le droit contemporain développe ne ruineraient donc pas leur conception, contrairement à ce qui est souvent soutenu.

En d'autres termes, le patrimoine ne serait autre qu'un ensemble de biens affectés à une fin déterminée. C'est la théorie du *patrimoine d'affectation* [1].

Cette critique n'a pas été accueillie par le droit positif qui n'admet en aucun cas de patrimoine autonome, sans titulaire. Il est, à cet égard, significatif que l'affectation de biens à une œuvre déterminée, ce qu'on appelle la *fondation* [2], suppose toujours le support d'une personnalité morale [3]. Mais cette observation même conduit à une atténuation de la portée du principe qui tient à ce que le patrimoine est un attribut de la personnalité morale tout autant que de la personnalité *physique*. Or, il existe, pour certaines personnes morales, des régimes spécifiques qui assurent largement, quoique de façon non absolue, leur autonomie patrimoniale par rapport aux personnes physiques qui les constituent. C'est le cas, en particulier, de sociétés commerciales telles que la société anonyme et la société à responsabilité limitée. De la sorte, il est possible, en créant une personne morale, de réaliser un équivalent, *approximatif* [4], de patrimoine d'affectation. Le phénomène est aujourd'hui renforcé par d'autres techniques de séparation des biens d'une personne à des fins déterminées qui ne nécessitent pas la création d'une personne morale [5].

211. ***Intransmissibilité du patrimoine entre vifs***. Le lien nécessaire entre patrimoine et personnalité impose que toute personne ait un patrimoine : *il ne peut y avoir de personne sans patrimoine*. Il en résulte, nécessairement, qu'une *personne vivante ne peut pas céder son patrimoine*.

Le principe, ainsi déduit, de l'intransmissibilité du patrimoine des personnes vivantes vaut tout autant pour les *personnes morales* que pour les *personnes physiques*. Tant qu'elle existe, la personne peut seulement transmettre des biens, ou des ensembles de biens, déterminés [6]. En termes juridiques, il n'y a place, alors, que pour des transmissions de droits *à titre particulier*. Ainsi, par exemple, de la *vente*, ou de la *donation*. Alors l'acquéreur, ou le donataire, selon le cas, a la qualité d'*ayant cause à titre particulier* du vendeur, ou du donateur, ces derniers étant les *auteurs* des premiers. Certes, la personne peut bien se dépouiller, par de telles cessions à titre particulier, de tous les éléments d'actif qui figurent dans son patrimoine. Celui-ci n'en subsiste pas moins : riche ou ruinée, une personne a toujours un patrimoine.

En revanche, au *décès* de la personne physique, ou à la *dissolution* de la personne morale, le patrimoine de la personne considérée disparaît avec elle. Encore convient-il de nuancer quelque peu cette réalité commune. Dans le cas de la *personne morale*, le patrimoine de celle-ci, ou plutôt son contenu, a, le plus souvent, vocation à être partagé

---

1. Sur cette théorie, v. Ghestin, Barbier et Bergé, n° 2305 ; Flour, Aubert et Savaux, *op. cit.*, n° 34 ; Rochfeld, *ibid.*, *p.* 367 s. ; Berlioz, « Patrimoine d'affectation : esquisse d'un régime général », in *Mélanges Le Cannu*, Dalloz, 2014 ; Piédelièvre, « Patrimoine d'affectation, droit des créanciers et droit des sûretés », *ibid.*

2. V. ss 199.

3. La règle vaut tant pour les fondations ordinaires que pour les fondations d'entreprise (v. L. du 23 juill. 1987, art. 18, 18-2 et 19), même si elle est parfois assouplie : l'article 18-2 admet ainsi, dans le cas d'un legs fait au profit d'une fondation à créer, la rétroactivité de la personnalité morale de la fondation reconnue d'utilité publique, au jour de l'ouverture de la succession.

4. Approximatif, parce que, non seulement, et par hypothèse, le procédé implique la création d'une personne morale, mais encore et surtout parce que l'autonomie patrimoniale de cette personne morale ne crée pas une séparation absolue entre son patrimoine et celui des personnes physiques ; cf. Flour, Aubert et Savaux, *op. cit.*, n° 36, *in fine*.

5. V. ss 212.

6. Une nuance doit toutefois être introduite pour les personnes morales. Dans le cas des sociétés commerciales, en effet, les opérations de *fusions de sociétés* impliquent une transmission volontaire du patrimoine de la société absorbée à la société absorbante ; cf. Merle et Fauchon, *Droit commercial. Sociétés commerciales*, 21e éd., 2017, n° 802 s.

entre ceux qui ont des droits sur lui[1]. Dans le cas des *personnes physiques*, en revanche, le patrimoine du défunt est transmis à ses héritiers[2]. Cette transmission est dite « à titre universel », par opposition à celles qui peuvent être réalisées du vivant de la personne : les héritiers sont donc les *ayants cause à titre universel* du défunt, qui est leur *auteur* ; ils recueillent, comme tels, soit la totalité, soit une fraction abstraite – la moitié, un tiers, un quart… – du patrimoine de leur auteur, actif et passif étant nécessairement liés[3].

212. ***Unicité du patrimoine***. Le lien établi entre personne et patrimoine impose, enfin, que chaque personne n'ait qu'un patrimoine. Cette unicité du patrimoine est consacrée par l'article 2284 du Code civil (ancien art. 2092) selon lequel « quiconque s'est obligé personnellement, est tenu de remplir son engagement sur tous ses biens mobiliers et immobiliers, présents et à venir ».

Le principe est donc que le créancier peut se faire payer sur tous les biens de son débiteur. Toutefois, cette règle supporte quelques exceptions[4]. Par volonté de la sauvegarde d'un minimum vital de chacun, certains éléments du patrimoine du débiteur demeurent insaisissables : ainsi des créances alimentaires, du mobilier vital, d'une partie des revenus du travail (C. trav., art. L. 3252-2 et art. R. 3252-2). Il convient d'en rapprocher la partie des ressources du débiteur qui doit être ménagée à son profit dans le traitement de son surendettement, au titre d'un « reste à vivre »[5]. Dans un ordre d'idée comparable et, plus précisément dans l'espoir de favoriser la création d'entreprises, une loi du 1er août 2003 a décidé que les droits relatifs à la résidence principale des personnes physiques immatriculées à un registre de publicité légale à caractère professionnel ou exerçant une activité professionnelle agricole ou indépendante pouvaient faire l'objet, en vertu d'une déclaration de l'entrepreneur concerné, d'une insaisissabilité opposable à ses créanciers professionnels postérieurs à ladite déclaration. Désormais, ces droits sont déclarés insaisissables « de droit » et la faculté de déclarer l'insaisissabilité s'applique à tout bien foncier bâti ou non-bâti qui n'est pas affecté à l'usage professionnel (C. com., art. L. 526-1).

Il résulte du principe d'unicité que le patrimoine est *indivisible* : « les biens et les charges d'une personne ne peuvent pas être fractionnés en universalités distinctes, dont chacun aurait son actif et son passif »[6]. Cet ultime caractère du patrimoine doit, cependant, être nuancé à deux égards[7].

---

1. Dans le cas des *sociétés commerciales*, le solde actif du patrimoine social – déterminé après règlement du passif – est partagé entre les associés, en principe à proportion des apports qu'ils ont faits à la société. Toutefois, il est des cas où le patrimoine de la personne morale est transmis comme tel. Ainsi lorsqu'il y a fusion, Com. 12 juill. 2004, préc.

2. On dit, dans une formule imagée, que les héritiers « continuent la personne du défunt », v. ss 260.

3. À remarquer que le décès d'une personne peut, en outre, provoquer des transmissions de biens *à titre particulier*. C'est ce qui se produit lorsque le défunt a laissé un *testament* qui attribue un ou plusieurs biens déterminés à telle ou telle personne. Il y a là des legs à titre particulier qui se surajoutent à la transmission à titre universel en soustrayant de celle-ci les biens désignés par le testateur.

4. G. Couchez et D. Lebeau, *Voies d'exécution*, 12e éd., Sirey, coll. « Université », 2017, n° 62 s.

5. Calais-Auloy et Temple, *Droit de la consommation*, 9e éd., Dalloz, coll. « Précis », 2015, n° 646.

6. Flour, Aubert et Savaux, *op. cit.*, no 33. Il en résulte qu'il ne peut être ouvert qu'une procédure collective (faillite) à l'encontre d'une entreprise en difficulté : « le principe de l'unité du patrimoine des personnes juridiques interdit l'ouverture de deux procédures collectives contre un seul débiteur, peu important que la première de ces procédures ait été suspendue » (Com. 7 avr. 2004, *D.* 2004. AJ 1384) ; et cela même si le débiteur exerce des activités distinctes ou exploite plusieurs fonds (Com. 19 févr. 2002, *Bull. civ.* IV, no 39, *D.* 2002. 2523, note Perdriau et Derrida).

7. L'indivisibilité est un caractère qui aurait été accentué par la doctrine postérieure à Aubry et Rau qui lui reconnaissaient d'assez nombreuses exceptions. Celles qui résultent de la législation moderne ne ruineraient donc pas leur conception : Denizot, « L'étonnant destin de la théorie du patrimoine »,

En premier lieu, il faut observer que la loi consacre parfois un véritable fractionnement du patrimoine. C'est, notamment, la conséquence qu'elle attache à l'*acceptation d'une succession à concurrence de l'actif net* (C. civ., art. 787 s.). En effet, lorsque ce parti est adopté [1], le patrimoine du défunt recueilli par l'héritier reste distinct du patrimoine de celui-ci. De la sorte, l'héritier a effectivement deux patrimoines [2]. Cependant, la portée de cette exception doit être considérablement limitée : d'une part, l'héritier bénéficiaire ne jouit pas, sur les biens de la succession, de la maîtrise qu'il a de ses propres biens [3] ; d'autre part, et surtout, la situation créée par cette acceptation est essentiellement provisoire.

En second lieu, il convient de tenir compte, ici comme pour l'impossibilité de patrimoines autonomes [4], de ce que toute personne juridique est dotée d'un patrimoine, qu'elle soit personne physique ou personne morale. Or, précisément, il est possible, pour un sujet de droit, de réaliser une sorte de division de son patrimoine en constituant des personnes morales – des sociétés notamment – pour l'accomplissement de certaines activités déterminées. Cependant, force est de remarquer que ce procédé, assurément licite, n'approche que très imparfaitement les résultats que permettrait une véritable divisibilité du patrimoine. En effet, les biens ainsi affectés à une entreprise déterminée deviennent la propriété de la seule personne morale et échappent donc à la maîtrise directe de celui qui les a apportés [5]. Il est vrai, cependant, que cette remarque perd une grande part de sa portée lorsque la société considérée est une *société unipersonnelle*, constituée par le seul apporteur des biens, ainsi que le permet désormais la loi (C. civ., art. 1832, al. 2, et C. com., art. L. 223-1). Alors, en effet, l'unicité d'associé rend la dualité des personnes – la personne *physique* constituante de la société, et la personne *morale* constituée – quelque peu artificielle. La situation est très proche de celle qu'aurait permise une véritable divisibilité du patrimoine.

L'atteinte à l'unicité du patrimoine est beaucoup plus flagrante dans le statut de l'*entrepreneur individuel à responsabilité limitée* créé par la loi 2011-525 du 17 mai 2011 (C. com., art. L. 526-6 s.mod. L. du 9 déc. 2016) pour lequel la loi elle-même parle de patrimoine affecté. Selon ce texte, tout entrepreneur individuel peut affecter à son activité professionnelle un patrimoine séparé de son patrimoine personnel, *sans création d'une personne morale*. Ce patrimoine est composé de l'ensemble des biens, droits, obligations ou sûretés nécessaires à l'exercice de l'activité professionnelle et de ceux utilisés pour cette activité que l'entrepreneur décide d'y affecter. Par une dérogation expresse aux articles 2284 et 2285 du Code civil, la loi prévoit que les créanciers dont les droits sont nés à l'occasion de l'exercice de l'activité professionnelle à laquelle le patrimoine est affecté ont pour seul gage général ce patrimoine ; les autres créanciers ont pour seul gage général le patrimoine non affecté (art. L. 526-12, al. 3 et 4). Cette fois, une personne est titulaire de deux masses de biens différentes qui répondent de deux sortes de dettes distinctes [6].

RTD civ. 2014. 547, préc. Pour une critique de la conception classique et la proposition d'une compréhension renouvelée de l'unité du patrimoine, v. A.-L. Thomat-Raynaud, *L'unité du patrimoine : essai critique*, Defrénois, 2007.

1. Il est, parfois, imposé par la loi : pour les héritiers mineurs (C. civ., art. 461) et pour le majeur en tutelle (art. 507-1).

2. Cette situation est nettement soulignée par le premier alinéa de l'article 789 qui dispose que « l'acceptation à concurrence de l'actif net donne à l'héritier l'avantage d'éviter la confusion de ses biens personnels avec ceux de la succession ».

3. L'héritier doit faire un inventaire des biens de la succession (C. civ., art. 789) et les administrer (art. 800, al. 1er). Il peut déclarer conserver des biens ou les vendre (art. 794), mais les créanciers successoraux, que l'héritier est par ailleurs chargé de régler (art. 796), peuvent contester la valeur du bien conservé ou le prix de la vente, quand elle a eu lieu à l'amiable (art. 794).

4. V. ss 210.

5. Sans doute l'associé, s'il est majoritaire, pourra-t-il conserver une assez large maîtrise du patrimoine ainsi constitué. Mais, même dans ce cas, il lui faudra compter avec les principes d'administration de la société, et les autres associés.

6. Sur l'incidence sur la théorie du patrimoine, v. M. Mekki, *Le patrimoine aujourd'hui*, préc. ; Boffa et Chauviré, « Le changement en droit des biens », in *Le changement du droit*, *RD Assas*, n° 10, févr. 2015, p. 68.

Un fractionnement du patrimoine résulte aussi de la fiducie instituée par la loi n° 2007-211 du 19 février 2007. Il s'agit d'une opération par laquelle une personne (constituant) transfère des biens, droits ou sûretés à une autre personne (fiduciaire) qui les tient séparés de son patrimoine propre et agit dans un but déterminé au profit d'un bénéficiaire (C. civ., art. 2011). Elle donne donc naissance, entre les mains du fiduciaire, à un « patrimoine fiduciaire » (art. 2021, al. 2), distinct de son patrimoine personnel. Cependant, les pouvoirs du fiduciaire sur les biens qui le composent sont limités et la technique n'est ouverte, pour l'instant, qu'à des catégories limitées de personnes (des professionnels) [1].

En définitive, il apparaît que, malgré les exceptions qui s'accroissent et la nuancent, l'unicité du patrimoine est encore le principe en droit positif [2], et l'on constate ainsi que, pour l'essentiel, la conception développée au XIXe siècle par Aubry et Rau conserve sa valeur [3]. Il faut s'en réjouir : le principe d'unicité du patrimoine est un principe de responsabilité ; la possibilité de le fractionner peut être un moyen de ne pas répondre de ses engagements. Il y a là une dimension morale du patrimoine qu'il conviendrait de ne pas perdre de vue.

---

1. V. *Rép. civ.*, Dalloz, v° *Fiducie*, par Barriere ; Libchaber, « Les aspects civils de la fiducie », *Defrénois* 2007, art. 38631 et 38639.

2. Cela reste vrai même si l'on tient compte d'autres assouplissements au principe admis par la loi, tels le *privilège de séparation des patrimoines* (C. civ., art. 878) ou l'idée, admise en droit maritime, *de fortune de mer ;* v. sur ces points, Flour, Aubert et Savaux, *op. cit.*, n° 35, et, sur le dernier, Ph. Delebecque, *Droit maritime*, Dalloz, coll. « Précis », 2014 ; quant à l'avenir de l'unicité du patrimoine, malgré les avancées récentes de l'affectation : M. Mekki, *op. cit.*

3. Surtout si l'on considère que ce sont leurs successeurs qui ont accentué l'indivisibilité du patrimoine : Denizot, « L'étonnant destin de la théorie du patrimoine », préc.

Chapitre 4

Les sources des droits subjectifs

213. ***Idée générale. Actes et faits juridiques.*** La question des sources des droits subjectifs est essentielle à la vie juridique. Il s'agit, en effet, de savoir quels événements, quelles circonstances provoquent l'attribution de tel ou tel droit à une personne déterminée.

Ces circonstances sont, toujours, des faits de l'homme ou plus exactement du sujet de droit. Rien que de très normal à cela, puisque le droit objectif, d'où procèdent les droits subjectifs, a pour fonction de régir les comportements des personnes dans la vie sociale. Mais on doit observer, alors, que ces « faits » du sujet de droit se répartissent en deux grandes catégories nettement distinctes : les *actes juridiques*, d'un côté ; les *faits juridiques*, de l'autre.

Le critère de la distinction entre ces deux catégories repose sur la prise en considération du rôle, ou de l'absence de rôle, de la volonté de la personne dans la détermination des effets de droit produits par l'événement considéré. Tandis que l'*acte juridique* est un acte volontaire accompli pour déterminer des conséquences juridiques choisies, le *fait juridique* engendre de telles conséquences indépendamment de la volonté du sujet qu'il concerne. D'un côté, la volonté individuelle est le principe générateur des effets de droit. De l'autre, c'est la loi qui les détermine directement. L'opposition peut être illustrée par les deux **exemples** suivants. C'est cette distinction que retiennent, pour les sources des obligations, les nouveaux articles 1100-1 et 1100-2 du Code civil issus de l'ordonnance n° 2016-131 du 10 février 2016 portant réforme du droit des contrats, du régime général et de la preuve des obligations [1].

Soit un *contrat de vente*, cette opération est voulue par le vendeur et l'acheteur qui entendent, l'un, substituer à son droit de propriété sur une chose une créance de somme d'argent, l'autre, devenir propriétaire de la chose : c'est un *acte juridique*.

Soit, maintenant, un *accident de la circulation* dans lequel un automobiliste renverse et blesse un piéton ; ni l'auteur, ni la victime n'ont, sans doute, voulu [2] cet accident ; de toute façon, et qu'il le veuille ou pas, l'automobiliste sera tenu de fournir à sa victime des dommages-intérêts pour réparer le dommage causé : il s'agit, cette fois, d'un *fait juridique*.

L'objet de ce chapitre sera de préciser successivement le sens et le contenu de ces deux notions d'*acte juridique* et de *fait juridique* au regard de la question des sources des droits subjectifs.

---

1. Art. 1100-1, al. 1er : « Les actes juridiques sont des manifestations de volonté destinées à produire des effets de droit… » ; art. 1100-2, al. 1er : « Les faits juridiques sont des agissements ou des événements auxquels la loi attache des effets de droit… ».

2. Peu importe que l'agissement soit volontaire ou involontaire (v. ss 249). Il est autant de faits juridiques volontaires que de faits involontaires. Ce qui est essentiel, c'est l'autonomie des effets de droit par rapport à la volonté des personnes.

Section 1
Les actes juridiques

214. ***Notion générale. Définition de l'acte juridique relatif aux droits subjectifs***. D'une façon tout à fait générale, l'acte juridique correspond à une *manifestation de volonté destinée à produire des effets de droit*. Mais il faut prendre garde qu'une telle formule déborde sensiblement le problème des sources des droits *subjectifs*.

Conformément à une analyse classique, en effet, il est admis que les *décisions exécutoires* de l'Administration, tels les *décrets* du président de la République ou du Premier ministre sont des actes juridiques, en l'occurrence unilatéraux. Pareillement, on reconnaît dans les *votes majoritaires du Parlement*, d'où résultent les *lois*, des actes juridiques, collectifs cette fois. Or, on sait que la loi et le règlement sont les sources du droit *objectif*, non les sources de droits subjectifs, dont elles constituent seulement les fondements [1].

Face à cette ambiguïté de la notion générale d'acte juridique – due à une terminologie trop sommaire – il apparaît nécessaire de donner une définition plus précise qui ne concerne que les actes juridiques relatifs aux droits subjectifs. Dans cette perspective, on peut retenir la formulation suivante : l'acte juridique est un *acte volontaire, spécialement accompli par une personne pour produire, dans le cadre et les conditions du droit objectif, des effets de droit dont la nature et la mesure sont fondamentalement déterminées par sa volonté* [2].

Force est alors de remarquer que, même ainsi délimitée, la catégorie des actes juridiques ne concerne pas seulement la question des *sources* des droits subjectifs. C'est que seuls certains actes juridiques ont pour effet *d'engendrer* des droits subjectifs au profit d'une personne. Les autres les prennent seulement pour objet soit pour en assurer le *constat*, soit pour les *modifier* ou les *transférer*, soit, enfin, pour en déterminer *l'extinction*. C'est ce que nous vérifierons en examinant successivement les trois catégories d'actes juridiques qu'il est d'usage de distinguer : les *conventions*, les *actes juridiques unilatéraux* et les *actes juridiques collectifs*.

215. ***Les conventions et les contrats***. La catégorie des conventions regroupe les actes juridiques qui s'appuient sur un *accord de volonté* réalisé entre deux personnes ou plus et destiné à produire des effets de droit à l'égard de ces personnes, et d'elles seulement en vertu du principe dit « de l'*effet relatif* » [3].

Ces conventions peuvent avoir des *effets très divers*, parmi lesquels la *création de droits* occupe une place particulière. C'est par là – qui correspond directement à l'idée de « source » de droits subjectifs – qu'il convient de commencer.

---

1. V. ss 190.

2. La volonté des sujets de droit n'est génératrice d'effets de droit que dans la mesure et sous les conditions que la loi prévoit. C'est une conséquence nécessaire de la primauté du droit objectif, v. ss 181. À quoi il faut ajouter que si, souvent, la loi attache à tel ou tel acte certains effets qui échappent à la volonté des parties, il n'en demeure pas moins que cette volonté conserve un rôle déterminant : c'est parce que l'acte est voulu que les effets légaux se produisent. La définition du nouvel article 1100-1 du Code civil ne met pas ce trait assez en évidence.

3. Cette efficacité limitée aux parties à la convention ne doit cependant pas abuser : si la convention ne peut, à elle seule, soumettre les tiers à des effets de droit, du moins doivent-ils la reconnaître comme un fait acquis qui leur est *opposable*. Ainsi en cas de vente, les tiers ne peuvent méconnaître que le vendeur a perdu sa propriété qui est devenue celle de l'acheteur. En bref, la convention n'a pas d'effet juridique à l'égard des tiers mais elle leur est opposable comme fait social, cf. Flour, Aubert et Savaux, *Droit civil. Les obligations*, vol. 1, *L'acte juridique*, 16e éd., 2014, n° 422 s.

L'objet des conventions peut être, tout d'abord, de créer des *droits réels*, à l'exclusion de la propriété [1]. Telles sont les *conventions constitutives d'un usufruit*, d'une *servitude* – droits réels principaux – ou encore, d'*hypothèque* ou de *gage* – droits réels accessoires.

Ensuite, il existe une catégorie de conventions dont le particularisme est d'engendrer des *obligations*, c'est-à-dire des *droits de créance*, et les dettes qui y sont corrélatives. Ces conventions génératrices d'obligation étaient qualifiées de *contrats* par le Code civil de 1804. Elles représentent une source importante de droits subjectifs, tant en droit privé qu'en droit public. Ils ne sont cependant pas strictement identiques dans les deux cas [2].

Le *contrat de droit privé*, en effet, est établi sur un principe d'égalité entre les contractants, et il engage chacun d'eux de manière rigoureuse, ce qu'exprime l'article 1103 du Code civil (ancien art. 1134) : le contrat fait « la loi » des parties.

Il n'en va pas exactement de même pour le contrat de droit public, ou *contrat administratif* [3]. Cette catégorie de contrat, dont le critère est soit d'avoir pour objet l'exécution d'un service public, soit de comporter des clauses exorbitantes du droit commun [4], est en effet soumise à un *régime* propre qui prend souvent le contre-pied des principes du droit privé. En particulier, et indépendamment du jeu des clauses dérogatoires au droit commun qui ont pu être stipulées, l'Administration bénéficie du droit de modifier unilatéralement les conditions d'exécution du contrat, et du droit de le résilier en cas de manquement de son cocontractant à ses obligations [5]. En bref, ce régime se caractérise, en opposition au régime du droit privé, par l'*inégalité des parties* [6].

Outre ces conventions génératrices de droits subjectifs, il en est d'autres qui se bornent à prendre pour objet, et à manipuler, des droits déjà constitués. L'importance de ces conventions est considérable car elles sont le moteur des relations économiques. Pour s'en tenir à l'essentiel, on peut distinguer ainsi :

– Des conventions dont l'objet est de *déclarer* – et donc reconnaître – un droit préexistant. Tel est le cas, par **exemple**, de la *transaction* (C. civ., art. 2044), convention par laquelle les parties renoncent à une contestation, née ou à naître, en se faisant des concessions réciproques, et en reconnaissant comme des droits préexistants ceux qu'elle affirme [7].

– Des conventions – fort nombreuses – qui opèrent la *transmission* d'un bien. Ainsi de la *vente* – qui assure le transfert de la propriété du bien vendu, *à titre onéreux*, c'est-à-dire moyennant contrepartie ; de la *donation* – qui opère pareillement un transfert de droit de propriété, mais *à titre gratuit*, sans contrepartie [8] ; ou encore de la *cession de*

---

1. La propriété est, en effet, un *donné* inhérent à la chose – exception faite des choses *communes* (v. ss 205). Selon la formule de Portalis, elle est une « institution de la nature ». Comme telle, il n'y a pas à la constituer, mais seulement à l'acquérir ou à la transmettre.

2. Cf. Aubert et Collart Dutilleul, *Le contrat*, 5e éd., Dalloz, coll. « Connaissance du droit », 2017, spéc. p. 36 s.

3. Waline, *Droit administratif*, 26e éd., Dalloz, coll. « Précis », 2016, n° 464 s.

4. On entend par là des stipulations « ayant pour objet de conférer aux parties des droits ou de mettre à leur charge des obligations étrangers par leur nature à ceux qui sont susceptibles d'être librement consentis par quiconque dans le cadre des lois civiles commerciales » (CE 20 oct. 1950, *Stein*, *Lebon* 505).

5. Sur ce régime juridique, v. Waline, *op. cit.*, n° 437 s.

6. Mais cette inégalité dont bénéficie l'Administration est contrebalancée par le droit reconnu au cocontractant à l'*équilibre financier du contrat*, ce qui le garantit contre un déséquilibre ruineux et imprévu dans l'exécution de celui-ci, cf. Waline, *op. cit.*, n° 447 s.

7. V. par ex., Malaurie, Aynès et Gautier, *Les contrats spéciaux*, 9e éd., Defrénois, 2017, n° 1099 s. ; Pons, *Transaction. Solutions transactionnelles*, Dalloz, coll. « Dalloz référence », 2013.

8. À remarquer que vente et donation sont aussi des contrats en ce qu'elles engendrent, outre cet effet de transmission, diverses obligations.

créance – convention par laquelle une partie, le *cédant*, transfère à l'autre, le *cessionnaire*, sa créance contre un tiers, dénommé le *cédé*.

– Des conventions, enfin, qui, selon des modalités diverses, assurent l'*extinction* d'un droit, et plus précisément d'une obligation. Ainsi du *paiement*[1] et de la *remise de dette* qui réalisent purement et simplement l'extinction du droit de créance. Ainsi, également de la *dation en paiement* (C. civ., art. 1242-4, al. 2) qui opère simultanément un changement d'objet de l'obligation et l'extinction de celle-ci par la tradition entre les mains du créancier du nouvel objet convenu. On citera, encore, la convention substituant une rente viagère à une dette de capital, convention qui s'analyse en une *novation* et qui a un double effet : extinctif de la dette de capital et générateur de la rente qui s'y substitue.

L'ordonnance du 10 février 2016 qui a réformé le droit des contrats a pour conséquence que la plupart de ces conventions doivent désormais être qualifiées de contrat. En effet, selon le nouvel article 1101 du Code civil, « le contrat est un accord de volontés entre deux ou plusieurs personnes destiné à créer, modifier, transmettre ou éteindre des obligations ». Les conventions dont l'article 1100-1 reconnaît par ailleurs l'existence ne peuvent dont plus concerner, en principe, que des accords de volontés n'ayant pas pour objet les obligations. Au demeurant, la qualification n'a pas une importance majeure, les conventions étant en principe soumises aux mêmes règles que les contrats.

216. ***Les actes juridiques unilatéraux***. L'acte juridique unilatéral est un acte volontaire par lequel une personne, de sa seule volonté, détermine des effets de droit.

Les actes juridiques unilatéraux, générateurs de droits ou de charges, sont assez fréquents en *droit public*. Telles sont les *décisions exécutoires à caractère non réglementaire*, valant décisions *individuelles* ou *collectives* – tel l'arrêté de nomination d'un fonctionnaire ou la décision de classement des candidats reçus à un concours – qui confèrent des droits aux intéressés. Telles sont aussi, mais en sens inverse, les *réquisitions* de biens ou de services : ces décisions imposent des charges à ceux qu'elles visent. Enfin, il est de nombreux actes unilatéraux de l'Administration qui, à la fois, confèrent à ceux qu'ils concernent des prérogatives et leur imposent des charges. C'est le cas, notamment, des *autorisations de lotir* et *permis de construire* qui, outre la faculté ouverte à leurs bénéficiaires, les soumettent, le plus souvent, à des contraintes particulières – réalisation de travaux ou contribution aux équipements collectifs.

Il existe également d'assez nombreux actes unilatéraux en *droit privé*[2] dont l'objet est tantôt *patrimonial* – tel le *testament* qui a pour effet, dès le décès du testateur, de transmettre aux légataires institués par celui-ci la propriété des biens qu'il leur a attribués – tantôt *extra-patrimonial* – ainsi de la *reconnaissance* d'enfant qui affirme et, du même coup établit, le lien de filiation entre le déclarant et l'enfant (C. civ., art. 310-1).

Ces actes unilatéraux du droit privé produisent, comme les conventions, mais à un moindre degré cependant, des effets juridiques variés. Il en est dont l'objet est de *déclarer* un droit, ou une *situation juridique*, préexistants. C'est le cas de la *reconnaissance d'enfant*, déjà évoquée ; c'est aussi celui de la *reconnaissance de dette*.

---

1. Flour, Aubert et Savaux, *Droit civil. Les obligations*, vol. 3, *Le rapport d'obligation*, 8e éd., 2013, no 101. Mais il est parfois soutenu que le paiement est un fait ; v. not. N. Catala, *La nature juridique du paiement*, 1961.

2. Martin de la Moutte, *L'acte juridique unilatéral*..., 1951, préf. Raynaud ; v. aussi Flour, Aubert et Savaux, *Droit civil. Les obligations*, vol. 1, *L'acte juridique*, n° 489 s.

D'autres actes visent à provoquer *l'extinction* d'un droit dont l'auteur de l'acte est titulaire : ce pourquoi l'on parle alors, plus précisément, d'acte *abdicatif*. Tel est l'effet de la *renonciation à succession*, ou encore de la *renonciation à la prescription*.

Il est également un acte unilatéral – le *testament* – qui a des effets de droit plus étendus. Son objet – ou plus exactement celui du *legs testamentaire* – est d'opérer la *transmission* à un tiers d'un ou plusieurs droits du testateur. Mais, sur cet effet translatif peut aussi se greffer la constitution de certains droits réels, tels qu'une servitude ou un usufruit.

Reste alors la *question* de savoir si un acte juridique unilatéral peut être *générateur d'obligations*. Il ne fait aucun doute que nul ne saurait susciter, par sa seule volonté, une obligation à la charge d'un *tiers*. Mais une personne ne pourrait-elle pas, de sa seule volonté, faire naître sur sa propre tête une obligation au bénéfice d'un tiers [1] ? C'est le problème de l'*engagement unilatéral de volonté*, problème qui a donné lieu à un important débat [2] qui n'est pas clos. On se bornera à indiquer, d'une part, que le droit positif, tant légal que jurisprudentiel, consacre quelques cas d'engagement unilatéral de volonté et, d'autre part, qu'on doit en admettre la possibilité, mais à titre exceptionnel, et en en subordonnant la validité à des exigences rigoureuses destinées notamment à s'assurer d'une volonté libre et éclairée [3]. Les articles 1100 et 1100-1 du Code civil issus de l'ordonnance du 10 février 2016 portant réforme du droit des contrats admettent implicitement qu'un acte juridique unilatéral peut donner naissance à des obligations, mais sans en préciser les conditions.

217. *Les actes juridiques collectifs*. La notion d'acte juridique collectif [4] est plus incertaine que les précédentes, et il n'en existe pas de critère décisif. On en distingue deux sortes.

D'une part, les *actes unilatéraux collectifs* qui sont constitués par un faisceau de volontés identiques ou, plus techniquement, de déclarations unilatérales de volonté. L'**exemple** le plus caractéristique en est fourni par les *décisions majoritaires des groupements*, telles les décisions prises par les assemblées regroupant les membres d'une société ou d'une association [5].

D'autre part, les *conventions collectives* qui reposent, comme le contrat, sur un accord de volonté. Un bon **exemple** en est donné par les *conventions collectives de travail* qui sont des accords conclus par les syndicats de salariés et d'employeurs pour fixer certaines conditions du contrat de travail dans un secteur déterminé (conditions d'embauche, de salaires, de congés payés, de licenciement…). Sous diverses conditions, certaines conventions peuvent faire l'objet d'un *arrêté d'extension* pris par le ministre du Travail et devenir obligatoire pour toute la branche d'activité considérée, sans considération pour l'appartenance ou la non-appartenance des intéressés aux organisations syndicales signataires [6].

Collectifs, par leurs conditions de formation, ces actes juridiques le sont aussi, le plus souvent, quant à la portée de leurs effets. En dérogation au principe de l'effet relatif des conventions [7],

---

1. Il va de soi que la question n'a d'intérêt qu'autant qu'il s'agit d'une obligation véritable qui, comme telle, présente un caractère irrévocable, c'est-à-dire que le débiteur ne peut la réduire à néant par sa seule volonté. C'est là un point essentiel du débat car on a objecté à l'idée même d'une obligation reposant sur la volonté unilatérale du sujet de droit, que si la volonté individuelle avait le pouvoir de se *lier*, elle aurait pareillement celui de se *délier*. L'affirmation est inacceptable : la liberté susceptible d'être reconnue à chacun est de se lier *ou* de ne pas se lier ; elle n'est pas de se lier et de se délier, cf. Flour, Aubert et Savaux, *op. cit.*, nº 500.

2. V. not. Martin de la Moutte, *op. cit.*, n° 284 s. ; Aubert, *Notions et rôles de l'offre et de l'acceptation dans la formation du contrat*, préf. J. Flour, 1970, n° 181 s. ; Izorche, *L'avènement de l'engagement unilatéral de volonté en droit privé contemporain*, thèse, Aix, 1989 ; Aubert et Gaudemet, *Rép. civ.*, Dalloz, vº *Engagement unilatéral de volonté*.

3. J. Flour, Aubert et Savaux, *op. cit.*, n° 501 s.

4. Roujou de Boubée, *Essai sur l'acte juridique collectif*, 1961, préf. Marty. La notion est ignorée par les nouveaux textes du Code civil issus de la réforme du droit des contrats par l'ordonnance du 10 février 2016.

5. À remarquer, dans l'analyse générale de l'acte juridique (v. ss 214), que la loi constitue un tel acte juridique (vote parlementaire).

6. Sur les différents actes collectifs, v. Flour, Aubert et Savaux, *op. cit.*, n° 506 s.

7. V. ss 215.

ceux-ci s'étendent à des personnes qui n'ont pas participé à l'acte, voire qui s'y sont opposées[1]. À telle enseigne que l'on a pu relever que ces actes sont caractérisés par une nette « tendance normative »[2] en ce sens que, souvent, l'acte établit pour l'avenir des règles destinées à régir des personnes qui lui sont restées étrangères. En bref, cette catégorie d'actes se situe aux frontières des actes juridiques relatifs aux droits subjectifs et de ceux qui constituent les sources du droit objectif[3].

Section 2
Les faits juridiques

218. ***La notion générale de fait juridique***. Alors que les actes juridiques traduisent un pouvoir juridique de la volonté individuelle[4], les faits juridiques se caractérisent par l'impuissance des personnes à en modeler les effets selon leur volonté : ce sont des *événements qui, volontaires ou non, engendrent des effets de droit directement déterminés par la loi*[5].

Cette définition générale peut être illustrée par l'obligation de réparer que la loi impose à celui qui a causé un dommage par sa faute (*fait personnel dommageable*), ou encore par la transmission du patrimoine de la personne qu'elle attache au décès de celle-ci. Cela ne signifie pas que le droit soit en l'occurrence indifférent à la volonté de la personne : cette volonté, si elle existe, peut déterminer des conséquences de droit particulières (ainsi, par exemple, le fait que des blessures aient été infligées à autrui *volontairement* justifie une sanction pénale plus sévère que dans le cas de blessures involontaires). Cela souligne seulement que les effets que la loi attache à l'événement considéré se produisent *indépendamment de la volonté de la personne* : l'auteur de la faute dommageable sera tenu, bon gré mal gré, de réparer le préjudice causé ; nul ne peut faire obstacle à la transmission de son patrimoine au jour de son décès[6].

Ainsi précisée, la notion de fait juridique recouvre des événements très disparates[7]. Ce sont, tantôt des *faits de la nature* – tels la naissance ou le décès d'un être humain ; le lien de filiation unissant un enfant à ses parents ; un cataclysme dévastateur… –, tantôt des *faits de l'homme*, volontaires ou involontaires – tel le fait de causer à autrui un dommage par imprudence, ou par désir de vengeance ; ou le fait de gérer les affaires d'une personne qui se trouve empêchée d'y veiller.

Cette diversité est telle qu'il apparaît impossible de construire une théorie générale du fait juridique. Il n'est pas davantage concevable, ni utile, d'en donner une liste exhaustive. Mais on peut, du moins, tenter d'en faire une classification.

---

1. Ainsi, not., les *décisions majoritaires* – appellation significative – s'imposent-elles à la minorité du groupement considéré.
2. Marty et Raynaud, *Droit civil. Les obligations*, t. 1, *Les sources*, 1988, n° 370.
3. Rappr. Marty et Raynaud, *eod. loc.* Au demeurant la frontière semble bien être franchie dans le cas de la convention collective de travail étendue par arrêté : l'acte prend alors un caractère réglementaire.
4. Sur ce pouvoir, v. ss 243.
5. La définition du nouvel article 1100-2 du Code civil, résultant de l'ordonnance du 10 février 2016 est moins précise en ce qu'elle n'indique pas que les agissements ou événements qu'elle vise peuvent être ou non volontaires et en ce qu'elle dit que les effets de droit y sont attachés par la loi, ce qui est une formule faible.
6. Les sujets de droit sont seulement habilités, sous diverses conditions, à organiser cette transmission.
7. Terré, n° 207 s.

219. ***Classification des faits juridiques. Faits générateurs de statut.*** Il existe, assurément, plusieurs classements possibles des faits juridiques [1]. On peut en tenter un qui se fonde sur le type d'effet juridique attaché aux faits considérés. Cette démarche conduit à distinguer – étant observé que certains faits peuvent relever de deux catégories distinctes –, d'une part, des *faits générateurs de statut*, d'autre part, des *faits attributifs ou extinctifs de droits patrimoniaux*, enfin, des *faits correctifs de régime juridique.*

Les *faits générateurs de statut* sont, le plus souvent, des faits de la nature qui affectent l'être humain et qui déterminent son accès ou sa soumission, à un statut juridique déterminé. Le premier d'entre eux est, assurément, la *naissance*, qui est une condition de la personnalité juridique [2]. Il en est bien d'autres, par **exemple** : la *filiation* dont dépendent différents droits patrimoniaux et extrapatrimoniaux (droits successoraux de l'enfant, son nom...) ; le fait d'atteindre l'âge de la *majorité* – 18 ans aujourd'hui – emporte la pleine capacité civile, c'est-à-dire l'aptitude à passer tous les actes de la vie civile (se marier, conclure un contrat...) et le droit de voter aux élections politiques ; l'*aliénation mentale*, autorisant la mise en place d'un statut de protection ; le *décès*, en ce que la personne disparue bénéficie d'un statut protecteur (régime des prélèvements d'organes, respect de la mémoire des morts...) [3].

Dans cette première catégorie entrent également certains faits de l'homme, telle la *commission d'une infraction pénale*, qui détermine l'application au délinquant du régime pénal (procédure pénale, sanction pénale, régime d'exécution des sanctions...).

220. ***Faits attributifs ou extinctifs de droits patrimoniaux.*** Les *faits attributifs ou extinctifs de droits patrimoniaux*, au contraire des précédents, sont plus souvent des faits de l'homme que des faits de la nature. Encore faut-il observer que relève de cette dernière catégorie le *décès*, qui a des conséquences fort importantes sur ce plan : en déterminant l'ouverture de la succession du défunt, il opère le transfert des biens de celui-ci à ses héritiers et, le cas échéant, il provoque simultanément l'extinction de certains droits dont il était investi, tel, par exemple, un droit d'usufruit. On peut aussi évoquer le fait pour un fonds de se trouver enclavé, c'est-à-dire privé d'accès à la voie publique, situation qui détermine l'attribution audit fonds d'une servitude de passage à la charge d'un fonds voisin (C. civ., art. 682).

Au titre des faits de l'homme, il convient de citer, en premier lieu, d'une part, les faits dommageables pour autrui, appelés *délits* et *quasi-délits*, qui sont constitutifs de *causes de responsabilité* – civile [4] ou administrative [5] – et qui engendrent au profit de la victime un droit à réparation, c'est-à-dire un droit de créance ; et, d'autre part, les *quasi-contrats*, faits volontaires de l'homme qui sont générateurs d'obligations en vertu de la loi (telle la gestion d'affaires) [6].

Il faut, en second lieu, mentionner la *prescription*, qui peut, selon le cas, avoir des effets fort différents.

Il convient en effet de distinguer la prescription *acquisitive* de la prescription *extinctive*. La première, appelée également *usucapion*, fondée sur la *possession prolongée* d'une chose, permet l'appropriation de cette chose par le possesseur : en bref, la personne qui a eu la maîtrise de la chose et qui s'est comportée à son égard comme un propriétaire, pendant un certain temps, peut, sous diverses conditions, en acquérir la propriété [7]. Quant à la prescription *extinctive*, elle provoque au contraire l'extinction d'un droit – droit de créance notamment, à la différence

---

1. V. par ex. Terré, n° 209 s. qui distingue *faits involontaires* et *faits volontaires*.

2. V. ss 195.

3. Labbée, *La condition juridique du cadavre*, thèse, Lille II, 1981 ; Berchon, *La condition juridique des morts*, thèse, Bordeaux I, 1984.

4. Sur ces causes de responsabilité civile, v. ss 247, 249 s.

5. On se bornera à signaler que la responsabilité de l'Administration peut être engagée soit par une faute commise par ses agents (*faute de service*), soit en dehors de toute faute de l'Administration, notamment dans le cas de dommages causés par des choses *dangereuses*, comme les armes confiées à la police.

6. V. ss 248.

7. V. ss 240.

du droit de propriété [1] – en considération de ce que ce droit n'a pas été exercé pendant un certain temps. Ainsi, le créancier qui laisse s'écouler un certain délai sans réclamer son paiement perd-il son droit, par *non-usage*, à l'expiration de ce délai.

221. ***Faits correctifs de régime juridique***. Quant aux *faits correctifs de régime juridique*, ils sont moins nombreux, mais fort importants. On en évoquera trois : la *force majeure*, la *fraude* et l'*apparence*.

La *force majeure* [2] *s'entend d'un événement extérieur à la fois imprévisible et irrésistible* qui se trouve à l'origine d'un dommage : ce peut être un *fait de l'homme* – telle l'imprudence tout à fait inopinée d'un tiers – ou un *fait de la nature* – par exemple, une tornade ou une plaque de verglas [3]. Un tel événement exclut l'application de tout régime de responsabilité – de droit privé ou de droit public – aux personnes impliquées dans la réalisation du dommage, alors même qu'elles sembleraient devoir y être soumises.

Cet effet *exonératoire* se produira au bénéfice de toute personne habile à établir la réalité de l'événement imprévisible et irrésistible, et son extériorité par rapport à elle-même et aux choses dont elle a la garde : qu'un arbre s'effondre en blessant une personne, le propriétaire de cet arbre est ordinairement responsable de cet accident en application de l'article 1242, alinéa 1er, du Code civil (responsabilité dite « du fait des choses ») [4] ; mais que ce propriétaire établisse que la chute de l'arbre a été provoquée par une tornade présentant les caractères de la force majeure, il sera exonéré de toute responsabilité.

La *fraude* est, plus que la force majeure, difficile à définir précisément. Elle désigne un *détournement de la règle de droit consistant dans la mise en œuvre de règles juridiques pour en tirer un profit illégitime* [5]. L'existence d'une telle fraude a pour effet de rendre les actes juridiques qui en sont entachés *inopposables* aux personnes auxquelles ils pourraient porter préjudice : leurs effets seront neutralisés à l'endroit de ces personnes, et de celles-là seulement. Cette correction de la mise en œuvre des règles de droit est exprimée par la maxime *fraus omnia corrumpit* : la fraude prive d'effet tout ce qu'elle couvre ou, encore, « la fraude fait exception à toutes les règles »

L'*apparence*, enfin, est prise en compte par le droit, parfois, pour lui faire produire les effets de droit qu'elle appelle, bien que la réalité juridique soit différente [6]. La jurisprudence admet, en effet, que, sous certaines conditions, une situation juridique donnée peut être privée de ses effets naturels, pour tenir compte de ce que cette situation a pu être ignorée, ou mal interprétée par les tiers. Dans ce cas, il convient de faire produire à la situation considérée les effets correspondant à celle que les tiers ont perçue par erreur : on tient compte, ainsi, de leur croyance erronée [7], laquelle devient, sous diverses conditions nécessairement exigeantes, source de droits. De cela le *mandat apparent* constitue un **exemple** classique [8] : qu'une personne traite avec une autre, dont elle croit, à tort, qu'elle est le mandataire d'une troisième de qui elle veut acheter un bien, l'acquisition ainsi faite pourra être validée, malgré l'absence de pouvoir de « l'intermédiaire », si le juge constate l'erreur légitime commise par l'acheteur.

---

1. Le droit de propriété, en effet, est insusceptible de prescription extinctive : il ne s'éteint pas par le non-usage. Cf. Civ. 3e, 5 juin 2002, *D.* 2003. 1461, note Pillet, Somm. 2044, obs. Reboul-Maupin. Cela ne veut pas dire qu'il ne peut être perdu du fait d'un non-usage prolongé : il le sera bien, si pendant ce temps un tiers a pris possession de la chose, du fait de l'usucapion réalisée par ce tiers.
2. V. par ex., Flour, Aubert et Savaux, *Droit civil. Les obligations*, vol. 3, *Le rapport d'obligation*, 9e éd., 2015, n° 208 s. ; Viney et Jourdain, *Traité de droit civil, Les conditions de la responsabilité*, 4e éd., LGDJ, 2013, n° 392 s. ; v. aussi Antonmattei, *Contribution à l'étude de la force majeure*, préf. Teyssié, LGDJ, 1992.
3. Aucun événement n'est, par lui-même, constitutif de force majeure. Il faut, cas par cas, vérifier son caractère imprévisible et irrésistible.
4. V. ss 251.
5. Terré, n° 504.
6. Terré, n° 468 s.
7. Ou, de leur *croyance légitime*, Sourioux, « La croyance légitime », *JCP* 1982. I. 3058.
8. V. Ass. plén. 13 déc. 1963. 277, note J. Calais-Auloy, *JCP* 1963. II. 13105, note Esmein, ou encore, Civ. 3e, 4 oct. 2000, *Bull. civ.*, n° 160.

Chapitre 5

La preuve des droits subjectifs

222. ***Objet et charge de la preuve. Preuve légale et intime conviction.*** Pour se prévaloir d'un droit, il faut être en mesure d'établir que ce droit existe et qu'on en est titulaire. Ainsi se trouve posé le problème de la *preuve* [1], problème dont on souligne usuellement l'importance pratique en remarquant qu'il revient au même de ne pas pouvoir prouver l'existence de son droit que de ne pas en être titulaire [2]. Cette importance est d'ailleurs telle que le droit évolue vers la reconnaissance d'un véritable *droit à la preuve* limité par les exigences de la *loyauté* et du respect des *droits fondamentaux* [3].

L'*objet* de cette preuve est constitué par tous les faits, toutes les circonstances [4] qui ont une portée juridique, notamment ceux qui sont de nature à donner naissance à un droit (prescription acquisitive, contrat, agissement dommageable…) ou à en assurer le transfert (décès, naissance – voire conception – d'un enfant ayant la qualité d'héritier, contrat ou convention…). La matière déborde donc largement le seul domaine des obligations, même si c'est à ce propos que le Code civil traite la question, aujourd'hui (C. civ., art. 1353 s.) comme hier (C. civ., anciens art. 1315 s.) le législateur ayant réformé le droit des obligations (ordonnance du 10 février 2016 portant réforme du droit des contrats, du régime général et de la preuve des obligations) n'ayant pas saisi l'occasion pour détacher la preuve de cette matière [5].

C'est, en principe, à celui qui prétend à un droit qu'il revient de l'établir : on dit que la *charge de la preuve* pèse sur le demandeur, c'est-à-dire celui qui, dans le débat judiciaire, affirme ses prétentions [6].

---

1. V. Mouralis, *Rép. civ.*, Dalloz, v° *Preuve* ; A. Aynès et X. Vuitton, *Droit de la preuve. Principes et mise en œuvre processuelle,* LexisNexis, 2013 ; *adde*, sur les finalités et les fonctions du droit de la preuve : X. Lagarde, *Réflexion critique sur le droit de la preuve*, préf. Ghestin, LGDJ, 1994 ; Vergès, Vial et Leclerc, *Droit de la preuve*, PUF, coll. « Thémis », 2015.
2. Formule classique, exprimée parfois en latin : *idem est non esse aut non probari.*
3. Flour, Aubert et Savaux, *Les obligations*, vol. 3, *Le rapport d'obligation*, 9e éd., Sirey, 2015, n° 1.
4. Par opposition à la « règle de droit », laquelle n'a pas à être prouvée.
5. Sur cet aspect de la réforme des obligations qui ne contient pas de changement notable, v. Lardeux, Commentaire du titre IV *bis* nouveau du livre III du Code civil intitulé « De la preuve des obligations » ou l'art de ne pas réformer, *D.* 2016. 850 ; Vergès, « Droit de la preuve : une réforme en trompe-l'œil », *JCP* 2016, n° 17, 486.
6. Ce sera, tantôt – et *a priori* – le demandeur à l'action, tantôt le défendeur : ainsi le créancier devra prouver son droit de créance ; cela fait, il reviendra au débiteur d'établir qu'il a déjà payé. Cette alternance de la charge de preuve est soulignée par les adages suivants : *actori incumbit probatio* (la preuve incombe au demandeur) ; *reus in excipiendo fit actor* (en invoquant une exception, le défendeur devient demandeur).

Ce principe d'*attribution de la charge de la preuve*, dont la mise en œuvre se révèle complexe, doit cependant être nuancé à deux égards. D'abord, en considération de la nature de la procédure engagée – civile, commerciale, pénale ou administrative. C'est que l'office du juge n'est pas toujours le même : ainsi, en *matière civile*, le juge n'a qu'un rôle relativement passif, les parties au procès ayant – réserve faite de nuances parfois importantes – la charge effective de la réunion des preuves ; en *matière pénale*, au contraire, c'est le juge qui, à titre principal, assure cette mission[1]. Il va de soi que, dans ce dernier cas, le poids de la charge de la preuve imposée au demandeur se trouve, de fait, allégé.

En second lieu, il faut tenir compte, en matière civile notamment, de l'existence de certaines *présomptions légales*, dont le jeu produit un *renversement de la charge de la preuve*. Cette sorte de présomption consiste, en effet, à considérer comme prouvé un fait qui n'est pas connu, sur le seul fondement de la constatation d'un fait distinct[2] : ainsi, par **exemple**, l'article 1342-9 du Code civil (ancien art. 1282) affirme-t-il que la remise volontaire par le créancier au débiteur du titre de sa créance vaut présomption simple de libération. En d'autres termes, la loi dispense de preuve celui qui, normalement, aurait dû établir le fait présumé : en conséquence de l'article 1342-9, le débiteur n'a plus à prouver qu'il a payé ; c'est au créancier qu'il revient de démontrer qu'il ne l'a pas fait.

Il reste enfin – question essentielle, et qui seule nous retiendra – à déterminer *de quelle manière doit se faire la preuve*. Notre droit, à cet égard, oscille entre deux systèmes différents : soit que la loi exige que la preuve soit faite par certains moyens qu'elle désigne précisément et qui ne laissent au juge aucun pouvoir d'appréciation – c'est le système dit de la *preuve légale* ; soit qu'au contraire la preuve soit libre – système dit de la *preuve morale* – comme l'est, du même coup, l'appréciation du juge qui statue alors par *intime conviction*, c'est-à-dire conformément aux convictions que lui ont inspirées les preuves rapportées par les parties.

Le droit français ne consacre en aucune matière un pur système de preuve légale. L'opposition se fait plutôt entre le *droit civil*, caractérisé par un *système de preuve mixte* (pour partie preuve légale, pour partie preuve morale), et des systèmes plus proches de la *preuve morale*, que consacrent le droit pénal, le droit commercial et le droit administratif.

Section 1
Les modes de preuve en matière civile

223. ***La distinction des actes et des faits juridiques au regard de la preuve.*** Si le système de preuve en matière civile est mixte, cela tient principalement à ce que le droit civil distingue les actes et les faits juridiques pour les soumettre à deux régimes de preuve différents.

Les *faits juridiques* sont, en principe, soumis à un système de *preuve libre* (preuve *morale*) : tous les modes de preuve peuvent être employés pour établir le fait considéré. Cette liberté habilite, en particulier, le *témoignage*, c'est-à-dire le rapport, par une personne, de ce qu'elle a vu et entendu par elle-même[3]. Ce principe s'applique, en particulier, à la *responsabilité civile*. Il est énoncé désormais par le nouvel article 1358 du Code civil (Ord. du 10 févr. 2016) selon lequel « hors les cas où la loi en dispose autrement,

1. V. ss 142 ; pour la procédure administrative, aussi, v. ss 132.
2. V. ss 72.
3. V. ss 225.

la preuve peut être rapportée par tout moyen ».Ce principe supporte toutefois des exceptions importantes : l'état civil et la filiation sont soumis, en effet, à un système de preuves déterminées (présomption de paternité, mentions de l'acte de naissance…).

Pour les *actes juridiques*, au contraire, la loi consacre un système dominant de *preuves légales*. Le principe est alors, en effet, que la preuve doit être *préconstituée*, c'est-à-dire que les parties doivent se ménager la preuve des actes qu'ils concluent par la confection d'un *écrit*. Cette exigence de la preuve par écrit comporte cependant diverses exceptions qui permettent, parfois, de réintroduire le témoignage dans le mécanisme de la preuve.

C'est en fonction de cette distinction fondamentale des actes et des faits juridiques que nous envisagerons les différents modes de preuve : d'abord l'*écrit*, puis le *témoignage* ainsi que les *présomptions de l'homme* et, enfin, deux modes de preuve particuliers qui ont un rôle secondaire : l'*aveu* et le *serment*.

224. ***L'écrit***. L'exigence d'un écrit pour la preuve des actes juridiques est exprimée par l'article 1359 du Code civil (ancien art. 1341). Ce texte requiert, pour les actes qui sont relatifs à des obligations d'une valeur supérieure à *1 500 euros* (depuis le 1er janvier 2005 ; 800 euros auparavant) l'établissement d'un acte *écrit*, écrit sous signature privée ou authentique L'*acte contresigné par un avocat*, créé par la loi 2011-331 du 28 mars 2011 ne constitue pas une troisième catégorie d'acte ; c'est une variété d'acte sous signature privée doté d'une force probante légèrement supérieure à l'acte sous signature privée ordinaire [1]. Observons tout de suite que le mot « acte » n'est pas pris ici dans le même sens que pour l'*acte juridique* : il désigne le support servant au *constat* d'une manifestation de volonté (on dit, parfois, l'*instrumentum*), alors que l'*acte* juridique correspond à la manifestation de volonté elle-même, à sa *substance* (par opposition, le *negotium*).

Prenant en considération les évolutions technologiques intervenues dans le domaine de l'information grâce au développement de l'électronique, la loi n° 2000-230 du 13 mars 2000 a modernisé le droit civil de la preuve en l'adaptant aux progrès des techniques de communication.

En vertu de cette loi, l'*écrit* reçoit une définition beaucoup plus large que celle qui résultait de la tradition du papier. Selon l'article 1365 (ancien art. 1316) du Code civil « l'écrit consiste en une suite de lettres, de caractères, de chiffres ou de tous autres signes ou symboles dotés d'une signification intelligible, quel que soit leur support ».

Il est ensuite énoncé que l'écrit électronique a la même force probante que l'écrit sur support papier (art. 1366, ; ancien art. 1316-3).

Enfin, la loi précise désormais (art. 1367 ; ancien art. 1316-4) le rôle et la nature de la *signature* : nécessaire à la perfection de l'acte, elle « identifie son auteur » et « manifeste son consentement aux obligations qui découlent de cet acte » ; elle peut être manuelle ou électronique, consistant alors « en l'usage d'un procédé fiable d'identification garantissant son lien avec l'acte auquel elle s'attache » [2].

---

1. Il fait « pleine foi » de l'écriture et de la signature des parties et la procédure de faux prévue par le Code de procédure civile lui est applicable (L. du 31 déc. 1971, art. 66-3-2) ; v. Flour, Aubert et Savaux, *Droit civil. Les obligations*, vol. 3, *Le rapport d'obligation*, 9e éd., 2015, n° 24 et 37.

2. V. Raynouard, « Droit de la preuve, nouvelles technologies et signature électronique », *Defrénois* 2000, art. 37174, p. 593 ; v. aussi Décr. n° 2001-272 du 30 mars 2001, relatif à la signature électronique ; *adde* : X. Lagarde, « Finalités et principes du droit de la preuve. Ce qui change », *JCP* 2005. I. 133. Les règles régissant la signature électronique ont été modifiées par le décret n° 2017-1416 du 28 septembre 2017 pour être mises en conformité avec le règlement européen n° 910/2014 du 23 juillet 2014.

L'*acte authentique*, selon l'article 1369 du Code civil (ancien art. 1317), est un acte dressé par une personne qui a reçu spécialement pouvoir à cet effet, qui a qualité d'*officier public*[1]. Ce peut être, par exemple, un *notaire* ou un *officier d'état civil*. Son régime est tout entier dominé par un impératif de sécurité : l'acte ne peut être établi que par des personnes spécialement habilitées par la loi, sa rédaction est soumise à de multiples exigences, notamment de forme (mentions obligatoires, indication de la date, signature de l'officier public, des parties...)[2]. Il peut être dressé sur support électronique, et non plus seulement sur papier, sous réserve de satisfaire à diverses conditions fixées par le décret du 26 nov. 1971, modifié par un décret du 10 août 2005[3].

L'*acte sous signature privée* (C. civ., art. 1372 s., issus de l'Ord. du 10 févr. 2016), comme l'indique sa dénomination, est au contraire un acte écrit établi par de simples particuliers : normalement, les parties à l'acte juridique qu'il constate. Les contraintes formelles y sont très réduites. Hormis l'exigence, générale, de la *signature* des parties, il n'en est que deux. La première est la *formalité* du *double* pour les *contrats synallagmatiques* : cette sorte de contrat ayant pour effet d'engendrer des obligations réciproques, l'article 1375 du Code civil (ancien art. 1325) exige qu'il soit fait « autant d'originaux qu'il y a de parties ayant un intérêt distinct ». La seconde consiste dans l'exigence d'une *mention de la substance de l'engagement* pour les *actes qui constatent une obligation unilatérale* : selon l'article 1376 du Code civil (ancien art. 1326), l'acte qui constate l'engagement d'une partie envers une autre à lui payer une somme d'argent ou à lui livrer un bien fongible[4] doit comporter la mention, écrite de la main de celui qui s'engage, « de la somme ou de la quantité en toutes lettres et en chiffres ». La règle s'explique par le souci d'écarter les risques d'abus inhérents à tout engagement souscrit « en blanc », c'est-à-dire sans indication de sa substance.

La *valeur probante* de ces actes est précisément subordonnée au respect des exigences légales dont ils font l'objet. À défaut – par exemple, omission de la date d'un acte authentique, ou omission d'une signature – l'acte est frappé d'invalidité, mais seulement en tant qu'instrument de preuve : l'acte irrégulier ne fait pas preuve de l'opération juridique constatée ; mais son irrégularité n'affecte pas directement la *validité* de cette opération[5], laquelle pourrait être établie par d'autres moyens, s'il en existe[6].

Si ces exigences sont satisfaites, l'acte authentique et l'acte sous signature privée ont force probante, mais celle-ci n'a pas, dans les deux cas, la même vigueur. L'*acte authentique* fait foi des mentions qu'il contient quant aux faits personnellement constatés par l'officier public – par exemple, le paiement du prix d'une vente par l'intermédiaire

---

1. L. Aynès (dir.), *L'authenticité*, La Documentation française, 2013 ; L. Aynès, « Avons-nous besoin de l'acte authentique ? », *Defrénois* 2013. 1019.

2. Flour, Aubert et Savaux, *op. cit.*, 9e éd., 2015, n° 25 s.

3. V. Linant de Bellefonds, « Notaires et huissiers face à l'acte authentique électronique », *JCP N* 2003. 1196.

4. Sur cette notion, v. ss 205.

5. Il faut cependant réserver les cas où la loi fait de la forme, authentique ou sous seing privé, une condition d'existence de la convention – ainsi du contrat de mariage, ou de la constitution d'hypothèque. Alors l'irrégularité formelle de l'acte invalide la convention elle-même.

6. D'une part, l'acte authentique irrégulier peut valoir comme acte sous signature privée (art. 1370, ancien art. 1318 ; pour une application : Civ. 1re, 28 sept. 2011, *RDC* 2012/1, obs. Laithier). D'autre part, l'acte sous signature privée irrégulier peut servir de commencement de preuve par écrit (art. 1352, ancien art. 1347 al. 2) ; v. ss 225.

de sa comptabilité, ou la date de l'acte – jusqu'à *inscription de faux*[1]. Cela signifie que, pour le priver de sa force probante, il faut démontrer que l'officier public a fait un *faux* : procédure rare, longue et dangereuse pour celui qui l'intente[2]. La valeur probante de l'*acte sous signature privée* est sensiblement moindre : il ne fait foi que jusqu'à *preuve contraire*. Du moins faut-il que celle-ci soit faite par écrit (C. civ., art. 1359, al. 2 ; ancien art. 1341)[3].

On observera, pour finir, une évolution de la force probante des *copies*. Classiquement, seuls les actes authentiques et les actes sous signature privée étaient des écrits dotés de la force probante. Les simples *copies* en étaient, au contraire, dépourvues en principe. Tant que l'original subsistait, la production de celui-ci pouvait normalement toujours être exigée. Mais depuis une loi du 12 juillet 1980, une copie fidèle et durable pouvait faire la preuve d'un acte dont l'original n'avait pas été conservé[4]. Sur ce point, la réforme du droit de la preuve par l'ordonnance du 10 février 2016 a renversé la perspective. Selon le nouvel article 1379 du Code civil, une copie fiable a la même force probante que l'original. Mais, s'il subsiste, la présentation de ce dernier peut toujours être exigée.

225. *Témoignages et présomptions*. Les témoignages *et* présomptions – de l'homme – sont les modes ordinaires de preuve des faits juridiques[5].

Le *témoignage* peut être défini comme « l'affirmation par une personne de l'existence d'un fait dont elle a eu personnellement connaissance »[6]. Il est ordinairement recueilli dans le cadre de la procédure d'*enquête*. Le caractère personnel de la connaissance qu'il révèle l'oppose à l'*ouï-dire* ou à la *commune renommée* qui, se fondant sur des « bruits », correspondent, par nature, à des informations diffuses, imprécises et suspectes, et sont dénuées, en principe, de force probante[7].

Les *présomptions de l'homme* que les textes issus de l'ordonnance du 10 février 2016 appellent *présomptions judiciaires*, qu'il ne faut pas confondre avec les *présomptions légales*[8], correspondent au résultat d'un raisonnement : elles sont les conséquences que le magistrat tire d'un fait connu à un fait inconnu. Cela revient à dire que la notion de présomption correspond à toutes sortes de faits ou événements qui sont en relation plus ou moins directe avec le fait à prouver et qui peuvent constituer, aux yeux du juge, des indices de la réalité de ce fait.

La *force probante* de ces témoignages et présomptions est de pur fait : elle dépend de la force de conviction qu'ils peuvent exercer sur l'esprit du juge. Dans tous les cas, celui-ci reste maître de son appréciation (art. 1381 et 1382 ; ancien art. 1353) Cette liberté est rendue nécessaire par la relative fragilité et l'incertitude congénitale de ces procédés de preuve.

---

1. V. pour la contestation de la signature portée sur un acte authentique, Civ. 1re, 11 juin 2003, *Bull. civ.* I, n° 139, *D.* 2003. IR 1808.
2. Le demandeur, s'il échoue dans sa démonstration, sera condamné à des dommages-intérêts.
3. L'acte contresigné par un avocat fait pleine foi de l'écriture et de la signature des parties qui ne peuvent être contestées que par la procédure de faux prévue par le Code de procédure civile. Sur ces questions v. Flour, Aubert et Savaux, *op. cit.*, n° 27 s. et 37 s.
4. C. civ., art. 1348 ancien ; v. Flour, Aubert et Savaux, *op. cit*, n° 40 s. ; v. ss 225.
5. Cf. Flour, Aubert et Savaux, *op. cit.*, n° 47 s.
6. Ducharme, « La preuve par ouï-dire en droit québécois », in *Études offertes à J. Flour*, Defrénois, 1979, p. 163.
7. On observera que la formule « ouï-dire » n'a pas le même sens en droit français et en droit québécois, où elle désigne un témoignage donné hors de l'instance judiciaire (v. L. Ducharme, *op. cit.*).
8. V. ss 72, 210.

Cette même considération explique que témoignages et présomptions soient généralement écartés des débats dans tous les cas où il est possible – et somme toute naturel – de préconstituer une preuve en établissant un acte écrit [1] : c'est le cas des *actes juridiques*. Cependant, le principe qu'ils doivent être prouvés par écrit supporte diverses exceptions, lesquelles réhabilitent témoignages et présomptions.

Cette admission exceptionnelle du témoignage et de la présomption comme mode de preuve d'un acte juridique se produit dans trois hypothèses : celle où la *valeur des intérêts qui font l'objet de l'acte juridique est inférieure ou égale à 1 500 euros* (art. 1359 ; ancien art. 1341), celle où il existe un *commencement de preuve par écrit* ; celle de l'*impossibilité de preuve par écrit*. Seules les deux dernières appellent quelques remarques.

Le *commencement de preuve par écrit* (C. civ., art. 1362 ; ancien art. 1347) se définit comme « tout acte écrit qui émanant de celui qui conteste un acte ou de celui qu'il représente, rend vraisemblable le fait allégué ». Il s'agit donc d'un document écrit quelconque – par exemple, une lettre – qui, dépourvue de la valeur d'acte écrit (authentique ou sous signature privée), rend cependant vraisemblable l'allégation du demandeur en raison de son contenu et de son origine. La notion de commencement de preuve est, du reste, entendue largement et un écrit n'est pas toujours nécessaire. Les déclarations faites par les parties lors de leur comparution ou leur refus de répondre ou leur absence lors de la comparution peuvent être considérées par le juge comme équivalentes à un commencement de preuve par écrit (mêmes textes).

L'*impossibilité de preuve par écrit* (C. civ., art. 1360 ; ancien art. 1348) concerne le cas où une partie, soit n'a pas eu la possibilité matérielle ou morale de se procurer une preuve littérale de l'acte juridique, soit a perdu le titre qui lui servait de preuve, par suite d'un cas de force majeure.

Il reste à observer que le demandeur, qui aura pu établir l'existence d'un commencement de preuve par écrit ou d'une impossibilité de preuve par écrit, devra ensuite justifier ses prétentions en produisant les témoignages et présomptions propres à entraîner la conviction du juge.

226. ***L'aveu et le serment.*** L'aveu et le serment sont des procédés de preuve relativement exceptionnels – mais nullement négligeables. Ils ont pour particularité commune d'avoir, en fonction de diverses caractéristiques, une force probante variable, tantôt équivalente à celle d'un écrit, tantôt limitée à celle d'un simple témoignage.

L'*aveu* est « la déclaration par laquelle une personne reconnaît pour vrai un fait de nature à produire contre elle des conséquences juridiques » (art. 1383). Mais à partir de cette conception générale, il y a lieu de faire, conformément à l'article 1383, alinéa 2, du Code civil (ancien art. 1354), une distinction fondamentale entre l'*aveu judiciaire* et l'*aveu extrajudiciaire*.

L'aveu *judiciaire* s'entend, strictement, de celui qui est fait par une partie à un procès, dans le cours même de ce procès – « en justice », dit l'article 1383-2 (ancien art. 1356). Cet aveu-là, qui est indivisible [2] et irrévocable, fait pleine foi contre son auteur et ses héritiers. Il doit être admis, alors même qu'un écrit serait exigé, et peut prouver contre un écrit, même authentique.

Au contraire, un aveu qui n'est pas exprimé dans ces conditions n'est qu'un aveu *extrajudiciaire* [3] dont la portée n'est pas plus grande que celle d'un témoignage [4].

---

1. Ainsi que dans ceux où les faits à prouver revêtent une particulière gravité… et peuvent faire pareillement, l'objet d'une preuve préconstituée : c'est le cas de l'état civil.

2. Ainsi l'aveu reconnaissant une dette, mais affirmant qu'elle a été payée, ne peut être retenu dans son seul premier élément (v. cependant Civ. 1re, 30 oct. 2006, *Defrénois* 2007, art. 38562, n° 26, obs. Libchaber).

3. Ainsi d'un aveu fait dans le cadre d'un autre procès, quand bien même ce dernier aurait opposé les mêmes parties. Civ. 3e, 18 mars 1981, *Bull. civ.* III, n° 58, *Defrénois* 1981, n° 116, p. 1572, obs. Aubert.

4. La formule de l'article 1383-1 du Code civil est explicite : « L'aveu extrajudiciaire purement verbal n'est reçu que dans les cas où la loi permet la preuve par tout moyen ». Du moins cet aveu peut-il

Quant au *serment*, il peut être défini comme l'affirmation, exprimée devant le juge, de la réalité d'un fait favorable au déclarant. Mais, conformément à l'article 1384 du Code civil (ancien art. 1357), il faut distinguer entre *serment décisoire* et *serment supplétoire*.

Le *serment décisoire* est celui qui est exprimé, au terme d'une procédure plus ou moins complexe selon les cas, par une partie à un procès *sur la demande expresse de l'autre*. Celui qui prête le serment qui lui a été ainsi déféré – il affirme solennellement la fausseté du fait allégué par son adversaire pour soutenir sa cause – gagne automatiquement le procès. En revanche, s'il refuse de prêter le serment qui lui est demandé, il succombe, non moins automatiquement, dans ses prétentions. Cette autorité du serment est absolue entre les parties et leurs héritiers ; elle n'est pas contrariée par l'exigence d'une preuve écrite.

Le *serment supplétoire* que le Code dénomme « serment déféré d'office par le juge », à la différence du serment décisoire, est à la discrétion du juge : c'est lui qui, seul, décide de le déférer à l'une ou l'autre des parties pour disposer d'un élément de conviction complémentaire. Ce serment, qu'il soit prêté ou refusé, n'a que la force probante d'un témoignage et, comme tel, il laisse entière la liberté d'appréciation du juge.

Section 2
Les autres systèmes de preuve

227. ***La preuve en matière pénale.*** Le particularisme du procès pénal – sa gravité – trouve un écho nécessaire dans le système de preuve qui y est admis. Sans doute, ici comme ailleurs, le principe est-il que la charge de la preuve incombe au demandeur – en l'occurrence le *ministère public* [1] ; mais il faut remarquer que la tâche de celui-ci est étroitement fixée par la *présomption légale d'innocence*. Le Préambule de la Constitution de 1958 rappelle en effet que « tout homme est présumé innocent jusqu'à ce qu'il ait été déclaré coupable ». C'est au renversement de cette présomption que doit s'attacher l'accusation.

Pour cela le principe est celui de la *liberté de la preuve*, ce qui est conforme à la nature de fait juridique qui s'attache à l'infraction [2].

Cela ne signifie pas, cependant, que tous les modes de preuve du droit civil soient applicables. Ainsi, notamment, le serment décisoire est-il exclu de la procédure pénale. À quoi il faut ajouter qu'un principe général de *loyauté* dans la recherche des preuves interdit le recours à certains procédés, comme la provocation [3].

Au demeurant, le principe de liberté de la preuve s'inscrit ici dans le cadre très particulier d'une *instruction organisée*. La recherche des preuves est confiée au juge qui doit instruire *à charge comme à décharge*, c'est-à-dire rechercher tous les éléments – favorables ou défavorables à celui qui est soupçonné de délit – propres à permettre la manifestation de la vérité. Et cette instruction est très précisément réglementée, notamment pour assurer

---

jouer un rôle important lorsque la preuve par témoins est admise. Ainsi pour compléter un commencement de preuve par écrit (v. ss 224, *in fine*) ; v. par ex. Civ. 1re, 29 oct. 2002, *Bull. civ.* I, n° 251, *D.* 2002. AJ 3203.

1. V. ss 144.

2. Mais si les éléments constitutifs de l'infraction comprennent un élément de nature civile, la preuve de celui-ci doit être faite conformément aux exigences du droit civil. S'agissant d'un contrat, il faudra que ce contrat soit prouvé par écrit, en principe.

3. B. Bouloc, *Procédure pénale*, 26e éd., Dalloz, coll. « Précis », 2017, n° 161 s. Mais la jurisprudence pénale est moins srticte pour ce qui concerne d'autres procédés, notamment la production d'enregistrements effectués à l'insu des intéressés dont elle admet parfois la recevabilité (*ibid.*).

la protection des droits de la défense, ce qui donne au système de preuve une rigidité qui limite la portée du principe de liberté de la preuve [1].

En revanche, la souplesse inhérente au système de la preuve morale se retrouve – à de rares exceptions près – au plan de l'appréciation des preuves par le juge. Ici joue le principe de *l'intime conviction* : le juge se prononce selon l'effet qu'ont produit sur sa conscience les preuves qui lui ont été présentées.

228. ***La preuve en matière administrative***. Devant la juridiction administrative, le système de preuve se rattache également à celui de la preuve morale. En principe, *tous les modes de preuve* sont admis – écrits, témoignages, présomptions… – et le juge est, conformément au principe de l'intime conviction, libre dans son appréciation des éléments de preuve qui lui sont exposés.

Le particularisme majeur de ce système de preuve s'observe à l'occasion de l'attribution de la *charge de la preuve*. Certes, le principe est ici encore que la preuve incombe au demandeur. Mais la mise en œuvre de ce principe est l'objet de nombreuses atténuations. Compte tenu du caractère inquisitorial de la procédure, le juge peut demander à l'administration d'indiquer les motifs de la décision attaquée lorsque le requérant avance des allégations sérieuses constituant un commencement de preuve. Cette condition préalable n'est même pas exigée lorsque la décision a un caractère économique. En matière de responsabilité administrative, les présomptions de faute renversent la charge de la preuve au profit du demandeur [2].

229. ***La preuve en matière commerciale***. Au contraire du droit civil, le droit commercial consacre le *principe de la liberté de la preuve* (C. com., art. L. 110-3, ancien art. 109). En particulier, les actes juridiques, et notamment les contrats, peuvent être prouvés par tous moyens : témoignages, documents comptables, factures, éléments de correspondance, etc. [3]. L'exigence d'un acte écrit est écartée. Plus précisément, même, l'acte écrit se trouve, en tant que tel, et lorsqu'il est produit, privé de la force probante particulière que lui reconnaît le droit civil : contrairement aux dispositions de l'article 1341 du Code civil, il est possible de prouver outre et contre son contenu par témoignage ou par présomption. Tout est alors affaire de conviction du juge.

Ce principe de liberté se justifie traditionnellement par les besoins de *souplesse* et de *rapidité* propres à l'activité commerciale. L'explication est sans doute plus exacte pour la souplesse que pour la rapidité. On constate, en effet, que cette dernière préoccupation peut, tout à l'inverse, imposer le choix d'un formalisme particulièrement rigoureux et généralement plus exigeant que celui de la simple preuve par écrit. C'est le cas, notamment, pour ce qu'on appelle les *effets de commerce – billet à ordre et lettre de change*, tout spécialement – où la forme (écrit et mentions obligatoires) commande l'existence des droits [4].

---

1. La violation des règles protégeant les droits de la défense peut emporter l'annulation de l'instruction et, par là, entraîner l'élimination d'un élément de preuve obtenu dans des conditions irrégulières. La question de l'équilibre entre la sauvegarde effective de la présomption d'innocence et l'efficacité nécessaire des poursuites contre les activités délictueuses est l'une des plus difficiles qui soient. La justice des hommes a toujours été et reste d'un maniement délicat qui justifie une vigilance permanente.

2. Sur cette question, v. Waline, *Droit administratif*, 26e éd., Dalloz, coll. « Précis », 2016, no 502 s et 703 s.

3. Legeais, *Droit commercial et des affaires*, 24e éd., Sirey, 2018, no 109.

4. Legeais, *op. cit.*, n° 741 s.

Troisième partie

Le droit civil (esquisse des thèmes fondamentaux)

Pilier principal du droit privé, creuset de techniques juridiques qui prennent souvent figure de droit commun, le *droit civil* demeure, même s'il a assurément perdu de son emprise d'antan, une discipline dominante du droit français [1]. Cela suffit pour justifier que quelques développements d'une Introduction générale au droit soient consacrés à en présenter les grandes lignes. C'est dans cette optique que nous évoquerons sommairement ses *sources* avant de préciser son *objet.*

1. C. Atias, *Le droit civil*, 7e éd., PUF, coll. « Que sais-je ? », 2004.

Chapitre 1

Les sources du droit civil

La matière du droit civil a fait l'objet d'un Code napoléonien, le plus célèbre de tous sans doute, le *Code civil des Français*, de 1804. Cette œuvre remarquable mérite qu'on s'y arrête un peu, avant d'envisager les *réformes* dont il a fait, par la suite, l'objet.

Section 1

Le Code civil des Français - 1804

Œuvre considérable et d'une qualité exceptionnelle, le Code de 1804 n'est cependant pas une œuvre juridiquement et philosophiquement révolutionnaire. Il puise largement dans la tradition juridique française[1].

§ 1. Les origines du Code de 1804

230. *L'Ancien Droit français. Sources*. Le droit de l'Ancien Régime[2] – appelé *ancien droit*, par opposition au *droit moderne*, qui naît avec l'Empire, et au droit de la période révolutionnaire qualifié, dans cette présentation, de *droit intermédiaire* – se caractérise par une certaine hétérogénéité. Hétérogénéité des traditions qui l'inspirent – gauloise, germanique et romaine –, mais aussi hétérogénéité des règles de droit positif. D'une part, la France se partage entre deux systèmes juridiques – pays de *coutume*, approximativement au nord de la Loire ; pays de *droit écrit*, c'est-à-dire de droit romain, au sud. D'autre part, les coutumes du nord sont elles-mêmes très diverses – on distingue ainsi, notamment, les coutumes de Bretagne, de Normandie, de Paris, de Bourgogne… Cette fragmentation du système juridique d'Ancien droit se trouve consacrée et entretenue par le mouvement de *rédaction des coutumes* qui anime le XVe et le XVIe siècles, et par la juridiction des Parlements qui ont pouvoir de rendre, chacun dans son ressort, des *arrêts de règlement* qui sont générateurs de véritables règles de droit[3].

Toutefois, cette hétérogénéité n'est pas absolue. Il existe en effet quelques facteurs d'unité. Ainsi en va-t-il, notamment, du *droit canonique* – qui régit directement certaines matières, tel le mariage – et des *ordonnances royales* qui ont vocation à régir le royaume entier[4] et dont la fréquence s'accroît en même temps que l'autorité du pouvoir central s'affirme : ordonnance

---

1. Gazzaniga, « Le code avant le code », in *La codification*, B. Beignier (dir.), Dalloz, 1996, p. 21 s.

2. Sur lequel, v. Lévy et Castaldo, *Histoire du droit civil*, 2e éd., Dalloz, coll. « Précis », 2010, n° 5 s.

3. Comp. pour la jurisprudence en droit contemporain, v. ss 172.

4. Sous réserve, ressort par ressort, qu'elles soient enregistrées par le Parlement territorialement compétent.

de Moulins (1560) ; ordonnances de Colbert, *civile* (1667), *criminelle* (1670), *commerciale* (1673) ; ordonnances du chancelier D'Aguesseau sur les *donations* (1731), sur les *testaments* (1735) et sur les *substitutions* (1747)[1].

Il faut y ajouter le rôle unificateur incontestable que joue la *doctrine* dont certains noms doivent être retenus : Loisel (1536-1617) avec ses *Institutes coutumières* ; Domat (1625-1695) pour ses *lois civiles dans leur ordre naturel* ; et surtout Pothier (1695-1772) auteur de plusieurs *traités du droit civil*, et des *Pandectes de Justinien mises dans un nouvel ordre*[2].

231. ***L'ancien droit civil***. Le droit civil de l'Ancien Régime se caractérise principalement par les inégalités qu'il consacre, non seulement dans le droit des personnes et de la famille, mais encore, pour partie, dans le droit des biens.

Le caractère inégalitaire du *statut des personnes* – qui distingue noblesse, clergé et roture – est connu. Il se prolonge au plan du *régime juridique du patrimoine de la famille*. C'est ainsi qu'il faut distinguer entre succession noble et succession roturière. Dans la première ont lieu de jouer droit d'aînesse et privilège de masculinité. La seconde est, en revanche, égalitaire. Avec des nuances, cependant, car dans les pays de droit écrit la primauté reconnue au testament permet au testateur d'organiser une certaine inégalité.

La *famille* est, fondamentalement, appuyée sur le mariage et le droit veille à la sauvegarde de la famille *légitime* contre les bâtards. À cette première inégalité suscitée par le mariage s'en ajoute une autre, toute différente, qui lui est interne. Le mariage établit une profonde inégalité de l'homme et de la femme. C'est particulièrement sensible dans les pays de coutume qui consacrent un régime matrimonial *communautaire*, dont le mari a la maîtrise absolue, la femme étant quant à elle frappée d'incapacité. La situation est, à cet égard, différente dans les pays de droit écrit qui consacrent un régime de type séparatiste – le régime *dotal* – et ménagent de ce fait une certaine autonomie patrimoniale de la femme.

Le *droit des biens* – entendu au sens large : droits réels et droits de créance – subit certains effets des inégalités consacrées par le statut des personnes. C'est ainsi que les terres n'ont pas les mêmes statuts et que le propriétaire peut, par suite, voir ses prérogatives amputées par celles de son suzerain.

Par ailleurs, dans l'ensemble des biens, la propriété *immobilière*, regardée comme constitutive de la fortune vraie, fait l'objet d'une protection qui ne s'étend pas aux meubles – *res mobilis, res vilis*. Cela se traduit, en particulier, par diverses institutions, successorales notamment, qui veillent au maintien des biens immobiliers dans la famille d'origine – paternelle ou maternelle.

Enfin, pour ce qui concerne les *contrats* et les *obligations*, le formalisme fut, après une longue évolution, abandonné au profit du *consensualisme* : « on lie les bœufs par les cornes et les hommes par les paroles, et autant vaut une simple promesse ou convenance que les stipulations du droit romain » (Loisel) ; « toutes les conventions, soit qu'elles aient, soit qu'elles n'aient point de nom, ont toujours leur effet et elles obligent à ce qui est convenu » (Domat). Dans le même temps, l'*ordonnance de Moulins* imposait (art. 54) la preuve écrite des contrats dont l'intérêt excédait « la somme de 100 livres » et proscrivait la preuve par témoignage contre les stipulations du contrat.

---

1. La *substitution* est « une disposition par laquelle l'auteur d'une libéralité charge la personne gratifiée de *conserver* durant toute sa vie les biens qu'on lui donne ou lui lègue pour les *transmettre*, lors de sa mort, à une seconde personne qu'il désigne », Flour et Souleau, *Droit civil. Les libéralités*, 1982, n° 483. Elles sont en principe prohibées en droit contemporain qui a quand même consacré quelques institutions qui empruntent à cette technique (les libéralités résiduelles et, surtout, les libéralités graduelles. V. notamment, Malaurie et Brenner, *Droit des successions et des libéralités*, 7e éd., LGDJ, 2016, n° 795 s. M. Grimaldi, *Droit patrimonial de la famille*, coll. « Dalloz Action », 2018-2019, n° 331.00 s. pour les libéralités graduelles, et n° 332.00 s. pour les libéralités résiduelles) ; Terré, Lequette et Gaudemet, *Les successions, les libéralités*, 4e éd., Dalloz, coll. « Précis », 2013, n° 611 s. libéralités graduelles, et n° 620 s. pour les libéralités résiduelles.

2. Monéger, Sourioux et Terrasson de Fougères (dir.), *Robert-Joseph Pothier, d'hier à aujourd'hui*, Economica, 2001 ; Gilles et Gojosso, « Sur Pothier et le Code civil », in *Études d'histoire du droit privé en souvenir de M. Carlin*, La Mémoire du droit, 2008, p. 403.

La souplesse du principe du consensualisme n'implique pas pour autant que tout contrat soit possible. La morale, celle de l'Église en particulier, pèse sur le régime juridique : se trouve de la sorte proscrit le prêt à intérêts. Là n'est pas, au demeurant, la seule marque de l'Église sur le droit civil à la fin de l'Ancien Régime : mariage et état civil sont directement sous son contrôle. Et c'est l'un des points sur lesquels les révolutionnaires vont immédiatement faire porter leur contestation.

232. ***Le droit intermédiaire***. Paradoxalement, la Révolution ne mit pas fin à la diversité des systèmes juridiques applicables sur le territoire français : diverses tentatives de codification demeurèrent sans suite. Cependant, le régime juridique fut, malgré cela, considérablement unifié grâce au vote de nombreuses lois, fort importantes, qui étaient évidemment applicables à tous.

Le statut des *personnes* et de la *famille* est profondément bouleversé. L'égalité de tous les sujets de droit est affirmée (nuit du 4 août 1789) et trouve une traduction directe en droit successoral dans la suppression des droits d'aînesse et de masculinité. Par ailleurs, dans un mouvement général hostile au mariage – dont la maîtrise échappe désormais à l'Église, comme d'ailleurs celle de l'état civil – les lois révolutionnaires autorisent le divorce, en plus de la séparation de corps qui était seule admise par l'Ancien droit. Elles accordent, par ailleurs, les mêmes droits successoraux aux enfants naturels – filiation hors mariage – qu'aux enfants légitimes.

En ce qui concerne les *biens*, le nouveau statut d'égalité s'y applique naturellement. Par là même se trouve affirmé l'absolutisme du droit de propriété : il est une liberté de l'homme et son caractère sacré le met à l'abri de toute atteinte.

La liberté *contractuelle* est proclamée, comme celle du commerce. Le souci majeur de la liberté va jusqu'à la suppression des corporations, considérées comme des obstacles à la liberté individuelle.

§ 2. Le Code de 1804

233. ***L'œuvre***. Le caractère exceptionnel de l'œuvre qu'a été le Code civil est attesté d'abord par le fait que 200 ans après, il continue – certes modifié, mais largement reconnaissable encore – à régir la vie civile des Français. Il est établi, ensuite, par l'influence incontestable que, soit quant à la forme – notamment la technique même de la codification – soit quant au fond, ce Code a exercée dans le monde [1].

Constitué par une loi du 30 ventôse an XII (21 mars 1804) promulguée le 10 germinal, le Code de 1804 est le fruit d'un travail collectif, d'une ampleur et d'une efficacité – l'œuvre fut réalisée en moins de quatre ans – tout à fait remarquables.

Il est issu d'un projet établi par une Commission instituée à cet effet et dont la double caractéristique d'esprit *modéré* et *transactionnel* doit être soulignée d'emblée. Elle était, en effet, composée de quatre hauts magistrats dont deux représentaient la tradition

1. V. la passionnante étude de Cabanis, « Le code hors la France », *La codification*, *op. cit.*, p. 33 s. L'impact du Code Napoléon s'est évidemment atténué au fil des ans, particulièrement après l'adoption du Code civil allemand (BGB) en 1900. Toutefois, indépendamment même de la *Belgique* qui a conservé ce Code avec des modifications comparables à celles connues en France, et des pays d'*Afrique francophone* et de certains pays du *Moyen-Orient* dont le droit civil en conserve, sur bien des points, une marque profonde, d'autres systèmes, tels le droit de l'*État de Louisiane* et le droit de la *province du Québec*, en gardent un certain souvenir ; v. également la série d'études in *Le Code civil 1804-2004. Livre du bicentenaire*, Dalloz, 2010, p. 477 s. ; Fauvarque-Cosson et Patris-Godechot, *Le destin du Code civil*, La Documentation française, 2006 ; *75e anniversaire du Code des obligations et des contrats libanais*, Université Saint-Joseph et Centre d'études des droits du monde arabe, Bruylant, 2010 ; S. Cabrillac et Zein Hayek, « La réception du droit français par le droit libanais des contrats », in *Liber amicorum Christian Larroumet*, Economica, 2010, p. 59 ; El Hakim, « L'impact du Code civil français sur le droit des pays du Moyen-Orient », in *Études offertes au professeur Philippe Malinvaud*, LexisNexis, 2007, p. 179.

des pays de coutume – Tronchet, président du tribunal de cassation, et ancien avocat au Parlement de Paris ; et Bigot de Préameneu, commissaire du gouvernement près le tribunal de cassation, également avocat au Parlement de Paris – et deux autres, celle des pays de droit écrit – Portalis, commissaire du gouvernement près le tribunal des prises, et ancien avocat au Parlement d'Aix ; et Malleville, juge au tribunal de cassation, et ancien avocat au Parlement de Bordeaux.

Le projet élaboré par cette commission fut ensuite communiqué, pour observation, au Tribunal de cassation et aux tribunaux d'appel et enfin transmis au Conseil d'État pour être définitivement mis au point. Le projet définitif issu de ces travaux fut enfin voté par le Conseil législatif, après discussion au Tribunat, en trente-six lois successives – autant que de titres composant le Code – réunies par la loi du 30 ventôse an XII, sous l'appellation de *Code civil des Français*[1]. Cette dernière loi abrogeait, du même coup, expressément, tous les textes antérieurs relatifs aux matières concernées.

Le Code de 1804, ainsi élaboré, réunissait *2 281 articles*[2] regroupés en un *Titre préliminaire* (art. 1er à 6), relatif à l'application des lois, et *trois Livres* consacrés respectivement : le premier (art. 7 à 515) aux *personnes* ; le deuxième (art. 516 à 710) aux *biens* et aux *différentes modifications de la propriété* (propriété, usufruit et servitudes notamment) et le troisième (art. 711 à 2281) aux *différentes manières dont on acquiert la propriété*, appellation fort maladroite qui recouvre des questions très diverses, telles que les contrats, les délits et quasi-délits, les quasi-contrats, les régimes matrimoniaux, les libéralités et les successions et certaines sûretés (privilèges et hypothèques).

234. ***L'esprit du Code***. Conforme à l'esprit dans lequel avait été constituée la commission chargée d'en préparer le projet, le Code de 1804 est dominé par un esprit transactionnel[3]. Il opère souvent une double transaction : entre droit coutumier et droit écrit, entre Ancien droit et droit intermédiaire. Par comparaison avec ce dernier, le Code prend ainsi une allure souvent modérée. Cependant, par le principe de *laïcité du droit* qu'il met en œuvre, par son goût de l'individualisme et sa fascination pour la propriété, il reste manifestement dans la ligne de la Révolution, celle qu'a su capter la bourgeoisie.

Au plan du *droit des personnes et de la famille*, deux conquêtes révolutionnaires sont pleinement maintenues : la *sécularisation du mariage et de l'état civil*, d'une part, le principe de l'*égalité des personnes*, d'autre part. En revanche, le Code marque un retour assez net à la tradition d'Ancien droit en organisant fermement la famille sur le fondement du mariage et en défendant cette famille, dite « légitime », contre les enfants naturels auxquels la loi réserve une condition très sévère. Toutefois, le *divorce*, consacré par le droit intermédiaire, n'est pas abandonné, mais il est admis de manière beaucoup moins large.

En ce qui concerne le *patrimoine familial*, le Code assure, conformément aux acquis de la Révolution, une stricte défense de l'*égalité des héritiers*. Mais, cela étant, ce sont

---

1. L'appellation de *Code Napoléon* lui fut substituée en 1807 pour disparaître en 1816 et être enfin rétablie en 1852.

2. Il en compte aujourd'hui beaucoup plus. L'ordonnance n° 2006-346 du 23 mars 2006, réformant les sûretés, a porté sa numérotation jusqu'à l'article 2534, et il faut encore tenir compte de l'insertion d'articles à indices, tels, parmi d'autres, les articles 815-1 à 815-18, qui contiennent un article 815-7-1, trace d'un ajout à l'ajout.

3. Ce qui n'est pas toujours une qualité ; cf. pour le droit de la publicité foncière, Gobert, « La publicité foncière française, cette mal aimée », in *Études offertes à J. Flour*, LGDJ, 1979, p. 207 s., spéc. p. 209.

les techniques du droit successoral de l'Ancien droit qui sont adoptées. De même, pour le droit des libéralités, qui reprend largement les ordonnances du chancelier D'Aguesseau. De même, en matière de régimes matrimoniaux, où le Code consacre comme *régime légal* – et comme tel applicable à tous les gens mariés, sauf choix différent – le régime de la communauté de meubles et acquêts, très fortement inspiré du régime des pays de coutume. Mais il faut souligner que le Code affirme par ailleurs la liberté des conventions matrimoniales et offre au choix des futurs époux différents régimes parmi lesquels le régime dotal – régime traditionnel des pays de droit écrit – qui bénéficie d'une attention particulière.

En ce qui concerne le *droit des biens* et le *droit des obligations*, les techniques sont très largement empruntées à l'Ancien droit, tant à la tradition coutumière (principe du consensualisme) qu'à la tradition romaine (absolutisme du droit de propriété). Mais l'esprit qui commande leur mise en œuvre est profondément modifié et engendre un régime juridique spécifique. Le *droit de propriété* est, certes, absolu ; il est, surtout, une *liberté* et, comme telle, inviolable et sacré. L'égalité des terres est fortement affirmée [1], comme celle des hommes.

Les *contrats et conventions* sont, quant à eux, soumis à un régime de liberté qui ne cesse que devant les exigences de l'ordre public (C. civ., art. 6), c'est-à-dire de ce qui est nécessaire au bon ordre social. Sous cette réserve, les volontés individuelles se voient reconnaître, dans un cadre de liberté contractuelle, un véritable *pouvoir juridique*, pouvoir de libre création d'effets de droit par l'accord de deux ou plusieurs volontés. À cela une seule limite, mais considérable : il n'est pas permis de s'associer – crainte d'une aliénation des libertés individuelles –, sauf dans le cadre de la *société*, c'est-à-dire pour la recherche directe d'un profit économique.

Ensemble de dispositions appelées à régir l'activité juridique privée de chaque sujet de droit et clairement marqué par une philosophie individualiste et libérale, le Code civil s'apparente, en définitive, selon l'observation du doyen Carbonnier, à une sorte de constitution civile de la France [2].

Section 2

Les réformes postérieures au Code de 1804

235. ***Évolution de la société et du droit***. À très peu près, le Code civil ne reçut ni retouches ni complément pendant la première moitié du XIXe siècle. Par la suite, en revanche, des réformes apparurent nécessaires, en relation avec les profonds bouleversements politiques et économiques qui marquèrent toute la seconde moitié du siècle. Ce mouvement de remaniement du Code civil s'est accéléré au XXe siècle.

Au début du XXIe siècle, la question se pose de savoir s'il ne conviendrait pas de faire un nouveau Code civil. Les évolutions qui ont marqué la société française depuis plus de deux cents ans inclinent en faveur d'un tel projet. L'état des textes, du Code civil comme des lois et règlements qui l'accompagnent, appelle une refonte rénovatrice qui permette de disposer, de nouveau, d'un véritable corpus du droit privé français. Et sans doute une telle œuvre est-elle rendue plus indispensable par les incidences de plus en plus fortes du droit communautaire et européen qui

---

1. Cf. art. 638 : « La servitude n'établit aucune prééminence d'un héritage sur l'autre ».
2. Carbonnier, n° 112.

exigent une mise au clair des éléments essentiels de notre culture juridique [1]. Mais pour l'instant, une réforme d'ensemble du Code civil n'est pas à l'ordre du jour.

Que le Code de 1804 ait, après plus de deux cents ans, subi d'importants changements, n'a rien qui puisse surprendre. Et s'il est utile d'en prendre la mesure, il faut aussi prêter attention au fait que, dans le même temps, la structure de notre système juridique s'est non moins profondément modifiée. C'est le résultat, d'une part, de l'apparition au XIXe siècle et du développement constant d'un *droit public* de plus en plus structuré et volumineux, et d'autre part, d'un mouvement irrésistible de *spécialisation du droit* qui a suscité l'apparition de disciplines spécifiques : droit du travail, droit des assurances, de la construction, droit de la consommation... Ces deux phénomènes ont réduit la portée des règles portées par le Code civil. C'est un aspect des choses qui a marqué le *droit de la famille* et, plus encore, le *droit civil économique*.

§ 1. Le droit de la famille

236. ***Fondements et structures de la famille***. Par rapport à la famille consacrée par le Code de 1804, fondée sur les liens du sang établis dans le cadre du mariage, on peut discerner une double ligne d'évolution : d'une part, surtout, un *affaiblissement de la famille légitime* [2], d'autre part une *intervention accrue de l'État dans les rapports familiaux*. La famille ressort même totalement transformée [3] – certains diront : dénaturée – des évolutions les plus récentes.

L'*affaiblissement de la famille légitime* se manifeste, d'abord, par une expansion régulière du *divorce* liée à une constante libéralisation de ses conditions de mise en œuvre. D'abord supprimé – en 1816 –, puis rétabli par une loi du 27 juillet 1884, le divorce – qui concerne aujourd'hui environ un ménage sur trois – a pris une dimension nouvelle avec les lois du 11 juillet 1975 et du 26 mai 2004. Ces deux lois en ont considérablement élargi les possibilités, notamment en admettant le divorce par consentement mutuel tandis que le système mis en place en 1884 n'admettait le divorce qu'à titre de *sanction d'une faute* commise par un époux. La loi de 2004 a accentué la tendance amorcée en 1975 en simplifiant la procédure et en s'efforçant de la pacifier, en favorisant les divorces d'accord, en réduisant les délais et en cantonnant le divorce pour faute aux situations les plus aiguës de « violation grave ou renouvelée des devoirs et obligations du mariage » rendant intolérable le maintien de la vie commune (art. 242, nouv.), telles les violences conjugales [4]. La loi n° 2016-1547 du 18 novembre 2016 de modernisation de la justice du XXIe siècle permet aux époux de consentir à leur divorce sans juge, par acte sous-signature privée contresigné par leurs avocats et déposé au rang des minutes d'un notaire (C. civ., art. 229-1 s.) [5].

---

1. V. *Le Code civil 1804-2004. Livre du Bicentenaire*, 2004, spéc. première partie.
2. V. Courbe et Gouttenoire, *Droit de la famille*, 7e éd., Sirey, coll. « Université », 2017, n° 1 s. V. égal. Terré, Genicon et Fenouillet, *Droit civil. La famille*, 9e éd., Dalloz, coll. « Précis », 2018, notamment n° 3 s.
3. Leroyer, « Les changements du droit de la famille », in *Le changement du droit, RD Assas*, préc., p. 59.
4. Cf. Villacèque, « La réforme du divorce », *D.* 2003. 2443 ; Lemouland, « La loi n° 2004-439 du 26 mars 2004 relative au divorce », *D.* 2004. 1825 ; Bellivier, « Comment réussir son divorce ? par un divorce consensuel, compensateur, normalisé », *RTD civ.* 2004. 565 ; Fulchiron, « Les métamorphoses des cas de divorce », *Defrénois* 2004, art. 37999 ; Rubbelin-Devichi, « Le nouveau droit du divorce-loi n° 2004-439 du 26 mai 2004 », *JCP* 2004. Actu. 251.
5. Fenouillet, « Le divorce sans juge », *D.* 2016. 1424 ; Baillon-Wirtz, « La déjudiciarisation précipitée du divorce par consentement mutuel », *JCP* 2016. 643.

Autre signe du déclin de la famille *légitime* : après deux siècles de différence de statut faite par le Code au détriment de la famille *naturelle*, celle-ci bénéficie aujourd'hui d'un traitement égal [1]. L'évolution, progressive, s'est accélérée à la fin du XXe siècle pour s'achever au début du XXIe, pour partie sous l'influence du droit européen des droits de l'Homme. On citera, à titre de simples repères dans cette évolution : l'admission par la loi du 16 novembre 1912 de la recherche de paternité naturelle ; la possibilité de légitimer l'enfant naturel (L. du 7 nov. 1907 et L. du 25 avr. 1924), la consécration d'une *famille naturelle* modelée sur la famille légitime, les époux en moins (L. du 3 janv. 1972) ; l'abolition du statut de défaveur de l'enfant adultérin (L. n° 2001-1135 du 3 déc. 2001) ; l'effacement de la distinction terminologique des filiations « légitime » et « naturelle » (Ord. n° 2005-759 du 4 juill. 2005).

Dans le même temps, la *filiation adoptive* s'est développée (L. du 19 juin 1923, Décr.-L. du 29 juill. 1939) pour bénéficier enfin d'un régime qui la facilite et la stabilise avec la loi n° 66-500 du 11 juillet 1966, plusieurs fois modifiée, notamment en 1996 et en 2002, à quoi il faut ajouter une loi du 4 juillet 2005 qui a quelque peu simplifié la procédure d'adoption et a institué une *Agence française pour l'adoption* destinée à assister les familles dans leurs démarches hors de France. Le régime de l'adoption a été un peu retouché par la loi du 17 mai 2013 ouvrant le mariage aux couples de personnes de même sexe [2]. Malgré les modifications dont la législation a été l'objet, celle-ci est encore jugée insuffisante, ou trop contraignante par certaines personnes qui demandent donc son assouplissement.

Il convient d'observer que cet affaiblissement de la famille légitime intervient dans un contexte de *remise en cause structurelle plus générale* de la famille elle-même, qui se manifeste à plusieurs égards.

D'abord, il y a le développement contemporain de la *famille monoparentale* [3] – où les enfants sont à la charge d'un seul parent, volontairement ou non – en est un signe manifeste. Par ailleurs, les techniques modernes d'assistance médicale à la procréation avec recours à un tiers donneur sont de nature à modifier la conception même de la famille par l'occultation qu'elles imposent de la réalité biologique [4] : la paternité officielle repose sur une fiction qui ne peut être remise en cause que de façon exceptionnelle [5].

Ensuite, ce sont les « familles recomposées » qui retiennent l'attention du législateur, avec les suggestions d'élaboration d'un « statut du beau-parent » pour reconnaître un certain nombre de droits au membre du couple recomposé qui n'est pas le parent de l'enfant [6].

Plus récemment et plus profondément encore, la possibilité de se marier reconnue aux personnes de même sexe a (pratiquement) achevé de bouleverser la conception traditionnelle de la famille. Elle est le fruit d'une évolution qu'il faut retracer rapidement.

---

1. Dans les limites du possible : les effets propres au mariage font obstacle à une totale assimilation. Par exemple, les concubins, à la différence des époux, ne sont pas héritiers l'un de l'autre.

2. V. not. A.-M. Leroyer, « La loi n° 2013-404 du 17 mai 2013 ouvrant le mariage aux couples de personnes de même sexe », *D.* 2013. Chron. 1697 et *RTD civ.* 2013. 675.

3. Cf. Lemouland, *Rép. civ.*, Dalloz, v° *Famille*, n° 33.

4. Chaigneau, « Pour un droit du lien. Le débat sur la gestation pour autrui comme catalyseur d'un droit de la fliation renouvelée », *RTD civ.* 2016. 263.

5. Cf. C. civ., art. 311-20, dont l'alinéa 2 dispose que « le consentement donné à une procréation médicalement assistée interdit toute action en contestation de filiation ou en réclamation d'état, à moins qu'il ne soit soutenu que l'enfant n'est pas issu de la procréation médicalement assistée ou que le consentement a été privé d'effet ».

6. V. not. A. Mircovik, « Un statut pour le "beau-parent" ? », *D.* 2008. 1709.

En effet, le déclin de la famille légitime a paru justifier, du même coup, une remise en cause des idées de foyer conjugal et de couple. Cette tendance s'est d'abord manifestée par la création, par la loi n° 99-944 du 15 novembre 1999, d'un titre du Code civil intitulé « du pacte civil de solidarité et du concubinage » (art. 515-1 à 515-8), sensiblement modifié par la loi n° 2006-728 du 23 juin 2006 portant réforme des successions et des libéralités. Ces textes permettent à « deux personnes physiques majeures, de sexe différent ou de même sexe » d'organiser contractuellement leur vie commune (C. civ., art. 515-1). Ce n'est pas tant qu'ils offrent un cadre juridique spécifique aux couples qui ne veulent pas entrer dans les liens du mariage : de ce point de vue le Pacs peut être regardé comme une nouvelle forme de consécration de la famille naturelle au détriment de la famille légitime… à supposer que le mouvement de fléchissement du mariage se perpétue en corrélation avec un développement sensible du Pacs, ce qui ne semble pas être le cas. Le plus important est que l'institution du Pacs rompt avec la tradition qui ne prenait en compte, comme cellules de base de la société, que des unions naturellement vouées à la procréation et donc à l'établissement d'une famille fondée sur les liens du sang, dans le mariage ou hors mariage [1].

La loi du 15 novembre 1999 peut être regardée comme officialisant un nouveau type de cellules sociales, différentes de la famille en ce qu'elles sont étrangères à la vocation procréative. En atteste également, à côté de l'organisation du Pacs, la définition que la même loi donne du *concubinage* : « union de fait caractérisée par une vie commune présentant un caractère de stabilité et de continuité entre deux personnes, de sexe différent *ou de même sexe*, qui vivent en couple » (C. civ., art. 515-8). De ce point de vue, la loi du 15 novembre 1999 peut assurément faciliter l'organisation de situations particulières de vie en commun ; elle est, surtout, de nature à donner satisfaction aux couples homosexuels, auxquels elle ouvre un statut social dont ils ne bénéficiaient pas jusque-là.

Même si la très grande majorité des Pacs a été conclue entre personnes de sexes différents [2], la possibilité de le conclure entre personnes de même sexe, de même que la nouvelle définition légale du concubinage, ont acclimaté dans la société française la figure d'une nouvelle cellule sociale détachée de la perspective de procréation. Encore qu'il faille relever ce qui constitue *a priori*, mais sans doute en apparence seulement, un paradoxe. À savoir que l'admission de cette forme nouvelle de conjugalité a certainement favorisé l'émergence de la revendication, par les couples homosexuels, de droits équivalents à ceux des couples hétérosexuels. Dans l'ensemble, la jurisprudence s'y est montrée hostile, la Cour de cassation ayant refusé aux couples homosexuels le droit d'adopter un enfant [3], de même que la possibilité de se marier [4].

---

1. V. ss 253.

2. Selon les statistiques de l'INSEE, il y a eu, en 2016, un peu plus de 7 100 Pacs entre personnes de même sexe, contre près de 185 000 entre personnes de sexes différents. Dans le même temps, il y a eu environ 225 000 mariages entre personnes de sexes différents, chiffre en baisse constante depuis plusieurs années, alors que celui des Pacs augmente. En 2016, il y a eu seulement un peu plus 7 100 mariages entre personnes de même sexe –pratiquement le même que celui des Pacs ; v. aussi Murat (dir.), *Droit de la famille*, coll. « Dalloz Action », 2016-2017, n° 150.51.

3. V. ss 253.

4. Civ. 1re, 13 mars 2007, *Bull. civ.* I, n° 113 (*D.* 2007. 1375, obs. Fulchiron, *RTD civ.* 2007. 287, obs. Marguénaud et *ibid.* 315, obs. Hauser, *RTD civ.* 2008. 438, obs. Deumier), rejetant le pourvoi contre Bordeaux, 19 avr. 2005, *D.* 2005. IR 1113, note Daleau, et 1687, note Agostini.

La revendication d'un traitement égal n'ayant pas disparu, c'est le législateur qui est intervenu. Par la loi n° 2013-404, du 17 mai 2013, il a autorisé le mariage homosexuel[1]. Selon le nouvel article 143 du Code civil, « le mariage est contracté par deux personnes de sexe différent ou de même sexe ». Pour que les choses soient claires ; la loi a complété le titre préliminaire du Code civil par un article 6-1 qui dispose que le mariage et la filiation adoptive emportent les mêmes effets, droits et obligations reconnus par les lois, que les époux ou les parents soient de sexe différent ou de même sexe[2]. Comme les couples hétérosexuels, les couples homosexuels peuvent donc adopter conjointement un enfant (C. civ., art. 343 s., spéc. art. 346) ou l'un de ses membres adopter l'enfant de son conjoint (art. 345-1). À ce principe d'égalité, dont le législateur est autorisé à développer, par ordonnance, toutes les conséquences dans la législation civile (L. du 17 mai 2013, art. 14), il est fait exception pour ce qui concerne l'application du titre VII du livre 1er du code, c'est-à-dire les dispositions relatives à la filiation. L'une des conséquences est d'interdire le recours à l'assistance médicale à la procréation aux couples composés de personnes de même sexe. Cela résulte en outre, expressément de l'article L. 2141-2, alinéa 2, du Code de la santé publique. Seuls les couples hétérosexuels, mariés ou non, peuvent avoir, en France, recours à l'assistance médicale à la procréation. Désormais, c'est cette différence de traitement qui est critiquée par certains souhaitant ouvrir l'assistance médicale à la procréation, voire la gestation pour autrui, à tous les couples, indifféremment[3].

C'est peu de dire, au résultat de ce bref survol, que la famille, telle qu'elle était conçue à l'époque du Code civil, a beaucoup changé. La conjugalité qui devient première a remplacé l'institution du mariage[4]. Il reste à observer que cette évolution s'est accompagnée d'un accroissement sensible de l'*intervention de l'État* dans la vie – juridique – de la famille. Cette intervention s'est longtemps réalisée par l'entremise du *juge* que les lois appelaient de plus en plus souvent à contrôler les règles qui gouvernent les différents rapports des membres de la famille et à intervenir dans leur fonctionnement. C'est un phénomène qui peut s'observer dans nombre de lois de la seconde moitié du XXe siècle, telles la loi n° 64-1230 du 14 décembre 1964 relative à la *tutelle* – c'est-à-dire essentiellement l'incapacité juridique des mineurs – et à l'*émancipation*, la loi n° 68-5 du 3 janvier 1968 consacrée aux *majeurs incapables* et celle du 5 mars 2007 portant réforme de la *protection juridique des majeurs*, les lois n° 70-459 du 4 juin 1970, n° 87-570 du 22 juillet 1987 et n° 2002-305 du 4 mars 2002, relatives à l'*autorité parentale*, ou encore la loi n° 65-570 du 13 juillet 1965 portant réforme des *régimes matrimoniaux*, modifiée depuis à différentes reprises, notamment par une loi n° 85-1372 du 23 décembre 1985.

Mais récemment la tendance s'est inversée et on assiste à une réduction du rôle du juge, comme dans la nouvelle procédure de changement de régime matrimonial (art. 1397 s. ; L. du 23 juin 2006), ou du fait de la création d'un nouveau mode de protection

---

1. V. A.-M. Leroyer, « La loi n° 2013-404 du 17 mai 2013 ouvrant le mariage aux couples de personnes de même sexe », *D.* 2013. Chron. 1697 et *RTD civ.* 2013. 675 ; S. Godechot-Paris et J. Guillaumé, « La loi n° 2013-404 ouvrant le mariage aux couples de personnes de même sexe. Aspect de droit international privé » ; H. Fulchiron, « Le mariage pour tous. Un enfant pour qui ? », *JCP* 2013, n° 23, doct. 658. V. aussi Murat, *op. cit.*, n° 111.131 s.

2. C. Pérès, « L'article 16-1 du Code civil : heurs et malheurs du titre préliminaire », *D.* 2013. Chron. 1370.

3. Sur ces techniques, v. ss 257.

4. Leroyer, « Les changements du droit de la famille », préc., p. 64.

du majeur : l'habilitation familiale (C. civ., art. 494-1 s., Ord. du 15 oct. 2015), par la suppression de l'administration légale sous contrôle judiciaire (C. civ. art. 382 s., Ord. du 15 oct. 2015) et par la suppression de la surveillance des administrations légales par le juge des tutelles (suppression de l'art. 388-3 du C. civ. par l'Ord. du 15 oct. 2015). Parallèlement, les pouvoirs des particuliers s'accroissent comme dans l'organisation des effets du divorce, par exemple). Ainsi, selon le nouvel article 229-1 du Code civil résultant de la loi du 18 novembre 2016, lorsque les époux s'entendent sur la rupture du mariage et ses effets, ils peuvent en principe constater leur accord dans un acte sous signature privée contresigné par leur avocat. La procédure du divorce par consentement mutuel est donc normalement déjudiciarisée.

237. ***Le patrimoine familial***. Si le statut des biens de la famille a moins profondément évolué depuis le Code civil, il n'en n'est pas moins vrai que le droit successoral comme celui des régimes matrimoniaux ont beaucoup changé.

Les réformes qui ont affecté le *droit successoral* ont procédé par touches successives, de portée variable. Ce sont des questions d'ordre principalement technique qui ont en premier subi des remaniements profonds : ainsi en a-t-il été notamment des techniques de *liquidation des successions* par une loi n° 71-523 du 3 juillet 1971 et de l'*indivision*, par la loi n° 76-1286 du 31 décembre 1976.

En revanche, jusqu'au début du XXIe siècle, l'ensemble du mécanisme successoral, tel qu'il avait été organisé par le Code de 1804, n'avait pas été sensiblement altéré, sauf la promotion de la filiation hors mariage et, surtout, celle des *droits du conjoint survivant*. La situation de l'époux survivant, en effet, a fait l'objet de plusieurs interventions législatives destinées à améliorer son sort, fort peu favorable à l'origine : il n'était pas héritier dans la succession de son époux et n'y avait pratiquement aucun droit effectif. Cette situation n'a commencé à évoluer qu'à la fin du XIXe siècle. Une loi du 9 mars 1891 allait, d'abord, lui assurer des droits en *usufruit* – ou une pension alimentaire –, droits qui furent accrus ultérieurement par une loi du 29 avril 1925. Ensuite, une loi du 3 décembre 1930 lui reconnut des droits en propriété, mais très limités. Et ce n'est qu'à la suite d'une loi du 26 mars 1957 et de l'ordonnance n° 58-1307 du 23 décembre 1958 que le conjoint survivant a accédé à la qualité d'*héritier* et bénéficié de droits successoraux non négligeables. Ces droits ont été, enfin, substantiellement améliorés, à l'occasion d'une large réécriture des textes du Code, par une loi n° 2001-1135 du 3 décembre 2001, entrée en vigueur depuis le 1er juillet 2002. Le « conjoint survivant » est devenu, à cette occasion, « conjoint successible ».

Sans forger un droit successoral nouveau, la loi du 23 juin 2006 portant *réforme des successions et des libéralités* [1], entrée en vigueur le 1er janvier 2007, réalise des changements de plus grande ampleur. Elle poursuit un triple objectif : accélérer et simplifier le règlement des successions, accroître la liberté de disposer de son patrimoine pour le temps où l'on ne sera plus et adapter le droit aux nouvelles structures familiales.

S'agissant des *successions*, la loi modifie peu la *dévolution successorale* (la désignation des héritiers), sauf pour ce qui concerne la suppression de la réserve (partie de la succession dont on ne peut disposer librement) des ascendants. Elle facilite *l'administration de la succession* en supprimant la règle de l'unanimité pour de nombreux actes accomplis

---

1. V. not. M. Grimaldi, « Présentation de la loi du 23 juin 2006 portant réforme des successions et des libéralités », *D.* 2006. Chron. 2551 ; Leroyer, « Réforme des successions et des libéralités », *RTD civ.* 2006. 612.

par les héritiers en indivision et *le partage* en favorisant le partage amiable. Innovation majeure, la loi permet à toute personne de donner, par avance, à une autre le pouvoir d'administrer sa succession dans l'intérêt des héritiers (mandat à effet posthume).

Pour ce qui concerne les *libéralités*, les nouveaux textes accroissent le pouvoir de la volonté et diversifient les moyens d'organiser la transmission de son patrimoine. En particulier, le bénéfice des donations-partages est étendu à tous les héritiers présomptifs, et pas seulement aux descendants, et elles peuvent s'étendre au-delà d'une génération en englobant des descendants de degrés différents (des enfants et des petits-enfants, par ex.).

Le *droit des régimes matrimoniaux*, avait quant à lui déjà fait l'objet d'une réforme globale après qu'à diverses reprises le législateur eût apporté des améliorations, de portée variable, aux règles mises en place par le Code de 1804 (notamment la loi du 13 juillet 1907 qui donnait à la femme mariée la libre disposition de ses gains et salaires, sans parler de la loi du 18 février 1938 qui a restauré sa *pleine capacité civile*). Ce fut l'objet de la loi n° 65-570 du 13 juillet 1965 qui, sur de nombreux points, a considérablement amélioré les règles techniques applicables à la gestion des biens des époux, ainsi qu'à la liquidation de leurs droits. Elle s'est aussi, et surtout, caractérisée par la volonté de mettre en place un ensemble cohérent de règles qui réponde à l'état des mœurs et aux besoins des époux. Les traits dominants de la réforme se trouvent, sans doute, d'une part dans la promotion de l'égalité de l'homme et de la femme et, d'autre part, dans une tentative de conciliation de l'aspiration de chacun des époux à une certaine indépendance avec les besoins communautaires que suscite normalement l'état de mariage. La loi n° 85-1372 du 23 décembre 1985 a parachevé l'évolution égalitaire du statut des époux en attribuant à chacun d'eux les mêmes pouvoirs dans la gestion des biens de la famille. La loi du 23 juin 2006 (préc.) a facilité le changement de régime matrimonial en limitant les cas d'homologation par le juge (C. civ., art. 1397). À l'exception de cette dernière loi qui remet en cause le caractère statutaire du contrat de mariage, c'est une impression de stabilité qui prédomine en la matière [1].

§ 2. Le droit civil économique

238. ***Le droit des biens***. L'après-Code ne se présente pas du tout de la même manière en ce qui concerne le *droit des biens*. Il n'est pas possible d'y observer des remaniements aussi profonds que ceux qui ont eu pour objet la famille. Pour l'essentiel, les textes du Code de 1804 sont ici demeurés les mêmes. Mais le sens et la portée de ces textes se sont infléchis sous la pression d'autres dispositions légales de plus en plus nombreuses à mesure que le Code vieillissait [2] ; sous l'influence aussi de la jurisprudence qui, à divers égards, a réfléchi sur le droit des biens les évolutions que suivaient les mœurs et les esprits. Les tribunaux ont ainsi adapté le droit des biens aux nouvelles richesses, souvent dématérialisées, et à de nouveaux besoins [3].

Pour le XXe siècle, exception faite de quelques réformes qui ont affecté directement certaines dispositions du Code, c'est surtout à des tendances exprimées par des textes

---

1. Champenois, « Changement et droit des régimes matrimoniaux », in *Le changement du droit*, préc., p. 126, spéc. p. 127.

2. Sur lequel, v. Libchaber, « Les biens », in *Le Code civil 1804-2004. Livre du bicentenaire*, *op. cit.*, p. 297.

3. Boffa et Chauviré, « Le changement en droit des biens », in *Le changement du droit*, préc., p. 67, n° 7 s.

extérieurs au Code, et parfois même par la jurisprudence, qu'il convient de se référer [1]. En revanche, le début du XXIe siècle se caractérise par une transformation plus générale du droit des biens, y compris dans le Code civil [2]

En ce qui concerne le régime du droit de propriété et de ses démembrements, deux questions particulières ont notamment, fait l'objet d'interventions législatives spécifiques.

D'abord, celle de la promotion d'un véritable crédit immobilier par la mise en place d'un système de *publicité des droits réels immobiliers* dit « publicité foncière ». Ce fut l'objet d'une loi du 23 mars 1855, puis d'un décret du 4 janvier 1955, modifié par un décret du 7 janvier 1959 et par une ordonnance du 10 juin 2010.

Ensuite, celle de la *copropriété* prise en compte d'abord par une loi du 28 juin 1938 relative à la *copropriété des immeubles divisés par appartements*, puis par une loi du 10 juillet 1965, plusieurs fois modifiée [3], fixant le *statut de la copropriété des immeubles bâtis* [4].

En revanche, l'article 544 du Code civil est demeuré dans son état initial : la propriété reste « le droit de jouir et disposer des choses de la manière la plus absolue, pourvu qu'on n'en fasse pas un usage prohibé par les lois ou par les règlements ». Mais, directement ou indirectement, cet absolutisme du droit de propriété, et l'individualisme outrancier qui le fondait, se sont trouvés sensiblement limités, sur des plans divers.

Des *droits concurrents* de celui du propriétaire sur la chose ont été peu à peu affirmés. D'abord un droit à la stabilité des locataires dans l'immeuble loué : *commerçants*, par un décret du 30 septembre 1953 intégré depuis au Code de commerce (art. L. 145-1 s.) [5] ; *exploitants ruraux*, par le statut du fermage établi par une ordonnance du 17 octobre 1945, devenu le Titre Ier du Livre IV du Code rural et de la pêche maritime ; *locataires habitants*, en dernier lieu par une loi du 6 juillet 1989, profondément modifiée par la loi du 24 mars 2014 pour l'accès au logement et un urbanisme rénové [6]. Surtout, l'introduction, par la loi du 19 février 2017, de la *propriété fiduciaire*, qui est « une propriété affectée, finalisée », a transformé la notion même de propriété. Le fiduciaire exerce ses pouvoirs, non dans son propre intérêt, mais dans le respect de l'affection du bien défini par le contrat, dans l'intérêt du constituant ou d'un tiers [7].

L'intérêt général, voire l'intérêt de la Nation, est devenu, avec des hauts et des bas, une préoccupation croissante, à l'encontre des prérogatives individuelles attachées à la propriété : pratique de l'expropriation et développement d'une *réglementation d'urbanisme* [8], après la Première Guerre mondiale (avec, notamment, l'institution d'un permis

---

1. Le projet de réforme du droit des biens, élaboré par l'Association Capitant, propose de consacrer un certain nombre de ces évolutions ; v., assez critique sur ce texte F. Zenati-Castaing, « La proposition de refonte du Livre II du Code civil. Étude critique », *RTD civ.* 2009. 211.

2. Boffa et Chauviré, *op. cit.*, n° 11 s.

3. Dont assez substantiellement par la loi du 24 mars 2014 pour l'accès au logement et un urbanisme rénové (« loi ALUR ») : Tomasin, « La copropriété après la loi ALUR », *AJDI* 2014. 414.

4. Terré et Simler, *Les biens*, 9e éd., Dalloz, coll. « Précis », 2014, n° 611 s.

5. Kenfack *et al.*, *Droit et pratique des baux commerciaux*, 2015-2016 ; Pédamon et Kenfack, *Droit commercial*, 4e éd., Dalloz, coll. « Précis », 2015, n° 359 s.

6. Damas, « La loi ALUR et les baux d'habitation », *AJDI* 2014. 334.

7. Boffa et Chauviré, *op. cit.*, n° 13. Un phénomène voisin est observable dans les opérations sur créances. V. Forti, *La titrisation des créances en droit comparé, Contribution à l'étude de la propriété*, LGDJ, Fondation Varenne, coll. des thèses, 2012.

8. Priet et Jacquot, *Droit de l'urbanisme*, 7e éd., Dalloz, coll. « Précis », 2015.

de construire – depuis une loi du 14 mars 1919, à laquelle ont succédé de nombreuses autres lois – et le développement des servitudes administratives) ; *nationalisation* – appropriation par la collectivité – des entreprises qui prennent les caractères d'un service public national ou d'un monopole de fait, selon la formule du préambule de la Constitution de 1946 (notamment en 1936-1937, pour la Banque de France, les chemins de fer ; en 1945-1946, les houillères, le gaz et l'électricité, les grandes banques de dépôt, diverses compagnies d'assurance [1] ; en 1982, pour cinq grandes sociétés industrielles, les banques et deux compagnies financières). Un mouvement de reflux s'est, en revanche, développé à l'encontre de ces nationalisations *(privatisations)*, à partir de 1986. Aujourd'hui, c'est la *protection de l'environnement* qui conduit dans certains cas à restreindre les prérogatives des propriétaires [2].

La *jurisprudence*, se faisant l'écho d'une doctrine qui soulignait la *finalité sociale des droits*, en général, et du droit de propriété en particulier, admit dès le début du XXe siècle que l'usage *abusif* de ce droit pouvait être cause de responsabilité et, un peu plus tard, que l'auteur de *troubles anormaux de voisinage* était tenu de les indemniser [3]. Plus récemment, la Cour de cassation a consacré la faculté pour les particuliers de créer de nouveaux droits réels principaux sous la forme d'un *droit de jouissance spécial* consenti par le propriétaire à un tiers [4].

Ces atteintes diverses, et de portée variable, ne doivent pas faire perdre de vue que le droit de propriété demeure, dans notre système juridique et social, un *droit fondamental*. Selon une décision du Conseil constitutionnel du 16 janvier 1982 [5] « les principes mêmes énoncés par la Déclaration des droits de l'Homme ont pleine valeur constitutionnelle tant en ce qui concerne le caractère fondamental du droit de propriété [...] qui est mis au même rang que la liberté, la sûreté et la résistance à l'oppression ». C'est un droit fondamental, mais qui n'est pas pour autant absolu : il peut être *limité* en considération de l'intérêt général, conformément, d'ailleurs, à la formule finale de l'article 544. Au demeurant, s'il est vrai que le droit de propriété subit des atteintes directes comme l'expropriation ou les servitudes administratives, dans le même temps, le principe d'indemnisation des propriétaires expropriés ou soumis à de telles servitudes manifeste une composition de la souveraineté de l'État avec la propriété [6].

La notion et le rôle social de la propriété conçue comme le droit exclusif de retirer toutes les utilités d'un bien sont remises en cause par le mouvement contemporain de promotion des « communs » (biens, patrimoines ou choses) dans lequel l'usage partagé des choses, corporelles

---

1. La nationalisation des usines Renault fut un cas particulier : il s'agissait non pas tant d'affirmer la soumission de cette entreprise à l'intérêt général que de sanctionner le comportement de Renault pendant l'Occupation.

2. V. not. Bergel, « L'impact de la loi Grenelle 2 sur la vie de l'immeuble », *RDI* 2011. 50. Sur un plan général : Grimonprez, La fonction environnementale de la propriété, *RTD civ.* 2015. 539.

3. Flour, Aubert et Savaux, *Droit civil. Les obligations*, vol. 2, *Le fait juridique*, *op. cit.*, n° 120 s.

4. V. ss 207.

5. Cons. const. 16 janv. 1982, *Les grandes décisions du Conseil constitutionnel*, par Favoreu et Philip, 17e éd., Dalloz, 2013 ; v. aussi, sur ce caractère fondamental, H. Roussillon et Espuglas, *Le Conseil constitutionnel*, 8e éd., 2015, Dalloz, coll. « Connaissance du droit ». La propriété jouit également d'une protection supranationale sur le fondement du droit au respect des biens prévu par l'article 1er du Protocole additionnel à la Convention européenne des droits de l'Homme.

6. Sur cette question de l'absolutisme du droit de propriété, v. Zattara, *La dimension constitutionnelle et européenne du droit de propriété*, préf. R. Cabrillac, LGDJ, 2001, spéc. n° 184 s. (remise en cause par le Conseil constitutionnel du caractère absolu de la propriété) et n° 215 s. (sur l'idée dégagée par la Cour européenne des droits de l'Homme, d'un nécessaire « juste équilibre » qui doit concilier sauvegarde de la propriété et exigences de l'intérêt général).

(les immeubles, pour le logement, par exemple) ou incorporelles (les logiciels, notamment) (re) devient le mode privilégié de la relation de l'homme à son environnement [1].

239. ***Le droit des obligations et des contrats.*** Jusqu'à la réforme du droit des contrats, du régime général et de la preuve des obligations par l'ordonnance n° 2016-131, du 10 février 2016 [2], comme les biens, le droit des obligations n'avait fait l'objet que de quelques réformes législatives très localisées. Par exemple, diverses précisions apportées aux cas de *responsabilité* visés par l'article 1384 du Code civil (L. du 7 nov. 1922 et L. du 5 avr. 1937) ; ou encore admission d'un principe de révision par le juge du montant des *clauses pénales* (L. n° 75-597 du 9 juill. 1975, mod. art. 1152 et, C. civ., art. 1231). C'était ici encore l'adoption de lois annexes, et l'interprétation de la jurisprudence, qui avaient entraîné des modifications profondes de cette partie du droit civil. On en donnera deux exemples.

En matière de *responsabilité civile*, tout d'abord, les textes de 1804 n'ont, réserve faite des lois de 1922 et 1937, précédemment évoquées, subi aucune altération fondamentale : en principe, il faut qu'une faute ait été commise pour que la victime puisse obtenir réparation. Il va de soi, pourtant, que le changement des conditions de vie (mécanisation, technologies de plus en plus complexes…) a modifié les termes mêmes du problème de la responsabilité : de nombreux dommages, et des plus graves, sont causés sans qu'aucune faute soit commise et, plus souvent encore, sans qu'il soit possible de prouver l'existence d'une telle faute. La permanence des textes de 1804 menaçait les victimes de ne pouvoir obtenir aucune indemnisation. Le législateur s'est soucié de remédier à ce problème dans le domaine des *accidents du travail* (L. du 9 avr. 1898 ; aujourd'hui, C. trav., art. L. 1226-6, et C. sécur. soc., art. L. 411-1 s.). Hors de là, c'est la jurisprudence qui, par une interprétation audacieuse et déformante de l'article 1384, alinéa 1er, est parvenue à des solutions, plus soucieuse de la sécurité de chacun [3]. C'est elle, en particulier, qui a dû trancher les difficiles problèmes suscités par les accidents d'automobiles, jusqu'à ce que le législateur intervienne, enfin, par la loi n° 85-677 du 5 juillet 1985 tendant à l'amélioration de la situation des victimes d'*accidents de la circulation*. Et c'est sous la contrainte des directives communautaires, que le législateur est intervenu, par une loi du 19 mai 1998, pour mettre en place un régime de responsabilité du fait des *produits défectueux* (C. civ., art. 1245 s., anciens art. 1386-1 s.).

Après la réforme du droit des contrats, le gouvernement souhaite désormais réformer la responsabilité. Il a diffusé un projet [4] qui devait être soumis au Parlement.

En ce qui concerne les *obligations* et les *contrats*, il s'est produit une évolution assez comparable à celle qui a affecté le régime de la propriété. Les textes du Code, pour l'essentiel inchangés, affirmaient la *liberté* de chacun dans la conclusion du contrat, conformément aux idéaux bourgeois de la Révolution. Cette liberté, même limitée, dès l'origine, par les lois d'ordre public (C. civ., art. 6), est, peu à peu, apparue redoutable en ce qu'elle permettait aux plus forts – économiquement – d'exploiter la faiblesse de leurs partenaires. Ce constat a suscité l'apparition de *régimes spéciaux de protection*

---

1. V. notamment : Cornu, Orsi et Rochfeld, *Dictionnaire des communs*, PUF, coll. « Quadrige », 2017 ; Del Rey, « La notion controversée de patrimoine commun », *D.* 2006. 388.

2. V. ss 242.

3. V. ss 251.

4. Sur lequel, v. Borghetti, « Un pas de plus vers la réforme de la responsabilité civile ; présentation du projet de réforme rendu public le 13 mars 2017 », *D.* 2017. 770.

du contractant le plus faible : lois multiples élaborant progressivement un *statut de protection du travailleur* (L. du 22 mars 1841 et L. du 19 mars 1874 sur le travail des enfants et des femmes ; L. de 1906, 1919, 1936, 1982 et 1998 sur la durée du travail ; L. du 11 févr. 1950 et L. du 2 janv. 1970 sur le salaire minimum, etc.) aujourd'hui organisé par le Code du travail ; lois propres à certains *contrats spéciaux*, organisant un régime de protection, plus ou moins large selon le cas (L. du 17 mars 1905 pour le *contrat de transport*, et surtout, L. du 13 juill. 1930 pour le *contrat d'assurance*, intégré aujourd'hui dans le Code des assurances), et lois, de plus en plus nombreuses, de *protection des consommateurs*, mettant en place des systèmes de sauvegarde de portée plus large (notamment, L. n° 72-1137 du 22 déc. 1972, sur le *démarchage* et la *vente à domicile*, L. n° 78-22 du 10 janv. 1978 concernant certaines *opérations de crédit*, L. n° 78-23 du 10 janv. 1978 sur la *consommation de produits et services*, L. n° 79-956 du 13 juill. 1979 concernant le *crédit immobilier*, L. n° 88-21 du 6 janv. 1988 relative au *téléachat*, L. n° 89-1010 du 31 déc. 1989 sur le *surendettement*).

Ce dernier mouvement a abouti à la promulgation d'un *Code de la consommation* (L. n° 93-949 du 26 juill. 1993) réunissant et coordonnant ces diverses dispositions, depuis plusieurs fois modifié, en particulier par une loi du 1er février 1995, qui a conféré aux tribunaux le pouvoir de déclarer *abusives*, dans certaines limites, les clauses contractuelles qui entraînent un « déséquilibre significatif » des droits et obligations des parties (art. L. 132-1, nouv.) et par l'ordonnance du 17 février 2005 qui a instauré une garantie de la conformité des biens vendus aux consommateurs (art. L. 212-1 s.). Le système de lutte contre les clauses abusives a été assez profondément modifié par la loi du 4 août 2008 qui a prévu qu'un décret en Conseil d'État (promulgué le 18 mars 2009) fixe une liste de clauses présumées irréfragablement abusives (« liste noire ») et une autre de clauses présumées abusives, sauf preuve contraire (« liste grise ») [1]. Le Code de la consommation a été sensiblement modifié par la loi n° 2014-344 du 17 mars 2014, relative à la consommation, qui a notamment instauré une *action de groupe* au profit de certaines associations de consommateurs [2]. L'ensemble a été refondu par l'ordonnance n° 2016-301 du 14 mars 2016 et le décret n° 2016-884 du 29 juin 2016.

Le libéralisme individualiste du Code de 1804 a ainsi, peu à peu, laissé place à un interventionnisme de rééquilibrage du contrat destiné à le rendre plus juste. Dans le même temps, la *liberté d'association*, perçue comme un recours contre la puissance économique, était restaurée (L. du 21 mars 1884 sur les *syndicats professionnels* ; L. du 1er juill. 1901 relative au *contrat d'association*).

Il serait, certes, excessif d'affirmer qu'aujourd'hui le droit civil des obligations et des contrats – ou des biens – a cessé d'être individualiste et libéral. Mais il est vrai que l'évolution profonde de la législation civile a rendu le droit civil plus attentif aux besoins sociaux et à la sauvegarde des intérêts de chacun. L'ordonnance du 10 février 2016 qui a réformé le droit des obligations s'est efforcée de concilier ces points de vue. L'équilibre trouvé est difficile à apprécier.

---

1. Flour, Aubert et Savaux, *Droit civil. Les obligations*, vol. 1, *L'acte juridique*, n° 185 s.
2. V. ss 148.

Chapitre 2

L'objet du droit civil

Le premier objet du droit civil est de définir la *personnalité juridique*. C'est un point qui a été déjà examiné [1]. Reste, en revanche, à préciser l'*activité juridique civile* à laquelle les personnes, physiques ou morales, sont appelées. À cet égard, le droit civil appréhende deux domaines distincts, dont le premier seul est accessible à toutes les personnes, c'est l'*activité économique*, alors que le second est réservé aux personnes physiques, la *famille*.

Section 1
Le droit civil économique

Le droit civil économique a pour objets les *biens*, au sens strict du terme, et les *obligations* qui sont des moyens techniques qui permettent de manipuler les biens. Il convient d'y ajouter un élément complémentaire : les *sûretés*.

§ 1. Le droit des biens

240. ***Propriété et possession***. La substance de ce qu'il est d'usage d'appeler le *droit des biens* [2] est constituée par l'ensemble des droits réels principaux [3].

Il s'agit, d'une part, de la *propriété* et, d'autre part, de ses divers *démembrements : usufruit*, *droit d'usage* et *droit d'habitation* (qui sont, en quelque sorte, des usufruits limités), les *servitudes*, et le *droit de superficie* (droit qui porte sur la surface d'un fonds, à l'exclusion du sous-sol, et qui peut être constitué, principalement, par deux contrats spéciaux dénommés, l'un le bail emphytéotique, l'autre le bail à construction [4]). Le droit des biens définit le régime juridique de ces différents droits. Nous nous bornerons, ici, à évoquer le *droit de propriété* en référence à la notion de *possession* [5].

---

1. V. ss 192 s.
2. Sur l'évolution du droit des biens depuis le Code civil, v. ss 238 ; Terré et Simler, *Les biens*, 9e éd., Dalloz, coll. « Précis », 2014 ; Mathieu, *Les biens*, 3e éd., Sirey, coll. « Université », 2013 ; Atias, *Les biens*, 12e éd., Litec, 2014 ; Strickler, *Les biens*, PUF, coll. « Thémis », 2006 ; Bergel, Bruschi et Cimamonti, *Traité de droit civil*, Ghestin (dir.), *Les biens*, 2e éd., LGDJ, 2010 ; Revet et Zenati-Castaing, *Les biens*, 3e éd., PUF, 2008 ; Dross, *Droit des biens*, 3e éd., LGDJ, 2017 ; Malaurie et Aynès, *Les biens*, 7e éd., Lextenso, 2017.
3. Sur la classification des droits réels, v. ss 207.
4. Saint-Alary-Houin, *Rép. civ.*, Dalloz, v° *Bail à construction*, 2012 ; Faure-Abbad, *Droit de la construction*, 3e éd., Gualino, 2016, n° 602 s. ; Tixier, *Le bail à construction. De la théorie à la pratique*, préf. Aubert, Litec, 2006, spéc. n° 18 s.
5. V. ss 220.

Le *droit de propriété* est un *rapport de droit* entre une personne et une chose, rapport en vertu duquel cette personne est habile à jouir et à disposer de cette chose. La *possession* s'entend au contraire d'un *rapport de fait* entre une personne et une chose. Elle est, plus exactement, l'exercice sur la chose d'un *pouvoir de fait* correspondant aux prérogatives attachées à un droit : tel le fait d'exercer sur une chose des pouvoirs inhérents au droit d'en jouir et d'en disposer (cultiver une terre, la donner en location…). Mais la possession ne se réduit pas à ce simple élément *objectif* (dit « *corpus* ») ; elle comporte aussi un élément *subjectif* (dit « *animus* ») qui n'est autre que la volonté de se comporter comme le véritable titulaire du droit. Ce second élément permet de distinguer la possession de la *détention précaire* qui correspond au cas d'une personne qui, tout en exerçant des actes de maîtrise sur une chose, ne prétend pas pour autant agir en qualité de propriétaire de cette chose : ainsi du *locataire*.

La *possession*, ainsi caractérisée, est prise en considération par la loi qui y attache différents effets dont, notamment, *l'acquisition du droit* correspondant à la possession considérée, en l'occurrence la propriété. Cette acquisition peut s'opérer sous réserve que la possession présente certaines qualités [1] ; peu importe, en revanche, que le possesseur soit de bonne ou de mauvaise foi (c'est-à-dire qu'il ait su qu'il n'était pas titulaire du droit considéré). La mauvaise foi, en effet, a pour seule conséquence de retarder l'acquisition du droit, en n'admettant l'usucapion qu'au bout d'un délai de trente ans. Au contraire, le possesseur de bonne foi (celui qui croyait être titulaire du droit) devient immédiatement propriétaire en matière de *meubles*, par application de l'article 2276, alinéa 1er (ancien art. 2279) du Code civil [2] ; et, en matière *d'immeubles*, au bout d'un délai de possession de dix ans [3].

Cet effet de la possession est remarquable à deux titres au moins. D'abord, parce qu'il constitue un *mode d'acquisition* original de la propriété, mode qui peut consacrer parfois une situation quelque peu immorale [4]. Ensuite, et surtout, parce qu'il permet de résoudre le problème de la *preuve de la propriété*. C'est qu'en effet, il n'existe pas, en droit français [5], de titre qui fasse à lui seul la preuve du droit de propriété. Par suite, c'est par le biais de la *possession* que le propriétaire qui, évidemment, remplit la plupart du temps les conditions de la possession (*corpus* et *animus*) pourra, en cas de contestation, prouver son droit : au pire, en établissant qu'il a eu la possession de la chose pendant trente ans.

241. ***Le transfert de la propriété. Opposabilité. Publicité foncière.*** L'inexistence d'un titre faisant la preuve de la propriété n'est pas le seul trait original du droit des biens. Il en est un autre, qui n'est d'ailleurs pas sans rapport avec la question de la possession : à savoir le principe du transfert *solo consensu* – c'est-à-dire par le seul effet du consentement des parties à l'acte (vente, échange, donation…) – des droits réels, et notamment du droit de propriété (C. civ., art. 1196, ancien art. 1138). **Exemple** : dès l'instant que

1. Elle doit être, selon l'article 2261 (ancien art. 2229) du Code civil, *continue*, *paisible*, *publique et non équivoque*.
2. « En fait de meubles, la possession vaut titre. »
3. V. C. civ., art. 2272.
4. Encore convient-il de ne pas exagérer cette immoralité : elle ne concerne véritablement que les cas où le possesseur était de mauvaise foi. Or, dans cette hypothèse, l'usucapion ne se réalise qu'au bout de trente ans, délai qui souligne, au moins, une négligence du véritable propriétaire, et qui autorise à douter de l'opportunité sociale de lui maintenir son droit.
5. Il existe, au contraire, en droit allemand, notamment, un système de preuve directe et officielle de la propriété immobilière : c'est le système du Livre foncier (cf. Simler et Delebecque, *Droit civil. Les sûretés. La publicité foncière*, 7e éd., Dalloz, coll. « Précis », 2016, n° 850 s.).

vendeur et acheteur ont échangé leurs consentements, l'acquéreur devient, sauf convention contraire, propriétaire de la chose vendue.

Principe sobre et efficace, assurément, mais malcommode pour les tiers aux yeux desquels rien n'apparaît. Le risque est, en ce qui les concerne, que le vendeur, malhonnête, profite de la clandestinité du transfert de propriété pour céder le même droit à une autre personne. C'est en considération de ce risque que la loi a posé des limites à la portée du transfert *solo consensu*.

Ainsi, en matière de *meubles*, l'article 1198 du Code civil (ancien art. 1141) consacre, en cas de cessions successives d'un même bien, le droit de celui des acquéreurs qui, étant de bonne foi, a été mis en possession effective de ce bien, peu important que celui-là n'ait conclu le contrat qu'en second. C'est une application directe de l'article 2276 d'où il résulte que l'opposabilité aux tiers du transfert de la propriété d'un meuble est subordonnée à la prise de possession de celui-ci par l'acquéreur.

Quant aux *immeubles*, le législateur a subordonné l'opposabilité aux tiers des transferts de *droits réels* à l'accomplissement de formalités de publicité. C'est le système de la *publicité foncière*[1]. À supposer qu'un même immeuble ait fait l'objet de deux ventes successives, préférence sera donnée à celui qui aura, le premier, publié son titre d'acquisition, peu important, là encore, que ce titre n'ait été que le second en date. Cela étant, trois remarques fort importantes doivent être faites :

La première est que cette condition mise à l'*opposabilité* du transfert d'un droit réel immobilier ne concerne que les *tiers qui ont acquis du même auteur des droits concurrents et soumis pareillement à publicité foncière* : par **exemple**, un autre acquéreur ou le bénéficiaire d'une hypothèque sur l'immeuble. Seuls ceux-là peuvent, le cas échéant, se prévaloir du défaut de publicité du transfert. En revanche, les autres tiers n'y sont pas admis : par **exemple**, une personne à laquelle le vendeur aurait consenti, après la vente, un bail de six ans sur l'immeuble, droit qui n'est pas soumis à l'exigence de publicité.

La seconde est que la publicité requise ne conditionne en aucune façon l'*efficacité de l'acte entre les parties* : entre elles, la vente est pleinement valable en dehors de toute publicité, celle-ci n'étant requise que dans l'intérêt des tiers.

La troisième, qui rejoint une observation faite précédemment[2], est que la *publicité foncière n'est pas constitutive d'un titre de propriété* : le fait d'avoir régulièrement publié une vente d'immeuble n'empêche pas que cette vente restera sans effet si le vendeur n'avait pas la qualité de propriétaire de l'immeuble vendu, ou encore si l'acte d'acquisition était entaché d'une cause de nullité (ainsi d'une vente consentie par un incapable). On dit que la publicité ne purge pas l'acte publié des vices dont il est atteint.

§ 2. Le droit des obligations

On désigne sous l'appellation de droit des obligations – ou encore *théorie générale des obligations* – l'ensemble des règles qui gouvernent la création des obligations et en commandent les effets et le régime (transmission, modifications, extinction). Ce sont

1. Le domaine d'application de celle-ci déborde sensiblement la question du transfert des droits réels immobiliers. Il s'étend, notamment, aux actes *constitutifs* de droits réels et, en particulier, aux hypothèques (sur celles-ci, v. ss 207, *in fine*).

2. V. ss 240, *in fine*.

des règles de portée générale : elles ont vocation à s'appliquer à tous les *contrats* – voire à toutes les conventions – et à toutes les *responsabilités* [1].

Ainsi entendu, le droit des obligations se distingue du droit des *contrats spéciaux* (règles propres à chaque type de contrat : vente, échange, prêt...) et des *responsabilités spéciales* (règles spécifiques de la responsabilité des médecins, des notaires, des transporteurs...), dont il suffit, ici, d'indiquer l'existence et de souligner l'importance pratique pour la vie économique.

La matière des obligations, pour laquelle la lettre et l'esprit du code paraissaient largement dépassés a longtemps attendu sa réforme. De nombreux projets, d'origine savante ou gouvernementale ont été élaborés à partir de 2014, année du bicentenaire du Code civil [2]. Pour les contrats, le régime général et la preuve des obligations, l'entreprise a abouti à l'ordonnance n° 2016-131, du 10 février 2016 portant *réforme du droit des contrats, du régime général et de la preuve des obligations* [3]. En revanche, la responsabilité civile n'est pas concernée par le texte, un projet de loi devant être déposé au Parlement [4].

Les obligations contractuelles sont donc régies par les nouveaux textes du Code civil issus de l'ordonnance du 10 février 2016 entrée en vigueur le 1er octobre 2016, pour les contrats conclus après cette date [5]. La responsabilité le reste par des dispositions reprises à l'identique (ou presque) en attendant la réforme de la responsabilité.

A. Les obligations contractuelles

242. ***La capacité.*** Le droit des obligations contractuelles met en relief la question de la *capacité des personnes*, c'est-à-dire de leur aptitude à l'activité juridique et, en l'occurrence, plus précisément, à créer et à assumer des obligations civiles. Cela n'a rien que de très normal : l'obligation étant un lien de droit en vertu duquel une personne – le créancier – peut exiger quelque chose d'une autre – le débiteur [6] –, on conçoit que la loi porte une attention particulière aux conditions dans lesquelles un tel lien de droit peut être établi.

Pour autant l'*incapacité* d'une personne ne signifie pas qu'elle ne peut assumer la charge d'une obligation. En particulier, l'incapacité n'exclut en aucune façon la *responsabilité* de l'incapable : ainsi par **exemple**, un mineur est-il responsable des dommages qu'il cause à autrui par sa faute. En revanche, l'incapacité fait en principe obstacle à la conclusion, par l'incapable lui-même, de contrats générateurs d'obligations. Le Code civil de 1804 faisait de la capacité de contracter une *condition de validité* du contrat (art. 1108), mais la question y était peu développée (art. 1123 à 1125-1), certains aspects étant traités

1. Sur l'évolution du droit des obligations, v. ss 239.
2. V., pour le contrat, Flour, Aubert et Savaux, *Droit des obligations*, vol. 1, *L'acte juridique*, préc., spéc. n° 77-1 et, pour la responsabilité civile, vol. 2, *Le fait juridique*, spéc. n° 95-1.
3. Barbier, « Les grands mouvements du droit commun des contrats après l'ordonnance du 10 février 2016 », *RTD civ.* 2016. 247 ; Mekki, « L'ordonnance n° 2016-131 du 10 février 2016 portant réforme du droit des contrats, du régime général et de la preuve des obligations. Le volet droit des contrats : l'art de refaire sans défaire », *D.* 2016. 494 ; Chantepie et Latina, « La réforme du droit des obligations. Commentaire théorique et pratique dans l'ordre du Code civil », Dalloz, 2016.
4. Borghetti, « Un pas de plus vers la réforme de la responsabilité civile ; présentation du projet de réforme rendu public le 13 mars 2017 », *D.* 2017. 770. Sur l'avant-projet l'ayant précédé : Viney, « L'espoir d'une recodification du droit de la responsabilité civile », *D.* 2016. 1378 ; Borghetti, « L'avant-projet de réforme de la responsabilité civile. Vue d'ensemble de l'avant-projet », *D.* 2016. 1386 et « L'avant-projet de réforme de la responsabilité civile. Commentaire des principales dispositions », *ibid.* 1442.
5. L'ordonnance a été ratifiée, avec quelques modifications, par la loi n° 2018-287 du 20 avril 2018. V. Mekki, « La loi de ratification de l'ordonnance du 10 février 2016. Une réforme de la réforme ? », *D.* 2018. 900 ; Mazeaud, « Quelques mots sur la réforme de la réforme du droit des contrats », *ibid.*, 912.
6. V. ss 206.

avec la nullité du contrat (art. 1305 à 1311). L'ordonnance du 10 février 2016 réunit les questions (C. civ., art. 1145 à 1152) pour lesquelles il faut également toujours se reporter aux textes qui régissent les incapacités.

Les *incapacités* se fondent le plus souvent sur la volonté d'assurer la *protection* de l'incapable. C'est vrai de certaines *incapacités de jouissance* [1] qui privent l'incapable d'un droit déterminé [2] : ainsi de l'interdiction faite aux mineurs de consentir une donation (art. 903 et 904). Ce l'est surtout des *incapacités d'exercice* – de très loin les plus importantes des incapacités –, qui empêchent seulement l'incapable de les exercer seul [3].

Édictées en considération, soit de l'*âge* de la personne – la pleine capacité civile est accordée à l'âge de 18 ans ; cet âge de la *majorité* a été fixé par la loi du 5 juillet 1974 (C. civ., art. 488) –, soit de son *état mental*, les incapacités d'*exercice* – que le législateur moderne préfère d'ailleurs appeler *mesures de protection* – visent à remédier à son inexpérience, dans le premier cas, à son manque de clairvoyance, dans le second, en subordonnant l'exercice de ses droits à l'intervention d'un tiers. Le mode d'intervention de celui-ci est fonction de l'importance du besoin de protection de l'incapable.

La loi [4] organise ainsi un système de *représentation* – les droits de l'incapable (la personne protégée) sont exercés, en son nom et pour son compte, par un tiers spécialement habilité à cet effet – au bénéfice du *mineur* [5] et du *majeur atteint de troubles particulièrement sévères* : le premier est représenté normalement par ses parents qui ont la qualité d'*administrateur légal*, ou par un *tuteur*, lorsque son père et sa mère sont décédés ; le second – *majeur en tutelle* – l'est par un *tuteur*. L'efficacité de la protection de ces personnes est soulignée par le caractère *général* de la mesure qui les atteint : ce n'est que par exception – *légale* dans le cas du mineur, spécifiée par le *juge*, dans celui du majeur en tutelle – que la personne protégée peut accomplir seul un acte juridique. Depuis la loi du 18 novembre 2016, la représentation des majeurs peut également être organisée par la voie de l'habilitation familiale (C. civ., art. 494-1 s.), régime plus simple que la tutelle.

En revanche, c'est un système d'*assistance* qui est mis en place au profit des *majeurs atteints de troubles* moins sévères. Ceux-ci se trouvent placés sous un régime de *curatelle* et sont seulement empêchés de conclure *seuls* les actes de la vie juridique : ils doivent passer ces actes en étant assistés d'un *curateur*. À la différence des autres personnes protégées, la mesure de protection des *majeurs en curatelle* est *spéciale* : l'assistance du curateur n'est requise que pour l'accomplissement de certains actes dont la liste est fixée par la loi (C. civ., art. 467), liste qui peut être allongée ou au contraire raccourcie par le juge (art. 471), en considération de chaque cas particulier.

---

1. Certaines de ces incapacités sont, au contraire, édictées par *défiance* à l'endroit de l'incapable dont on craint un comportement malhonnête, telle l'incapacité du tuteur, qui l'empêche d'acquérir les biens de son pupille (C. civ., art. 509-4°).

2. V. ss 194.

3. V. ss 194.

4. La protection juridique des majeurs a été réformée par la loi nº 2007-308 du 5 mars 2007, qui modifie aussi certaines règles concernant les mineurs. Bien que le texte comporte des changements importants, il ne remet pas en cause l'organisation générale des régimes ; A.-M. Leroyer, « Majeurs ? Protection juridique », *RTD civ*. 2007. 394.

5. Mais le mineur, âgé de 16 ans au moins, peut être *émancipé* par décision du juge des tutelles, à la demande des parents. Il est alors capable en matière civile (art. 413-6). L'institution a perdu de son intérêt, cf. Corpart, « Le déclin de l'émancipation des mineurs », *JCP N* 2003. 1523.

Ces diverses incapacités sont sanctionnées par la *nullité*, c'est-à-dire l'anéantissement [1] de l'acte conclu par la personne protégée.

243. ***Les conditions de formation des conventions***. La *capacité*, telle qu'elle vient d'être caractérisée, est l'une des conditions de formation des conventions. Les autres étaient, depuis 1804 : le *consentement* des parties, un *objet* et une *cause « licites »*, c'est-à-dire conforme à l'*ordre public* (C. civ., ancien art. 1108) [2]. C'est sur ce point que l'entrée en vigueur de l'ordonnance du 10 février 2016 entraîne les changements les plus notables. En effet, si le consentement demeure une condition de validité, l'objet et la cause disparaissent – au moins formellement – au profit du *contenu licite et certain du contrat* (art. 1128 et 1162 à 1171).

En revanche, aucune forme particulière – telle, notamment, la rédaction d'un acte écrit – n'est requise. Le principe du droit français est en effet celui du *consensualisme :* le consentement suffit pour engager les parties ; l'exigence d'une forme comme condition de formation – de validité – du contrat est exceptionnelle [3]. Ces principes sont consacrés expressément par l'article 1172 du Code civil issu de l'ordonnance du 10 février 2016.

Des notions d'*objet* et de *cause*, on dira peu. L'*objet* n'est autre que ce à quoi s'engage le débiteur : donner, faire ou ne pas faire quelque chose, selon une classification traditionnelle. Quant à la *cause*, elle est une notion fort complexe qui avait deux sens distincts : tantôt elle était la considération de la *contrepartie* de l'engagement que souscrit le débiteur – pour le vendeur, le prix qu'il entend obtenir de la vente [4] ; tantôt le *motif* pour lequel le débiteur s'engage – telle l'intention d'établir un fonds de commerce dans l'immeuble acheté. Ces notions ont disparu formellement comme condition de validité dans le nouveau droit des contrats, au profit de l'exigence d'un *contenu certain et licite*. Mais dans les textes qui régissent cette nouvelle condition de validité, on retrouve, sous une forme légèrement différente, les exigences relatives à l'objet (art. 1163 à 1167). Quant aux principaux effets que la jurisprudence faisait produire à la cause entendue comme la contrepartie de l'obligation (nullité du contrat du contrat à titre onéreux comportant une contrepartie illusoire ou dérisoire, caractère non écrit de la clause privant de sa substance l'obligation essentielle du débiteur), ils sont consacrés expressément par les textes (art. 1168 à 1170). L'ordonnance ajoute d'autres moyens de contrôler l'utilité du contrat et de préserver la justice contractuelle (comme la lutte contre les clauses abusives dans les contrats d'adhésion, la sanction de l'abus de dépendance), mais il n'est pas sûr que ces techniques compensent complètement la suppression de la cause.

Pareillement, on se bornera à noter que le contrat ne doit pas porter atteinte à l'*ordre public* et aux *bonnes mœurs* (C. civ., art. 6) : les parties doivent respecter les règles qui sont considérées comme essentielles à la société ; elles ne peuvent s'en affranchir, même d'un commun accord. Le contrôle de la conformité du contrat à l'*ordre public* se faisait traditionnellement par le biais de l'objet et de la cause, notamment pour cette

---

1. Sur la *nullité*, v. ss 244.

2. V. Flour, Aubert et Savaux, *Droit civil. Les obligations*, vol. 1, *L'acte juridique*, 16e éd., 2014, n° 122 s. (consentement), 225 s. (capacité), 234 s. (objet), 253 s. (cause), 275 s. (ordre public).

3. Le contrat est alors *formaliste*. C'est le cas de la *donation* qui, en principe, doit être faite en la *forme authentique* (art. 931). Sur le formalisme, v. Flour, Aubert et Savaux, *op. cit.*, n° 300 s.

4. Ce premier sens de la cause permettait de justifier le lien indissoluble qui existe, dans certains contrats (contrats *synallagmatiques*) entre les obligations souscrites *réciproquement* par les parties. Exemple : dans le cas d'un échange, si l'un des coéchangistes s'abstient de livrer la chose promise, l'autre peut refuser d'exécuter sa propre prestation (cf. Flour, Aubert et Savaux, *op. cit.*, n° 261).

dernière, par celui du motif de l'engagement[1]. Le nouvel article 1162 du Code civil issu de l'ordonnance du 10 février 2016 dispose quant à lui que le contrat ne peut déroger à l'ordre public ni par ses stipulations, ni par son but. La réforme n'évoque plus ici les bonnes mœurs. Mais la notion figure dans l'article 6 du Code civil qui n'a pas été modifié et elle peut être englobée dans celle d'ordre public dont elle constitue l'aspect moral.

Nous nous attarderons plus longuement sur le *consentement* et les *sanctions des conditions* de formation du contrat.

Le *consentement* se définit comme l'*accord de volontés* des parties à la convention, accord de volontés destiné à produire un effet de droit déterminé : créer des obligations (celles du vendeur et de l'acheteur, par exemple), transférer une créance... Paradoxalement, le processus de formation du contrat par la rencontre des volontés est totalement ignoré du Code de 1804. C'est la jurisprudence qui a fixé les principes régissant les négociations, la rupture des pourparlers... Les solutions qu'elle a dégagées sont, pour l'essentiel, consacrées par la réforme du droit des contrats (art. 1112 à 1127-6).

Le consentement apparaît ainsi comme le principe essentiel de la convention, ce qu'a souligné la théorie de l'*autonomie de la volonté*. Aujourd'hui en déclin, cette théorie, qui a dominé le XIXe siècle, attribuait aux volontés individuelles un pouvoir autonome de création d'effets de droit. L'excès manifeste de cette conception – la volonté reste soumise à la loi qui détermine seule les conditions dans lesquelles elle peut produire effet – ne saurait cependant faire oublier le rôle déterminant de la volonté individuelle dans le mécanisme contractuel, que confirme la réforme du droit des contrats.

Cela explique que le Code civil subordonne la formation des conventions, et notamment du contrat, à l'existence d'un *consentement éclairé et libre*[2], qualités qui doivent s'apprécier au regard de la volonté de chacune des parties. C'est ainsi que l'article 1130 énonce que « l'erreur, le dol ou la violence vicient le consentement lorsqu'ils sont de telle nature que, sans eux, l'une des parties n'aurait pas contracté ou aurait contracté à des conditions substantiellement différentes ».

L'*erreur* s'entend d'une mauvaise appréciation de la réalité, notamment quant à la substance des prestations convenues – **exemple** : on a cru à l'authenticité d'un tableau qui n'est qu'une copie. Le *dol* est une manœuvre – **exemple** : un artifice ou un mensonge –, voire un silence destiné à tromper – la *réticence dolosive* – qui provoque l'erreur de celui qui en est l'objet. La *violence* consiste, surtout, dans la *menace* d'un mal physique, moral ou patrimonial, destinée à forcer celui qui la subit à contracter.

Visant à garantir un consentement véritable, les exigences concernant le consentement n'ont cependant qu'une portée relative. Ainsi, d'une part, l'erreur commise par un contractant sur la valeur des prestations n'est pas sanctionnée. Elle ne peut l'être qu'au titre de la *lésion*, formule qui désigne un déséquilibre économique de la convention. Or, cette lésion n'est prise en considération que de manière très exceptionnelle[3].

---

1. Ainsi le contrat conclu pour réaliser un blanchiment d'argent peut-il être annulé pour *cause illicite*.

2. Pour un exposé synthétique, v. Aubert, *Le contrat*, 4e éd., par Collart Dutilleul, Dalloz, coll. « Connaissance du droit », 2010, p. 53 s.

3. En dehors des incapables, qui bénéficient d'une protection générale contre la lésion, celle-ci n'est sanctionnée que dans quelques contrats : la vente d'immeuble (C. civ., art. 1674 – lésion de plus des 7/12e), le partage (C. civ., art. 889 s. – lésion de plus du quart) et quelques autres cas très particuliers. La sanction consiste dans la *rescision* du contrat, c'est-à-dire son effacement rétroactif (à l'imitation de la nullité, v. ss 244) ou dans un *complément de part* en matière de partage.

D'autre part, l'inégalité de puissance économique des parties, qui permet au puissant de peser sur la volonté du plus faible – on parle alors de *contrat d'adhésion*, pour marquer que ce dernier n'a que le choix d'adhérer aux conditions qu'on lui fixe, ou de ne pas contracter du tout –, ne peut pas être corrigée par la théorie des vices du consentement, cette inégalité n'étant constitutive ni d'une erreur, ni d'un dol, ni d'une violence.

Cela justifie le développement contemporain de la *protection des consommateurs* dont la fonction est plus *préventive* que *curative*, à la différence du Code civil [1].

Sur ce point, l'ordonnance du 10 février 2016, dont l'un des objectifs est de forger un droit des contrats plus juste, contient deux innovations importantes. D'abord, dans le prolongement de la jurisprudence, elle fait de l'abus de dépendance une cause de nullité du contrat (art. 1143). Ensuite, s'inspirant du droit de la consommation, elle répute non écrites, dans les contrats d'adhésion, les clauses non négociées qui créent un déséquilibre significatif entre les droits et les obligations des parties (art. 1171).

244. ***La sanction des conditions de formation des conventions : la nullité.*** Les vices du consentement, comme les autres altérations qui peuvent affecter la formation d'un *contrat*, sont sanctionnés par la *nullité* de celui-ci [2]. Le régime de la nullité est développé par les articles 1178 à 1185 du Code civil issus de l'ordonnance du 10 février 2016 qui reprennent les solutions dégagées par la jurisprudence et la doctrine (dominante.

La *nullité d'une convention* signifie que celle-ci disparaît de façon *rétroactive* : non seulement elle ne peut plus produire d'effets à compter du prononcé de la nullité, mais encore tous les effets qu'elle a produits antérieurement doivent être effacés. En bref, on fait *comme si* cette convention n'avait jamais existé : le vendeur doit restituer le prix payé ; l'acheteur rendre la chose vendue.

Cette sanction a vocation à s'appliquer non seulement lorsqu'il existe un vice de consentement, mais encore, notamment, dans les cas d'incapacité d'un contractant [3], ou encore lorsque le contrat, par ses stipulations ou par son but (anciennement par son objet ou par sa cause) est contraire à l'ordre public.

Mais il convient alors d'introduire une distinction qui conduit à opposer deux sortes de nullités : les nullités *relatives* et les nullités *absolues*.

Cette opposition ne traduit *aucune différence dans les effets de la nullité* : nulle de nullité relative, ou de nullité absolue, la convention est, *dans les deux cas*, anéantie avec effet rétroactif. La distinction exprime seulement – mais c'est fort important en pratique – une *différence d'ouverture de l'action en nullité*, cette différence tenant compte de la fin poursuivie par la règle qui a été violée.

La nullité est *relative* lorsque la règle violée visait à la *protection d'intérêts particuliers*. Le critère, dégagé par la doctrine et la jurisprudence est désormais énoncé par l'article 1179, alinéa 2, du Code civil. Tel est le cas de l'exigence de capacité, ou de l'exigence d'un consentement éclairé et libre. Alors, seule la personne protégée par la loi – l'*incapable*, ou son représentant ; la *victime* de l'erreur, du dol ou de la violence – est admise à demander la nullité du contrat.

---

1. En particulier, ces lois posent des exigences multiples – information du consommateur, délais de réflexion, rédaction écrite des actes… – qui, en instituant un véritable « droit de réfléchir » (cf. Aubert et Collart Dutilleul, *op. cit.*, p. 101), doivent permettre un consentement effectivement éclairé.
2. Cf. Flour, Aubert, Savaux, *op. cit.*, n° 322 s.
3. Avec, parfois, pour le mineur, l'exigence d'une condition complémentaire : que l'acte ait entraîné pour lui une perte. C'est que, si tel n'a pas été le cas, la protection de la loi n'est pas nécessaire.

La nullité est, au contraire, *absolue* lorsque la règle violée assurait la *sauvegarde de l'intérêt général* (C. civ., art. 1179, al. 1er). Alors, l'action en nullité est plus largement ouverte : toutes les personnes intéressées sont autorisées à agir, ce qui habilite au moins les *deux parties au contrat* à demander la nullité.

L'opposition ainsi faite, au plan de l'ouverture de l'action, entre nullité absolue et nullité relative se prolonge par d'autres différences de régime, qui tendent cependant à se réduire.

Naguère, l'action en nullité *relative* se prescrivait par *cinq ans*, alors que l'action en nullité *absolue* était soumise à la *prescription trentenaire* (C. civ., art. 2262, ancien). La réduction à cinq ans du délai de prescription de droit commun (C. civ., art. 2224, L. du 17 juin 2008) a pour effet que l'action en nullité est soumise uniformément à ce délai, qu'il s'agisse de nullité relative ou de nullité absolue.

En second lieu, la nullité *relative* peut faire l'objet d'une *confirmation* (art. 1181, al. 2), en ce sens que le titulaire de l'action en nullité peut renoncer à cette action, ce qui a pour effet de sauver la convention. Au contraire, aucune confirmation n'est possible en matière de *nullité absolue*. L'intérêt général interdit de renoncer à l'action en nullité [1].

245. ***Effets des conventions. Principe de l'effet relatif.*** Toute convention valablement formée produit des effets de droit. À cet égard, trois questions, d'importance inégale, doivent retenir l'attention : le *principe de l'effet relatif des contrats*, le *paiement des obligations civiles* et, enfin, la *responsabilité contractuelle*.

Le *principe de l'effet relatif* [2] est posé par l'article 1199 du Code civil (comp. ancien art. 1165), aux termes duquel « le contrat ne crée d'obligations qu'entre les parties. Les tiers ne peuvent ni demander l'exécution du contrat ni se voir contraints de l'exécuter... ». Elle est dans la logique du rôle essentiel de la volonté dans le mécanisme contractuel : si la volonté individuelle constitue le principe déterminant des conventions et de leurs effets, ceux-ci ne peuvent s'appliquer qu'à ceux qui les ont voulus. Le contrat ne peut donc avoir d'effet obligatoire qu'à l'égard des contractants ; il ne peut en résulter ni dette, ni même créance pour ceux qui n'y ont pas convenu – les *tiers*. Ainsi précisé, le principe comporte, cependant, une *limite* et une *exception*.

La *limite* tient à ce que toute convention est un *fait social* qui, comme tel, est *opposable* aux tiers : ceux-ci ne peuvent ignorer ni l'existence du contrat qui a été conclu, ni les effets qu'il produit. Le nouvel article 1200 l'indique : « les tiers doivent respecter la situation juridique crée par le contrat. Ils peuvent s'en prévaloir notamment pour apporter la preuve d'un fait ». L'opposabilité du contrat a donc également un aspect positif, l'opposabilité du contrat *par* les tiers.

Quant à l'*exception*, elle est énoncée, comme l'indique l'article 1199, *in fine*, par les articles 1205 et suivants. Ces textes admettent, en effet, à titre exceptionnel, la validité d'une *stipulation pour autrui*, c'est-à-dire l'opération « par laquelle une personne, le stipulant, obtient d'une seconde, le promettant, un engagement envers une troisième : le tiers bénéficiaire ». Celui-ci devient ainsi créancier bien qu'il soit étranger à la convention conclue par le stipulant avec le promettant [3].

C'est, en particulier, ce mécanisme juridique qui sert de fondement à l'*assurance sur la vie* en cas de décès au profit d'un tiers : l'assuré – *stipulant* – conclut un contrat avec un assureur – *promettant* – qui s'engage, en cas de décès de son cocontractant, à payer une somme

---

1. Sur tous ces points, qui comportent bien des nuances, v. Flour, Aubert et Savaux, *op. cit.*, n° 331.
2. Cf. *ibid.*, n° 422.
3. *Ibid.*, n° 467.

convenue à un tiers déterminé – *tiers bénéficiaire*. Dans ce cas, par dérogation au principe de l'effet relatif, le droit naît immédiatement au profit du tiers bénéficiaire. Mais ce droit ne lui sera définitivement acquis que s'il l'accepte et il reste toujours libre – tant qu'il ne l'a pas accepté – de le refuser.

246. ***Le paiement des obligations. Obligation civile. Obligation naturelle.*** Le *paiement des obligations* s'entend de l'exécution, par le débiteur, de la prestation à laquelle il s'est engagé : payer le prix de la chose, livrer celle-ci, accomplir le service promis... Ce *paiement* a en principe pour effet d'entraîner la libération du débiteur et l'extinction de l'obligation (C. civ., art. 1342, al. 2).

Le droit pour le créancier d'exiger cette exécution est la marque de l'*obligation civile*, laquelle s'oppose ainsi à l'obligation dite « naturelle ». L'*obligation naturelle* s'entend, en effet d'un simple devoir de conscience dont la loi n'impose pas l'exécution – le « créancier » ne peut en réclamer l'exécution au « débiteur » [1]. La loi, cependant, n'ignore pas totalement ce devoir, dès lors que celui-ci est reconnu par l'opinion commune. Si le « débiteur » a spontanément exécuté son devoir ou s'il a promis de le faire, la loi le considère comme tenu d'une obligation véritable, *civile* : le premier ne peut prétendre à remboursement [2], le second doit exécuter. **Exemple** : celui qui a promis ou payé une pension à un frère dans le besoin ne peut pas se soustraire à son engagement, bien que la loi n'édicte pas d'obligation alimentaire entre frères et sœurs.

Au contraire le propre de l'*obligation civile* est d'imposer directement l'exécution au débiteur. Selon l'article 1217, alinéa 2, « la partie envers laquelle l'engagement n'a pas été exécuté ou l'a été imparfaitement peut poursuivre l'exécution forcée en nature de l'obligation ». Cela ne va pas, cependant, sans nuances. Certes le créancier est toujours en mesure de « contrer » le refus de paiement opposé par le débiteur. Mais cela ne signifie pas qu'il pourra toujours obtenir ce à quoi son débiteur s'était précisément engagé. Il faut, à cet égard, distinguer selon le type d'obligation considéré.

L'exécution forcée des *obligations de transférer la propriété* d'une *somme d'argent* et celle des *choses* autres qu'une somme d'argent (chose de genre – une tonne de charbon – ou corps certain – une maison [3]...) –l'ancienne obligation de *donner* [4] – est aisée [5]. En revanche, celle des prestations ayant pour objet un travail, un service ou une abstention – les *obligations de faire* ou *de ne pas faire*- est plus difficile, soit que l'exécution est matériellement impossible, soit qu'elle imposerait une contrainte intolérable exercée sur la personne du débiteur. L'ancien article 1142 du Code civil paraissait même imposer que le créancier doive se contenter dans ce cas d'une somme d'argent [6]. La jurisprudence avait au contraire affirmé le droit à l'exécution forcée

---

1. Flour, Aubert et Savaux, *Droit civil. Les obligations*, vol. 3, *Le rapport d'obligation*, 9e éd., 2015, n° 68 s.

2. La solution est affirmée par l'article 1302, alinéa 2 (ancien art. 1235, al. 2), du Code civil, selon lequel celui qui a volontairement acquitté une obligation naturelle ne peut, ensuite, réclamer la restitution de ce qu'il a payé.

3. Sur ces notions, v. ss 205.

4. V. ss 206.

5. En réalité, le transfert de propriété ayant lieu en principe par l'effet du contrat (v. ss 206, 240), c'est la mise à disposition du bien (livraison) qui peut ne pas être exécutée. Le créancier peut alors être mis en possession du bien en ayant recours à divers procédés utilisant la force publique. Pour les sommes d'argent, cela se fait par voie de saisie. V. Flour, Aubert et Savaux, *op. cit.*, n° 164 s.

6. Art. 1142 : « Toute obligation de faire ou de ne pas faire se résout en dommages et intérêts, en cas d'inexécution de la part du débiteur ».

chaque fois que celle-ci est possible. Les nouveaux textes issus de l'ordonnance du 10 février 2016 ne distinguent pas selon le type d'obligation. Mais l'exception, également empruntée à la jurisprudence antérieure, concernant le cas où l'exécution est impossible est de nature à affecter plus grandement ce type de prestation. En effet, outre l'impossibilité matérielle, le refus de l'exécution forcée peut être dû au fait qu'elle ferait supporter au débiteur une atteinte intolérable à sa liberté. L'ordonnance du 10 février 2016 assortit par ailleurs l'exécution forcée une limite nouvelle pour le cas où il existe une disproportion manifeste entre son coût pour le débiteur et son intérêt pour le créancier (art. 1221).

247. *La responsabilité contractuelle*. La *responsabilité contractuelle* [1] est celle qui incombe à un débiteur contractuel lorsque celui-ci, en n'exécutant pas son obligation, ou en l'exécutant mal, cause un dommage à son cocontractant. Elle n'a vocation à intervenir que dans les rapports entre les contractants eux-mêmes [2]. La matière a été recodifiée à droit (presque) constant par l'ordonnance du 10 février 2016 en attendant la réforme de la responsabilité civile.

L'affirmation d'une telle responsabilité oblige le responsable à *réparer* le dommage qu'il a causé, réparation qui prend, le plus souvent, la forme d'une condamnation à des *dommages-intérêts*, c'est-à-dire au paiement d'une somme d'argent [3].

Cette condamnation suppose que soient démontrés par le demandeur, à la fois, le *préjudice* qu'il subit et la *faute*, commise par le débiteur, laquelle constitue la *cause* de ce préjudice. Toutefois, la preuve de cette faute n'est pas toujours nécessaire. Il y a lieu, à cet égard, de distinguer entre deux sortes d'obligations : les obligations de *moyens*, d'une part, et les obligations de *résultat*, d'autre part [4].

Les *obligations de moyens* se caractérisent par le fait que le débiteur s'est engagé à faire tous ses efforts pour procurer au créancier une satisfaction déterminée, mais sans garantir celle-ci : c'est le cas du *médecin* qui s'engage à soigner, non à guérir ; ou, encore, celui de l'*avocat* qui s'engage à défendre du mieux qu'il peut les intérêts de son client, non à le faire gagner.

Au contraire, les *obligations de résultat* supposent l'engagement du débiteur de procurer un résultat défini : le *transporteur de voyageurs* s'engage à mener ceux-ci à l'endroit convenu.

Or, la preuve d'une faute n'est exigée du demandeur que dans le cas des obligations de moyens ; il doit démontrer que le débiteur n'a pas fait tous ses efforts pour le succès de l'entreprise. Au contraire, le créancier d'une obligation de résultat est dispensé d'une telle preuve : il lui suffit d'établir que le résultat promis n'a pas été obtenu ; la faute du débiteur se trouve alors présumée [5] et le débiteur ne peut échapper à sa responsabilité

---

1. La notion même de responsabilité contractuelle est, cependant, discutée. On fera abstraction, ici, de ce débat. Sur la question, v. Flour, Aubert et Savaux, *op. cit.*, n° 171 s.

2. En revanche, si l'inexécution d'une obligation contractuelle cause un préjudice à un tiers, les règles de la responsabilité contractuelle n'ont pas lieu de jouer. Mais celles de la responsabilité délictuelle peuvent trouver à s'appliquer (v. ss 249).

3. Il peut y avoir lieu, parfois, à réparation en nature : par exemple, condamnation de l'emprunteur d'un bien déterminé à le restituer…, ce qui suppose que cette chose existe encore.

4. La distinction, très répandue en doctrine et en jurisprudence n'a pas été consacrée par la réforme du droit des contrats mais elle devrait perdurer. Sur cette distinction, et ses limites, v. Flour, Aubert et Savaux, *op. cit.*, n° 201 s.

5. Il s'agit, en l'occurrence, d'une présomption dite « mixte » (v. ss 72, 251).

qu'en justifiant que l'« exécution a été empêchée par la force majeure » (art. 1231-1 ; comp. la rédaction différente de l'ancien art. 1147)[1].

Le contractant déclaré responsable est, en principe, condamné à réparer la totalité du dommage qu'il a causé à son cocontractant. Cependant, ce *principe de réparation intégrale* est, en matière de responsabilité contractuelle, limité dans sa portée par un autre principe qui intervient en amont, et selon lequel le responsable n'est pas tenu des dommages *imprévisibles* (art. 1231-3 ; ancien art. 1150) : par **exemple**, un déménageur ne saurait être responsable de bijoux laissés à son insu dans un meuble qu'il était chargé de transporter et qui a été égaré. C'est l'un des points sur lesquels la responsabilité contractuelle se différencie de la *responsabilité délictuelle*, qui est extra contractuelle et pour laquelle la prévisibilité du dommage n'a pas d'incidence. Il demeure que, pour les dommages *prévisibles*, le principe de réparation intégrale s'applique en responsabilité contractuelle.

De même, le responsable contractuel doit, comme le responsable délictuel, réparer aussi bien le dommage *matériel* que le dommage *moral*. Le premier est de nature économique et correspond à l'atteinte aux intérêts patrimoniaux de la personne (dommages aux biens et dommage corporel emportant une incapacité de travail). Le second consiste dans une atteinte aux intérêts extrapatrimoniaux de la personne (souffrances physiques, atteinte aux sentiments d'affection, privation d'éléments d'agrément de la vie…).

B. Les obligations extracontractuelles

248. ***Les faits juridiques générateurs d'obligations. Les quasi-contrats***. Le droit des obligations envisage deux catégories de faits juridiques générateurs d'obligations : les *quasi-contrats* et la *responsabilité délictuelle*.

Les *quasi-contrats* correspondent à des situations, créées par le fait de l'homme, où un avantage a été illégitimement recueilli par une personne. La loi met alors à la charge de celle-ci, sous des conditions diverses et selon des modalités variables, une obligation de restitution au bénéfice de celui qui a procuré l'avantage. Pour être plus exact, il faut dire que le Code civil de 1804 prévoyait deux hypothèses de cette sorte – la *gestion d'affaires* et le *paiement de l'indu* – et que la jurisprudence a inféré de ces deux institutions et d'autres dispositions éparses du Code civil un principe général d'*enrichissement sans cause*[2]. L'ordonnance du 10 février fait entrer ce troisième quasi-contrat dans le code sous la dénomination d'enrichissement injustifié (art. 1303 à 1303-4).

La *gestion d'affaires* (art. 1301 à 1301-5 ; anciens art. 1372 à 1375) concerne les cas où une personne – dénommée le *gérant* – accomplit des actes matériels, ou juridiques, au profit d'une autre – dite « le *géré* », ou encore « le *maître de l'affaire* » – sans en avoir été chargée par celle-ci. Sous diverses conditions, et notamment celle de l'*utilité* de la gestion ainsi entreprise, la loi impose au géré d'indemniser le gérant des dépenses qu'il a engagées[3].

Le *paiement de l'indu* consiste dans l'exécution, par une personne, d'une prestation au bénéfice d'une autre personne (dénommée *payé* ou *accipiens*) qui n'était pas en droit de l'exiger, faute d'avoir la qualité de créancier de celui qui a payé – dit *payeur* ou *solvens*.

---

1. Sur cette notion, v. ss 221.
2. Cf. Flour, Aubert et Savaux, *Droit civil. Les obligations*, vol. 2, *Le fait juridique*, 14e éd., 2011, n° 1 s.
3. La gestion d'affaires a des effets beaucoup plus étendus, tant à l'égard du gérant que du géré ; du moins celui qui est indiqué au texte reste-t-il le plus caractéristique.

C'est, par **exemple**, le cas de la personne qui, par erreur, paie deux fois une même réparation faite par son garagiste. Au paiement indu (art. 1302 à 1302-3 ; anciens art. 1376 à 1381), ainsi caractérisé, la loi attache une obligation de restitution : le *solvens* bénéficie d'une *action en restitution* qui lui permet de réclamer à l'*accipiens* ce dont celui-ci s'est enrichi du fait du paiement.

Quant à l'*enrichissement injustifié* (art 1303 à 1303-4), il correspond à l'hypothèse où un même fait provoque l'enrichissement d'une personne et l'appauvrissement corrélatif d'une autre. Dans un tel cas, et à la condition que cette situation ne soit pas consacrée par la loi [1], la jurisprudence admettait que l'appauvri peut réclamer un dédommagement à l'enrichi par la voie de l'action *de in rem verso*. Il faut noter, toutefois, d'abord, que les conditions mises à l'exercice de cette action en restreignaient beaucoup les cas d'ouverture et, ensuite, que le dédommagement restait généralement limité : il ne pouvait excéder ni l'*appauvrissement* subi par le demandeur, ni l'*enrichissement* procuré au défendeur ; il devait donc égaler la plus faible de ces deux valeurs. Le principe est consacré par le nouvel article 1303 du Code civil, mais l'article 1303-4 pose une exception pour le cas où l'enrichi est de mauvaise foi. Il doit alors la plus forte des deux valeurs.

Par un arrêt du 6 septembre 2002 [2], la Cour de cassation, reprenant la définition donnée par l'ancien article 1371 en guise d'attendu de principe, a adopté une conception très extensive du quasi-contrat selon laquelle le fait purement volontaire de l'homme engage celui-ci. Mais il est permis de se demander si l'arrêt consacre ainsi un véritable nouveau quasi-contrat d'engagement volontaire – dont il serait, en vérité, bien difficile de fixer les limites – ou s'il adopte seulement une solution d'opportunité en profitant de la formulation très générale de l'article 1371 pour régler un cas très particulier, ce qui semble plutôt être le cas [3]. En énonçant que « les quasi-contrats régis par le présent sous-titre sont la gestion d'affaire, le paiement de l'indu et l'enrichissement injustifié », le nouvel article 1300, alinéa 2, du Code civil admet implicitement l'existence de ces autres quasi-contrats.

249. ***La responsabilité civile extracontractuelle. Responsabilité du fait personnel.*** Infiniment plus importante, en pratique, que les quasi-contrats, la *responsabilité civile « extracontractuelle* vise à la réparation d'un dommage qui a été causé, de manière illégitime [4], par une personne à une autre. Par opposition à la responsabilité contractuelle, on parlait traditionnellement de responsabilité *délictuelle*. Cette appellation était, en réalité, tronquée. En effet, le Code civil de 1804 (art. 1382 s.) distinguait la responsabilité *délictuelle* – qui implique la *volonté de causer le dommage* – et la responsabilité *quasi délictuelle* – où cette volonté n'existe pas, le préjudice étant provoqué, par **exemple**, par une négligence ou une imprudence. Mais, cette distinction étant sans véritable portée sur le plan du droit civil [5], il n'est pas gênant de parler de *responsabilité délictuelle* (sous-entendu : et quasi délictuelle). On disait aussi, d'ailleurs, *responsabilité extracontractuelle*, terminologie adoptée par le Code civil réformé (art. 1240 s.).

---

1. Ainsi de la *prescription extinctive* : la loi légitime alors l'enrichissement du débiteur dont la dette est prescrite, et l'appauvrissement corrélatif du créancier. Il n'y a pas enrichissement sans cause.

2. Ch. mixte 6 sept. 2002, *Bull. Ch. mixte* n° 4, *D.* 2002. 2963, note D. Mazeaud, *JCP* 2002. II. 10173, note Reifegerste, *Defrénois* 2002, art. 37644, n° 92, obs. Savaux, *CCC* 2002, comm. 151, obs. Raymond.

3. Cf. Flour, Aubert et Savaux, *op. cit.*, n° 2.

4. Il y a des dommages que l'on peut causer légitimement à autrui : tels ceux qui résultent, pour un commerçant, de la concurrence non déloyale exercée à l'encontre d'un autre commerçant.

5. Il en va de façon différente en droit pénal.

Cette responsabilité détermine une *obligation de réparer* à la charge du responsable, obligation qui n'est pas limitée : c'est *tout le dommage causé* qui doit être réparé, peu important qu'il ait été, ou non, prévisible, quelle qu'ait été, le cas échéant, la gravité de la faute génératrice du dommage, et sans qu'il y ait de distinction à faire entre dommages *matériels* et dommages *moraux*.

La *réparation* des dommages est, assurément, la fonction première de la responsabilité civile. Mais ce n'est pas la seule. En exposant chacun à une obligation de réparer les conséquences nuisibles de ses actes, la responsabilité assure aussi une fonction, accessoire, de *prévention* : on est plus attentif à ses actes lorsqu'on sait qu'on devra en assumer toutes les suites. Cependant, cette fonction est aujourd'hui très altérée : d'abord, par un développement de la responsabilité *sans faute*, qui n'incite pas à la vigilance ; ensuite, par la généralisation de l'*assurance*, qui décharge le responsable du poids effectif de son obligation de réparer.

Dans le même temps, un mouvement d'une tout autre nature s'est affirmé qui tend au contraire à développer la fonction préventive du droit. L'idée, liée principalement au désir de protection de l'environnement, est de prendre en considération les *risques* de dommages attachés aux activités économiques, scientifiques et techniques pour en prévenir la réalisation.

Certains sont tentés d'intégrer cette démarche dans la responsabilité civile [1]. Cela semble inopportun : au stade du seul *risque* de dommage la technique de la responsabilité est désarmée, faute de réalisation du dommage ; vouloir la faire intervenir à ce stade implique de lui infliger des déformations propres à la dénaturer et à en compromettre l'efficacité. Mieux vaut distinguer clairement *réparation* et *prévention* en organisant deux régimes, sans doute complémentaires, mais qui ne peuvent se confondre [2].

À cet égard, la consécration constitutionnelle du *principe de précaution* [3] paraît réaliser un progrès du droit. Un tel principe peut en effet, utilement, constituer le socle d'un système de prévention des risques graves attachés aux activités humaines, système consistant dans un ensemble d'obligations et de sanctions spécifiques – contraintes de construction et d'exploitation, amendes civiles et pénales, notamment. Mais il faut se garder de donner à un tel principe un domaine trop large, au risque de confiner la société dans l'immobilisme et de l'incliner au rejet *a priori* des progrès des sciences et techniques.

La *responsabilité extracontractuelle* recouvre, en réalité, trois systèmes distincts de responsabilité : responsabilité du fait personnel, responsabilité du fait d'autrui, responsabilité du fait des choses. Les textes ont été renumérotés, mais, à quelques exceptions près, pas modifiés au fond, par l'ordonnance du 10 février 2016.

La *responsabilité du fait personnel* (art. 1240 et 1241, anciens art. 1382 et 1383), système traditionnel de la responsabilité civile, repose sur une *faute* commise par le responsable [4]. Cette faute – intentionnelle (délit) ou non (quasi-délit) – doit être prouvée par la victime, qui est également tenue d'établir le *dommage* qu'elle subit et le *lien de causalité* rattachant le dommage à la faute. En principe, la faute civile consiste dans un comportement *objectivement* anormal en ce sens qu'il n'y a pas à tenir compte de la capacité de discernement de son auteur. Il suffit de constater que celui-ci n'a pas eu la conduite qu'aurait tenue une personne raisonnable (un « bon père de famille »). Il en résulte qu'un aliéné mental, ou encore un très jeune enfant, engage sa responsabilité par ses agisse-

---

1. C. Thibierge, « Libres propos sur l'évolution du droit de la responsabilité (vers un élargissement de la fonction de la responsabilité civile) », *RTD civ*. 1999. 561.
2. V. Flour, Aubert et Savaux, *op. cit*., n° 85. ; rappr. C. Thibierge, « Avenir de la responsabilité, responsabilité de l'avenir », *D*. 2004. Chron. 577.
3. V. ss 93.
4. Cf. Flour, Aubert et Savaux, *op. cit*., n° 97 s.

ments [1]. La solution est contraire à celle du droit pénal : la *responsabilité pénale* suppose l'*imputabilité* du comportement, c'est-à-dire la faculté de discernement.

Dans un autre ordre d'idée, il faut observer que le fait d'exercer un droit n'est pas exclusif de faute. Si l'exercice du droit considéré se révèle anormal, une faute pourra être imputée au titulaire de ce droit, et la responsabilité de celui-ci se trouver engagée. C'est ce qu'on appelle l'*abus de droit* [2].

250. *La responsabilité du fait d'autrui*. La *responsabilité du fait d'autrui* [3] consiste dans l'affirmation de la responsabilité d'une personne au regard d'un dommage causé par une autre.

Le siège de la matière se trouvait à l'article 1384 – il l'est désormais à l'article 1242 – dont l'interprétation a profondément changé à la fin du XXe siècle. Depuis l'origine, le Code n'admettait de responsabilité du fait d'autrui présumée que dans les quelques cas particuliers visés spécialement par les articles 1384, alinéas 4 et suivants. Ainsi en a-t-il été jusqu'en 1991, date à laquelle la Cour de cassation a interprété le premier alinéa de cet article – disposition qui n'avait, dans l'esprit du législateur, aucune signification juridique particulière – comme posant un *principe général* de responsabilité du fait d'autrui présumée – à l'imitation de ce qu'elle avait fait, près de cent ans plus tôt, pour la responsabilité du fait des choses [4]. Nous évoquerons d'abord les cas particuliers de cette responsabilité traditionnellement posés par l'article 1384, avant de présenter le principe général tardivement consacré.

D'abord, la *responsabilité des instituteurs du fait de leurs élèves* (art. 1242, al. 6 ; ancien art. 1384, al. 6). La victime d'un dommage causé par un élève peut engager la responsabilité de l'instituteur [5] si elle prouve que celui-ci a commis une faute de surveillance. En fait, le système impose à la victime la preuve de deux fautes : celle de l'élève, d'abord, à défaut de laquelle rien ne saurait être reproché à l'instituteur ; celle de celui-ci, ensuite. Il n'y a, dans ce cas, aucune présomption de responsabilité.

En deuxième lieu, la *responsabilité des parents du fait de leurs enfants mineurs* (art. 1242, al. 4 ; ancien art. 1384, al. 4) et celle des *artisans du fait de leurs apprentis* (art. 1242, al. 6 ; ancien art. 1384, al. 6). Dans ces deux cas, la responsabilité est présumée : dès l'instant que la victime a prouvé que l'enfant, ou l'apprenti, lui a causé un dommage [6], la responsabilité des parents, ou de l'artisan, se trouve engagée. La victime n'a pas à prouver qu'ils ont commis une faute.

Du moins, les parents ou l'artisan peuvent-ils s'exonérer de cette responsabilité. Mais ils ne peuvent le faire en prouvant qu'ils n'ont pas commis de faute : la présomption légale est une présomption *mixte* et il leur faut établir l'existence d'un événement de *force majeure* [7].

---

1. Cf. Flour, Aubert et Savaux, *op. cit.*, n° 109.
2. Ainsi d'un droit exercé dans le seul but de nuire à autrui : faire sur son terrain des plantations inutiles pour priver le voisin de lumière.
3. Cf. Flour, Aubert et Savaux, *op. cit.*, n° 187 s.
4. V. le n° suivant.
5. En pratique, celle de l'État, s'il s'agit d'un instituteur public.
6. Il était classiquement admis que le dommage causé par l'enfant – ou l'apprenti – devait résulter d'un fait de celui-ci, propre à engager sa responsabilité : *faute* ou maniement d'une *chose* dont l'enfant – ou l'apprenti – avait la *garde*. L'exigence était logique : il n'y a lieu à la responsabilité de personne si le fait générateur du dommage n'est pas une cause de responsabilité. Cependant, la Cour de cassation a remis en question cette solution en se satisfaisant d'un fait quelconque en relation causale avec le dommage (simple *fait causal*) ; v. Flour, Aubert et Savaux, *op. cit.*, n° 197.
7. Ainsi en va-t-il du moins depuis un revirement de jurisprudence opéré en 1997 (Civ. 2e, 19 févr. 1997, *Bull. civ.* II, n° 56). Jusque-là, la présomption était *simple* (sur ces notions, v. ss 72).

Enfin, la *responsabilité des commettants du fait de leurs préposés*, c'est-à-dire, pour s'en tenir à l'essentiel, celle des employeurs du fait de leurs salariés (art. 1242, al. 5 ; ancien art. 1384, al. 5). Par **exemple** si le livreur d'une entreprise bouscule et blesse, par imprudence, un passant à l'occasion d'une de ses livraisons, l'entreprise sera déclarée responsable des dommages ainsi causés par son employé.

Ce dernier cas de responsabilité du fait d'autrui est caractérisé par l'existence d'une *présomption irréfragable* de responsabilité [1] du commettant. Dès l'instant que la victime prouve que le préposé lui a causé un dommage dans des conditions propres à engager sa responsabilité, celle du commettant se trouve irréfragablement affirmée, c'est-à-dire sans que le commettant puisse s'en exonérer en prouvant qu'il n'a commis aucune faute ou qu'il a été contraint d'embaucher le préposé maladroit.

Ces diverses responsabilités du fait d'autrui se fondent – sauf les réserves exposées ci-après – sur un *impératif de garantie* : le législateur veut que la victime soit, dans toute la mesure du possible, assurée d'obtenir la réparation de son dommage (contre l'insolvabilité quasi générale de l'enfant ; contre l'insolvabilité, fréquente, du préposé...).

L'idée fonde pour partie la jurisprudence qui, depuis 1991, admettait que l'article 1384, alinéa 1er, pose un *principe général* de responsabilité présumée du fait d'autrui. Le principe a vocation à s'appliquer à ceux qui ont un pouvoir de *direction* sur d'autres personnes soumises à leur *autorité* : ainsi, notamment, des établissements spécialisés qui ont vocation à recevoir des handicapés mentaux. Le responsable supporte alors une présomption *mixte* qui ne cède que devant la preuve de la force majeure [2].

Cette idée de garantie était en harmonie avec le principe, longtemps affirmé, que la responsabilité du garant ne faisait pas disparaître celle de l'auteur direct du dommage. La victime bénéficiait ainsi de la possibilité d'agir, à son choix et selon son intérêt, contre l'une ou l'autre des personnes impliquées dans la situation dommageable : le responsable direct ou la personne présumée responsable de son fait, débiteurs alternatifs [3] à son égard. C'était une application de la *solidarité* selon laquelle les deux débiteurs *solidaires* sont tenus de la même dette à l'égard du créancier, ici la victime.

Mais cette solution a été remise en cause, en 2000, en ce qui concerne la responsabilité *des commettants*. Au résultat d'un arrêt d'Assemblée plénière du 25 février 2000, la responsabilité personnelle du préposé ne peut plus être recherchée par la victime que s'il est établi que celui-ci a excédé les limites de la mission qui lui avait été impartie par le commettant [4]. À défaut de preuve d'un tel dépassement de la mission du préposé, la victime ne peut réclamer réparation qu'au commettant. Cela revient à dire que celui-ci n'assume plus seulement une fonction de garantie : il est tenu, seul, parce qu'il doit assumer les risques de son entreprise. L'idée de garantie ne réapparaît alors que dans le cas où le préposé a agi en excédant les limites de sa mission : alors, mais alors seulement, commettant et préposé sont tenus solidairement envers la victime [5].

---

1. Sur cette notion, v. ss 72.
2. V. Flour, Aubert et Savaux, *op. cit.*, n° 228.
3. Évidemment pas cumulatifs : la victime n'obtiendra pas deux fois son indemnisation. Elle l'obtiendra de l'un ou de l'autre, voire des deux, mais à *concurrence* du montant du dommage.
4. *JCP* 2000. II. 10295, concl. Kessous, note Billiau. Il en va autrement, toutefois, pour « le préposé condamné pénalement pour avoir intentionnellement commis, fût-ce sur l'ordre du commettant, une infraction ayant porté préjudice à un tiers ». Le préposé engage alors sa responsabilité en même temps que le commettant (Ass. plén. 14 déc. 2001, *Bull. Ass. plén.* n° 17, *D.* 2002. 1230, note Julien, *JCP* 2002. II. 10026, note Billiau).
5. En revanche, si le préposé s'est rendu coupable d'un véritable *abus de fonctions*, il répondra seul du dommage causé, v. Flour, Aubert et Savaux, *op. cit.*, n° 218.

251. ***La responsabilité du fait des choses.*** « On est responsable non seulement du dommage que l'on cause par son propre fait, mais encore de celui qui est causé par le fait… des choses que l'on a sous sa garde », énonçait l'ancien article 1384, alinéa 1er, repris par l'article 1242, alinéa 1er.

C'est dès la fin du XIXe siècle que la jurisprudence a vu dans ce texte, un *principe général de responsabilité du fait des choses*[1]. Ce principe, depuis le début du siècle, a largement dépassé, en importance pratique, les deux seuls cas de responsabilité du fait des choses qu'avaient réellement prévus les rédacteurs du Code civil : la responsabilité du *fait des animaux* (art. 1243 ; ancien art. 1385) et la responsabilité du *fait des bâtiments* (art. 1244 ; ancien art. 1386).

En vertu du *principe général de responsabilité du fait des choses*[2], celui qui a la *garde* d'une chose est responsable des dommages causés par le fait de celle-ci. Le *gardien*, c'est-à-dire celui qui a les pouvoirs d'usage, de contrôle et de direction de la chose – par **exemple**, le chasseur, au regard de son fusil ; le joueur de golf et la balle qu'il frappe ; ou encore le gérant de café à l'égard des chaises et tables disposées sur la terrasse… – est présumé responsable des dommages causés par la chose qu'il a sous sa garde.

La victime, là encore, n'a pas à prouver que le gardien a commis une faute dans le maniement ou la disposition de la chose dommageable : le fait prouvé de la chose entraîne automatiquement sa responsabilité. Cependant, cette présomption n'est pas, comme dans le cas du commettant, irréfragable : le gardien peut s'exonérer de sa responsabilité en prouvant que le dommage est résulté d'un événement extérieur présentant les caractères de la force majeure[3]. Il peut même s'en dégager *partiellement*, en l'absence de force majeure, s'il établit que la victime a commis une faute qui a contribué au dommage. En revanche, il ne servirait à rien qu'il prouve qu'il n'a pas lui-même commis de faute. C'est cette nature intermédiaire de la présomption – ni *simple*, puisque la preuve contraire (absence de faute) est sans effet ; ni *irréfragable*, puisque la présomption cède devant la force majeure – qui incline à parler de présomption mixte[4].

Le fondement de cette responsabilité présumée est fort difficile – sinon impossible – à cerner[5] : l'idée d'une *faute probable* du gardien est insuffisante ; elle doit être combinée avec une idée fort différente, celle de *risque créé*, selon laquelle celui qui poursuit une activité personnelle en faisant courir des risques à autrui doit les prendre en charge s'ils se réalisent. Selon les cas, l'une ou l'autre de ces deux idées prédomine, au gré des exigences de l'équité. Cela explique le caractère fluctuant de cette responsabilité.

Cette relative incertitude du droit de la responsabilité du fait des choses, et certaines inadéquations de son régime, ont conduit le législateur à établir, en marge de l'article 1384, alinéa 1er, des régimes spéciaux de responsabilité pour certaines choses. Ainsi en est-il pour les dommages causés par les *accidents de la circulation*, en vertu de la loi no 85-677 du 5 juillet 1985. Depuis cette loi, ces accidents échappent donc à l'article 1384, alinéa 1er, dont ils avaient constitué, jusque-là, le principal domaine d'application. Ce régime se caractérise par un droit à indemnisation qui assure une réparation intégrale quasi automatique des *dommages à la personne* (art. 3), au profit des victimes n'ayant pas la qualité de conducteur d'un véhicule terrestre à moteur (piétons,

---

1. Sur cette jurisprudence, v. Flour, Aubert et Savaux, *op. cit.*, n° 232 s.
2. Le régime de la responsabilité du fait des animaux est identique ; en revanche, celui de la responsabilité du fait des bâtiments est, à divers égards, différent.
3. Sur celle-ci, v. ss 221.
4. V. ss 72.
5. Cf. Flour, Aubert et Savaux, *op. cit.*, n° 289 s.

cyclistes, personnes transportées). Au contraire, le droit à indemnisation des conducteurs peut être réduit ou exclu en considération des fautes qu'ils ont commises[1].

Il convient encore de mentionner le régime spécial de la *responsabilité du fait des produits défectueux*, mis en place par une loi du 19 mai 1998 (C. civ., art. 1245 s. ; anciens art. 1386-1 s.) assurant la transposition en droit français d'une directive communautaire du 25 juillet 1985. C'est un régime de responsabilité *de plein droit*, fondé sur l'idée que le producteur – auquel la loi assimile quelques autres personnes – doit assumer les risques créés par les produits qu'il met en circulation sur le marché.

§ 3. Les sûretés

252. ***La garantie du paiement des créances de sommes d'argent***. La fragilité du droit de créance a été soulignée[2] : la valeur effective de ce droit dépend de la solvabilité du débiteur, c'est-à-dire de l'existence d'un solde positif des comptes actif et passif de son patrimoine, à la mesure de la créance, au moment où celle-ci est exécutée.

Cette fragilité peut cependant être corrigée, voire éliminée, par le recours à divers procédés. Le premier d'entre eux échappe au droit civil proprement dit : il s'agit de la technique de l'*assurance* qui peut, en l'occurrence, prendre la forme d'une *assurance de personne* (assurance sur la vie – du débiteur – ou assurance contre les accidents corporels) ou d'une *assurance de crédit*, plus spécifique, et de portée plus générale. Mais le *droit civil* connaît d'autres techniques particulièrement efficaces, ce qu'évoque d'ailleurs assez bien leur dénomination de *sûretés*.

Les *sûretés*, dont la matière a été réorganisée et pour partie réformée par une ordonnance du 23 mars 2006[3], sont des garanties qui permettent au créancier de se prémunir contre l'insolvabilité de son débiteur en sauvegardant l'exécution ultérieure de la créance. Elles se divisent en deux catégories : sûretés *personnelles*, d'une part, et sûretés *réelles*, d'autre part.

Les *sûretés personnelles* reposent sur un mécanisme de *multiplication des débiteurs* : au lieu de pouvoir réclamer son paiement à celui-là seul qui s'est endetté à son égard, le créancier pourra l'exiger, *en outre*, d'autres personnes. C'est un procédé un peu comparable à celui de la *solidarité* – laquelle peut résulter de la loi[4] ou être convenue entre un créancier et ses débiteurs – qui permet au créancier de demander le paiement de toute la dette au débiteur de son choix.

La sûreté personnelle type est représentée par le *cautionnement* qui est le contrat par lequel un tiers – la *caution* – promet à un créancier de le payer si son débiteur ne le fait pas[5]. Au résultat de cette convention, le créancier bénéficie donc d'un débiteur subsidiaire auquel il pourra s'adresser au cas d'insolvabilité du débiteur principal.

---

1. Le droit à réparation des dommages *aux biens* est toujours réduit ou exclu en considération de faute éventuellement commise par la victime, quelle qu'elle soit.
2. V. ss 206.
3. Cette ordonnance n° 2006-346 du 23 mars 2006 a, outre diverses réformes de fond pour les sûretés réelles, placé l'ensemble de la matière aux articles 2284 à 2488 nouveaux du Code civil ; v. Simler et Delebecque, *Droit civil. Les sûretés, la publicité foncière*, 7e éd., Dalloz, coll. « Précis », 2016 ; Bourassin, Brémond et Jobard-Bachellier, *Droit des sûretés*, 5e éd., Sirey, 2016 ; Aynès et Crocq, *Droit des sûretés*, 11e éd., LGDJ, 2017.
4. V. ss 122, 250, *in fine*.
5. Simler, *Cautionnement, garanties autonomes, garanties indemnitaires*, 5e éd., LexisNexis, 2015, n° 9 ; Aynès, *Le cautionnement*, 2e éd., Dalloz, coll. « Connaissance du droit », 1997 ; Barthez et Houtcieff, *Les sûretés personnelles*, LGDJ-Lextenso, 2010.

Les *sûretés réelles* mettent en œuvre une technique différente qui consiste dans l'affectation d'un ou plusieurs biens, mobiliers ou immobiliers, au paiement de la dette garantie. Tels sont, d'abord, l'*hypothèque*, en matière immobilière, et le *gage*, en matière mobilière. Le recours à ces droits réels accessoires[1] permet de conférer à la créance garantie la sécurité propre aux droits réels : le créancier hypothécaire – comme le créancier gagiste – bénéficie en particulier d'un droit à être payé en priorité sur le prix du bien fourni en garantie.

À ces sûretés constituées par des droits réels accessoires, il convient d'ajouter les *privilèges*. Ils consistent dans un droit à être payé par préférence aux autres créanciers sur la valeur d'un ou plusieurs meubles du débiteur (privilèges mobiliers, spéciaux ou généraux) ou sur la valeur d'immeubles du débiteur (privilèges spéciaux immobiliers, et privilèges généraux mobiliers et immobiliers). Ce droit de préférence est attribué par la loi en considération de la « qualité de la créance », c'est-à-dire de l'intérêt qu'il y a de faire bénéficier le créancier d'un régime de faveur. Parmi bien d'autres, on peut citer le privilège des *salaires*, ceux des *frais de justice* et des *frais funéraires*, ou encore les privilèges du *Trésor public*.

À ces formes classiques, se sont ajoutées l'utilisation de *la propriété à fin de garantie*, la propriété étant retenue par le vendeur d'un bien jusqu'au complet paiement du prix par l'effet d'une *clause de réserve de propriété*. La pratique a été consacrée par différents textes en matière mobilière, puis, finalement en matière mobilière et immobilière par l'ordonnance du 23 mars 2006 et celle du 30 janvier 2009 dont il résulte par ailleurs que la propriété peut également être cédée à titre de garantie (C. civ., art. 2367 à 2372-6 ; art. 2373 et 2488-1 à 2488-5).

La loi du 19 février 2007 instaurant la fiducie a admis qu'un transfert fiduciaire de la propriété de biens de droits ou de sûretés ait lieu à titre de garantie (C. civ., art. 2011 s.).

Section 2
Le droit de la famille

Cellule de base de la société, la famille constitue le second objet du droit civil. Elle y est envisagée tant sur le plan *extrapatrimonial* – le droit définissant alors les conditions de son existence et ses structures – que sur le *plan patrimonial*, c'est-à-dire quant aux rapports économiques internes à la famille.

§ 1. Le droit extrapatrimonial de la famille

253. *Le droit de la famille*[2] : concubinage, Pacs, mariage, divorce, filiation. Sous l'appellation d'*union libre* ou de *concubinage*, on a longtemps désigné la relation établie par un homme et une femme en dehors du mariage. Cette situation ne faisait l'objet d'aucun régime juridique organisé. Pour autant, elle n'était pas ignorée par le droit : en dehors

1. V. ss 207.
2. Courbe et Gouttenoire, *Droit de la famille*, 7e éd., Sirey, coll. « Université », 2017 ; Terré Goldie-Genicon et Fenouillet, *Droit civil, La famille*, 9e éd., Dalloz, coll. « Précis », 2018. V. aussi *Notaires, pacs et concubinage*, dossier *Dr. et patr.* sept. 2012, p. 69 ; *Mariage, Pacs, concubinage*, dossier *AJ fam.* 2015. 13.

même du droit social, qui lui attache des prérogatives non négligeables, le droit civil lui fait produire différents effets, tel le droit pour le « concubin survivant »[1] de demander au responsable du décès accidentel de son compagnon la réparation de son propre dommage.

Le *concubinage* bénéficie, depuis une loi n° 99-944 du 15 novembre 1999, d'une définition légale qui en a élargi la portée : c'est « une union de fait, caractérisée par une vie commune présentant un caractère de stabilité et de continuité, entre deux personnes, de sexe différent ou de même sexe, qui vivent en couple » (C. civ., art. 515-8). La loi a ainsi consacré l'existence d'un concubinage homosexuel à l'égal du concubinage hétérosexuel. Il n'existe toujours pas de statut du concubinage[2].

La loi du 15 novembre 1999 a, au demeurant, été sensiblement plus loin en créant le *pacte civil de solidarité* (Pacs), lequel est un contrat[3] conclu entre deux personnes, de sexe différent ou de même sexe, pour organiser leur vie commune (C. civ., art. 515-1)[4]. Le régime du Pacs a été assez profondément réformé par la loi du 23 juin 2006 portant réforme des successions et des libéralités, dans un sens qui le rapproche d'un statut et du mariage[5].

Pour les couples *hétérosexuels*, la loi établit ainsi, à côté et en concurrence avec le mariage, un régime qui leur permet de faire produire à leur relation certains effets juridiques, essentiellement patrimoniaux. Cela étant, qu'elle se manifeste dans le cadre d'un Pacs ou en dehors de toute organisation juridique, la procréation « hors mariage » donne naissance à une famille – que l'on disait *naturelle* jusqu'à l'ordonnance n° 2005-759 du 4 juillet 2005 – calquée sur la famille « légitime » fondée sur un mariage[6].

Depuis 1999, la loi offre aux couples *homosexuels* la même possibilité que celle ouverte aux couples hétérosexuels, d'installer leur relation dans le cadre juridique du Pacs. Pour autant, cette institution, qui n'est pas de nature « familiale » mais encore essentiellement contractuelle, ne permet pas l'établissement, par un couple homosexuel, d'une *famille*.

C'est sans doute la raison pour laquelle les personnes de même sexe qui veulent faire reconnaître leur union ne se sont pas satisfaites du Pacs et ont continué à militer pour l'accès au mariage. Après que la Cour de cassation a refusé d'admettre le mariage entre personnes de même sexe, c'est le législateur qui l'a fait, par la loi n° 2013-404, du 17 mai 2013[7]. Le nouvel article 6-1 du Code civil leur ouvre en principe les mêmes droits qu'aux couples hétérosexuels, et notamment celui d'adopter conjointement un enfant, ou d'adopter l'enfant de son conjoint. Mais l'application des règles de la filiation étant au contraire exclue, les couples homosexuels ne peuvent pas avoir recours à l'assistance médicale à la procréation, contrairement aux couples mariés hétérosexuels. Selon la Cour de cassation, il en résulte aussi que la filiation ne peut être établie, par la possession d'état, à l'égard de l'époux, et *a fortiori* du concubin de même sexe que le parent envers lequel la filiation a déjà été établie[8]. C'est ressenti comme une forme d'inégalité, pour ne pas dire de discrimination, qui fonde la revendication par certains de l'ouverture de la procréation médicalement assistée aux couples de personnes de même sexe.

---

1. La formule est de Carbonnier, *Droit civil*, t. 2, 20e éd., PUF, 2000, p. 673.
2. Ben Hadj Yiahia, *Rép. civ.*, Dalloz, v° *Concubinage*, 2016.
3. P. Courbe et Gouttenoire, *op. cit.*, n° 234 s.
4. Lamarche, *Rép. civ.*, Dalloz, v° *Pacte civil de solidarité*, 2012.
5. Rochfeld, « Réforme du Pacs », *RTD civ.* 2006. 624 ; Simler, « Le nouveau visage du Pacs : un quasi-mariage », *JCP* 2006. I. 161.
6. V. ss 236.
7. V. ss 236.
8. Civ. 1re, avis, n° 17-70039, 7 mars 2018, *D.* 2018. 983, note Fulchiron.

La combinaison de *l'adoption* et de *l'assistance médicale à la procréation* avec un Pacs ou un mariage établi entre partenaires du même sexe peut permettre la constitution d'une cellule sociale présentant, sociologiquement, certaines ressemblances avec la famille [1]. Il ne s'est longtemps agi que d'une ressemblance, d'une homoparentalité *de fait* [2]. La reconnaissance du *mariage pour tous* permet, pour partie, une homoparentalité *de droit*. Les couples homosexuels mariés peuvent désormais, comme les couples hétérosexuels mariés, adopter conjointement un enfant (C. civ., art. 346). [3]. En revanche, le recours à l'assistance médicale à la procréation leur reste interdit en France (C. santé publ., art. 2141-2, al. 2).

Des contournements sont cependant possibles en profitant de législations étrangères plus souples, par exemple en Belgique, en Espagne, aux Pays-Bas, au Royaume-Uni, aux États-Unis, en Russie... La question posée est alors de savoir si, une fois que l'une des épouses a donné naissance à un enfant par procréation médicalement assistée, sa conjointe peut l'adopter, par application de l'article 345-1 du Code civil qui permet l'adoption plénière de l'enfant du conjoint qui n'a de filiation établie qu'à l'égard de ce dernier. Les juridictions du fond se sont divisées sur la question [4]. La Cour de cassation a tranché par deux avis du 22 septembre 2014 [5] en énonçant que le recours à la procréation médicalement assistée à l'étranger « ne fait pas obstacle au prononcé de l'adoption, par l'épouse de la mère, de l'enfant né de cette procréation, dès lors que les conditions légales de l'adoption sont réunies et qu'elle est conforme à l'intérêt de l'enfant ». En revanche, de la même manière que pour un couple marié hétérosexuel, un homme ne pouvait pas adopter l'enfant de son époux, né à l'étranger d'une gestation pour autrui [6], car il s'agissait, selon la Cour de cassation, « d'un détournement de l'institution de l'adoption » [7]. Et contrairement à la procréation médicalement assistée, la gestation pour autrui viole le principe de l'indisponibilité du corps humain [8]. Mais de la même manière que pour l'assistance médicale à la procréation, la Cour de cassation a finalement jugé que « le recours à la gestation pour autrui à l'étranger ne fait pas, en lui-même, obstacle au prononcé de l'adoption, par l'époux du père, de l'enfant né de cette procréation, si les conditions légales de l'adoption sont réunies et si elle est conforme à l'intérêt de l'enfant [9] ».

---

1. Sans compter les cas où les partenaires homosexuels d'un Pacs ont – ou ont eu – des enfants à l'occasion d'autres relations, hétérosexuelles celles-là.

2. Millet, « L'homoparentalité : essai d'une approche juridique », *Defrénois* 2005, art. 38153, p. 743 s.

3. Ce que la Cour de cassation avait toujours refusé : Civ. 1re, 20 févr. 2007, *D*. 2007. 1047, note Vigneau, *RTD civ*. 2007. 325, obs. Hauser.

Rien n'interdit à l'un des concubins homosexuels, pacsés ou non, de le faire à titre individuel. La Cour européenne des droits de l'Homme avait admis la légitimité du rejet d'une demande d'agrément en vue d'adoption, le rejet étant « implicitement mais certainement » fondé sur l'homosexualité du requérant, en estimant que les autorités nationales (France) ont « pu considérer que le droit de pouvoir adopter dont se prévalait le requérant trouvait sa limite dans l'intérêt des enfants susceptibles d'être adoptés », sans que soient remis en cause les choix personnels de celui-ci (CEDH 26 févr. 2002, *D*. 2002. Somm. 2024, obs. F. Granet). Elle censure aujourd'hui pour discrimination le refus d'agrément fondé sur l'orientation sexuelle du demandeur (CEDH 22 janv. 2008, *JCP* 2008. II. 10071, note Gouttenoire et Sudre). Mais elle a jugé que le refus d'adoption au profit de la compagne de la mère, fondé sur l'article 365 du Code civil ne constitue pas une discrimination, puisqu'elle n'est pas fondée sur l'orientation sexuelle (CEDH 15 mars 2012, n° 25951/07, *Gas et Dubois c/France*, *RTD civ*. 2012. 275, obs. Marguénaud).

4. Contre cette adoption : TGI Versailles, 29 avr. 2014, *AJ fam*. 2014. 268. La plupart des autres juridictions du fond admettent au contraire l'adoption (v. les références citées dans les observations sur l'arrêt).

5. *RTD civ* 2014. 872, Hauser, *D*. 2014. 1876, Dionisi-Peyrusse, *ibid*. 2031, Leroyer, *D*. 2015. 21, Fulchiron, *ibid*., Douchy-Oudot. V. aussi, Mouly, « Délocalisation procréative » : fraude à la loi ou habileté permise ?, *D*. 2014. 2419

6. Dijon, 24 mars 2016, n° 15/00057, *JCP* 2016. 423, obs. Mirkovic.

7. Ass. plén. 31 mai 1991, n° 90-20105, cité v. ss 257, et les autres références.

8. V. ss 255.

9. Civ. 1re, 5 juill. 2017, n° 16-16455, *D*. 2017. 1537, note Fulchiron ; v. ss 257.

Le droit de la famille est donc un droit qui a connu, depuis le Code civil, de considérables bouleversements [1], qu'il s'agisse du *divorce* ou de *la filiation* et, depuis une époque plus récente du *mariage*.

254. *Le mariage*. Longtemps, le mariage a fait figure d'institution stable au sein de la famille, les réformes successives l'ayant épargné. Il n'en va évidemment plus de même depuis la loi du 17 mai 2013, déjà évoquée à plusieurs reprises, ouvrant le mariage aux couples de personnes de même sexe.

Depuis cette loi, on peut définir le mariage comme un acte juridique par lequel deux personnes – et non plus nécessairement un homme et une femme – établissent une union officielle consacrée et gouvernée par la loi civile. Cette définition laisse apparaître le double aspect *contractuel* et *statutaire* – ou *institutionnel* – du mariage.

La *nature contractuelle* du mariage est révélée par la nécessité d'un *accord de volonté* exprimé par les futurs époux : il n'y a pas de mariage lorsqu'il n'y a point de consentement (art. 146). Et cette exigence se double de vigilance à l'endroit de la qualité du consentement exprimé. D'une part, le mariage suppose une certaine *maturité* des époux qui doivent avoir au moins 18 ans (art. 144 [2]). D'autre part, le consentement doit être *exempt de vices* : il doit avoir été *sain, libre* et non entaché d'*erreur* – sur la personne, ou ce qui est plus efficace, sur les qualités essentielles de la personne du conjoint. À défaut, il pourra faire l'objet d'une *action en nullité*.

Ce régime, assez comparable à celui des obligations contractuelles, en diffère cependant nettement sur un point particulier, celui de la *nullité*. Sans doute, lorsque celle-ci est prononcée, le mariage disparaît en principe rétroactivement : ici encore, on fait *comme si* le mariage n'avait jamais existé [3]. Mais, d'une part, cette rétroactivité ne joue pas à l'égard des enfants nés de l'union annulée (art. 202) ; d'autre part, les effets produits avant l'annulation à l'égard des époux – par exemple une donation stipulée au profit de l'un d'eux dans le contrat de mariage [4] – peuvent être maintenus au profit de l'un ou l'autre, voire des deux, s'il était – ou s'ils étaient tous deux – de *bonne foi*, c'est-à-dire s'il ignorait la cause de nullité affectant le mariage. Le mariage est alors dit *putatif* : il est nul, mais sans rétroactivité, effacé seulement pour l'avenir.

Mais le mariage n'est pas seulement un contrat. Il présente aussi un *caractère statutaire* marqué. S'agissant de sa formation, un certain nombre de conditions impératives s'impose. En se mariant, les époux adhèrent à un statut minutieusement réglementé par la loi, à une *institution* [5]. Ce second aspect du mariage explique la soumission des époux aux effets d'*ordre public* [6] que la loi y attache : ainsi du *principe monogamique* [7]

1. V. ss 236.
2. Jusqu'à la loi du 4 avril 2006, l'âge requis était de 18 ans pour les hommes, de 15 ans pour les femmes.
3. Pour les obligations contractuelles, v. ss 244.
4. Le *contrat de mariage* ne doit pas être confondu avec le *mariage* lui-même. Il s'agit d'un acte, facultatif, qui peut être convenu entre les époux avant leur mariage, pour fixer leur régime matrimonial (v. ss 258).
5. Cf. Carbonnier, *op. cit.*, p. 368-369.
6. Sur cette notion, v. ss 243.
7. Le principe interdit la polygamie et, plus précisément, la *bigamie*, c'est-à-dire le fait pour une personne de contracter mariage alors qu'elle est déjà mariée. La bigamie fait l'objet de sanctions *civiles* (nullité du second mariage) et *pénales* (C. pén., art. 433-20) ; v. une application, dans une curieuse espèce, Civ. 1re, 3 févr. 2004, *Bull. civ.* I, n° 33, *D.* 2004. 609, obs. Chénedé, *JCP* 2004. II. 10074, note Bottini, *Defrénois* 2004, art. 37992, note Revillard.

et de l'obligation mutuelle de fidélité, de secours et d'assistance (art. 212). Il se manifeste notamment dans les *formalités* multiples qui président à la célébration du mariage, dans la *publicité* qui en est faite et, enfin, dans le fait que les époux ne peuvent mettre fin à leur union – et à ses effets – de leur seule volonté, mais seulement en se conformant à la procédure de *divorce* qu'organise la loi.

Jusqu'à la loi du 17 mai 2013, les *effets personnels* du mariage étaient strictement *identiques* pour tous les couples, contrairement à ses effets patrimoniaux à l'égard desquels les époux jouissent d'une certaine liberté. Il n'en va plus de même depuis ce texte qui a ouvert le mariage aux personnes de même sexe. Certes, le nouvel article 16-1 du Code civil pose-t-il comme principe que le mariage emporte les mêmes effets, droits et obligations reconnus par les lois, que les époux soient de sexe différent ou de même sexe. Mais il y a des exceptions qui concernent l'application des règles de la filiation (L. du 17 mai 2013, art. 14). Certains s'expliquent par la nature des choses – que signifierait, par exemple la présomption de paternité dans un couple composé de deux femmes ? Mais il en est d'autres qui procèdent de choix politiques dont on ne sait pas s'ils seront pérennes : notamment l'interdiction du recours à la procréation médicalement assistée.

255. ***La dissolution du mariage : le divorce.*** Indissoluble en Ancien droit, sous l'autorité de l'Église catholique, le mariage peut cependant être assoupli dans ses effets par la *séparation de corps*. Le droit français moderne, s'il a conservé cette institution, permet en revanche, depuis 1884[1], de rompre le lien du mariage – de le *dissoudre* – par le moyen du *divorce* prononcé par le *juge*. Ce régime s'applique désormais aux couples mariés de personnes de même sexe. Depuis la loi du 18 novembre 2016 de modernisation de la justice du XXIe siècle, les époux peuvent même, en principe, divorcer sans juge en cas de consentement mutuel[2].

Dans son dernier état, établi par une loi du 11 juillet 1975, profondément réaménagé par la loi n° 2004-439 du 26 mai 2004[3] et retouché par la loi du 18 novembre 2016, le droit civil consacre une conception libérale du divorce. Alors que, jusqu'en 1975, la loi n'admettait que le divorce pour faute (divorce-*sanction*), le divorce est devenu, depuis cette date et plus encore depuis les réformes de 2004 et 2016, d'abord un moyen de remédier à la mésentente des époux, à leur échec matrimonial (divorce-*remède*). Il en résulte que la loi consacre plusieurs *cas de divorce*[4] très différents. Ainsi l'article 229 vise-t-il successivement les cas de *consentement mutuel, d'acceptation du principe de la rupture du mariage*, d'*altération définitive du lien conjugal* et enfin de *faute* – ce qui correspond à une reprise, plus ou moins largement réaménagée selon le cas, des solutions qu'avait consacrées la loi de 1975.

Le traditionnel divorce *pour faute* subsiste donc, mais, comme l'atteste sa position terminale dans l'énumération de l'article 229, à titre relativement accessoire. Selon

---

1. V. ss 236.

2. Thouret, « Le nouveau divorce par consentement mutuel ou le divorce sans juge », *AJ fam*. 2016. 568. ; v. ss 236.

3. V. ss 236 ; v. Lemouland, « La loi n° 2004-439 du 26 mars 2004 relative au divorce », *D*. 2004. 1825 ; Bellivier, « Comment réussir son divorce ? par un divorce consensuel, compensateur, normalisé », *RTD civ*. 2004. 565 ; Fulchiron, « Les métamorphoses des cas de divorce », *Defrénois* 2004, art. 37999 ; Rubbelin-Devichi, « Le nouveau droit du divorce-loi n° 2004-439 du 26 mai 2004 », *JCP* 2004. Actu. 251 ; Villacèque, « La réforme du divorce », *D*. 2003. 2443 ; Claux et David, *Droit et pratique du divorce*, coll. « Dalloz Référence », 2015-2016.

4. On parle, plus traditionnellement, de *causes* de divorce. Le terme de *cas* correspond mieux à la nature disparate des hypothèses de divorce que consacre la loi.

l'article 242, « le divorce peut être demandé par l'un des époux lorsque des faits constitutifs d'une violation grave ou renouvelée des devoirs et obligations du mariage sont imputables à son conjoint et rendent intolérable le maintien de la vie commune ». Ainsi les actes de violence conjugale ou l'adultère commis par un époux constituent-ils une cause de divorce. Le divorce peut alors être prononcé, selon le cas, *aux torts exclusifs* de l'époux défendeur dont la faute est prouvée ou *aux torts partagés* des époux, s'il est établi que l'un et l'autre ont commis des fautes justifiant le divorce [1].

C'est désormais le divorce *par consentement mutuel* qui a les faveurs de la loi. Sa procédure a été profondément transformée par la loi du 18 novembre 2016. Les textes admettent désormais une forme nouvelle qui s'ajoute à celle traditionnelle du divorce homologué par le juge : le divorce par consentement mutuel sous signature privée contresigné par avocats déposé au rang des minutes d'un notaire (C. civ., art. 229-1 à 229-4). Les époux peuvent y avoir recours lorsqu'ils s'entendent sur la rupture du mariage et sur ses effets, sauf si l'un d'eux est sous un régime de protection ou si un enfant mineur demande son audition par le juge. L'accord des époux est constaté dans un acte contresigné par leurs avocats. Son dépôt au rang des minutes d'un notaire donne effet et force exécutoire à la convention. Dans les autres cas, le divorce peut être demandé conjointement par les époux au juge qui homologue leur convention et prononce le divorce s'il est assuré du consentement libre et éclairé des époux et du fait que la convention préserve les intérêts des enfants et ceux des époux.

Autre divorce d'accord, le *divorce accepté*, se satisfait d'un accord des époux sur le « principe de la rupture du mariage sans considération des faits à l'origine de celle-ci » (art. 233). Le divorce peut alors être demandé soit par l'un des époux, soit par les deux. S'il est convaincu de la liberté du consentement de chacun d'eux, le juge prononce le divorce et statue sur les conséquences de celui-ci.

Est en revanche d'initiative unilatérale – comme le divorce pour faute – le divorce pour *altération définitive du lien conjugal*, qui repose sur la demande de l'un des époux et suppose la cessation de leur vie en commun consécutive à une séparation de fait d'au moins deux ans à la date de l'assignation en divorce (art. 237 et 238). C'est une reprise, en plus brutal, du divorce pour rupture de la vie commune qu'avait admis la loi de 1975, et qui supposait alors une séparation de six ans au moins [2].

256. ***La séparation de corps***. Aux époux qui, tout en traversant une période critique, ne souhaitent pas rompre leur union, la loi offre le recours de la *séparation de corps*. Cette solution *maintient le mariage* : les époux restent tenus du devoir de fidélité et du devoir de secours dont l'exécution prend la forme d'une pension alimentaire. Mais il en *assouplit les exigences* : les époux ne sont plus contraints à la vie commune et recouvrent la pleine maîtrise de l'ensemble de leurs biens en se trouvant placés, du seul fait de la séparation de *corps*, sous le régime de la séparation de *biens* [3].

La séparation de corps peut être prononcée dans les mêmes cas, et sous les mêmes conditions, que le divorce judiciaire (art. 296).

---

1. *Divorce pour faute*, dossier *AJ fam*. 2011.
2. Le régime de ce divorce a aussi été durci par l'abandon de la possibilité pour le juge de prendre en compte les « conséquences matérielles ou morales d'une *exceptionnelle dureté* » d'un tel divorce pour en rejeter la demande (ancien art. 240, abrogé). On a dit, à propos de ce cas de divorce ainsi réaménagé, qu'il s'agissait « d'habits neufs de la répudiation » (Villacèque, *ibid.*) ; comp. Rubbelin-Devichi, *op. cit.*, p. 1038, 3°.
3. V. ss 258.

L'état créé par la séparation de corps est relativement *précaire*. En effet, la séparation de corps peut prendre fin de deux manières. D'abord par la *réconciliation des époux*, qui *rétablit le mariage* dans tous ses effets, sous la seule réserve que les époux demeurent sous le régime de la séparation de biens. Ensuite, et en sens contraire, par la *conversion de la séparation en divorce*. Cette conversion est *de droit* : le juge ne peut la refuser lorsqu'elle lui est demandée. Elle peut l'être par l'un ou l'autre des époux, après trois ans de séparation de corps, sauf lorsque celle-ci a été prononcée sur demande conjointe (consentement mutuel). Elle peut aussi, et cette fois dans tous les cas, et sans délai, être prononcée sur la demande conjointe des époux [1]. Dans tous les cas, le divorce qui intervient sur conversion est réputé prononcé sur la cause qui a fondé la séparation de corps et l'attribution des torts effectuée à l'occasion de celle-ci n'est pas modifiée (art. 308).

257. La ***filiation***. Le droit civil consacrait traditionnellement *diverses filiations* dont le modèle était constitué par la *filiation légitime*, c'est-à-dire celle issue d'un mariage. À côté de celle-ci, outre une *filiation adoptive*, de nature juridique et non biologique, existait la *filiation naturelle*, filiation biologique, mais hors mariage. Dans celle-ci il y avait encore lieu de distinguer : la filiation naturelle *simple*, celle de l'enfant né d'un père et d'une mère libres de tout mariage ; la filiation *adultérine*, concernant l'enfant né d'une relation adultère ; et enfin la filiation *incestueuse*, celle de l'enfant né d'un père et d'une mère parents, ou alliés, à un degré interdisant le mariage. Pendant plus de cent cinquante ans, ces filiations naturelles ont – avec des nuances – été traitées défavorablement par rapport à la filiation légitime [2].

La tendance, dans le dernier tiers du XXe siècle, s'est au contraire fixée dans le sens d'un rapprochement de la condition de ces diverses filiations au profit de la filiation *naturelle*, comme de la *filiation adoptive*. De cette dernière, on se bornera à indiquer qu'il en existe deux sortes, l'*adoption simple* et l'*adoption plénière*, qui assurent à l'enfant, avec une portée plus large dans le second cas, un statut identique à celui de l'enfant né d'un couple marié, mais *sans rétroactivité*, c'est-à-dire à compter seulement de l'adoption [3].

Il convient d'observer que les techniques d'assistance médicale à la procréation, qui s'inscrivent dans le cadre des filiations biologiques [4], rendent parfois nécessaires certaines solutions particulières. C'est ainsi que, en vertu de l'article 311-20, alinéa 2, du Code civil (L. nº 94-653 du 29 juill. 1994, mod. Ord. du 4 juill. 2005) « le consentement donné à une procréation médicalement assistée interdit toute action aux fins d'établissement ou de contestation de la filiation à moins qu'il ne soit soutenu que l'enfant n'est pas issu de la procréation médicalement assistée ou que le consentement a été privé d'effet » [5].

---

1. La demande conjointe de conversion est donc la seule possibilité de conversion lorsque la séparation de corps a été prononcée sur demande conjointe.

2. V. ss 236.

3. L'adoption est une question extrêmement sensible, sur laquelle le législateur revient assez souvent, sous la pression de la société ; notamment pour dire quelles sont les personnes qui peuvent avoir recours à l'adoption, et à quelles conditions. Ces difficultés sont évidemment liées à l'évolution des couples et de la famille, notamment, pour partie, avec la reconnaissance juridique des couples homosexuels.

4. En vertu de la loi, elles ne sont accessibles qu'aux seuls couples formés par un homme et une femme (C. santé publ., art. L. 2141-2).

5. On observera aussi que la filiation est un élément de l'état des personnes particulièrement protégé (ordre public). Une manifestation claire de cela se trouve dans la condamnation jurisprudentielle des maternités de substitution – « mères porteuses » : Ass. plén. 31 mai 1991, *Bull. Ass. plén.* nº 4.

C'est l'occasion d'évoquer plus généralement, mais rapidement, les questions que posent les techniques de *l'assistance médicale à la procréation* et de *la gestation pour autrui*. La première consiste à procurer une aide à la conception d'un enfant en ayant recours à la conception *in vitro*, la conservation des gamètes, des tissus germinaux et des embryons, le transfert d'embryons et l'insémination artificielle... (C. santé publ., art. L. 2141-1). Dans la seconde, également appelée convention de « mère porteuse », une femme porte un embryon pour une autre, qui ne le peut pas mais fournit les gamètes, ou encore, un homme fournit les spermatozoïdes à la mère porteuse. L'enfant est destiné à être abandonné par la mère gestatrice en vue de son adoption par le géniteur ou la génitrice. La question de l'admission de ces techniques ne se pose pas seulement pour les couples homosexuels qui, par hypothèse, ne peuvent pas avoir d'enfant par la procréation charnelle, mais également pour les couples hétérosexuels qui, pour des raisons médicales, ne le peuvent pas non plus, voire pour des personnes seules [1].

L'*assistance médicale à la procréation* est *autorisée par la loi*, dans les conditions qu'elle précise (C. santé publ., art. L. 2141-1 s.). En particulier, elle est réservée aux couples composés d'un homme et d'une femme (C. santé publ., art. L. 2141-2). Il peut s'agir indifféremment d'époux ou de concubins (C. civ., art. 311-20). En l'état, l'assistance médicale à la procréation n'est donc pas permise, en France, aux personnes seules, aux concubins homosexuels, ni aux couples mariés de personnes de même sexe. Cela explique que certains d'entre eux aient recours à ces techniques à l'étranger. La difficulté est alors de savoir dans quelle mesure la procréation ainsi réalisée peut produire des effets en France. Après la loi du 17 mai 2013 qui a ouvert le mariage aux personnes de même sexe, les juges du fond se sont divisés sur le point de savoir si le conjoint peut ou non adopter l'enfant, conçu par procréation médicalement assistée à l'étranger, de l'autre membre du couple [2]. Pour sa part, la cour de cassation considère que le recours à l'assistance médicale à la procréation sous la forme d'une insémination artificielle avec donneur à l'étranger ne fait pas obstacle à l'adoption, par l'épouse de sa mère, de l'enfant né de cette procréation [3].

La *gestation pour autrui* est au contraire *interdite* en France. Initialement jurisprudentielle [4], la solution a été confirmée par la loi du 9 juillet 1994, insérant un article 16-7 dans le Code civil [5]. Là encore, les personnes qui disposent des moyens nécessaires font, dans les pays qui autorisent la gestation pour autrui, ce qu'elles ne peuvent pas faire en France. Et la question se pose à nouveau de savoir dans quelle mesure cette situation peut produire des effets en France. Les deux effets principaux combattus, jusqu'à une époque récente par la Cour de cassation sont : d'une part, la transcription sur les registres de l'état civil français d'un acte dressé à l'étranger mentionnant le père biologique de l'enfant, voire le ou les parents d'intention ; d'autre part, l'adoption de l'enfant par celui ou celle qui n'est pas le parent biologique. Sur les deux questions, la jurisprudence a considérablement évolué, pour partie sous l'influence de celle de la Cour européenne des droits de l'Homme. Pour le premier cas, l'Assemblée plénière de la Cour de cassation, par deux arrêts du 3 juillet 2015 opérant un revirement remarqué, a autorisé la transcription sur les registres français des actes de naissance de deux enfants nés à l'étranger d'une gestation pour autrui [6]. Mais il faut que les faits déclarés dans l'acte étranger soient conformes

---

1. V. notamment, sous le titre, « La procréation pour tous ? », une série d'études in *RD d'Assas* n° 9, 2014, p. 91 s.

2. V. ss 253.

3. Cass. 22 sept. 2014, avis n° 147006 et n° 147007, *RTD civ*. 2014. 872, obs. Hauser, *D*. 2014. 2031, note Leroyer, *D*. 2015. 1056, obs. Gaudemet-Tallon et Jault-Seseke.

4. Civ. 1re, 13 déc. 1989, *D*. 1990. 273, rapp. Massip, *Defrénois* 1990, art. 34802, n° 55, obs. Aubert ; Ass. plén. 31 mai 1991, *D*. 1991. 417, rapp. Chartier, note Thouvenin, Somm. 318, obs. Aubert, *JCP* 1991. II. 21752, comm. Bernard, concl. Dontenwille, note Terré ; *adde* : Civ. 1re, 9 déc. 2003, *Bull. civ*. I, n° 252, *RTD civ*. 2004. 75, obs. Hauser.

5. Pour un rappel du principe, en se fondant désormais sur les articles 16-7 et 16-9 du Code civil : Civ. 1re, 6 avr. 2011 (trois arrêts), *Bull. civ*. I, n° 70, 71, 72, *D*. 2011. 1522, note Berthiau et Brunel, *RTD civ*. 2011. 340, obs. Hauser, *JCP* 2011. 42, 1141, obs. Ghestin.

6. Ass. plén. 3 juill. 2015, n° 14-21323 et n° 15-50002, *D*. 2015. 1481, Bollée, *ibid*. 1819, Fulchiron et Bidaud-Garon ; v. aussi, Hauser, « État civil des enfants nés à l'étranger d'une GPA : la valse des hypocrisies continue », *RTD. civ*. 2016. 78 (à propos des arrêts rendus par la cour d'appel de Rennes le 28 septembre 2015 et le TGI de Nantes le 3 décembre 2015). Avant ces arrêts, la Cour de cassation

à la réalité. La Cour de cassation refuse donc la transcription d'actes indiquant comme mère la mère d'intention qui n'a pas accouché de l'enfant [1]. Sur la seconde question de l'adoption par le parent d'intention, la Cour de cassation l'avait refusée au motif que l'adoption d'un enfant, conçu en exécution d'un contrat tendant à l'abandon à sa naissance par sa mère, porte atteinte aux principes de l'indisponibilité du corps humain et de l'état des personnes et constitue un détournement de l'institution de l'adoption [2]. Cette solution est remise en cause par un arrêt du 5 juillet 2017 par lequel la Cour de cassation a jugé, en forme de principe, que « le recours à la gestation pour autrui à l'étranger ne fait pas, en lui-même, obstacle au prononcé de l'adoption, par l'époux du père, de l'enfant né de cette procréation, si les conditions légales de l'adoption sont réunies et si elle est conforme à l'intérêt de l'enfant [3] ». Cette décision, qui se situe dans le sillage de celle concernant l'assistance médicale à la procréation à l'étranger, permet de stabiliser la situation de l'enfant dans ses relations avec le parent d'intention. Mais elle revient à faire produire effet au contrat de gestation pour autrui conclu à l'étranger alors qu'il demeure interdit en France. C'est le sort de cette interdiction qui est désormais en question pour le législateur.

L'enfant voit, en principe, sa filiation maternelle établie par la désignation de sa mère dans l'acte de naissance. Si celle-ci est une femme mariée, la filiation paternelle de l'enfant est établie automatiquement par une présomption que l'article 312 pose sur le fondement de cet état de mariage : « l'enfant conçu ou né pendant le mariage a pour père le mari » [4].

Cette *présomption de paternité* – qui peut être contestée par le mari, par la mère, par l'enfant lui-même ou par celui qui se prétend le parent véritable – assure l'établissement simultané de la filiation de l'enfant à l'égard de sa mère et de son père. L'enfant entre ainsi immédiatement dans la famille établie par le mariage de ses parents, et du même coup dans la famille d'origine de chacun d'eux.

En l'absence de mariage des parents de l'enfant, la situation est variable selon les cas. En simplifiant, on remarquera que sa filiation peut être établie simultanément à l'égard de ses deux parents, dès sa naissance, par une reconnaissance des deux parents, la reconnaissance par la mère n'étant pas nécessaire si elle est désignée dans l'acte de naissance de l'enfant. Mais la filiation de l'enfant peut n'être établie qu'à l'égard de l'un de ses parents, ou encore l'être successivement à l'égard des deux. La reconnaissance n'établit jamais la filiation qu'à l'égard de son auteur (art. 316, al. 2). Elle fait entrer l'enfant dans la famille

---

considérait qu'il n'est pas possible de faire produire effet en France à une possession d'état invoquée pour l'établissement de la filiation, en conséquence d'une convention de gestation pour autrui et que les jugements étrangers reconnaissant cette filiation ne peuvent être valablement transcris sur les registres d'état civil français (v., dans une assez longue série : Civ. 1re, 19 mars 2014, *D.* 2014. 901, avis. J.-P. Jean et 905, note Fulchiron et Bidaud-Garon ; Civ. 1re, 13 sept. 2013 (deux arrêts), *RTD civ.* 2013. 816, obs. Hauser ; Civ. 1re, 6 avr. 2011, *Bull. civ.* I, n° 72, *RTD civ.* 2011. 340, obs. Hauser). Par deux arrêts du 26 juin 2014, la Cour européenne des droits de l'Homme a jugé que si ce refus de reconnaître, en France, les effets de la filiation établie à l'étranger ne traduit pas une violation du droit des « parents » au respect de leur vie familiale, il constitue en revanche une violation du droit de l'enfant au respect de sa vie privée (CEDH, 5e sect., 26 juin 2014, n° 65941/11, *Labassee c/France* ; n° 65192/11, *Mennesson c/France*, *AJ fam.* 2014. 396, obs. Dionisi-Peyrusse, *D.* 2014. 1773, Fulchiron et Bidaud-Garon, *ibid.* 1797, Chénédé, *ibid.* 1806, Avout).

1. Civ. 1re, 5 juill. 2017, n° 15-28597 et n° 16-16901, *D.* 2017. 1537, note Fulchiron.

2. Ass. plén. 31 mai 1991, préc.

3. Civ. 1re, 5 juill. 2017, n° 16-16455, *D.* 2017. 1537, note Fulchiron.

4. La date de la conception est également déterminée par une présomption légale : « la loi présume que l'enfant a été conçu pendant la période qui s'étend du trois centième au cent quatre-vingtième jour, inclusivement, avant la date de la naissance » (art. 311, al. 1er). C'est une présomption simple (al. 3). V. Bonnet, « Réflexions sur la présomption de paternité du XXIe siècle dans ses rapports avec le mariage », *D.* 2013. Chron. 107.

de celui-ci (art. 310). Dans le cas d'une origine incestueuse – hypothèse où les parents de l'enfant étaient parents, ou alliés, à un degré interdisant le mariage – la filiation ne peut être établie qu'à l'égard de l'un des parents. Elle ne peut l'être à l'égard de l'autre « par quelque moyen que ce soit » (art. 310-2, Ord. du 4 juill. 2005), ce qui exclut l'éventualité d'une adoption [1].

La filiation peut, dans tous les cas, donner lieu à des situations contentieuses, soit pour établir un lien, soit pour le contester, avec des particularités selon que les parents sont ou non mariés. La volonté d'uniformisation du droit de la filiation ne peut entièrement gommer cette différence de situation.

On observera, enfin, que l'*autorité parentale* est, en principe, exercée en commun par les deux parents qu'ils soient mariés ou qu'ils aient tous deux reconnu l'enfant dans sa première année. En revanche elle est conservée par celui qui l'a seul reconnu pendant ce même délai [2], lorsque la filiation de l'enfant à l'égard de son second parent n'a été établie que plus tard. Cependant, l'exercice en commun de l'autorité parentale peut être rétabli, dans ce cas, sur le fondement d'une déclaration conjointe adressée au greffier en chef du tribunal de grande instance ou d'une décision du juge aux affaires familiales (C. civ., art. 372).

§ 2. Le droit patrimonial de la famille

258. *Régimes matrimoniaux* [3]. L'état de famille détermine, entre ses membres, de multiples rapports juridiques de nature patrimoniale. Ainsi, par exemple, de l'*obligation alimentaire* qu'imposent les articles 205 et suivants aux parents en ligne directe, les uns envers les autres (enfants, parents, grands-parents…), quelle que soit la nature de la filiation.

Mais, par-dessus tout, il existe deux ensembles de rapports juridiques, au demeurant fort complexes l'un et l'autre, qui revêtent une importance particulière. Le premier, propre à la famille fondée sur le mariage, est le *régime matrimonial* complété par ce qu'on appelle le *statut fondamental* ; le second, dont la portée est au contraire tout à fait générale, concerne la *succession*.

Le *régime matrimonial* peut être défini comme l'ensemble des règles qui fixent la propriété, les modes de gestion des biens des époux et les pouvoirs de ceux-ci sur ces biens, ainsi que les conditions de leur répartition entre eux lors de la dissolution du mariage [4].

Tous les gens mariés, y compris, désormais, les personnes de même sexe, sont, obligatoirement, soumis à un régime matrimonial. Mais, en raison d'un principe de *liberté*

---

1. Consécration légale d'une solution jurisprudentielle, Civ. 1re, 6 janv. 2004, *D.* 2004. 362, concl. Sainte-Rose, note Vigneau.

2. Ce qui concerne le plus souvent la femme et qui confère à la famille hors mariage un caractère souvent *matriarcal* et de type *monoparental* (v. ss 236).

3. Terré et Simler, *Droit civil, les régimes matrimoniaux*, 7e éd., Dalloz, coll. « Précis », 2015 ; Martin, *Les régimes matrimoniaux*, 2e éd., Dalloz, coll. « Connaissance du droit », 2005 ; Péterka, *Régimes matrimoniaux*, 5e éd. Dalloz, coll. « HyperCours », 2018 ; Grimaldi (dir.), *Droit patrimonial de la famille*, coll. « Dalloz Action », 2018-2019 ; Aynès et Malaurie, *Droit des régimes matrimoniaux*, 6e éd., LGDJ, 2017.

4. Le partage se fera effectivement entre les époux eux-mêmes si le mariage est dissous par le divorce. Il se fera entre l'un des époux, et la succession du conjoint défunt, en cas de dissolution du mariage par décès.

des conventions matrimoniales, ils ne sont pas tous soumis à un même régime. En effet, si la loi organise un régime qui a vocation à s'appliquer à tous les gens mariés, du seul fait de leur mariage, du moins ce *régime légal* peut-il être écarté par ceux qui souhaitent soumettre leur patrimoine à des règles différentes. Il leur suffit pour cela de conclure, par *acte notarié, avant* la célébration de leur mariage, un *contrat de mariage*.

Le *régime légal* est, depuis la réforme opérée par la loi du 13 juillet 1965, celui de la *communauté réduite aux acquêts*. C'est un régime qui, d'une certaine manière, prolonge, au plan du patrimoine, l'union des personnes qui réalise le mariage. En effet, si chacun des époux reste propriétaire exclusif de certains biens – que l'on qualifie alors de *biens propres* : ceux dont l'époux était propriétaire au jour de son mariage ; ceux qu'il a reçus par succession ou par donation pendant le mariage – d'autres biens constituent, au contraire, une *masse commune* aux époux, qui a vocation à être partagée par moitié entre eux à la dissolution du mariage –, ce sont les *biens communs*, constitués par les *acquêts*, c'est-à-dire les biens, meubles ou immeubles, acquis à titre onéreux par les époux pendant le mariage, biens parmi lesquels figurent les gains professionnels et les salaires des époux [1].

Tandis que les *biens propres* sont soumis au pouvoir exclusif de l'époux auxquels ils appartiennent, les *biens communs* sont, au contraire, gérés par les deux époux. *En principe*, chacun des époux a le pouvoir d'administrer *seul* l'ensemble des biens de la masse commune : c'est le système de la *gestion concurrente* [2]. Par exception, cependant, les actes de gestion les plus graves – donation de biens communs (art. 1422), aliénation d'un immeuble ou d'un fonds de commerce commun (art. 1424), dation à bail d'un immeuble à usage commercial, industriel ou artisanal dépendant de la communauté (art. 1425) – doivent être consentis par les deux époux agissant ensemble : c'est le système de la *cogestion*.

Si ce régime légal ne leur convient pas, les futurs époux peuvent se placer, par contrat de mariage, sous un *régime conventionnel* mieux adapté à leurs besoins. Parmi ceux que la loi prévoit expressément [3], le plus important, en pratique, est celui de la *séparation de biens*. Il s'agit alors d'un régime qui, contrairement au régime légal, ne reflète pas, au plan patrimonial, l'union des personnes établie par le mariage. Il n'existe, en effet, cette fois, aucune masse commune : chaque époux conserve pour lui seul et sous sa pleine maîtrise non seulement les biens que le régime légal qualifie de biens propres, mais encore tous ceux qu'il acquiert à titre onéreux pendant le mariage et, en particulier, ses salaires et gains professionnels. En bref, la séparation de biens opère une *simple juxtaposition des patrimoines des époux*. Elle est souvent choisie par des professionnels qui veulent protéger les biens de leur conjoint contre les risques de leur activité.

À l'inverse, il arrive que les époux préfèrent la *communauté universelle* dans laquelle tous les biens, quelle que soit leur origine, sont communs, grâce à une clause d'attribution intégrale, d'assurer la transmission à l'époux survivant. Ce choix peut être dangereux pour les enfants.

---

1. V. par ex., Terré et Simler, *op. cit.*, n° 278 s.

2. Cette gestion concurrente comporte évidemment certaines *garanties* : l'époux qui agit seul doit répondre *des fautes* qu'il aurait commises dans sa gestion, les actes accomplis *par fraude* sont inopposables au conjoint si celui-ci établit, conformément aux exigences du droit commun, la complicité du tiers avec lequel l'époux a traité ; cf. Terré et Simler, *op. cit.*, n° 521 s.

3. Aux articles 1497 et suivants, le Code civil envisage, et organise, différents régimes : communautés conventionnelles diverses, séparation de biens, et participation aux acquêts. Les futurs époux peuvent adopter directement l'un des modèles proposés. Ils peuvent aussi élaborer un régime original, notamment en combinant plusieurs régimes. Le procédé est admis tant que les règles adoptées par contrat ne contrarient pas l'ordre public.

259. ***Le statut fondamental des gens mariés.*** Il convient cependant d'observer que les règles du régime matrimonial, ainsi défini, et quelle que soit sa nature – communauté d'acquêts, séparation de biens, ou autre – subissent diverses déformations sous l'effet de ce qu'on appelle le *statut fondamental*[1]. Il s'agit là d'un ensemble de règles, généralement d'ordre public, qui ont vocation à s'appliquer à *tous* les gens mariés, quel que soit leur régime matrimonial, légal ou conventionnel.

Constitué, principalement, par les articles 214 à 226 du Code[2], le statut fondamental a pour principaux objets, d'une part, d'assurer une *sauvegarde minimum des intérêts matériels de la famille*, d'autre part, de *garantir à chacun des époux l'exercice de ses pouvoirs*, et enfin, de *porter remède à diverses difficultés que peut connaître le ménage*.

Au titre de l'*intérêt de la famille*, il convient de citer, tout d'abord, l'article 214 selon lequel les époux doivent contribuer aux *charges du mariage* – c'est-à-dire aux dépenses inhérentes à la vie de la famille fondée sur le mariage[3] – à proportion de leurs moyens (étant entendu que le contrat de mariage des époux pourrait fixer un autre mode de répartition de ces charges).

Doit également être évoqué l'article 215, alinéa 3, qui assure la *protection du logement de la famille*, en exigeant le *consentement des deux époux* pour tout acte portant disposition des droits par lesquels ce logement est assuré – propriété, bail… De la sorte, si par exemple la famille est logée dans un immeuble appartenant en propre à l'un des époux – bien propre, en régime communautaire ; bien personnel, sous une séparation de biens – celui-là ne pourra, malgré son droit de propriété, aliéner l'immeuble sans le consentement de son conjoint, à peine de nullité de l'acte.

Envisagé sous cet angle, le statut fondamental impose une sorte de *communauté minimum d'intérêts patrimoniaux* à tous les époux, ce qui est évidemment plus sensible à ceux d'entre eux qui ont choisi un régime séparatiste.

En revanche, le statut fondamental est d'*esprit séparatiste* en ce qu'il vise à garantir à chacun des époux l'*exercice effectif de ses pouvoirs*. À cette fin, les articles 221 et 222 édictent des présomptions, de nature irréfragable, selon lesquelles chaque époux est réputé avoir le pouvoir de disposer des fonds déposés à un compte ouvert à son nom, ou des meubles qu'il détient individuellement – ce qui concerne, notamment, l'argent en espèces.

De ce nouveau point de vue, le statut fondamental sauvegarde un minimum d'*indépendance des époux* qui, d'une certaine manière, limite l'alignement qu'opèrent les régimes communautaires du statut des biens sur l'union des personnes.

Enfin, le statut fondamental propose des mesures d'adaptation de pouvoirs qui permettent aux époux de *surmonter diverses difficultés propres à contrarier la bonne gestion de leurs biens*.

Ainsi, notamment, l'article 217 permet-il à un époux de se faire autoriser par justice à faire seul un acte auquel son conjoint devrait normalement donner son consentement, telle l'aliénation d'un immeuble de la communauté. Cette autorisation peut intervenir dans deux hypothèses : celle, d'abord, où l'époux dont le consentement est exigé

---

1. On parle aussi de « régime primaire » ; v. Terré et Simler, *op. cit.*, n° 16 s., 48 s.et 221 s.
2. On peut cependant ajouter à ces textes, d'une part l'article 1751, qui confère aux époux la cotitularité du bail d'habitation, et d'autre part, outre le principe de liberté des conventions matrimoniales, l'article 1397 qui, sous diverses conditions, et sous le contrôle du juge, permet aux époux de changer de régime matrimonial.
3. V. Terré et Simler, *op. cit.*, n° 52 s.

se trouve hors d'état de manifester sa volonté, du fait, par exemple, d'un trouble mental ou physique ; celle, ensuite, où cet époux s'opposerait à l'acte considéré, sans égard pour l'intérêt de la famille.

Le patrimoine des gens mariés fait donc l'objet d'un régime spécifique, ce qui oppose nettement la famille fondée sur le mariage à celle qui ne l'est pas. Cette différence disparaît, en revanche au regard de la *succession*, c'est-à-dire de la transmission des biens de la personne au jour de son décès.

260. *Les successions*. Le lien établi entre le patrimoine et la personne[1] impose qu'au décès de celle-ci son patrimoine soit transmis. Cette transmission, qui s'opère en principe au bénéfice de la famille du défunt[2], est précisément réglementée par la loi. Et l'on observe ici, comme pour les régimes matrimoniaux, une sorte de partage de pouvoirs entre la loi et les volontés individuelles. D'une part, en effet, la loi fixe directement les conditions de la *succession légale*. Mais, sous réserve du respect nécessaire de certaines règles qui sont d'ordre public, chacun reste libre d'organiser différemment la transmission de ses biens en faisant un *testament*. Nous nous bornerons, ici, à évoquer quelques aspects essentiels de la succession légale dont les règles ont été modifiées par la loi du 3 décembre 2001 relative aux *droits du conjoint survivant et des enfants adultérins* et la loi du 23 juin 2006 portant *réforme des successions et des libéralités*.

La loi établit une liste préférentielle des héritiers appelés à recueillir la succession. Pour fixer ce classement, elle se fonde sur une probabilité de plus grande affection du défunt ou, plus exactement peut-être, sur une considération de devoir de famille.

La loi distingue quatre *ordres d'héritiers* qui sont classés de la manière suivante (C. civ., art. 734) : d'abord, les *enfants* du défunt et leurs *descendants* ; ensuite, les *père* et *mère* du défunt (*ascendants privilégiés*) et ses *frères* et *sœurs* (*collatéraux privilégiés*) ainsi que les *descendants* de ceux-ci ; puis, à défaut d'héritiers de ces deux premiers ordres, les *ascendants* du défunt autres que ses père et mère *(ascendants ordinaires)* ; enfin, à défaut, les *collatéraux* du défunt autres que les frères et sœurs et leurs descendants, jusqu'au 6e degré de parenté (*collatéraux ordinaires*)[3].

S'il y a un *conjoint survivant*, appelé conjoint *successible*, celui-ci se voit reconnaître différents droits à l'encontre des enfants ou descendants (usufruit de la totalité des biens ou propriété du quart). À défaut de descendants, il partage la succession par moitié avec les père et mère et il en reçoit les trois quarts si l'un d'eux est prédécédé. En l'absence de descendants et des père et mère, il recueille toute la succession – sous réserve de certaines dérogations limitées au profit des frères et sœurs, ou de leurs descendants, et des ascendants ordinaires (art. 757-3 et art. 758, al. 1er). Ces solutions, qui résultent de la loi du 3 décembre 2001 (entrée en vigueur le 1er juillet 2002), améliorent sensiblement la situation du conjoint survivant.

---

1. V. ss 209, not.

2. Un système différent pourrait consister dans le retour à l'État des biens du défunt. La tradition juridique française n'est pas en ce sens, réserve faite du prélèvement qu'opère l'État, par le biais fiscal.

3. Le degré de parenté (art. 743) correspond, *en ligne directe*, aux intervalles de génération séparant les parents considérés (par ex. 2e degré entre grand-mère et petit-fils) ; en *ligne collatérale* il se calcule en comptant les intervalles de génération qui séparent deux familiers, en passant par le premier auteur commun. Exemple : entre deux cousins germains A et B, il y a quatre degrés (cousin A, *1*, parents, *2*, grands-parents (auteurs communs), *3*, oncle, *4*, cousin B).

Sur la base de ces distinctions, et réserve faite des incidences de la présence d'un conjoint survivant, le principe est que l'*ordre le mieux classé* exclut les suivants. À l'intérieur de l'ordre ainsi appelé, les héritiers les *plus proches en degré* éliminent ceux qui sont plus éloignés [1]. Le partage entre les héritiers appelés se fait par *parts égales*. Des règles particulières sont posées pour la répartition de la succession entre les père et mère et les frères et sœurs ou les descendants de ceux-ci : un quart pour chacun des parents et la moitié aux collatéraux privilégiés ; trois quarts à ceux-ci si seul le père ou la mère a survécu.

La *préférence* que la loi accorde, selon les principes que l'on vient d'évoquer, aux parents les plus proches du défunt est parfois *renforcée*. Il en va ainsi pour les *descendants* (art. 913) [2]. En effet, lorsque cet ordre d'héritiers est appelé à la succession, la loi lui garantit une part minimum des biens successoraux : la moitié s'il y a un enfant ; les 2/3 s'il y en a deux ; les 3/4 s'il y en a trois ou davantage.

Cela signifie qu'une fraction de la succession est *réservée* par la loi à ces héritiers, que l'on dénomme, par voie de conséquence, héritiers *réservataires*. Cette *réserve héréditaire* est *d'ordre public* : le défunt ne peut la méconnaître en consentant des libéralités (donations ou legs testamentaires) qui y porteraient atteinte. De la sorte, lorsqu'il existe de tels héritiers, il n'est pas libre de disposer comme il l'entend de son patrimoine ; il n'est admis à le faire que dans la limite de la *quotité disponible* (moitié s'il y a un enfant ; 1/3 s'il y en a deux ; 1/4 s'il y en a trois ou plus), et les libéralités consenties par lui qui excéderaient cette quotité seraient soumises à une *réduction* destinée à reconstituer la réserve héréditaire.

Innovation remarquable, la loi du 3 décembre 2001 a institué, au profit du *conjoint survivant*, une réserve dans le cas où le défunt ne laisse pas de descendant : il se voit alors reconnaître un droit de réservataire sur un quart des biens du défunt (art. 914-1, mod. L. du 23 juin 2006).

Les règles que l'on vient d'indiquer valent désormais sauf, bien sûr, celles relatives au conjoint survivant – pour tous les liens de filiation. En effet, la loi de 2001 a abrogé les limitations que le Code apportait auparavant, dans certains cas, aux droits des enfants nés d'une relation adultérine [3]. L'égalité des liens de filiation ne comporte plus, aujourd'hui, qu'une exception, à savoir que l'*enfant* né d'une relation incestueuse [4] ne peut venir qu'à la succession de celui de ses parents à l'égard duquel sa filiation est officiellement établie [5].

Tout héritier qui recueille, dans les conditions qui viennent d'être précisées, une part de succession se trouve par-là même tenu de payer les *dettes du défunt*. En effet, conformément à la logique de la transmission du patrimoine, l'héritier recueille à la fois l'actif

---

1. Cette règle est cependant altérée par la technique de la *représentation* qui permet, dans l'ordre des *descendants*, ainsi que dans celui des *collatéraux privilégiés*, de faire venir à la succession un héritier du degré subséquent lorsque son auteur – qui aurait eu vocation à hériter – est prédécédé. Exemple : A est décédé. Il avait deux fils (B et C) dont l'un – B – est lui-même décédé en laissant un enfant B'. La loi admet, dans un souci d'égalité, que la succession sera recueillie par C et B', ce dernier venant à la succession par représentation de son père.

2. Il en allait autrefois de même pour les ascendants (ancien art. 914), mais leur réserve a été supprimée par la loi du 23 juin 2006 (entrée en vigueur le 1er janv. 2007).

3. Disposition entrée en vigueur avec effet rétroactif ; v. ss 236.

4. V. ss 257.

5. Il pourrait, cependant, être appelé à la succession de son autre parent (de fait) par le biais d'un testament établi en sa faveur par ce dernier. Mais un tel legs pourrait être regardé comme illicite et annulé pour contrariété à l'ordre public ; v. ss 243.

et le passif de celui-ci [1]. Et le principe est que cette obligation aux dettes n'est pas limitée à l'actif recueilli par l'héritier : celui-ci est tenu *ultra vires*, c'est-à-dire au-delà des forces de la succession, en vertu de cette idée qu'il *continue la personne du défunt*.

La gravité de cette solution explique que la loi laisse à l'héritier la possibilité d'y échapper. Nul héritier n'est tenu, en effet, d'accepter la succession à laquelle il a vocation. Il peut, si elle est déficitaire, y *renoncer*. Cette renonciation a pour effet de supprimer rétroactivement sa qualité d'héritier : privé de tout droit dans l'actif successoral, il échappe, du même coup, aux dettes du défunt. Mais l'héritier peut aussi, s'il y a doute quant à la situation exacte de la succession, accepter celle-ci *à concurrence de l'actif net*, ce qui a pour effet, en cas d'excès de passif, de limiter son obligation à la mesure de l'actif

Par ailleurs, depuis l'entrée en vigueur de la loi du 23 juin 2006, l'héritier qui accepte la succession purement et simplement peut demander à être *déchargé de tout ou partie d'une dette successorale* qu'il avait des motifs légitimes d'ignorer au moment de l'acceptation et dont l'acquittement obérerait gravement son patrimoine personnel (art. 786).

---

1. Cela, qui est vrai des héritiers investis par la loi, qui sont des successeurs universels, est vrai également des légataires – institués par le testament du défunt – lorsqu'ils ont la qualité de *légataires universels*, non lorsqu'ils sont des légataires *à titre particulier* (sur ces modes de transmission, v. ss 211).

Annexe documentaire

Cette annexe, de volume délibérément limité, est destinée à faciliter l'initiation au droit des lecteurs de ce livre, en leur permettant de prendre immédiatement contact avec certains éléments de la vie juridique qui sont évoqués dans le cours des développements de l'ouvrage. À l'occasion, elle peut aussi apporter un complément d'information ajoutant à ce qui est dit dans le livre.

Cette annexe documentaire étant naturellement destinée par priorité aux étudiants en droit, il a paru utile d'y incorporer, à leur intention, quelques conseils relatifs aux exercices pratiques usuels des études de droit. Il s'agit de choses très simples, fruit de près de trente années d'enseignement, et qui ne prétendent en aucune façon rivaliser avec les excellents ouvrages spécialisés qui ont été écrits en cette matière[1], non plus qu'avec les conseils donnés « sur le terrain » par les enseignants en charge des enseignements du premier cycle.

CONTENU DE L'ANNEXE

1. V. notamment, Defrénois-Souleau, *Je veux réussir mon droit*, 10e éd., Dalloz, 2016 ; Mendegris et Vermelle, *Le commentaire d'arrêt en droit privé*, 7e éd., coll. « Méthodes du droit », 2004 ; Grua et Cayrol, *Méthode des études de droit*, 4e éd., Dalloz, 2017 ; Goubeaux et Bihr, *Les épreuves écrites de droit civil*, 12e éd., LGDJ, « Méthodologie », 2013; *100 commentaires d'arrêts en droit civil*, 3e éd., Lextenso, coll. « Les Méthodes du droit », 2008.

Annexe I

Conseils pour les exercices pratiques

Les exercices variés auxquels sont soumis les étudiants en droit dans le cadre des Travaux dirigés ont tous pour objet de leur faire acquérir, outre des connaissances précises de droit, la maîtrise du raisonnement juridique. Ce dernier objectif en est, en vérité, le but essentiel : les connaissances se périment de plus en plus vite ; les capacités de raisonnement sont un acquis aux potentialités infinies. Les quelques indications qui vont suivre visent à favoriser, autant que faire se peut, l'acquisition de cette aptitude.

Les étudiants sont généralement surpris de l'insistance de leurs maîtres sur l'importance du « plan en deux parties ». Ils doivent comprendre que cette attitude n'est pas le signe d'une maniaquerie plus ou moins perverse. Au demeurant, si ce type de plan est recommandé, il n'est pas pour autant préconisé de façon systématique : il arrive qu'un tel plan ne soit pas adapté au sujet, et il va de soi qu'alors un autre plan – normalement, un plan en trois parties – s'impose.

Il faut comprendre que le plan en deux parties représente, le plus souvent, un idéal de concision et de clarté de l'exposé d'une question. L'effort qui est demandé à cet effet est un effort de synthèse : savoir regrouper les thèmes similaires ou complémentaires ; les ordonner de façon logique. Il est rare, même si ce n'est assurément pas absolu, que l'on ne puisse rassembler tous les éléments d'une question en deux rubriques – qui peuvent être elles-mêmes subdivisées – sous deux idées, ou deux thèmes distincts. L'effort accompli facilitera la compréhension du lecteur.

Il va de soi que toute synthèse présuppose un travail d'analyse. La faculté d'analyse est sans doute la vertu première du juriste : détailler les différentes composantes d'une situation ; mettre en lumière différences et ressemblances des circonstances de fait, comme des mécanismes juridiques… Il n'y a pas d'activité de juriste praticien qui échappe à cette exigence.

Les remarques qui précèdent concernent tous les exercices proposés aux étudiants, à commencer par la dissertation, sur laquelle nous ne nous attarderons pas, étant une discipline familière à ceux qui viennent de quitter l'enseignement secondaire. Toutefois, deux observations méritent d'être faites, qui valent elles aussi pour les exercices que nous évoquerons ensuite un peu plus précisément, mais qui prennent une importance particulière dans le cas de la dissertation.

D'abord, il convient de ne jamais perdre de vue que tout exercice, notamment le jour de l'examen, est destiné à faire la preuve de certaines connaissances, outre la maîtrise déjà évoquée du raisonnement juridique : il faut donc que l'étudiant exprime dans son œuvre tout ce qu'il sait de la question. Cela ne veut pas dire tout ce qu'il sait *du cours* : il doit s'en tenir à ce qui a trait à la question posée, en évitant toute digression qui démontrerait, plus qu'une connaissance accessoire en l'occurrence inutile, une probable incompréhension du problème véritable.

Ensuite, parce que l'exercice n'a pas pour seule fin de révéler les connaissances acquises par l'étudiant, celui-ci ne doit pas se contenter d'une restitution de ce qui a été enseigné ou de ce qui se trouve dans l'ouvrage qui a servi à l'étude de la matière : il doit faire l'effort d'une réflexion personnelle. Même maladroit, un tel effort sera toujours récompensé, pourvu que l'on ne se soit pas limité à des affirmations abruptes, c'est-à-dire que l'on ait pris le soin d'argumenter, de donner les raisons de l'opinion exprimée.

Pour terminer, on suggérera un petit « truc » qui peut aider au choix du plan et de sa présentation : il consiste, dès que l'on a pensé à un plan déterminé et fixé les intitulés des grandes parties qui vont structurer l'exposé – deux, le plus souvent, selon ce qui a été dit précédemment – à mettre ces intitulés en réponse au sujet, celui-ci étant assorti d'un point d'interrogation (que l'on ajoute soi-même si le sujet n'en comprend pas dans sa formulation « officielle »). Si, dans cette approche, ils apportent effectivement une réponse, et une réponse cohérente, il y a les plus grandes chances que le plan soit satisfaisant ; si, au contraire, tel n'est pas le cas, c'est que le plan ne convient pas, ou à tout le moins que les intitulés retenus sont défectueux.

I. Le commentaire d'arrêt

Le « commentaire d'arrêt » – qui peut en réalité s'appliquer à n'importe quelle décision juridictionnelle – est un exercice qui vise très directement à l'apprentissage du raisonnement juridique.

En quelques mots, on peut dire que l'objet de cet exercice est, d'abord, de faire une analyse de la décision commentée, ce qui correspond à une recherche du raisonnement qui a été suivi par les juges qui en sont l'auteur. Mais, à cela ne se limite pas la tâche du commentateur : après avoir, par cette recherche, dégagé aussi précisément que possible le *sens*, c'est-à-dire la solution immédiatement consacrée par la décision – par exemple, les juges ont décidé d'appliquer l'article 489-2 du Code civil à un *mineur* atteint d'un trouble mental – et la *portée* de cette décision, c'est-à-dire les conséquences qu'elle doit entraîner – dans le prolongement de l'exemple précédent, on va se demander si une telle solution résout la question de savoir si l'article 489-2 doit s'appliquer au cas d'un enfant très jeune et, de ce fait, privé de discernement – il doit encore exprimer une appréciation sur celle-ci. Il s'agit alors de faire apparaître la rectitude du raisonnement suivi par les juges – en l'opposant à d'autres raisonnements possibles, éventuellement apparus dans d'autres décisions de justice ou exposés par des travaux de doctrine – ou, au contraire, de critiquer ce raisonnement et de montrer la justesse et/ou l'opportunité d'un raisonnement différent.

Pour ce type d'exercice, et principalement à l'intention des étudiants débutants, on peut proposer le plan suivant, que l'on qualifiera de « passe-partout ».

Il faut souligner qu'il s'agit avant tout d'un plan d'étude de la décision à commenter. De ce point de vue, il est à la fois un plan de travail en vue du commentaire – une sorte de liste des questions qu'il convient toujours de se poser – et un plan d'apprentissage du commentaire d'arrêt. Faute de mieux, et en particulier en cas de panne d'imagination le jour de l'examen, il pourra servir à l'exposé même du commentaire. Il faut comprendre, cependant, que pour ce dernier, des plans plus réfléchis et mieux ajustés à la décision proposée au commentaire, sont généralement préférables… et le plus souvent attendus des étudiants, notamment au-delà du premier cycle des études de droit.

PLAN PASSE-PARTOUT

Introduction

Indication de la décision commentée (juridiction, date, type : pour les arrêts de la Cour de cassation, par exemple, rejet ou cassation ; arrêt d'appel infirmatif ou confirmatif...).

Domaine général de la décision (question de filiation, ou de preuve...).

Problème particulier tranché par la décision (éléments constitutifs de la possession d'état ; recevabilité de la preuve d'un acte juridique par indices et témoignages...).

Solution admise par la décision.

Appréciation sommaire (qu'il conviendra précisément de développer et de soutenir dans les développements qui vont suivre).

Annonce du plan I. – L'espèce
II. – Appréciation de la décision

Première partie. – L'espèce

A. Données de fait

– Exposé des circonstances de fait qui ont donné lieu au procès (en mettant, le cas échéant, en évidence les points qui restent entachés d'incertitude, faute d'indication précise dans la décision).

– Déroulement de la procédure depuis l'assignation devant le premier juge.

B. Données de droit

– Prétentions des parties en précisant bien les positions respectives de celles-ci (demandeur ou défendeur) au regard de la décision commentée, et leur argumentation juridique.

– Solution admise par la décision, en mettant en relief les arguments de droit retenus pour la fonder, ce qui inclut ceux qui sont exposés pour récuser une solution différente. Bien faire apparaître, notamment, les textes, ou les principes de droit, que la décision invoque au soutien de la solution qu'elle consacre, et bien prendre garde à ne pas confondre les arguments des parties, que la décision expose, avec la motivation que les juges ont adoptée, et qui a seule sa place ici.

Seconde partie. – Appréciation de la décision

A. Appréciation en droit

Elle se fait en considération :

– des règles de droit ayant vocation à s'appliquer au problème posé (textes visés par la décision, textes voisins susceptibles d'orienter le débat, principes généraux...), de l'évolution des textes, ou de l'existence de projets de réforme... ;

– de la jurisprudence sur la question (ou, à défaut, sur des questions voisines ou semblables). Si la décision commentée est ancienne, indiquer si la jurisprudence a évolué ou si elle a au contraire maintenu la même solution, inversement, s'il s'agit d'une décision récente, préciser si elle innove ou si elle s'inscrit dans un courant traditionnel de la jurisprudence ;

– des positions de la doctrine.

B. Appréciation en fait

Il ne faut jamais hésiter, on l'a dit déjà, à donner son point de vue personnel, ce qui inclut les critiques de la solution consacrée, ou encore de la législation en vigueur ou de telle ou telle opinion doctrinale en relation avec la décision. Mais il faut toujours veiller à étayer son opinion par des arguments précis.

Points à envisager :

– importance du problème tranché, besoins des praticiens… ;

– opportunité de la solution dans le cas de l'espèce ; solution ressentie comme juste ou injuste… ;

– conséquences de la solution : incidences sur des problèmes de droit voisins ; répercussions sur le traitement d'autres situations de fait ;

– proposition d'une autre solution (en explicitant ses justifications propres) ; souhait d'une réforme législative (en en précisant les modalités, autant que faire se peut).

Il n'est pas d'usage de faire une conclusion, celle-ci s'imposant d'elle-même du fait de l'argumentation développée dans le commentaire. Il est cependant possible, en particulier lorsque les développements ont atteint un certain degré de complexité, d'en exprimer l'essentiel par une formule à la fois concise et précise, qui tiendra lieu de conclusion.

* * *

Le plan passe-partout qui vient d'être exposé est, on l'a dit, avant tout un plan d'apprentissage et un plan d'étude. Il peut devenir un plan de sauvetage quand on est à court d'inspiration. Pour favoriser celle-ci, sont présentées ci-après quelques autres **suggestions de plans** qui restent des plans stéréotypés, mais qui apportent, pour certaines hypothèses, des alternatives, ou des aménagements, au plan passe-partout.

► ***Première hypothèse :*** La décision commentée comporte deux questions différentes d'importance comparable.

Introduction

Axée sur les faits et la procédure, elle doit faire apparaître clairement les deux questions et les solutions retenues par la décision.

Première partie

La première question (celle qui semble la plus importante, ou celle dont la solution commande l'autre)

A. Données du problème (principalement de droit – cf. plan passe-partout, I, B. Certaines données de fait, spécifiques, peuvent aussi être exposées ou précisées ici)

B. Solution et appréciation de celle-ci

Seconde partie

La seconde question

Même structure que ci-dessus

* * *

► ***Deuxième hypothèse :*** La décision commentée apparaît très critiquable.

Introduction

Axée sur les faits et la procédure, elle doit faire apparaître que vous condamnez la solution adoptée, au profit d'une autre que vous allez proposer.

Première partie : *la solution retenue (par la décision)*

A. Données du problème (cf. ci-dessus)
B. Exposé détaillé de la solution et critique

Seconde partie : *la solution proposée*

A. Données théorique et pratique
B. Application à l'espèce

* * *

► ***Troisième hypothèse :*** La décision adopte une solution acceptable, mais qui pourrait être justifiée différemment.

Introduction

Pratiquement identique dans sa structure à celle de la deuxième hypothèse, mais la critique n'est plus nécessairement négative. Il peut y avoir approbation de la décision (I), d'autant plus que d'autres arguments vont dans le même sens (II) – ou, le cas échéant, critique de la décision (I) parce que la solution peut et doit se justifier autrement (II).

Première partie : *le fondement adopté (par la décision)*

A. Données du problème (cf. ci-dessus)

B. Solution et appréciation. Critique positive, éventuellement assortie d'une réserve – la solution pourrait être mieux justifiée en recourant à un autre fondement – ou critique résolue : la solution est bonne, mais le fondement qui lui est donné n'est pas le bon

Seconde partie : *le fondement proposé*

A. Données théoriques et pratiques
B. Application à l'espèce

Bien entendu, ces plans peuvent se combiner entre eux. Par exemple, une décision peut comporter deux questions également résolues de manière critiquable. On pourra alors construire le commentaire de la façon suivante :

Première partie : *première question (cf. ci-dessus, Première hypothèse, Première partie)*

A. Solution admise
B. Solution proposée

Seconde partie : *seconde question*

A. Solution admise
B. Solution proposée

II. Le cas pratique

Quelques observations seulement.

Le « cas pratique », ou « consultation », se caractérise par le fait qu'il invite directement celui à qui il est soumis à faire usage de ses capacités de raisonnement juridique. C'est un exercice qui coïncide avec une **activité professionnelle courante** : celle du **conseil**. Il consiste dans l'exposé d'une situation de fait déterminée, à laquelle il convient de trouver sa solution juridique. L'objectif peut être, dans **une perspective contentieuse**, de déterminer les droits d'une personne placée dans une situation définie, et d'exposer l'argumentation juridique propre à les faire valoir. Il peut être aussi, dans une **perspective non contentieuse**, de découvrir le dispositif juridique permettant d'obtenir tel ou tel résultat précis – par exemple, déterminer la forme de société la mieux adaptée à une activité commerciale ou à une situation patrimoniale donnée. Dans tous les cas, il y a lieu de cerner et délimiter les problèmes juridiques que suscite la situation considérée, et d'en exposer la solution dans le cadre du droit positif.

Cette définition du cas pratique – qui en fait ressortir la simplicité méthodologique – peut être complétée par une présentation finaliste de l'exercice : le « devoir » vise à faire comprendre à son lecteur (comme au client de l'avocat) quelles sont les difficultés juridiques du « cas », et quelles solutions ces difficultés doivent connaître selon les règles du droit positif.

Il n'y a pas ici – sans doute moins encore qu'ailleurs – de plan applicable à toutes les hypothèses : tout dépend de l'espèce (selon qu'elle soulève un ou plusieurs problèmes de droit ; selon que les solutions de ces problèmes sont fermement acquises ou, au contraire, discutées…).

Il n'existe, hormis les exigences évidentes de cohérence et de clarté d'exposition, qu'une règle absolue : l'introduction doit consister dans un exposé clair et précis de l'affaire considérée et traduire les faits en termes juridiques, de manière à faire apparaître les questions de droit auxquelles il conviendra de trouver une réponse.

Exemple : si l'affaire oppose Mme X… à M. Y…, la première prétendant qu'un contrat s'est formé entre eux deux, alors que le second objecte qu'il avait renoncé à contracter et, en conséquence, retiré son offre de contrat au moment où Mme X… a déclaré accepter celle-ci : savoir si le contrat a pu se former en dépit du retrait de l'offre opéré par M. Y…, savoir si, à défaut de pouvoir prétendre à la conclusion du contrat, Mme X… ne pourrait pas solliciter l'allocation de dommages-intérêts.

Le *plan du cas pratique* – ou de la consultation – découle naturellement de cette mise en lumière des questions qui se posent. Le plus souvent, il existe un ordre logique qui impose l'articulation des développements. Dans l'exemple ci-dessus, il va de soi qu'il convient de commencer par la question principale – « le contrat est-il formé ? » – pour n'envisager qu'en second lieu la question subsidiaire – « à défaut, y a-t-il lieu à condamnation à des dommages et intérêts ? ».

Dans les développements relatifs aux questions ainsi mises en relief, il convient de présenter les *textes*, législatifs ou réglementaires, les *solutions jurisprudentielles* et les opinions doctrinales qui permettent de formuler une réponse. Les difficultés ne doivent jamais être escamotées : il faut envisager les arguments contraires à la solution proposée, et les réfuter.

En règle générale, le cas pratique comporte une *conclusion :* elle consiste à reprendre en quelques phrases aussi simples et précises que possible les résultats de la réflexion conduite tout au long des développements. Dans le prolongement de l'exemple que l'on a donné ci-dessus, ce pourrait être :

« Sur le bénéfice des observations qui précèdent, on peut conclure :

1° qu'avant la réforme du droit des contrats par l'ordonnance du 10 février 2016, la formation du contrat risquait de n'être pas admise par les juges, en raison des caractéristiques de l'offre qui avait été faite par M. Y… et de l'antériorité indiscutable de la rétractation de cette offre sur l'acceptation de Mme X… ; que depuis l'entrée en vigueur de ce texte, le 1er octobre 2016, la solution est certaine, quelles que soient les caractéristiques de l'offre, l'article 1116, alinéa 2, disposant que la rétractation de l'offre en violation de l'interdiction de rétracter avant l'expiration du délai fixé par l'auteur de l'offre ou, à défaut, d'un délai raisonnable, « empêche la conclusion du contrat ».

2° qu'en revanche, il était permis de penser que les juges devraient allouer à Mme X… des dommages-intérêts, sur justification précise de son préjudice, en considération du caractère manifestement intempestif de la rétractation de l'offre. ». La solution est confortée par le nouvel article 1116, alinéa 3, qui prévoit que la rétractation irrégulière engage la responsabilité extra-contractuelle de son auteur dans les conditions du droit commun.

Annexe II

Décisions juridictionnelles

L'ensemble des décisions qui sont reproduites ci-après ne relèvent pas de ce qu'il est d'usage de dénommer « grands arrêts » : leur choix n'a été inspiré ni par leur objet, ni par leur portée. Destinées seulement à fournir des exemples de la manière dont les décisions de justice sont exprimées, c'est surtout leur simplicité ou leur caractère particulièrement illustratif, qui en a guidé le choix.

Dans le souci d'introduire à une bonne lecture des arrêts de la Cour de cassation, qui constituent un objet privilégié d'étude pour les étudiants en droit, et spécialement en droit privé, quelques indications plus précises sont données concernant la structure de ces arrêts. Cela devrait favoriser la découverte des spécificités des décisions des autres juridictions qui sont présentées ensuite.

Contrairement à une opinion répandue, les décisions de justice ne sont généralement pas d'une lecture austère. Il y faut, cependant, une certaine concentration car il s'agit de suivre le développement, plus ou moins long, d'un raisonnement. Cela dit, cette lecture réserve parfois des surprises, aux antipodes de l'austérité. Témoin cet arrêt de la cour d'appel de Riom, du 7 septembre 1995 (*JCP* 1996. II. 22625, note A. Djigo) :

LA COUR ; ... Attendu que les faits et la querelle sont exposés dans les décisions rendues à Clermont-Ferrand le 11 janvier 1994 et le 25 janvier 1995, cette dernière dont appel ; que la cour en adopte les motifs ; que, céans, les époux X... concluent au débouté de Y... ; qu'au contraire celui-ci, enchanté du jugement qui a prescrit la fin du poulailler, demande la confirmation et 20 000 F de dommages-intérêts ;

Attendu que la poule est un animal anodin et stupide, au point que nul n'est encore parvenu à le dresser, pas même un cirque chinois ; que son voisinage comporte beaucoup de silence, quelques tendres gloussements, et des caquètements qui vont du joyeux (ponte d'un œuf) au serein (dégustation d'un ver de terre) en passant par l'affolé (vue d'un renard) ; que ce paisible voisinage n'a jamais incommodé que ceux qui, pour d'autres motifs, nourrissent du courroux à l'égard des propriétaires de ces gallinacés ; que la cour ne jugera pas que le bateau importune le marin, la farine le boulanger, le violon le chef d'orchestre et la poule un habitant du lieu-dit... dans le département du Puy-de-Dôme ;

PAR CES MOTIFS :
Statuant publiquement et contradictoirement,
Infirme le jugement...

DÉCISIONS PRÉSENTÉES

A. Ordre judiciaire

1° ***Jugement du tribunal de grande instance*** de Paris, 13 déc. 1972, *D.* 1973. 410, note Ghestin et Malinvaud, *JCP* 1973. II. 17377, note Lindon.

2° ***Arrêt de la cour d'appel*** de Versailles, 7 janv . 1987, *D.* 1987. 485, note Aubert, *JCP* 1988. 21121, note Ghestin.

3° ***Arrêts de la Cour de cassation***

– observations sur les arrêts de la Cour de cassation
– n° 1 – Com. 30 janv. 2001, *Bull. civ.* IV, n° 25
– n° 2 – Civ. 1re, 13 mars 2001, *Bull. civ.* I, n° 68
– n° 3 – Civ. 2e, 15 mars 2001, *Bull. civ.* II, n° 51
– n° 4 – Civ. 1re, 3 avr. 2001, *Bull. civ.* I, n° 91
– n° 5 – Com. 22 mars 2016, n° 14-14218, *Bull. civ.* IV, à paraître (arrêt à motivation enrichie).

B. Autres juridictions

1° ***Décision du Conseil constitutionnel***

a) Contrôle *a priori* : Cons. const. 9 nov. 1999, Décis. n° 99-419 DC, *JO* 16 nov. 1999, p. 16962
b) Contrôle *a posteriori* (question prioritaire de constitutionnalité) : Cons. const. 30 sept. 2011, Décis. n° 2011-169 QPC, *JO* 1er oct. 2011, p. 16527

2° ***Arrêt du Tribunal des conflits***

T. confl. 30 avr. 2001, *Bull. civ.* T. confl., n° 10

3° ***Arrêts du Conseil d'État***

a) CE 13 sept. 2000, *JCP* 2001. II. 10545, note J. Bigot
b) CE 15 janv. 2001, *D.* 2001. 2924, note Dendoncker

4° ***Arrêt de la Cour de justice des Communautés européennes***

CJCE 26 juin 2001, *D.* 2002. 444, note Clergerie

5° ***Arrêt de la Cour européenne des droits de l'Homme***

CEDH 7 juin 2001, *D.* 2001. 2619, note Drago

A. Ordre judiciaire

1° JUGEMENT DE TRIBUNAL DE GRANDE INSTANCE
(TGI Paris, 13 déc. 1972)

LE TRIBUNAL

– Attendu que les époux Saint-Arroman ont assigné le Directeur de la Réunion des Musées nationaux, Rheims, ancien commissaire-priseur, Lebel, expert, et Laurin, commissaire-priseur, pour :

1) entendre prononcer la nullité de la vente aux enchères publiques, faite au prix de 2 200 F et à la date du 21 févr. 1968, d'un tableau offert comme une œuvre de l'école des Carrache et dont l'auteur serait en réalité Nicolas Poussin ; 2) subsidiairement, s'entendre Rheims et Lebel condamner à payer aux demandeurs une indemnité provisionnelle de 250 000 F et entendre ordonner une expertise en vue d'évaluer le préjudice subi par ceux-ci ;

– Attendu que les défendeurs concluent au rejet de ces demandes et, subsidiairement, Rheims, Laurin et Lebel, à une expertise technique ;

– Attendu que les époux Saint-Arroman exposent que, désirant vendre le tableau litigieux, ils l'ont présenté à Me Rheims ; que celui-ci l'a soumis à l'expert Lebel ; qu'après avis de ce dernier, la toile a été inscrite au catalogue de l'Hôtel des ventes de Paris comme se rattachant à l'École des Carrache ; que Rheims a prévenu les demandeurs qu'elle pourrait « faire en vente environ 1 500 F » ; qu'en fait, elle a été adjugée pour 2 200 F et que les Musées nationaux ont exercé leur droit de préemption ; que la *Revue du Louvre et des Musées de France*, dans son numéro 2 de 1969, annonce cette acquisition et affirme que l'attribution à Poussin est unanimement acceptée ; que le tableau est exposé au Louvre comme œuvre de Poussin ; qu'ainsi les époux Saint-Arroman ont, disent-ils, aliéné une toile de Poussin alors qu'ils croyaient vendre un tableau de l'école des Carrache, et par suite commis l'erreur sur la substance qui rend nulle cette vente ; que, dans le cas où la nullité ne serait pas prononcée, ils seraient alors fondés à demander au commissaire-priseur et à l'expert la réparation du préjudice qui leur a été causé par les fautes professionnelles de ces derniers ;

– Attendu que la Réunion des Musées nationaux, sans contester que l'identité de l'auteur constitue une qualité substantielle de l'œuvre d'art, soutient d'une part que seul l'acheteur pourrait faire état de l'erreur commise à ce point de vue, d'autre part qu'il résulterait des faits de la cause et notamment des termes de l'assignation que les demandeurs n'ont pas commis cette erreur, alors qu'avant la mise en vente ils considéraient leur tableau comme « un Poussin » ;

En droit : – Attendu, d'une part, qu'il est de principe, et qu'il n'est d'ailleurs pas contesté par la Réunion des Musées nationaux, que l'erreur sur la substance s'entend, non seulement de celle qui porte sur la matière dont la chose est composée, mais aussi de celle qui a trait aux qualités substantielles d'authenticité et d'origine ; – Attendu, d'autre part, que, contrairement aux prétentions de la défenderesse, l'erreur sur la substance peut être alléguée aussi bien par le vendeur que par l'acheteur, l'article 1110 C. civ. ne faisant aucune distinction entre les contractants ; qu'en l'espèce, par l'exercice de son droit de préemption, la défenderesse se trouve substituée à l'acheteur ; – Attendu que, par ailleurs, pour annuler l'acte vicié par l'erreur sur la substance, la jurisprudence relève comme élément déterminant de cette situation la compétence artistique ou technique du contractant bénéficiaire de cette erreur ;

En fait : – Attendu que la Réunion des Musées nationaux maintient son opinion déjà proclamée sur l'attribution du tableau à Poussin ; Attendu que cette opinion, exprimée par une administration qui rassemble des experts particulièrement éclairés, doit être considérée comme décisive, tout au moins dans ses rapports avec les demandeurs ;

– Attendu que par ailleurs cette haute compétence fait apparaître de façon éclatante l'infériorité technique des vendeurs par rapport à leur cocontractant ; – Attendu certes que, pour tenter de démontrer qu'il n'y avait pas eu erreur de la part des vendeurs, la défenderesse fait état des termes de l'assignation où il est écrit notamment : « Propriétaires d'un tableau attribué à Nicolas Poussin, ils ont décidé, en octobre 1967, de sa mise en vente… », et plus loin : « l'expertise faite par M. Lebel, expert en tableaux anciens, précisait que le tableau n'était pas du peintre Poussin, mais de l'école des Carrache » ; – Mais attendu que pour apprécier si le consentement des vendeurs a été vicié par l'erreur sur la substance, c'est à leur opinion au moment de la vente, et à elle seule, qu'il convient de se référer ; qu'à ce moment ils s'en sont entièrement rapportés à la décision de l'expert en mettant en vente leur tableau comme étant de l'école des Carrache et au prix correspondant à cette attribution ; que s'ils avaient eu un motif sérieux de penser que l'œuvre était un Poussin, ils n'auraient pas ainsi accepté, sans recourir à des recherches complémentaires, l'avis et la mise à prix du commissaire-priseur, et de l'expert que, par son intermédiaire, ils avaient estimé nécessaire de consulter tant ils se sentaient incapables de déterminer par eux-mêmes l'origine de la toile litigieuse ; – Attendu que, dans ces conditions, lors de la vente de celle-ci, au prix de 2 200 F, le 21 février 1968, il n'y a pas eu d'accord des contractants sur la chose vendue, les vendeurs croyant céder un tableau de l'école des Carrache, tandis que la Réunion des Musées nationaux estimait acquérir une œuvre de Poussin ; que la défenderesse a bénéficié ainsi, grâce à la grande supériorité de sa compétence artistique, de l'erreur sur la substance commise par ses cocontractants, telle qu'elle résultait des mentions portées par eux sur le catalogue de l'Hôtel des ventes ; que cette erreur, parfaitement connue de la défenderesse, a vicié le consentement des vendeurs et que, par application de l'article 1110 C. civ., la vente doit être déclarée nulle ; – Attendu qu'en conséquence, Rheims, Lebel et Laurin doivent être mis hors de cause ; – Attendu que, faute d'urgence démontrée, il n'y a pas lieu à exécution provisoire ;

Par ces motifs, prononce la nullité de la vente, intervenue le 21 février 1968, du tableau appartenant aux demandeurs et acquis par la Réunion des Musées nationaux ; met hors de cause Rheims, Lebel et Laurin ; dit n'y avoir lieu à exécution provisoire ; condamne la Réunion des Musées nationaux aux dépens.

2° Arrêt de cour d'appel
(Versailles, 7 janv. 1987)

Remarque. Rendu dans la même affaire que celle sur laquelle avait statué le tribunal de grande instance de Paris, le 13 décembre 1972, ci-dessus, cet arrêt est intervenu après qu'aient été rendus deux arrêts de cassation (Civ. 1re, 22 févr. 1978, *D.* 1978. 601, note Malinvaud ; et Civ. 1re, 13 déc. 1983, *D.* 1984. 340, note Aubert, *JCP* 1984. II. 20186, concl. Gulphe).

Faits et procédure. – Les époux Saint-Arroman, faisant valoir qu'ils avaient vendu le 21 févr. 1968, par l'intermédiaire de Maître Rheims, commissaire-priseur à Paris, un tableau certifié sur le catalogue de la vente par M. Lebel, expert de l'officier public, comme œuvre de l'École des Carrache, et que le Musée du Louvre, auquel le tableau avait été affecté, après exercice, à l'issue de la vente publique, par l'Administration, de son droit de préemption, l'avait exposé comme un tableau peint par Nicolas Poussin, ont assigné devant le tribunal de grande instance de Paris le directeur de la Réunion des Musées nationaux, MM. Maurice et Philippe Rheims et Me Laurin, ainsi que M. Lebel pour que soit prononcée la nullité de la vente du 21 févr. 1968 pour erreur sur la substance et subsidiairement pour obtenir réparation de leur dommage ;

Par jugement prononcé le 13 déc. 1972, le tribunal, retenant que lors de la vente il n'y avait pas eu accord des contractants sur la chose vendue ceux-ci croyant céder un tableau de l'École des Carrache, tandis que la Réunion des Musées nationaux estimait acquérir une œuvre de Poussin, que cette dernière avait ainsi bénéficié, grâce à la grande supériorité de sa compétence artistique, de l'erreur sur la substance commise par ses cocontractants, et que cette erreur parfaitement connue de la Réunion des Musées nationaux, avait vicié le consentement des vendeurs, a, en application de l'article 1110 C. civ., prononcé la nullité de la vente et mis hors de cause MM. Rheims, Laurin et Lebel ;

La direction des Musées nationaux a déclaré appel de ce jugement ; devant la cour de céans, désignée comme cour de renvoi par arrêt de la Cour de cassation en date du 13 déc. 1983, l'appelante demande à la cour : – d'infirmer le jugement entrepris ; – de dire et juger qu'il n'y a pas eu, de la part des vendeurs, erreur sur la substance de la chose, au sens de l'article 1110 C. civ. ; – de dire et juger en conséquence que la vente publique du tableau en cause, en date du 21 févr. 1968, n'est pas entachée de nullité ; – de dire et juger ce que de droit sur la demande de dommages et intérêts provisionnels subsidiaire.

Le ministre de la Culture, qui est intervenu en cours d'instance, demande à la cour, en infirmant la décision attaquée, de déclarer mal fondée la demande en nullité du contrat de vente litigieux et de débouter Mme Saint-Arroman de ses demandes.

Les consorts Lebel, aux droits de M. Lebel, intimé, décédé en cours d'instance, demandent à la cour : – de leur donner acte de leur reprise d'instance ; – de dire et juger que M. Lebel, expert, n'a commis aucune faute ; – de dire et juger que la demande subsidiaire de Mme Saint-Arroman en paiement de dommages et intérêts et expertise pour leur détermination est sans fondement ; – de confirmer le jugement entrepris en ce qu'il a mis M. Lebel hors de cause.

MM. Maurice et Philippe Rheims et Me Laurin, autres intimés, demandent la confirmation du jugement en ses dispositions les concernant ;

Mme Saint-Arroman, agissant tant en son nom propre qu'en qualité d'héritière de son mari, décédé en cours d'instance, intimée, demande à la cour : – de confirmer le jugement entrepris et d'en étendre les effets à l'État français, représenté par le ministre de la Culture ; – de condamner l'État et la Réunion des Musées nationaux à lui restituer le tableau ; – de lui donner acte de son engagement de restituer le prix de la vente, soit 2 200 F ; – subsidiairement, de condamner MM. Maurice et Philippe Rheims, Me Laurin et les consorts Lebel à l'indemniser de son dommage, de les condamner à lui payer une somme provisionnelle de 250 000 F et d'ordonner une expertise pour évaluer ledit dommage ;

Sur ce la Cour :

Considérant qu'il est constant et non dénié que les époux Saint-Arroman, propriétaires d'un tableau, ont décidé en 1968 de s'en séparer, ayant besoin d'argent à la suite de la mutation professionnelle du mari de province à Paris ; qu'ils sont allés trouver Me Rheims, commissaire-priseur, pour lui confier la vente aux enchères publiques de ce tableau ; que M. Lebel, expert de l'officier public, a conclu qu'il s'agissait d'une œuvre anonyme de l'École des Carrache qui représentait une valeur de 1 500 F ; que le tableau, mis en vente sous cette attribution, a été adjugé au prix de 2 200 F le 21 févr. 1968 ; que quelque temps après, le Musée du Louvre, auquel le tableau avait été affecté à la suite de l'exercice par l'Administration de son droit de préemption, a exposé le tableau comme une œuvre de Nicolas Poussin ; qu'en 1969, la revue du Musée du Louvre a publié, sous la signature du conservateur Rosenberg, un article intitulé « Un nouveau Poussin au Louvre », dans lequel se trouvaient énoncées les raisons de cette attribution confirmée par l'avis unanime d'experts tant français qu'étrangers ; que c'est dans ces conditions que les époux Saint-Arroman, invoquant l'erreur qu'ils avaient commise sur l'attribution de leur tableau et précisant à cette occasion qu'une tradition familiale ancienne désignait Nicolas Poussin comme auteur de l'œuvre, ont engagé en 1971 la présente instance ; que depuis, l'attribution faite par le Musée du Louvre a été l'objet d'une controverse, certains experts contestant que l'œuvre ait été peinte par Nicolas Poussin ;

Considérant que le ministre de la Culture, qui souligne que la vérité sur l'attribution exacte du tableau qui seule permettrait de caractériser avec certitude l'existence d'une erreur, est à ce jour inaccessible à raison tant de l'état de délabrement du tableau, agrandi, réentoilé et surtout repeint à 60 % de sa surface, que des avis contradictoires des plus éminents spécialistes et de façon plus générale de l'état de la science en la matière, fait valoir que Mme Saint-Arroman, laquelle fonde sa demande en nullité sur l'erreur subjective résidant dans le fait d'avoir aliéné un tableau qui pourrait être un Poussin alors qu'elle et son mari croyaient vendre une œuvre qui ne pouvait être de ce peintre, ne prouve ni que son mari et elle aient eu une réelle conviction quant à l'origine du tableau, soit une opinion se caractérisant par son degré de certitude et non par simple doute, même sérieux, ni qu'ils aient été convaincus de l'impossibilité d'attribuer le tableau à Nicolas Poussin ; qu'elle ne prouve pas davantage que les mandataires, notamment M. Lebel, en attribuant le tableau à l'École des Carrache, attribution prudente compte tenu notamment de l'état du tableau, aient délibérément et sans ambiguïté exclu la possibilité d'une attribution à Poussin, exclusion qui seule aurait pu engendrer la conviction alléguée ; qu'il ajoute qu'en présence d'avis diamétralement opposés des experts, dont certains excluent la possibilité d'une attribution à Poussin, la preuve de l'erreur n'est pas rapportée et qu'au surplus, l'erreur invoquée ne porte nullement sur les qualités substantielles de la chose vendue ; qu'en l'espèce, on ignore (son attribution), mais seulement sur l'opinion que certains peuvent avoir desdites qualités, soit une conception de l'erreur qui n'est pas admissible comme permettant l'annulation d'un contrat de vente d'une œuvre d'art sur la simple production de certains avis, même non unanimes ; qu'à la vérité, l'erreur porterait sur la valeur, laquelle si elle était établie, pourrait justifier la mise en cause de la responsabilité des mandataires constitués par les vendeurs mais certainement pas l'annulation de la vente intervenue ; qu'enfin, il prétend que Mme Saint-Arroman ne pouvant indiquer précisément sous quelle attribution précise elle aurait vendu le tableau, il n'est pas prouvé en l'espèce une erreur déterminante, et qu'aussi l'erreur alléguée est due à la propre négligence des vendeurs dont la carence ne saurait être une cause de nullité de la vente ;

Considérant que la Réunion des Musées nationaux, appelante, soutient, d'une part, qu'il est démontré par les écritures mêmes des époux Saint-Arroman, contrairement à la motivation du jugement dont appel, qu'ils avaient bien un motif sérieux de penser que l'œuvre était un Poussin et que dès lors, ou bien ils ont fait part à leurs mandataires des informations qu'ils possédaient et alors on comprend qu'ils aient demandé la condamnation de ceux-ci à les indemniser, ou bien, comme le soutiennent les commissaires-priseurs et l'expert, ils ont gardé le silence et l'on devrait alors considérer cette attitude étrange comme constitutive d'une faute inexcusable de leur part – d'autre part, qu'il n'est pas exact, comme l'a énoncé le tribunal, que l'Administration avait parfaitement connu grâce à la grande supériorité de sa compétence technique l'erreur sur la substance commise par ses cocontractants, et qu'en serait-il ainsi, cela n'aurait aucune influence sur l'existence de l'erreur –, enfin que l'absence de vérité objective sur l'auteur du tableau litigieux est confirmée par les divergences persistantes entre spécialistes et qu'en outre, il est exclu que la décision de préemption de la Réunion des Musées nationaux ait pour les vendeurs une influence quelconque sur le résultat de l'adjudication ;

Sur la demande dirigée contre la Réunion des Musées nationaux et le ministre de la Culture : Considérant qu'en matière de ventes publiques d'œuvres d'art sur catalogue contenant certification d'expert, l'attribution de l'œuvre constitue tant pour le vendeur que pour l'acheteur une qualité substantielle de la chose vendue ; que la conviction du vendeur quant à cette attribution s'apprécie en fonction des indications mentionnées sur le catalogue de la vente où figure la définition qu'il donne des caractéristiques substantielles et de la nature véritable de l'objet qu'il aliène ; qu'en l'espèce, le tableau vendu le 21 févr. 1968 était décrit dans le catalogue : « Carrache (École des), Bacchanale. Toile agrandie ; haut. 1,03 m, larg. 0,89 m » ; que dans cette description qui fixe ainsi la nature de la chose, objet du contrat, ne figure aucune allusion à l'existence d'une possible attribution de l'œuvre à Nicolas Poussin, voire même à son école, à son style ou à sa manière, alors qu'il est pourtant d'usage, lorsqu'une incertitude subsiste sur la paternité d'une œuvre d'art, d'employer des formules telles que « signé de..., attribué à..., école de..., style..., genre..., manière... » ; qu'en l'absence de telles mentions, la seule indication « École des Carrache » à laquelle il n'est pas contesté que Nicolas Poussin n'a jamais appartenu, est exclusive d'une attribution à ce dernier et ne laisse subsister aucun aléa ; qu'ainsi la preuve est administrée que les vendeurs, lorsqu'ils ont contracté, avaient la conviction que le tableau n'était pas de Nicolas Poussin et l'unique certitude qu'il devait être attribué à l'École des Carrache ;

Considérant qu'il importe peu que les époux Saint-Arroman aient reconnu dans leurs écritures qu'une tradition familiale ancienne attribuait l'œuvre litigieuse à Nicolas Poussin, dès lors que, d'une part, seule leur conviction au moment de la vente doit être prise en considération ; que, d'autre part, il ne peut être imputé à faute aux profanes qu'ils étaient de s'être rangés à l'opinion péremptoire émise par M. Lebel, expert réputé, et entérinée par Me Rheims, commissaire-priseur de grand renom, et de s'être laissés convaincre que leur tradition familiale était erronée et que l'œuvre ne pouvait être de Nicolas Poussin ;

Considérant que l'affirmation du commissaire-priseur et de l'expert selon laquelle les époux Saint-Arroman leur auraient tu cette tradition familiale ne saurait être tenue pour vraie comme prouvée ; qu'émanant de parties intéressées à la solution du litige, elle est purement gratuite et n'est étayée par aucun élément, que de plus, il est sans vraisemblance que les époux Saint-Arroman, vendeurs au meilleur prix de leur tableau n'aient pas fait connaître à leurs mandataires l'attribution qu'en faisait leur tradition familiale, comme il est tout à fait improbable que les professionnels avisés qu'étaient ceux-ci ne les aient pas interrogés sur la connaissance qu'ils pouvaient avoir de l'auteur de l'œuvre qu'ils leur présentaient à la vente ; que le moyen tiré de la faute inexcusable commise par les époux Saint-Arroman pour n'avoir pas révélé à Me Rheims et M. Lebel ce qu'ils savaient de l'auteur de leur tableau manque en fait ;

Considérant que si l'incertitude demeure sur l'authenticité de l'attribution du tableau au peintre Nicolas Poussin, en l'état d'avis aussi péremptoires que contradictoires d'experts éminents, et si la cour, en l'absence de preuves décisives, ne peut trancher sur ce point, ce partage des experts ne saurait cependant conduire à admettre, comme le soutient le ministre de la Culture, que l'erreur des époux Saint-Arroman ne serait pas admissible comme portant sur l'opinion que certains font de l'attribution et non point sur l'attribution elle-même ; qu'en effet, ce partage, en ne permettant pas, précisément, d'exclure que l'œuvre soit « un authentique Poussin », justifie la prétention de Mme Saint-Arroman excipant de l'erreur ayant consisté pour elle et son mari à vendre le tableau dans la conviction erronée qu'il ne pouvait absolument pas s'agir d'une œuvre de ce peintre, d'autant que dans le même temps selon ce que révèlent les éléments de la cause, la Réunion des Musées nationaux, lorsqu'elle a exercé son droit de préemption sur l'œuvre, avait, sinon la certitude qu'il s'agissait d'un tableau de Nicolas Poussin, du moins la conviction que son origine était différente de celle mentionnée au catalogue ; qu'on ne s'expliquerait pas, s'il en avait été autrement, pourquoi elle avait, selon ses propres écritures, été autorisée à préempter dans la limite de 40 000 F somme de plus de vingt-cinq fois supérieure à l'estimation de 1 500 F faite par l'expert M. Lebel ; qu'en outre, quinze jours après la vente, un article de Jacques Thuillier, spécialiste de Poussin, présentait le tableau comme une œuvre de Poussin découverte par la jeune équipe de la Conservation du Louvre, opinion que la Réunion des Musées nationaux avait partagée en première instance puis abandonnée en cause d'appel pour les besoins de sa propre cause ;

Considérant que, vainement, pour s'opposer à l'action de Mme Saint-Arroman, le ministre de la Culture objecte que l'erreur invoquée par celle-ci serait en fait une erreur sur la valeur et qu'elle ne saurait dès lors entraîner la nullité de la vente, la lésion n'étant pas une cause de rescision en matière de vente mobilière ; qu'il convient, en effet, de distinguer entre l'erreur monétaire, qui procède d'une appréciation économique erronée effectuée à partir de données exactes, et l'erreur sur la valeur qualitative de la chose, qui n'est, comme en l'espèce, que la conséquence d'une erreur sur une qualité substantielle, l'erreur devant en ce cas être retenue en tant qu'erreur sur la substance ;

Considérant que sans qu'il soit nécessaire de suivre autrement les parties dans le détail de leur argumentation, il convient de retenir que les époux Saint-Arroman, en croyant qu'ils vendaient une toile de l'École des Carrache, de médiocre notoriété, soit dans la conviction erronée qu'il ne pouvait s'agir d'une œuvre de Nicolas Poussin, alors qu'il n'est pas exclu qu'elle ait pour auteur ce peintre, ont fait une erreur portant sur la qualité substantielle de la chose aliénée et déterminante de leur consentement qu'ils n'auraient pas donné s'ils avaient connu la réalité ; qu'il y a lieu en conséquence, de confirmer le jugement entrepris en ce qu'il a prononcé la nullité de la vente du 21 févr. 1968 sur le fondement de l'article 1110 C. civ., et, y ajoutant, d'ordonner la restitution du tableau à Mme Saint-Arroman et de donner acte à celle-ci de son engagement de restituer le prix perçu soit la somme de 2 200 F ;

Sur la demande dirigée contre MM. Rheims et Laurin et contre les consorts Lebel : – Considérant qu'en raison de son caractère subsidiaire, il n'y a point lieu de statuer sur la demande de Mme Saint-Arroman dirigée contre MM. Rheims et Laurin et les héritiers Lebel ;

Par ces motifs, vu l'arrêt de la Cour de cassation du 13 déc. 1983 ; statuant publiquement en audience solennelle et contradictoirement ; confirme en toutes ses dispositions le jugement entrepris ; y ajoutant : en étend les effets au ministre de la Culture ; ordonne la restitution du tableau litigieux à Mme Saint-Arroman ; donne acte à Mme Saint-Arroman de son engagement de restituer le prix de vente perçu, soit la somme de 2 200 F ; dit n'y avoir lieu de statuer sur la demande subsidiaire dirigée par Mme Saint-Arroman à l'encontre de MM. Rheims et Laurin et des héritiers de M. Lebel.

3° Arrêts de la Cour de cassation

Observations sur les arrêts de la Cour de cassation [1]

1. La construction centrale des arrêts de la Cour de cassation est, en principe, tripartite [2] :

L'arrêt énonce d'abord les *faits de l'espèce*, ce qui peut inclure des éléments de procédure. Il convient de souligner, à ce sujet, que ce sont les faits tels qu'ils ont été constatés

---

1. Il est également conseillé de lire : Tricot, « L'élaboration d'un arrêt de la Cour de cassation », *JCP* 2004. I. 108 ; « Interprétation et portée des arrêts de la Cour de cassation en matière civile », *BICC* nº 661, 15 mai 2007 ; Weber, « Comprendre un arrêt de la Cour de cassation rendue en matière civile », *BICC* 15 mai 2009, p. 6. Sur l'enrichissement de la motivation des arrêts : Deumier, « Motivation enrichie : bilan et perspectives », *D*. 2017. 1783.

2. Elle est sensiblement différente dans les arrêts par lesquels la Cour statue sur la demande de transmission, au Conseil constitutionnel, d'une question prioritaire de constitutionnalité. Il s'agit alors

par les juges du fond qui ont rendu la décision attaquée. Surtout, l'arrêt se borne à rappeler les seules circonstances de fait qui se rapportent à la question de droit – aux questions, le cas échéant – que soulève le pourvoi. Dans certains cas où les faits sont particulièrement simples, ils n'apparaissent pas de façon autonome, et sont purement et simplement exposés avec l'objet de la critique exprimée par le pourvoi, deuxième élément de l'arrêt (v. ci-dessous, l'arrêt n° 2).

Vient ensuite, selon des modalités différentes dans les arrêts de rejet et les arrêts de cassation (v. ci-dessous n°s 4 et 6), l'*objet de la critique* soumise à l'appréciation de la Cour de cassation. Il convient de prendre garde au fait que ce second élément n'exprime en aucune façon l'opinion de celle-ci : c'est seulement l'exposé du ou des griefs que le demandeur au pourvoi adresse à la décision attaquée et sur lequel – ou lesquels – la Cour de cassation va trancher. Cela est formellement marqué dans les arrêts, tantôt par la formule « selon le moyen », tantôt par le recours au conditionnel (« la cour d'appel *aurait* violé l'article… »).

Enfin, l'arrêt expose la *réponse* donnée à la question qui lui est ainsi posée : là, et là seulement, se trouve l'opinion de la Cour de cassation exprimée sous la forme de *motifs* qui exposent la justification de la solution adoptée.

2. Cette structure, de base, est quelque peu modifiée lorsque le pourvoi comporte plusieurs moyens, c'est-à-dire des critiques distinctes articulées contre la décision attaquée. Le principe est que la Cour de cassation doit répondre à toutes les questions qui lui sont posées, réserve faite de celles qui se trouvent éliminées par la réponse donnée à une autre. La construction de l'arrêt se fait alors question par question, l'exposé des faits étant généralement donné au début, une fois pour toutes, et les moyens, éventuellement regroupés ou au contraire scindés, s'il y a lieu (v. ss 4, b), faisant ensuite l'objet d'examens successifs.

3. Autour de cette substance essentielle de l'arrêt, apparaissent diverses mentions. Ainsi, notamment de celles qui annoncent en tête de chaque développement les griefs examinés (par exemple : « Sur le premier moyen, pris en ses deux premières branches », ou « Sur le moyen unique, pris en ses trois branches », ou encore, lorsque le moyen – faute d'intérêt de la question posée – n'est pas exposé dans le corps de l'arrêt : « Sur le premier moyen, pris en ses deux branches, tel qu'il figure en annexe au présent arrêt »…). D'autres mentions varient selon que l'arrêt est de rejet ou de cassation. C'est le cas, en particulier, du *dispositif*, qui exprime la décision adoptée par la Cour : *Rejet* du pourvoi, ou *Cassation* de la décision attaquée (sans parler des autres solutions possibles : irrecevabilité, désistement…).

4. Les arrêts de rejet (sous réserve de ce qui est exposé ci-dessous, 5) sont construits sur la base du schéma ci-dessus (n° 1), avec les particularités suivantes :

a) L'exposé des faits indique la décision attaquée, par mention de la juridiction qui l'a rendue et de la date de la décision, éléments qui n'apparaîtront plus dans la suite de l'arrêt (cette mention, nécessaire, peut cependant apparaître autrement, selon la forme de l'arrêt, soit dans l'exposé des moyens, soit encore dans une formule unique de rejet simplifiée ; v. ci-dessous, arrêt n° 2).

---

pour elle de décider si la prétention qui soutient qu'une disposition porte atteinte aux droits et libertés que la Constitution garantit remplit les conditions posées par elle pour être soumise au Conseil (v. ss 84 s.).

b) Si l'on fait abstraction des cas de critiques multiples adressées à la décision attaquée, et où l'arrêt comporte, en conséquence, plusieurs développements successifs pour les exposer et y répondre (cf. ci-dessus, n° 2), la partie centrale de l'arrêt est constituée par l'exposé du *moyen*. Le cas échéant, et en considération de leur consistance, plusieurs moyens peuvent être regroupés, ou, au contraire, divisés en fonction des *branches* du moyen, c'est-à-dire des différents griefs qui composent la critique formulée par celui-ci. Dans tous les cas, c'est donc *l'opinion du demandeur* au pourvoi qui se trouve ici exposée.

c) La troisième partie est constituée par la réfutation de cette opinion du demandeur au pourvoi : la Cour exprime les raisons pour lesquelles la décision attaquée n'encourt pas les reproches du pourvoi.

d) Vient enfin le *dispositif* :

PAR CES MOTIFS
Rejette

5. L'enrichissement de la motivation des arrêts (v. ss 150, 172) ne bouleverse pas la structure des arrêts. Mais elle modifie sensiblement leur content par le rappel de l'état du droit législatif et jurisprudentiel, le développement de son interprétation, l'approfondissement des raisons de décider... L'apport est plus important encore en cas de revirement de jurisprudence.

ARRÊT N° 1 – *REJET*

Com. 30 janv. 2001

Sur le moyen unique, pris en ses trois branches :

Attendu, selon l'arrêt attaqué (Colmar, 23 sept. 1998), que la société Hubsch Alimentaire s'est engagée à payer à la société commerciale de l'Ouest africain (SCOA), devenue ensuite la Compagnie française de l'Afrique occidentale, et aux droits de laquelle se trouve la banque BNP-Paribas, une somme de 39 500 000 F et a souscrit, à cette fin, cinq billets à ordre à échéance du 30 septembre 1992 au 30 avril 1995 ; que par acte séparé de garantie, la société alsacienne de banque Sogénal s'est engagée à payer indépendamment de la validité et des effets juridiques du contrat en question à première demande et sans faire valoir d'exception ni d'objection résultant du contrat dans les limites et jusqu'à concurrence des montants ci-dessus contre remise d'une demande de paiement sous forme de lettre recommandée avec accusé de réception dûment signée par la société SCOA et portant déclaration que la société Hubsch Alimentaire n'a pas rempli ses obligations contractuelles au plus tard quinze jours après chacune des échéances stipulées ci-dessus,... garantie... valable jusqu'au 15 mai 1995 ; que la société Hubsch Alimentaire a payé le montant des deux premiers effets et que les montants des deux suivants ont été payés par la Sogénal ; qu'après la mise en redressement judiciaire de la société Hubsch Alimentaire, la société SCOA a réclamé à la Sogénal le paiement du dernier billet ;

Relation des faits avec indication sommaire de l'objet du litige. Le cas échéant, il peut y avoir mention d'une précédente cassation dans la même affaire.

Énoncé du moyen, avec le détail de ses branches [1]

Attendu que la Sogénal fait grief à l'arrêt de sa condamnation, alors, selon le moyen :

1° que la Sogénal s'étant portée garante de la société Hubsch Alimentaire SA « du paiement de la somme de 39 500 000 F représentant le solde du prix de cession [...] des actions de la société Primel SA » dû à la société SCOA, sur demande de celle-ci « portant la déclaration que la société Hubsch Alimentaire n'a pas rempli ses obligations contractuelles... », il en résultait que la Sogénal s'était engagée dans les mêmes termes que la société Hubsch Alimentaire, débiteur principal, en sorte qu'en retenant que la garantie souscrite par la Sogénal était indépendante et autonome, la cour d'appel a violé les articles 1134 et 2011 du Code civil ;
2° que vainement et en violation des articles 1134 et 2011 du Code civil, les premiers comme les seconds juges font-ils état de la qualité de professionnel averti de la Sogénal pour retenir la qualification de garantie autonome dès lors que cette qualification doit être déterminée au regard de l'objet des engagements souscrits et non des qualités des parties, étant au surplus ajouté que la SCOA, bénéficiaire de la garantie avait également la qualité de professionnel ;
3° et en tout état de cause, que la Sogénal s'était engagée à payer la SCOA du prix de cession « sans faire valoir d'exception, ni d'objection, résultant du contrat » de cession en sorte qu'en lui interdisant de se prévaloir de l'exception tirée du défaut de déclaration de sa créance par la SCOA au passif de la société Hubsch Alimentaire en redressement judiciaire, exception qui était étrangère au contrat principal, la cour d'appel a derechef violé l'article 1134 du Code civil ;

Réfutation du moyen, branche par branche

Mais attendu, d'une part, que des garanties ne sont pas privées d'autonomie par de simples références au contrat de base, n'impliquant pas appréciation des modalités d'exécution de celui-ci pour l'évaluation des montants garantis, ou pour la détermination des durées de validité ; que la cour d'appel a, à bon droit, statué en ce sens ;
Attendu, d'autre part, que la cour d'appel, se référant aux termes de l'acte souscrit par la Sogénal, et relevant qu'elle était un « professionnel du crédit », a pu en déduire qu'elle ne pouvait ignorer la nature et la portée de son engagement, stipulant expressément l'autonomie de la garantie, sans que la qualité de professionnelle de la bénéficiaire de la garantie pût ôter pertinence à cette appréciation ;

---

1. Il arrive que le moyen distingue des « branches » qui ne sont que des aspects différents d'un même grief. Ces branches peuvent alors, dans un souci de clarification, être réunies, comme c'est ici le cas pour deux d'entre elles. Il peut aussi y avoir un résumé des moyens ou de certains d'entre eux, ou encore, renvoi des moyens en annexe de l'arrêt.

Attendu, enfin, qu'une garantie autonome n'est pas éteinte lorsqu'en cas de redressement ou de liquidation judiciaire du donneur d'ordre, le créancier bénéficiaire de la garantie ne déclare pas au passif sa créance ; qu'en conséquence, il peut assigner directement le garant ; que la cour d'appel a, à bon droit, statué en ce sens ;

D'où il suit que le moyen n'est fondé en aucune de ses branches ;

PAR CES MOTIFS :

REJETTE le pourvoi.

5. Il arrivait parfois, avant l'institution d'une procédure d'admission des pourvois (v. ss 167), que l'arrêt de rejet revête une forme *simplifiée*, très brève, qui ne distinguait pas nettement faits, griefs et réponse. Cela se pratiquait lorsque les griefs adressés à la décision attaquée étaient manifestement injustifiés, de sorte qu'il était possible de les écarter sans entrer dans leur détail. Cela n'a plus lieu d'être désormais, un tel pourvoi faisant l'objet d'une décision de non-admission. Toutefois, on rencontre parfois dans les arrêts une formule qui élimine brutalement *certains* des moyens soutenus, tandis que les autres sont précisément examinés : « Attendu qu'il n'y a pas lieu de se prononcer sur ces griefs dont aucun ne serait de nature à permettre l'admission du pourvoi ». C'est une application partielle de la non-admission.

ARRÊT N° 2 – *REJET simplifié*

Civ. 1re, 13 mars 2001

Sur les deux moyens réunis :

Attendu que la cour d'appel a énoncé à bon droit qu'il n'entrait pas dans les attributions du conseil de l'Ordre de prendre une délibération critiquant une décision juridictionnelle ; que, dès lors, eu égard à l'excès de pouvoir ainsi commis par le conseil de l'Ordre du barreau de Tarascon en prenant une délibération critiquant la motivation de trois jugements, c'est sans encourir les différents griefs du moyen, que l'arrêt attaqué (Aix-en-Provence, 28 nov. 1997) a annulé cette délibération illégale ;

PAR CES MOTIFS :
REJETTE le pourvoi.

6. Quant aux arrêts de cassation, leurs particularités sont les suivantes :

a) En prenant, pour simplifier, le cas d'un arrêt qui ne répond qu'à une critique, l'arrêt de cassation se caractérise par la mention, avant l'exposé des faits, d'un *visa*, c'est-à-dire de la référence précise à un ou plusieurs textes de loi, voire, parfois, à un principe, ceux-là mêmes dont la méconnaissance par la décision attaquée justifie *sa* censure, sa *cassation*.

b) Ce visa peut être suivi d'un *chapeau*, affirmation d'un principe de droit que l'arrêt de cassation va mettre précisément en œuvre.

c) À la suite de l'exposé des faits, est précisé l'objet de la critique soumise à la Cour de cassation, c'est-à-dire, ici, la motivation de la décision attaquée qui est jugée contraire à la règle de droit. Il s'agit, cette fois, de l'opinion exprimée par le juge du fond dans sa décision.

d) Suit la réfutation de cette opinion, avec, s'il n'y a pas de « chapeau » (ci-dessus, *b*), l'expression de la règle correcte qui fait apparaître le vice dont la décision censurée était entachée.

e) Vient enfin le *dispositif* :

PAR CES MOTIFS
CASSE ET ANNULE, dans toutes ses dispositions, l'arrêt rendu le (indication de la date et de la décision cassée et de la juridiction qui l'avait rendue – mentions qui, en principe, ne figurent pas dans le corps de l'arrêt).

Apparaît ensuite la *juridiction devant laquelle l'affaire est renvoyée* (cf. ci-dessous, arrêt nº 3), sauf lorsque la cassation est faite sans renvoi (cf. arrêt nº 4).

ARRÊT Nº 3 – *CASSATION (avec renvoi)*

Civ. 2e, 15 mars 2001

Sur le moyen unique pris en sa première branche :

Vu les articles 282 et 285 du Code civil ;	**Visa**
Attendu que, lorsque le divorce est prononcé pour rupture de la vie commune, l'accomplissement du devoir de secours prend la forme d'une pension alimentaire qui peut être remplacée, en tout ou en partie, par la constitution d'un capital ; que si ce capital devient insuffisant, le conjoint créancier ne peut demander un complément que sous forme de pension alimentaire ;	**Chapeau**
Attendu que le divorce de Mme X... ayant été prononcé pour rupture de la vie commune et la pension alimentaire ayant été constituée d'une rente annuelle et de l'usufruit d'un appartement, elle a formé une demande de révision ; que l'arrêt attaqué y a fait droit et a fixé cette augmentation sous la forme d'un capital ;	**Faits** avec **motif et solution critiqués**
Qu'en statuant ainsi, la cour d'appel a violé les textes susvisés ;	**Censure de la décision attaquée**
PAR CES MOTIFS, et sans qu'il y ait lieu de statuer sur la seconde branche du moyen :	Dispositif
CASSE ET ANNULE, dans toutes ses dispositions, l'arrêt rendu le 6 octobre 1998, entre les parties, par la cour d'appel de Lyon ; remet, en conséquence, la cause et les parties dans l'état où elles se trouvaient avant ledit arrêt et, pour être fait droit, les renvoie devant la cour d'appel de Lyon, autrement composée.	avec **renvoi**

ARRÊT N° 4 – *CASSATION (sans renvoi)*

Civ. 1re, 3 avr. 2001

Sur le moyen unique, pris en sa seconde branche :

Vu les articles 1 et 3 de la loi du 1er juillet 1901 ;	**Visa**
Attendu que M. Ballée a déposé, le 24 février 1998, à la préfecture de la Meuse les statuts de « l'Association nationale du petit reste des coloniaux et militaires au service de l'Indochine des années vingt qu'avec des vétérans de la conquête du Tonkin un président de la République a courageusement salis au Panthéon en joignant le mensonge par dissimulations trompeuses à la diffamation sous protection régalienne », cette association ayant pour objet « un procès en outrage où il apparaîtrait que, Malraux n'en ayant eu nul besoin pour entrer au Panthéon, ces propos visaient en la personne de leurs victimes à désavouer le passé indochinois de la France et à faire acte de repentance à l'adresse de son vainqueur d'il y a plus de quarante ans » ;	**Exposé des faits**
Attendu que pour annuler à la demande du procureur de la République cette association et ordonner sa dissolution, l'arrêt attaqué a retenu que la définition de l'objet de l'association, comme son intitulé, n'était que l'expression d'opinions personnelles de M. Ballée à propos de faits historiques ou politiques, et que le seul but poursuivi par celui-ci en déclarant cette association ainsi que d'autres était, par ce moyen, de rendre publiques ses protestations ;	**Motif et solution critiqués**
Attendu, cependant, que l'association, qui a pour seul but déclaré d'exercer une action en justice, n'est pas dépourvue d'objet ;	**« Chapeau intérieur »**
D'où il suit qu'en statuant comme elle l'a fait, la cour d'appel a violé les textes susvisés ;	**Censure de la décision attaquée**
Et attendu qu'il y a lieu, conformément à l'article 627, alinéa 2, du nouveau Code de procédure civile, de mettre fin au litige en appliquant la règle de droit appropriée ;	***Référence à la faculté légale de casser sans renvoi***
PAR CES MOTIFS, et sans qu'il y ait lien de statuer sur la première branche du moyen :	**Dispositif**
CASSE ET ANNULE, dans toutes ses dispositions l'arrêt rendu le 22 juin 1999, entre les parties, par la cour d'appel de Nancy ;	
DIT n'y avoir lieu à renvoi ;	
Rejette la demande du procureur de la République près le tribunal de grande instance de Bar-le-Duc.	**Mention spéciale** : énoncé de la solution du litige

ARRÊT N° 5 – *REJET (arrêt à motivation enrichie)*

chambre commerciale, 22 mars 2016
n° de pourvoi : 14-14218

Statuant tant sur le pourvoi principal formé par MM. X..., Y… et Z... que sur le pourvoi incident relevé par M. A... ;

Relation des faits ; rappel de la procédure

Attendu, selon l'arrêt attaqué (Versailles, 21 janv. 2014), que MM. X..., Y… et Z..., qui sont les associés fondateurs de la société Tleta devenue la société Atir rail (la société), ont souhaité obtenir la participation de M. A... à leur projet de développement de la société ; que le 14 février 2003, ils ont conclu avec M. A... un « accord-cadre », aux termes duquel MM. X..., Z... et Y... s'engageaient chacun à céder à celui-ci 5 % du capital de la société « pour le prix forfaitaire et symbolique de 500 euros », cependant qu'« en contrepartie de la cession au prix d'acquisition symbolique précité », M. A… s'engageait à «mettre au service de la société en qualité de directeur commercial sa connaissance du marché ainsi que son industrie, pendant une durée minimum de cinq années» ; que le 5 mars 2003, trois actes de cession de parts sociales ont été signés conformément à l'accord-cadre ; que le 31 mars 2003, la société a engagé M. A… en qualité de directeur commercial ; que par acte du 17 mars 2010, MM. X..., Y... et Z... ont assigné ce dernier, à titre principal, en nullité des cessions de parts pour indétermination du prix, à défaut, pour vileté du prix et, à titre subsidiaire, en résolution des cessions du fait de sa défaillance dans l'exécution de ses obligations ; que M. A... a soulevé la prescription de l'action en nullité et, reconventionnellement, a réclamé le paiement de dommages-intérêts ;

Énoncé du moyen

Sur le premier moyen du pourvoi principal, pris en sa première branche :

Attendu que MM. X..., Y... et Z... font grief à l'arrêt de dire prescrite l'action en nullité des actes de cession de parts alors, selon le moyen, que la vente consentie sans prix ou sans prix sérieux est affectée d'une nullité qui, étant fondée sur l'absence d'un élément essentiel du contrat, est une nullité absolue soumise à la prescription de droit commun qui était, à l'époque de l'acte litigieux, trentenaire ; que pour déclarer l'action en nullité pour indétermination du prix prescrite, la cour d'appel a retenu que l'action pour indétermination du prix constituait une action en nullité relative visant à la protection des intérêts privés du cocontractant et se prescrivant par cinq ans ; que ce faisant, elle a violé l'article 1591 et l'article 2262 du Code civil dans sa rédaction applicable à l'espèce ;

Attendu que la Cour de cassation jugeait depuis longtemps que la vente consentie à vil prix était nulle de nullité absolue (Civ. 1re, 24 mars 1993, n° 90-21.462) ; que la solution était affirmée en ces termes par la chambre commerciale, financière et économique : « la vente consentie sans prix sérieux est affectée d'une nullité qui, étant fondée sur l'absence d'un élément essentiel de ce contrat, est une nullité absolue soumise à la prescription trentenaire de droit commun » (Com. 23 oct. 2007, n° 06-13.979, *Bull.* n° 226) ;

Rappel de la jurisprudence antérieure de la chambre saisie

Attendu que cette solution a toutefois été abandonnée par la troisième chambre civile de cette Cour, qui a récemment jugé « qu'un contrat de vente conclu pour un prix dérisoire ou vil est nul pour absence de cause et que cette nullité, fondée sur l'intérêt privé du vendeur, est une nullité relative soumise au délai de prescription de cinq ans » (Civ. 3e, 24 oct. 2012, n° 11-21.980) ; que pour sa part, la première chambre civile énonce que la nullité d'un contrat pour défaut de cause, protectrice du seul intérêt particulier de l'un des cocontractants, est une nullité relative (Civ. 1re, 29 sept. 2004, n° 03-10.766, *Bull.* n° 216) ;

Évolution de la jurisprudence des autres chambres

Attendu qu'il y a lieu d'adopter la même position ; qu'en effet, c'est non pas en fonction de l'existence ou de l'absence d'un élément essentiel du contrat au jour de sa formation, mais au regard de la nature de l'intérêt, privé ou général, protégé par la règle transgressée qu'il convient de déterminer le régime de nullité applicable ;

Motif du ralliement de la chambre saisie à la solution adoptée par les autres chambres

Attendu qu'en l'espèce, l'action en nullité des cessions de parts conclues pour un prix indéterminé ou vil ne tendait qu'à la protection des intérêts privés des cédants ;

Attendu que c'est donc à bon droit que la cour d'appel a retenu que cette action, qui relève du régime des actions en nullité relative, se prescrit par cinq ans par application de l'article 1304 du Code civil ; que le moyen n'est pas fondé ; (...)

PAR CES MOTIFS :
REJETTE les pourvois, principal et incident ;

B. Autres juridictions

1° Décisions du Conseil constitutionnel

a) Contrôle *a priori*

Conseil constitutionnel
Décis. n° 99-419 DC du 9 nov. 1999 – pacte civil de solidarité (extraits)

LE CONSEIL CONSTITUTIONNEL : ...

...

... Considérant que l'article 1er de la loi déférée insère dans le livre Ier du Code civil, relatif aux personnes, un titre XII intitulé : « Du pacte civil de solidarité et du

... Sur les griefs tirés de la méconnaissance par le législateur de l'étendue de sa compétence :

concubinage » ; que ce titre comprend deux chapitres dont le chapitre Ier relatif au pacte civil de solidarité, composé des articles 515-1 à 515-7 ;

Considérant, en premier lieu, qu'aux termes de l'article 515-1 nouveau du Code civil : « Un pacte civil de solidarité est un contrat conclu par deux personnes physiques majeures, de sexe différent ou de même sexe, pour organiser leur vie commune » ; que l'article 515-2 nouveau du Code civil interdit, à peine de nullité, la conclusion de ce contrat entre ascendant et descendant en ligne directe, entre alliés en ligne directe et entre collatéraux jusqu'au troisième degré inclus, entre deux personnes dont l'une au moins est engagée dans les liens du mariage et entre deux personnes dont l'une au moins est déjà liée par un pacte civil de solidarité ; qu'en application du premier alinéa de l'article 515-3 nouveau du Code civil, les personnes qui concluent un tel pacte en font la déclaration conjointe au greffe du tribunal d'instance dans le ressort duquel elles fixent leur résidence commune ; qu'en application du deuxième alinéa du même article, elles doivent joindre, à peine d'irrecevabilité, les pièces d'état civil permettant d'établir la validité de l'acte au regard de l'article 515-2 ; qu'en outre, les partenaires, en application de l'article 515-4 nouveau du Code civil, s'apportent une aide mutuelle et matérielle et sont tenus solidairement à l'égard des tiers des dettes contractées par l'un d'eux pour les besoins de la vie courante et pour les dépenses relatives au logement commun ; qu'enfin, la loi déférée comporte des dispositions favorisant le rapprochement géographique de deux personnes ayant conclu un pacte civil de solidarité ;

Considérant qu'il résulte de ces dispositions, éclairées par les débats parlementaires à l'issue desquelles elles ont été adoptées, que la notion de vie commune ne couvre pas seulement une communauté d'intérêts et ne se limite pas à l'exigence d'une simple cohabitation entre deux personnes ; que la vie commune mentionnée par la loi déférée suppose, outre une résidence commune, une vie de couple, qui seule justifie que le législateur ait prévu des causes de nullité du pacte qui, soit reprennent les empêchements à mariage visant à prévenir l'inceste, soit évitent une violation de l'obligation de fidélité découlant du mariage ; qu'en conséquence, sans définir expressément le contenu de la notion de vie commune, le législateur en a déterminé les composantes essentielles ;

Considérant, en deuxième lieu, qu'eu égard à la nature des empêchements édictés par l'article 515-2 du Code civil, justifiés notamment par les mêmes motifs que ceux qui font obstacle au mariage, la nullité prévue par cette disposition ne peut être qu'absolue ;

Considérant en troisième lieu, que l'objet des articles 515-1 à 515-7 du Code civil est la création d'un contrat spécifique conclu par deux personnes physiques majeures en vue d'organiser leur vie commune ; que le législateur s'est attaché à définir ce contrat, son objet, les conditions de sa conclusion et de sa rupture, ainsi que les obligations en résultant ; que, si les dispositions de l'article 515-5 du Code civil instituant des présomptions d'indivision pour les biens acquis par les partenaires du pacte civil de solidarité pourront, aux termes mêmes de la loi, être écartées par la volonté des partenaires, les autres dispositions introduites par l'article 1er de la loi déférée revêtent un caractère obligatoire, les parties ne pouvant y déroger ; que tel est le cas de la condition relative à la vie commune, de l'aide mutuelle et matérielle que les partenaires doivent s'apporter, ainsi que des conditions de cessation du pacte ; que les dispositions générales du Code civil relatives aux contrats et aux obligations conventionnelles auront par ailleurs vocation à s'appliquer, sous le contrôle du juge, sauf en ce qu'elles ont de nécessairement contraire à la présente loi ; qu'en particulier, les articles 1109 et suivants du Code civil, relatifs au consentement, sont applicables au pacte civil de solidarité ;

Considérant, en quatrième lieu, que, limitée à l'objet ainsi voulu et défini par le législateur, la loi soumise à l'examen du Conseil constitutionnel est sans incidence sur les autres titres du livre Ier du Code civil, notamment ceux relatifs aux actes d'état civil, à la filiation, à la filiation adoptive et à l'autorité parentale, ensemble de dispositions dont les conditions d'application ne sont pas modifiées par la loi déférée ; qu'en particulier, la conclusion d'un pacte civil de solidarité ne donne lieu à l'établissement d'aucun acte d'état civil, l'état civil des personnes qui le concluent ne subissant aucune modification ; que la loi n'a pas davantage d'effet sur la mise en œuvre des dispositions législatives relatives à l'assistance médicale à la procréation, lesquelles demeurent en vigueur et ne sont applicables qu'aux couples formés d'un homme et d'une femme ; qu'enfin, en instaurant un contrat nouveau ayant pour finalité l'organisation de la vie commune des contractants, le législateur n'était pas tenu de modifier la législation régissant ces différentes matières ;

Considérant, en cinquième lieu, que, si la législation fiscale fait référence à la qualité de « célibataire », le régime fiscal applicable aux personnes ayant conclu un pacte civil de solidarité est régi par la loi déférée ; que les dispositions réglementaires, intervenues dans différents domaines, faisant référence à la qualité de « célibataire » devront être mises à jour pour tenir compte de la situation des personnes ayant conclu un tel pacte ; que, d'ici là, la question de l'applicabilité de ces réglementations à ces personnes devra être résolue en fonction de leur objet ; qu'il en est de même des dispositions évoquant une « vie maritale » ;

(Considérant, en sixième lieu,... ; en septième lieu,... ; en huitième lieu,... ; en neuvième lieu,... ; Considérant, par ailleurs,... ;)

Considérant, enfin, qu'il était loisible au législateur de ne fixer aucune limite au nombre de pactes civils de solidarité pouvant être souscrits successivement par une même personne et de ne prévoir aucune condition de délai entre la cessation d'un pacte civil de solidarité et la conclusion d'un nouveau pacte ;

Considérant qu'il résulte de tout ce qui précède que, sous les réserves ci-dessus énoncées, doivent être rejetés les griefs tirés de ce que le législateur serait resté en deçà de sa compétence.

[...]

Sur le grief tiré d'une « atteinte au mariage républicain » :

Considérant que, si les députés auteurs de la première saisine soutiennent que la loi méconnaîtrait les règles du « mariage civil et républicain » en « instituant une nouvelle communauté de vie », les dispositions relatives au pacte civil de solidarité ne mettent en cause aucune des règles relatives au mariage ; qu'en conséquence, le moyen tiré de la violation de ces règles manque en fait ;

Sur le grief tiré d'une atteinte aux « principes fondamentaux du droit des contrats » :

Considérant que les députés et les sénateurs requérants font grief à l'article 515-7 nouveau du Code civil de porter atteinte au « principe d'immutabilité des contrats » en permettant une rupture unilatérale du pacte civil de solidarité sans qu'aucune cause ne soit invoquée ;

Considérant que, si le contrat est la loi commune des parties, la liberté qui découle de l'article 4 de la Déclaration des droits de l'Homme et du citoyen de 1789 justifie qu'un contrat de droit privé à durée indéterminée puisse être rompu unilatéralement par l'un ou l'autre des contractants, l'information du cocontractant, ainsi que la réparation du préjudice éventuel résultant des conditions de la rupture, devant toutefois être garanties ; qu'à cet égard, il appartient au législateur, en raison de la nécessité d'assurer pour certains contrats la protection de l'une des parties, de préciser les causes permettant une telle résiliation, ainsi que les modalités de celle-ci, notamment le respect d'un préavis ;

Considérant que ne sont pas contraires aux principes constitutionnels ci-dessus rappelés les dispositions de l'article 515-7 nouveau du Code civil qui permettent la rupture unilatérale du pacte civil de solidarité, la prise d'effet de celle-ci intervenant, en dehors de l'hypothèse du mariage, trois mois après l'accomplissement des formalités exigées par le législateur, et qui, dans tous les cas de rupture unilatérale, y compris le mariage, réservent le droit du partenaire à réparation ; que toute clause du pacte interdisant l'exercice de ce droit devra être réputée non écrite ; que la cessation du pacte à la date du mariage de l'un des partenaires met en œuvre le principe de valeur constitutionnelle de la liberté du mariage ;

Considérant que, sous cette réserve, le grief tiré d'une atteinte aux principes fondamentaux du droit des contrats doit être écarté.

Sur le grief tiré de l'atteinte au principe de la sauvegarde de la dignité de la personne humaine :

Considérant que les requérants font valoir que l'article 515-7 du Code civil prévoit une faculté de rupture unilatérale du pacte civil de solidarité qui s'apparenterait, compte tenu de l'absence de garanties qui, selon eux, la caractérise, à la répudiation ; que cette disposition méconnaîtrait, en conséquence, le principe du respect de la dignité de la personne humaine ; que les députés auteurs de la première saisine ajoutent que la rupture du pacte par mariage prévue par le troisième alinéa de l'article 515-7 nouveau du Code civil serait « contraire au principe d'égalité entre les contractants », le pacte prenant fin, dans ce cas, immédiatement et les obligations qu'il a produites cessant sur le champ ;

Considérant qu'il résulte du deuxième alinéa de l'article 515-7 nouveau du Code civil que l'un des partenaires peut décider de mettre fin au pacte civil de solidarité ; que, dans cette hypothèse, « il signifie à l'autre sa décision et adresse copie de cette signification au greffe du *tribunal d'instance* qui a reçu l'acte initial » ; qu'en application des dispositions du neuvième alinéa du même article, le pacte prend fin trois mois après la signification délivrée en application de l'alinéa précité, sous réserve qu'une copie en ait été portée à la connaissance du greffier du tribunal d'instance ;

Considérant, par ailleurs, qu'en application du troisième alinéa de l'article 515-7 du Code civil, l'un des partenaires met fin au pacte civil de solidarité en se mariant ; qu'il en informe l'autre par voie de signification, le pacte prenant fin, en application du dixième alinéa de cet article, à la date du mariage ;

Considérant, en premier lieu, que le pacte civil de solidarité est un contrat étranger au mariage ; qu'en conséquence, sa rupture unilatérale ne saurait être qualifiée de « répudiation » ;

Considérant, en deuxième lieu, comme il a été dit précédemment, que les contrats à durée indéterminée, catégorie à laquelle appartient le pacte civil de solidarité, peuvent toujours être résiliés par l'une ou l'autre des parties ;

Considérant, en troisième lieu, que la cessation immédiate du pacte en cas de mariage de l'un des partenaires répond, comme il a été ci-dessus indiqué, à la nécessité de respecter l'exigence constitutionnelle de la liberté du mariage ;

Considérant, enfin, comme cela résulte des dispositions du dernier alinéa de l'article 515-7 du Code civil, que le partenaire auquel la rupture est imposée pourra demander réparation du préjudice éventuellement subi, notamment en cas de faute tenant aux conditions de la rupture ; que, dans ce dernier cas, l'affirmation de la faculté d'agir en responsabilité met en œuvre l'exigence constitutionnelle posée par l'article 4 de la Déclaration des droits de l'Homme et du citoyen de 1789, dont il résulte que tout fait quelconque de l'homme qui cause à autrui un dommage oblige celui par la faute duquel il est arrivé, à le réparer ;

Considérant qu'il résulte de ce qui précède que les dispositions relatives à la rupture unilatérale du pacte civil de solidarité ne sont contraires ni au principe de la dignité de la personne humaine, ni à aucun autre principe de valeur constitutionnelle.

Sur le grief tiré de l'atteinte au respect de la vie privée :

Considérant que les députés et les sénateurs requérants soutiennent que l'enregistrement du pacte civil de solidarité au greffe du tribunal d'instance et la possibilité ainsi offerte aux tiers de connaître son existence « portent atteinte à la vie sexuelle des individus, qui est au cœur du principe du respect de la vie privée » ; que les dispositions de l'article 515-3 du Code civil seraient en conséquence contraires à la Constitution ;

Considérant qu'aux termes de l'article 2 de la Déclaration des droits de l'Homme et du citoyen : « Le but de toute association politique est la conservation des droits naturels et imprescriptibles de l'homme. Ces droits sont la liberté, la propriété, la sûreté et la résistance à l'oppression » ; que la liberté proclamée par cet article implique le respect de la vie privée ;

Considérant que le texte critiqué prévoit des règles d'enregistrement des pactes civils de solidarité qui ont une double finalité ; que, d'une part, elles visent à assurer le respect des règles d'ordre public régissant le droit des personnes, au nombre desquelles figure, en particulier, la prohibition de l'inceste ; que, d'autre part, elles tendent à conférer date certaine au pacte civil de solidarité pour le rendre opposable aux tiers, dont il appartient au législateur, comme cela a été dit précédemment, de sauvegarder les droits ; que l'enregistrement n'a pas pour objet de révéler les préférences sexuelles des personnes liées par le pacte ;

Considérant, en outre, que les conditions dans lesquelles seront traitées, conservées et rendues accessibles aux tiers les informations relatives au pacte civil de solidarité seront fixées par un décret en *Conseil d'État* pris après avis de la Commission nationale de l'informatique et des libertés ; que s'appliqueront les garanties résultant de la législation relative à l'informatique et aux libertés ; que, sous ces réserves, le législateur n'a pas porté atteinte au principe du respect de la vie privée.

Sur les griefs tirés d'atteintes au droit de propriété :

Considérant que les sénateurs soutiennent, en premier lieu, que la loi obligerait les partenaires d'un pacte civil de solidarité à demeurer dans l'indivision, ce qui porterait atteinte au droit de propriété ; que la présomption d'indivision prévue par l'article 515-5 du Code civil serait, en elle-même, de nature à « entamer le droit de propriété » des partenaires ; qu'ils affirment, en deuxième lieu, que cette même indivision méconnaîtrait les droits des créanciers ; qu'en troisième lieu, l'article 14 de la loi qui prévoit la continuation du bail, dans certaines hypothèses, au profit du partenaire lié au preneur par un pacte civil de solidarité, sans qu'aucune condition de durée du pacte ne soit fixée, ni aucune durée de cohabitation préalable exigée, mettrait en cause l'équilibre entre les droits des bailleurs et ceux des preneurs ;

Considérant, en premier lieu, que, lorsque les biens acquis à titre onéreux par les partenaires d'un pacte civil de solidarité postérieurement à la conclusion de ce pacte entrent dans l'indivision dans les conditions prévues par l'article 515-5 nouveau du Code civil, chaque partenaire, qui a la qualité d'indivisaire, peut, à tout moment, provoquer le partage des biens indivis, nul ne pouvant être contraint, en application des dispositions de l'article 815 du Code civil, à demeurer dans l'indivision ; qu'en second lieu, il résulte des dispositions de l'article 815-17 du même Code que les créanciers qui, avant l'indivision, auraient pu agir sur les biens indivis, ainsi que ceux dont la créance résulte de la conservation ou de la gestion de ces biens, peuvent poursuivre leur saisie et leur vente ; qu'en application du même article, les créanciers personnels d'un indivisaire ont la faculté de provoquer le partage au nom de leur débiteur ou d'intervenir dans le partage provoqué par celui-ci ;

Considérant que, sous réserve de cette interprétation, il n'est porté atteinte ni au droit de propriété des partenaires du pacte, ni à celui de leurs créanciers ; qu'en toute hypothèse, les partenaires, s'ils veulent éviter les effets juridiques attachés au régime de l'indivision et, en particulier, les difficultés de gestion auxquelles il peut conduire, pourront librement choisir, dans les conditions précédemment exposées, de soumettre à un autre régime l'ensemble des biens qu'ils viendraient à acquérir à titre onéreux après la conclusion du pacte ;

Considérant, enfin, que le législateur a pu, sans porter aux intérêts du bailleur une atteinte violant par sa gravité son droit de propriété, étendre au profit de la personne liée au locataire par un pacte civil de solidarité le bénéfice de la continuation du contrat de location en cas d'abandon du domicile par le locataire et celui du transfert du contrat en cas de décès ; qu'au demeurant, la continuation et le transfert du bail sont d'ores et déjà prévus par les articles 14 et 15 de la loi du 6 juillet 1989 susvisée au profit du conjoint ou du concubin notoire ; que le partenaire lié au bailleur par un pacte civil de solidarité bénéficie, pour sa part, en application de l'article 14 de la loi déférée, d'un traitement identique à celui réservé au conjoint ou au concubin notoire en matière de congé donné au locataire par le bailleur ; que le dispositif critiqué par les requérants ne méconnaît aucun principe de valeur constitutionnelle ;

Considérant qu'il n'y a lieu, pour le *Conseil constitutionnel*, d'examiner d'office aucune question de conformité à la Constitution ;

Considérant qu'il résulte de tout ce qui précède que, sous les réserves et compte tenu des précisions ci-dessus énoncées, et qui portent notamment sur la condition de vie commune des personnes liées par un pacte civil de solidarité, sur la nullité absolue du pacte en cas de non-respect des dispositions de l'article 515-2 du Code civil, sur la nature de la preuve contraire permettant d'écarter les présomptions d'indivision instaurées par l'article 515-5 du Code civil, sur le régime de l'indivision, sur l'interprétation des dispositions en vigueur comportant les mentions de « célibataire » et de « vie maritale », sur le caractère obligatoire de l'aide mutuelle et matérielle que se doivent les personnes liées par un pacte, sur l'accès des tiers aux différents registres d'inscription des pactes, sur le respect de la vie privée des cocontractants et sur le droit du partenaire à réparation en cas de faute tenant aux conditions de la rupture unilatérale du pacte, les articles 1er à 7 et 13 à 15 de la loi relative au pacte civil de solidarité doivent être déclarés conformes à la Constitution ;

Décide :

[...]

Article 2 : sont déclarés conformes à la Constitution, sous les réserves et compte tenu des précisions ci-dessus énoncées, les articles 1er à 7 et 13 à 15 de la loi relative au pacte civil de solidarité.

Article 3 : la présente décision sera publiée au *Journal officiel* de la République française.

b) Contrôle *a posteriori* (question prioritaire de constitutionnalité)

Conseil constitutionnel

vendredi 30 septembre 2011

Décis. n° 2011-169 QPC

Journal officiel du 1er octobre 2011, p. 16527

Texte intégral

Le Conseil constitutionnel a été saisi le 30 juin 2011 par la Cour de cassation (troisième chambre civile, arrêts n° s 997 et 998 du 30 juin 2011), dans les conditions prévues à l'article 61-1 de la Constitution, d'une question prioritaire de constitutionnalité posée, d'une part, par MM. Pardaillan M., Octavian M. et Mirca C., ainsi que Mmes Mindra S. et Ann Fruzina T. et, d'autre part, par M. Gheorghe M., Mme Claudia G., M. Mihai G., Mme Martha G., M. Istrati G., Mme Lydia G., MM. Viorel G., Elvis M., Bogdan M., Mares G., Lilian M., Dria G. et Lucian G., Mme Iliana G., MM. Paul T. et Jun M., Mme Roxana T., M. Mihai N., Mme Argentina G. et Magarita G. et M. Gheorghe S., relative à la conformité aux droits et libertés que la Constitution garantit de l'article 544 du Code civil.

LE CONSEIL CONSTITUTIONNEL,

Vu la Constitution ;

Vu l'ordonnance n° 58-1067 du 7 novembre 1958 modifiée portant loi organique sur le Conseil constitutionnel ;

Vu le Code civil ;

Vu le Code de procédure civile ;

Vu le règlement du 4 février 2010 sur la procédure suivie devant le Conseil constitutionnel pour les questions prioritaires de constitutionnalité ;

Vu les observations produites pour les requérants par la SCP Alain-François Roger et Anne Sevaux, avocat au Conseil d'État et à la Cour de cassation, enregistrées les 22 juillet et 5 août 2011 ;

Vu les observations produites par le Premier ministre, enregistrées le 22 juillet 2011 ;

Vu les observations produites pour la communauté d'agglomération de Cergy-Pontoise par Me Pascal Pibault, avocat au barreau du Val-d'Oise ;

Vu les pièces produites et jointes aux dossiers ;

Me Roger pour les requérants, Me Pibault pour la communauté d'agglomération de Cergy-Pontoise et M. Xavier Pottier, désigné par le Premier ministre, ayant été entendus à l'audience publique du 6 septembre 2011 ;

Le rapporteur ayant été entendu ;

1. Considérant qu'aux termes de l'article 544 du Code civil : « La propriété est le droit de jouir et disposer des choses de la manière la plus absolue, pourvu qu'on n'en fasse pas un usage prohibé par les lois ou par les règlements » ;

2. Considérant que, selon les requérants, le caractère absolu du droit de propriété conduit à ce que toute occupation sans droit ni titre du bien d'autrui soit considérée par les juridictions civiles comme un trouble manifestement illicite permettant au propriétaire d'obtenir en référé, en application de l'article 809 du Code de procédure civile, l'expulsion des occupants ; que, par ses conséquences sur la situation des personnes qui vivent dans des résidences mobiles, la définition du droit de propriété porterait atteinte au principe de sauvegarde de la dignité de la personne contre toute forme d'asservissement et de dégradation, au droit de mener une vie familiale normale, ainsi qu'à l'objectif de valeur constitutionnelle que constitue le droit au logement ;

3. Considérant, d'une part, qu'aux termes du dixième alinéa du Préambule de la Constitution de 1946 : « La Nation assure à l'individu et à la famille les conditions nécessaires à leur développement » ; qu'aux termes du onzième alinéa de ce Préambule, la Nation « garantit à tous, notamment à l'enfant, à la mère et aux vieux travailleurs, la protection de la santé, la sécurité matérielle, le repos et les loisirs. Tout être humain qui, en raison de son âge, de son état physique ou mental, de la situation économique, se trouve dans l'incapacité de travailler a le droit d'obtenir de la collectivité des moyens convenables d'existence » ;

4. Considérant qu'il ressort également du Préambule de 1946 que la sauvegarde de la dignité de la personne humaine contre toute forme de dégradation est un principe à valeur constitutionnelle ;

5. Considérant qu'il résulte de ces principes que la possibilité pour toute personne de disposer d'un logement décent est un objectif de valeur constitutionnelle ;

6. Considérant qu'aux termes de l'article 2 de la Déclaration des droits de l'Homme et du citoyen de 1789 : « Le but de toute association politique est la conservation des droits naturels et imprescriptibles de l'homme. Ces droits sont la liberté, la propriété, la sûreté, et la résistance à l'oppression » ; que son article 17 dispose : « La propriété étant un droit inviolable et sacré, nul ne peut en être privé, si ce n'est lorsque la nécessité publique, légalement constatée, l'exige évidemment, et sous la condition d'une juste et préalable indemnité » ;

7. Considérant, en outre, qu'aux termes du seizième alinéa de l'article 34 de la Constitution, la loi détermine les principes fondamentaux « du régime de la propriété, des droits réels et des obligations civiles et commerciales » ;

8. Considérant qu'il résulte de ce qui précède que, s'il appartient au législateur de mettre en œuvre l'objectif de valeur constitutionnelle que constitue la possibilité pour toute personne de disposer d'un logement décent, et s'il lui est loisible, à cette fin, d'apporter au droit de propriété les limitations qu'il estime nécessaires, c'est à la condition que celles-ci n'aient pas un caractère de gravité tel que le sens et la portée de ce droit en soient dénaturés ; que doit être aussi sauvegardée la liberté individuelle ;

9. Considérant que l'article 544 du Code civil, qui définit le droit de propriété, ne méconnaît par lui-même aucun droit ou liberté que la Constitution garantit ; qu'en tout état de cause, il n'appartient pas au Conseil constitutionnel d'examiner la conformité de l'article 809 du Code de procédure civile aux droits et libertés que la Constitution garantit,

DÉCIDE :

Article 1er.– L'article 544 du Code civil est conforme à la Constitution.

Article 2.– La présente décision sera publiée au *Journal officiel* de la République française et notifiée dans les conditions prévues à l'article 23-11 de l'ordonnance du 7 novembre 1958 susvisée.

Délibéré par le Conseil constitutionnel dans sa séance du 29 septembre 2011, où siégeaient : M. Jean-Louis DEBRÉ, Président, M. Jacques BARROT, Mme Claire BAZY MALAURIE, MM. Guy CANIVET, Michel CHARASSE, Renaud DENOIX de SAINT MARC, Mme Jacqueline de GUILLENCHMIDT, MM. Hubert HAENEL et Pierre STEINMETZ.

Rendu public le 30 septembre 2011.

2° Arrêt du tribunal des conflits
(T. confl. 30 avr. 2001)

Vu l'expédition du jugement du 12 octobre 2000 par lequel le tribunal administratif de Melun, saisi par la Caisse primaire d'assurance maladie de Seine-et-Marne d'une demande tendant à ce que l'État soit condamné à lui rembourser les sommes qu'elle a exposées à la suite de l'accident dont M. Rodrigues a été victime, le 14 septembre 1995, a renvoyé au tribunal, par application de l'article 34 du décret du 26 octobre 1849 modifié, le soin de décider sur la question de compétence ;

Vu l'ordonnance du 22 décembre 1999 par laquelle le tribunal de grande instance de Meaux s'est déclaré incompétent pour connaître de ce litige ;

Vu le mémoire présenté par le ministre de l'Emploi et de la Solidarité qui conclut à ce que la juridiction judiciaire soit déclarée compétente pour connaître du litige ; il soutient que l'accident a été causé par une « rotofaucheuse » qui doit être regardée comme un véhicule au sens de la loi du 31 décembre 1957 ;

Vu les autres pièces du dossier ;

Vu la loi des 16-24 août 1790 et le décret du 16 fructidor an III ;

Vu la loi du 24 mai 1872 ;

Vu le décret du 26 octobre 1849 modifié ;

Vu la loi n° 57-1424 du 31 décembre 1957 ;

Considérant que l'article 1er de la loi du 31 décembre 1957 attribue aux tribunaux judiciaires compétence exclusive pour connaître de toute action en responsabilité extracontractuelle formée en raison de dommages causés par un véhicule quelconque appartenant à une personne publique ou placé sous sa garde ; que ce texte vise non seulement les dommages qui sont le fait du véhicule mais encore ceux qui sont imputables à tout agent d'une personne morale de droit public chargé de conduire le véhicule ou associé à sa conduite ;

Considérant que, le 14 septembre 1995, M. Rodrigues, qui participait à des travaux de couverture sur un hangar appartenant à la direction départementale de l'Équipement de Seine-et-Marne, est tombé de l'échafaudage sur lequel il travaillait lorsqu'une « rotofaucheuse » conduite par un agent de cette administration a heurté un des cordages servant à assurer l'échafaudage et l'a déstabilisé ; que la Caisse primaire d'assurance maladie de Seine-et-Marne demande le remboursement par l'État des frais qu'elle a exposés en faveur de M. Rodrigues à la suite de cet accident ;

Considérant que l'engin dénommé « rotofaucheuse » constitué d'un tracteur prolongé par un bras rotatif articulé constitue un véhicule au sens de la loi du 31 décembre 1957 ; qu'il appartient aux seules juridictions de l'ordre judiciaire de connaître de l'action en responsabilité engagée par la Caisse primaire d'assurance maladie contre l'État en raison des dommages causés par la manœuvre du conducteur de ce véhicule ;

DÉCIDE :

Article 1er : la juridiction de l'ordre judiciaire est déclarée compétente pour connaître du litige opposant la Caisse primaire d'assurance maladie de Seine-et-Marne à l'État au sujet de l'accident survenu le 14 septembre 1995 à M. Rodrigues ;

Article 2 : l'ordonnance du 22 décembre 1999 du juge de la mise en état du tribunal de grande instance de Meaux est déclarée nulle et non avenue. La cause et les parties sont renvoyées devant ce tribunal ;

Article 3 : la procédure suivie devant le tribunal administratif de Melun est déclarée nulle et non avenue à l'exception du jugement du 12 octobre 2000.

3° Arrêts du Conseil d'État

a) CE 13 sept. 2000 (recours en annulation)

Extraits

LE CONSEIL D'ÉTAT,...

Vu le Code des communes ;

Vu la loi n° 91-647 du 10 juillet 1991 ;

Vu l'ordonnance n° 45-1708 du 31 juillet 1945, le décret n° 53-934 du 30 septembre 1953 et la loi n° 87-1127 du 31 décembre 1987 ;

[...]

Considérant qu'aux termes de l'article L. 111-4 du Code des assurances : « L'autorité administrative peut imposer l'usage de clauses types de contrats » ; que l'article L. 243-8 du code prévoit que tout contrat d'assurance construction est réputé contenir, nonobstant toute clause contraire, des garanties équivalentes à celles figurant dans les clauses types ; que l'Association des diplômés ICH du Languedoc-Roussillon demande l'annulation de l'arrêté du ministre de l'Économie et des Finances en date du 30 mai 1997, qui modifie l'annexe II à l'article A. 243-1 du Code des assurances, relative aux clauses types applicables au contrat d'assurance dommages que doit souscrire toute personne qui fait réaliser des travaux de bâtiment ;

Considérant que l'Association des diplômés ICH du Languedoc-Roussillon, dont l'objet est de défendre les intérêts, notamment professionnels, des titulaires du diplôme de l'institut d'études économiques et juridiques appliquées à la construction et à l'habitation (ICH) invoque, pour justifier son intérêt à agir, la qualité d'expert de nombreux de ses membres ; qu'il résulte de l'instruction que la formation dispensée par l'ICH conduit notamment à la profession d'expert ; que, par suite, si l'association a intérêt à demander l'annulation de l'article 2 de l'arrêté attaqué, qui réduit le nombre de cas de sinistres dans lesquels l'intervention d'un expert est obligatoire, elle n'a en revanche pas intérêt à demander l'annulation de l'article 1er de cet arrêté, relatif au contenu de la déclaration de sinistre qui ne concerne que les relations entre les assurés et les assureurs ; qu'il s'en suit que la requête, signée du secrétaire général de l'association, habilité à cet effet par l'assemblée générale, n'est recevable que dans la mesure où elle est dirigée contre l'article 2 de l'arrêté ;

Sans qu'il soit besoin de statuer sur les moyens de la requête :

Considérant qu'à la date de l'arrêté attaqué, aucune disposition législative ou réglementaire n'habilitait le ministre de l'Économie et des Finances à édicter les dispositions réglementaires mentionnées à l'article L. 111-4, précité, du Code des assurances ; qu'en l'absence d'une telle délégation, et nonobstant la circonstance que le ministre signataire exerce la tutelle du secteur des assurances, le Premier ministre était seul compétent pour imposer l'usage de clauses types de contrats ; que, dès lors, l'article 2 de l'arrêté du 30 mai 1997 a été pris par une autorité incompétente et doit être annulé ;

Considérant qu'il n'y a pas lieu, dans les circonstances de l'espèce de faire application des dispositions de l'article 75-I de la loi du 10 juillet 1991, et de condamner l'État à payer à l'association requérante la somme qu'elle demande au titre des frais exposés par elle et non compris dans les dépens.

DÉCIDE :

Article 1er : l'article 2 de l'arrêté du ministre de l'Économie et des Finances en date du 30 mai 1997, modifiant l'annexe II à l'article A 243-1 du Code des assurances, est annulé.

Article 2 : le surplus des conclusions de la requête de l'Association des diplômés ICH du Languedoc-Roussillon est rejeté [...].

b) CE 15 janv. 2001 (Cassation)

Extraits

LE CONSEIL D'ÉTAT,...

Vu la requête sommaire et le mémoire complémentaire, enregistrés les 18 décembre 1996 et 18 avril 1997 au secrétariat du contentieux du Conseil d'État, présentés pour Mme Jeanine C., Mlle Sabine C., M. Michel C., Mme Nathalie C., Mme Élisabeth A. et M. Philippe C., Mme C. et autres demandent au Conseil d'État : 1o d'annuler l'arrêt du 30 novembre 1995 par lequel la Cour administrative d'appel de Bordeaux a confirmé le jugement du 10 juillet 1992 par lequel le Tribunal administratif de Toulouse a rejeté leur demande tendant à ce que le centre hospitalier régional de Toulouse soit condamné à leur payer respectivement les sommes de 620 000 F, 160 000 F, 130 000 F, 130 000 F, 130 000 F et 140 000 F en réparation du préjudice subi du fait du décès de M. Jean-Louis C. survenu le 4 avril 1984 dans cet établissement ; 2o d'ordonner la capitalisation des intérêts sur ces sommes ; 3o de condamner le centre hospitalier régional de Toulouse à verser à M. Philippe C. une somme de 5 000 F au titre de l'article 75-I de la loi no 91-647 du 10 juillet 1991 remplacé par l'article L. 761-1 du Code de justice administrative… ;

Considérant que lorsque l'acte médical envisagé, même accompli conformément aux règles de l'art, comporte des risques connus de décès ou d'invalidité, le patient doit en être informé dans des conditions qui permettent de recueillir son consentement éclairé ; que, si cette information n'est pas requise en cas d'urgence, d'impossibilité, de refus du patient d'être informé, la seule circonstance que les risques ne se réalisent qu'exceptionnellement ne dispense pas les praticiens de leur obligation ;

Considérant qu'il résulte de l'instruction que M. C. est décédé à la suite d'une intervention de désobstruction coronaire avec pontage, motivée par une thrombose de l'artère interventriculaire antérieure survenue au cours d'une angioplastie transluminale ; qu'en se fondant sur la nature exceptionnelle d'un tel risque de décès pour juger qu'il n'y avait pas lieu d'informer le patient des risques de l'opération, la Cour administrative d'appel de Bordeaux a commis une erreur de droit ; que, par suite, l'arrêt du 30 novembre 1995 doit être annulé ;

Considérant qu'aux termes de l'article L. 821-2 du Code de justice administrative, le Conseil d'État, s'il prononce l'annulation d'une décision d'une juridiction administrative statuant en dernier ressort, peut « régler l'affaire au fond si l'intérêt d'une bonne administration de la justice le justifie » ; que, dans les circonstances de l'espèce, il y a lieu de régler l'affaire au fond ;

Sur la responsabilité sans faute :

Considérant que lorsqu'un acte médical nécessaire au diagnostic ou au traitement du malade présente un risque dont l'existence est connue mais dont la réalisation est exceptionnelle et dont aucune raison ne permet de penser que le patient y soit particulièrement exposé, la responsabilité du service public hospitalier est engagée si l'exécution de cet acte est la cause directe de dommages sans rapport avec l'état initial du patient comme avec l'évolution prévisible de cet état, et présentant un caractère d'extrême gravité ;

Considérant qu'il résulte de l'instruction que M. C. était suivi depuis des années pour une sténose qui s'était aggravée en passant de 40 % à 80 % ; que l'occlusion miocardique qui a entraîné la mort de M. C. ne peut donc être regardée comme sans rapport avec son état initial ou avec l'évolution prévisible de cet état ; que, par suite, la responsabilité sans faute du centre hospitalier régional de Toulouse ne peut être engagée ;

Sur la responsabilité pour faute :

Considérant qu'il résulte de l'instruction et notamment des rapports d'expertise établis dans le cadre d'une instance pénale et versés au dossier que l'état de santé de M. C. justifiait l'intervention pratiquée et que les précautions nécessaires à ladite intervention pratiquée ont été prises ; qu'aucune faute de nature à engager en la matière la responsabilité du centre hospitalier régional ne peut être relevée à l'encontre des médecins qui ont pratiqué l'angioplastie ou qui sont intervenus après l'échec de cette dernière ;

Considérant que le moyen tiré de ce que le docteur Serena, médecin traitant de M. C. n'aurait pas été informé de l'angioplastie qui allait être pratiquée sur M. C. à la suite de l'angio-coronarographie qu'il avait prescrite serait, à le supposer fondé, inopérant, dès lors qu'aucune disposition législative ou réglementaire n'imposait au centre hospitalier de procéder à cette information préalable ;

Considérant qu'il résulte de l'instruction que les angioplasties, même effectuées dans les règles de l'art, présentent des risques d'infarctus avec une fréquence de 5 % et de décès avec une fréquence de 0,9 à 1,5 % ; qu'il n'est pas contesté que M. C. n'avait pas été informé de l'existence de tels risques ; qu'une telle information n'était pas impossible contrairement à ce que soutient le centre hospitalier ; que ce défaut d'information a constitué une faute susceptible d'engager la responsabilité du centre hospitalier à l'égard de M. C. ;

Considérant toutefois qu'il résulte de l'instruction, d'une part, que l'état de santé de M. . nécessitait de manière vitale une intervention visant à désobstruer ses coronaires et, d'autre part, qu'il n'y avait pas d'alternative thérapeutique moins risquée que l'opération réalisée ; que, par suite, la faute commise par le centre hospitalier régional de Toulouse n'a pas entraîné, dans les circonstances de l'espèce, de perte de chance pour M. C., de se soustraire au risque qui s'est réalisé ; qu'aucune indemnisation n'est, par conséquent, due à ce titre ;

Considérant qu'il résulte de tout ce qui précède que les consorts C. ne sont pas fondés à se plaindre que le tribunal administratif de Bordeaux a rejeté leur demande de réparation du préjudice qu'ils ont subi à la suite du décès de M. Jean-Louis C.

Article 1er : l'arrêt de la Cour administrative d'appel de Bordeaux du 30 novembre 1995 est annulé.

Article 2 : le surplus des conclusions de la requête est rejeté…

4° Arrêt de la Cour de justice des Communautés européennes
CJCE 26 juin 2001

Extraits

LA COUR :

1. Par ordonnance du 14 avril 1999, parvenue à la Cour le 10 mai suivant, la High Court of Justice (England & Wales), Queen's Bench Division (Crown Office), a posé à la Cour, en application de l'article 234 CE, deux questions préjudicielles sur l'interprétation de l'article 7 de la directive n° 93/104/CE du Conseil, du 23 novembre 1993, concernant certains aspects de l'aménagement du temps de travail (*JO* L 307, p. 18).

2. Ces questions ont été soulevées dans le cadre d'un litige opposant Broadcasting, Entertainment, Cinematographic and Theatre Union (ci-après « BECTU ») au Secretary of State for Trade and Industry (ci-après le « Secretary of State ») au sujet de la transposition dans le droit interne du Royaume-Uni de Grande-Bretagne et d'Irlande du Nord de la disposition de la directive n° 93/104 qui réglemente le droit au congé annuel payé.

[...]

Sur la première question

33. Par sa première question, la juridiction de renvoi demande en substance si l'article 7, paragraphe 1, de la directive n° 93/104 permet qu'un État membre adopte une réglementation nationale en vertu de laquelle un travailleur ne commence à acquérir un droit au congé annuel payé qu'à la condition d'avoir accompli une période minimale de treize semaines de travail ininterrompu auprès d'un même employeur.

34. À cet égard, il convient de constater d'emblée que l'article 7, paragraphe 1, de la directive n° 93/104 impose aux États membres une obligation de résultat claire et précise, selon laquelle ces derniers « prennent les mesures nécessaires pour que tout travailleur bénéficie d'un congé annuel payé d'au moins quatre semaines ».

35. Toutefois, il ressort de la même disposition que les travailleurs bénéficient de ce droit individuel au congé annuel payé d'une durée minimale, conféré par la directive n° 93/104, « conformément aux conditions d'obtention et d'octroi prévues par les législations et/ou pratiques nationales ».

36. La portée de ladite disposition doit ainsi être déterminée en la replaçant dans son contexte. À cet effet, il y a lieu d'examiner la finalité de la directive n° 93/104 ainsi que le système mis en place par celle-ci et dans lequel s'insère son article 7, paragraphe 1.

37. S'agissant, d'une part, de l'objectif de la directive n° 93/104, force est de constater qu'il ressort tant de l'article 118 A du Traité, qui constitue la base juridique de cette directive, que des premier, quatrième, septième et huitième considérants de celle-ci, ainsi que du libellé même de son article 1er, paragraphe 1, qu'elle a pour objet de fixer des prescriptions minimales destinées à améliorer les conditions de vie et de travail des travailleurs par un rapprochement des dispositions nationales concernant notamment la durée du temps de travail.

38. Selon ces mêmes dispositions, cette harmonisation au niveau communautaire en matière d'aménagement du temps de travail vise à garantir une meilleure protection de la sécurité et de la santé des travailleurs, en faisant bénéficier ceux-ci de périodes minimales de repos et de périodes de pause adéquates.

39. Dans ce contexte, il ressort en particulier du quatrième considérant de ladite directive que la charte communautaire des droits sociaux fondamentaux des travailleurs, adoptée lors de la réunion du Conseil européen tenue à Strasbourg, le 9 décembre 1989, déclare à ses paragraphes 8 et 19, premier alinéa, que tout travailleur de la Communauté européenne doit bénéficier dans son milieu de travail de conditions satisfaisantes de protection de sa santé et de sa sécurité, et qu'il a droit, notamment, à un congé annuel payé dont les durées doivent être rapprochées dans le progrès, conformément aux pratiques nationales.

40. S'agissant, d'autre part, du système mis en place par la directive n° 93/104, il y a lieu de relever que, si son article 15 permet de manière générale l'application ou l'introduction de dispositions nationales plus favorables à la protection de la sécurité et de la santé des travailleurs, ladite directive précise en revanche, à son article 17, que seules certaines de ses dispositions limitativement énumérées peuvent faire l'objet de dérogations prévues par les États membres ou les partenaires sociaux. Au surplus, la mise en œuvre de telles dérogations est subordonnée à la condition que les principes généraux de la protection de la sécurité et de la santé des travailleurs soient respectés ou que des périodes équivalentes de repos compensateur ou une autre protection appropriée soient accordées aux travailleurs concernés.

41. Or, force est de constater que l'article 7 de la directive n° 93/104 ne figure pas parmi les dispositions auxquelles celle-ci permet expressément de déroger.

42. La directive n° 93/104 se borne à énoncer, à son article 18, paragraphe 1, sous b), ii), que les États membres ont la faculté de prévoir, pour l'application dudit article 7, une période transitoire maximale de trois ans à compter du 23 novembre 1996, à condition cependant qu'au cours de cette période tout travailleur bénéficie d'un congé annuel payé de trois semaines qui ne peut pas être remplacé par une indemnité financière, sauf en cas de fin de la relation de travail. Ainsi qu'il a été relevé au point 17 du présent arrêt, le Royaume-Uni a au demeurant fait usage de cette faculté.

43. Il résulte de ce qui précède que le droit au congé annuel payé de chaque travailleur doit être considéré comme un principe du droit social communautaire revêtant une importance particulière, auquel il ne saurait être dérogé et dont la mise en œuvre par les autorités nationales compétentes ne peut être effectuée que dans les limites expressément énoncées par la directive n° 93/104 elle-même.

44. Il apparaît significatif à cet égard que cette directive consacre en outre la règle selon laquelle le travailleur doit normalement pouvoir bénéficier d'un repos effectif, dans un souci de protection efficace de sa sécurité et de sa santé, puisque ce n'est que dans le cas où il est mis fin à la relation de travail que son article 7, paragraphe 2, permet que le droit au congé annuel payé soit remplacé par une compensation financière.

45. Il convient d'ajouter que la directive n° 93/104 définit son champ d'application de manière large, dans la mesure où, ainsi qu'il ressort de son article 1er, paragraphe 3, elle s'applique à tous les secteurs d'activités, privés ou publics, au sens de l'article 2 de la directive n° 89/391, à l'exception de certains secteurs spécifiques explicitement énumérés.

46. Au surplus, la directive n° 93/104 n'opère aucune distinction entre les travailleurs sous contrat à durée indéterminée et ceux qui sont sous contrat à durée déterminée. Au contraire, en ce qui concerne plus spécifiquement les dispositions relatives aux périodes minimales de repos figurant à la section II de cette directive, elles visent le plus souvent « tout travailleur », ainsi que le fait en Particulier l'article 7, paragraphe 1, de celle-ci pour le droit au congé annuel payé.

47. Il découle des considérations qui précèdent que, au regard tant de l'objectif de la directive n° 93/104 que de son économie, le congé annuel payé, d'une durée minimale de trois semaines pendant la période transitoire prévue à l'article 18, paragraphe 1, sous b), ii), et de quatre semaines après l'expiration de celle-ci, constitue un droit social directement conféré par cette directive à chaque travailleur en tant que prescription minimale nécessaire pour assurer la protection de sa sécurité et de sa santé.

48. Or, une réglementation d'un État membre, telle que celle en cause au principal, qui prévoit une condition d'ouverture du droit au congé annuel payé de nature à empêcher la constitution même de celui-ci pour certains travailleurs, non seulement vide de sa substance un droit individuel expressément accordé par la directive n° 93/104, mais est également en contradiction avec l'objectif de cette dernière.

49. En effet, en application d'une réglementation de cette nature, les travailleurs dont la relation d'emploi prend fin avant l'écoulement de la période minimale de treize semaines de travail ininterrompu auprès du même employeur sont privés de tout droit au congé annuel payé et ne bénéficient pas non plus d'une indemnité financière de remplacement, alors même qu'ils ont effectivement travaillé pendant un certain temps et que, conformément à la directive n° 93/104, des périodes minimales de repos sont indispensables à la protection de leur sécurité et de leur santé.

50. Une telle réglementation nationale est, en outre, manifestement incompatible avec l'économie de la directive n° 93/104 qui, contrairement à d'autres matières relevant de son champ d'application, n'autorise aucune possibilité de dérogation en ce qui concerne le droit au congé annuel payé et s'oppose dès lors, à plus forte raison, à ce qu'un État membre puisse unilatéralement restreindre ce droit conféré par ladite directive à tous les travailleurs. En effet, l'article 17 de celle-ci subordonne les dérogations qu'elle autorise à l'obligation pour les États membres d'accorder des périodes de repos compensateur ou une autre protection appropriée. Étant donné qu'aucune condition de cette nature n'est prévue s'agissant du droit au congé annuel payé, il est d'autant plus clair que la directive n° 93/104 n'entendait pas autoriser les États membres à déroger à ce droit.

51. Au surplus, une réglementation telle que celle en cause au principal est susceptible de donner lieu à des abus, parce que des employeurs pourraient être tentés de tourner l'obligation d'accorder le congé annuel payé auquel chaque travailleur a droit en recourant plus fréquemment aux relations de travail de courte durée.

52. En conséquence, la directive n° 93/104 doit être interprétée en ce sens qu'elle fait obstacle à ce que les États membres limitent unilatéralement le droit au congé annuel payé conféré à tous les travailleurs, en appliquant une condition d'ouverture dudit droit qui a pour effet d'exclure certains travailleurs du bénéfice de ce dernier.

53. L'expression « conformément aux conditions d'obtention et d'octroi prévues par les législations et/ou pratiques nationales » doit dès lors être comprise comme visant les seules modalités d'application du congé annuel payé dans les différents États membres. Ainsi que M. l'avocat général l'a relevé au point 34 de ses conclusions, il est donc loisible à ceux-ci de définir, dans leur réglementation interne, les conditions d'exercice et de mise en œuvre du droit au congé annuel payé, en précisant les circonstances concrètes dans lesquelles les travailleurs peuvent faire usage dudit droit dont ils bénéficient au titre de l'intégralité des périodes de travail accomplies, sans toutefois pouvoir subordonner à quelque condition que ce soit la constitution même de ce droit qui résulte directement de la directive n° 93/104.

54. Pour réfuter l'interprétation de la directive 93/104 donnée aux points 52 et 53 du présent arrêt, le gouvernement du Royaume-Uni fait valoir, en premier lieu, qu'elle est infirmée par la circonstance que les modalités d'application du droit au congé annuel payé varient sensiblement d'un État membre à l'autre et que certaines réglementations nationales n'ont pas prévu le bénéfice d'un tel droit dès le premier jour d'emploi du travailleur.

55. À cet égard, il y a lieu de rappeler que la directive n° 93/104 ne comporte que des prescriptions minimales d'harmonisation au niveau communautaire en matière d'aménagement du temps de travail et confie aux États membres le soin d'adopter les modalités d'exécution et d'application nécessaires à la mise en œuvre de ces prescriptions. Ces mesures peuvent donc comporter certaines divergences quant aux conditions d'exercice du droit au congé annuel payé, mais, ainsi que la Cour l'a jugé aux points 52 et 53 du présent arrêt, cette directive ne permet pas aux États membres d'exclure la naissance même d'un droit expressément accordé à tous les travailleurs.

56. Pour le surplus, même à supposer que d'autres réglementations nationales contiennent une condition comparable à celle figurant dans la législation en cause au principal, il suffit de rappeler que, une telle condition n'étant manifestement pas conforme à la directive n° 93/104, il est de jurisprudence constante qu'un État membre ne saurait justifier l'inexécution des obligations qui lui incombent en vertu du droit communautaire par la circonstance que d'autres États membres manqueraient également à leurs obligations (v., en ce sens, arrêt du 9 juillet 1991, *Commission c/ Royaume-Uni*, C-146/89, *Rec*. I-3533, point 47).

57. Le gouvernement du Royaume-Uni soutient, en deuxième lieu, que la condition d'ouverture du droit au congé annuel payé prévue par sa réglementation constitue un juste équilibre entre, d'une part, l'objectif de la directive n° 93/104, qui vise à protéger la sécurité et la santé des travailleurs, et, d'autre part, la nécessité d'éviter d'imposer des contraintes excessives aux petites et moyennes entreprises, conformément à l'article 118 A, paragraphe 2, second alinéa, du Traité, qui constitue la base juridique de cette directive. En effet, honnis le coût du congé lui-même, les frais administratifs seraient particulièrement élevés pour assurer la gestion des congés annuels du personnel engagé pour une courte durée et ils pèseraient davantage sur les petites et moyennes entreprises.

58. À cet égard, il y a lieu tout d'abord de constater que la réglementation en cause au principal est d'application générale, puisque la condition selon laquelle, pour pouvoir prétendre au congé annuel payé, il convient d'avoir accompli une période minimale et ininterrompue de treize semaines de travail auprès d'un même employeur vise tous les travailleurs, sans distinguer selon les catégories d'entreprises dans lesquelles ces derniers sont employés.

59. Il convient de relever ensuite qu'il ressort du cinquième considérant de la directive n° 93/104 que « l'amélioration de la sécurité, de l'hygiène et de la santé des travailleurs au travail représente un objectif qui ne saurait être subordonné à des considérations de caractère purement économique ». Or, l'argument du gouvernement du Royaume-Uni repose incontestablement sur une considération de cette nature.

60. Il importe de rappeler enfin que, ainsi que la Cour l'a jugé dans l'arrêt du 12 novembre 1996, *Royaume-Uni c/Conseil* (C-84/94, *Rec.* I-5755, point 44), la directive n° 93/104 a déjà pris en considération les incidences que l'aménagement du temps de travail qu'elle établit peut avoir sur les petites et moyennes entreprises, étant donné que l'une des conditions auxquelles sont soumises les mesures fondées sur l'article 118 A du Traité est précisément qu'elles ne contrarient pas la création et le développement de telles entreprises. Au demeurant, l'article 18, paragraphe 1, sous b), ii), de ladite directive autorise les États membres à prévoir une période transitoire de trois ans au cours de laquelle les travailleurs doivent pouvoir bénéficier d'un congé annuel payé de trois semaines, faculté dont le Royaume-Uni a fait usage.

61. En outre, la même directive n'empêche pas les États membres d'aménager les modalités d'exercice du droit au congé annuel en réglementant, par exemple, la manière dont les travailleurs peuvent prendre le congé auquel ils ont droit durant les premières semaines de leur emploi.

62. Le gouvernement du Royaume-Uni fait valoir, en troisième lieu, qu'il convient d'interpréter l'article 7 de la directive n° 93/104 à la lumière de l'ensemble de celle-ci. Or, en application d'autres dispositions de cette directive, l'existence de périodes de repos journalier et hebdomadaire dès le début de la relation de travail retarderait l'accumulation de la fatigue par les travailleurs, de sorte qu'il ne serait pas nécessaire de leur accorder un droit au congé annuel payé pendant les premières semaines d'emploi pour protéger leur sécurité et leur santé.

63. Il suffit de constater à cet égard que cette argumentation part de l'hypothèse selon laquelle, s'agissant d'un travailleur occupé dans le cadre de contrats de travail de courte durée, l'intéressé a pu bénéficier d'une période de repos suffisante avant de s'engager dans une nouvelle relation de travail. Or, le bien-fondé d'une telle supposition est loin d'être établi en ce qui concerne des travailleurs exerçant leurs activités dans le cadre d'une succession de contrats de courte durée. Au contraire, de tels travailleurs se trouvent souvent dans une situation plus précaire que ceux engagés en vertu de contrats d'une durée supérieure, de sorte qu'il est d'autant plus important de veiller à la protection de leur sécurité et de leur santé, conformément à la finalité de la directive n° 93/104.

64. Au vu de l'ensemble des considérations qui précèdent, il y a lieu de répondre à la première question que l'article 7, paragraphe 1, de la directive n° 93/104 ne permet pas qu'un État membre adepte une réglementation nationale en vertu de laquelle un travailleur ne commence à acquérir un droit au congé annuel payé qu'à la condition d'avoir accompli une période minimale de treize semaines de travail ininterrompu auprès d'un même employeur [...].

Par ces motifs, la Cour (sixième chambre), statuant sur les questions à elle soumises par la *High Court of Justice* (*England & Wales*), *Queen's Bench Division* (*Crown Office*), par ordonnance du 14 avril 1999, dit pour droit : l'article 7, paragraphe 1, de la directive n° 93/104/CE du Conseil, du 23 novembre 1993, concernant certains aspects de l'aménagement du temps de travail, ne permet pas qu'un État membre adopte une réglementation nationale en vertu de laquelle un travailleur ne commence à acquérir un droit au congé annuel payé qu'à la condition d'avoir accompli une période minimale de treize semaines de travail ininterrompu auprès d'un même employeur.

5° Arrêt de la Cour européenne des droits de l'Homme
CEDH 7 juin 2001

Extraits

LA COUR :

[...]

D. – **Le déroulement de la procédure devant le Conseil d'État**

1. – *Le rôle du rapporteur*

[...]

2. – *Le rôle du commissaire du gouvernement*

41. – L'institution du commissaire du gouvernement date d'une ordonnance du 12 mars 1831. À l'origine, comme son nom l'indique, elle était conçue pour représenter le point de vue du gouvernement mais, très rapidement, cette fonction disparut (au plus tard en 1852).

Le titre est resté, mais il est trompeur. L'institution est devenue depuis lors l'une des originalités extérieurement les plus marquantes de la juridiction administrative française, notamment parce que le commissaire du gouvernement s'est rapidement affirmé comme un magistrat totalement indépendant des parties.

Le commissaire du gouvernement joue un rôle traditionnellement très important dans la formation de la jurisprudence administrative : la plupart des grandes innovations jurisprudentielles sont intervenues à la suite de conclusions célèbres du commissaire du gouvernement. En outre, compte tenu du fait que les arrêts du Conseil d'État sont toujours rédigés de manière très elliptique, souvent seule la lecture des conclusions du commissaire du gouvernement permet, lorsqu'elles sont publiées, de comprendre la *ratio decidendi* des arrêts rendus.

a) *Nomination*

[...]

43. – Membre du Conseil d'État et attaché à la sous-section qui est à la base de la formation de jugement appelée à donner une solution à l'affaire, il assiste, sans voter et généralement en silence, à la séance d'instruction où les affaires sont présentées par les rapporteurs, et reçoit copie du projet d'arrêt adopté par la sous-section et révisé par le réviseur. Lorsque sa position sur un dossier est différente de celle de la sous-section, il peut venir en discuter avec celle-ci lors d'une autre séance d'instruction.

Si le désaccord persiste et s'il estime que l'affaire est suffisamment importante, il dispose de la faculté (rarement utilisée en pratique) de demander le renvoi de l'affaire soit à la Section du contentieux, soit à l'Assemblée (article 39 du décret du 30 juillet 1963 relatif à l'organisation et au fonctionnement du Conseil d'État). Ce n'est qu'après qu'il préparera ses conclusions en vue de la séance publique de jugement. Ces conclusions, généralement exclusivement orales, ne sont communiquées ni aux parties, ni au rapporteur ni aux membres de la formation de jugement.

c) *Rôle du commissaire du gouvernement lors de l'audience de jugement*

44. – La pratique s'est instaurée de la communication aux avocats qui en font la demande, préalablement à l'audience, du sens général des conclusions que le commissaire du gouvernement développera oralement à l'audience. Compte tenu du nombre d'affaires à juger (environ 500 par an pour chaque commissaire du gouvernement), les conclusions du commissaire du gouvernement, qui demeurent sa propriété exclusive, sont en effet souvent uniquement orales. Il est totalement libre de verser ou non celles qu'il a décidé de rédiger par écrit aux archives du Conseil d'État ou de les publier, pour les affaires importantes, en annexe aux arrêts du Conseil d'État qui font l'objet d'une publication dans le recueil officiel ou dans des revues juridiques.

45. – À l'audience, le commissaire du gouvernement prononce obligatoirement ses conclusions, qui doivent être motivées, car il ne peut s'en remettre à la sagesse de la juridiction.

[...]

47. – Le commissaire du gouvernement a pour mission, selon les termes employés par le Conseil d'État lui-même (10 juill. 1957, Gervaise, *Rec. CE*, p. 466, rappelés par 29 juillet 1998, *Esclatine*, *D*. 1999. Jur. 85, concl. Chauvaux) : « d'exposer au Conseil les questions que présente à juger chaque recours contentieux et de faire connaître, en formulant en toute indépendance ses conclusions, son appréciation, qui doit être impartiale, sur les circonstances de fait de l'espèce et les règles de droit applicables, ainsi que son opinion sur les solutions qu'appelle, suivant sa conscience, le litige soumis à la juridiction à laquelle il appartient ».

48. – À l'audience, les parties au litige ne peuvent donc pas prendre la parole après le commissaire du gouvernement puisque son intervention se situe après la clôture des débats. Elles ont toutefois, même si elles ne sont pas représentées par un avocat, la possibilité, consacrée par la pratique, de faire parvenir à l'organe de jugement une « note en délibéré » pour compléter leurs observations orales ou répondre aux conclusions du commissaire du gouvernement. Cette note en délibéré est lue par le rapporteur avant qu'il ne lise le projet d'arrêt, et que ne s'ouvre la discussion.

49. – Par ailleurs, selon une jurisprudence constante du Conseil d'État, si le commissaire du gouvernement soulevait le moyen – même d'ordre public – non discuté par les parties au cours de la procédure, le président de la formation de jugement déciderait de rayer l'affaire du rôle, de communiquer ce moyen aux parties pour qu'elles en débattent et de réinscrire l'affaire à une nouvelle audience quelques semaines plus tard, car la communication des moyens relevés d'office est de droit.

d) *Le rôle du commissaire du gouvernement pendant le délibéré*

50. – Après l'audience publique, il est d'usage que le commissaire du gouvernement assiste au délibéré, mais il ne vote pas. En règle générale, il n'intervient oralement que pour apporter, le cas échéant, des réponses à des questions précises qui lui sont posées. Il est en effet le membre de la juridiction qui a vu le dossier en dernier, et qui est donc censé en avoir la connaissance la plus exacte.

[...]

En droit :

I. – Sur la violation alléguée de l'article 6, § 1, de la Convention au regard de l'équité de la procédure

55. – Mme Kress allègue une violation de l'article 6, § 1, de la Convention, aux termes duquel « Toute personne a droit à ce que sa cause soit entendue équitablement [...] par un tribunal [...], qui décidera des contestations sur ses droits et obligations de caractère civil [...] ».

A. – Argumentation des parties :

1. – *La requérante* [...],

2. – *Le gouvernement* [...].

a) *Observations générales* [...],

b) *Différence organique entre les avocats généraux auprès des cours suprêmes et le commissaire du gouvernement* [...],

c) *Différence fonctionnelle entre les avocats généraux et le commissaire du gouvernement* [...],

d) *La participation du commissaire du gouvernement au délibéré,*

[…].

61. – Le gouvernement rappelle qu'il est de règle que le commissaire ne prenne pas part au vote qui a lieu au terme du délibéré auquel il a siégé. Pour autant, il ne faut pas en déduire qu'il n'est pas un juge mais qu'il doit être assimilé à un tiers intervenant, avec les conséquences qui en découlent. Rien ne s'opposerait, du point de vue de son statut, et de sa position dans la procédure, à ce que le commissaire prenne part au vote en délibéré, et son abstention est plus formelle et symbolique que réelle.

Cette règle trouve son origine dans la conception très exigeante et formaliste du secret du délibéré que retient le droit français, selon laquelle nul ne doit connaître à l'extérieur de la juridiction l'opinion individuelle d'un juge qui a concouru par son vote à la formation de la décision collégiale. Dès lors, l'abstention du commissaire au moment du vote permet de sauvegarder les apparences et de laisser intact, au moins formellement le principe du secret du délibéré : puisque le commissaire fait connaître publiquement son opinion, il ne vote pas, et ainsi les principes sont saufs. Il n'empêche que le commissaire est bel et bien un membre de la formation de jugement et qu'il participe de bout en bout à l'examen collégial qui débouche sur la décision.

C'est au point, d'ailleurs, que les arrêts du Conseil d'État sont souvent interprétés, lorsque leur sens est conforme aux conclusions du commissaire, à la lumière de celles-ci, les conclusions constituant en quelque sorte une motivation complémentaire de l'arrêt. Et lorsque le sens de l'arrêt est contraire à celui des conclusions, celles-ci représentent ce que le droit français ignore en théorie, et même bannit, mais qu'il pratique en fait dans la juridiction administrative, à savoir l'opinion dissidente d'un juge par rapport à celle de la majorité de ses collègues.

e) *Remarques finales* [...].

Le gouvernement conclut donc à la non-violation de l'article 6, § 1, de la Convention.

B. – Appréciation de la Cour :

63. – La requérante se plaint, sous l'angle de l'article 6, § 1, de la Convention, de ne pas avoir bénéficié d'un procès équitable devant les juridictions administratives. Ce grief se subdivise en deux branches : la requérante ou son avocat n'a pas eu connaissance des conclusions du commissaire du gouvernement avant l'audience et n'a pu y répondre après, car le commissaire du gouvernement parle en dernier ; en outre, le commissaire assiste au délibéré, même s'il ne vote pas, ce qui aggraverait la violation du droit à un procès équitable résultant du non-respect du principe de l'égalité des armes et du droit à une procédure contradictoire.

1. – *Rappel de la jurisprudence pertinente*

64. – La Cour relève que sur les points évoqués ci-dessus, la requête soulève, *mutatis mutandis*, des problèmes voisins de ceux examinés par la Cour dans plusieurs affaires concernant le rôle de l'avocat général ou du procureur général à la Cour de cassation ou à la cour suprême en Belgique, au Portugal, aux Pays-Bas et en France (v. les arrêts *Borgers c/ Belgique* du 30 octobre 1991, série A, n° 214-B, *Vermeulen c/Belgique* et *Lobo Machado c/Portugal* du 20 février 1996, *Recueil* 1996-1, *Van Orshoven c/Belgique* du 25 juin 1997, *Recueil* 1997-III, et les deux arrêts *J.J. et K.D.B. c/ Pays-Bas* du 27 mars 1998, *Recueil* 1998-II ; v. également l'arrêt *Reinhardt et Slimane-Kaid c/France* du 31 mars 1998, *ibidem*).

65. – Dans toutes ces affaires, la Cour a conclu à la violation de l'article 6, § 1, de la Convention à raison de la non-communication préalable soit des conclusions du procureur général ou de l'avocat général, soit du rapport du conseiller rapporteur, et de l'impossibilité d'y répondre. La Cour rappelle en outre que, dans son arrêt *Borgers*, qui concernait le rôle de l'avocat général devant la Cour de cassation dans une procédure pénale, elle avait conclu au non-respect de l'article 6, § 1, de la Convention, en se fondant surtout sur la participation de l'avocat général au délibéré de la Cour de cassation, qui avait emporté violation du principe de l'égalité des armes (v. paragraphe 28 de l'arrêt).

Ultérieurement, la circonstance aggravante de la participation aux délibérés du procureur ou de l'avocat général n'a été retenue que dans les affaires *Vermeulen* et *Lobo Machado, où* elle avait été soulevée par les requérants (arrêts précités, respectivement § 34 et 32) ; dans tous les autres cas, la Cour a mis l'accent sur la nécessité de respecter le droit à une procédure contradictoire, en relevant que celui-ci impliquait le droit pour les parties à un procès de prendre connaissance de toute pièce ou observation présentée au juge, même par un magistrat indépendant, et de la discuter.

Enfin, la Cour rappelle que les affaires *Borgers c/Belgique*, *J.J. c/Pays-Bas et Reinhardt* et *Slimane-Kaïd c/France* concernaient des procédures pénales ou à connotation pénale. Les affaires *Vermeulen c/Belgique*, *Lobo Machado c/Portugal* et *K.D.B c/Pays-Bas* avaient trait à des procédures civiles ou à connotation civile tandis que l'affaire *Van Orshoven c/Belgique* concernait une procédure disciplinaire contre un médecin.

2. – *Quant à la spécificité alléguée de la juridiction administrative*

66. – Aucune de ces affaires ne concernait un litige porté devant les juridictions administratives et la Cour doit donc examiner si les principes dégagés dans sa jurisprudence, telle que rappelée ci-dessus, trouvent à s'appliquer en l'espèce.

[...].

71. – Nul n'a jamais mis en doute l'indépendance ni l'impartialité du commissaire du gouvernement, et la Cour estime qu'au regard de la Convention, son existence et son statut organique ne sont pas en cause. Toutefois la Cour considère que l'indépendance du commissaire du gouvernement et le fait qu'il n'est soumis à aucune hiérarchie, ce qui n'est pas contesté, ne sont pas en soi suffisants pour affirmer que la non-communication de ses conclusions aux parties et l'impossibilité pour celles-ci d'y répliquer ne seraient pas susceptibles de porter atteinte aux exigences d'un procès équitable.

En effet, il convient d'attacher une grande importance au rôle réellement assumé dans la procédure par le commissaire du gouvernement et plus particulièrement au contenu et aux effets de ses conclusions (v., par analogie et parmi beaucoup d'autres, l'arrêt *Van Orshoven*, préc., § 39).

3. – *En ce qui concerne la non-communication préalable des conclusions du commissaire du gouvernement et l'impossibilité d'y répondre à l'audience*

72. – La Cour rappelle que le principe de l'égalité des armes – l'un des éléments de la notion plus large de procès équitable – requiert que chaque partie se voie offrir une possibilité raisonnable de présenter sa cause dans des conditions qui ne la placent pas dans une situation de net désavantage par rapport à son adversaire (v., parmi beaucoup d'autres, l'arrêt *Nideröst-Huber c/Suisse* du 18 février 1997, *Rec.* I, § 23).

73. – Or, indépendamment du fait que, dans la majorité des cas, les conclusions du commissaire du gouvernement ne font pas l'objet d'un document écrit, la Cour relève qu'il ressort clairement de la description du déroulement de la procédure devant le Conseil d'État (paragraphes 40 à 52 ci-dessus) que le commissaire du gouvernement présente ses conclusions pour la première fois oralement à l'audience publique de jugement de l'affaire et que tant les parties à l'instance que les juges et le public en découvrent le sens et le contenu à cette occasion.

La requérante ne saurait tirer du droit à l'égalité des armes reconnu par l'article 6, § 1, de la Convention le droit de se voir communiquer, préalablement à l'audience, des conclusions qui ne l'ont pas été à l'autre partie à l'instance, ni au rapporteur, ni aux juges de la formation de jugement (v. l'arrêt *Nideröst-Huber*, préc., § 23). Aucun manquement à l'égalité des armes ne se trouve donc établi.

74. – Toutefois, la notion de procès équitable implique aussi en principe le droit pour les parties à un procès de prendre connaissance de toute pièce ou observation soumise au juge, fût-ce par un magistrat indépendant, en vue d'influencer sa décision, et de la discuter (v. les arrêts précités, *Vermeulen c/Belgique*, § 33, *Lobo Machado c/Portugal*, § 31, *Van Orshoven c/Belgique*, § 41, *K.D.B. c/Pays-Bas*, § 44 et *Nideröst-Huber c/Suisse*, § 24).

[...]

76. – Or, à la différence de l'affaire *Reinhardt et Slimane-Kaïd*, il n'est pas contesté que dans la procédure devant le Conseil d'État, les avocats qui le souhaitent peuvent demander au commissaire du gouvernement, avant l'audience, le sens général de ses conclusions. Il n'est pas davantage contesté que les parties peuvent répliquer, par une note en délibéré, aux conclusions du commissaire du gouvernement, ce qui permet, et c'est essentiel aux yeux de la Cour, de contribuer au respect du principe du contradictoire. C'est d'ailleurs ce que fit l'avocat de la requérante en l'espèce (paragraphe 26 ci-dessus).

Enfin, au cas où le commissaire du gouvernement invoquerait oralement lors de l'audience un moyen non soulevé par les parties, le président de la formation de jugement ajournerait l'affaire pour permettre aux parties d'en débattre (paragraphe 49 ci-dessus).

Dans ces conditions, la Cour estime que la procédure suivie devant le Conseil d'État offre suffisamment de garanties au justiciable et qu'aucun problème ne se pose sous l'angle du droit à un procès équitable pour ce qui est du respect du contradictoire.

Partant, il n'y a pas eu violation de l'article 6, § 1, de la Convention à cet égard.

4. – *En ce qui concerne la présence du commissaire du gouvernement au délibéré du Conseil d'État*

77. – Sur ce point, la Cour constate que l'approche soutenue par le gouvernement consiste à dire que, puisque le commissaire du gouvernement est un membre à part entière de la formation de jugement, au sein de laquelle il officie en quelque sorte comme un deuxième rapporteur, rien ne devrait s'opposer à ce qu'il assiste au délibéré, ni même qu'il vote.

78. – Le fait qu'un membre de la formation de jugement ait exprimé en publie son point de vue sur l'affaire pourrait alors être considéré comme participant à la transparence du processus décisionnel. Cette transparence est susceptible de contribuer à une meilleure acceptation de la décision par les justiciables et le publie, dans la mesure où les conclusions du commissaire du gouvernement, si elles sont suivies par la formation de jugement, constituent une sorte d'explication de texte de l'arrêt. Dans le cas contraire, lorsque les conclusions du commissaire du gouvernement ne se reflètent pas dans la solution adoptée par l'arrêt, elles constituent une sorte d'opinion dissidente qui nourrira la réflexion des plaideurs futurs et de la doctrine.

La présentation publique de l'opinion d'un juge ne porterait en outre pas atteinte au devoir d'impartialité, dans la mesure où le commissaire du gouvernement, au moment du délibéré, n'est qu'un juge parmi d'autres et que sa voix ne saurait peser sur la décision des autres juges au sein desquels il se trouve en minorité, quelle que soit la formation dans laquelle l'affaire est examinée (sous-section, sous-sections réunies, Section ou Assemblée). Il est d'ailleurs à noter que, dans la présente affaire, la requérante ne met nullement en cause l'impartialité subjective ou l'indépendance du commissaire du gouvernement.

79. – Toutefois, la Cour observe que cette approche ne coïncide pas avec le fait que, si le commissaire du gouvernement assiste au délibéré, il n'a pas le droit de voter. La Cour estime qu'en lui interdisant de voter, au nom de la règle du secret du délibéré, le droit interne affaiblit sensiblement la thèse du gouvernement, selon laquelle le commissaire du gouvernement est un véritable juge, car un juge ne saurait, sauf à se déporter, s'abstenir de voter. Par ailleurs, il serait difficile d'admettre qu'une partie des juges puisse exprimer publiquement leur opinion et l'autre seulement dans le secret du délibéré.

80. – En outre, en examinant ci-dessus le grief de la requérante concernant la non-communication préalable des conclusions du commissaire du gouvernement et l'impossibilité de lui répliquer, la Cour a accepté que le rôle joué par le commissaire pendant la procédure administrative requiert l'application de garanties procédurales en vue d'assurer le respect du principe du contradictoire (paragraphe 76 ci-dessus). La raison qui a amené la Cour à conclure à la non-violation de l'article 6, § 1, sur ce point n'était pas la neutralité du commissaire du gouvernement vis-à-vis des parties mais le fait que la requérante jouissait de garanties procédurales suffisantes pour contrebalancer son pouvoir. La Cour estime que ce constat entre également en ligne de compte pour ce qui est du grief concernant la participation du commissaire du gouvernement au délibéré.

81. – Enfin, la théorie des apparences doit aussi entrer en jeu : en s'exprimant publiquement sur le rejet ou l'acceptation des moyens présentés par l'une des parties, le commissaire du gouvernement pourrait être légitimement considéré par les parties comme prenant fait et cause pour l'une d'entre elles.

Pour la Cour, un justiciable non rompu aux arcanes de la justice administrative peut assez naturellement avoir tendance à considérer comme un adversaire un commissaire du gouvernement qui se prononce pour le rejet de son pourvoi. À l'inverse, il est vrai, un justiciable qui verrait sa thèse appuyée par le commissaire le percevrait comme son allié.

La Cour conçoit en outre qu'un plaideur puisse éprouver un sentiment d'inégalité si, après avoir entendu les conclusions du commissaire dans un sens défavorable à sa thèse à l'issue de l'audience publique, il le voit se retirer avec les juges de la formation de jugement afin d'assister au délibéré dans le secret de la chambre du conseil (v., *mutatis mutandis*, l'arrêt *Delcourt c/Belgique* du 17 janvier 1970, série A, nº 11, p. 17, § 30).

[...]

85. – De l'avis de la Cour, l'avantage pour la formation de jugement de cette assistance purement technique est à mettre en balance avec l'intérêt supérieur du justiciable, qui doit avoir la garantie que le commissaire du gouvernement ne puisse pas, par sa présence, exercer une certaine influence sur l'issue du délibéré. Tel n'est pas le cas dans le système français actuel.

86. – La Cour se trouve confortée dans cette approche par le fait qu'à la Cour de justice des Communautés européennes, l'avocat général, dont l'institution s'est étroitement inspirée de celle du commissaire du gouvernement, n'assiste pas aux délibérés, en vertu de l'article 27 du règlement de la CJCE.

87. – En conclusion, il y a eu violation de l'article 6, § 1, de la Convention, du fait de la participation du commissaire du gouvernement au délibéré de la formation de jugement.

[...]

Par ces motifs,

1) Dit, à l'unanimité, que l'article 6, § 1, de la Convention n'a pas été violé en ce qui concerne le grief de la requérante selon lequel elle n'a pas reçu préalablement à l'audience les conclusions du commissaire du gouvernement et n'a pu lui répliquer à l'issue de celle-ci ;

2) Dit, par dix voix contre sept, qu'il y a eu violation de l'article 6, § 1, de la Convention en raison de la participation du commissaire du gouvernement au délibéré [...] ;

Au présent arrêt se trouve joint, conformément aux articles 45, § 2, de la Convention et 74, § 2, du règlement de la Cour, l'exposé des opinions séparées suivantes : opinion concordante de M. Rozakis, Mme Tulkens et M. Casadevall ; opinion partiellement dissidente commune de MM. Wildhaber, Costa, Pastor Ridruejo, Kuris, Bîrsan, Mme Botoucharova et M. Ugrekhelidze. [...]

Remarquer, dans le dispositif :
- l'indication du résultat des votes qui ont conduit à la décision ;
- la référence à des opinions individuelles, éventuellement dissidentes.

Annexe III

Attributions des chambres civiles de la Cour de cassation

Première chambre civile (Civ. 1re)

– Agents immobiliers
– Arbitrage international et interne
– Assistance éducative
– Associations
– Contrats commerciaux lorsqu'une partie non commerçante a choisi la voie civile
– Contrats de mariage, régimes matrimoniaux, pactes civils de solidarité
– Coopératives agricoles et contrats d'intégration en agriculture
– Disciplines des experts judiciaires (articles 24 et suivants du décret n° 2004-1463 du 23 décembre 2004)
– Discipline et responsabilité des avocats et officiers publics et ministériels et des conseils juridiques, sauf lorsque la responsabilité de ces derniers est mise en cause à l'occasion d'une activité de conseiller fiscal
– Dommages de guerre
– Droit des personnes et de la famille, à l'exception des pourvois portant sur les articles 9 et 91 du Code civil divorce et séparation de corps, pensions alimentaires et garde des mineurs
– Droit international privé
– Législation en matière de protection des consommateurs, à l'exception du surendettement des particuliers
– Nationalité
– Obligations et contrats civils, à l'exception des baux portant sur des immeubles et des ventes immobilières, ainsi que de la responsabilité des architectes, entrepreneurs et promoteurs
– Ordres professionnels et professions organisées en ce qui concerne leur organisation, leur fonctionnement et leur gestion, à l'exception des honoraires d'avocats
– Presse (diffamation, injure, respect de la vie privée et du droit à l'image, respect de la présomption d'innocence) (articles 9 et 9-1 du Code civil)
– Prises à partie
– Propriété et droits réels mobiliers
– Prolongation du maintien des étrangers en rétention administrative ou en zone d'attente (art. L. 551-1-1 et suivants, art. L. 221-1 et suivants du Code de l'entrée et du séjour des étrangers et du droit d'asile)
– Propriété littéraire et artistique
– Rentes viagères entre particuliers
– Réquisitions
– Responsabilité contractuelle et notamment responsabilité du transporteur terrestre et aérien de personnes et responsabilité médicale

– Responsabilité des magistrats du corps judiciaire (article 111 modifié de l'ordonnance n° 581270 du 22 décembre 1958)
– Responsabilité du fait du fonctionnement défectueux du service de la justice (article L. 781-1 du Code de l'organisation judiciaire)
– Séparation des pouvoirs
– Sociétés civiles professionnelles
– Spoliations
– Successions, donations, testaments, partages et liquidations

Deuxième chambre civile (Civ. 2e)

– Assurances terrestres et de la navigation de plaisance (à l'exception de l'assurance construction)
– Demandes de renvoi pour cause de suspicion légitime
– Experts judiciaires (inscription sur les listes)
– Honoraires d'avocats
– Indemnisation de certaines victimes de dommages corporels résultant d'une infraction (article 706-3 du Code de procédure pénale)
– Indemnisation des transfusés et hémophiles contaminés par le VIH
– Législation concernant les rapatriés
– Pourvois électoraux, sauf en ce qui concerne les élections professionnelles internes à l'entreprise
– Pourvois formés contre les arrêts de cours d'appel dans lesquels le fonds d'indemnisation des victimes de l'amiante est partie
– Procédure civile
– Pupilles de la Nation
– Responsabilité délictuelle
– Sécurité sociale (dont accidents du travail et prestations familiales)
– Surendettement des particuliers
– Tarifs des auxiliaires de justice
– Voies d'exécution

Troisième chambre civile (Civ. 3e)

– Assurance construction
– Baux d'habitation
– Baux commerciaux
– Baux ruraux
– Expropriations
– Propriété immobilière (revendication, servitudes, bornage, mitoyenneté…)
– Actions possessoires
– Ventes d'immeubles
– Lotissement
– Remembrement
– Copropriété
– Urbanisme
– Contrats d'entreprise et de travaux
– Responsabilité des architectes, entrepreneurs et promoteurs
– Hypothèques et privilèges immobiliers
– Publicité foncière
– Construction
– Société civile immobilière
– Promotion immobilière
– Environnement et pollutions

Chambre commerciale, économique et financière (Com.)

– Assurance-crédit
– Banques et effets de commerce
– Bourse
– Cautionnement dans la vie des affaires
– Concurrence : concurrence déloyale et pourvois formés contre les arrêts de la cour d'appel de Paris en application de l'article L. 464-8 du Code de commerce
– Droit fiscal : enregistrement, impôt de solidarité sur la fortune, douane
– Droit maritime et assurance maritime
– Entreprises de presse
– Sauvegarde des entreprises et procédures collectives
– Fonds de commerce
– Obligations et contrats commerciaux et contrats de distribution
– Professions commerciales
– Propriété industrielle (brevets d'invention, marques, dessins et modèles, contrefaçons)
– Sociétés civiles à l'exclusion des sociétés civiles immobilières, des sociétés civiles professionnelles et des coopératives agricoles
– Sociétés commerciales et autres personnes morales de droit commercial
– Transport de marchandises par voies routière, ferroviaire, fluviale ou aérienne
– Visite et saisie domiciliaires

Chambre sociale (Soc.)

– Droit communautaire du travail
– Droit de l'emploi et de la formation
– Droits et obligations des parties au contrat de travail
– Élections en matière sociale et professionnelle, internes à l'entreprise
– Entreprises à statut
– Interférence du droit commercial et du droit du travail
– Licenciement disciplinaire
– Relations collectives du travail
– Représentation du personnel ; protection des représentants du personnel
– Situation économique et droit de l'emploi (notamment licenciement économique)

Annexe IV

Projet et proposition de loi Assemblée nationale

Fac-similé (réduit) de la page de titre d'un projet et d'une *proposition* de loi (Assemblée nationale).

Document
mis en distribution
le 18 janvier 2002

N° 3540

ASSEMBLÉE NATIONALE

CONSTITUTION DU 4 OCTOBRE 1958

ONZIÈME LÉGISLATURE

Enregistré à la Présidence de l'Assemblée nationale le 16 janvier 2002.

PROJET DE LOI

modifiant la loi n° 77-808 du 19 juillet 1977 relative à la **publication** *et à la* **diffusion** *de* **certains sondages d'opinion,**

(Renvoyé à la commission des lois constitutionnelles, de la législation et de l'administration générale de la République, à défaut de constitution d'une commission spéciale dans les délais prévus par les articles 30 et 31 du Règlement.)

PRÉSENTÉ

AU NOM DE M. LIONEL JOSPIN,

Premier ministre,

PAR M. DANIEL VAILLANT,

ministre de l'intérieur.

Élections et référendums.

N° 3548

ASSEMBLÉE NATIONALE

Document mis en distribution le 29 janvier 2002

CONSTITUTION DU 4 OCTOBRE 1958

ONZIÈME LÉGISLATURE

Enregistré à la Présidence de l'Assemblée nationale le 17 janvier 2002.

PROPOSITION DE LOI

visant à la **création** d'une **obligation alimentaire** *entre* **collatéraux.**

(Renvoyée à la commission des lois constitutionnelles, de la législation et de l'administration générale de la République, à défaut de constitution d'une commission spéciale dans les délais prévus par les articles 30 et 31 du Règlement.)

PRÉSENTÉE

PAR M. JEAN de GAULLE,

Député.

Famille.

Annexe V

Projet et proposition de loi Sénat

Fac-similé (réduit) de la page de titre d'un projet et une *proposition* de loi (Sénat).

N° 352

SÉNAT

SESSION ORDINAIRE DE 2000-2001

Annexe au procès-verbal de la séance du 5 juin 2001

PROJET DE LOI

ADOPTÉ PAR L'ASSEMBLÉE NATIONALE,

relatif à l'accès aux **origines** *des* **personnes adoptées** *et* **pupilles** *de l'***État,**

TRANSMIS PAR

M. LE PREMIER MINISTRE

À

M. LE PRÉSIDENT DU SÉNAT

(Renvoyé à la commission des Lois constitutionnelles, de législation, du suffrage universel, du Règlement et d'administration générale sous réserve de la constitution éventuelle d'une commission spéciale dans les conditions prévues par le Règlement).

L'Assemblée nationale a adopté le projet de loi dont la teneur suit :

Voir les numéros :

Assemblée nationale (11ème législ.) : 2870, 3086 et T.A. 680

Famille.

N° 170

SÉNAT

SESSION ORDINAIRE DE 2001-2002

Annexe au procès-verbal de la séance du 10 janvier 2002

PROPOSITION DE LOI

ADOPTÉE PAR L'ASSEMBLÉE NATIONALE

relative à la **solidarité nationale** *et à l'***indemnisation des handicaps congénitaux,**

TRANSMISE PAR

M. LE PRÉSIDENT DE L'ASSEMBLÉE NATIONALE

À

M. LE PRÉSIDENT DU SÉNAT

(Renvoyée à la commission des Lois constitutionnelles, de législation, du suffrage universel, du Règlement et d'administration générale sous réserve de la constitution éventuelle d'une commission spéciale dans les conditions prévues par le Règlement).

L'Assemblée nationale a adopté la proposition de loi dont la teneur suit :

Voir les numéros :

Assemblée nationale (11ème législ.) : 2805, 2844, 3431, 3462 et T.A. 757

Annexe VI

Avis de la Cour de cassation

Avis du 29 juin 2001, *Bull. civ.* A, n° 4

La Cour de cassation,

Vu les articles L. 151-1 et suivants du Code de l'organisation judiciaire et 1031-1 et suivants du nouveau Code de procédure civile,

Vu la demande d'avis formulée le 4 avril 2001 par le juge des référés du tribunal d'instance de Villeurbanne, reçue le 10 avril 2001, dans une instance opposant le trésorier principal de l'Office public d'aménagement et de construction de Villeurbanne à Mme Sylvie Bertolino, et ainsi libellée :

« En présence d'un bailleur qui se trouve être soumis aux règles de la comptabilité publique, le juge judiciaire est-il compétent pour accorder à ses locataires dans les conditions de l'article 24 de la loi du 6 juillet 1989, modifié par la loi du 29 juillet 1998, des "délais de paiement dans les conditions prévues aux articles 1244-1 (premier alinéa) et 1244-2 du Code civil" s'ils sont en état de régler leur dette locative, l'octroi de ces délais ayant pour effet de suspendre les effets de la clause de résiliation de plein droit ? ».

Est d'avis que l'article 24 de la loi du 6 juillet 1989, modifié par l'article 114 de la loi du 29 juillet 1998 est d'application générale, sans distinction relative à la qualité du bailleur et au mode de recouvrement du loyer ou des charges et que le juge judiciaire peut donc accorder des délais de paiement au locataire, conformément aux dispositions de ce texte, même lorsque le bailleur est soumis aux règles de la comptabilité publique.

Avis du 14 mai 2001, *Bull. civ.* A, n° 2

La Cour de cassation,

Vu les articles L. 151-1 et suivants du Code de l'organisation judiciaire et 1031-1 et suivants du nouveau Code de procédure civile ;

Vu la demande d'avis formulée le 19 janvier 2001 par le conseil de prud'hommes de Tours, reçue le 16 février 2001, dans une instance entre Mme Audebert et soixante-seize anciens salariés de la société Tambrands et la société Tambrands, et ainsi libellée :

« La prescription quinquennale régissant l'action en nullité du "licenciement pour motif économique est-elle également applicable" à l'action en contestation du caractère réel et sérieux du motif "économique du licenciement, et à l'action indemnitaire afférente ?" ».

L'action en contestation de la cause réelle et sérieuse de licenciement et en paiement d'une indemnité pour licenciement sans cause réelle et sérieuse n'étant pas une action en nullité, la question posée ne présente pas une difficulté sérieuse.

En conséquence :

Dit n'y avoir lieu à avis.

Remarque : cette dernière décision illustre l'une des trois exigences auxquelles est soumise la demande d'avis. Il faut qu'il s'agisse d'une question de droit nouvelle, présentant une difficulté sérieuse (tel n'était pas le cas, ici) et qui se pose dans de nombreux litiges (COJ, art. L. 151-1).

Circulaire

Circulaire du 28 novembre 1997

relative à l'inscription automatique des personnes âgées de dix-huit ans sur les listes électorales (JO 29 nov. 1997, p. 17291)

Référence : circulaire du 31 juillet 1969 relative à la révision et à la tenue des listes électorales (mise à jour le 1er septembre 1997).

Paris, le 28 novembre 1997

En adoptant le projet que lui proposait le gouvernement, l'Assemblée nationale a modifié les modalités d'inscription des jeunes citoyens sur les listes électorales. La loi no 97-1027 du 10 novembre 1997 relative à l'inscription d'office des personnes âgées de dix-huit ans sur les listes électorales (1) dispense désormais toutes les personnes de nationalité française qui atteignent l'âge de dix-huit ans de déposer une demande d'inscription sur les listes électorales.

Cette loi est applicable à l'opération de révision des listes électorales actuellement en cours. Le décret no 97-1105 du 28 novembre 1997 fixe les modalités de mise en œuvre du principe arrêté par le législateur.

La présente circulaire précise les conditions dans lesquelles les inscriptions d'office devront être effectuées dans le cadre de la présente révision des listes électorales. L'ensemble du dispositif prévu par la loi du 10 novembre 1997 sera ultérieurement repris, à l'occasion d'une nouvelle mise à jour de la circulaire du 31 juillet 1969 visée en référence, qui reste applicable, sauf disposition contraire de la présente circulaire.

I. Les personnes concernées par la loi du 10 novembre 1997

Conformément aux dispositions de l'article L. 11-1 nouveau du Code électoral, issu de l'article 1er de la loi du 10 novembre 1997, les commissions administratives doivent inscrire automatiquement sur la liste électorale de la commune de leur domicile réel **les jeunes gens et les jeunes filles qui ont atteint dix-huit ans depuis la dernière clôture définitive des listes, le 1er mars 1997, ou qui atteindront cet âge avant la prochaine clôture définitive, le 28 février 1998 inclus**.

Si la loi dispense désormais les jeunes nationaux des deux sexes de déposer une demande en vue de leur inscription sur les listes électorales, elle n'a pas modifié les autres règles relatives aux inscriptions.

En particulier, en application des dispositions combinées des articles L. 11 et L. 11-1 du Code électoral, **les jeunes concernés conservent la faculté d'obtenir leur inscription** dans une commune autre que celle de leur domicile où ils remplissent l'une des conditions énumérées à l'article L. 11 précité, mais cette inscription est alors accordée selon la procédure de droit commun. Elle est donc subordonnée au dépôt d'une demande expresse formulée en temps utile auprès de la commune concernée.

II. Les modalités d'information des commissions administratives

La loi du 10 novembre 1997 prévoit, en son article 3, les procédures par lesquelles seront identifiés les jeunes susceptibles de bénéficier d'une inscription d'office.

Ainsi, en application des dispositions de l'article L. 17-1 nouveau du Code électoral, les autorités gestionnaires des fichiers du recensement militaire et les organismes servant les prestations de base d'assurance maladie ont fourni à l'Institut national de la statistique et des études économiques (INSEE) les informations nominatives relatives aux jeunes nationaux des deux sexes qui ont atteint ou atteindront l'âge de dix-huit ans entre le 1er mars 1997 et le 28 février 1998 inclus.

L'INSEE a procédé à la ventilation de ces données et vous transmettra celles concernant votre commune en précisant pour chaque personne l'origine de ces données, c'est-à-dire en indiquant de quel fichier elles proviennent. Cette transmission devra intervenir au plus tard le 6 décembre prochain.

Il vous appartient de communiquer ces données, et elles seules, dès leur réception, à celle des commissions administratives de la commune compétente au regard du lieu du domicile de l'électeur à inscrire. **Seules les commissions administratives restent compétentes pour apprécier**, selon les modalités précisées ci-dessous, **si les personnes dont l'identité vous aura été transmise remplissent ou non les conditions fixées par la loi pour être électeur**.

III. Rôle des commissions administratives

Compte tenu des délais très courts dans lesquels les informations en cause ont été rassemblées, le caractère exhaustif des données transmises par l'INSEE et l'absolue fiabilité des indications qu'elles comportent ne pourront cette année être assurés.

Les commissions administratives devront faire preuve d'une particulière vigilance pour concilier le respect des droits des jeunes citoyens et la sincérité absolue des listes qui serviront aux scrutins organisés en 1998.

Il revient aux commissions de vérifier si toutes les conditions fixées par la loi pour avoir la qualité d'électeur sont remplies par les jeunes dont l'identité leur sera communiquée. Ces conditions sont rappelées dans ma circulaire du 31 juillet 1969 visée en référence.

Les vérifications devront porter sur l'identité, la nationalité et le domicile des intéressés.

a) La loi impose de faire figurer sur les listes électorales, outre les nom et prénoms des électeurs, leur domicile ainsi que la date et le lieu de leur naissance.

Si les informations transmises par l'INSEE ne comportent pas certaines de ces données, il vous reviendra, sous l'autorité de la commission administrative compétente, de demander aux intéressés de compléter les informations en votre possession.

b) Les informations issues du fichier du recensement militaire concernent en principe des personnes dont la qualité de Français est établie. En revanche, les fichiers des organismes d'assurance maladie, à l'aide desquels sont notamment identifiées les jeunes filles, ne disposent pas d'élément relatif à la nationalité des assurés.

Si la commission administrative éprouve un doute sur la nationalité d'une personne figurant sur les listes transmises par l'INSEE, elle devra demander à cette personne d'apporter la preuve de sa nationalité française par les moyens prévus dans l'instruction permanente citée en référence, au besoin après avoir convoqué les intéressés.

c) S'agissant de l'adresse des jeunes qui figure sur les fichiers et vous est communiquée, elle pourra avoir changé et ne plus correspondre au domicile réel des intéressés. La commission administrative devra s'assurer de l'exactitude des adresses mentionnées pour établir le lien des intéressés avec la circonscription du bureau de vote, dans les conditions énumérées au paragraphe 48 de la circulaire du 31 juillet 1969 précitée.

Vous pourrez, afin de respecter le calendrier des travaux de révision des listes électorales, prendre l'initiative, en même temps que vous transmettrez les listes fournies par l'INSEE à la commission administrative compétente, de demander aux personnes intéressées de compléter les informations nécessaires à l'établissement des listes électorales.

Les différents éléments recueillis devront être transmis sans délai à la commission administrative territorialement compétente, qui les examinera et procédera aux inscriptions d'office.

Il convient à cet égard de souligner que :

– **seules les personnes dont l'identification vous a été transmise par l'INSEE peuvent être inscrites d'office**. La commission administrative ne peut prendre l'initiative d'inscrire une personne qui ne figurerait pas sur la liste communiquée par l'INSEE, même si cette personne satisfait aux autres conditions requises pour être inscrite sur la liste électorale. Un candidat électeur qui se trouverait dans cette situation ne saurait donc être inscrit que selon les règles du droit commun, c'est-à-dire après dépôt d'une demande à cet effet ;

– **il ne saurait être question d'inscrire d'office sur la liste électorale une personne pour laquelle les vérifications décrites ci-dessus n'ont pas été effectuées**. Les décisions prises par la commission administrative ainsi que le motif et les pièces produites devront figurer dans les conditions habituelles sur le registre prévu par l'article R. 8 du Code électoral ;

– **l'ensemble des inscriptions d'office qui auront été effectuées devront être mentionnées**, au même titre que les inscriptions sur demande, sur le tableau rectificatif qui doit être publié le 10 janvier 1998. Il en résulte que les commissions administratives ne pourront procéder à aucune inscription d'office postérieurement à cette date.

Enfin, je vous rappelle que, en application des dispositions du deuxième alinéa de l'article L. 17-1 nouveau du Code électoral, les commissions administratives devront veiller à la destruction des informations nominatives qui leur auront été transmises par l'INSEE en vue des inscriptions automatiques des personnes âgées de dix-huit ans domiciliées dans la commune. Cette destruction devra intervenir à l'expiration des délais de recours ouverts au préfet et aux électeurs inscrits sur la liste électorale ou, si un recours a été intenté, après que la décision juridictionnelle se prononçant sur celui-ci aura acquis un caractère définitif.

IV. Les notifications

Les décisions des commissions administratives rendues en application des dispositions de l'article L. 11-1 nouveau du Code électoral suivent le même régime de communication que les décisions rendues à la suite de demandes formulées par les électeurs.

C'est ainsi que seules les décisions par lesquelles les commissions administratives refuseraient d'inscrire sur la liste électorale une personne figurant sur les listes établies par l'INSEE devront faire l'objet d'une notification aux intéressés selon la procédure prévue aux paragraphes 61 et 62 de la circulaire du 31 juillet 1969 précitée.

Les décisions d'inscription sur une liste électorale ne font l'objet d'aucune notification aux personnes intéressées. À l'instar des autres personnes dont l'inscription sera décidée par les commissions administratives, les personnes âgées de dix-huit ans recevront en temps utile leur carte électorale.

V. Cas des inscriptions multiples

L'INSEE vous informera des modalités particulières selon lesquelles le fichier général des électeurs sera renseigné. L'inscription automatique ne diffère pas à cet égard de l'inscription sur demande. Un avis d'inscription sera donc établi pour chaque nouvel électeur.

Cet avis d'inscription permettra de mettre en œuvre, le cas échéant, les dispositions prévues pour mettre fin aux inscriptions multiples (Code électoral, art. L. 36 à L. 40).

VI. Les recours contentieux et les inscriptions hors période de révision

Conformément à l'article L. 25 du Code électoral, les décisions prises par les commissions administratives peuvent faire l'objet d'un recours devant le juge du tribunal d'instance.

Ces dispositions sont applicables aux inscriptions d'office. Ainsi, une personne qui, satisfaisant aux conditions requises pour être inscrite d'office dans le cadre de la présente révision des listes électorales mais qui ne l'aurait pas été, soit parce qu'elle ne figurerait pas sur les listes transmises par l'INSEE, soit parce que les vérifications nécessaires n'auraient pu être effectuées à temps, pourra obtenir son inscription sur les listes électorales auprès du juge d'instance. De même, en cas de scrutin, cette inscription pourra être obtenue dans le cadre des dispositions de l'article L. 34 du Code électoral.

* * *

Le gouvernement avait indiqué au Parlement, dès le premier examen du projet de loi, que la procédure mise en œuvre ne pouvait être, dès la première année, d'une totale fiabilité.

C'est la raison pour laquelle il apparaît utile que vous puissiez, dès à présent et avant même que vous ne disposiez des données communiquées par l'INSEE, lancer une campagne d'information sur les droits et devoirs civiques auprès de l'ensemble des jeunes filles et des jeunes gens qui ont atteint ou vont atteindre dix-huit ans entre le 1er mars 1997 et le 28 février 1998.

Vous les inviterez ainsi à se présenter spontanément en mairie, où vous pourrez recueillir les informations nécessaires à leur inscription, soit par le biais de la présente procédure, soit par le dépôt d'une demande. En tout état de cause, vous réserverez le meilleur accueil aux personnes qui souhaiteraient vérifier la présence de leur nom sur les données communiquées par l'INSEE Si elles ne figurent pas sur ces listes, vous les inviterez à déposer une demande d'inscription avant le 31 décembre prochain, afin d'éviter une procédure contentieuse.

Annexe VIII

Réponses ministérielles

La substance des réponses ministérielles est aussi diverse que les composantes de la vie sociale dans laquelle elles s'inscrivent très directement, et dont elles fournissent un reflet souvent instructif. Les quelques réponses reproduites ci-après ne peuvent donner qu'un aperçu très sommaire de cette réalité.

Par voie de conséquence, le contenu de ces réponses n'est pas toujours juridique, à beaucoup près. Mais on y trouve de multiples informations qui intéressent le monde du droit (aperçus de politique législative ou réglementaire ; annonce, ou état d'avancement, de projets de réforme…), et parfois des éléments de pure technique juridique. Dans ce cas, et lorsque la réponse exprime une opinion sur le sens d'un texte, il est usuellement fait réserve de l'appréciation souveraine des tribunaux (v. réponse n° 1, ci-dessous).

1 – **Réponse ministérielle** n° 64672
JO (*Ass. nat.*) 24 sept. 2001, p. 5468
(Contrat d'architecte et droit de rétractation)

M. Patrick Rimbert attire l'attention de M. le ministre de l'Équipement, des Transports et du Logement sur l'article 72 de la loi n° 2000-1208 du 13 décembre 2000 relative à la solidarité et au renouvellement urbains. L'article 72 de cette loi a modifié le premier alinéa de l'article L. 271-1 du Code de la construction et de l'habitation et concerne le délai de rétractation pour un acquéreur non professionnel d'un bien immobilier d'habitation. Cette modification vient elle-même modifier une disposition de la loi n° 89-1010 du 31 décembre 1989. Or, déjà à cette époque, s'était posé le problème de savoir si cette disposition de la loi s'appliquait aux contrats d'architectes, notamment dans le cas où ceux-ci donnent au maître d'œuvre une mission complète. La réponse à une question écrite posée par M. Alain Néri en octobre 1991 avait rassuré la profession en indiquant qu'elle ne concernait pas les contrats qui peuvent être indirectement rattachés, tels que ceux liant un particulier à un architecte (v. Rép. min. n° 46139 : *JOAN* 7 oct. 1991, p. 4103 ; *JCP N*, 1992, n° 9, prat. 2144). Il souhaiterait recevoir à nouveau la même confirmation sur la lecture du nouvel article L. 271-1 afin de rassurer les architectes.

Réponse. – L'article 72 de la loi n° 2000-1208 du 13 décembre 2000 relative à la solidarité et au renouvellement urbains s'adresse aux actes ayant directement pour objet l'acquisition ou la construction d'un immeuble à usage d'habitation. Il généralise aux ventes d'immeubles anciens la protection prévue par l'article 20 de la loi n° 89-1010 du 31 décembre 1989 relative à la prévention et au règlement des difficultés fiées au surendettement des particuliers et des familles – désormais abrogé – qui concernait l'acquisition ou la construction d'un immeuble neuf. Il maintient le dispositif existant pour la construction d'immeuble en reprenant les mêmes termes « tout acte sous seing privé ayant pour objet la construction ». Toutefois, il soumet ces contrats, s'ils sont dressés en la forme authentique, à un délai de réflexion. En conséquence, le contrat d'architecte dont l'objet est de confier une prestation de service à un professionnel, même s'il comporte une mission complète (réalisation des plans, coordination et surveillance des travaux, assistance du maître d'ouvrage à la réception desdits travaux) continue, sous réserve de l'appréciation souveraine des tribunaux, à ne pas être soumis aux dispositions de l'article L. 271-1 modifié du Code de la construction et de l'habitation.

2 – **Réponse ministérielle** n° 23290
JO (Ass. nat.) 17 avr. 1995, p. 2102
(Commerce – Ouverture le dimanche)

M. Gérard Hamel appelle l'attention de M. le ministre du Travail, de l'Emploi et de la Formation professionnelle sur les conséquences qu'entraîne pour le commerce local de certaines communes rurales le refus d'accorder une dérogation aux dispositions sur le repos dominical. Certaines villes proches de la région parisienne aux caractéristiques résidentielles et touristiques marquées connaissent une activité relativement forte durant les fins de semaine, notamment le dimanche matin. La tradition d'un commerce ouvert jusqu'au dimanche 13 heures permet aux résidents locaux et secondaires de réaliser leurs achats sans précipitation, voire de louer des matériels divers pour la durée du congé de fin de semaine. Le service rendu à la population, le chiffre d'affaires réalisé à cette occasion et l'offre d'emploi créée sont des éléments vitaux du maintien de l'activité de ces communes. J'ajoute que les employés des commerces concernés bénéficient des avantages liés aux contraintes du travail dominical ; pour certains d'entre eux, recrutés pour la seule période de fin de semaine, cette solution correspond souvent à un choix réfléchi et leur évite un retour au chômage. Conjointement au refus opposé à ces commerces de bénéficier d'une dérogation leur accordant un nombre d'ouvertures dominicales supplémentaire, les supérettes et supermarchés locaux restent autorisés à ouvrir le dimanche, ce qui constitue, au sens littéral, une concurrence parfaitement insupportable. C'est pourquoi il lui demande de bien vouloir lui faire savoir dans quelles conditions et selon quels critères il lui serait possible d'accorder à ces commerces de proximité un contingent supplémentaire d'autorisations d'ouverture dominicale.

Réponse. – L'ouverture des magasins le dimanche matin dans certaines communes rurales de la périphérie parisienne qui voient affluer résidents et touristes en fin de semaine, est possible à travers les différentes dérogations permanentes et temporaires existantes : les magasins d'alimentation sur le double fondement des articles L. 221-9 1 (boucheries, charcuteries, boulangeries, etc.) et L. 221-16 ; les hôtels, cafés, restaurants, sur le fondement de l'article L. 221-9 2 ; les autres magasins, dans le cadre d'une dérogation temporaire accordée soit par le maire (dans la limite de 5 dimanches par an), soit par le préfet. Dans ce dernier cas, deux procédures peuvent être utilisées. La première, organisée par l'article L. 221-6 du Code du travail, suppose que le fait de donner le repos hebdomadaire aux salariés le dimanche soit préjudiciable au public ou compromette le fonctionnement normal de l'établissement. La seconde suppose, au préalable, que la commune demande au préfet son inscription sur une liste de communes considérées comme touristiques. Lorsque cette inscription est réalisée, un magasin peut solliciter une autorisation préfectorale s'il met à la disposition du public des biens ou services destinés à faciliter son accueil ou ses activités de détente ou de loisirs d'ordre sportif, récréatif ou culturel.

3 – **Réponse ministérielle** n° 7768
JO (Sénat) 2 févr. 1995, p. 266
(Cartes bancaires,
Opérations par correspondance,
Communication du numéro de carte)

M. Marc Lauriol attire l'attention de M. le ministre de l'Économie sur une pratique commerciale devenue courante consistant à exiger des clients réservant une place d'hôtel, de voyage, etc., la communication du numéro de leur carte bancaire sans précision du montant de l'éventuel débit rendu possible par une utilisation abusive de la carte se rapprochant trop d'un chèque en blanc. Cette pratique corporatiste expose le client à un risque d'escroquerie d'autant plus inadmissible qu'elle n'est assortie d'aucune garantie de discrétion et qu'elle subordonne l'intérêt légitime du public à celui du commerçant qui refuse de prendre le moindre risque, celui d'une réservation sans suite. En conséquence, il lui demande quelle mesure il compte promouvoir pour mettre un terme à une telle disproportion des risques, incompatible avec la sécurité du public et avec une saine conception du commerce.

Réponse. – Lors de ventes par correspondance ou de réservations de prestations de services par téléphone, les clients sont fréquemment invités à communiquer leur numéro de carte ainsi que sa date limite de validité, afin que leur compte soit ultérieurement débité du montant de leur commande. Il n'existe dans ce cas aucun moyen (signature ou code confidentiel) d'authentifier immédiatement l'auteur du paiement et la réalité de l'opération imputée ensuite par le banquier au débit du compte du client.

Cependant, les modalités du règlement par carte d'achats de biens ou de prestations de services par correspondance, par téléphone ou par Minitel, font généralement l'objet de clauses spécifiques dans le contrat qui lie obligatoirement les entreprises de vente par correspondance ou les hôtels à leurs banques. Les entreprises qui souhaitent pouvoir accepter des règlements à distance sont contractuellement tenues de prendre des engagements étendus à propos des litiges soulevés par leurs clients. En effet, elles assument la responsabilité des conséquences dommageables directes ou indirectes de tout débit erroné donnant lieu à contestation, et ce, sans limitation de durée. Cela signifie que l'accepteur de la carte autorise expressément l'établissement de crédit à débiter d'office son compte du montant de toute opération de paiement dont la réalité même ou le montant serait contesté par écrit par le titulaire de la carte. C'est donc plutôt la société de vente à distance qui supporte pour l'essentiel le risque résultant de l'utilisation frauduleuse d'un numéro « emprunté ». S'agissant plus particulièrement des annulations de réservations, leur coût économique est loin d'être négligeable pour les professionnels qui sont appelés à « immobiliser » des places ou des chambres. Les réservations à distance, confirmées par simple communication du numéro de la carte, sont un service que rendent ces professionnels. Des annulations intempestives, sans pénalités pour le client, pourraient les conduire à ne plus accepter ce type de réservation et à exiger systématiquement des réservations par courrier assorties d'un règlement d'acomptes ou d'arrhes. Ceci finirait en fait par pénaliser le consommateur de bonne foi.

4 – **Réponse ministérielle** n° 32239
JO (*Sénat*) 14 juin 2001, p. 2023
(Bail d'habitation — Solvabilité des cautions)

M. Bernard Dussaut appelle l'attention de M. le secrétaire d'État aux petites et moyennes entreprises, au commerce, à l'artisanat et à la consommation sur les pratiques contestables de certaines agences immobilières par rapport aux personnes se portant garantes lors de la constitution d'un dossier de demande de location. Il lui a été rapporté que, outre les pièces communément demandées garantissant la solvabilité du garant (déclaration de garantie signée, photocopies de bulletins de salaire, relevé d'identité bancaire…), il pouvait être exigé également une copie de relevé bancaire attestant le versement, dans le cas présent, d'un traitement de fonctionnaire, sous prétexte que l'Administration faisait parvenir le bulletin de salaire avec décalage d'un mois. Très surpris par cette pratique, il lui demande s'il ne serait pas envisageable qu'une réglementation plus stricte protège les locataires potentiels et fixe les pratiques recevables des agences immobilières et des propriétaires.

Réponse. – Comme tout mandataire, l'agent immobilier est responsable de l'inexécution ou de la mauvaise exécution du mandat qui lui est confié. Il s'agit d'une responsabilité pour faute qui s'analyse comme une violation d'une obligation de moyen de prudence ou de diligence. L'agent immobilier doit exécuter son mandat dans les conditions d'éthique dues à sa profession. D'une manière générale, la jurisprudence redent assez facilement la responsabilité de l'agent immobilier et ce d'autant plus que, s'agissant d'un professionnel supposé détenir une supériorité technique, elle a mis à sa charge une obligation de renseignement un devoir de conseil, dont l'étendue ne cesse de s'accroître. À cet égard, la Cour de cassation, première chambre civile, s'est exprimée en ces termes : « L'intermédiaire professionnel qui prête son concours à la rédaction d'un acte, après avoir été mandaté par l'une des parties, est tenu de s'assurer que se trouvent réunies toutes les conditions nécessaires à l'efficacité juridique de la convention, même à l'égard de l'autre partie. » (25 nov. 1997, *Bull. civ.* I, n° 321, p. 218). Concernant l'insuffisance des vérifications nécessaires à l'efficacité du contrat de bail, deux jurisprudences ont particulièrement sensibilisé les professionnels : l'une, très fournie, selon laquelle les bulletins de salaires peuvent, dans certains cas, ne pas constituer une précaution suffisante ; l'autre considérant comme fautif le défaut de convocation de la caution d'un locataire dont la situation professionnelle ne permet pas d'avoir de certitude de paiement. Au cas d'espèce, s'agissant d'une caution, l'exigence d'une copie de relevé bancaire attestant le versement d'un traitement de fonctionnaire, sous prétexte que l'Administration fait parvenir le bulletin de salaire avec un décalage d'un mois, peut paraître excessive, voire vexatoire. Néanmoins, cette pratique, qui s'inscrit dans une relation contractuelle de droit commun, ne peut être regardée comme une conduite prohibée et n'appelle pas nécessairement de la part des pouvoirs publics une réponse réglementaire générale. Il en irait différemment s'il était établi qu'il s'agit là d'une mesure discriminatoire visant les agents de la fonction publique en général ou un agent en particulier, mais alors les textes existants suffiraient à la faire condamner.

Annexe IX

Principaux périodiques et revues juridiques

I. Périodiques

Bulletin des arrêts de la Cour de cassation
– chambres civiles, cité : *Bull. civ.*
– chambre criminelle, cité : *Bull. crim.*

Bulletin d'information de la Cour de cassation, cité : *Bull. inf. C. cass.* (ou *BICC*).

Dalloz (Recueil Dalloz), cité : *D.*
Dédoublé entre 1924 et 1945, d'abord en un *Recueil périodique* (*DP*) et le *Dalloz hebdomadaire* (*DH*), puis en *Dalloz analytique* (*DA*) et *Dalloz critique* (*DC*).
Il a absorbé en 1965 le *Recueil Sirey*.
La Gazette du Palais, citée *Gaz. Pal.*

Juris-Classeur périodique (La Semaine juridique)
– édition générale, citée *JCP*,
– édition Entreprise et affaires, citée *JCP E*, dénommée Commerce et industrie (*JCP CI*), jusqu'en 1983,
– édition notariale et immobilière, citée *JCP N*

Recueil des décisions du Conseil d'État… (Recueil Lebon), cité *Rec. CE*

Recueil des arrêts du Conseil constitutionnel, cité *Rec. Cons. const.*

Recueil de la Cour de justice de l'Union européenne, cité *Rec. CJUE*

Répertoire du notariat Defrénois, cité *Rép. Defrénois* (ou *Defrénois*)

Recueil Sirey, cité *S.*
Absorbé par le *Recueil Dalloz* en 1965.

II. Revues

Actualité juridique
– droit administratif, citée *AJDA*
– famille, citée *AJ famille*
– propriété immobilière, citée *AJPI*
– pénal, citée *AJ pénal*

Droits, Revue française de théorie juridique, citée *Droits*

Droit et patrimoine, cité *Dr. et patr.*

A succédé, depuis 1992, au *Journal des notaires et des avocats*, cité *Jour. not.*

Revue critique de droit international privé, citée *Rev. crit. DIP*

Revue de droit d'Assas, citée *RD d'Assas*

Revue de droit immobilier, citée *RD imm.*

intitulée **RDI Droit – Urbanisme – Construction**, depuis 2001, citée *RDI*

Revue de droit public, citée *RD publ.*

Revue de droit rural, citée *RD rur.*

Revue de jurisprudence de droit des affaires, citée *RJDA*

Revue de l'arbitrage, citée *Rev. arb.*

Revue des contrats, citée *RDC*

Revue française de droit administratif, citée *RFD adm.* (ou *RFDA*)

Revue française de droit constitutionnel, citée *RFD const.*

Revue des loyers, citée *Rev. loyers*

Revue de science criminelle, citée *Rev. sc. crim.*

Revue des sociétés, citée *Rev. sociétés*

Revue générale du droit des assurances, citée *RGDA*

Elle a succédé, depuis 1996, à la **Revue générale des assurances terrestres**, citée *RGAT*

Revue internationale du droit d'auteur, citée *RIDA*

Revue internationale de droit comparé, citée *RID comp.*

Revue trimestrielle de droit civil, citée *RTD civ.*

Revue trimestrielle de droit commercial, citée *RTD com.*

Revue trimestrielle de droit européen, citée *RTD eur.*

Revue trimestrielle de droit sanitaire et social, citée *RD sanit. soc.*

Revue trimestrielle des droits de l'Homme, citée *RTDH*

Annexe X

Conventions internationales *(extraits)*

1) Convention européenne de sauvegarde des droits de l'Homme et des libertés fondamentales (4 nov. 1950), articles 1er à 14

Article 1er. – Les Hautes Parties contractantes reconnaissent à toute personne relevant de leur juridiction les droits et libertés définis au titre I de la présente Convention.

TITRE PREMIER

Art. 2. 1. Le droit de toute personne à la vie est protégé par la loi. La mort ne peut être infligée à quiconque intentionnellement, sauf en exécution d'une sentence capitale prononcée par un tribunal au cas où le délit est puni de cette peine par la loi.
2. La mort n'est pas considérée comme infligée en violation de cet article dans les cas où elle résulterait d'un recours à la force rendu absolument nécessaire :
a) pour assurer la défense de toute personne contre la violence illégale ;
b) pour effectuer une arrestation régulière ou pour empêcher l'évasion d'une personne régulièrement détenue ;
c) pour réprimer, conformément à la loi, une émeute ou une insurrection.

Art. 3. Nul ne peut être soumis à la torture ni à des peines ou traitements inhumains ou dégradants.

Art. 4. 1. Nul ne peut être tenu en esclavage ni en servitude.
2. Nul ne peut être astreint à accomplir un travail forcé ou obligatoire.
3. N'est pas considéré comme « travail forcé ou obligatoire » au sens du présent article :
a) tout travail requis normalement d'une personne soumise à la détention dans les conditions prévues par l'article 5 de la présente Convention, ou durant sa mise en liberté conditionnelle ;
b) tout service de caractère militaire ou, dans le cas d'objecteurs de conscience dans les pays où l'objection de conscience est reconnue comme légitime, à un autre service à la place du service militaire obligatoire ;
c) tout service requis dans le cas de crises ou de calamités qui menacent la vie ou le bien-être de la communauté ;
d) tout travail ou service formant partie des obligations civiques normales.

Art. 5. 1. Toute personne a droit à la liberté et à la sûreté. Nul ne peut être privé de sa liberté, sauf dans les cas suivants et selon les voies légales :
a) s'il est entendu régulièrement après condamnation par un tribunal compétent ;

b) s'il a fait l'objet d'une arrestation ou d'une détention régulières pour insoumission à une ordonnance rendue, conformément à la loi, par un tribunal ou en vue de garantir l'exécution d'une obligation prescrite par la loi ;
c) s'il a été arrêté et détenu en vue d'être conduit devant l'autorité judiciaire compétente, lorsqu'il y a des raisons plausibles de soupçonner qu'il a commis une infraction ou qu'il y a des motifs raisonnables de croire à la nécessité de l'empêcher de commettre une infraction ou de s'enfuir après l'accomplissement de celle-ci ;
d) s'il s'agit de la détention régulière d'un mineur, décidée pour son éducation surveillée ou de sa détention régulière, afin de la traduire devant l'autorité compétente ;
e) s'il s'agit de la détention régulière d'une personne susceptible de propager une maladie contagieuse, d'un aliéné, d'un alcoolique, d'un toxicomane ou d'un vagabond ;
f) s'il s'agit de l'arrestation ou de la détention régulières d'une personne pour l'empêcher de pénétrer irrégulièrement dans le territoire, ou contre laquelle une procédure d'expulsion ou d'extradition est en cours.
2. Toute personne arrêtée doit être informée, dans le plus court délai et dans une langue qu'elle comprend, des raisons de son arrestation et de toute accusation portée contre elle.
3. Toute personne arrêtée ou détenue, dans les conditions prévues au paragraphe 1 c du présent article, doit être aussitôt traduite devant un juge ou un autre magistrat habilité par la loi à exercer des fonctions judiciaires et a le droit d'être jugée dans un délai raisonnable, ou libérée pendant la procédure. La mise en liberté peut être subordonnée à une garantie assurant la comparution de l'intéressé à l'audience.
4. Toute personne privée de sa liberté par arrestation ou détention a le droit d'introduire un recours devant un tribunal, afin qu'il statue à bref délai sur la légalité de sa détention et ordonne sa libération si la détention est illégale.
5. Toute personne victime d'une arrestation ou d'une détention dans des conditions contraires aux dispositions de cet article a droit à réparation.

Art. 6. 1. Toute personne a droit à ce que sa cause soit entendue équitablement, publiquement et dans un délai raisonnable, par un tribunal indépendant et impartial, établi par la loi, qui décidera, soit des contestations sur ses droits et obligations de caractère civil, soit du bien-fondé de toute accusation en matière pénale dirigée contre elle. Le jugement doit être rendu publiquement, mais l'accès de la salle d'audience peut être interdit à la presse et au public pendant la totalité ou une partie du procès dans l'intérêt de la moralité, de l'ordre public ou de la sécurité nationale dans une société démocratique, lorsque les intérêts des mineurs ou la protection de la vie privée des parties au procès l'exigent, ou dans la mesure jugée strictement nécessaire par le tribunal, lorsque dans des circonstances spéciales la publicité serait de nature à porter atteinte aux intérêts de la justice.
2. Toute personne accusée d'une infraction est présumée innocente jusqu'à ce que sa culpabilité ait été légalement établie.
3. Tout accusé a droit notamment à :
a) être informé, dans le plus court délai, dans une langue qu'il comprend et d'une manière détaillée, de la nature et de la cause de l'accusation portée contre lui ;
b) disposer du temps et des facilités nécessaires à la préparation de sa défense ;

c) se défendre lui-même ou avoir l'assistance d'un défenseur de son choix et, s'il n'a pas les moyens de rémunérer un défenseur, pouvoir être assisté gratuitement par un avocat d'office, lorsque les intérêts de la justice l'exigent ;

d) interroger ou faire interroger les témoins à charge et obtenir la convocation et l'interrogation des témoins à décharge dans les mêmes conditions que les témoins à charge ;

e) se faire assister gratuitement d'un interprète, s'il ne comprend pas ou ne parle pas la langue employée à l'audience.

Art. 7. 1. Nul ne peut être condamné pour une action ou une omission qui, au moment où elle a été commise, ne constituait pas une infraction d'après le droit national ou international. De même, il n'est infligé aucune peine plus forte que celle qui était applicable au moment où l'infraction a été commise.

2. Le présent article ne portera pas atteinte au jugement et à la punition d'une personne coupable d'une action ou d'une omission qui, au moment où elle a été commise, était criminelle d'après les principes généraux de droit reconnus par les nations civilisées.

Art. 8. 1. Toute personne a droit au respect de sa vie privée et familiale, de son domicile et de sa correspondance.

2. Il ne peut y avoir ingérence d'une autorité publique dans l'exercice de ce droit que pour autant que cette ingérence est prévue par la loi et qu'elle constitue une mesure qui, dans une société démocratique, est nécessaire à la sécurité nationale, à la sûreté publique, au bien-être économique du pays, à la défense de l'ordre et à la prévention des infractions pénales, à la protection de sa santé ou de la morale, ou à la protection des droits et libertés d'autrui.

Art. 9. 1. Toute personne a droit à la liberté de pensée, de conscience et de religion ; ce droit implique la liberté de changer de religion ou de conviction, ainsi que la liberté de manifester sa religion ou sa conviction individuellement ou collectivement, en public ou en privé, par le culte, l'enseignement, les pratiques et l'accomplissement des rites.

2. La liberté de manifester sa religion ou ses convictions ne peut faire l'objet d'autres restrictions que celles qui, prévues par la loi, constituent des mesures nécessaires, dans une société démocratique, à la sécurité publique, à la protection de l'ordre, de la santé ou de la morale publiques, ou à la protection des droits et libertés d'autrui.

Art. 10. 1. Toute personne a droit à la liberté d'expression. Ce droit comprend la liberté d'opinion et la liberté de recevoir ou de communiquer des informations ou des idées sans qu'il puisse y avoir ingérence d'autorités publiques et sans considération de frontière. Le présent article n'empêche pas les États de soumettre les entreprises de radiodiffusion, de cinéma ou de télévision à un régime d'autorisations.

2. L'exercice de ces libertés comportant des devoirs et des responsabilités peut être soumis à certaines formalités, conditions, restrictions ou sanctions, prévues par la loi, qui constituent des mesures nécessaires, dans une société démocratique, à la sécurité nationale, à l'intégrité territoriale ou à la sûreté publique, à la défense de l'ordre et à la prévention du crime, à la protection de la santé ou

de la morale, à la protection de la réputation ou des droits d'autrui, pour empêcher la divulgation d'informations confidentielles ou pour garantir l'autorité et l'impartialité du pouvoir judiciaire.

Art. 11. 1. Toute personne a droit à la liberté de réunion pacifique et à la liberté d'association, y compris le droit de fonder avec d'autres des syndicats et de s'affilier à des syndicats pour la défense de ses intérêts.

2. L'exercice de ces droits ne peut faire l'objet d'autres restrictions que celles qui, prévues par la loi, constituent des mesures nécessaires, dans une société démocratique, à la sécurité nationale, à la sûreté publique, à la défense de l'ordre et à la prévention du crime, à la protection de la santé ou de la morale, ou à la protection des droits et libertés d'autrui. Le présent article n'interdit pas que des restrictions légitimes soient imposées à l'exercice de ces droits par les membres des forces armées, de la police ou de l'administration de l'État.

Art. 12. À partir de l'âge nubile, l'homme et la femme ont le droit de se marier et de fonder une famille selon les lois nationales régissant l'exercice de ce droit.

Art. 13. Toute personne dont les droits et libertés reconnus dans la présente Convention ont été violés, a droit à l'octroi d'un recours effectif devant une instance nationale, alors même que la violation aurait été commise par des personnes agissant dans l'exercice de leurs fonctions officielles.

Art. 14. La jouissance des droits et libertés reconnus dans la présente Convention doit être assurée, sans distinction aucune, fondée notamment sur le sexe, la race, la couleur, la langue, la religion, les opinions politiques ou toutes autres opinions, l'origine nationale ou sociale, l'appartenance à une minorité nationale, la fortune, la naissance ou tout autre situation.

2) Convention de New York relative aux droits de l'enfant (26 janv. 1990), articles 1er à 10

Article 1er. – Au sens de la présente Convention, un enfant s'entend de tout être humain âgé de moins de dix-huit ans, sauf si la majorité est atteinte plus tôt en vertu de la législation qui lui est applicable.

Art. 2. 1. Les États parties s'engagent à respecter les droits qui sont énoncés dans la présente Convention et à les garantir à tout enfant relevant de leur juridiction, sans distinction aucune, indépendamment de toute considération de race, de couleur, de sexe, de langue, de religion, d'opinion politique ou autre de l'enfant ou de ses parents ou représentants légaux, de leur origine nationale, ethnique ou sociale, de leur situation de fortune, de leur incapacité, de leur naissance ou de toute autre situation.

2. Les États parties prennent toutes les mesures appropriées pour que l'enfant soit effectivement protégé contre toutes formes de discrimination ou de sanction motivées par la situation juridique, les activités, les opinions déclarées ou les convictions de ses parents, de ses représentants légaux ou des membres de sa famille.

Art. 3. 1. Dans toutes les décisions qui concernent les enfants, qu'elles soient le fait des institutions publiques ou privées de protection sociale, des tribunaux, des autorités administratives ou des organes législatifs, l'intérêt supérieur de l'enfant doit être une considération primordiale.
2. Les États parties s'engagent à assurer à l'enfant la protection et les soins nécessaires à son bien-être, compte tenu des droits et des devoirs de ses parents, de ses tuteurs ou des autres personnes légalement responsables de lui, et ils prennent à cette fin toutes les mesures législatives et administratives appropriées.
3. Les États parties veillent à ce que le fonctionnement des institutions, services et établissements qui ont la charge des enfants et assurent leur protection soit conforme aux normes fixées par les autorités compétentes, particulièrement dans le domaine de la sécurité et de la santé et en ce qui concerne le nombre et la compétence de leur personnel ainsi que l'existence d'un contrôle approprié.

Art. 4. Les États parties s'engagent à prendre toutes les mesures législatives, administratives et autres qui sont nécessaires pour mettre en œuvre les droits reconnus dans la présente Convention. Dans le cas des droits économiques, sociaux et culturels, ils prennent ces mesures dans toutes les limites des ressources dont ils disposent et, s'il y a lieu, dans le cadre de la coopération internationale.

Art. 5. Les États parties respectent la responsabilité, le droit et le devoir qu'ont les parents ou, le cas échéant, les membres de la famille élargie ou de la communauté, comme prévu par la coutume locale, les tuteurs ou autres personnes légalement responsables de l'enfant, de donner à celui-ci, d'une manière qui corresponde au développement de ses capacités, l'orientation et les conseils appropriés à l'exercice des droits que lui reconnaît la présente Convention.

Art. 6. 1. Les États parties reconnaissent que tout enfant a un droit inhérent à la vie.
2. Les États parties assurent dans toute la mesure possible la survie et le développement de l'enfant.

Art. 7. 1. L'enfant est enregistré aussitôt sa naissance et a dès celle-ci le droit à un nom, le droit d'acquérir une nationalité et, dans la mesure du possible, le droit de connaître ses parents et d'être élevé par eux.
2. Les États parties veillent à mettre ces droits en œuvre conformément à leur législation nationale et aux obligations que leur imposent les instruments internationaux applicables en la matière, en particulier dans les cas où faute de cela l'enfant se trouverait apatride.

Art. 8. 1. Les États parties s'engagent à respecter le droit de l'enfant de préserver son identité, y compris sa nationalité, son nom et ses relations familiales, tels qu'ils sont reconnus par la loi, sans ingérence illégale.
2. Si un enfant est illégalement privé des éléments constitutifs de son identité ou de certains d'entre eux, les États parties doivent lui accorder une assistance et une protection appropriées, pour que son identité soit rétablie aussi rapidement que possible.

Art. 9. 1. Les États parties veillent à ce que l'enfant ne soit pas séparé de ses parents contre leur gré, à moins que les autorités compétentes ne décident, sous réserve

de révision judiciaire et conformément aux lois et procédures applicables, que cette séparation est nécessaire dans l'intérêt supérieur de l'enfant. Une décision en ce sens peut être nécessaire dans certains cas particuliers, par exemple lorsque les parents maltraitent ou négligent l'enfant, ou lorsqu'ils vivent séparément et qu'une décision doit être prise au sujet du lieu de résidence de l'enfant.
2. Dans tous les cas prévus au paragraphe 1 du présent article, toutes les parties intéressées doivent avoir la possibilité de participer aux délibérations et de faire reconnaître leurs vues.
3. Les États parties respectent le droit de l'enfant séparé de ses deux parents ou de l'un d'eux d'entretenir régulièrement des relations personnelles et des contrats directs avec ses deux parents, sauf si cela est contraire à l'intérêt supérieur de l'enfant.
4. Lorsque la séparation résulte de mesures prises par un État partie, telles que la détention, l'emprisonnement, l'exil, l'expulsion ou la mort (y compris la mort, quelle qu'en soit la cause, survenue en cours de détention) des deux parents ou de l'un d'eux, ou de l'enfant, l'État partie donne sur demande aux parents, à l'enfant ou, s'il y a lieu, à un autre membre de la famille les renseignements essentiels sur le lieu où se trouvent le membre ou les membres de la famille, à moins que la divulgation de ces renseignements ne soit préjudiciable au bien-être de l'enfant. Les États parties veillent en outre à ce que la présentation d'une telle demande n'entraîne pas en elle-même de conséquences fâcheuses pour la personne ou les personnes intéressées.

Art. 10. 1. Conformément à l'obligation incombant aux États parties en vertu du paragraphe 1 de l'article 9, toute demande faite par un enfant ou ses parents en vue d'entrer dans un État partie ou de le quitter aux fins de réunification familiale est considérée par les États parties dans un esprit positif, avec humanité et diligence. Les États parties veillent en outre à ce que la présentation d'une telle demande n'entraîne pas de conséquences fâcheuses pour les auteurs de la demande et les membres de leur famille.
2. Un enfant dont les parents résident dans des États différents a le droit d'entretenir, sauf circonstances exceptionnelles, des relations personnelles et des contacts directs réguliers avec ses deux parents.
À cette fin, et conformément à l'obligation incombant aux États parties en vertu du paragraphe 2 de l'article 9, les États parties respectent le droit qu'ont l'enfant et ses parents de quitter tout pays, y compris le leur, et de revenir dans leur propre pays. Le droit de quitter tout pays ne peut faire l'objet que des restrictions prescrites par la loi qui sont nécessaires pour protéger la sécurité nationale, l'ordre public, la santé ou la moralité publiques, ou les droits et libertés d'autrui, et qui sont compatibles avec les autres droits reconnus dans la présente Convention.

Index alphabétique

Les chiffres renvoient aux numéros des paragraphes.

D